ACCESO GRATIS **a la Lectura en la Nube**

Para visualizar el libro electrónico en la nube de lectura envíe junto a su nombre y apellidos una fotografía del código de barras situado en la contraportada del libro y otra del ticket de compra a la dirección:

ebooktirant@tirant.com

En un máximo de 72 horas laborables le enviaremos el código de acceso con sus instrucciones.

CUESTIONES ACTUALES DE SEGURIDAD SOCIAL EN ESPAÑA Y PORTUGAL

QUESTÕES ATUAIS DE SEGURANÇA SOCIAL EM ESPANHA E PORTUGAL

CUESTIONES ACTUALES DE SEGURIDAD SOCIAL EN ESPAÑA Y PORTUGAL

QUESTÕES ATUAIS DE SEGURANÇA SOCIAL EM ESPANHA E PORTUGAL

Dirección/Endereço:
Francisco Lozano Lares
María Pilar Giménez Murugarren
María del Carmen Macías García

tirant lo blanch
Valencia, 2025

En caso de erratas y actualizaciones, la Editorial Tirant lo Blanch publicará la pertinente corrección en la página web www.tirant.com.

La presente obra ha sido sometida a la revisión de pares ciegos según el protocolo de publicación de la editorial a efectos de ofrecer el rigor y calidad correspondiente tanto en su contenido como en su forma, aplicándose los criterios específicos aprobados por la Comisión Nacional E 016 (BOE num. 286, de 26 de noviembre de 2016).

Esta obra colectiva de ámbito internacional es el resultado del II Seminario Luso Español de Relaciones Laborales y Desarrollo Social, realizado en la Facultad de Estudios Sociales y del Trabajo el día 6 de mayo de 2024, siendo financiada en el marco del II Plan Propio de Investigación y Transferencia de la Universidad de Málaga.

© TIRANT LO BLANCH
EDITA: TIRANT LO BLANCH
C/ Artes Gráficas, 14 - 46010 - Valencia
TELFS.: 96/361 00 48 - 50
FAX: 96/369 41 51
Email: tlb@tirant.com
www.tirant.com
Librería virtual: www.tirant.es
DEPÓSITO LEGAL: V-3394-2025
ISBN: 979-13-7010-457-3

Si tiene alguna queja o sugerencia, envíenos un mail a: *atencioncliente@tirant.com*. En caso de no ser atendida su sugerencia, por favor, lea en *www.tirant.net/index.php/empresa/politicas-de-empresa* nuestro procedimiento de quejas.

Responsabilidad Social Corporativa: http://www.tirant.net/Docs/RSCTirant.pdf

Índice

Cap. [illegible]

[illegible]

Prólogo

La Seguridad Social es, sin duda, el sistema institucional más dinámico del ordenamiento jurídico de cualquier país, puesto que está en permanente evolución, adaptándose a las necesidades políticas, económicas, sociales y demográficas que en cada momento vayan surgiendo. Esa dinamicidad, que en ocasiones puede generar problemas de inseguridad jurídica, por los numerosos cambios normativos que entraña, no deja de ser, sin embargo, más que una muestra de la singular trascendencia de esta rama del ordenamiento jurídico, sin la que no podría concebirse la existencia de un estado social, democrático y de derecho. No podemos dejar de recordar que la Seguridad Social posibilita la elevación del estado de salud de la población en general, garantiza un cierto nivel de ingresos a quienes lo necesitan por razones de edad, discapacidad o pérdida de empleo, es una de las más eficaces herramientas de lucha contra la pobreza, contribuye a la reducción de la desigualdad mediante transferencias sociales que introducen un cierto grado de equidad en la distribución de la riqueza y actúa como estabilizador automático durante las épocas de crisis económicas.

Debido a esa funcionalidad como pilar básico del estado del bienestar, resulta de todo punto necesario el estudio riguroso de los aspectos más relevantes y de las cuestiones más problemáticas de los actuales sistemas de Seguridad Social, lo que en esta obra se aborda desde una óptica de derecho comparado que no suele ser habitual, pero que resulta, a nuestro juicio, sumamente enriquecedora. A tal fin, se ofrecen en este libro dieciséis estudios sobre los sistemas de seguridad social español y portugués que pretenden dar respuesta a algunas de las principales cuestiones que actualmente planean sobre esta institución jurídica tan esencial del ordenamiento social.

Se aborda así, ya desde el primer capítulo, uno de los temas que siempre estará de actualidad en el ámbito de la Seguridad Social, como es el relativo a la sostenibilidad jurídico financiera del sistema de pensiones. Su autor, Francisco Lozano Lares, se ocupa de revisar el actual modelo español de financiación basado en la solidaridad intergeneracional, que se sustenta en gran medida a través de cotizaciones sociales dependientes del factor trabajo. Su estudio le lleva a la realización de un análisis de cuestiones como la inversión de la pirámide poblacional o la contribución al sostenimiento del sistema de pensiones tanto de las personas migrantes como de la progresiva incorporación de la mujer al mercado de trabajo. Dedica el autor asimismo buena parte de su estudio al análisis del impacto sobre la financiación del sistema de pensiones de la digitalización de la economía y la introducción de la inteligencia artificial en el proceso productivo, planteando la necesidad de introducir algún tipo de mecanismo financiero que no descanse exclusivamente sobre el factor trabajo sino sobre el uso de las nuevas tecnologías.

Como imprescindible complemento al estudio de la financiación del sistema español de Seguridad Social, Alicia Moreno Núñez afronta en el Capítulo V la compleja tarea de analizar la plasmación normativa de las recomendaciones financieras del denominado Pacto de Toledo, donde se apuesta por un modelo mixto de financiación, basado en las cotizaciones de las personas trabajadoras y los presupuestos del Estado. El Pacto de Toledo de 1995 surgió para abordar las preocupaciones sobre la sostenibilidad del sistema de pensiones, especialmente en un contexto de aumento del desempleo y una población envejecida y ha sido revisado en varias ocasiones para adaptarse a las nuevas realidades sociales y asegurar la protección de los ciudadanos. En este trabajo se analizan, pues, las cuatro revisiones del Informe de 30 de marzo de 1995 para el análisis de los problemas estructurales del sistema de la Seguridad Social y de las principales reformas que se deberán acometer, destacando las cuestiones más relevantes de cada una de ellas.

En conexión con el problema de la financiación de los sistemas de seguridad social se encuentra también el estudio realizado por José Antonio García Suárez en el capítulo XVI, donde se plantea las implicaciones en materia de seguridad social de la digitalización del centro de trabajo. Este estudio analiza el impacto de la digitalización en el sistema de Seguridad Social español, basado en los principios de universalidad, unidad, solidaridad e igualdad, advirtiendo cómo la rápida evolución de las tecnologías de la información y la comunicación están transformando la protección social. Por todo ello, se examinan los factores que impulsan estos cambios y sus consecuencias, especialmente la digitalización de los centros de trabajo, haciendo una interesante reflexión sobre la posible pérdida de empleos y su efecto en la sostenibilidad del Sistema de Seguridad Social.

Tema crucial es también, sin duda, el relativo a la relación entre la autonomía colectiva y la Seguridad Social, que Luís Gonçalves da Silva afronta de forma magistral en el Capítulo II, donde el autor nos presenta un análisis exhaustivo de los límites específicos que, en el ordenamiento jurídico portugués, tiene la regulación de los convenios colectivos de trabajo en materia de Seguridad Social. Se efectúa un análisis del marco general de la negociación colectiva, seguido de la efectividad personal de este instrumento, su espacio normativo, la articulación entre la fuente convencional y la ley, para acabar concluyendo con la especificidad del acuerdo colectivo en materia de seguridad social.

En esa zona de intersección entre el ámbito laboral y la Seguridad Social se encuentra también el Capítulo XII, de Ricardo Bernardes, que elabora un estudio sobre la protección social otorgada por el sistema de seguridad social portugués en situaciones de riesgo económico debido al *lay-off* empresarial. Se examina el régimen legal del *lay-off*, incluyendo su contexto, modalidades y escenarios, así como los derechos y deberes de trabajadores y empleadores. Aunque las medidas de *lay-off* son competencia del Derecho del Trabajo y los apoyos públicos pertenecen al Derecho de la Seguridad Social, la normativa aplicable se encuentra principalmente en el Código de Trabajo portugués, lo que refleja la dependencia de la legislación laboral de las prestaciones sociales derivadas del *lay-off*.

No podía faltar en una obra sobre cuestiones actuales de seguridad social el tratamiento que a día de hoy se viene dando a los accidentes de trabajo. De ello se ocupa, por un lado, Cláudia Madaleno, que en el Capítulo III desgrana con minuciosidad el funcionamiento del *Fundo de Garantia*, la Caja de Accidentes de Trabajo del derecho laboral portugués que sirve de eje central al marco de las responsabilidades empresariales ante un accidente de trabajo. El estudio comienza con una breve revisión de la responsabilidad por accidente de trabajo, seguido de la evolución histórica del régimen y la razón detrás de la cual se encuentra la creación del Fondo de Garantía. Para finalizar, se analiza el régimen jurídico que rige dicho fondo, prestando especial atención a su activación y el alcance de su responsabilidad.

Completando el estudio de la regulación portuguesa del seguro de accidentes de trabajo, Leonor Ruivo describe en el Capítulo XV la evolución de la legislación portuguesa sobre accidentes de trabajo, desde la Ley n.º 83, de 24 de julio de 1913, que introdujo el derecho a reparación para ciertos trabajadores. Esta ley, aunque pionera, tenía un alcance limitado y permitía transferir la responsabilidad a sociedades mutuas o compañías de seguros, de ahí que el Decreto n.º 5.637, de 10 de mayo de 1919, viniera a ampliar la protección por accidente de trabajo a toda la actividad patronal, instaurando un seguro obligatorio para todos los asalariados que marcó un hito en la protección social en Portugal. Este cambio reflejó la transición hacia un estado social más sólido tras la instauración de la República.

También resulta muy necesario abordar el tratamiento de las prestaciones por nacimiento y cuidado de menores. De ello se ocupa, por un lado, Rocío Moncada García, que desarrolla en el Capítulo XI un estudio sobre la Jurisprudencia del Tribunal Supremo en materia de periodos de cotización asimilados por parto. Concretamente, se hace referencia a la implementación del derecho a la igualdad de trato y oportunidades entre mujeres y hombres en España, específicamente a través de la Ley Orgánica 3/2007, de 22 de marzo, que introdujo medidas como los periodos de cotización asimilados por parto. Estos períodos aparecen regulados actualmente en el artículo 235 de la vigente LGSS, aprobada por Real Decreto Legislativo 8/2015, de 30 de octubre. La jurisprudencia del Tribunal Supremo ha sido clave en la interpretación y aplicación de esta medida, especialmente desde una sentencia de 2009 que extendió el beneficio a pensionistas del antiguo Seguro Obligatorio de Vejez e Invalidez (SOVI). Además, se mencionan reformas recientes que afectan a la interpretación de estos artículos y su relación con la conciliación de la vida familiar y profesional, analizando los últimos quince años de doctrina unificada en este ámbito.

La protección de la maternidad y de la paternidad en Portugal es examinada, a su vez, por Vítor Fidalgo, que en el Capítulo XIV analiza el reconocimiento constitucional de la "*eventualidade de parentalidade no sistema previdencial*", resaltando la obligación del Estado de promover políticas de natalidad y conciliación familiar y profesional. Su estudio se centra en el Decreto-Ley n.º 91/2009, que regula la protección de la parentalidad en el sistema de seguridad social y sus modificaciones recientes, enmarcadas en la Agenda de Trabajo Digno. Se describe el subsistema de solidaridad y el sistema de previsión, enfocándose en este último y sus prestaciones pecuniarias para compensar la pérdida de ingresos laborales. Se detallan las situaciones de riesgo cubiertas, como embarazo, adopción o asistencia a hijos y se menciona la importancia de la coordinación con el Código de Trabajo.

Sumamente significativos resultan asimismo los aspectos relacionados con la coordinación internacional de sistemas de seguridad social. A tal fin, Adsaret Virgüez Monzón nos sumerge en el Capítulo IV en la configuración del derecho fundamental a la seguridad social en el ordenamiento jurídico internacional, afirmando que los derechos humanos nacen como derechos naturales y universales, desarrollándose como derechos positivos particulares hasta encontrar su plena realización como derechos positivos universales, que es lo que también ocurre con el derecho humano a la Seguridad Social. Sin obviar que, para ello, hay que referirse a dos documentos normativos básicos como son la Declaración Universal de los Derechos Humanos y el Pacto Internacional de los Derechos Económicos, Sociales y Culturales.

Uno de los aspectos particulares más significativos del Derecho Internacional de la Seguridad Social es el Convenio Multilateral Iberoamericano de Seguridad Social, cuyo contenido es profusamente descrito por María del Carmen Macías García en el Capítulo VIII, donde viene a poner de manifiesto que los movimientos laborales entre los países iberoamericanos han sido intensos debido a los vínculos históricos y económicos que existen entre ellos. El Convenio Multilateral Iberoamericano de Seguridad Social (CMISS) es la culminación de esta cooperación, cuyo antecedente fue el Convenio de 1978. Aunque algunos países como Uruguay firmaron acuerdos bilaterales, el convenio inicial no cumplió completamente sus objetivos. A pesar de los convenios previos, la cobertura era insuficiente para más de 600 millones de personas, por lo que se necesitan más acuerdos bilaterales. Sin embargo, muchos países carecen de convenios o tienen acuerdos limitados, lo que también se analiza en este capítulo.

La compatibilidad de las prestaciones por incapacidad permanente con el trabajo es otro de los temas recurrentes en el ámbito de la seguridad social, siendo abordado en esta obra colectiva por Noelia Losada Moreno en el Capítulo X, donde afirma que la cobertura de las incapacidades permanentes se creó para asegurar que las personas trabajadoras mantuvieran ingresos regulares y evitar situaciones de necesidad extrema. En las últimas décadas, aunque se ha reconocido la importancia de la integración laboral de las personas con discapacidad como clave para su inclusión social, aún siguen existiendo barreras, como la baja cualificación, el transporte inaccesible y la reticencia empresarial, que dificultan su acceso al empleo. Se ha promovido la compatibilidad entre trabajo y prestaciones por incapacidad y en recientes decisiones judiciales se ha cuestionado la extinción automática del contrato al conceder una incapacidad permanente. A pesar de los avances en la protección social, la evaluación de la capacidad laboral de estas personas sigue siendo un desafío, de ahí que sean necesarias reformas para mantener el equilibrio financiero del Sistema de Seguridad Social.

Como se deduce de lo anteriormente expuesto, los aspectos jurisprudenciales de la seguridad social también son sumamente significativos, por lo que no podía faltar en esta obra colectiva un estudio, realizado por Andrés Urbano Medida en su Capítulo IX, sobre las sentencias del Tribunal Supremo español en casación en unificación de doctrina en materia de Seguridad Social. El autor pone de manifiesto de forma muy solvente cómo ha sido transformado el sistema de Seguridad Social español por la Jurisprudencia, que ha venido desempeñando un papel clave en su interpretación y desarrollo. Las sentencias del Tribunal Supremo han sido fundamentales para aclarar la legislación y guiar al legislador, actuando como un pilar en la construcción del sistema. Desde sus inicios en 1912, el recurso de casación ha sido crucial en la resolución de casos de Seguridad Social.

Tampoco podía faltar en esta obra colectiva de Seguridad Social un análisis, realizado en el Capítulo VI por María Fátima Poyatos Chacón, del Sistema de Autonomía y Atención a la Dependencia (SAAD), considerado como el cuarto pilar del estado del bienestar. La autora desgrana el sistema de cuidados en España, poniendo de manifiesto que este es, hoy por hoy, ineficiente, desigual y poco sostenible debido a la escasa inversión en prestaciones de atención a la dependencia. Se considera, por tanto, que es urgente garantizar estos servicios como un derecho social, equiparable a la sanidad, la educación y las pensiones. Mejorarlo permitiría atender la creciente demanda de cuidados, equilibrando los roles de género para dar apoyo así a las familias cuidadoras.

Esta obra colectiva se completa con dos estudios sumamente interesantes que de forma colateral afectan al sistema de seguridad social. Así en el Capítulo VII, María Pilar Giménez Murugarren nos invita a reflexionar sobre el tratamiento jurídico del acoso en el trabajo desde la perspectiva del trabajo decente, lo que resulta cada vez más relevante en el contexto actual, especialmente desde la óptica de la Organización Internacional del Trabajo (OIT). El concepto de trabajo decente busca garantizar condiciones laborales y de seguridad social que respeten los Derechos Fundamentales, incluyendo la igualdad de género y la eliminación de la violencia y el acoso, de ahí que la OIT haya desarrollado normas, como el Convenio 190, que define y aborda estas problemáticas, estableciendo un marco claro para crear un entorno laboral seguro y respetuoso. Este convenio destaca la importancia de considerar cualquier acto de acoso, incluso si ocurre una sola vez, como inaceptable. Además, su implementación ha impulsado a los Estados miembros a adaptar sus normativas, contribuyendo a la consecución de los ODS de la Agenda 2030.

Y en el Capítulo XIII, en fin, Rosa María Benítez Saña analiza el marco jurídico de los riesgos psicosociales y la consecución de empresas saludables como estrategia integrada para promover el trabajo decente en la era digital. Este estudio indaga en la evolución del concepto de trabajo desde una visión tradicional centrada en el esfuerzo hasta el paradigma actual del bienestar laboral. La irrupción de las TICs y la IA está transformando el entorno laboral, exigiendo a las empresas adaptarse y priorizar la salud y el bienestar de los trabajadores. Instituciones como la ONU y la OMS reconocen el derecho fundamental de los trabajadores a condiciones seguras y saludables. El capítulo analiza el marco jurídico, los riesgos psicosociales emergentes, la acción protectora de la Seguridad Social y las estrategias conducentes a un futuro laboral donde se equilibren la digitalización y el bienestar social.

Francisco Lozano Lares
María Pilar Giménez Murugarren
María del Carmen Macías García

Capítulo 1.

LA SOSTENIBILIDAD JURÍDICO FINANCIERA DEL SISTEMA ESPAÑOL DE PENSIONES

FRANCISCO LOZANO LARES

1.- INTRODUCCIÓN.

Entre los diversos factores que se han venido considerando como realmente determinantes para la sostenibilidad financiera del sistema de pensiones destaca, por encima de todos, el relativo a la variable demográfica. Se esgrime en este sentido que la inversión de la pirámide poblacional experimentada en nuestro país, similar a la de otros países desarrollados, está provocando un envejecimiento paulatino de la población y un paralelo descenso de las tasas de natalidad que generará un crecimiento de los gastos relacionados con el aumento de la esperanza de vida (pensiones de jubilación, asistencia sanitaria y servicios sociales) y una consiguiente disminución de los ingresos derivada del descenso del número de personas potencialmente activas.

En un modelo de seguridad social como el español, sustentado sobre cotizaciones sociales dependientes del factor trabajo, ya se materialice este como trabajo asalariado, como trabajo autónomo o como empleo público, la disminución de la tasa de actividad que entraña esa inversión de la pirámide poblacional puede acabar generando, obviamente, un cierto desequilibrio financiero que es necesario corregir para no tener problemas de solvencia financiera. Pero conviene advertir que el problema no es tanto la variable demográfica en sí, sino la disminución de la tasa de actividad de la sociedad española que puede llevar consigo, de ahí que otros fenómenos que se han venido manifestando durante las últimas décadas, como la progresiva incorporación de las mujeres al mercado de trabajo y la recepción de personas migrantes, hayan contribuido a mitigar ese previsible desequilibrio.

Parece claro, por lo expuesto, que la llegada de la generación del *baby boom* a la edad de jubilación en los próximos años va a representar un momento crítico para el sostenimiento financiero del sistema español de pensiones en la medida en que confluirán un masivo acceso de personas a la pensión de jubilación y un consecuente descenso de la tasa de actividad, de ahí que el legislador haya instaurado recientemente varias fórmulas de financiación novedosas como el mecanismo de equidad intergeneracional (MEI) o el destope de las bases máximas de cotización.

No parece, sin embargo, que el legislador español haya tenido en cuenta el impacto que puede llegar a tener en la financiación del sistema de pensiones la digitalización de la economía y la introducción de la inteligencia artificial en el sistema productivo. Vamos a intentar analizar pues, en este estudio, los principios básicos a los que ha de sujetarse la financiación de un sistema público de pensiones y las fórmulas de financiación sobre las que se ha venido sustentando el sistema español de pensiones desde sus orígenes, para acabar planteándonos la necesidad de introducir algún otro tipo de mecanismo financiero que afronte el impacto que las nuevas tecnologías van a tener sobre la tasa de actividad que, hoy por hoy, sigue constituyendo la principal fuente de financiación del sistema de pensiones.

2.- LOS PRINCIPIOS BÁSICOS EN MATERIA DE SOSTENIBILIDAD FINANCIERA DEL SISTEMA DE PENSIONES EXIGIDOS POR LA NORMATIVA DE LA OIT.

Conviene iniciar nuestro estudio advirtiendo que cualquier decisión o estrategia a seguir por el legislador nacional en materia de financiación del sistema de pensiones ha de acomodarse a los principios establecidos por la normativa de la OIT en materia de sostenibilidad financiera de los sistemas de seguridad social, tal como dichos principios quedaron perfilados en el Convenio sobre la seguridad social (norma mínima), 1952 (núm. 102)[1]. Pese a ser una norma de mediados del siglo pasado, este significativo instrumento de Derecho Internacional sigue conservando “toda su pertinencia” como instrumento de

1 Convenio C102–Convenio sobre la seguridad social (norma mínima), 1952 (núm. 102) (ilo.org).

referencia para los sistemas de seguridad social[2], y su aplicabilidad en España está fuera de toda discusión, puesto que, en la medida en que es un tratado internacional, todo convenio de la OIT forma parte del ordenamiento interno "una vez se hallan ratificados y publicados en el Boletín Oficial del Estado"[3].

Así, más allá del debate entre quienes consideran que los tratados internacionales tienen una jerarquía superior a las leyes, que la relación entre ambos tipos de normas se rige por el principio de competencia, o que tienen una posición intermedia entre la Constitución y las leyes, siendo por tanto de rango supralegal pero infraconstitucional[4], lo que resulta incuestionable es que los convenios de la OIT gozan de prevalencia sobre las normas internas, tal como se indica en el art. 31 de la

---

2 Tal como se reconoció en la exposición de motivos de la Recomendación sobre los pisos de protección social, 2012 (núm. 202), que, aun tratándose de una norma de *soft law* que no establece obligaciones jurídicas vinculantes para los Estados miembros, es "la primera norma *armonizadora* de seguridad social de carácter genérico que la OIT adoptaba en sesenta años de historia". Sobre la significación de la Recomendación 202 de la OIT, vid. Lozano Lares, F. (2021) "La nueva estrategia de la OIT sobre pisos de protección social". *Revista Internacional y Comparada de Relaciones Laborales y Derecho del Empleo,* (Extra 0), 64-111.

3 Gil y Gil, J.L. (2021) "La aplicación por el juez nacional de los instrumentos de la OIT". *Revista general de derecho del trabajo y de la seguridad social,* (59), 26-114. La cita procede, en concreto, de la p. 28.

4 La mayor parte de la doctrina de Derecho Internacional Público y Derecho Constitucional defiende la primera postura, derivando la supremacía jerárquica de los tratados internacionales de lo dispuesto implícitamente en los arts. 95 y 96 CE; la segunda postura, relativa al principio de competencia, es la que mayoritariamente adopta la doctrina de Derecho Administrativo, mientras que la doctrina iuslaboralista se inclina por defender que los tratados internacionales tienen una posición intermedia entre la Constitución y las leyes. Vid, sobre todo ello, *in extenso,* Gil y Gil, J.L. (2021) "La aplicación por el juez nacional de los instrumentos de la OIT", cit., pp. 33 y ss.

Ley 25/2014, de 27 de noviembre, de Tratados y otros Acuerdos Internacionales, donde se indica que "las normas jurídicas contenidas en los tratados internacionales válidamente celebrados y publicados oficialmente prevalecerán sobre cualquier otra norma del ordenamiento interno en caso de conflicto con ellas, salvo las normas de rango constitucional".

Esa misma prevalencia se deduce de lo dispuesto en el art. 27.1 de la Convención de Viena sobre el Derecho de los Tratados, entre Estados y Organizaciones Internacionales o entre Organizaciones Internacionales, de 23 de mayo 1986[5], donde quedó estipulado que un "Estado parte en un tratado no podrá invocar las disposiciones de su derecho interno como justificación del incumplimiento del tratado", por lo que, salvo que un Estado, en virtud de lo dispuesto en el art. 46.1 de la Convención de Viena de 1986, alegue la nulidad de un convenio de la OIT por existir un vicio del consentimiento derivado del hecho de haber sido este expresado con violación manifiesta de una norma de importancia fundamental de su derecho interno, la aplicación del convenio en el derecho interno, al ser de naturaleza jurídica obligatoria, "vendría exigida por el tratado constitutivo de la Organización, resultando inaplicables cuantos preceptos internos le resulten contradictorios"[6].

Parece claro, por tanto, que los convenios de la OIT fijan y establecen unos estándares mínimos que las disposiciones nacionales no pueden desconocer, máxime cuando dichos estándares deban aplicarse de forma directa por su carácter *self-executing*, lo que, lógicamente, dependerá de la precisión e incondicionalidad de su redacción. Los poderes ejecutivo y legislativo de un Estado que haya ratificado un Convenio de la

---

5 Puede verse, *on line*, en 20091112011908-247-29.pdf (cndh.org.mx).

6 Vid., en ese sentido, Rodríguez Carrión, A. (2012). *Lecciones de Derecho Internacional Público*, Tecnos, 6ª edición, 3ª reimpresión, Madrid, p. 259.

OIT no podrán ignorar ni empeorar las normas auto ejecutivas del mismo que garanticen derechos o impongan obligaciones de manera clara y precisa, puesto que, si rebajan el nivel mínimo de protección establecido por el convenio de la OIT, el juez nacional puede desplazar las disposiciones nacionales, ya sea por el carácter prevalente de aquél o en virtud del principio de competencia[7]. E incluso en el caso de los convenios de carácter promocional, como señaladamente ocurre con el Convenio 102 de la OIT, la vía judicial también sería procedente para lograr la aplicación directa de sus principios y reglas más precisas, e incluso para apelar a la responsabilidad patrimonial del Estado en caso de que la omisión de dichos principios y reglas pudiera causar un perjuicio a las partes interesadas[8].

Pues bien, como ya pusimos de manifiesto en su momento, el Convenio 102 de la OIT contiene una serie de principios generales que perfilan claramente un marco legal básico en materia de financiación de las prestaciones de seguridad social que es jurídicamente vinculante, pero que los poderes públicos nacionales tienden a ignorar con demasiada frecuencia en aras de unas políticas de austeridad auspiciadas por el lobby financiero que, bajo la constante amenaza de la quiebra del sistema público de pensiones, ni siquiera ocultan los intereses espurios que hay detrás de su discurso apocalíptico[9]. Entre esas normas básicas a efectos de financiación de los sistemas

---

7 Esta última es la posición, muy fundada, por lo demás, de Gil y Gil, J.L. (2021). "La aplicación por el juez nacional de los instrumentos de la OIT", cit., pp. 36-37.

8 Von Potobsky, G. (2004). "Eficacia jurídica de los convenios de la OIT en el plano nacional", *Les normes internationales du travail: un patrimoine pour l'avenir. Mélanges en l'honneur de Nicolas Valticos*, Bureau International du Travail, Genève, pp. 287-305.

9 Lozano Lares, F. (2019). "Jubilación decente en la sociedad post-laboral". *Revista Internacional y Comparada de Relaciones Laborales y Derecho del Empleo*, (4),137-185.

de pensiones se encuentra el art. 71.1 del Convenio 102 de la OIT, cuya redacción resulta bastante preciso e incondicional cuando dice que tanto "el costo de las prestaciones" como "los gastos de administración" de las mismas "deberán ser financiados colectivamente por medio de cotizaciones o de impuestos, o por ambos medios a la vez, en forma que evite que las personas de recursos económicos modestos tengan que soportar una carga demasiado onerosa", teniendo en cuenta la situación económica del Estado miembro de que se trate y las categorías de personas protegidas. Como se deduce de la lectura del precepto, el legislador internacional, si bien es flexible en cuanto a la fórmula de financiación a utilizar, concediendo un gran margen de actuación para que cada Estado elija los mecanismos financieros que mejor se acomoden a su idiosincrasia económica y social, consagra sin embargo de forma meridianamente clara e inequívoca el *principio de financiación colectiva* del sistema de pensiones.

Parece claro, por tanto, que los poderes públicos nacionales podrán financiar las pensiones con cuotas finalistas de empresarios y trabajadores, como viene siendo habitual en el caso de las pensiones contributivas, mediante transferencias económicas procedentes del sistema impositivo, para financiar pensiones no contributivas, e incluso con una mezcla de ambas fuentes de ingresos. Pero sea cual sea la fórmula de financiación por la que se opte, la base económica del sistema de pensiones tiene que ser necesariamente colectiva, solidaria, recayendo sobre todos los miembros de la comunidad nacional, lo que únicamente puede lograrse a través del denominado sistema financiero de reparto, consistente en la provisión de fondos necesarios para pagar las prestaciones de cada año[10]. Ningún

---

10 Tal como indicara la Comisión de Expertos de la OIT en su informe *La seguridad social y la primacía del derecho*, Conferencia Internacional del Trabajo, 100ª reunión, 2011, p. 206.

otro sistema financiero imaginable se ajusta plenamente al principio de financiación colectiva. No lo hace, desde luego, el sistema de capitalización empleado por las entidades financieras y las compañías aseguradoras para financiar los sistemas privados de pensiones[11], porque la acumulación anticipada de activos financieros en que se basa todo plan o fondo privado de pensiones no es solidario, no entraña una financiación colectiva y está sujeto a los riesgos del mercado financiero, por lo que resulta evidente que no cumple en modo alguno con las exigencias del art. 71.1 del Convenio de la OIT[12].

Junto al principio de financiación colectiva, el art. 71.1 del Convenio 102 contiene una segunda regla básica consistente en exigir que el método de financiación elegido no conlleve una carga demasiado onerosa para las "personas de recursos económicos modestos", estableciendo así un principio de distribución equitativa de las cargas financieras que aparece desarrollado, para el caso de las prestaciones contributivas, en el art. 71.2 del convenio 102, donde se establece que "el total de cotizaciones de seguro a cargo de los asalariados protegidos no deberá exceder del 50 por ciento del total de recursos destinados a la protección de los asalariados". También resulta claro y preciso, pues, que la financiación del sistema de pensiones no puede correr a cargo exclusivo de las personas trabajadoras,

---

11 Basados en la acumulación anual de lo que ahorra cada persona hasta llegar a la edad de jubilación, de modo que "el total acumulado, más los beneficios que se hayan podido lograr con ese fondo durante todo el período, financian la pensión". Etxezarreta, M. (2010) "La tendencia a la privatización: consideración especial de la privatización de las pensiones". *Qué pensiones, qué futuro. El Estado de bienestar en el siglo XXI,* Icaria. Así lo describe la autora en la p. 31.

12 Dicho ello con absoluta independencia, lógicamente, de la libertad y el derecho que cada persona individualmente considerada tiene de acudir, si puede permitírselo, a un plan de pensiones como fórmula de ahorro privado.

puesto que sería un método de reparto de cargas *contrario* a lo dispuesto por el legislador internacional, de ahí que lo más frecuente sea una financiación de carácter tripartito, con cotizaciones a cargo de las propias personas trabajadores aseguradas, cuotas de los empleadores y subvenciones estatales[13].

En el caso concreto de las pensiones de jubilación contributiva, el juego conjunto de estos dos principios básicos de financiación colectiva y distribución equitativa de las cargas lleva implícita además la necesidad de adoptar el denominado régimen de prestaciones definidas, donde la base de cálculo de la pensión está "relacionada con los ingresos anteriores a la jubilación", lo que combina solidaridad y contributividad[14]. A diferencia de este método de cálculo, el denominado régimen de cotizaciones definidas, que establece una relación directa entre la pensión y las cotizaciones efectuadas, presenta el serio inconveniente de estar asociado con el sistema de capitalización plena basado en cuentas individuales, por lo que las futuras pensiones quedarían muy expuestas a los riesgos relacionados con las fluctuaciones de la inversión, de ahí que, por faltarles tanto el elemento de la solidaridad como el de la seguridad, la Comisión de Expertos de la OIT haya dejado bien claro que los regímenes de cotizaciones definidas no cumplan con los requisitos establecidos en el Convenio 102 de la OIT[15].

La implementación de los dos principios básicos de financiación mencionados requieren de una gran implicación por parte de los poderes públicos, que han de asumir el compromiso de garantizar el acopio regular de los ingresos necesarios

---

13 Tal como viene indicándose ya desde hace bastante tiempo, como puede verse en el informe de la OIT: *La protección de la vejez por la Seguridad Social*, Conferencia Internacional del Trabajo, 76ª reunión, Ginebra, 1989, p. 105.

14 OIT. *La seguridad social y la primacía del derecho*, cit., p. 206.

15 *Ibidem*, p. 207.

para financiar las pensiones, una equitativa distribución de las cargas económicas y el abono periódico de los pagos comprometidos[16], garantizando así la adecuada gobernanza del sistema de pensiones, aspecto que también contempla el art. 71.3 del Convenio 102 de la OIT cuando exige a los Estados la asunción de una "responsabilidad general en lo que se refiere al servicio de prestaciones concedidas en aplicación del presente Convenio y adoptar, cuando fuere oportuno, todas las medidas necesarias para alcanzar dicho fin». Esa responsabilidad general de los poderes públicos a nivel nacional también resulta ineludible, e implica, como acaba indicando el art. 71.2 del Convenio 102, el deber de "garantizar, cuando fuere oportuno, que los estudios y cálculos actuariales necesarios relativos al equilibrio se establezcan periódicamente y, en todo caso, previamente a cualquier modificación de las prestaciones, de las tasas de cotizaciones del seguro o de los impuestos destinados a cubrir las contingencias en cuestión".

Como ha indicado la Comisión de Expertos de la OIT, los estudios e informes actuariales, que habrán de ser realizados por un actuario independiente, son absolutamente necesarios para evaluar la solvencia a largo plazo de todo sistema de pensiones, lo que implica una evaluación del futuro equilibrio financiero del sistema mediante la previsión de los ingresos y gastos futuros sobre la base de un modelo coherente con las condiciones demográficas y financieras futuras[17]. Pero el objetivo de todo análisis actuarial de un determinado sistema de pensiones no puede consistir en una fundamentación de su inviabilidad económica para seguidamente justificar la introducción de reformas legales en beneficio de los planes privados de pensiones, como suelen hacer los informes técnicos encargados por las

---

16 Lozano Lares, F. (2019). "Jubilación decente en la sociedad postlaboral", cit., p. 175.

17 OIT. *La seguridad social y la primacía del derecho*, cit., p. 214.

entidades financieras[18], sino que su finalidad ha de ser precisamente la contraria, la de garantizar la solvencia del sistema, actuando como herramienta de apoyo a los legisladores y a los encargados de formular políticas nacionales que hagan posible el cumplimiento de los principios establecidos en el Convenio 102 de la OIT .

Parece claro, por tanto, que el legislador internacional está pensando en un modelo de gestión pública del sistema de pensiones, de ahí que en el art. 72 del Convenio 102 de la OIT se sobreentienda que su administración estará confiada, como regla general, a "una institución reglamentada por las autoridades públicas" o a un "departamento gubernamental responsable ante un parlamento". Con independencia de la fórmula de gestión que se utilice, pues, el Estado tendrá que asumir siempre la función de garante último del sostenimiento del sistema de pensiones, lo que entraña un deber de custodia y buena gobernanza que incluso ha llevado a la Comisión de Expertos de la OIT a considerar la necesidad de constituir fondos de reserva que actúen como mecanismo de garantía de la sostenibilidad financiera del sistema de pensiones, puesto que si bien este tipo de medidas no está expresamente previsto en el Convenio 102 de la OIT, "puede considerarse que está implícito en el principio general de responsabilidad del Estado en el debido suministro de las prestaciones"[19], debiendo compensarse los posibles déficits del fondo de reserva con transferencias de los presupuestos del Estado, puesto que, como se indica en el último Informe Mundial sobre la Protección Social, "la

---

18 Para un análisis crítico de los informes elaborados a instancias de La Caixa y el Banco Bilbao Vizcaya, vid.: Iglesias Fernández, J. (2010). "Desde las entidades financieras (bancos, cajas y aseguradoras), un ataque permanente al sistema público de pensiones". *Qué pensiones, qué futuro. El Estado de bienestar en el siglo XXI*, opus. cit., pp. 105-149.

19 OIT. *La seguridad social y la primacía del derecho*, cit., p. 217.

reducción del déficit de financiación de la protección social consiste principalmente en aumentar el espacio fiscal interno", lo que incluye el aumento de los ingresos procedentes de los impuestos y de las contribuciones a la Seguridad Social[20].

En definitiva, el Convenio 102 de la OIT atribuye al Estado una serie de obligaciones de gobernanza, administración, vigilancia y control de tal magnitud que le convierten en responsable directo del sostenimiento de las pensiones de jubilación, por lo que, con independencia de la naturaleza jurídica de las instituciones que en la práctica lo gestionen, el sistema de pensiones está concebido legalmente como un servicio público que ha de estar a cargo de los poderes públicos, de ahí que la privatización no sea de ningún modo el camino a seguir para el sostenimiento financiero del sistema de pensiones, puesto que ni aporta una solución económica viable ni se acomoda en modo alguno al marco jurídico establecida por la legislación internacional de seguridad social.

3.- LA CONSOLIDACIÓN DEL MODELO MIXTO DE FINANCIACIÓN DEL SISTEMA ESPAÑOL DE PENSIONES AL AMPARO DEL PACTO DE TOLEDO.

Como no podía ser de otro modo, la sostenibilidad financiera del sistema de pensiones es uno de los grandes retos que el legislador español ha tenido que afrontar desde la creación en la década de 1960 del sistema de Seguridad Social. La necesidad de contar con mecanismos de financiación solventes se hizo patente ya con la adopción de la Ley 24/1972, de 21 de junio, de financiación y perfeccionamiento de la acción

---

20 OIT. *Informe Mundial sobre la Protección Social. 2020-2022. La protección social en la encrucijada: en busca de un futuro mejor.* Oficina Internacional del Trabajo. Ginebra, 2021, p. 238.

protectora del Régimen General de la Seguridad Social[21], que sustituyó el originario sistema de cotización conforme a bases tarifadas por un sistema de cotización sustentado en las remuneraciones realmente percibidas, lo que contribuyó a sanear el sistema financiero, garantizando la mejora de la cuantía de las prestaciones[22], tan necesaria en esa fase embrionaria del sistema de Seguridad Social, y el mantenimiento del poder adquisitivo de las pensiones mediante su revalorización anual. También se preveía que las aportaciones del Estado tendrían un carácter progresivo hasta convertirse en un recurso ordinario de la Seguridad Social, pero lo cierto fue que, en la práctica, este nuevo modelo de cotización implantado a partir de 1972 no logró equilibrar financieramente el sistema porque, entre otras razones, su entrada en vigor se fue demorando durante muchos años, lo que impidió hacer frente adecuadamente a la financiación del aumento de los gastos que se preveían en materia de acción protectora.

Ese desequilibrio financiero empezaría a ser corregido durante la década de 1980, que estuvo presidida por la aprobación de la Ley 26/1985, de 31 de julio, de medidas urgentes para la racionalización de la estructura y de la acción protectora de la Seguridad Social (primera ley de pensiones), que reforzó la contributividad del sistema de pensiones por la vía del endurecimiento de las condiciones de acceso y la rebaja de su cuantía, estableciendo a tal fin un período mínimo de cotización más largo y un módulo de cálculo más regresivo[23].

---

21 Agencia Estatal Boletín Oficial del Estado. Ley 24/1972, de 21 de junio, de financiación y perfeccionamiento de la acción protectora del Régimen General de la Seguridad Social.

22 Lozano Lares, F. (2023). *Manual de Seguridad Social.* Laborum, p. 40.

23 Así, el período de carencia para acceder a la jubilación pasó de 10 a 15 años y, para calcular la cuantía de las pensiones de jubilación e incapacidad permanente (derivada de contingencias comunes), la base de cálculo pasó de representar el promedio de los dos años

A lo largo de esta década se fueron aproximando las bases de cotización a los salarios reales y el tipo de cotización quedaría estabilizado en el 28,3 % (23,6 % a cargo de la empresa y 4,7 % a cargo de las personas trabajadoras). La estabilización del tipo de cotización supuso, en realidad, una minoración del esfuerzo contributivo que se venía exigiendo, pero se vio compensado con un aumento efectivo de las transferencias del Estado propiciada por la Ley 37/1988, de 28 de diciembre, de Presupuestos Generales del Estado para 1989[24], donde por primera vez se estableció una aportación finalista para sufragar los elementos universales y no contributivos del sistema de Seguridad Social que en el año 1994 llegó a representar ya el 28,3 % de los ingresos del sistema[25].

Partiendo de estos antecedentes, nada tiene de extraño, pues, que la sostenibilidad financiera del sistema de pensiones fuese también el eje sobre el que se articuló el conjunto de medidas propuestas por el denominado Pacto de Toledo, aprobado por el Pleno del Congreso el 12 de abril de 1995, que era en realidad un informe técnico sobre "los problemas estructurales del sistema de la Seguridad Social" cuya primera y más significativa recomendación fue la "separación y clarificación de las fuentes de financiación", de modo que las prestaciones de naturaleza contributiva, que proporciona rentas de sustitución, se financiarían con cotizaciones sociales a través del sistema de reparto, mientras que las prestaciones económicas no con-

---

inmediatamente anteriores a la solicitud de pensión a ser el promedio de los ocho últimos cotizados. Vid.: Agencia Estatal Boletín Oficial del Estado. Ley 26/1985, de 31 de julio, de medidas urgentes para la racionalización de la estructura y de la acción protectora de la Seguridad Social.

24 Agencia Estatal Boletín Oficial del Estado. Ley 37/1988, de 28 de diciembre, de Presupuestos Generales del Estado para 1989.

25 Vid., sobre ello: Boletín Oficial de las Cortes Generales. Congreso de los Diputados. Serie E, núm. 134, 12 de abril de 1995, pp. 10-11.

tributivas, dirigidas a compensar la ausencia de rentas de las personas en situación de necesidad, y las prestaciones técnicas de carácter universal (asistencia sanitaria y servicios sociales) se financiarían con cargo al sistema impositivo general, mediante transferencias finalistas de los Presupuestos Generales del Estado al presupuesto de la Seguridad Social.

En este informe se hacía una certera radiografía de los factores "externos" que acabarían incidiendo en la financiación del sistema de pensiones, entre los que sobresalían la variable demográfica, la tasa de ocupación y la tasa de actividad de la sociedad española. En el caso de la variable demográfica se hacía referencia al efecto conjunto de la caída de las tasas de natalidad y el paralelo aumento de la esperanza de vida, lo que estaba produciendo un paulatino envejecimiento de la población que, en el caso español, adquiriría una dimensión preocupante en "la tercera década del próximo siglo"; o sea, en la década de 2020. El aumento del número de pensiones que ello implicaría se tendría que ver compensado, se indicaba entonces, con un "crecimiento económico sensible a la creación de empleo", puesto que ello incrementaría la tasa de ocupación y el número de cotizantes. Se confiaba asimismo en que, dado que España partía de la tasa de actividad más baja de la Unión Europea, había un amplio margen de actuación en este ámbito si se producía una progresiva incorporación de las mujeres al mundo laboral; la tasa de actividad también podría crecer con el aumento del número de personas trabajadoras extranjeras afiliadas al sistema, pero este factor migratorio no parecía demasiado relevante a finales del siglo pasado porque la cifra de inmigrantes legales en el año 1990 era de tan solo 220.000 personas[26]. Se hablaba incluso del impacto que sobre la financiación del sistema de seguridad social podrían tener determinadas transformaciones sociales como el surgimiento

---

26 *Ibidem*, pp.12-14.

de nuevos modelos de familia y la modificación del tradicional rol de cuidadora de las mujeres que se fuesen incorporando al mercado laboral.

En cualquier caso, frente a las argumentaciones esgrimidas por el Grupo Parlamentario Catalán (CiU), promotor de la Proposición no de Ley que condujo a la aprobación por el Congreso del Pacto de Toledo, que consideraba como una de las causas de la problemática presupuestaria de la Seguridad Social la propia "estructura financiera del sistema de la Seguridad Social español fundamentado en un régimen de reparto"[27], la potencia final acabaría concluyendo, en concordancia con lo exigido por el Convenio 102 de la OIT, que "las demandas teóricas de sustituir el actual sistema de reparto y solidaridad intergeneracional por otra basada en la capitalización del sistema público de pensiones y en la previsión individual, es rechazable por razones sociales e inviable técnicamente". Esas demandas privatizadoras se tuvieron que contentar entonces con la recomendación de potenciar modalidades de previsión complementarias previstas en el art. 41 de la CE, pero no como prestaciones "sustitutorias, ni debilitadoras de las pensiones públicas, que deberán prestarse en un marco de solvencia financiera, gestión eficaz y transparente y atención a sus propios fines"[28].

A la postre, el Pacto de Toledo y sus sucesivas actualizaciones acabarían marcando el devenir del sistema español de pensiones, dando lugar a un sinfín de reformas que, en primera instancia, quedarían plasmadas en el *Real Decreto Legislativo 1/1994, de 20 de junio, por el que se aprueba el texto refundido de la Ley General de la Seguridad Social*, de donde pasarían a la vigente LGSS, aprobada por Real Decreto Legislativo 8/2015, de 30 de

---

27 *Ibidem*, p. 3.

28 Boletín Oficial de las Cortes Generales. Congreso de los Diputados. Serie E, núm. 134, 12 de abril de 1995, p. 15.

octubre. La primera reforma legal dictada al amparo del Pacto de Toledo fue la Ley 24/1997, de 15 de julio, de Consolidación y Racionalización del Sistema de Seguridad Social[29], conocida como segunda ley de pensiones[30], que acometió la primera recomendación del Pacto de Toledo relativa a la separación de fuentes de financiación, estableciendo un plazo transitorio, que concluyó en el año 2000, a partir del cual la asistencia sanitaria y las prestaciones no contributivas se financiarían exclusivamente mediante transferencias del sistema impositivo. De ese modo, se descargaba al nivel contributivo (a empresas y personas trabajadoras) de una parte muy significativa de los costes del sistema de Seguridad Social, lo que contribuyó a equilibrar el sostenimiento financiera de las pensiones, pero que podía convertirse en un arma de doble filo si, en el caso de que descendieran las cotizaciones, no se arbitraran medidas que garantizaran la transferencia de fondos de los Presupuestos Generales del Estado para cubrir los déficits financieros que el descenso de cotizaciones podría generar.

Esta norma también contempló la creación de un fondo de reserva, tal como se pedía en la segunda recomendación del Pacto de Toledo, que sirviera para atenuar los ciclos económicos, de modo que los excedentes que pudieran generarse en los ejercicios presupuestarios de bonanza económica fuesen utilizados "para constituir con títulos públicos adquiridos en mercados oficiales fondos de equilibrio que permitan actuar en momentos bajos del ciclo, sin acudir a incrementos de cotizaciones". El fondo de reserva se constituyó en el año 2000 a

---

29 Agencia Estatal Boletín Oficial del Estado. Ley 24/1997, de 15 de julio, de Consolidación y Racionalización del Sistema de Seguridad Social.

30 Su reglamento de desarrollo, aprobado por RD 1647/1997, de 31 de octubre, por el que se desarrollan determinados aspectos de la Ley 24/1997, de 15 de julio, de consolidación y racionalización del sistema de la Seguridad Social, aún sigue vigente.

nombre de la TGSS en el Banco de España y su dotación inicial quedó determinada en el Acuerdo de 9 de abril de 2001 para la mejora y el desarrollo del sistema de protección social[31], quedando fijada su cuantía en "una mensualidad ordinaria del total de pago de prestaciones periódicas que realiza la TGSS, más el correspondiente prorrateo de las pagas extraordinarias de julio y diciembre", acordándose además que el fondo debería alcanzar los 1.000.000 millones de pesetas. Tanto la doctrina como los sindicatos criticaron en su momento la insuficiencia de esta cuantía, dados los excedentes existentes por aquellas fechas y la fase alcista del ciclo económico que había que aprovechar[32], e incluso se llegó a rechazar que el fondo de reserva estuviera topado, porque el establecimiento mismo del tope de un billón de pesetas podría estar relacionado con la decisión de reducir las cotizaciones patronales en el futuro, por lo que hubiera sido mejor acumular un fondo mayor "durante esta etapa que coincide con una coyuntura demográfica más favorable, puesto que hasta 2015 el incremento del gasto en pensiones será leve al entrar generaciones de pensionistas menos numerosas por haber nacido en la guerra civil y en los años inmediatamente siguientes"[33].

Sea como fuere, la Ley 18/2001, de 12 de diciembre, General de Estabilidad Presupuestaria, reforzaría la materialización de esta propuesta del Pacto de Toledo al indicar que los superávits derivados de la liquidación presupuestaria en el sistema de la Seguridad Social se aplicarían "prioritariamente al Fondo

---

31 Cuyo texto completo puede verse en: Microsoft Word–Acuerdo mejora sistema de protección social 9 04 01.doc (usal.es)

32 López Gandía, J. (2008). "El fondo de reserva de la Seguridad Social". *Temas Laborales*, (24), 179-202. Vid., en concreto, pp. 185-187, donde se describen detalladamente las vicisitudes que condujeron a la creación del fondo de reserva de la Seguridad Social.

33 Méndez Rodríguez, C. (2002). "Un mal acuerdo: por qué no ha firmado UGT". *Foro de Seguridad Social*, (6 y 7), p. 47.

de Reserva de la Seguridad Social con la finalidad de atender a las necesidades futuras del sistema"[34]. Dando puntual cumplimiento a esa medida de naturaleza presupuestaria, la Ley 24/2001, de 27 de diciembre, de Medidas Fiscales, Administrativas y del Orden Social, modificaría el art. 91.1 de la LGSS para hacer referencia legal al fondo de reserva constituido en la TGSS, que se dotaría "con cargo a los excedentes de los ingresos que financian los gastos de carácter contributivo y que resulten de la liquidación de los Presupuestos de la Seguridad Social en cada ejercicio económico, siempre que las posibilidades económicas y la situación financiera del Sistema lo permitan". Se encomendaba al Gobierno la fijación en cada ejercicio económico de la cuantía de los excedentes destinados a la dotación del fondo de reserva y la materialización financiera de dicha reserva, integrándose también como dotaciones del fondo los rendimientos de cualquier naturaleza que generasen los activos financieros públicos en que se materializasen las dotaciones del fondo de reserva, así como los generados por los saldos financieros del mismo[35]. Su efectiva constitución legal y la importante cuantía que el fondo de reserva iría adquiriendo, exigió la adopción de un régimen jurídico específico que estableciera las fórmulas de inversión del mismo, lo que se hizo con la adopción de la *Ley 28/2003, de 29 de septiembre, reguladora del Fondo de Reserva de la Seguridad Social,* cuyo contenido puede verse hoy en los arts. 117 a 127 de la LGSS[36], quedando estable-

---

34 Dicha medida presupuestaria aparece contemplada hoy en el art. 32.2 de la Ley Orgánica 2/2012, de 27 de abril, de Estabilidad Presupuestaria y Sostenibilidad Financiera. Agencia Estatal Boletín Oficial del Estado: https://www.boe.es/buscar/act.php?id=BOE-A-2012-5730&b=42&tn=1&p=20131221#a32.

35 Agencia Estatal Boletín Oficial del Estado. Ley 24/2001, de 27 de diciembre, de Medidas Fiscales, Administrativas y del Orden Social.

36 Cuyo desarrollo reglamentario sigue estando en el Real Decreto 337/2004, de 27 de febrero, por el que se desarrolla la Ley 28/2003,

cido entonces que el fondo se nutriría con los "excedentes de ingresos que financian las prestaciones de carácter contributivo" y con el "exceso de excedentes derivado de la gestión por parte de las mutuas de accidentes de trabajo y enfermedades profesionales de la Seguridad Social de la prestación de incapacidad temporal por contingencias comunes".

Apenas tres días después de la publicación de esta significativa disposición legal, se publicaba un informe de la Comisión no permanente para la valoración de los resultados obtenidos por la aplicación de las recomendaciones del Pacto de Toledo, donde se venía a poner de manifiesto tanto la plena vigencia del mismo, ocho años después de su adopción, como su acierto desde un punto de vista de política social, puesto que supuso "una definición de postura en el seno del debate que provocó la opción por un modelo de capitalización que se adoptó en Chile por aquellos años"[37]. El hecho de que el sistema de pensiones estuviera generando excedentes que iban destinados al fondo de reserva, situación que, según lo previsto en el propio informe, continuaría hasta el año 2015, era una síntoma inequívoco de que, con las correcciones necesarias, el sistema de reparto era plenamente viable desde una perspectiva financiera, pese a la tendencia al envejecimiento de la población española a medio plazo y el aumento de la tasa de dependencia, expresada en porcentaje de personas con 65 o más años sobre los activos potenciales, que ello conllevaría.

La clave de bóveda del sostenimiento financiero del sistema de pensiones estaba, por tanto, como se reconocía en el informe, en el aumento de la tasa de ocupación de la población

de 29 de septiembre, reguladora del Fondo de Reserva de la Seguridad Social.

37 Boletín Oficial de las Cortes Generales. Congreso de los Diputados. Serie D, núm. 596, 2 de octubre de 2003, p. 18. Vid., en: D_596.PDF (congreso.es).

potencialmente activa, para lo cual era necesario hacer hincapié en dos variables, ya apuntadas en el Pacto de Toledo, como eran la progresiva incorporación de las mujeres al mercado de trabajo y la inmigración, que en el año 2003 ya eran factores determinantes de una nueva realidad social, de ahí que fueran consideradas como recomendaciones adicionales. En relación con el trabajo femenino, se abogaba por la adopción "urgente" de medidas que hicieran compatible la maternidad, una de las principales causas de las brechas de protección social de las mujeres, y "el pleno desarrollo laboral y profesional de las madres", con el objetivo de evitar que los costes y las "desventajas de asumir responsabilidades familiares constituyan un obstáculo a la natalidad en la medida en que redunden en penalizaciones o menores niveles de protección social"[38]. En lo que respecta a la inmigración, que había experimentado ya un extraordinario incremento por aquellos años, se reconocía entonces sin ambages que, aun siendo un gran desafío, también podía contribuir a paliar el problema de la insuficiencia de población activa, puesto que la población inmigrante sumaba activos y contribuía a equilibrar la pirámide etaria, proporcionando "una base importante de cotizantes que puede servir de transición adecuada a un aumento, entre nosotros, de la natalidad", de ahí que, pese a no ser considerada como una solución definitiva, se entendiera que los "flujos migratorios son positivos para el crecimiento económico, el desarrollo del país y el sostenimiento del sistema público de pensiones"[39].

Por lo demás, en esta primera revisión del año 2003 del Pacto de Toledo se volvían a reproducir, por tanto, las dos grandes recomendaciones financieras efectuadas ocho años antes, incidiéndose en la conveniencia de culminar la separación de

---

[38] Boletín Oficial de las Cortes Generales. Congreso de los Diputados. Serie D, núm. 596, 2 de octubre de 2003, cit. p.46.

[39] *Ibidem*, p.41.

fuentes de financiación mediante la asunción por los Presupuestos Generales del Estado de los complementos a mínimos, cuya naturaleza no contributiva ya había sido delimitada plenamente, y la necesidad de seguir destinando los excedentes que se produjeran al fondo reserva, "sin límite alguno", dado que este mecanismo de financiación se había convertido en un "factor de estabilidad del Sistema que otorga capacidad de actuación en fases bajas de ciclo económico sin necesidad de instrumentar reducciones de prestaciones o incrementos de cotizaciones"[40].

El estallido de la profunda crisis financiera generada en 2008 por el *lobby* bancario, con las consecuentes políticas de austeridad presupuestaria que llevó aparejadas, vendría a poner a prueba la solvencia del sistema de reparto implantado en España, puesto que, junto al ya consabido problema del envejecimiento de la población, común a todos los países de la Unión Europea[41], venía a unirse ahora el impacto de la crisis económica, lo que dejaría su impronta en el segundo Informe de Evaluación y Reforma del Pacto de Toledo aprobado por el Pleno del Congreso de los Diputados el día 25 de enero de 2011[42]. La situación presupuestaria de la que se partía para afrontar la crisis no puede decirse, al menos a nuestro juicio, que fuese extremadamente crítica, puesto que, pese a que el número total de pensiones contributivas ascendía a la cifra de 8.614.876, la dotación del fondo de reserva era, a 15 de septiembre de 2010,

---

40 Boletín Oficial de las Cortes Generales. Congreso de los Diputados. Serie D, núm. 596, 2 de octubre de 2003, cit. p.42.

41 Comisión Europea. *Ageing Report: Economic and budgetary projections for the EU-27 Member States (2008-2060).* Office for Official Publications of the European Communities. Luxemburgo, 2009. https://ec.europa.eu/economy_finance/publications/pages/publication14992_en.pdf.

42 Boletín Oficial de las Cortes Generales. Congreso de los Diputados. Serie D, núm. 513, 31 de enero de 2011. Vid., *on line*, en: https://www.congreso.es/public_oficiales/L9/CONG/BOCG/D/D_513.PDF.

fecha que el informe tomaba como referencia, de 64.001,73 millones de euros[43], cifra que seguiría ascendiendo hasta alcanzar su máximo histórico de 66.815 millones de euros a fecha 31 de diciembre de 2011[44]. Sin embargo, las previsiones del informe no podían ser más pesimistas, puesto que se llegaba a afirmar que las consecuencias económico financieras del aumento de la esperanza de vida, con el incremento de la tasa de dependencia que llevaba aparejado, y las tendencia laborales del mercado de trabajo español, con una edad media de jubilación de 63 años, llevaban a la conclusión de que "la situación será, antes o después, insostenible a no ser que, puesto que se vive más años, también se trabaje más años"[45].

En toda la parte descriptiva del informe, el lenguaje utilizado delata el influjo de las políticas de austeridad exigidas entonces por las instituciones comunitarias, que también acabarían afectando a los sistemas de pensiones, puesto que estas son consideradas como un *gasto público*, como parte de los insostenibles niveles de deuda pública[46], antes que como un derecho, advirtiéndose que "el impacto demográfico agravado por la crisis económica ejercerá una fortísima presión sobre las finanzas públicas", lo que se vería agravado por las "nuevas

---

43 *Ibidem*, p.14.

44 Ministerio de Inclusión, Seguridad Social y Migraciones. *Fondo de Reserva de la Seguridad Social. Informe a las Cortes Generales. Evolución, actuaciones del año 2021 y situación a 31 de diciembre de 2021*, Madrid, 2022, p.11. Puede verse en línea en el siguiente enlace, consultado a fecha 02/03/2024: https://www.seg-social.es/wps/wcm/connect/wss/1a8b60d5-1a2e-4217-a5c0-2e2ead19035b/FONDO+DE+RESERVA+2021_WEB.pdf?MOD=AJPERES.

45 Boletín Oficial de las Cortes Generales. Congreso de los Diputados. Serie D, núm. 513, 31 de enero de 2011, cit. p. 17.

46 Así se indicaba en el *Libro Verde en pos de unos sistemas de pensiones europeos adecuados, sostenibles y seguros*, Comisión Europea, COM (2010) 365 final, Bruselas, 7 de julio de 2010, p.10.

estructuras familiares" que incrementarían "el coste financiero de la asistencia sanitaria y de los cuidados de larga duración que en el pasado se prestaban por el propio entorno familiar"[47]. Todo ello conducía, en definitiva, a seguir manteniendo las recomendaciones del Pacto de Toledo, pero teniendo en cuenta que los poderes públicos estaban abocados a "respetar un equilibrio preciso entre la austeridad y la generosidad, un equilibrio que nos asegure a todos que el sistema no va a quebrar"[48].

En ese contexto, con la amenaza de la quiebra del sistema público de pensiones como telón de fondo, el informe volvería a incidir en la urgencia de finalizar el proceso de asunción por parte de los Presupuestos Generales del Estado de los complementos a mínimos y en la necesidad de seguir incrementando la dotación total del fondo de reserva. Junto a ello, se añadiría también la exigencia de promover de manera gradual las medidas que fuesen necesarias para aproximar las bases de cotización de las personas trabajadoras autónomas a sus ingresos realmente obtenidos, lo que venía a dar respuesta a la cuarta recomendación del Pacto de Toledo, relativa a la financiación de los regímenes especiales, que se unificó con la previsión de simplificación e integración de estos hasta el punto de llegar a configurar el nivel contributivo de seguridad social en dos únicos regímenes donde quedaran encuadradas, por un lado, las personas trabajadoras por cuenta ajena y, por otro lado, las personas trabajadoras por cuenta propia. Conviene advertir, en esa misma línea, que ya el legislador había establecido la inclusión en el Régimen General de la Seguridad Social de los funcionarios públicos y de otro personal de nuevo ingreso a

---

47 Boletín Oficial de las Cortes Generales. Congreso de los Diputados. Serie D, núm. 513, 31 de enero de 2011, cit. p. 17.

48 Boletín Oficial de las Cortes Generales. Congreso de los Diputados. Serie D, núm. 513, 31 de enero de 2011, cit. p. 22.

partir del 1 de enero de 2011[49], lo que a medio y largo plazo supondría un significativo trasvase a la TGSS de fondos públicos que hasta ese momento iban al Régimen Especial de Clases Pasivas.

Pero más allá de esas recomendaciones netamente financieras, el segundo Informe de Evaluación y Reforma del Pacto de Toledo se caracterizaría, como era de esperar, por afrontar la amenaza de quiebra del sistema de pensiones por la vía del endurecimiento de las condiciones de acceso a la pensión de jubilación, que entonces representaba el 59.17 % del total de las pensiones[50]. Se consideraba así, como "objetivo necesario y deseable", en consonancia con las tendencias imperantes en la Unión Europea, la prolongación de la vida laboral de los ciudadanos[51], mediante la elevación de la edad legal de jubilación, la incentivación de la actividad laboral más allá de la edad ordinaria de jubilación, la restricción de las jubilaciones anticipadas y la penalización de quienes se jubilen antes. Y todo ello acompañado de una ampliación del período de cálculo de las pensiones de jubilación, de modo que estas se concedieran no en función de los mejores años de la carrera de cotización,

---

49 Agencia Estatal Boletín Oficial del Estado. Real Decreto-ley 13/2010, de 3 de diciembre, de actuaciones en el ámbito fiscal, laboral y liberalizadoras para fomentar la inversión y la creación de empleo. Así en su art. 20, que luego sería derogado por el Real Decreto Legislativo 8/2015, de 30 de octubre, por el que se aprueba el texto refundido de la Ley General de la Seguridad Social, que incorporó el contenido de dicho precepto a su Disposición adicional tercera.

50 El porcentaje restante se distribuía del siguiente modo: pensiones de viudedad, el 26,50 %; pensiones de incapacidad permanente, el 10,80 %; pensiones de orfandad, el 3,09 % y pensiones a favor de familiares, el 0,44 %. Fuente: Boletín Oficial de las Cortes Generales. Congreso de los Diputados. Serie D, núm. 513, 31 de enero de 2011, cit. p. 15.

51 *Ibidem*, p.27.

sino "atendiendo a la media de cotizaciones de toda la carrera laboral"[52]. Ante estas propuestas y la intención del Gobierno de elevar a 67 años la edad ordinaria de jubilación de manera generalizada, los dos sindicatos mayoritarios tuvieron que entrar en escena a través del Acuerdo Social y Económico para el crecimiento, el empleo y la garantía de las pensiones, de fecha 2 de febrero de 2011[53], que conseguiría paliar el impacto de la reforma propuesta, alargando hasta 2027 su plena efectividad e introduciendo varias medidas que permitirían reconducir la decisión del Gobierno a los postulados del Pacto de Toledo[54]. Como fruto de ese acuerdo, y tras pasar por el filtro de las Cortes Generales, se acabaría adoptando la Ley 27/2011, de 1 de agosto, sobre actualización, adecuación y modernización del sistema de Seguridad Social[55], que puede ser considerada como *tercera ley de pensiones*, donde, entre otras medidas, el ya declinante Gobierno socialista de Rodríguez Zapatero modificó de forma sustancial el régimen jurídico de la pensión de jubilación, de modo que, entre 2013 y 2027, la edad legal de jubilación pasaba de 65 a 67 años, la edad para la jubilación anticipada total se elevaba de 61 a 63 años y la base reguladora se obtendrá en función de los últimos 25 años cotizados en lugar de los 15 exigidos hasta entonces.

Dando cumplimiento a la propuesta del informe relativa a la incentivación de la actividad laboral más allá de la edad ordinaria de jubilación, el posterior Gobierno conservador de Mariano Rajoy adoptó, por su parte, el Real Decreto-ley 5/2013,

---

52 *Ibidem*, p.17.

53 Que puede verse en: https://www.inclusion.gob.es/w/texto-integro-del-acuerdo-social-y-economico.

54 Lozano Lares, F. (2023). *Manual de Seguridad Social*, ob. cit., p. 58.

55 Agencia Estatal Boletín Oficial del Estado. Ley 27/2011, de 1 de agosto, sobre actualización, adecuación y modernización del sistema de Seguridad Social.

de 15 de marzo, de medidas para favorecer la continuidad de la vida laboral de los trabajadores de mayor edad y promover el envejecimiento activo[56], norma que permitió compatibilizar el empleo a tiempo completo o parcial con el cobro del 50 % de la pensión, con unas obligaciones de cotización social reducidas, a aquellas personas trabajadoras que hubieran accedido a la jubilación con la edad mínima legalmente prevista y que contaran con largas carreras de cotización. Al mismo tiempo, se endurecían las condiciones de acceso a la jubilación parcial y a la jubilación anticipada.

Aprovechando la pervivencia de la crisis financiera y el miedo a la quiebra del sistema de pensiones como ineludible *background*, se aprobaría asimismo la Ley 23/2013, de 23 de diciembre, reguladora del Factor de Sostenibilidad y del Índice de Revalorización del Sistema de Pensiones de la Seguridad Social[57], que introdujo un nuevo parámetro de determinación de la cuantía de las pensiones públicas que tenían como única finalidad el recorte de su importe final. Así, con la implantación del denominado "*factor de sostenibilidad*", cuya entrada en vigor estaba prevista para 2019, se establecía un mecanismo de reducción del importe inicial de las pensiones de carácter automático que vinculaba su cuantía a la esperanza de vida de los pensionistas, lo que resultaba profundamente injusto y desigualitario si tenemos en cuenta que los estudios demográficos venían constatando que la esperanza de vida dependía de la clase social a la que se perteneciera. Dichos estudios ponían de manifiesto que los desempleados de larga duración vivían

---

56 Agencia Estatal Boletín Oficial del Estado. Real Decreto-ley 5/2013, de 15 de marzo, de medidas para favorecer la continuidad de la vida laboral de los trabajadores de mayor edad y promover el envejecimiento activo.

57 Agencia Estatal Boletín Oficial del Estado. Ley 23/2013, de 23 de diciembre, reguladora del Factor de Sostenibilidad y del Índice de Revalorización del Sistema de Pensiones de la Seguridad Social.

hasta diez años menos que las personas cualificadas con ocupaciones bien remuneradas[58], por lo que las personas con menores ingresos, que viven menos y disfrutan durante mucho menos tiempo de sus pensiones, tendrían que sacrificarse aún más para sufragar las pensiones de las personas de mayores ingresos y mejor posición económica.

4.- LAS NUEVAS FÓRMULAS DE FINANCIACIÓN DERIVADAS DEL TERCER INFORME DE EVALUACIÓN Y REFORMA DEL PACTO DE TOLEDO DE 10 DE NOVIEMBRE DE 2020.

Las reformas introducidas por la *tercera ley de pensiones*, de carácter netamente regresiva, había despejado el camino para que el Gobierno de Mariano Rajoy empezara a hacer uso del fondo de reserva por Acuerdo del Consejo de Ministros de 27 de septiembre de 2012, disponiendo, como puede verse en el siguiente gráfico, de los primeros 18.651 millones de euros para hacer frente al pago de las pensiones[59].

---

58 Navarro V. y Torres López J. (2013). *Lo que debes saber para que no te roben la pensión.* Espasa, p. 93.

59 Fuente: Ministerio de Inclusión, Seguridad Social y Migraciones. *Fondo de Reserva de la Seguridad Social. Informe a las Cortes Generales. Evolución, actuaciones del año 2021 y situación a 31 de diciembre de 2021,* cit., p. 10. Hasta 2021, las posteriores "disposiciones" del fondo de reserva, por las cantidades indicadas en el cuadro, fueron efectuadas por la Disposición adicional primera del Real Decreto-ley 28/2012, de 30 de noviembre, la Disposición adicional décima de la Ley 36/2014, de 26 de diciembre, la disposición adicional centésima décima segunda de la Ley 3/2017, de 27 de junio y por Acuerdo de Consejo de Ministros de 15 de noviembre de 2019.

Datos acumulados (M€)	Años 2000 a 2013	Año 2014	Año 2015	Año 2016	Año 2017	Año 2018	Año 2019	Año 2020	Año 2021
1.DOTACIONES	**53.205**	**53.484**	**53.587**	**53.598**	**53.600**	**53.601**	**53.601**	**53.601**	**53.601**
1.a. Acuerdo del Consejo de Ministros (*)	52.113	52.113	52.113	52.113	52.113	52.113	52.113	52.113	52.113
1.b. Excedente de mutuas (**)	1.092	1.371	1.474	1.485	1.487	1.488	1.488	1.488	1.488
2.RENDIMIENTOS NETOS GENERADOS	**19.190**	**22.101**	**26.095**	**28.759**	**28.932**	**28.879**	**28.889**	**28.874**	**28.874**
2.a. Rendimientos generados (***)	20.233	23.377	27.584	30.510	30.802	30.793	30.818	30.811	30.811
2.b. Ajustes por amortización/enajenación de activos	-1.043	-1.276	-1.489	-1.751	-1.870	-1.914	-1.929	-1.937	-1.937
3.DISPOSICIONES(****)	**-18.651**	**-33.951**	**-47.201**	**-67.337**	**-74.437**	**-77.437**	**-80.337**	**-80.337**	**-80.337**
Total	**53.744**	**41.634**	**32.481**	**15.020**	**8.095**	**5.043**	**2.153**	**2.138**	**2.138**

Situación a 31 de diciembre de cada ejercicio.

Así, en apenas una década, el fondo de reserva pasaría, como puede verse en el gráfico siguiente, de un máximo de 66.815 millones de euros en 2011 a los escuálidos 2.138 millones de euros en 2021[60].

Evolución general del Fondo de Reserva (M€)
(A precio total de adquisición)

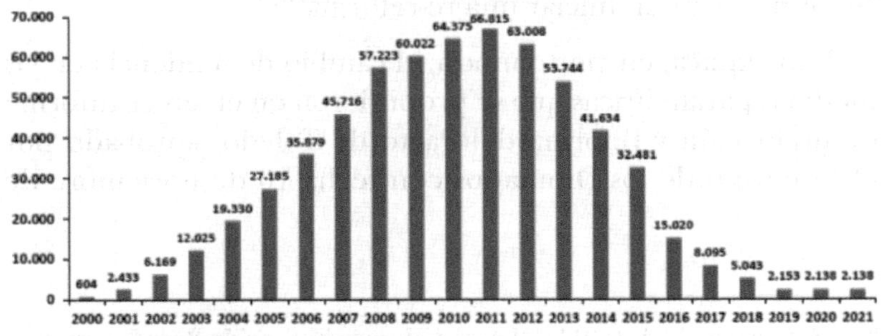

Situación a 31 de diciembre de cada ejercicio.

60 Fuente: Ministerio de Inclusión, Seguridad Social y Migraciones. *Fondo de Reserva de la Seguridad Social. Informe a las Cortes Generales. Evolución, actuaciones del año 2021 y situación a 31 de diciembre de 2021*, cit., p. 11.

Conviene advertir, en cualquier caso, que, pese al virtual agotamiento del fondo de reserva, el sistema público de pensiones español, basado en la fórmula de reparto y la solidaridad intergeneracional, resistió el envite de la larga crisis económica generada por las instituciones financieras, mientras que los activos de los fondos privados de jubilación "se vieron diezmados durante la crisis financiera global", de ahí que la campaña internacional en favor de los regímenes de capitalización entrara en crisis y las instituciones financieras internacionales que, como el Banco Mundial y el Banco Central Europeo, promovían la privatización de las pensiones, tuvieran que someterse a una reorganización[61]. La propia OIT se haría eco así del proceso de *desprivatizaciones* de los sistemas de pensiones que empezaría a producirse en América Latina y Europa Central y Oriental a partir de 2014, comenzando por el caso de Chile, donde ya había transcurrido el tiempo suficiente como para poner de manifiesto que el sistema de capitalización "no sólo no mejoró la cobertura ni el cumplimiento como se esperaba, sino tampoco pudo proporcionar de forma adecuada la seguridad de ingresos en la vejez, especialmente a aquéllos con ingresos bajos y carreras profesionales más cortas o interrumpidas (y en particular a las mujeres)", de ahí que fuese también "el primer país en iniciar una re-reforma"[62].

Ello explica, en cierto modo, el cambio de tendencia en las medidas paramétricas que se propusieron en el tercer Informe de evaluación y reforma del Pacto de Toledo, aprobado por el Congreso de los Diputados con fecha 10 de noviembre de

---

61 Orenstein, M.A. (2011). "La crisis de la privatización de las pensiones: ¿desaparición o resurgimiento de una tendencia política global?". *Revista Internacional de Seguridad Social*, (3), p.87.

62 OIT. *Informe Mundial sobre la Protección Social 2014/15. Hacia la recuperación económica, el desarrollo inclusivo y la justicia social.* Oficina Internacional del Trabajo, Ginebra, 2017, p. 96.

2020[63], que se caracterizaron, precisamente, por su marcado carácter financiero y por centrarse más en la obtención de nuevas fuentes de financiación que en el recorte de los niveles de protección social. Para empezar, y como recomendación marco, el informe reafirma el compromiso del Congreso de los Diputados por el mantenimiento, mejora y adaptación del sistema público de pensiones, basado en la solidaridad intergeneracional a través del sistema de reparto, por lo que, siguiendo las exigencia del Convenio 102 de la OIT, el legislador español manifestaba su firme oposición "a cualquier transformación radical del sistema que suponga una ruptura de los principios en que se asienta el actual, en especial los de solidaridad intergeneracional e intrageneracional, suficiencia de prestaciones, equidad en el reparto de las cargas y responsabilidad pública en la dirección y gestión del sistema"[64].

Entrando ya en el análisis de la situación financiera del sistema de pensiones, el informe se hace eco de la práctica consunción, a fecha 31 de agosto de 2020, del fondo de reserva, que en ese momento contaba con un valor, como puede verse en el gráfico anterior, de 2.138 millones de euros, lo que suponía que, desde el año 2012, se había dispuesto de un total de 80.337 millones de euros del fondo[65]. Ese déficit financiero del sistema de pensiones obedecía, tal como se deducía del Infor-

---

63 Boletín Oficial de las Cortes Generales. Congreso de los Diputados. Serie D, núm. 175. 10 de noviembre de 2020. Informe de evaluación y reforma del Pacto de Toledo. [en línea]. Disponible en: https://www.congreso.es/public_oficiales/L14/CONG/BOCG/D/BOCG-14-D-175.PDF.

64 Boletín Oficial de las Cortes Generales. Congreso de los Diputados. Serie D, núm 175. 10 de noviembre de 2020. Informe de evaluación y reforma del Pacto de Toledo, cit., p. 61.

65 Boletín Oficial de las Cortes Generales. Congreso de los Diputados. Serie D. núm 175. 10 de noviembre de 2020. Informe de evaluación y reforma del Pacto de Toledo, cit., p. 41.

me del Tribunal de Cuentas núm. 1381, a la dilación por parte del Estado en la asunción de sus compromisos de financiación de los gastos de naturaleza no contributiva, que, aun habiéndose ajustado a los períodos transitorios establecidos por la legalidad vigente en cada momento[66], no obedeció a criterios de racionalidad económico financiera, lo que "ha causado un serio perjuicio al sistema, ya que ha tenido que soportar con cargo a sus recursos contributivos (principalmente cotizaciones sociales) un importe estimado en, al menos, 103.690 millones de euros, siendo en parte responsable de la situación de endeudamiento y de las tensiones de liquidez que han afectado y afectan actualmente a la Seguridad Social"[67]. La asunción durante tantos años del peso de la financiación de otras políticas sociales por parte de las cotizaciones sociales y de los excedentes del sistema de pensiones, había conducido, por tanto, a un desequilibrio presupuestario derivado de la concesión de préstamos del Estado a la Seguridad Social, impidiendo así que las reservas financieras del sistema de pensiones hubieran sido suficientes para cubrir las prestaciones contributivas. Todo ello había acabado provocando "un falso conflicto intergeneracional" y una "imagen distorsionada de desequilibrio del sistema,

66 En el caso de los complementos a mínimos, la asunción de su completa financiación por parte del Estado culminó a lo largo del año 2013, un año antes del plazo previsto en la Disposición transitoria decimocuarta del Real Decreto Legislativo 1/1994, de 20 de junio, que aprobaba el texto refundido de la Ley General de la Seguridad Social. Vid.: Boletín Oficial de las Cortes Generales. Congreso de los Diputados. Serie D, núm 175. 10 de noviembre de 2020. Informe de evaluación y reforma del Pacto de Toledo, cit., p. 61.

67 Tribunal de Cuentas. Informe núm. 1381 de fiscalización sobre la evolución económico-financiera, patrimonial y presupuestaria del sistema de la Seguridad Social y su situación a 31 de diciembre de 2018, p.59 [en línea]. Disponible en: Evolución económico-financiera, patrimonial y presupuestaria del sistema de la Seguridad Social a 31 de diciembre de 2018 (tcu.es).

generando alarmismo e incertidumbre a los pensionistas y al conjunto de la población"[68].

Si las cotizaciones se habían venido utilizando para financiar políticas sociales con entidad propia, de naturaleza no contributiva, lo que explicaría en gran medida el déficit observado entonces, el informe recomendará, como cabía esperar, la necesidad de completar el proceso de separación de fuentes de financiación para poder restablecer el equilibrio financiero. De ese modo, la Comisión de Seguimiento y Evaluación del Pacto de Toledo consideró que deberían ser objeto de financiación tributaria las siguientes prestaciones o partidas que se venían financiando con cargo a las cotizaciones sociales: a) las reducciones de cuotas, que son un instrumento de fomento del empleo; b) las prestaciones asistenciales, no contributivas, del sistema de protección por desempleo; c) las ayudas a determinados sectores productivos a través de la anticipación de la edad de jubilación; d) las políticas vinculadas a la protección de la familia y a la conciliación de la vida laboral y familiar, como las prestaciones por nacimiento y cuidado de menores, el complemento de pensiones contributivas para la reducción de la brecha de género regulado en el art. 60 LGSS y los incrementos en la base reguladora de las personas viudas con insuficiencia de recursos o mayores de 65 años sin trabajo ni rentas, que también tenían naturaleza no contributiva[69]. En consonancia con ello, se recomendará asimismo que la disposición y uso del fondo de reserva "debe constreñirse estrictamente al pago de las prestaciones contributivas de la Seguridad Social", por

---

[68] Boletín Oficial de las Cortes Generales. Congreso de los Diputados. Serie D. Núm 175. 10 de noviembre de 2020. Informe de evaluación y reforma del Pacto de Toledo, cit., p. 62.

[69] Boletín Oficial de las Cortes Generales. Congreso de los Diputados. Serie D. Núm 175. 10 de noviembre de 2020. Informe de evaluación y reforma del Pacto de Toledo, cit., pp. 61-62.

lo que sería conveniente establecer una regla endurecida de disponibilidad, puesto que el fondo de reserva "no es el mecanismo adecuado para resolver desequilibrios financieros de naturaleza estructural", que deberían ser atajados con reformas también estructurales[70].

La plasmación jurídica de esas recomendaciones financieras no se hizo esperar, puesto que, antes de acabar el año 2020, cuando aún se seguía combatiendo la pandemia de la Covid-19, la Ley 11/2020, de 30 de diciembre, de Presupuestos Generales del Estado para el año 2021, introdujo en la LGSS una nueva Disposición adicional trigésima segunda en virtud de la cual, siguiendo lo dispuesto en el art. 109.1.a) de la LGSS, que delimita los recursos generales de la Seguridad Social en función de su naturaleza contributiva o no contributiva, en las sucesivas leyes anuales de Presupuestos Generales del Estado se contemplaría una transferencia del Estado al Presupuesto de la Seguridad Social para la financiación de "los beneficios en cotización a la Seguridad Social de determinados regímenes y colectivos, el coste del reconocimiento de la prestación anticipada de jubilación por aplicación de coeficientes reductores cuando no se haya previsto cotización adicional, el coste de la integración de los periodos no cotizados en la determinación de la base reguladora de las prestaciones del sistema y las reducciones legalmente establecidas en la cotización a la Seguridad Social"[71].

Al año siguiente, partiendo del tercer Informe de evaluación y reforma del Pacto de Toledo, y haciéndose eco del "acontecimiento demográfico" que constituiría un desafío para nuestro país sin precedentes, como era el acceso a la jubilación de la generación del *baby boom*, la Ley 21/2021, de 28 de diciembre,

---

70 *Ibidem*, p. 63.

71 Agencia Estatal Boletín Oficial del Estado. Ley 11/2020, de 30 de diciembre, de Presupuestos Generales del Estado para el año 2021.

de garantía del poder adquisitivo de las pensiones y de otras medidas de refuerzo de la sostenibilidad financiera y social del sistema público de pensiones, estableció una serie de medidas especiales que tenían el doble objetivo de fortalecer, por un lado, la estructura financiera de la Seguridad Social mediante la asunción por el Estado de los gastos de naturaleza no contributiva, y preservar, por otro lado, el equilibrio y la equidad entre generaciones, "dada la dimensión intergeneracional del sistema de pensiones y la carga excepcional que para su equilibrio va a suponer la jubilación de la llamada generación del *baby boom*"[72].

A tal fin, Ley 21/2021, de 28 de diciembre, modificó la Disposición adicional trigésima segunda de la LGSS para que las transferencias del Estado al Presupuesto de la Seguridad Social incluyeran también el coste de la pensión de jubilación anticipada involuntaria en edades inferiores a la edad ordinaria de jubilación y el incremento de la cuantía de las prestaciones contributivas sujetas a límites de ingresos. Asimismo, la Ley de Presupuestos Generales del Estado tendría que fijar también, cada año, el importe de las prestaciones que serían financiadas con una transferencia del Estado a la Seguridad Social, entre las que se incluían la prestación contributiva de nacimiento y cuidado de menor, el complemento de pensiones contributivas para la reducción de la brecha de género, las pensiones y subsidios en favor de familiares, así como la prestación de orfandad cuando la causante hubiera fallecido como consecuencia de violencia contra la mujer.

En relación con la preservación de la equidad y el equilibrio entre generaciones, la Ley 21/2021, de 28 de diciembre, de-

---

72 Agencia Estatal Boletín Oficial del Estado. Ley 21/2021, de 28 de diciembre, de garantía del poder adquisitivo de las pensiones y de otras medidas de refuerzo de la sostenibilidad financiera y social del sistema público de pensiones.

rogaba el nonato factor de sostenibilidad y lo sustituía por un nuevo "mecanismo de equidad intergeneracional" (MEI) consistente en una "cotización adicional finalista" cuyo destino era nutrir el fondo de reserva de la Seguridad Social, tal como se indicaba en su Disposición final cuarta. Esta cotización finalista era de 1,2 puntos porcentuales que, en el caso del trabajo por cuenta ajena, seguiría la estructura de distribución típica entre empresa (1 %) y persona trabajadora (0,2 %), previéndose su inicio en 2023 y estando operativo hasta 2032. Se indicaba, asimismo, siguiendo las indicaciones del tercer Informe de evaluación y reforma del Pacto de Toledo, que la normativa del fondo de reserva se reformaría para garantizar que la utilización de esta cuota finalista y de los rendimientos que generase se destinaran exclusivamente a atender las desviaciones en los niveles de gasto legalmente establecidos.

La regulación de este novedoso MEI sería modificada un año después por el Real Decreto-ley 2/2023, de 16 de marzo, de medidas urgentes para la ampliación de derechos de los pensionistas, la reducción de la brecha de género y el establecimiento de un nuevo marco de sostenibilidad del sistema público de pensiones[73], que puede ser considerada como la *cuarta ley de pensiones*. Esta norma incorporó el MEI al art. 127.bis.1 de la LGSS[74], indicando ahora que se trataba de una cotización adicional aplicable en todos los regímenes y en todos los supuestos en los que se cotice por la contingencia de jubilación, que no sería computable a efectos de prestaciones. Introdujo asimismo una nueva Disposición transitoria cuadragésima ter-

---

73 Agencia Estatal Boletín Oficial del Estado. Real Decreto-ley 2/2023, de 16 de marzo, de medidas urgentes para la ampliación de derechos de los pensionistas, la reducción de la brecha de género y el establecimiento de un nuevo marco de sostenibilidad del sistema público de pensiones.

74 Derogando expresamente la Disposición final cuarta de la Ley 21/2021, de 28 de diciembre.

cera en el texto de la LGSS con el fin de establecer una aplicación gradual del MEI entre 2023 y 2029[75], manteniéndose desde 2030 a 2050 en el mismo porcentaje del 1,2%, con la distribución ya indicada entre empresa y persona trabajadora. Y en lo relativo a la disposición de los activos del fondo de reserva, en fin, modificó el art. 121.1 LGSS para garantizar la exclusividad del uso del fondo de reserva mediante una fórmula de limitación de la potestad de disposición del Gobierno consistente en la fijación a través de la Ley de Presupuestos Generales del Estado, para cada ejercicio económico, desde 2033, del desembolso anual máximo a efectuar por el fondo de reserva de la Seguridad Social, teniendo en cuenta que dicho desembolso anual consistirá en el porcentaje del PIB que se determinara cada año con el límite máximo legalmente establecido[76].

Hay que tener en cuenta, además, que, entre medias, la Ley 31/2022, de 23 de diciembre, de Presupuestos Generales del Estado para el año 2023[77], modificó el art. 118 de la LGSS

---

75 Conforme a la siguiente escala: a) en el año 2023, sería de 0,60 puntos porcentuales, de los que el 0,50 corresponderá a la empresa y el 0,10 al trabajador; b) en el año 2024 alcanzaría los 0,70 puntos porcentuales, de los que el 0,58 corresponderá a la empresa y el 0,12 al trabajador; c) en el año 2025, será de 0,80 puntos porcentuales, de los que el 0,67 corresponderá a la empresa y el 0,13 al trabajador; d) en el año 2026, será de 0,90 puntos porcentuales, de los que el 0,75 corresponderá a la empresa y el 0,15 al trabajador; e) en el año 2027, será de 1 punto porcentual, del que el 0,83 corresponderá a la empresa y el 0,17 al trabajador; f) en el año 2028, será de 1,10 puntos porcentuales, de los que el 0,92 corresponderá a la empresa y el 0,18 al trabajador; g) y en el año 2029, será de 1,2 puntos porcentuales, de los que el 1,00 corresponderá a la empresa y el 0,2 al trabajador.

76 Para más detalles sobre la regulación del MEI, vid.: Lozano Lares, F. (2023). *Manual de Seguridad Social*, cit., pp. 360-361.

77 Agencia Estatal Boletín Oficial del Estado. Ley 31/2022, de 23 de diciembre, de Presupuestos Generales del Estado para el año 2023.

para incorporar también al fondo de reserva los excedentes derivados de la gestión de las contingencias profesionales por parte de las Mutuas colaboradoras de la Seguridad Social. De ese modo, el valor del fondo de reserva, que a 31 de diciembre de 2022 era de 2.141 millones de euros, como puede verse en el siguiente gráfico, alcanzó los 2.859 millones de euros en los cuatro primeros meses del año 2023, gracias a los ingresos del MEI y a los excedentes de las Mutuas colaboradoras de la Seguridad Social, después de dotar la reserva de estabilización de contingencias profesionales, llegando a un valor de 5.347 millones de euros a finales de 2023, lo que supone su nivel más elevado desde noviembre de 2018[78].

Pero el Real Decreto-ley 2/2023, de 16 de marzo, no se limitó a perfeccionar el desarrollo legal del MEI, sino que introdujo una nueva fuente de ingresos mediante el establecimiento de una novedosa "cotización adicional de solidaridad" que

78 Fuente: Secretaría de Estado de la Seguridad Social y pensiones. [en línea]. Consultado a fecha 07/03/2024. Disponible en: https://revista.seg-social.es/-/fondo-de-reserva-de-la-seguridad-social.

grava la masa salarial que supera la base máxima de cotización, *destopando* así la fórmula de cotización hasta entonces vigente. Hay que tener en cuenta que hasta el año 2023 las bases máximas de cotización (límite máximo de cotización relativo) estaban *topadas*, por lo que, todo lo que se percibiera por encima de esa cantidad, estaba exento de cotización, limitando así la progresividad de la fórmula de financiación a la Seguridad Social en su nivel contributivo. Se trataba, en nuestra opinión, de una medida jurídica injusta e injustificada, puesto que eso impedía que quienes más ganaran cotizaran en función de sus ganancias efectivas, mientras que las clases medias y las personas trabajadoras con sueldos más bajos tenían que cotizar por todo lo que ganaban, e incluso por encima de lo que ganaban en el caso de que sus retribuciones estuvieran por debajo del importe de la base mínima de cotización de las categorías profesionales menos cualificadas[79].

Esta situación cambió tras la introducción *ex novo* del art. 19 bis LGSS, donde el Real Decreto-ley 2/2023, de 16 de marzo, ubicó esta cotización adicional de solidaridad, en virtud de la cual, cuando el importe de las retribuciones computables a efectos de determinación de la base de cotización de las personas trabajadoras por cuenta ajena supere el importe de la base máxima de cotización que le corresponda en función de su categoría profesional, la liquidación de cuotas quedará sujeta a una cotización adicional de acuerdo con los siguientes tramos: a) la cuantía que resulte de aplicar un tipo del 5,5 % a la parte de retribución comprendida entre la base máxima de cotización y la cantidad retributiva que supere dicha base máxima en un 10 %; b) la cuantía que resulte de aplicar el tipo del 6 % a la parte de retribución comprendida entre el 10 % superior a la base máxima de cotización y el 50 %; y c) la cuantía que resulte de aplicar el tipo del 7 % a la parte de retribución que supere

---

[79] Lozano Lares, F. (2023). *Manual de Seguridad Social,* cit., p. 277.

el anterior porcentaje. La distribución del tipo de cotización entre la empresa y la persona trabajadora mantendrá la misma proporción que el caso de la cotización por contingencias comunes, previéndose la entrada en vigor de esta cotización adicional de solidaridad el día 1 de enero de 2025[80], mientras que los tipos máximos aplicables a los tres tramos previstos (5,5 %, 6 % y 7%) se irán implantando de forma gradual entre los años 2025 y 2045 en función de la escala progresiva prevista en la Disposición transitoria cuadragésima segunda de la LGSS[81].

Con la culminación del ya largo proceso de separación de fuentes de financiación, el perfeccionamiento del régimen jurídico del MEI, la incorporación al fondo de reserva de los excedentes de gestión de las contingencias profesionales llevada a cabo por las Mutuas colaboradoras de la Seguridad Social, que estaban ociosas a nombre de la TGSS en una cuenta del Banco de España[82], y la futura implementación de la cotización adicional de solidaridad, el panorama financiero del sistema de pensiones quedaba mucho más equilibrado a medio plazo. Ello permitió al legislador no introducir en el Real Decreto-ley 2/2023, de 16 de marzo, más medidas de recorte de los niveles de protección del sistema de pensiones, limitándose a ampliar en dos años (de 25 a 27) la fórmula de cálculo de la base reguladora de la pensión de jubilación, con la posibilidad de descartar las peores veinticuatro mensualidades de cotización y mejorando la regla de integración de lagunas vinculada a la consecución del objetivo de reducción de la brecha de género.

---

80 Tal como se indica en la Disposición final décima del Real Decreto-ley 2/2023, de 16 de marzo.

81 Introducida también por el Real Decreto-ley 2/2023, de 16 de marzo.

82 Lozano Lares, F. (2017). "El régimen jurídico de las Mutuas Colaboradoras con la Seguridad Social (II)". *Revista de Información Laboral*, (1), 61-102.

5.- EL IMPACTO DE LAS NUEVAS TECNOLOGÍAS EN LA FINANCIACIÓN DEL SISTEMA DE PENSIONES.

Con la adopción de estas últimas medidas legales en materia de financiación del sistema de pensiones cabe pensar en un horizonte de sostenibilidad a medio plazo algo más despejado que el que se vislumbraba a comienzos de la década de 2020, cuando fue emitido el tercer Informe de evaluación y reforma del Pacto de Toledo. Pero conviene advertir que las nuevas fórmulas de financiación, en la medida en que implican un aumento de las cotizaciones sociales, siguen descansando sobre el factor trabajo, por lo que la incertidumbre podría volver a sobrevolar sobre el horizonte inmediato si la progresiva robotización del proceso productivo y la introducción de la inteligencia artificial acabara traduciéndose, como cabe prever, en una reducción significativa de la tasa de ocupación. Ante esa tesitura, cabría plantearse si no ha llegado el momento ya de empezar a fundamentar la sostenibilidad financiera del sistema de pensiones no sólo sobre el factor trabajo, como hasta ahora, que puede verse seriamente afectado por la digitalización de la economía, sino también sobre otras fuentes de financiación como, por ejemplo, los beneficios extraordinarios obtenidos por las grandes empresas tecnológicas.

Resulta cuando menos sorprendente, desde luego, que el factor tecnológico no haya sido aún lo suficientemente valorado como elemento determinante de la financiación del sistema de pensiones. En la Estrategia Española de Ciencia, Tecnología e Innovación 2021-2027, sin ir más lejos, no se alude en ningún momento a la relación entre las innovaciones tecnológicas y la Seguridad Social[83], lo que supone una cierta desconexión entre los distintos poderes públicos si tenemos en

---

83 Ministerio de Ciencia e Innovación. *EECTI. Estrategia Española de Ciencia, Tecnología e Innovación 2021-2027.* [en línea]. Disponible

cuenta que el tercer Informe de evaluación y reforma del Pacto de Toledo sí que dedica un epígrafe específico a los efectos sobre la ordenación de las relaciones laborales del "acelerado e imparable proceso de digitalización de la economía" que está transformando "profundamente el entorno productivo con la intensificación de la robotización, el desarrollo de la inteligencia artificial y el surgimiento de la economía de plataformas digitales"; transformaciones que, más allá del mundo del trabajo, "también se proyectan sobre nuestro sistema de Seguridad Social"[84].

El tercer informe de evaluación y reforma del Pacto de Toledo sí que asume, pues, como ya advirtiera la doctrina, que la digitalización de la economía y la introducción en el sistema productivo de la inteligencia artificial afectarán tanto a la centralidad del trabajo como a la generación de riqueza, lo que se traducirá en "un menor volumen de empleo, desplazado por el trabajo automatizado (robótico)" y en "condiciones de empleo y trabajo humano menos estándar, esto es, con más inestabilidad y menos retribución"[85]. Siguiendo la expresión utilizada en el tercer Informe de evaluación y reforma del Pacto de Toledo, vamos a analizar la proyección de esas transformaciones tecnológicas a efectos de financiación del sistema de pensiones.

---

en: https://www.ciencia.gob.es/InfoGeneralPortal/documento/e8183a4d-3164-4f30-ac5f-d75f1ad55059.

84 Boletín Oficial de las Cortes Generales. Congreso de los Diputados. Serie D. Núm 175. 10 de noviembre de 2020. Informe de evaluación y reforma del Pacto de Toledo, cit., p 74.

85 Molina Navarrete, C.M. (2022). "Digitalización y financiación de las pensiones públicas: ¿repensar el modelo para superarlo o para reequilibrarlo". *El futuro de las pensiones en un contexto de reformas y cambios tecnológicos*. Tirant lo Blanch, p. 358.

5.1.- Las repercusiones financieras en el sistema de pensiones del declive de la centralidad del trabajo derivado de la digitalización de la economía.

En lo que respecta al surgimiento de la plataformas digitales de trabajo, el informe hace notar, como ya venía apuntando la doctrina y la jurisprudencia[86], que estos nuevos modelos de negocios digitalizados afectan directamente al encuadramiento de los personas trabajadoras en la Seguridad Social en la medida en que encubren relaciones de trabajo esporádicas o marginales situadas en los márgenes de la economía informal, recurren con demasiada frecuencia a la figura del falso autónomo y generan "tensiones en la aplicación del tradicional esquema protector basado en el empleo estable y a tiempo completo", lo que, a la postre, se traducía en una modalidad de trabajo atípico que podía plantear un serio problema de *infracotización*[87], originando así numerosas situaciones de desprotección social. Frente a ese reto, en el tercer informe de evaluación y reforma

---

86 Vid., *in extenso,* Narvaez Turci, G. (2022). *El impacto social de la robotización y digitalización del mercado de trabajo.* Laborum, pp. 67-98. También, Lozano Lares, F. (2022). "Los efectos sinérgicos de la prestación de servicios en plataformas *on line,* el trabajo de cuidados y el trabajo no declarado como retos de trabajo decente en la nueva sociedad digital", *e-Revista Internacional de la Protección Social*, (2), 227-271. Por lo que respecta a la Jurisprudencia, la Sentencia del Tribunal Supremo 805/2020, de 25 de septiembre de 2020 (ponente: Juan Molins Garcia-Atance) avaló la posición mayoritariamente defendida por los Juzgados de instancia y Tribunales Superiores de Justicia sobre la consideración de trabajadores por cuenta ajena de los repartidores (riders) de plataformas digitales, como Glovo o Deliveroo, que utilizan el sistema de contratación a demanda [en línea]. Disponible en: https://www.poderjudicial.es/search/openDocument/05986cd385feff03.

87 Boletín Oficial de las Cortes Generales. Congreso de los Diputados. Serie D, núm 175. 10 de noviembre de 2020. Informe de evaluación y reforma del Pacto de Toledo, cit., p 74.

del Pacto de Toledo se subrayaba la necesidad de adoptar medidas normativas que redefinieran la centralidad del trabajo, tanto por cuenta propia como por cuenta ajena, garantizando unas condiciones de trabajo decentes que evitaran la precariedad laboral o profesional.

Esa finalidad de redefinición de la centralidad del trabajo tiene, desde luego, la Ley 12/2021, de 28 de septiembre, por la que se modifica el texto refundido de la Ley del Estatuto de los Trabajadores, aprobado por el Real Decreto Legislativo 2/2015, de 23 de octubre (ET), para garantizar los derechos laborales de las personas dedicadas al reparto en el ámbito de plataformas digitales[88], que estableció una presunción de laboralidad que tenía como objetivo considerar como trabajo por cuenta ajena, y, por tanto, sujeto a cotización plena, la "actividad de las personas que presten servicios retribuidos consistentes en el reparto o distribución de cualquier producto de consumo o mercancía, por parte de empleadoras que ejercen las facultades empresariales de organización, dirección y control de forma directa, indirecta o implícita, mediante la gestión algorítmica del servicio o de las condiciones de trabajo, a través de una plataforma digital"[89]. Y también podría incluirse en esa línea de garantizar una protección social decente, en este caso en relación con el trabajo por cuenta propia, lo dispuesto en el Real Decreto-ley 13/2022, de 26 de julio, por el que se establece un nuevo sistema de cotización para los trabajadores por cuenta propia o autónomos y se mejora la protección por

---

88 Agencia Estatal Boletín Oficial del Estado. [en línea]. Disponible en: https://www.boe.es/diario_boe/txt.php?id=BOE-A-2021-15767.

89 Disposición adicional vigesimotercera del ET. Un estudio de las implicaciones de esta presunción de laboralidad en Lozano Lares, F. (2023). "La regulación de las plataformas digitales de trabajo en España y Portugal". *Trabajo decente en la nueva sociedad digital/Trabalho digno na nova sociedade digital,* Aranzadi.

cese de actividad[90], que dio una nueva redacción al art. 308.1 LGSS en virtud de la cual las personas trabajadoras por cuenta propia o autónomas cotizarán "en función de los rendimientos anuales obtenidos en el ejercicio de sus actividades económicas, empresariales o profesionales"[91], por lo que, para determinar la base de cotización en el RETA se tendrá en cuenta "la

---

90 Agencia Estatal Boletín Oficial del Estado. [en línea]. Disponible en: https://www.boe.es/buscar/doc.php?id=BOE-A-2022-12482.

91 Originariamente, el art. 308 LGSS estaba dedicado a la cotización en el supuesto de cobertura de las contingencias profesionales y el cese de actividad, y, cuando la cobertura de estas prestaciones se hizo obligatoria, el Real Decreto-ley 28/2018, de 28 de diciembre, cambió su contenido para dedicarlo a la regulación de la cotización durante la situación de incapacidad temporal. La modificación efectuada tres años y medio después por el Real Decreto-ley 13/2022, de 26 de julio, supuso un cambio absolutamente radical no ya sólo del contenido del precepto sino de todo el sistema de financiación del trabajo por cuenta propia, puesto que sustituyó el precedente modelo de cotización sobre bases tarifadas que el propio interesado elegía, por un nuevo sistema de cotización basado en los ingresos reales. La exposición de motivos del Real Decreto-ley 13/2022, de 26 de julio, justificaba la necesidad de esta modificación en dos razones básicas: a) el hecho de que se permitiera al trabajador autónomo elegir su base de cotización con independencia de los rendimientos que obtuviera de la actividad realizada por cuenta propia, había llevado a que alrededor de un 80 por ciento de los trabajadores encuadrados en el RETA optaran por la base mínima de cotización, por lo que "se había convertido en un régimen deficitario", cuya sostenibilidad dependía además, en un sistema de Seguridad Social regido por los principios de contributividad y de solidaridad, de las aportaciones de otros regímenes; b) dado que la base de cotización elegida por el trabajador autónomo determina el importe de las prestaciones del sistema que va a percibir, el resultado era que la media de las personas trabajadoras autónomas estaba percibiendo "prestaciones más bajas que, por ejemplo, la media de los trabajadores del Régimen General de la Seguridad Social, que cotizan en función de sus retribuciones reales".

totalidad de los rendimientos netos obtenidos" por las personas trabajadoras por cuenta propia, "durante cada año natural, por sus distintas actividades profesionales o económicas"[92].

En cualquier caso, más allá de esas medidas normativas, quizás sería conveniente repensar e incluso suprimir la figura del *trabajador económicamente dependiente* (TRADE), que se encuentra "a medio camino entre la atipicidad y la falsa autonomía, la pluriactividad y el pluriempleo"[93], de ahí que, aprovechando ese difuso perfil del TRADE, esta figura haya sido profusamente utilizada por las plataformas digitales de trabajo para encubrir muchos casos de falsos autónomos. No sería descabellado, por tanto, incluir en el ámbito del Régimen General del sistema de Seguridad Social, bajo la consideración de trabajo subordinado sujeto al ordenamiento laboral, de un renovado elenco de actividades profesionales más acorde con las nuevas fórmulas de prestación de servicios derivadas de la digitalización de la economía[94]. La inserción en el ámbito del Derecho del Trabajo de todas las actividades deslaboralizadas en la práctica por el auge de las plataformas digitales de trabajo no sólo podría ayudar a combatir ilícitos laborales como el de los falsos autónomos, sino que también aumentaría los ingresos procedentes de las cotizaciones sociales[95]. Conviene recordar a este respecto el compendio de "relaciones laborales de carácter especial" recogidas en el art. 2 ET en función de determinadas peculiaridades en la forma de prestar el servicio o las carac-

---

92 Una exhaustiva descripción de esta nueva fórmula de cotización del trabajo por cuenta propia, en Lozano Lares, F. (2023). *Manual de Seguridad Social*, cit., pp.301-310.

93 Molina Navarrete, C.M. (2022), opus cit. 361.

94 Narvaez Turci, G. (2023). *El impacto social de la robotización y digitalización del mercado de trabajo*, cit., p. 208.

95 Calvo Gallego, F.J. (2016). "Nuevas tecnologías y nuevas formas de trabajo, creatividad y sociedad". *Revista de la Asociación para la Creatividad*, (26), 200-238.

terísticas de las empresas, por lo que nada impide que también pudiera incluirse por esa vía la figura de la dependencia económica referida a la ajenidad en los frutos en una relación laboral entre empresa y persona trabajadora, como recomienda la OIT[96], así como otro tipo de prestaciones de servicios a demanda o mediante fórmulas de *crowd work* que se ofrecen a través de plataformas digitales.

5.2.- Las medidas de financiación propuestas para compensar la previsible pérdida de puestos de trabajo humano a consecuencia de la automatización del proceso productivo.

Mucho más preocupante aún a efectos de sostenibilidad financiera del sistema de pensiones es la previsible sustitución de mano de obra por la robotización del proceso productivo y el uso industrial y comercial de la inteligencia artificial. Siempre resulta aventurado hacer futurología, pero incluso en el horizonte más tecno-optimista, que presupone que la desaparición de puestos de trabajo se verá compensada con la creación de una cantidad insospechada de nuevos empleos que aún desconocemos, tal como ha venido sucediendo en las revoluciones tecnológicas precedentes, lo que parece claro es que la inteligencia artificial suprimirá millones de puestos de trabajo a corto y medio plazo, cebándose especialmente en personas de baja cualificación profesional. De ese modo, si gran parte del contingente de personas trabajadoras acaba siendo sustituido por aplicaciones o robots dotados de inteligencia artificial, el impacto sobre la financiación del sistema de pensiones puede ser brutal, puesto que serán necesarias grandes partidas

---

96 OIT. *Recomendación sobre la relación de trabajo, 2006 (núm. 198)*. [en línea]. Disponible en: https://www.ilo.org/dyn/normlex/es/f?p=NORMLEXPUB:55:0::NO::P55_TYPE,P55_LANG,P55_DOCUMENT,P55_NODE:REC,es,R198,%2FDocument.

presupuestarias para cubrir las necesidades básicas de ese sector de población sin empleo, justo en un momento en que las cotizaciones sociales caerían en picado como consecuencia del descenso de la tasa de ocupación.

Para compensar la pérdida de ingresos que para el sistema de pensiones supondría la destrucción de empleo a causa de un uso intensivo de la inteligencia artificial, se han venido proponiendo diversas soluciones cuyo denominador común radica en el hecho de basarse "en un mayor gravamen de la cotización a cargo de las empresas"[97], lo que en algunos casos podría tener un efecto disuasorio y en otros convertirse en una fórmula de restitución de las cuotas dejadas de percibir por la automatización del proceso productivo.

Una de las primeras propuestas planteadas por la doctrina iuslaboralista es la imposición de una "cuota especial por robotización para empresas que supriman puestos de trabajo a consecuencia de la automatización de sus procesos productivos"[98]. Esta singular fórmula de cotización de los robots que sustituyen mano de obra humana fue planteada como una manera plausible de superar el desequilibrio financiero al que podrían enfrentarse los sistemas de protección social en muchos países a consecuencia del vertiginoso desarrollo de la robótica[99].

Otra de las posibles soluciones que se han venido barajando para hacer frente al reto tecnológico sería el establecimiento de una especie de aportación adicional de solidaridad por automatización del proceso productivo. A tal efecto, cabría estudiar la posibilidad de usar la ficción jurídica de la asimilación al alta de los robots y de los procesos y aplicaciones dotados

---

97 Molina Navarrete, C.M. (2022), opus cit. p. 381.

98 Molina Navarrete, C.M. (2022), opus cit., p. 380.

99 Mercader Uguina, J. (2017). "El impacto de la robótica y el futuro del trabajo". *Revista de la Facultad de Derecho de México,* (269), 149-174.

de inteligencia artificial, tal como se viene haciendo tradicionalmente para la protección de aquellas personas trabajadoras que, por determinadas circunstancias, no se encuentran en alta. Tampoco parece que haya demasiadas dificultades técnicas para implementar esta cotización adicional como una aportación especial por contingencias profesionales destinada a las personas trabajadoras que se encuentran en interacción con los robots durante la jornada de trabajo[100], afrontando así el aseguramiento de los nuevos riesgos laborales que puede originar la robotización y digitalización de un gran número de puestos de trabajo, lo que no precisaría de ajustes técnicos adicionales al poder quedar asociadas a las cuotas por contingencias profesionales ya existentes[101].

Se ha venido proponiendo asimismo, en esta línea, la imposición a las empresas tecnológicas de la obligación de suscribir un convenio especial con la TGSS para la financiación de los gastos en que incurra el sistema de seguridad social para atender las necesidades de las personas trabajadoras que la transformación digital expulse del mercado laboral, lo que supondría para la empresa la obligación de seguir cotizando por las personas desempleadas en virtud de un despido colectivo, garantizándoles la cobertura de determinadas contingencias hasta que obtuvieran un nuevo puesto de trabajo o alcanzaran la edad de jubilación. Siguiendo lo dispuesto en el art. 166.3 de la LGSS, esta medida podría ser considerada como una situación de asimilación al alta "para determinadas contingencias", y podría incluir coberturas adicionales como la formación pro-

---

100 Guerreiro, J., Rebelo, S. y Teles, P. (2020). "Should robots be taxed?". *National Bureau of Economic Research (NBER),* (23806). Cambridge. [en línea]. Disponible en: https://www.nber.org/papers/w23806.

101 Moreno Jiménez, B. (2011). "Factores y riesgos laborales psicosociales: conceptualización, historia y cambios actuales". *Medicina y Seguridad del Trabajo,* (57), 4-19.

fesional, puesto que la recualificación de las personas trabajadoras sustituidas por la inteligencia artificial será determinante para su reinserción en el mercado de trabajo[102].

También se ha barajado la introducción de fórmulas de capitalización de los importes no percibidos por la TGSS como consecuencia de la robotización y digitalización de la economía para hacer frente cuando menos a las prestaciones por desempleo y jubilación, tal como prevé el art. 110.3 LGSS a efectos de pensiones derivadas de contingencias profesionales. Esta medida ha sido propuesta por la doctrina indicándose que, cuando los empresarios hayan llevado a cabo procesos de automatización robotizada o incorporación de sistemas de inteligencia artificial a sus procesos, que hayan supuesto una destrucción de empleo en los términos fijados reglamentariamente, se procederá a la capitalización del importe de las prestaciones por desempleo y las pensiones de jubilación, "debiendo los empresarios implicados constituir en la Tesorería General de la Seguridad Social, hasta el límite que reglamentariamente se determine, los capitales coste correspondientes"[103].

---

[102] Narvaez Turci, G (2022). *El impacto social de la robotización y digitalización del mercado de trabajo*, cit., p. 205.

[103] Quilez Moreno, J. M. y Aparicio Chofré, L. (2017). "Robots e inteligencia artificial: ¿Debería exigirse algún tipo de cotización?". *Diario La Ley*, (5), [en línea]. Disponible en: https://www.google.com/url?sa=t&rct=j&q=&esrc=s&source=web&cd=&ved=2ahUKEwjIiYCxt_r0AhWEh_0HHS2XCv4QFnoECAQQAQ&url=https%3A%2F%2Fdiariolaley.laleynext.es%2FContent%2FDocumento.aspx%3Fparams%3DH4sIAAAAAAAEAMtMSbF1CTEAAiMTY2NjU7Wy1KLizPw8WyMDQ3MDY0MTkEBmWqVLfnJIZUGqbVpiTnEqAIUmy2A1AAAAWKE&usg=AOvVaw31uOTass_PbPIjIl5pMQcX.

5.3.- El redimensionamiento del papel del sistema impositivo para afrontar el sostenimiento del sistema de pensiones en la era de la inteligencia artificial y la robótica.

Tanto las medidas relacionadas con el objetivo de recuperar la centralidad del trabajo como las destinadas a compensar la pérdida de ingresos derivada de la previsible sustitución del trabajo humano por sistemas de producción automatizados comparten una nota común, como es el hecho de que siguen descansando, de un modo u otro, sobre el esquema clásico basado en la cotización del factor trabajo. Pero si las cotizaciones quedaran profundamente afectadas por el impacto de la robotización y digitalización del mercado laboral, parece necesario recurrir a la financiación fiscal para sostener a largo plazo nuestro actual modelo de protección social, buscando soluciones a través de nuevos conceptos impositivos, generales o específicos, que incrementen los recursos financieros del sistema de pensiones[104]. Con carácter general, como ya advirtiera la doctrina, esas medidas de naturaleza tributaria habrían de tener la doble finalidad de reducir los efectos de la falta de empleo derivado del uso de la inteligencia artificial y potenciar, a su vez, la implementación y el desarrollo de las nuevas tecnologías[105]. El tercer Informe de evaluación y reforma del Pacto de Toledo es plenamente consciente de ello cuando advierte sobre "la necesidad de corregir una excesiva dependencia de las cotizaciones sociales en un contexto productivo y demográfico muy distinto al de las últimas décadas del siglo XX", indicando seguidamente que "si la revolución tecnológica implica un incremento de la productividad, pero no necesariamente un aumento del empleo, el reto pasa por encontrar mecanismos innovadores que complementen la financiación de la Seguri-

---

104 En el mismo sentido, Molina Navarrete, C.M. (2022), opus cit. p. 374.

105 Narvaez Turci, G. (2022). *El impacto social de la robotización y digitalización del mercado de trabajo,* cit., p. 210.

dad Social, más allá de las cotizaciones sociales". La idea que subyace en esa recomendación no es otra que la de reforzar la estructura financiera del sistema "a través de la diversificación de las fuentes de ingresos del sistema, como un aspecto clave para garantizar su sostenibilidad económica y social"[106], pero en el informe no se alude a ningún tipo de mecanismo financiero innovador basado en el sistema impositivo.

La doctrina sí que ha venido proponiendo algunas de esas posibles fórmulas alternativas de financiación para hacer frente al reto que la inteligencia artificial podría plantear. Se ha hablado así de la posibilidad de establecer una especie de *dividendo robot* que garantice el abono de una renta mínima para cubrir las necesidades básicas de las personas expulsadas del mercado laboral por la implementación de la robótica en un número realmente significativo de puestos de trabajo[107]. A fin de posibilitar la implantación de ese *dividendo robot,* algunos autores han propuesto que los robots sean considerados como un sujeto pasivo que tribute por los beneficios que produce[108], mientras que otros autores, por su parte, apuestan por la opción de considerar que el robot es simplemente una máquina,

---

106 Boletín Oficial de las Cortes Generales. Serie D. Núm. 175. 10 de noviembre de 2020. Informe de evaluación y reforma del Pacto de Toledo, cit., p. 74-75.

107 Brynjolfsson, E., Mcafee, A.P. (2015). "Will Humans Go the Way of Horses?". *Foreign Affairs,* (4), 8-14.

108 Fernández Amor, J. A. (2017). "Derecho tributario y cuarta revolución industrial: análisis jurídico sobre aspectos fiscales de la robótica". *Nueva Fiscalidad,* (1), 47-96. En el mismo sentido, Grau Ruiz, M.A. (2017). "La adaptación de la fiscalidad ante los retos jurídicos, económicos, éticos y sociales planteados por la robótica". *Nueva Fiscalidad,* (4), 35-61.

por lo que quien debe tributar es el empresario titular del mismo[109].

Conviene advertir que la opción de crear nuevos impuestos sobre la riqueza generada gracias a la robotización de la fuerza de trabajo o el uso de la inteligencia artificial cuyo destino fuese el sostenimiento del sistema de pensiones no es en absoluto descartable. Desde hace algunos años, organismos internacionales como la ONU, la OCDE y la propia UE[110], vienen avisando sobre la necesidad de crear un nuevo marco fiscal que se adapte a la realidad económica generada por la robotización y digitalización de las relaciones laborales. Su objetivo sería, en definitiva, propiciar que las empresas altamente robotizadas o con procesos basados en el uso de inteligencia artificial devuelvan a la sociedad en forma de tributos una parte de los cuantiosos beneficios que obtienen al prescindir de la fuerza de trabajo humana, de modo que se pueda llegar a establecer un sistema tributario justo, acorde con las circunstancias.

Incluso se ha llegado a plantear que la denominada *Tasa Tobin*, implantada por Ley 5/2020, de 15 de octubre, del Impuesto sobre las Transacciones Financieras[111], que grava las operaciones de adquisición de acciones de sociedades españolas cotizadas con una capitalización bursátil superior a los 1.000 millones de euros, sea destinada a la financiación de las pensiones, lo que podría ir acompañado de medidas de recau-

---

109 Oberson, X. (2017). "Taxing Robots? From the Emergence of an Electronic Ability to Pay to a Tax on Robots or the Use of Robots". *World Tax Journal*, 247-261.

110 EUR-Lex. *Propuesta de Directiva del Consejo relativa al sistema común del impuesto sobre los servicios digitales que grava los ingresos procedentes de la prestación de determinados servicios digitales. COM/2018/0148 final–2018/073 (CNS).* [en línea]. Disponible en: https://eur-lex.europa.eu/legal-content/ES/ALL/?uri=CELEX%3A52018PC0148.

111 Agencia Estatal Boletín Oficial del Estado. [en línea]. Disponible en: https://www.boe.es/buscar/act.php?id=BOE-A-2020-12356.

dación extraordinaria a las grandes fortunas, a las empresas del IBEX-35 o a las filiales españolas de empresas que se encuentran en países no armonizados fiscalmente como, por ejemplo, en Irlanda o en paraísos fiscales[112]. También se ha propuesto la financiación de las pensiones no contributivas mediante un incremento del Impuesto sobre el Valor Añadido (IVA) y a través de los impuestos medioambientales que gravan el transporte, la extracción de recursos naturales y la producción y el consumo de energía[113].

Todas estas propuestas encaminadas a garantizar que se tribute por la riqueza que generen las aplicaciones industriales de la inteligencia artificial y la robótica exigen, obviamente, la asunción de un mayor compromiso fiscal por parte del Estado para financiar el sistema de pensiones, y se alinean plenamente con las recomendaciones de la OIT, que en su último informe mundial sobre la protección social advertía que realmente había "diversas opciones para ampliar el espacio fiscal, incluido el aumento de los ingresos procedentes de los impuestos y de las contribuciones a la seguridad social, prestando especial atención a los vínculos entre las políticas fiscales, los mercados de trabajo, el empleo y la formalización de las empresas". Es más, la OIT no sólo apelaba a la necesidad de mejorar la eficiencia y aumentar la progresividad de los sistemas fiscales nacionales, sino que también propugnaba "una mayor cooperación internacional en materia fiscal" que necesariamente tenía que incluir la lucha "contra la erosión de la base imponible y el traslado de beneficios, así como propuestas para un sistema

---

112 Aguilar Segado, C.V. (2021). "Situación actual de las pensiones en España: perspectiva económica-financiera". *Revista de Estudios Jurídico Laborales y de Seguridad Social,* (2), 279-295.

113 Haro Izquierdo, M. (2018). "La financiación de las pensiones mediante impuestos. Una propuesta a debatir". *Revista de Contabilidad y Tributación,* (418), 92-95.

fiscal unitario"[114]. Con un marco tributario progresivo y solidario, que gravara equitativamente los cuantiosos beneficios que las grandes empresas tecnológicas tratan de ocultar, se podría compensar, desde luego, mediante las transferencias fiscales necesarias, los déficits financieros del sistema de pensiones que podría conllevar la pérdida de puestos de trabajo por el uso intensivo de la inteligencia artificial o el aumento de los empleos atípicos derivados de la digitalización de la economía.

Otra vía indirecta de financiación del sistema de pensiones que se ha venido planteando sería a través del establecimiento de incentivos fiscales que favorezcan la inversión en innovación, puesto que parece claro que las inversiones en innovación favorecen el crecimiento económico y la competitividad de las empresas españolas en un marco económico globalizado, lo que cabe imaginar que acabaría incidiendo a su vez en la creación de nuevos puestos de trabajo que, además de cotizaciones, generan ingresos tributarios a través del Impuesto sobre la Renta de las Personas Físicas (IRPF). En esa misma línea, también se ha barajado la implementación de bonificaciones fiscales en el impuesto de sociedades a aquellas empresas que fomenten una formación y reciclaje profesional de sus trabajadores acorde con las exigencias de cualificación que los nuevos puestos de trabajo demanden, o la implantación de impuestos reducidos para aquellas empresas que, en los momentos más convulsos de transición digital, creen empleo en vez de destruirlo[115].

---

114 OIT. *Informe mundial sobre la protección social. 2020-2022. La protección social en la encrucijada: en busca de un futuro mejor*, cit., pp. 238-239.

115 Narvaez Turci, G. (2022). *El impacto social de la robotización y digitalización del mercado de trabajo*, cit., pp. 210-211.

5.4.- Inteligencia artificial y gestión del sistema de pensiones.

La sostenibilidad financiera del sistema de pensiones también puede ser abordaba desde la óptica de una gestión eficiente que contribuya a la reducción de los gastos que conlleva tanto la gobernanza de las relaciones de encuadramiento en la seguridad social (afiliación, altas y bajas de empresas y personas trabajadoras) como la recaudación de cuotas y el otorgamiento, seguimiento y control de las prestaciones reconocidas. Habría que valorar, por tanto, la posible ventana de oportunidades que puede abrir la inteligencia artificial mediante la digitalización de la recepción de datos, la agilización de los mecanismos de control o el afloramiento de sectores de economía informal o sumergida, lo que podría contribuir a equilibrar la financiación del sistema de pensiones, de ahí que la propia Asociación Internacional de Seguridad Social (AISS) haya considerado a las TIC como "una herramienta estratégica para la administración y la transformación de los regímenes de seguridad social"[116].

Hay que tener en cuenta a este respecto, en primer lugar, que la recopilación de datos a gran escala mediante dispositivos de seguimiento o a través de la tecnología de cadenas de bloques (*blockchain*), podría ofrecer una gran oportunidad de innovación en la gestión administrativa del sistema de Seguridad Social [117], porque representa una nueva y casi ilimitada fuente de *big data* que la IA, como herramienta que imita las

---

116 Asociación Internacional de la Seguridad Social (AISS). *19 Desafíos mundiales para la Seguridad Social.* 2019, p 33. Informe disponible en formato electrónico: Diez desafíos mundiales para la seguridad social – 2019 (issa.int).

117 Alamillo Domínguez, I. (2021). "Blockchain, innovación para la mejora de la Seguridad Social más allá de la tecnología". *Digitalización y protección social: 30 desafíos para 2030.* Gerencia de Informática de la Seguridad Social, Madrid, p. 209.

funciones cognitivas humanas y con capacidad para interpretar grandes volúmenes de datos externos, aprendiendo de ellos mediante algoritmos matemáticos[118], podría ser utilizada para instaurar un sistema de comunicación eficiente entre las diversas administraciones relacionadas con la gestión de la seguridad social (TGSS, INSS, Agencia Tributaria, instituciones sanitarias, administración autonómica, etc.), que les permitiera crear sinergias de colaboración y un trasvase de información entre todas las instituciones implicadas, aprendiendo unas de otras, anticipándose a los problemas y ofreciendo soluciones.

De ese modo, el tratamiento mediante inteligencia artificial de los *big data* recabados no solo podría mejorar de manera decisiva el ámbito de la calidad asociada a los procesos de gestión más complejos, "capitalizando el conocimiento y el estado actual de los profesionales que se dedican a ello", sino que también permitiría almacenar un volumen de información significativamente mayor que las tecnologías previas con un coste económico muchísimo menor, puesto que "la aparición del *big data* ha hecho que el almacenamiento de la información tenga cada vez un menor coste", lo que "facilita la construcción de repositorios de información con la mayor granularidad y profundidad posible, consiguiendo modelos analiticos cada vez de mayor calidad y con una escalabilidad mucho más ágil"[119]. Traducido al ámbito de las propias gestiones a realizar por parte de las personas usuarias del sistema de pensiones, el procesamiento del lenguaje natural para la extracción automática de datos de los documentos para realizar cualquier

---

118 Abarca Cidón, J. (2021). "Tecnología y salud". *Digitalización y protección social: 30 desafíos para 2030.* Gerencia de Informática de la Seguridad Social, Madrid, p 99.

119 Bocos García, I. (2021). "*Big data* y *analytics* para la transformación de la Seguridad Social". *Digitalización y protección social: 30 desafíos para 2030.* Gerencia de Informática de la Seguridad Social, Madrid, p. 204.

gestión, permitiría "optimizar los tiempos de atención al ciudadano y fomentar la sostenibilidad de la Administración"[120]. En definitiva, la inteligencia artificial podría ser utilizada para implementar mejoras en la gestión administrativa de las prestaciones sociales que agilicen y disminuyan los gastos burocráticos del sistema de Seguridad Social, disponiendo de manera inmediata y en tiempo real de toda la información necesaria para que las distintas administraciones estén interconectadas entre sí, contribuyendo a la supresión de los trámites burocráticos que encarecen el proceso administrativo de concesión de las prestaciones sociales.

Por lo que respecta, en segundo lugar, al acceso a las pensiones y demás prestaciones técnicas conexas (asistencia sanitaria, servicios de atención a la dependencia o servicios sociales), se viene barajando la posibilidad de implementar agentes virtuales que garanticen la prestación del servicio durante las 24 horas del día, los siete días de la semana, lo que, además de ofrecer una cobertura integral al ciudadano, podría ser una opción para facilitar el acceso al servicio público de Seguridad Social en las zonas rurales o con una densidad de población baja[121]. En este sentido, el uso de la inteligencia artificial para el manejo de datos de seguridad social puede facilitar la puesta en marcha de sistemas totalmente automatizados basados en técnicas de aprendizaje automático que permiten prestar servicios de seguridad social proactivos, lo que, en la práctica se viene traduciendo en la utilización cada vez más frecuente de los *bots* conversacionales basados en la inteligencia artificial (un software robot capaz de dialogar) para apoyar los autoservicios electrónicos[122]. De hecho, en junio de 2020, la Gerencia

---

[120] Ibidem, p. 204.

[121] Idem.

[122] Asociación Internacional de la Seguridad Social (AISS). *19 Desafíos mundiales para la Seguridad Social.* 2019, cit, p 34.

de Informática de la Seguridad Social (GISS) puso en marcha un *chatbot,* denominada ISSA (acrónimo de Inteligencia Artificial y Seguridad Social), que actúa como un asistente virtual que usa técnicas de inteligencia artificial y de aprendizaje automático para que los ciudadanos puedan realizar consultas utilizando sus propias palabras, lo que les permite obtener respuestas con información oficial y de confianza en materia de Seguridad Social de forma automática[123].

Asimismo, la recopilación de todo tipo de datos personales, biométricos y sociales, la agilización de los trámites burocráticos y la interconexión en tiempo real de las diversas administraciones públicas implicadas podría ser utilizada para implementar nuevas herramientas basadas en la inteligencia artificial que actúen como mecanismos de lucha contra el fraude, posibilitando la recaudación de nuevos ingresos derivados del afloramiento de la economía sumergida. Así, desde la óptica de la identificación del ciudadano para el acceso a las distintas prestaciones de seguridad social, por ejemplo, "la inclusión de la biométrica mediante el reconocimiento de voz o facial es un eje de interés claro de cara a agilizar las gestiones de los ciudadanos y evitar posibles problemas de suplantación de identidad"[124]. Las instituciones de seguridad social, por tanto, podrían utilizar las tecnologías de análisis para transformar cantidades masivas de *big data* en información útil mediante la detección de patrones, tendencias y correlaciones que le permitieran realizar análisis sofisticados que van desde la detec-

---

123 Secretaría de Estado de la Seguridad Social y Pensiones. La Revista de la Seguridad Social. [en línea]. Disponible en: ISSA, el asistente virtual de la Seguridad Social suma más de 2 millones de interacciones en apenas un mes de vida–Revista Seguridad Social (seg-social.es).

124 Bocos García, I. (2021). "*Big data* y *analytics* para la transformación de la Seguridad Social". *Digitalización y protección social: 30 desafíos para 2030.* Gerencia de Informática de la Seguridad Social, Madrid, p. 204.

ción de fenómenos inhabituales hasta la elaboración de modelos de predicción, lo que no solo contribuiría a la mejora de los servicios prestados y los métodos de organización, sino que también facilitan la detección de la evasión y el fraude en la recaudación de cotizaciones, como se ha demostrado en Arabia Saudita, Argentina, España, Francia y Uruguay, contribuyendo asimismo a detectar el fraude en el pago de prestaciones, como se ha podido observar en Australia, Bélgica, España, Francia e Italia[125].

6.- BIBLIOGRAFÍA.

Abarca Cidón, J. (2021). "Tecnología y salud". *Digitalización y protección social: 30 desafíos para 2030.* Gerencia de Informática de la Seguridad Social.

Aguilar Segado, C.V. (2021). "Situación actual de las pensiones en España: perspectiva económica-financiera". *Revista de Estudios Jurídico Laborales y de Seguridad Social,* (2), 279-295.

Alamillo Domínguez, I. (2021). "Blockchain, innovación para la mejora de la Seguridad Social más allá de la tecnología". *Digitalización y protección social: 30 desafíos para 2030.* Gerencia de Informática de la Seguridad Social.

Bocos García, I. (2021). "*Big data* y *analytics* para la transformación de la Seguridad Social". *Digitalización y protección social: 30 desafíos para 2030.* Gerencia de Informática de la Seguridad Social.

Brynjolfsson, E., Mcafee, A.P. (2015). "Will Humans Go the Way of Horses?". *Foreign Affairs,* (4).

Calvo Gallego, F.J. (2016). "Nuevas tecnologías y nuevas formas de trabajo, creatividad y sociedad". *Revista de la Asociación para la Creatividad,* (26).

Etxezarreta, M. (2010). "La tendencia a la privatización: consideración especial de la privatización de las pensiones". *Qué pensiones, qué futuro. El Estado de bienestar en el siglo XXI.* Icaria.

125 Asociación Internacional de la Seguridad Social (AISS). *19 Desafíos mundiales para la Seguridad Social.* 2019, cit, p 34.

Fernández Amor, J. A. (2018). "Derecho tributario y cuarta revolución industrial: análisis jurídico sobre aspectos fiscales de la robótica". *Nueva Fiscalidad,* (1).

Gil y Gil, J.L. (2021). "La aplicación por el juez nacional de los instrumentos de la OIT". *Revista general de derecho del trabajo y de la seguridad social,* (59).

Grau Ruiz, María Amparo. (2017). "La adaptación de la fiscalidad ante los retos jurídicos, económicos, éticos y sociales planteados por la robótica". *Nueva Fiscalidad,* (4).

Guerreiro, J., Rebelo, S. y Teles, P. (2020). "Should robots be taxed?". *National Bureau of Economic Research (NBER),* (23806), Cambridge.

Haro Izquierdo, M. (2018). "La financiación de las pensiones mediante impuestos. Una propuesta a debatir". *Revista de Contabilidad y Tributación,* (418).

Iglesias Fernández, J. (2010). "Desde las entidades financieras (bancos, cajas y aseguradoras), un ataque permanente al sistema público de pensiones". *Qué pensiones, qué futuro. El Estado de bienestar en el siglo XXI,* Icaria.

Lozano Lares, F. (2023). *Manual de Seguridad Social,* Laborum.

Lozano Lares, F. (2022). "Los efectos sinérgicos de la prestación de servicios en plataformas *on line,* el trabajo de cuidados y el trabajo no declarado como retos de trabajo decente en la nueva sociedad digital". *e-Revista Internacional de la Protección Social*, (2). 227-271.

Lozano Lares, F. (2021). "La nueva estrategia de la OIT sobre pisos de protección social". *Revista Internacional y Comparada de Relaciones Laborales y Derecho del Empleo,* (Extra 0), 64-111.

Lozano Lares, F. (2023). "La regulación de las plataformas digitales de trabajo en España y Portugal". *Trabajo decente en la nueva sociedad digital/ Trabalho digno na nova sociedade digital,* Aranzadi.

Lozano Lares, F. (2019). "Jubilación decente en la sociedad post-laboral". *Revista Internacional y Comparada de Relaciones Laborales y Derecho del Empleo,* (4), 137-185.

Lozano Lares, F. (2017). "El régimen jurídico de las Mutuas Colaboradoras con la Seguridad Social (II)". *Revista de Información Laboral*, (1), 61-102.

Mercader Uguina, J. (2017). "El impacto de la robótica y el futuro del trabajo". *Revista de la Facultad de Derecho de México,* (269).

Molina Navarrete, C.M. (2022). "Digitalización y financiación de las pensiones públicas: ¿repensar el modelo para superarlo o para reequilibrarlo".

El futuro de las pensiones en un contexto de reformas y cambios tecnológicos. Tirant lo Blanch.

Moreno Jiménez, B. (2011). “Factores y riesgos laborales psicosociales: conceptualización, historia y cambios actuales”. *Medicina y Seguridad del Trabajo,* (57).

Narvaez Turci, G. (2022). “*El impacto social de la robotización y digitalización del mercado de trabajo*”. Laborum.

Oberson, X. (2017). “Taxing Robots? From the Emergence of an Electronic Ability to Pay to a Tax on Robots or the Use of Robots”. *World Tax Journal.*

OIT. *Informe Mundial sobre la Protección Social. 2020-2022. La protección social en la encrucijada: en busca de un futuro mejor.* Oficina Internacional del Trabajo. Ginebra, 2021.

OIT. *La seguridad social y la primacía del derecho,* Conferencia Internacional del Trabajo, 100ª reunión, Ginebra, 2011.

OIT. *La protección de la vejez por la Seguridad Social,* Conferencia Internacional del Trabajo, 76ª reunión, Ginebra, 1989.

Quilez Moreno, J. M. y Aparicio Chofré, L. (2017). “Robots e inteligencia artificial: ¿Debería exigirse algún tipo de cotización?”. *Diario La Ley,* (5).

Rodríguez Carrión, A. (2012). *Lecciones de Derecho Internacional Público.* Tecnos, 6ª edición, 3ª reimpresión.

Von Potobsky, G. (2004). “Eficacia jurídica de los convenios de la OIT en el plano nacional”. *Les normes internationales du travail: un patrimoine pour l'avenir. Mélanges en l'honneur de Nicolas Valticos,* Bureau International du Travail.

Webgrafía.

Agencia Estatal Boletín Oficial del Estado. Real Decreto-ley 2/2023, de 16 de marzo, de medidas urgentes para la ampliación de derechos de los pensionistas, la reducción de la brecha de género y el establecimiento de un nuevo marco de sostenibilidad del sistema público de pensiones.

Agencia Estatal Boletín Oficial del Estado. Real Decreto-ley 13/2022, de 26 de julio, por el que se establece un nuevo sistema de cotización para los trabajadores por cuenta propia o autónomos y se mejora la protección por cese de actividad.

Agencia Estatal Boletín Oficial del Estado. Ley 11/2020, de 30 de diciembre, de Presupuestos Generales del Estado para el año 2021.

Agencia Estatal Boletín Oficial del Estado. Ley 21/2021, de 28 de diciembre, de garantía del poder adquisitivo de las pensiones y de otras medidas de refuerzo de la sostenibilidad financiera y social del sistema público de pensiones.

Agencia Estatal Boletín Oficial del Estado. Ley 12/2021, de 28 de septiembre, por la que se modifica el texto refundido de la Ley del Estatuto de los Trabajadores, aprobado por el Real Decreto Legislativo 2/2015, de 23 de octubre, para garantizar los derechos laborales de las personas dedicadas al reparto en el ámbito de plataformas digitales.

Agencia Estatal Boletín Oficial del Estado. Ley 5/2020, de 15 de octubre, del Impuesto sobre las Transacciones Financieras.

Agencia Estatal Boletín Oficial del Estado. Ley 24/1972, de 21 de junio, de financiación y perfeccionamiento de la acción protectora del Régimen General de la Seguridad Social.

Asociación Internacional de la Seguridad Social (AISS). *19 Desafíos mundiales para la Seguridad Social*. 2019.

Boletín Oficial de las Cortes Generales. Congreso de los Diputados. Serie E, núm. 134, 12 de abril de 1995.

Boletín Oficial de las Cortes Generales. Congreso de los Diputados. Serie D. Núm 175. 10 de noviembre de 2020. Informe de evaluación y reforma del Pacto de Toledo.

CENDOJ (Centro de Documentación Judicial). Sentencia del Tribunal Supremo 805/2020, de 25 de septiembre de 2020 (ponente: Juan Molins Garcia-Atance).

EUR-Lex. Propuesta de Directiva del Consejo relativa al sistema común del impuesto sobre los servicios digitales que grava los ingresos procedentes de la prestación de determinados servicios digitales. COM/2018/0148 final–2018/073 (CNS).

Ministerio de Ciencia e Innovación. *EECTI. Estrategia Española de Ciencia, Tecnología e Innovación 2021-2027*.

OIT. Convenio C102–Convenio sobre la seguridad social (norma mínima), 1952 (núm. 102) (ilo.org).

OIT. Recomendación sobre la relación de trabajo, 2006 (núm. 198).

Secretaría de Estado de la Seguridad Social y Pensiones. La Revista de la Seguridad Social.

Tribunal de Cuentas. Informe núm. 1381 de fiscalización sobre la evolución económico-financiera, patrimonial y presupuestaria del sistema de la Seguridad Social y su situación a 31 de diciembre de 2018.

Capítulo 2.

AUTONOMIA COLECTIVA E SEGURANÇA SOCIAL

LUÍS GONÇALVES DA SILVA

Sumário. 1. Objecto 2. Convenção colectiva 2.1. Enquadramento da convenção colectiva enquanto fonte 2.2. Incidência subjectiva da convenção colectiva 3. Espaço de intervenção da convenção colectiva 3.1. Regime geral da relação entre a lei e a convenção colectiva 3.2. Liberdade de regulação e segurança social.

1.- OBJECTO

O presente texto analisa um dos limites específicos da regulação da convenção colectiva de trabalho, mais concretamente em matéria de segurança social. Para o efeito, realizaremos um enquadramento geral da fonte colectiva, seguido da eficácia pessoal deste instrumento, o seu espaço de regulação, a articulação entre a fonte convencional e a lei, concluindo com a especificidade da temática da segurança social.

2.- CONVENÇÃO COLECTIVA[1]

2.1.- Enquadramento da convenção colectiva enquanto fonte

I. Compulsando a Lei Fundamental facilmente se verifica que o Estado não detém o monopólio da elaboração normativa (*v.g.*, artigos 56.º, n.º 3, 227.º e 241.º da CRP). De facto, o ordenamento nacional apresenta uma conceção pluralista da produção jurídica, em especial, no que respeita às condições de trabalho, o que demonstra que o Estado não possui o exclusivo da produção normativa[2]. Assim sendo, cabe invocar a autonomia normativa, que confere a determinadas entidades intermédias, nomeadamente às associações de trabalhadores e de empregadores, "... uma verdadeira *potestas normandi*, ou seja, um poder de criação de autênticas regras de conduta, de atribuição de direitos e deveres relacionados com a sua situação de assalariados (artigo 56.º/3)" da Constituição[3].

---

1 Todos os artigos sem indicação da fonte referem-se ao Código do Trabalho de 2009 (aprovado pela Lei n.º 7/2009, de 12 de Fevereiro), na sua versão actual. Adicionalmente, serão utilizadas as seguintes abreviaturas: CRP – Constituição da República Portuguesa de 1976 (com alterações); CT 2003 – Código do Trabalho de 2003 (aprovado pela Lei n.º 99/2003, de 27 de Agosto); LBSS 2002 – Lei de Bases da Segurança Social de 2002 (Lei n.º 32/2002, de 20 de Dezembro); LBSS 2007 – Lei de Bases da Segurança Social de 2007 (Lei n.º 4/2007, de 16 de Janeiro, com alterações); LCT – Lei do Contrato de Trabalho (Decreto-Lei n.º 49408, de 24 de Novembro de 1969, com alterações); LRCT – Lei de Regulamentação Colectiva do Trabalho (Decreto-Lei n.º 519-C1/79, de 29 de Dezembro, com alterações); STJ – Supremo Tribunal de Justiça; TC – Tribunal Constitucional; TRE – Tribunal da Relação de Évora.

2 Jorge Leite, *Direito do Trabalho*, volume I, Serviços de Acção Social da Universidade de Coimbra, 2004, p. 53.

3 Jorge Leite, *Direito do Trabalho*, cit., p. 53.

II. A autonomia colectiva[4], mais exactamente o direito de contratação colectiva, corolário natural da liberdade sindical, encontra, como decorre do exposto, arrimo na Constituição Portuguesa (artigo 56.º, n.º 3), tal como em diversos documentos internacionais[5]. Prescreve a Lei Fundamental, no preceito

---

[4] Sobre o conceito de *autonomia* e as suas diferentes concepções, *vd.*, por todos, Bigotte Chorão, "Autonomia", *Temas Fundamentais de Direito*, Almedina, 1991, pp. 251 e ss (previamente publicado no *Dicionário Jurídico da Administração Pública*, volume I, s.e., Coimbra, 1965, pp. 606 e ss; Menezes Cordeiro, *Direito das Obrigações*, 1.º volume, Associação Académica da Faculdade de Direito de Lisboa, reimpressão, 1994, pp. 49 e ss; bem como *Tratado de Direito Civil*, volume I, 4.ª edição, Almedina, 2012, pp. 951 e ss; Baptista Machado, *Participação e Descentralização, Democratização e Neutralidade na Constituição de 76*, Almedina, 1982, p. 8; e, em especial, Alarcón Caracuel, "La Autonomia: Concepto, Legitimacion para Negociar y Eficacia de los Acuerdos", AAVV, *La Reforma de la Negociacion Colectiva*, coord. Manuel R. Alarcon–Salvador Del Rey, Marcial Pons, Madrid, 1995, pp. 51 e ss; Santoro-Passarelli, "Autonomia", *Enciclopedia del Diritto*, volume IV (Atto-Bana), Giuffrè, 1959, pp. 349 e ss.

[5] Entre os diversos textos internacionais, saliente-se, desde logo, da Organização Internacional do Trabalho, em especial: a) Convenção n.º 87, datada de 1948, aprovada pelo Decreto-Lei n.º 45/77, de 19 de abril; b) Convenção n.º 98, de 1949, aprovada pelo Decreto-Lei n.º 45 758, de 12 de junho de 1964; c) Recomendação n.º 91, de 1951. Importa salientar que existe uma diferença na abordagem pelos instrumentos internacionais ratificados por Portugal e aquela que é apresentada pela nossa Lei Fundamental. Com efeito, enquanto as convenções n.º 87 – versa a liberdade sindical e a protecção do direito sindical – e n.º 98 – incide sobre o direito de organização e de negociação colectiva – revelam uma igualdade, no que respeita à sua matéria, de tratamento entre trabalhadores e empregadores, a nossa Lei Fundamental não consagrou expressamente o direito de os empregadores se coligarem através de associações para defesa dos seus direitos e, consequentemente, o direito de contratação colectiva, bem como não contém qualquer referência à participação na elaboração da legislação do trabalho (que apenas surge consagrada em relação às associações de trabalhadores, em especial, quanto às associações sindicais, cfr. artigo 56.º, n.º 2, alínea a), da CRP).

referido, que "compete às associações sindicais exercer o direito de contratação colectiva, o qual é garantido nos termos da lei"; por outro lado, afirma ainda a Constituição que "a lei estabelece as regras respeitantes à legitimidade para a celebração das convenções colectivas de trabalho, bem como à eficácia das respetivas normas" (artigo 56.º, n.º 4, da CRP).

Pode, então, inferir-se que o poder normativo das associações sindicais e de empregadores – neste caso, não expressamente[6] – se alicerça directamente na Constituição, sendo assegurado pela lei. Ou seja: com base no preceito constitucional, o direito de contratação colectiva não necessita do posterior reconhecimento por qualquer acto infraconstitucional, cabendo apenas à lei garanti-lo, conforme prescrição constitucional[7]. E, como forma de garantir o referido direito, tem de fixar as regras relativas à legitimidade, bem como à sua eficácia, pois como se escreve em aresto do Tribunal Constitucional, "uma coisa é certa: no nosso direito vigente, as convenções coletivas de trabalho não têm constitucionalmente fixado o regime da sua eficácia, já que a Constituição remete tal fixação para a lei …"[8].

---

6 Dizemos que a Constituição não consagrou expressamente, pois, pelo menos no que respeita ao direito de contratação colectiva, entendemos que tal faz parte do conteúdo da liberdade de iniciativa económica – na sua vertente de direito de contratação –, que é considerado pela doutrina como um direito fundamental de natureza análoga aos direitos, liberdades e garantias; neste sentido, Gonçalves da Silva, *Da Eficácia da Convenção Colectiva*, volume II, Imprensa FDUL, 2022, em especial, pp. 1238 e ss, com diversas indicações.

7 Para uma análise da convenção colectiva no quadro constitucional, Gonçalves da Silva, *Da Eficácia da Convenção Colectiva*, volume II, cit., pp. 1173 e ss.

8 TC 172/93, de 10 de Fevereiro de 1993, p. 5, www.tribunalconstitucional.pt.

III. Celebrada por associações de direito privado[9], como são consideradas as associações sindicais e de empregadores[10]/[11], a convenção colectiva[12], depois de uma fase de negociação (artigos 486.º e ss), e para que possa produzir os efeitos legalmente previstos, tem de ser depositada nos serviços do Ministério do Trabalho (artigos 494.º e 495.º)[13].

Não ocorrendo nenhum dos casos taxativamente previstos para a recusa do depósito no n.º 4 do artigo 494.º, segue-se a publicação da convenção no *Boletim do Trabalho e Emprego* (artigo 519.º, n.ºs 1 e 3); uma vez publicada, a convenção entra em vigor nos mesmos termos das leis (artigo 519.º, n.º 1, *in fine*)[14].

---

9 Com excepção para as convenções colectivas na modalidade de acordo de empresa ou de acordo colectivo, caso em que, muito embora tenham necessariamente de ser outorgadas por associação sindical, já os empregadores não farão parte de uma associação de empregadores, antes negociarão directamente (*vd.* artigo 2.º, n.º 3).

10 Neste sentido, em relação às associações sindicais e de empregadores, por exemplo, Menezes Cordeiro, *Manual de Direito do Trabalho,* Almedina, 1989, pp. 119 e ss e 121-122, bem como *Direito do Trabalho,* volume I, Almedina, 2018, pp. 593 e 594; Romano Martinez, *Direito do Trabalho,* 11.ª edição, Almedina, 2023, pp. 141 e 145; Mário Pinto, *Direito do Trabalho, Introdução e Relações Colectivas de Trabalho,* Universidade Católica Editora, 1996, p. 197.

11 Apesar de qualquer modalidade de associação sindical – i.e., sindicato, federação, união ou confederação geral – possuir capacidade para outorgar convenções colectivas, na prática apenas os sindicatos e as federações sindicais usam tal faculdade.

12 Como se sabe a expressão convenção colectiva abrange quer os contratos colectivos, quer os acordos colectivos, quer ainda os acordos de empresa (artigo 2.º, n.º 3).

13 Sobre o tema, Gonçalves da Silva, "A Administração Laboral e a Convenção Coletiva: Algumas Questões", AAVV, *Trabalho sem Fronteiras? – O Papel da Regulação,* coordenação de Manuel M. Roxo, Almedina, 2017, pp. 179 e ss.

14 Sobre a entrada em vigor da lei, *cfr.* Lei n.º 74/98, de 11 de Novembro, com diversas alterações.

IV. Completado o ciclo final de procedimento da fonte convencional – i.e., depósito, publicação e entrada em vigor –, esta produz os efeitos legal e contratualmente previstos; o facto de esses efeitos serem, em regra, gerais e abstractos[15] leva a que estejamos, situação que também já decorria do anteriormente exposto, ante uma fonte específica de Direito do Trabalho, posição que tem, como decorre dos artigos 56.º, n.º 4, *in fine*, da CRP, e do artigo 1.º do Código do Trabalho, acolhimento no direito positivo[16].

2.2.- Incidência subjectiva da convenção colectiva

I. A eficácia da convenção colectiva deve ser analisada com base em três elementos gerais que delimitam os seus efeitos: por um lado, o *âmbito pessoal* (artigos 496.º e ss); por outro, o *âmbito temporal* (artigos 499.º e ss); e, ainda, a *área geográfica*[17].

Concentrando-nos no âmbito pessoal, importa reter que vigora no nosso ordenamento uma eficácia subjectiva limitada. Com efeito, o actual quadro normativo, na esteira do anteriormente existente[18], manteve a eficácia inter-partes do instrumento convencional, prescrevendo:

---

15 Neste sentido, Barros Moura, *A Convenção Colectiva entre as Fontes de Direito do Trabalho*, Almedina, 1984, por exemplo, pp. 125 e 129-130.

16 Para mais desenvolvimentos sobre a qualificação da convenção colectiva como fonte de Direito, Gonçalves da Silva, *Da Eficácia da Convenção Colectiva de Trabalho*, volume II, cit., pp. 1194 e ss.

17 A *área* e o *âmbito de aplicação* fazem parte do conteúdo obrigatório da convenção (artigo 492.º, n.º 1, alínea c)). A ausência destas cláusulas legitima a recusa do depósito (artigo 494.º, n.º 4, alínea c)), por parte dos serviços do Ministério do Trabalho. Para uma análise dos preceitos, Gonçalves da Silva, *Da Eficácia da Convenção Colectiva*, volume II, cit., pp. 1576 e ss.

18 Estamos a referirmo-nos ao artigo 7.º da LRCT e ao artigo 552.º do CT2003.

> "A convenção colectiva obriga o empregador que a subscreve ou filiado em associação de empregadores celebrante, bem como os trabalhadores ao seu serviço que sejam membros de associação sindical celebrante" (artigo 496.º, n.º 1).

A esta norma, acrescenta o mesmo artigo:

> "A convenção celebrada por união, federação ou confederação obriga os empregadores e os trabalhadores filiados, respectivamente, em associações de empregadores ou sindicatos representados por aquela organização quando celebre em nome próprio, nos termos dos respectivos estatutos, ou em conformidade com os mandatos a que se refere o n.º 2 do 491.º" (artigo 496.º, n.º 2)[19].

Ressalta então do exposto a necessidade de existir concomitantemente filiação do empregador (caso não celebre directamente a convenção) e do trabalhador nas associações outorgantes. A isto se chama *princípio da filiação* ou, talvez mais correctamente, *princípio da dupla filiação.*

Dito de outro modo: a ausência de filiação de uma das partes da relação laboral – salvo, no caso do empregador, quando este celebre directamente a convenção – impede a aplicação da convenção colectiva, sublinhando-se que o trabalhador tem o ónus de provar os factos constitutivos do direito (artigo 342.º,

---

19 A diferença entre o n.º 1 e n.º 2 é que o primeiro prescreve a eficácia da convenção outorgada directamente pelos empregadores ou por associações de empregadores e por sindicatos, enquanto o n.º 2 regula a eficácia da convenção subscrita por associações de segundo grau, ou seja, associação de associações. Com efeito, o n.º 2 incide sobre as situações em que a convenção é celebrada por organizações de associações de empregadores ou por associações de sindicatos (cfr., respectivamente, artigos 442.º, n.º 2, e n.º 1, alíneas a), b), c) e d), e n.º 2), prescrevendo o preceito que obriga os empregadores e os trabalhadores inscritos nas associações outorgantes representados nos termos previstos nos estatutos quando outorguem em nome próprio ou em conformidade com os mandatos prescritos no n.º 2 do artigo 491.º.

n.º 1, do Código Civil), ou seja, de que é destinatário da convenção[20].

A convenção colectiva tem, deste modo, somente *eficácia inter-partes*. Nestes termos, o âmbito subjectivo – ou pessoal – da convenção é determinado, em regra, pela filiação do empregador (caso não celebre a convenção directamente) e do trabalhador nas associações outorgantes.

II. Há, no entanto, excepções ao princípio da dupla filiação[21].

Uma delas determina que

> "A convenção abrange trabalhadores e empregadores filiados em associações celebrantes no início do processo negocial ..." (artigo 496.º, n.º 3).

Este desvio à regra geral do princípio da dupla filiação – tendo presente que o destinatário pode já não ser filiado no momento da outorga ou em data posterior e, mesmo assim, continuar a ser abrangido pela fonte (artigo 496.º, n.º 4) – tem como finalidade impedir que a manipulação da filiação associativa afecte a eficácia subjectiva da convenção; mais concretamente, procurou-se, desta forma e em nome da estabilidade aplicativa do instrumento convencional, enquanto concretização do mandato constitucional (artigo 56.º, n.º 4, da CRP), evitar o "*dumping* sindical ou patronal"[22].

---

20 O ónus da prova da filiação do trabalhador recai, nos termos do artigo 342.º, n.º 1, do Código Civil, sobre o trabalhador, Gonçalves da Silva, *Da Eficácia da Convenção Colectiva*, volume II, cit., pp. 1881-1882.

21 Para uma análise desenvolvida do tema, Gonçalves da Silva, *Da Eficácia da Convenção Colectiva*, volume II, cit., pp. 2004 e ss.

22 Romano Martinez, *Direito do Trabalho*, cit., p. 1179, nota 2470, itálico no original

III. Na temática das excepções ao princípio da filiação, importa ainda referir a possibilidade de o trabalhador optar pela aplicação de uma convenção colectiva.

Com efeito, prescreve o regime laboral:

> "Caso sejam aplicáveis, no âmbito de uma empresa, uma ou mais convenções colectivas ou decisões arbitrais, o trabalhador que não seja filiado em qualquer associação sindical pode escolher qual daqueles instrumentos lhe passa a ser aplicável, desde que o mesmo se integre no âmbito do sector de actividade, profissional e geográfico do instrumento escolhido" (artigo 497.°, n.° 1).

O presente preceito permite que um trabalhador não filiado escolha, por acto unilateral – aplicando-se, no âmbito da empresa, uma ou mais convenções colectivas ou decisões arbitrais –, ser destinatário de um destes instrumentos. Este direito potestativo conferido ao trabalhador pelo Código do Trabalho torna naturalmente irrelevante a posição do empregador.

Em suma: a falta de filiação do trabalhador em entidade outorgante impediria, à partida, a aplicação da convenção. No entanto, exercendo o trabalhador o direito potestativo que a lei lhe confere, poderá usufruir do regime convencional.

IV. Outra excepção relevante diz respeito ao *acordo das partes*. De facto, os sujeitos do contrato de trabalho podem estabelecer a aplicação do instrumento convencional à sua relação laboral.

Nestas situações de acordo das partes, o empregador e o trabalhador terão a sua relação laboral também regulada – além da lei – pelo instrumento convencional, cabendo, no âmbito da autonomia individual, aos sujeitos contratuais determinar os termos em que essa fonte se aplica.

Saliente-se apenas que a intervenção desta autonomia está condicionada pelo artigo 3.°, n.° 4, ou seja: esta norma determina a relação entre as normas legais reguladoras do contrato de trabalho e as cláusulas deste, da qual resulta que as cláusulas do contrato de trabalho só podem afastar a aplicação das normas legais se, por um lado, forem mais favoráveis para o trabalhador e, por outro, tal facto for permitido por elas ("se delas não resultar o contrário")[23].

V. O Código do Trabalho prevê também a possibilidade de ser aplicado o conteúdo (parcial ou total) da convenção colectiva (ou decisão arbitral) através de uma *portaria de extensão*, que é emitida pelo Ministro do Trabalho (artigo 516.º).

De acordo com o regime legal[24], a convenção colectiva ou decisão arbitral (voluntária ou obrigatória/necessária) em vigor pode ser aplicada – na terminologia legal – a empregadores e a trabalhadores integrados no âmbito do sector de actividade e profissional definido naquele instrumento (artigo 514.º, n.º 1).

Deste preceito decorre a possibilidade de a Administração Laboral recorrer quer a extensão interna (aplicável a empregadores do mesmo sector de actividade e a trabalhadores da mesma profissão, exercendo a sua actividade na área geográfica e no âmbito sectorial e profissional fixados nos instrumentos a estender), quer a extensão externa (aplicável a empregadores e a trabalhadores do mesmo âmbito sectorial e profissional, exercendo a sua actividade em área geográfica diversa daquela em que os instrumentos a estender se aplicam).

VI. Perante o exposto, compreende-se que na área laboral assuma acrescida relevância a temática da articulação de fon-

---

[23] Com desenvolvimentos, Gonçalves da Silva, *Da Eficácia da Convenção Colectiva*, volume II, cit., pp. 1483 e ss.

[24] Para uma análise completa do regime legal, pode ver-se Gonçalves da Silva em Romano Martinez, Miguel Monteiro, Joana Vasconcelos, Madeira de Brito, Guilherme Dray e Gonçalves da Silva, *Código do Trabalho Anotado*, 13.ª edição, Almedina, 2020, anotação aos preceitos.

tes, pois para além das fontes gerais, temos ainda as específicas (artigo 1.º), pois trata-se de um ramo de direito em que é frequente o conflito de fontes, face não apenas à diversidade de regimes jurídicos, como ainda à circunstância de ser necessário atender, e para além do acordo das partes (contrato de trabalho), às várias fontes relevantes, designadamente, e apenas salientando as específicas, aos instrumentos de regulamentação colectiva de trabalho e aos usos laborais (artigo 1.º).

3.- ESPAÇO DE INTERVENÇÃO DA CONVENÇÃO COLECTIVA

3.1.- Regime geral da relação entre a lei e a convenção colectiva

I. Importa agora concentrarmo nos na norma que define o quadro geral da relação entre a fonte legal e a convenção colectiva[25], recordando que o Direito do Trabalho "... nunca teve como função exclusiva e excludente, a função tutelar do trabalhador, tendo sempre coexistido com outras funções politico-jurídicas (funções de pacificação social, de regulação de economia, etc.)"[26]. Com efeito, prescreve o legislador, no

---

25 Existe uma norma específica (artigo 3.º, n.º 2) que trata da relação entre a portaria de condições de trabalho e a lei; para uma análise do preceito, *vd.*, por todos, Gonçalves da Silva, em Romano Martinez, Miguel Monteiro, Joana Vasconcelos, Madeira de Brito, Guilherme Dray e Gonçalves da Silva, *Código do Trabalho Anotado,* cit., pp. 57 e ss; e Romano Martinez e Gonçalves da Silva, "O Âmbito do Regulamento de Condições Mínimas", *Revista de Direito e de Estudos Sociais,* 2005, n.º 4, em especial, pp. 383 e ss.

26 Escreve Monereo Pérez, "Estudio Preliminar – Teoría Jurídica del Convenio Colectivo: su Elaboración en la Ciencia de Derecho", Gallart Folch, *Las Convenciones Colectivas de Condiciones de Trabajo,* Comares, 2000, p. CXXVI; a isto acrescenta o Autor, nota 300, certeira e incisivamente,

artigo 3.º, n.º 1, e na esteira do previsto do artigo 478.º, n.º 1, alínea a), sob a epígrafe *relações entre fontes de regulação*,

> "As normas legais reguladoras de contrato de trabalho podem ser afastadas por instrumento de regulamentação colectiva de trabalho, salvo quando delas resultar o contrário"[27].

Comecemos por destacar que a norma tem um objectivo central: delimitar o espaço de intervenção dos instrumentos de regulamentação face à lei[28] e, consequentemente, resolver

---

que "não existem dúvidas que a protecção do trabalhador foi uma das constantes históricas do Direito do Trabalho, no entanto, é ingénuo pensar que as reformas sociais impulsionadas desde as instâncias internacionais têm como única finalidade a protecção dos interesses da classe trabalhadora".

27 Sobre a compatibilidade constitucional do preceito, cfr. TC 338/2010, de 22 de Setembro, § II. 5., www.tribunalconstitucional.pt., afirmando-se: "tendo em conta os termos da parte final dos n.os 1 e 3 do artigo 3.º, o legislador cumpre claramente o mandato constitucional, consubstanciado no disposto no artigo 59.º, n.º 2, da CRP, da fixação de um núcleo irredutível em que é manifesta a preocupação dos interesses dos trabalhadores".

28 Parece evidente que o espaço de intervenção dos instrumentos negociais e não negociais não será o mesmo, pois no caso de instrumentos negociais trata-se de fontes que assentam na autonomia colectiva (convenções, acordo de adesão e arbitragem voluntária) e, no caso de instrumentos não negociais, estão em causa fontes que têm por base o poder regulamentar (portaria de extensão e de condições de trabalho) ou a lei, mais concretamente, o Código do Trabalho (arbitragem obrigatória e necessária, sendo que o despacho que as determina assume a qualificação de acto administrativo). Então, deve questionar-se: qual a razão para o Código não atender a esta especificidade e utilizar por diversas vezes ao longo do seu articulado a expressão "instrumentos de regulamentação colectiva de trabalho" em vez de, consoante os casos, instrumento de regulamentação colectiva negocial ou não negocial (por exemplo, artigos 73.º, n.º 2, 152.º, n.º 1, 204.º, n.º 1, 208.º, n.º 1, 209.º, n.º 1, alínea b), 210.º, n.º 1, 281.º, n.º 7)?

os problemas de concurso deste tipo de actos[29]; ou seja: vai modelar como se articula a "vontade geral" com a "vontade coletiva"[30].

Com esta norma, o Código do Trabalho tomou três opções gerais: 1) a convenção colectiva pode regular qualquer matéria, incluindo afastar a aplicação das normas legais; 2) salvo

---

O legislador entendeu que não deveria tomar posição expressa, deixando ao intérprete a tarefa de aferir, perante a situação concreta, qual a área de regulação permitida pelo Código do Trabalho. Deste modo, parece estar claro que o facto de o legislador utilizar a expressão mais ampla de "instrumento de regulamentação colectiva de trabalho" não revela qualquer tomada de posição quanto ao tipo de instrumento que pode, ou não, intervir, bem como a respectiva amplitude. Aliás, refira-se que, em última instância, sempre teria de ser assim, pois mesmo que o legislador afirmasse, por exemplo, que em determinada matéria poderia haver intervenção da portaria de condições de trabalho, uma interpretação conforme à Constituição poderia impor resultado diferente.

29 A norma não resolve, nem é esse o seu desiderato, problemas decorrentes da sucessão de leis e consequente relação com o regime convencional. Sobre este ponto, tratando da questão da majoração das férias do Código do Trabalho (CT2003, artigo 213.°, n.° 3) e o regime convencional, Guilherme Dray, "Período Anual de Férias: Articulação entre o Regime do Código do Trabalho e o do Acordo Colectivo de Trabalho Vertical do Sector Bancário", *O Direito*, ano 136.°, 2004, IV, pp. 657 e ss; bem como STJ 09S0472 de 20 de Maio de 2009, www.dgsi.pt, decidindo, tal como o Autor citado, que a majoração das férias se aferia face à regra geral do Código do Trabalho (artigo 213.°, n.° 1, do CT) e não ao fixado na convenção colectiva.

30 João Reis, "A Contratação Coletiva na Jurisprudência Constitucional", *Homenagem ao Prof. Doutor António José Avelãs Nunes*, organização de Pedro Cunha, Manuel Quelhas e Teresa Almeida, Boletim de Ciências Económicas da Faculdade de Direito da Universidade de Coimbra, volume LVII, 2014, tomo III, p. 2956, referindo-se à relação da lei com a convenção colectiva.

se estas determinarem o contrário; 3) assente na irrelevância geral do tratamento mais favorável[31].

II. Relativamente à primeira asserção – a convenção pode regular qualquer matéria – e na sequência do atrás referido, verificamos que a Constituição não prescreveu qualquer divisão de competências entre regras estaduais e convencionais, tendo sufragado uma competência reguladora partilhada entre fonte legal e convencional; por outro lado, apesar de a convenção estar subordinada à lei, não está sujeita ao princípio da precedência de lei.

Esta posição é agora reiterada pela regra constante do artigo 3.º, n.º 1, pois se a convenção pode afastar a lei, intervindo assim em áreas já por ela cobertas[32], poderá, por maioria de

---

[31] Reconhecemos, com Júlio Gomes, "A Contratação Coletiva *In Peius* e a Representatividade Sindical", *Crise Económica: Fim ou Refundação do Direito do Trabalho?–Actas do Congresso Mediterrânico, de Direito do Trabalho*, «Estudos APODIT 1», coordenação de Palma Ramalho, AAFDL, 2016, pp. 109 e ss, que o facto de a convenção colectiva ter a faculdade de intervir em sentido mais ou menos favorável, podendo ser "... celebrada por um sindicato «esquelético» pode representar um perigo muito sério ..." para os trabalhadores filiados e não filiados – uma vez que estes também podem ser destinatários do conteúdo daquela através, por exemplo, da portaria de extensão (artigo 514.º) –, mas esse é um problema que só poderá ser dirimido com a introdução de critérios de representatividade, o que se verifica em diversos ordenamentos, nomeadamente em Espanha, cfr. Gonçalves da Silva, *Da Eficácia da Convenção Colectiva*, volume I, Imprensa FDUL, 2022, pp. 555 e ss.

[32] Poder-se-ia pensar que quando o legislador deixa a regulação de determinadas matérias para a fonte convencional estaríamos perante uma situação idêntica à da deslegalização. Não é o caso. Na deslegalização temos uma degradação da matéria legal que passa a constar de regulamento, ou seja, a matéria a cargo da lei é regulada por regulamento e passa a ser emitida por órgão regulamentar em vez de legislativo, cfr. Jorge Miranda, em Jorge Miranda e Rui Medeiros, *Constituição Portuguesa Anotada*, vol. II (artigos 80.º a 201.º), 2.ª edição,

razão, regular temas em que a lei nem sequer fixou qualquer regime. Estamos, deste modo, perante regulação pela fonte convencional que decorre, como atrás vimos, do quadro constitucional e não de uma mera concessão legal, tendo as convenções colectivas passado a ser, especialmente após a codificação (2003), "mais que normas sucedâneas, que concorrem com a lei para definir a disciplina das relações de trabalho, normas preferenciais, que afinal têm uma aplicação prática prevalente e prioritária, como se fossem *leges specialis*"[33].

Aqui do que se trata é, e apenas isso: fixação pelo Código, através de uma regra geral (artigo 3.º, n.º 1), do espaço que as fontes inferiores têm para regular as situações laborais; contrariamente ao que ocorre noutras áreas do ordenamento, as normas legais em Direito do Trabalho não têm uma "dureza" que impeça que as normas inferiores tenham aplicação em detrimento das superiores e que aquelas possam mesmo ser preferidas[34]. E, por isso, apesar de a lei e a convenção colecti-

---

Universidade Católica Editora, Lisboa, 2018, p. 308. Esta situação não ocorre relativamente à convenção colectiva, pois, neste caso, é a lei que, cumprindo o mandato constitucional de garantir o direito de contratação colectiva e, por outro lado, delimitando a eficácia da fonte convencional, reconhece a intervenção do instrumento negocial, não se verificando qualquer degradação da fonte legal. Na doutrina espanhola, encontra-se referências à deslegalização em confronto com a *dispositivização*, cfr. Alfonso Mellado, Ballester Pastor, Blasco Pellicier, *et al.*, *Relaciones Laborales*, Director Sala Franco, 3.ª edición, tirant lo blanch, 2011, pp. 1036 e ss. Veja-se também, sobre as diferentes situações de remissão legal para a fonte convencional, atendendo ao quadro espanhol, Sala Franco, *Derecho Sindical*, 4.ª edición, tirant lo blanch, Valencia, 2022, pp. 236 e ss.

33 Lobo Xavier, "Vigência e Sobrevigência das Convenções Colectivas de Trabalho", *Revista de Direito e de Estudos Sociais*, 2008, n.ºs 1-4, p. 31, itálico no original.

34 Diferentemente, portanto, do que se verifica no Direito Administrativo, segundo Afonso Queiró, "A Hierarquia das Normas de Direito

va constituírem duas formas de conformar a autonomia individual, o legislador reconheceu a maior adequação e adaptação da fonte convencional para regular as situações individuais.

III. Rege, assim, no ordenamento laboral, o princípio da disponibilidade do conteúdo (liberdade de estipulação) da convenção colectiva[35], sendo admissível que esta regule todas as matérias, naturalmente dentro dos parâmetros legais[36], e, por outro lado, respeitado que esteja, desde logo, a capacidade e legitimidade dos outorgantes[37]. O legislador não optou por configurar a relação entre a lei e a convenção como "uma combinação de reservas normativas"[38], tendo antes proclamado a regulação preferencial da convenção colectiva das matérias

---

Administrativo Português", Estudos em Homenagem aos Profs. Doutores M. Paulo Merêa e G. Braga da Cruz, II, *Boletim da Faculdade de Direito da Universidade de Coimbra*, volume LVIII, 1982, p. 775.

35 Franco Carinci, Luca Tamajo, Paolo Tosi e Tiziano Treu, *Diritto del Lavoro, 1. Il Diritto Sindacale*, 9.ª edizione, Utet, 2023, p. 220. O que não impede, naturalmente, a existência de proibições específicas que tanto podem resultar de outras fontes gerais – por exemplo, da Constituição – como especiais, embora se deva ter presente que estamos ante um direito, liberdade e garantia (artigo 56.º, n.os 3 e 4 da CRP), cuja restrição está sujeita ao artigo 18.º da CRP, devendo "limitar-se ao necessário para salvaguardar outros direitos ou interesses constitucionalmente protegidos" (n.º 2).

36 Como bem salienta Nunes de Carvalho, "Considerações sobre o Trabalho Intermitente", AAVV, *Estudos Dedicados ao Professor Doutor Bernardo da Gama Lobo Xavier, Revista Direito e Justiça*, Volume I, Universidade Católica Editora, 2015, p. 375, "... o n.º 1 do art. 3.º do Código do trabalho não abre à autonomia colectiva espaço de manobra em termos de reconstrução tipológica".

37 Gonçalves da Silva, *Da Eficácia da Convenção Colectiva*, volume II, cit., pp. 1535 e ss.

38 A expressão é de Argüelles Blanco, "Convenios Colectivos", *El Sistema de Fuentes de la Relación Laboral, Estudios Ofrecidos al Profesor Martín Valverde por el Área de Derecho del Trabajo de la Universidad de Oviedo*, coordinador Garcia Murcia, Universidad de Oviedo, 2007, p. 169,

laborais, ao ponto de se poder falar numa "predominância desta última como fonte regulamentadora das relações de trabalho"[39]; o que significa que, como regra geral, e "... fora de um núcleo intangível de direitos e deveres laborais, matéria de lei imperativa, a palavra deverá ser dada às CCT's, para estabelecer os condicionalismos adequados"[40].

Temos, então, que os direitos atribuídos pelo legislador ao trabalhador individual poderão ser objecto de disposição por parte da convenção colectiva, pois é a lei que o determina[41]; e fá-lo de forma geral, o que torna desnecessária, além de saber se a convenção é ou não mais favorável, a destrinça entre as situações em que a lei expressamente o admite e as situações em que existe omissão prescritiva habilitante (expressa)[42], o que significa que a habilitação geral constante do artigo 3.º, n.º 1, será apenas afastada perante norma diversa.

IV. Mantendo-se a hierarquia das fontes, há, como referimos, uma outra nota que deve ser sublinhada: o espaço de

---

referindo-se à realidade espanhola, aliás, idêntica à nossa, como demonstra a Autora.

39 Lobo Xavier, "As Fontes Específicas de Direito do Trabalho e a Superação do Princípio da Filiação", *Revista de Direito e de Estudos Sociais*, 2005, n.ºs 2-4, p. 118, embora não esteja em causa naturalmente, repetimos, uma inversão hierárquica.

40 Lobo Xavier, "As Fontes Específicas de Direito do Trabalho e a Superação do Princípio da Filiação", cit., p. 129.

41 Naturalmente que não teria suporte jurídico preconizar que tal situação está arredada do artigo 3.º, n.º 1, pois isso teria como resultado que, não se aplicando aos direitos individuais decorrentes da lei e tendo presente a sua amplitude regulativa, que a fonte convencional ficaria (quase) sem espaço de intervenção, em clara colisão com a Lei Fundamental.

42 Como faz García-Perrote Escartín, *Ley e Autonomia Colectiva: Um Estudio sobre Relaciones entre la Norma Estatal y el Convenio Colectivo*, Ministerio de Trabajo y Seguridad Social, 1987, pp. 371 e ss.

intervenção deixado pelo legislador ao instrumento convencional permite que este estabeleça um regime mais ou menos favorável do que a lei[43], devendo notar-se, na esteira de autorizadas posições produzidas nos anos quarenta[44], que "vectores tradicionais como o *favor laboratoris* ou o princípio da tutela do trabalhador, que fizeram a sua época no Direito do Trabalho, são hoje abandonados a favor de um levantamento mais preciso e desinibido dos valores civis concretamente ameaçados pelas lógicas mecanizadoras do mundo empresarial"[45]. De fac-

---

43 O que em bom rigor já era possível antes de 2003, embora com dimensão diminuta; recorde-se, por exemplo, que bastava estarmos perante uma norma supletiva para o artigo 13.°, n.° 1, da LCT (nos termos do qual, regra geral, a prevalência de fontes se pautava pelo critério do tratamento mais favorável para o trabalhador) não se aplicar.

44 Por exemplo, Lodovico Barassi, *Il Diritto del Lavoro*, volume I, Giuffrè, 1949, pp. 79-80, que, a propósito dos limites da protecção legislativa frente à protecção intersindical do trabalho, sustenta a intervenção do legislador para a defesa do interesse nacional, deixando amplo espaço de regulação à fonte colectiva.

45 Menezes Cordeiro, *Tratado de Direito Civil*, volume I, cit., p. 315, itálico no original. Também Romano Martinez, "Interpretação e Aplicação de Normas Laborais (Revisitação do *Favor Laboratoris*: Ativismo Jurídico *versus* Segurança Jurídica)", *Estudos Dedicados ao Professor Doutor Bernardo da Gama Lobo Xavier*, *Revista Direito e Justiça*, Volume III, Universidade Católica Editora, 2015, p. 247, escreve que "o princípio do tratamento mais favorável tem, contudo, de ser entendido num contexto atual. Hoje, o Direito do trabalho, autonomizado do Direito civil, continua a privilegiar a protecção do trabalhador subordinado, mas com normas próprias. As normas de Direito do trabalho foram elaboradas tendo em vista a protecção do trabalhador – sem descurar a tutela da empresa, e como elas constituem, em si, um sistema coerente, retomar a ideia tradicional do *favor laboratoris* é um contrassenso" (itálico no original). E, depois de apresentar vários argumentos, tais como o empirismo e o subjectivismo que causaria o princípio do *favor laboratoris* (pp. 248-249), o Professor conclui: "por estas razões, o *favor laboratoris* deve ser entendido tal como no direito das obrigações se

to, a previsão do artigo 3.º, n.º 1, não contém nenhum elemento que condicione as partes a regular num sentído específico, deixando-lhes inteira liberdade para disporem, naturalmente dentro do quadro legal, do modo que entenderem. O legislador afastou assim o princípio de prescrição mínima nas normas legais e do tratamento mais favorável[46], acompanhando, numa área de igualdade entre as partes, a evolução ocorrida nas últimas décadas, em que a "concepção tradicional do Direito do Trabalho como ordenamento protector dos trabalhadores foi revista para dar entrada a outro importante princípio: o da conservação da empresa"[47]; por outro lado, materializa o

---

alude ao *favor debitoris*, do qual não se retiram consequências práticas. O legislador de direito do trabalho consagrou um regime favorável ao trabalhador; é nesse sentido que se deve entender o *favor laboratoris*" (p. 249, itálico no original).

46 Pode ver-se a destrinça entre o princípio da norma mínima e o do tratamento mais favorável, por exemplo, em Alonso Olea e Casas Baamonde, *Derecho del Trabajo*, 26.ª edición, Civitas, 2009, pp. 1176 e ss; e, entre nós, Jorge Leite, "Código do Trabalho – Algumas Questões de (In)Constitucionalidade", *Questões Laborais*, ano X, n.º 22, 2003, pp. 271-272.

47 Montoya Melgar, "La Aplicación del Derecho del Trabajo y el Sistema de Principios, Valores y Derechos Fundamentales", *Revista del Ministério de Trabajo e Inmigración*, n.º 88, 2010, p. 29. Também Palma Ramalho, *Tratado de Direito do Trabalho, Parte I – Dogmática Geral*, 5.ª edição, Almedina, 2020, pp. 574 e ss, bem como, da mesma Professora, *Da Autonomia Dogmática do Direito do Trabalho*, Almedina, 2000, pp. 970 e ss, identifica o princípio da salvaguarda dos interesses de gestão. Como sabemos, a intervenção da fonte convencional em detrimento da legal, independentemente da maior ou menor favorabilidade, não constitui uma especificidade do nosso ordenamento, sendo disso exemplo o ordenamento francês, com idêntico movimento de abertura à convenção colectiva, cfr. Fabrice Bocquillon, "Que Este-t-il du «Principe de Faveur»?", *Droit Social*, 2001, n.º 3, em especial, pp. 257 e ss; Georges Borenfreund e Marie-Armelle Souriac, "Les Rapports de la Loi et de la Convention Collective: une Mise en Perspective", *Droit Social*, 2003, n.º 1, por exemplo, pp. 75-76, referindo-se à abertura à

reconhecimento de que "a imposição do requisito da maior favorabilidade no plano da negociação colectiva trazia implícito um juízo de «menoridade» relativamente às associações sindicais, que não se justificava"[48], destrinçando, deste modo, a autonomia colectiva da individual (artigo 3.º, n.º 4)[49]. Foram assim separadas, e bem, duas realidades distintas: a *vocação tutelar* do direito individual[50] – incluindo aqui o direito das condições de trabalho – como marca de nascimento do Direito do Trabalho[51] e, por outro lado, que o direito de contratação

---

fonte convencional, essencialmente em matéria de tempo de trabalho, falam num "entorse importante" do tratamento mais favorável (p. 75); Marie-Laure Morin, "La Loi et la Négotiation Collective: Concurrence ou Complémentarité", *Droit Social*, 1998, n.º 5, em especial, pp. 424 e ss; Xavier Pretôt, "Le Conseil Constitutionel et les Sources du Droit du Travail: L'Articulation de la Loi et de la Négociation Collective (Décision du 13 janvier 2003)", *Droit Social*, 2003, n.º 3, pp. 260 e ss.

48 Palma Ramalho, *Tratado de Direito do Trabalho, Parte I – Dogmática Geral*, cit., p. 270.

49 Há muito que a doutrina questionava a justificação para tratar da mesma maneira a autonomia individual e a colectiva, como era o caso de Francesco Carnelutti, *Teoria del Regolamento Collettivo dei Rapporti di Lavoro*, Cedam, 1930, pp. 187-187. Criticando este entendimento, García-Perrote Escartín, *Ley e Autonomia Colectiva: Um Estudio sobre Relaciones entre la Norma Estatal y el Convenio Colectivo*, cit., pp. 161-162, afirmando que o contraente débil não é apenas o trabalhador individual, mas também as associações representativas.

50 Palma Ramalho, "Ainda a Crise do Direito Laboral: A Erosão da Relação de Trabalho «Típica» e o Futuro do Direito do Trabalho", *III Congresso Nacional de Direito do Trabalho – Memórias*, coordenação de António Moreira, Almedina, 2001, p. 257.

51 Cfr., por exemplo, Rolf Birk, "Competitividade das Empresas e Flexibilização do Direito do Trabalho", *Revista de Direito e de Estudos Sociais*, 1987, n.º 3, p. 286; Mário Pinto, "A Função do Direito do Trabalho e a Crise Actual", *Revista de Direito e de Estudos Sociais*, 1986, n.º 1, pp. 39 e ss; e, com mais desenvolvimentos, Palma Ramalho, *Da Autonomia Dogmática do Direito do Trabalho*, cit., por exemplo, pp. 196 e ss, com indicação de diversa bibliografia (nota 89).

colectiva surge exactamente para conferir um espaço de liberdade, negado pelo individualismo. E, deste modo, se especiais cautelas se podem justificar no âmbito do direito individual, através de limitações à autonomia individual (por exemplo, normas imperativas)[52], o mesmo não permite sustentar genéricas restrições à intervenção da autonomia colectiva, como seria a fixação da regra geral do tratamento mais favorável, em particular quando esta acaba por ser uma forma de compensar as debilidades e desigualdades ali existentes[53]. Dito de outra forma: sendo a autonomia colectiva uma forma de colmatar as fragilidades jurídica e económica do trabalhador individual, e aceitando – o que é o mais correcto – que existe, em regra, um equilíbrio de forças entre os outorgantes da convenção, então o seu espaço de intervenção não deverá estar sujeito a alguns dos vectores (restritivos) autonomia individual.

O novo quadro não assegura uma "pirâmide invertida à luz do tratamento mais favorável para o trabalhador, em que as regalias crescem e se desenvolvem desde a Constituição e as leis até às fontes subalternas"[54]. Todo este espaço de abertura, que permite mesmo falar de um "mundo novo" para a fonte convencional, desde 2003, revela o fim da "técnica da norma mínima" que assenta na "formação sucessiva, em cascata, de

---

52 Referem-se a este ponto, por exemplo, Rolf Birk, "Competitividade das Empresas e Flexibilização do Direito do Trabalho", cit., p. 286; Mayer-Maly, "Vorindustrielles Arbeitsrecht", *Recht der Arbeit*, München, 1975, n.º 1, p. 62, embora referindo-se à época pré-industrial (séculos XVI e XVII) e salientando a protecção do trabalho qualificado; Palma Ramalho, *Da Autonomia Dogmática do Direito do Trabalho*, cit., por exemplo, p. 198.

53 Cfr., por exemplo, Palma Ramalho, *Da Autonomia Dogmática do Direito do Trabalho*, cit., por exemplo, p. 198.

54 Lobo Xavier, "As Fontes Específicas de Direito do Trabalho e a Superação do Princípio da Filiação", cit., p. 126.

regras que se melhoram umas às outras"[55], deixando nas mãos dos sujeitos uma acrescida responsabilidade de compor os seus interesses e ficando a lei com a função de delimitar os limites da regulação[56]; a igualdade (formal e material) das partes assim o determina.

Nestes termos, o Código do Trabalho deixou de estabelecer a regra geral segundo a qual as normas legais são dotadas de uma imperatividade mínima, constituindo por isso "soalhos" a partir dos quais a convenção colectiva poderia intervir, e passou a estabelecer, como regra geral, a liberdade de intervenção convencional, seja em sentido mais favorável, seja em sentido menos favorável, o que veio acentuar, numa lógica de subsidia-

---

55 Rodríguez-Piñero, "Ley, ordenanza Laboral y «Favor Laboratoris»", *Relaciones Laborales*, 1985, n.º 10, p. 2, que sublinha que a situação económica reduziu os espaços de melhoria, além de em vários aspectos ter ficado demonstrado "o efeito perverso das melhorias em cascata"; veja-se também García-Perrote Escartín, *Ley e Autonomia Colectiva: Um Estudio sobre Relaciones entre la Norma Estatal y el Convenio Colectivo*, cit., pp. 186-187.

56 Argüelles Blanco, "Convenios Colectivos", cit., p. 172, revelando receios quanto ao espaço e ao cumprimento da finalidade da convenção no ordenamento espanhol, afirma mesmo que a convenção colectiva se converteu num instrumento ao serviço dos empregadores e que não está a ser um eficaz contrapeso da tutela dos direitos dos trabalhadores, mas sim um facto de flexibilização, sem capacidade de impor "correctivos à precariedade laboral existente em demasiados segmentos da nossa realidade laboral e de se orientar decididamente a favor da manutenção do emprego de qualidade". Entre nós, também Júlio Gomes, *Direito do Trabalho, Relações Individuais de Trabalho*, volume I, Coimbra Editora, 2007, pp. 48 e ss, revela reservas, alertando para os perigos dos sindicatos de favor (nota 132).

riedade entre fontes[57], a natureza supletiva das normas legais relativamente às convencionais[58].

Isto não significa que estejamos perante uma presunção de supletividade e que, mesmo existindo, esta influa na tarefa hermenêutica[59]; o que está em causa no artigo 3.º, n.º 1, é a fixa-

---

57 Silvana Sciarra, "La Evolución de la Negociación Colectiva. Apuntes para un Estudio Comparado en los Países de la Unión Europea", *Revista de Derecho Social*, n.º 38, 2007, a propósito da relação complementar entre a lei e a convenção colectiva, e dando outros exemplos de afastamento da fonte legal, independentemente de ser ou não mais favorável, afirma: "Até em Portugal, onde se introduziu em 2003 no novo Código do Trabalho, vigora o princípio da derrogabilidade tanto *in melius* como *in peius* relativamente às convenções colectivas. Desta maneira se verifica no referido ordenamento o facto insólito de que lei cumpre um papel totalmente residual e tudo isto se torna possível também pela instauração e bom funcionamento de um sistema de arbitragem obrigatória para a resolução de controvérsias", itálico no original. Tal asserção não nos parece correcta, desde logo, por estar por demonstrar o "bom funcionamento" da arbitragem obrigatória – nomeadamente, a sua compatibilidade constitucional – e, por outro lado, porque a efectiva dimensão reguladora da lei carece de uma análise concreta, pois o facto de se estabelecer uma orientação geral, como referimos, não significa que em diversas matérias o legislador não tenha fixado patamares mínimos.

58 Palma Ramalho, *Tratado de Direito do Trabalho, Parte I – Dogmática Geral*, cit., p. 327, refere-se ao princípio da supletividade. No mesmo sentido, Silva Rouxinol, "O Princípio do Tratamento mais favorável nas Relações entre a Lei e a Convenção Colectiva de Trabalho", *Questões Laborais*, ano XIII, n.º 28, 2006, p. 177.

59 Defende Monteiro Fernandes, *Direito do Trabalho*, 22.ª edição, Almedina, 2023, p. 121, que "no CT, o ponto de partida da operação interpretativa-qualificativa incidente sobre a norma legal (para se saber se pode aplicar-se a fonte inferior de conteúdo diferente) já não é a presunção de que essa norma admite variação em sentido mais favorável ao trabalhador, mas a de que *admite variação em qualquer dos sentidos.* Tal presunção só é afastada se da norma legal resultar inequivocamente que nenhuma variação é legítima, ou que só o será num dos sentidos

ção de um princípio geral de articulação de fontes e não uma norma que constitua um desvio aos critérios interpretativos das normas laborais, pois será sempre necessário fundamentar a intervenção da fonte inferior, afastando a superior, na inexistência de indicação contrária da lei. No entanto, não quer isto dizer que a norma, ao consagrar um princípio geral de relação entre lei e instrumento normativo, não possa relevar na "descoberta" da natureza de outras normas, pelo que consideramos que, no caso de duas interpretações possíveis, se deve optar por aquela que permite a regulação convencional, na esteira, aliás, da maximização dos direitos fundamentais (princípio da eficiência), neste caso, do direito de contração colectiva.

V. Concomitantemente, e como impunha o quadro constitucional, esta liberdade regulativa verifica-se se da concreta norma legal não "resultar o contrário" ou se não existir "oposição" desta (artigo 3.º, n.os 1, *in fine*, e 3, respectivamente).

Tal indicação teria sempre de ocorrer, uma vez que o princípio da hierarquia assim o determina. E a supremacia da lei demonstra que é esta o instrumento adequado a balizar os limites de actuação da convenção colectiva, exactamente em nome dos interesses gerais, impedindo que o interesse colectivo, prosseguido pelas associações, se sobreponha ao interesse geral. Como já foi salientado, a convenção colectiva constitui "uma legislação secundária, complementa e aligeira o conteúdo indispensável das medidas de ordem social promulgadas pelo Parlamento [ou pelo Governo], que é o legislador primário"[60]. Compete, assim, ao legislador definir as linhas ge-

possíveis (ou seja, usando, as palavras da lei, se dela «resultar o contrário»", itálico no original. Veja-se também TC 338/2010 de 22 de Setembro, § II. 5, sublinhando que a presunção de supletividade "... não transforma as normas legais em normas supletivas".

[60] William Oualid e Charles Picquenard, *Salaires et Tarifs. Conventions Collectives et Grèves*, Les Presses Universitaires de France, 1928, p. 282.

rais, distantes do pormenor e das especificidades do sector, espaciais e temporais, deixando à autonomia colectiva – desde logo, por imperativo constitucional – áreas de intervenção que lhe permitam responder às necessidades existentes por parte dos agentes laborais; não obstante, reitere-se, em nome do interesse geral, o legislador pode – e em determinadas situações deve – intervir restringindo a autonomia colectiva, sempre que estiverem em causa valores de ordem pública[61].

Em suma, nas certeiras palavras de ALONSO GARCIA, "o reconhecimento da autonomia privada não quer dizer sobreposição à lei, mas relação com esta dentro de uma esfera em que é a lei que permite o jogo da autonomia, concede validade

---

61 Salienta G. Lyon-Caen, *Le Droit du Travail – Une Technique Réversible*, Dalloz, 1995, pp. 39, que a ordem pública tem um duplo significado no Direito do Trabalho: assegurar um mínimo intangível dos direitos (individuais e colectivos); reservar à convenção a possibilidade de "derrogar" a lei, excedendo esse mínimo, o que no caso português tem particularidades (artigo 3.°, n.° 3). Para mais desenvolvimentos Gonçalves da Silva, *Da Eficácia da Convenção Colectiva*, volume II, cit., pp. 1359 e ss; e, sobre a noção de ordem pública, Pedro Maia, "Conflitos Internacionais de Convenções Colectivas de Trabalho", *Boletim da Faculdade de Direito da Universidade de Coimbra*, volume LXVIII, 1992, pp. 261 e ss, distinguindo entre ordem pública (imperatividade absoluta, estando impedida a intervenção das partes) e ordem pública social (imperatividade mínima, podendo as partes acordar um regime mais favorável para o trabalhador); Barros Moura, *A Convenção Colectiva entre as Fontes de Direito do Trabalho*, cit., pp. 169 e ss, destrinçando igualmente entre ordem pública e ordem pública social; e, com mais desenvolvimento, Thierry Revet, "L'Ordre Public dans les Relations de Travail", *L'Ordre Public à la Fin du XX Siècle*, coordination Thierry Revet, Dalloz, 1996, pp. 43 e ss; Nadège Meyer, *L'Ordre Public en Droit du Travail, Contribution à L'Étude de l'Ordre Public en Droit Privé*, L.G.D.J., 2006, *passim*.

aos efeitos decorrentes das relações por ela constituídas e do conteúdo por ela regulado"[62].

VI. Regulando a norma citada o espaço de liberdade dos sujeitos outorgantes e sendo aquela delimitada pelas normas e princípios que tenham natureza imperativa, quer isto dizer que a fonte que legitima e delimita a estipulação da convenção em sentido diferente é a própria lei[63], cumprindo o instrumento convencional as suas imposições, porquanto entende o legislador, na esteira do regime constitucional, que a convenção é a fonte mais adequada para regular as condições de trabalho, auto-compondo os efectivos interesse dos sujeitos laborais[64] e procedendo a uma "adaptação conjuntural das leis"[65] na estrita medidas das suas necessidades.

O legislador habilita, deste modo, os outorgantes "a substituir a aplicação da lei da República pela «lei» da profissão ou da empresa"[66], naquilo a que se pode chamar "liberdade vigiada"[67].

---

62 Alonso Garcia, *La Autonomia de la Voluntad en el Contrato de Trabajo,* Bosch, 1958, p. 37.

63 Como escrevia Fézas Vital, "Hierarquia das Fontes de Direito", *Boletim Oficial do Ministério da Justiça,* ano III, 1943, n.° 15, p. X, "Pode, na verdade, uma *fonte inferior* sobrepor-se, em certos casos, à *fonte superior,* bastando, para isso, que esta, ou outra superior a ambas, com consentimento legal o determine", itálico no original.

64 Romano Martinez, *Direito do Trabalho,* cit., p. 272, fala numa "razão de especialidade".

65 Como sublinha Lobo Xavier, "As Fontes Específicas de Direito do Trabalho e a Superação do Princípio da Filiação", cit., p. 130.

66 Alain Supiot, "Um Faux Dilemme: La Loi ou le Contrat?", *Droit Social,* 2003, n.° 1, p. 63.

67 A expressão é de Júlio Gomes, "Algumas Reflexões sobre as Alterações Introduzidas no Código do Trabalho pela Lei n.° 23/2012, de 25 de Junho", *Revista da Ordem dos Advogados,* ano 72, 2012, volume II/III, p. 606, ainda que noutro contexto.

VII. A identificação do concreto âmbito de intervenção dos instrumentos de regulamentação colectiva permitido pelo artigo 3.º, n.º 1, apenas poderá ser efectuada na situação concreta, uma vez que a sua amplitude resulta inequivocamente do tipo de normas laborais, cabendo apurar a natureza normativa através do labor interpretativo; em suma, há um espaço de intervenção previsto pelas normas constantes do Código do Trabalho que permite a não aplicação deste, desde que – e aí é que está a amplitude desse espaço – destas normas *não resulte o contrário*, sublinhando-se que é comum que a lei confira à convenção colectiva "a administração de interesses públicos e privados do mercado de trabalho"[68]. E, com base na natureza das normas[69], poderemos ter diversas situações na relação da

68 Bruno Veneziani, "Collective Bargaining in Italy", *Collective Bargaining in Europe*, Ministerio de Trabajo y Asuntos Sociales, 2005, www.mites.gob.es/, pp. 177-178.

69 Para mais desenvolvimentos sobre a terminologia e tipologia de normas laborais, *vd.* Raul Ventura, *Teoria da Relação Jurídica de Trabalho*, volume I, Imprensa Portuguesa, 1944, pp. 200 e ss; Menezes Cordeiro, *Manual de Direito do Trabalho*, cit., pp. 219 e ss, e *Direito do Trabalho*, volume I, cit., pp. 411 e ss; Monteiro Fernandes, *Direito do Trabalho*, cit., pp. 119 e ss; Jorge Leite, *Direito do Trabalho*, volume I, cit., pp. 168-169; Menezes Leitão, *Direito do Trabalho*, 8.ª edição, Almedina, 2023, p. 97; Ribeiro Lopes, *Direito do Trabalho*, policopiado, 1977/78, pp. 57 e ss; Romano Martinez, *Direito do Trabalho*, cit., pp. 261 e ss; Andrade Mesquita, *Direito do Trabalho*, 2.ª edição, Associação Académica da Faculdade de Direito de Lisboa, 2004, pp. 254 e ss; Barros Moura, *A Convenção Colectiva entre as Fontes de Direito do Trabalho*, cit., pp. 148 e ss; Palma Ramalho, *Tratado de Direito do Trabalho, Parte I – Dogmática Geral*, cit., pp. 315 e ss; Tavares da Silva, *Direito do Trabalho*, policopiado Instituto de Estudos Sociais, 1964/1965, pp. 528 e ss. Veja-se também, na doutrina espanhola, García-Perrote Escartín, *Ley e Autonomia Colectiva: Um Estudio sobre Relaciones entre la Norma Estatal y el Convenio Colectivo*, cit., pp. 154-155 e 158-159; e, na francesa, Marie-Laure Morin, "La Loi et la Négotiation Collective: Concurrence ou Complémentaritè", cit., pp. 426-427.

lei com a convenção colectiva[70], destacando-se que, se estiver em causa uma norma:

1) *Imperativa de conteúdo fixo* (ou *absolutamente imperativa*)[71], os instrumentos de regulamentação não podem dispor de forma diferente, independentemente do seu sentido; a subordinação da convenção à lei assim o determina[72];

2) *Imperativa-permissiva*, i.e., a norma tem um segmento imperativo, que proíbe determinadas situações (que tanto pode ser a regulação mais ou menos favorável), e uma parte permissiva, que admite outras condições (que também podem ser mais ou menos favoráveis), incidindo os instrumentos apenas sobre esta parte. E com base neste quadro poderemos ainda ter uma norma[73]:

a) *Imperativa-mínima*, através da qual o legislador permite apenas a intervenção da fonte convencional em sentido mais favorável;

---

[70] Bruno Veneziani, "Collective Bargaining in Italy", cit., pp. 177-178, refere-se a uma função derrogatória, integradora, complementadora e de parelelismo.

[71] Designação utilizada, por exemplo, por Tavares da Silva, *Direito do Trabalho*, cit., pp. 529. Para uma apreciação deste tipo de normas, García-Perrote Escartín, *Ley e Autonomia Colectiva: Um Estudio sobre Relaciones entre la Norma Estatal y el Convenio Colectivo*, cit., pp. 255 e ss (direito necessário absoluto).

[72] Veja-se, com relevância, a análise de uma convenção colectiva reguladora de um regime especial em Romano Martinez, "Nulidade de Cláusulas de Convenções Colectivas de Trabalho. O Período Experimental no Contrato de Trabalho Desportivo", *Revista de Direito e de Estudos Sociais*, 2007, n.os 1-2, pp. 79 e ss, em especial, pp. 96 e ss.

[73] Rodríguez-Sañudo, "La Aplicación del Convenio Colectivo", *Revista del Ministerio de Trabajo e Inmigración*, n.º 88, 2010, p. 49, refere-se a uma hipótese de regulação conjunta – ou complementar – da lei e da convenção colectiva, que se traduziria na aplicação das duas fontes ao mesmo tempo, de forma articulada.

b) *Imperativa-máxima*, que define os limites máximos, admitindo a intervenção da fonte convencional até à dimensão fixada, podendo o instrumento apenas incidir sobre esta parte;

c) "*Moldura*", ou seja, que fixa limites mínimos e máximos, tendo a regulação da fonte convencional de ser realizada no espaço conferido pela lei;

3) *Supletiva*, os instrumentos podem estipular em qualquer sentido, como decorre da sua definição, naturalmente sem colocar em causa os valores do ordenamento[74];

4) *Convénio-dispositiva* (ou *convénio-supletiva*), a intervenção reguladora é exclusiva do instrumento de regulamentação convencional, ou seja, é supletiva face à convenção colectiva e imperativa relativamente ao contrato de trabalho[75];

5) *IRCT-dispositivas*, o instrumento de regulamentação colectiva pode fixar o regime, mas tal faculdade não é permitida ao contrato de trabalho[76];

6) *Contrato-dispositivas*, a regulação é somente permitida ao contrato do trabalho, estando vedada a intervenção do instrumento de regulamentação[77];

---

[74] Neste sentido, por exemplo, Jorge Leite, *Direito do Trabalho*, volume I, cit., p. 168; Barros Moura, *A Convenção Colectiva entre as Fontes de Direito do Trabalho*, cit., pp. 149-150 e 154. Para uma análise deste tipo de normas, García-Perrote Escartín, *Ley e Autonomia Colectiva: Um Estudio sobre Relaciones entre la Norma Estatal y el Convenio Colectivo*, cit., pp. 325 e ss.

[75] Por exemplo, artigos 204.° (adaptabilidade por regulamentação colectiva), 328.° (sanções disciplinares), 339.°, n.os 2 e 3 (critérios de fixação das indemnizações por cessação do contrato de trabalho); releva ainda o artigo 3.°, n.° 5.

[76] Por exemplo, artigo 208.°.

[77] Por exemplo, artigo 111.°, n.° 3.

Daqui resulta, então, que toda a área de regulação decorrerá do espaço deixado pelo legislador, devendo este ser identificado através das regras de interpretação. Naturalmente que o espaço de intervenção pode variar consoante estejamos perante uma fonte negocial ou não negocial, uma vez que o fundamento das fontes é substancialmente diverso; deste modo, o conteúdo da expressão legal "salvo quando delas resultar o contrário" poderá ser diverso consoante a natureza do instrumento que estiver em causa.

VIII. Como decorre das três últimas categorias de normas, o critério relevante é o acto jurídico em causa, uma vez que que a natureza da norma legal varia consoante o instrumento visado. De entre estas normas, assume especial relevância dogmática a *norma convénio-dispositiva (ou convénio-supletiva)*[78].

Este tipo de normas coloca um problema específico na relação da lei com a convenção e, consequentemente, desta com o

---

78 Menezes Cordeiro, *Direito do Trabalho*, volume I, cit., pp. 395 e 719-720, qualifica de convénio-dispositivas as normas que "... apenas possam ser afastadas por instrumentos de regulamentação coletiva de trabalho" (p. 395); Lobo Xavier, "As Fontes Específicas de Direito do Trabalho e a Superação do Princípio da Filiação", cit., pp. 128-129, nota 30, utiliza o termo colectivo-dispositivas, que prefere em virtude da palavra convénio ser adequada apenas ao castelhano, notando que está em causa obrigatoriamente o "... carácter colectivo do instrumento em causa, aliás, nem sempre negocial". Em nosso entender a denominação convénio-dispositivas deve ficar reservada para as normas legais que apenas permitem a regulação por instrumento convencional, enquanto estando em causa a intervenção de qualquer instrumento, preferimos utilizar IRCT-dispositivas. A norma legal pode naturalmente ser integralmente supletiva (i.e., quer face à convenção quer face ao contrato de trabalho), na terminologia de Tavares da Silva, *Direito do Trabalho*, cit., pp. 530, nota 1. Para uma análise deste tipo de normas, Palma Ramalho, *Da Autonomia Dogmática do Direito do Trabalho*, cit., pp. 939 e ss, bem como, da mesma Autora, *Tratado de Direito do Trabalho, Parte I – Dogmática Geral*, cit., pp. 269 e ss.

contrato de trabalho, que importa analisar: saber se a remissão daquela fonte para a convencional[79] permite que esta, por sua vez, remeta para a vontade das partes do contrato de trabalho (para posterior acto bilateral ou até mesmo unilateral)[80]. No fundo, o que está em causa é apurar se a lei permite que matérias expressamente previstas para a intervenção convencional possam ser remetidas, por intermédio de norma convencional, para o acordo entre empregador e trabalhador ou para o poder de direcção.

É certo que se poderia aparentemente dizer que o regime resultaria sempre – ainda que indirectamente – do quadro convencional, porquanto seria este a permitir a intervenção (posterior, do poder de direcção ou do acordo entre trabalhador e empregador); por outro lado, a recusa de regulação convencional poderia constituir uma restrição à autonomia colectiva.

Não julgamos este argumento procedente, considerando antes que a fonte convencional não pode remeter a fixação do

---

79 Sobre diversas hipóteses de remissão (ou reenvio), integrando o tema na relação de complementaridade entre a lei e a convenção colectiva, cfr. García-Perrote Escartín, *Ley e Autonomia Colectiva: Um Estudio sobre Relaciones entre la Norma Estatal y el Convenio Colectivo,* cit., pp. 227 e ss.

80 A Comisión Consultiva Nacional de Convenios Colectivos, *Guia de la Negociación Colectiva 2010,* Ministerio de Trabajo e Inmigración, 2010, pp. 93 e ss, identifica três tipos de remissão: a) *dispositivação,* em que a norma legal apenas se aplica na falta da convencional; b) *delegação total,* em que não havendo intervenção da norma convencional inexistirá regulação, ficando a cargo do poder de direcção do empregador ou de decisão do trabalhador; c) *delegação parcial,* em que se encontra incompleta a regulação da lei sem intervenção da fonte convencional, o que suscita a dúvida de saber quando se constitui o direito que a fonte legal prevê. Poderemos ainda atender ao tipo de convenção em causa, como sublinha o documento.

regime[81] para a autonomia individual[82], o que naturalmente impedirá, por maioria de razão, que o faça para o poder de direcção do empregador; note-se, aliás, que há casos em que o legislador previu expressamente a intervenção cumulativa da autonomia individual e colectiva, como é o caso do artigo 194.º, n.ºs 2 e 6[83].

Importa ter presente que as normas convénio-dispositivas têm um duplo objectivo: por um lado, assegurar a tutela do trabalhador e, por outro, permitir, através da autonomia colectiva, a adequação do regime laboral às necessidades dos destinatários[84]. E atendendo a esta situação e ao quadro normativo,

---

81 O que é diferente de deixar em aberto a concretização das cláusulas convencionalmente fixadas, por exemplo, em matéria de procedimento.

82 Neste sentido, Madeira de Brito, *Contrato de Trabalho da Administração Pública e Sistema de Fontes*, AAFDL, 2019, p. 405. Como correctamente se concluiu no TRE 1841/18.8T8EVR.E1 de 10 de Outubro de 2019, www.dgsi.pt: "se a lei [artigo 129.º, n.º 1, alínea d)] admite que a retribuição possa sofrer uma diminuição por instrumento de regulamentação colectiva, é porque entende que nestes casos as situações de desequilíbrio contratual são menos acentuadas, e tal redução possa ser compensada por várias formas negociadas em sede de contratação colectiva. Mas o que a lei não admite é que o instrumento de regulamentação colectiva devolva ao trabalhador o peso pela diminuição da sua retribuição, colocando-o na posição desvantajosa que o legislador expressamente não admitiu.
Daí que assuma neste caso relevo a norma do art. 3.º n.º 5 do Código do Trabalho".

83 Parece ser este o entendimento de Palma Ramalho, *Tratado de Direito do Trabalho, Parte II – Situações Laborais Individuais*, 9.ª edição, Almedina, 2023, p. 427, quanto à possibilidade de intervenção cumulativa.

84 Palma Ramalho, *Tratado de Direito do Trabalho, Parte I – Dogmática Geral*, cit., p. 269, refere-se a dois valores (princípios da protecção do trabalhador subordinado e da autonomia colectiva).

relevam argumentos no sentido da recusa do reenvio[85] da fonte convencional para a autonomia individual[86]:

1) A remissão da autonomia colectiva para a individual significaria uma agressão do quadro constitucional (artigo 56.º, n.º 4, da CRP), uma vez que constituiria uma transmutação daquela em autonomia individual, o que redundaria numa afectação da sua efectiva eficácia, bem como da garantia (artigo 56.º, n.º 3, *in fine*, da CRP) a que o legislador ordinário está obrigado. Na verdade, neste caso, as partes individuais assumiriam um poder de regulação que a lei apenas confere à autonomia colectiva, "convertendo-se o destinatário da remissão [legal] em sujeito da remissão"[87], esvaziando-se a reserva de convenção colectiva, i.e., a atribuição exclusiva à autonomia colectiva do poder para intervir;

2) Admitir que um regime legal concedesse à fonte convencional a regulação de uma matéria – e que o faz, naturalmente, de modo diferente do que se verifica com a individual[88] – e que esta, por sua vez, a remetesse para a autonomia individual, resultaria na fixação do regime por partes que se encontram em posições material e substancialmente diferentes, afectando-se a protecção que está presente na actuação colectiva relativamente aos trabalhadores;

---

85 Alguma doutrina espanhola distingue remissão de reenvio (havendo maior extensão de matérias naquela do que neste), cfr. Martín Valverde, "Concurrencia y Articulacion Laborales", *Revista de Política Social*, n.º 119, 1978, p. 11, nota 9.

86 Esta recusa não ocorrerá se estivermos perante matérias em que a intervenção da autonomia colectiva e individual têm o mesmo espaço de regulação.

87 Gomes Canotilho, *Direito Constitucional e Teoria da Constituição*, 7.ª edição, Almedina, 2003, p. 736, a propósito da remissão da lei para actos infra-legais.

88 Pense-se, por exemplo, na adaptabilidade por regulamentação colectiva (artigo 204.º) e contrato de trabalho (artigo 205.º).

3) Constituiria também uma forma de esvaziar o regime ordinário, contornando os requisitos que a lei, tendo presente o quadro constitucional, determinou para a sua relação com o contrato de trabalho (artigo 3.º, n.º 4), porquanto através da remissão da convenção para o contrato se teria de entender que era o instrumento negocial a fonte habilitante na fixação das condições laborais, aceitando-se a fixação final através do contrato de trabalho; constituiria, portanto, uma violação de norma legal;

4) Representaria ainda o esvaziamento material de outro preceito legal, segundo o qual se uma norma determinar que pode ser afastada por instrumento de regulamentação colectiva de trabalho, entende-se que não o poderá ser pelo contrato de trabalho (artigo 3.º, n.º 5[89])[90];

---

[89] Para Romano Martinez, *Direito do Trabalho*, cit., pp. 216 e ss, e Menezes Leitão, *Direito do Trabalho*, cit., p. 100, o preceito constitui uma especificidade interpretativa; também Lobo Xavier, com a colaboração de Furtado Martins, Nunes de Carvalho e Joana Vasconcelos, *Manual de Direito do Trabalho*, 4.ª edição, Rei dos Livros, 2020, por exemplo, pp. 270 e 296, se refere a um "critério interpretativo" ou "directriz interpretativa".

[90] Discordamos assim de Lobo Xavier, *Curso de Direito do Trabalho*, volume I, 3.ª edição, Verbo, 2004, p. 577, nota 2, quando afirma que o preceito "… tinha sentido nos quadros tradicionais do Direito do trabalho, em que as normas legais só excepcionalmente podiam ser afastadas por IRCT. Como a possibilidade de afastamento passou a princípio regra, tem pouco sentido tal dispositivo, tanto mais que a possibilidade de regulamentação aberta às partes no contrato individual de trabalho está contida no art. 4.º, 3 [agora, 3.º, n.º 4]". Se é certo que o seu interesse pode ser actualmente menor, nem por isso deixou de ter relevância, uma vez que o artigo 3.º, n.º 5, contribui para fixar o conteúdo das normas legais quando estas permitem a intervenção da autonomia colectiva, tendo o legislador determinado a proibição da regulação através da individual e, nessa medida, é um auxiliar importante para aferir da ocorrência do requisito constante do artigo 3.º, n.º 4, *in fine*. Por outro lado, Lobo Xavier, "As Fontes

5) E não nos parece invocável o artigo 476.º (relação dos instrumentos de regulamentação colectiva com o contrato de trabalho)[91] para defender que o tratamento mais favorável estaria assegurado, logo o trabalhador estaria devidamente protegido. Com efeito, o artigo 476.º não pode ser visto isoladamente. Na verdade, a possibilidade de intervenção através do

---

Específicas de Direito do Trabalho e a Superação do Princípio da Filiação", cit., p. 138, nota 54, coloca ainda a questão de saber se o artigo 3.º, n.º 5, se aplica apenas às situações em que o Código do Trabalho prevê expressamente a possibilidade de afastamento de norma legal por instrumento de regulamentação colectiva ou se se aplica também tendo presente a possibilidade geral de afastamento prevista no artigo 3.º, n.º 1, solução que perfilha, referindo-se ao quadro do CT2003. Em nossa opinião, entendemos que a norma não deve ser lida à luz da regra geral constante do artigo 3.º, n.º 1, pelo facto de tal ter como resultado que, em virtude da amplitude daquela, a autonomia individual ficaria proibida de intervir em grande parte das matérias legais, o que não se justifica, desde logo, face às cautelas que o legislador consagrou na relação do contrato de trabalho com a lei (artigo 3.º, n.º 4). Ou seja: a aplicação do artigo 3.º, n.º 5, deve ser feita aos casos específicos em que o legislador prevê, apenas e somente, o expresso afastamento por instrumento de regulamentação colectiva, apesar de serem situações relativamente diminutas (por exemplo, artigos 77.º, n.º 2, 78.º, n.º 2, 79.º, n.ºs 1 e 2, 99.º, n.º 4). Em edição mais recente, Lobo Xavier, com a colaboração de Furtado Martins, Nunes de Carvalho e Joana Vasconcelos, *Manual de Direito do Trabalho*, cit., p. 270 – vejam-se também as pp. 296-297 e 940-941 –, já sustenta que o preceito "... não se reporta à multidão de normas que podem em geral ser afastadas por IRCT ...", mas "... apenas a raras normas específicas que, ou enquadram limites máximos e mínimos, permitindo aos IRCT o afastamento excepcional de certas restrições em defesa de trabalhadores ... ou habilitam os empregadores a instituir certos sistemas ...". Em suma: "trata-se apenas de matérias que as normas legais reservam à competência de segunda linha de IRCT (normas atributivas de competência subalterna exclusiva a IRCT)".

91 Com desenvolvimentos, Gonçalves da Silva, *Da Eficácia da Convenção Colectiva*, volume II, cit., pp. 1483 e ss.

contrato de trabalho em sentido mais favorável não deixa de estar sujeita aos limites decorrentes da natureza das normas legais, razão pela qual se estivermos perante normas convénio-dispositivas, a autonomia individual não poderá intervir; a norma habilitante apenas admite a fixação do regime pela fonte convencional.

VIII. Estabelecido o princípio geral da relação entre as normas da convenção colectiva e a lei (nos termos do qual, reiteramos, o instrumento convencional, em regra, prevalecerá sobre a lei, independentemente do seu sentido regulativo), caberá ainda ao aplicador apurar se foi prescrita outra regra que infirme aquele princípio e que, portanto, limite o âmbito de intervenção da convenção colectiva; e tal pode acontecer, por exemplo, através da fixação de um quadro geral limitativo, atendendo às matérias, ou a propósito de cada tema concreto; na falta de norma diferente, regerá assim o artigo 3.º, n.º 1, o mesmo é dizer a liberdade de intervenção do instrumento normativo.

O Código do Trabalho, tendo ainda presente o quadro geral da disponibilidade do conteúdo, revelou expressamente a oposição legal à intervenção do instrumento normativo em determinadas matérias[92]. Ou seja: o legislador identificou situações específicas em que consagrou um desvio à regra geral da disponibilidade do conteúdo.

Temos, portanto, áreas relativamente às quais a intervenção da fonte convencional foi expressamente vedada, sob a denominação de *limites do conteúdo de instrumentos de regulamentação*

---

92 Recorde-se que o artigo 492.º tem também regras sobre o conteúdo, resultando do n.º 2 a obrigatoriedade de incluir diversas matérias, que podem ter como consequência a recusa de depósito (artigo 494.º, n.º 4, alínea c)).

colectiva de trabalho, em matéria económica e de segurança social (alínea b) do n.º 1 e n.º 2 do artigo 478.º)[93].

3.2.- Liberdade de regulação e segurança social

I. Conforme referido, o diploma laboral delimitou ainda o espaço de intervenção da fonte autónoma, de forma genérica, em relação a determinadas temáticas, entre elas a da segurança social[94], prescrevendo, no n.º 2 do artigo 478.º, que

> "o instrumento de regulamentação colectiva de trabalho pode instituir regime complementar contratual que atribua prestações complementares do subsistema previdencial na parte não coberta por este, nos termos da lei"[95].

A norma em apreço surge, já com a atual redação, no Código do Trabalho de 2003, no contexto de uma linha interpretativa do quadro constitucional de sistema único e universal da segu-

---

93 Além destes limites genéricos, existem diversos limites específicos que o legislador prescreveu ao longo do Código, que constam, por exemplo, dos artigos 129.º, n.º 1, alíneas a), b), c), e), h), i) e j), 136.º, n.º 1, 151.º, 236.º, n.º 2, 250.º, 339.º, n.º 1.

94 Para um enquadramento geral da temática da segurança social, entre outros, Carlos Loureiro, "Constituição da Segurança Social: Sujeitos, Prestações e Princípios", *Boletim da Faculdade de Direito da Universidade de Coimbra*, volume 84, 2008, pp. 255 e ss; Ribeiro Mendes, *Segurança Social: O Futuro Hipotecado*, Fundação Francisco Manuel dos Santos, 2011; Ilídio das Neves, *Lei de Bases da Segurança Social – Comentada e Anotada*, Coimbra Editora, 2003; Silva Leal, "O Direito à Segurança Social", *Estudos sobre a Constituição*, volume II, coordenação de Jorge Miranda, Petrony, 1978, pp. 335 e ss; Lobo Xavier, com a colaboração de Furtado Martins, Nunes de Carvalho e Joana Vasconcelos, *Manual de Direito do Trabalho*, cit., pp. 1007 e ss.

95 Distinguindo os regimes complementares dos complementos de pensões e, portanto, não cobertos pelo artigo 478.º, n.º 2, TC 413/2014, de 30 de Maio, § 64.

rança social e no seguimento de diferentes abordagens do espaço de intervenção da convenção colectiva nesta temática[96].

A sua interpretação implica, naturalmente, que se considere o quadro geral da actual Lei de Bases da Segurança Social (LBSS 2007), que apresenta uma perspectiva tutelar do regime da segurança social, assentando na teoria dos três pilares[97]: o primeiro pilar é constituído pelos sistemas públicos, o segundo pelos regimes complementares[98] decorrentes de iniciativas de

---

96 As restrições impostas à convenção colectiva em matéria de segurança social foram debatidas em diversos momentos. Recorde-se que foi com o Decreto-Lei n.º 887/76, de 29 de Dezembro – alterou o Decreto-Lei n.º 164-A/76, 28 de Fevereiro – que foi aditada a alínea e) do artigo 4.º, sendo determinada a proibição de os instrumentos de regulamentação de trabalho estabelecerem e regularem benefícios complementares dos assegurados pelas instituições de previdência. Tal preceito seria mantido no Decreto-Lei n.º 519-C1/79, de 29 de Dezembro (artigo 6.º, n.º 1, alínea e), LRCT) tendo sido introduzida pelo Decreto-Lei n.º 209/92, de 2 de Outubro, uma excepção na parte final do preceito. Em 2003, com o Código do Trabalho, foi então consagrada a actual redacção (artigo 533.º, n.º 2), na esteira da LBSS 2002 (artigo 94.º, n.º 3) e tendo naturalmente como pano de fundo a Constituição (artigo 63.º) e não se ignorando o *Acordo de Concertação Estratégica 1996/1999*, série «Estudos e Documentos», Conselho Económico e Social, Lisboa, 1996, p. 134, onde se referia o reforço dos mecanismos de segurança social complementar, designadamente através da contratação colectiva. Sobre a evolução, e sem prejuízo do que atrás já referimos, Lobo Xavier, "Problemas Jurídico-Laborais dos Fundos (Fechados) de Pensões. Direitos dos Trabalhadores", *Revista de Direito e de Estudos Sociais*, 2009, n.ºs 3-4, pp. 23 e ss (nota 27).

97 Para uma análise da teoria dos três pilares, Ilídio das Neves, "Os Regimes Complementares de Segurança Social. Razão de Ser, Características e Limites", *Revista de Direito e de Estudos Sociais*, 1994, n.º 4, pp. 275 e ss; e, do mesmo Autor, *Direito da Segurança Social: Princípios Fundamentais numa Análise Prospectiva*, Coimbra Editora, 1996, pp. 893 e ss; Lobo Xavier, com a colaboração de Furtado Martins, Nunes de Carvalho e Joana Vasconcelos, *Manual de Direito do Trabalho*, cit., pp. 1023-1024.

98 Para uma análise histórica dos regimes complementares, e sem prejuízo da bibliografia e jurisprudência constitucional atrás citada, Ilídio das

empresas ou de grupos profissionais específicos e o terceiro pelos regimes complementares individuais.

De acordo com a LBSS 2007, "o direito à segurança social é efectivado pelo sistema e exercido nos termos estabelecidos na Constituição, nos instrumentos internacionais aplicáveis e na presente lei" (artigo 2.°, n.° 2). Por sua vez, o sistema de segurança social abrange os sistemas de protecção social de cidadania, previdencial e complementar (artigo 23.°):

a) o de *protecção social de cidadania* (artigos 26.° e ss) "tem por objectivos garantir direitos básicos dos cidadãos e a igualdade de oportunidades, bem como promover o bem-estar e coesão sociais" (artigo 26.°, n.° 1), sendo constituído pelo subsistema de acção social, de solidariedade e de protecção familiar (artigos 28.° e ss);

b) *o sistema previdencial* (artigos 50.° e ss) tem o objectivo de "garantir, assente no princípio da solidariedade de base profissional, prestações pecuniárias substitutivas de rendimento de trabalho perdido em consequência da verificação das eventualidades legalmente definidas" (artigo 50.°), destinando-se

---

Neves, "Os Regimes Complementares de Segurança Social. Razão de Ser, Características e Limites", cit., pp. 299 e ss; Lobo Xavier, "Ainda o Problema da Constitucionalidade das Prestações Complementares de Segurança Social Estabelecidas em Convenção Colectiva", *Revista de Direito e de Estudos Sociais,* 1999, n.° 4, pp. 434 e ss; e Lobo Xavier, Furtado Martins e Nunes de Carvalho, "Pensões Complementares de Reforma – Inconstitucionalidade da Versão Originária do Art. 6.°, n.° 1, alínea e) da LRC", *Revista de Direito e de Estudos Sociais,* 1997, n.°s 1-2-3, pp. 160 e ss. E sobre a alteração das circunstâncias neste específico ponto, Menezes Cordeiro, "Da Adaptação às Circunstâncias das Prestações Complementares da Segurança Social", *Jornadas de Homenagem ao Professor Doutor Cavaleiro de Ferreira,* Separata da Revista da Faculdade de Direito da Universidade de Lisboa, 1995, pp. 305 e ss, bem como, com idêntica posição, *Convenções Colectivas de Trabalho e Alterações de Circunstâncias,* Lex, 1995, pp. 113 e ss.

aos trabalhadores subordinados ou legalmente equiparados e independentes (artigo 51.º, n.º 1) e integrando diversas eventualidades, tais como doença, maternidade, paternidade e adopção e desemprego (artigo 52.º, n.º 1, alíneas a), b) e c), respectivamente)[99];

c) finalmente, o *sistema complementar* (artigos 81.º e ss), que abrange um regime público de capitalização e regimes complementares de iniciativa colectiva e de iniciativa individual (artigo 81.º, n.º 1). Os regimes complementares são reconhecidos como instrumentos significativos de protecção e de solidariedade social, devendo o Estado estimular o seu desenvolvimento através de incentivos (artigo 81.º, n.º 2)[100].

---

[99] Veja-se também o Código dos Regimes Contributivos do Sistema Previdencial de Segurança Social (Lei n.º 110/2009, de 16 de Setembro, com alterações, e regulamentado pelo Decreto Regulamentar n.º 1-A/2011, de 3 de Janeiro), bem como Lobo Xavier, com a colaboração de Furtado Martins, Nunes de Carvalho e Joana Vasconcelos, *Manual de Direito do Trabalho*, cit., pp. 1008 e ss;

[100] Sublinhe-se ainda o princípio da complementaridade (artigo 15.º da LBSS 2007), que se traduz na articulação das várias formas de protecção social. Sobre o preceito, Ilídio das Neves, *Lei de Bases da Segurança Social – Comentada e Anotada*, cit., pp. 46-47, apesar de se referir à anterior Lei de Bases. Para uma análise específica dos regimes complementares, Siveiro de Barros, *Direito da Segurança Social*, Almedina, 2024, pp. 107 e ss; Apelles Conceição, *Segurança Social*, Almedina, 2023, p. 80; Alcides Martins, *Manual de Direito da Segurança Social*, Almedina, 2024, pp. 329 e ss; Ilídio das Neves, "Os Regimes Complementares de Segurança Social. Razão de Ser, Características e Limites", cit., pp. 255 e ss; e, do mesmo Autor, *Direito da Segurança Social: Princípios Fundamentais numa Análise Prospectiva*, cit., pp. 827 e ss, bem como *Lei de Bases da Segurança Social – Comentada e Anotada*, cit., pp. 213 e ss; Lobo Xavier, Furtado Martins e Nunes de Carvalho, "Pensões Complementares de Reforma – Inconstitucionalidade da Versão Originária do Art. 6.º, n.º 1, alínea e) da LRC", cit., pp. 150 e ss; Lobo Xavier, com a colaboração de Furtado Martins, Nunes de Carvalho e Joana Vasconcelos, *op. cit.*, pp. 1020 e ss.

II. Os regimes complementares, conforme afirma o legislador na LBSS 2007, podem ser de iniciativa colectiva (artigo 83.º) ou individual (artigo 84.º). Naquele caso, e que agora está em causa, estamos perante regimes de instituição facultativa a favor de um grupo determinado de pessoas (artigo 83.º, n.º 1) que abrangem trabalhadores por conta de outrem de uma empresa, de grupos de empresas ou de outras entidades empregadoras de um sector profissional ou interprofissional (artigo 83.º, n.º 3). Note-se ainda que os regimes profissionais complementares são financiados pelos empregadores, sem prejuízo de eventual pagamento de quotizações por parte dos trabalhadores por conta de outrem (artigo 83.º, n.º 4)[101].

III. Através do atual n.º 2 do artigo 478.º (e do artigo 533.º, n.º 2, do CT 2003), entendeu o legislador proibir a regulação da matéria, admitindo apenas a disciplina, no quadro do segundo pilar da fonte convencional no sistema complementar; permitiu-se, deste modo, que a fonte colectiva regulasse matérias não abrangidas pelo estatuto de segurança social, como alargasse os benefícios já previstos na lei[102].

Estando aqui em causa os mecanismos não legais – embora com base no quadro normativo – de iniciativa colectiva (convencional), o legislador admitiu excepcionalmente a interven-

---

[101] Para uma análise da classificação, atendendo aos vínculos jurídicos estabelecidos, Ilídio das Neves, "Os Regimes Complementares de Segurança Social. Razão de Ser, Características e Limites", cit., pp. 273-274 e 277 e ss, bem como *Lei de Bases da Segurança Social – Comentada e Anotada*, cit., pp. 214 e ss.

[102] Apesar da expressão pouco clara utilizada no artigo 478.º, n.º 2 ("... prestações complementares do subsistema previdencial na parte não coberta por este"). Sublinhe-se que "são nulas as cláusulas do contrato, individual ou colectivo, pelo qual se renuncie aos direitos conferidos pela presente lei" (artigo 3.º da LBSS 2007). Por outro lado, tendo presente igualmente o artigo 3.º, n.º 1, *in fine*, conclui-se que a intervenção deve realizar-se no sentido do aumento dos benefícios legais.

ção da autonomia colectiva, reconhecendo assim o fundamento e a legitimidade dos regimes complementares[103]/

[103] Sobre o assunto, Carlos Loureiro, "Constituição da Segurança Social: Sujeitos, Prestações e Princípios", cit., p. 212, identificando o princípio da complementariedade; Romano Martinez, "Alterações ao Regime Jurídico e Tutela de Direitos Adquiridos", *Revista de Direito e de Estudos Sociais*, 2011, n.ºs 3-4, pp. 134 e ss; Ilídio das Neves, "Os Regimes Complementares de Segurança Social. Razão de Ser, Características e Limites", cit., pp. 273-274 e pp. 286 e ss. Igualmente relevante, Lobo Xavier, "Problemas Jurídico-Laborais dos Fundos (Fechados) de Pensões. Direitos dos Trabalhadores", cit., pp. 15 e ss. Deve sublinhar-se que, como referimos, a actual regra foi plasmada em 2003 (artigo 533.º, n.º 2), no quadro da LBSS 2002, onde se prescrevia: "Os regimes complementares contratuais visam a atribuição de prestações complementares do subsistema previdencial na parte não coberta por este, designadamente incidindo sobre a parte das remunerações em relação às quais a lei determina que não há incidência de contribuições obrigatórias, bem como a protecção face a eventualidades não cobertas pelo subsistema providencial" (artigo 94.º, n.º 3). Neste diploma, o sistema de segurança social incluía os sistemas público, de acção social e o complementar, sendo que aquele (o público), por sua vez, abrangia os subsistemas previdencial, de solidariedade e de protecção familiar (artigo 5.º, n.ºs 1 e 2). Na actual LBSS 2007, como referimos, o sistema de segurança social inclui os de protecção social de cidadania, o previdencial e o complementar (artigo 23.º), o que significa que o previdencial passou a ser designado como sistema na actual LBSS, em vez de subsistema como acontecia com a LBSS 2002. A redacção do CT manteve a terminologia da LBSS 2002. Dito isto, pensamos que a concretização do actual 478.º, n.º 2, continua a ter a amplitude que resultava do artigo 94.º, n.º 3, da LBSS 2002, ou seja, a contratação colectiva tanto poderia regular, tendo presente os objectivos, os regimes estritamente complementares (visam a atribuição de prestações complementares do subsistema previdencial na parte não coberta por este, designadamente incidindo sobre a parte das remunerações em relação às quais a lei determina que não há incidência de contribuições obrigatórias), como igualmente os suplementares (visam a protecção face a eventualidades não cobertas pelo subsistema providencial), cfr. Ilídio das Neves, *Lei de Bases da Segurança Social – Comentada e Anotada*, cit., p. 216. Note-se ainda o Decreto-Lei n.º 40/2018, de 11 de Junho – que transpôs a Directiva 2014/50/UE do Parlamento Europeu e do Conselho, de 16 de abril de 2014, relativa aos requisitos mínimos para uma maior mobilidade

[104].

E para esta perspectiva restritiva da vertente complementar convencional seguramente que terá contribuído o debate, que há muito existe, sobre as vantagens e os perigos das formas privadas de segurança social[105], justificando-se assim que também

---

dos trabalhadores entre os Estados-Membros, mediante a melhoria das condições de aquisição e manutenção dos direitos a pensão complementar (artigo 1.º) – que confere ampla margem de intervenção aos instrumentos de regulamentação colectiva (*v.g.*, artigos 4.º, n.º 3, *condições de aquisição de direitos ao abrigo de regimes complementares de pensão,* 5.º, n.º 6, *manutenção dos direitos latentes a pensão*), vedando, no entanto, que as cláusulas confiram uma proteção menos favorável e criem obstáculos à liberdade de circulação dos trabalhadores.

104 Para uma análise da articulação entre a fonte convencional e o regime legal, estando em causa um membro sobrevivo de uma união de facto com um trabalhador bancário, *vd.*, por exemplo, STJ 1560/11.6TVLSB.L1.S1 de 3 de Maio de 2016, www.dgsi.pt; STJ 7/2017 de 11 de Maio, *Diário da República,* de 6 de Julho de 2017, 1.ª série, n.º 129, pp. 3400-3411, pp. 3400 e ss, tendo-se concluído neste, na senda daquele: "*O membro sobrevivo da união de facto tem direito a pensão de sobrevivência, por morte do companheiro, beneficiário do sector bancário, mesmo que o regime especial de segurança social aplicável, constante de instrumento de regulamentação colectiva de trabalho, para que remete a Lei nº 7/2001, não preveja a atribuição desse direito*" (itálico no original), salientando-se que, na esteira dos votos de vencidos de Pizarro Beleza e Helder Roque, tal decisão não implicava a existência de uma lacuna legal ou convencional, a ser integrada nos termos do artigo 10.º do CC. Para uma análise deste aresto, Vaz Tomé, "O Direito à Pensão de Sobrevivência do (Ex-)Cônjuge e do Viúvo de Facto – Ac. de Uniformização de Jurisprudência n.º 7/2017, de 11.5.2017, Proc-1560/11.6TVLSB.L1.S1-A, Anotado", *Cadernos de Direito Privado,* n.º 61, 2018, pp. 21 e ss, em especial, pp. 30 e ss, defendendo a existência de uma lacuna.

105 Ilídio das Neves, "Os Regimes Complementares de Segurança Social. Razão de Ser, Características e Limites", cit., pp. 264 e ss, refere várias razões a favor das formas privadas (tais como, insuficiências estruturais dos sistemas públicos, excessos de solidariedade dos regimes legais, burocracia dos sistemas públicos e maior ligação dos interessados e adequação às actividades económicas, ao funcionamento das empresas

tenha imposto um conjunto de regras que estabelecem um quadro de segurança com o intuito de conceder as necessárias garantias a estes regimes[106], o que significa, noutras palavras, que "fazer segurança social complementar é uma coisa séria,

---

e aos diferentes grupos sócio-profissionais) e limitações estruturais dos regimes privados (por exemplo, incapacidade de preverem os riscos sociais e falta de coordenação entre eles, podendo afectar a garantia de manutenção ou da transferibilidade dos direitos dos interessados); veja-se também, sobre os fundamentos técnicos da restrição à intervenção da fonte convencional, Lobo Xavier, "Problemas Jurídico-Laborais dos Fundos (Fechados) de Pensões. Direitos dos Trabalhadores", cit., pp. 34 e ss, em especial, nota 45.

106 Veja-se os artigos 85.º (administração dos regimes complementares) e 86.º (regulamentação, supervisão e garantia dos regimes complementares) da LBSS 2007 – bem como, em especial, a Lei n.º 27/2020, de 23 de Julho, com alterações –, na linha do artigo 24.º, n.º 2, mantendo interesse as anotações de Ilídio das Neves, *Lei de Bases da Segurança Social – Comentada e Anotada,* cit., aos artigos 101.º, 103.º e 105.º e ss da LBSS 2002.

Devemos ter presente, por outro lado, que os modelos de complementação permitidos somente admitem "... a criação de tais esquemas desde que assentes na constituição de patrimónios autónomos, administrados por uma pessoa jurídica distinta (e autónoma) do empregador e que assegure a gestão desse património em termos semelhantes aos exigidos para as seguradoras", Lobo Xavier, com a colaboração de Furtado Martins, Nunes de Carvalho e Joana Vasconcelos, *Manual de Direito do Trabalho,* cit., p. 1022. Para uma análise do fundo de pensões, Ilídio das Neves, "Os Regimes Complementares de Segurança Social. Razão de Ser, Características e Limites", cit., pp. 319 e ss; e, mais recente, Romano Martinez, "Previdência Complementar: Impactos De Decisões Judiciais V. Mutualismo", *Revista Do Instituto Do Direito Brasileiro,* Ano 2, 2013, N.º 3, www.Cidp.Pt., em especial, pp. 2073 e ss; Lobo Xavier, "Problemas Jurídico-Laborais dos Fundos (Fechados) de Pensões. Direitos dos Trabalhadores", cit., pp. 13 e ss, em especial, pp. 18 e ss.

uma iniciativa responsabilizante, que deve ser feita com as necessárias garantias"[107].

A necessidade de acautelar a sustentabilidade das empresas e de não defraudar as expectativas dos beneficiários determinou, deste modo, que o legislador definisse um regime restritivo e balizado de intervenção da fonte laboral[108].

---

[107] Ilídio das Neves, "Os Regimes Complementares de Segurança Social. Razão de Ser, Características e Limites", cit., p. 305, Sobre a necessidade de regulamentação do regime complementar, Ilídio das Neves, *op. cit.*, pp. 282 e ss.

[108] Para Romano Martinez, *Direito do Trabalho*, cit., pp. 1147 e ss, no regime anterior constante da LRCT, pretendia-se evitar o aumento da carga parafiscal das empresas, tendo a restrição uma razão histórica, uma vez que alguns sectores da segurança social não tinham o desenvolvimento que têm actualmente, admitindo-se assim que a fonte convencional atribuísse benefícios complementares ou substitutivos do sistema de segurança social. Perante a actual cobertura deste sistema, em especial relativamente aos trabalhadores, não se justifica que a convenção regule estes benefícios. No entanto, tendo em conta razões históricas, o legislador salvaguardou as atribuições sociais que no passado foram fixadas por convenção colectiva; e agora, contrariando esta posição assumida na LRCT, a lei admite que se instituam regimes complementares do subsistema previdencial.
Também no quadro actual se pronuncia Lobo Xavier, com a colaboração de Furtado Martins, Nunes de Carvalho e Joana Vasconcelos, cit., p. 1021, para quem, em suma, "as razões para esta posição de princípio não se devem unicamente a factores de índole ideológica: existem motivos de ordem prática, que se prendem com a garantia dos direitos dos trabalhadores e com o não asfixiamento das empresas. As limitações das CCT devem estender-se, em certa medida, à instituição genérica pela empresa de esquemas de complementação". Por sua vez, a jurisprudência constitucional que, como vimos, foi chamada em diversos momentos a decidir sobre a compatibilidade da lei restritiva face à Constituição, afirmou, no TC 634/98 de 4 de Novembro, www.tribunalconstitucional.pt, § II, 6.2.: "De resto, como existem sólidas razões para excluir da contratação colectiva as *prestações complementares de segurança social* (de facto, atento o elevado esforço financeiro

REFERÊNCIAS BIBLIOGRÁFICAS

Alarcón Caracuel, M. R. (1995). "La Autonomia: Concepto, Legitimacion para Negociar y Eficacia de los Acuerdos". *La Reforma de la Negociacion Colectiva,* coord. Manuel R. Alarcon–Salvador Del Rey, Marcial Pons, 51-86.

Alfonso Mellado; Ballester Pastor; Blasco Pellicier; *et al.* (2011). *Relaciones Laborales,* Director Sala Franco, 3.ª edición, tirant lo blanch.

Alonso Garcia, M. (1958). *La Autonomia de la Voluntad en el Contrato de Trabajo,* Bosch.

Alonso Olea, M; Casas Baamonde, M.ª E. (2009). *Derecho del Trabajo,* 26.ª edición, Civitas.

Argüelles Blanco, A. R. (2007). "Convenios Colectivos". *El Sistema de Fuentes de la Relación Laboral, Estudios Ofrecidos al Profesor Martín Valverde por el Área de Derecho del Trabajo de la Universidad de Oviedo,* coordinador Garcia Murcia, Universidad de Oviedo, 161-176.

Barassi, Lodovico (1949). *Il Diritto del Lavoro,* volume I, Giuffrè.

Barros, M. Silveiro de (2024). *Direito da Segurança Social,* Almedina.

Birk, Rolf (1987). "Competitividade das Empresas e Flexibilização do Direito do Trabalho". *Revista de Direito e de Estudos Sociais,* (n.º 3), 281-307.

Bocquillon, Fabrice (2001). "Que Este-t-il du «Principe de Faveur»?". *Droit Social,* (n.º 3), 255-262.

Borenfreund, Georges; Souriac, Marie-Armelle (2003). "Les Rapports de la Loi et de la Convention Collective: une Mise en Perspective". *Droit Social,* (n.º 1), 72-86.

Brito, P. Madeira de (2019). *Contrato de Trabalho da Administração Pública e Sistema de Fontes,* AAFDL.

Canotilho, J. J. Gomes (2003). *Direito Constitucional e Teoria da Constituição,* 7.ª edição, Almedina.

---

que o pagamento dessas pensões exige, os trabalhadores só têm verdadeira garantia de que o mesmo lhes será feito, quando ele fica a cargo de entidades com aptidão, designadamente financeira, para gerir esquemas de seguro; ao que acresce que a assunção de um tal encargo, por parte do empregador, pode afectar grandemente os seus activos financeiros, pondo em risco a sua subsistência e os direitos dos credores) ...".

Carinci, Franco; Tamajo, Luca; Tosi, Paolo; Treu, Tiziano (2023). *Diritto del Lavoro, 1. Il Diritto Sindacale,* 9.ª edizione, Utet.

Carnelutti, Francesco (1930). *Teoria del Regolamento Collettivo dei Rapporti di Lavoro,* Cedam.

Carvalho, A. Nunes de (2015). "Considerações sobre o Trabalho Intermitente". *Estudos Dedicados ao Professor Doutor Bernardo da Gama Lobo Xavier, Revista Direito e Justiça,* Volume I, Universidade Católica Editora, 327-376.

Chorão, L. Bigotte (1991). "Autonomia". *Temas Fundamentais de Direito.* Almedina, 251-264 (previamente publicado em 1965, *Dicionário Jurídico da Administração Pública,* volume I, s.e., Coimbra, 606-613).

Conceição, Apelles (2023). *Segurança Social,* 14.ª edição, Almedina.

Cordeiro, A. Menezes (1989). *Manual de Direito do Trabalho,* Almedina.

Cordeiro, A. Menezes (1994). *Direito das Obrigações,* 1.º volume. Associação Académica da Faculdade de Direito de Lisboa, reimpressão.

Cordeiro, A. Menezes (1995). "Da Adaptação às Circunstâncias das Prestações Complementares da Segurança Social". *Jornadas de Homenagem ao Professor Doutor Cavaleiro de Ferreira,* Separata da Revista da Faculdade de Direito da Universidade de Lisboa, 305-324

Cordeiro, A. Menezes (1995). *Convenções Colectivas de Trabalho e Alterações de Circunstâncias,* Lex.

Cordeiro, A. Menezes (2012). *Tratado de Direito Civil,* volume I, 4.ª edição, Almedina.

Cordeiro, A. Menezes (2018). *Direito do Trabalho,* volume I, Almedina.

Dray, Guilherme (2004). "Período Anual de Férias: Articulação entre o Regime do Código do Trabalho e o do Acordo Colectivo de Trabalho Vertical do Sector Bancário". *O Direito* (ano 136, IV), 657-685.

Fernandes, A. Monteiro (2023). *Direito do Trabalho,* 22.ª edição, Almedina.

García-Perrote Escartín, I. (1987). *Ley e Autonomia Colectiva: Um Estudio sobre Relaciones entre la Norma Estatal y el Convenio Colectivo.* Ministerio de Trabajo y Seguridad Social.

Gomes, Júlio (2007). *Direito do Trabalho, Relações Individuais de Trabalho,* volume I, Coimbra Editora.

Gomes, Júlio (2012). "Algumas Reflexões sobre as Alterações Introduzidas no Código do Trabalho pela Lei n.º 23/2012, de 25 de Junho". *Revista da Ordem dos Advogados,* (ano 72, volume II/III), 575-617.

Gomes, Júlio (2016). "A Contratação Coletiva *In Peius* e a Representatividade Sindical". *Crise Económica: Fim ou Refundação do Direito do Trabalho?–Actas do Congresso Mediterrânico, de Direito do Trabalho*, «Estudos APODIT 1», (coord.) Palma Ramalho, AAFDL, 91-121.

Leal, Silva (1978). "O Direito à Segurança Social". *Estudos sobre a Constituição*, volume II, coordenação de Jorge Miranda, Petrony, 335-372.

Leitão, L. Menezes (2023). *Direito do Trabalho*, 8.ª edição, Almedina.

Leite, Jorge (2003). "Código do Trabalho – Algumas Questões de (In) Constitucionalidade". *Questões Laborais*, (ano X, n.º 22), 245-278.

Leite, Jorge (2004). *Direito do Trabalho*, volume I, Serviços de Acção Social da Universidade de Coimbra.

Lopes, F. Ribeiro (1977/1978). *Direito do Trabalho*, policopiado.

Loureiro, J. Carlos (2008). "Constituição da Segurança Social: Sujeitos, Prestações e Princípios". *Boletim da Faculdade de Direito da Universidade de Coimbra*, (volume 84), 189-249.

Lyon-Caen, G. (1995). *Le Droit du Travail – Une Technique Réversible*, Dalloz.

Machado, J. Baptista (1982). *Participação e Descentralização, Democratização e Neutralidade na Constituição de 76*, Almedina.

Maia, Pedro (1992). "Conflitos Internacionais de Convenções Colectivas de Trabalho". *Boletim da Faculdade de Direito da Universidade de Coimbra*, (volume LXVIII), 181-264.

Martín Valverde, A. (1978). "Concurrencia y Articulacion Laborales". *Revista de Política Social*, (n. º 119), 5-31.

Martins, Alcides (2024). *Manual de Direito da Segurança Social*, Almedina.

Martinez, P. Romano (2007). "Nulidade de Cláusulas de Convenções Colectivas de Trabalho. O Período Experimental no Contrato de Trabalho Desportivo". *Revista de Direito e de Estudos Sociais*, (n.ºs 1-2), 79-101.

Martinez, P. Romano (2011). "Alterações ao Regime Jurídico e Tutela de Direitos Adquiridos". *Revista de Direito e de Estudos Sociais*, (n.ºs 3-4), 87-148.

Martinez, P. Romano (2013). "Previdência Complementar: Impactos de Decisões Judiciais v. Mutualismo". *Revista do Instituto do Direito Brasileiro*, (ano 2, n.º 3), 2067-2079, www.cidp.pt.

Martinez, P. Romano (2015). "Interpretação e Aplicação de Normas Laborais (Revisitação do *Favor Laboratoris*: Ativismo Jurídico *versus* Segurança Jurídica)". *Estudos Dedicados ao Professor Doutor Bernardo da Gama Lobo Xavier, Revista Direito e Justiça*, Volume III, Universidade Católica Editora, 227-254.

Martinez, P. Romano (2023). *Direito do Trabalho*, 11.ª edição, Almedina, 2023.

Martinez, P. Romano; Monteiro, L. Miguel; Vasconcelos, Joana; Brito, P. Madeira de; Dray, Guilherme; Silva, L. Gonçalves da (2020). *Código do Trabalho Anotado,* 13.ª edição, Almedina.

Martinez, P. Romano; Silva, L. Gonçalves da (2005). "O Âmbito do Regulamento de Condições Mínimas". *Revista de Direito e de Estudos Sociais,* (n.º 4), 353-419.

Mayer-Maly, T. (1975). "Vorindustrielles Arbeitsrecht". *Recht der Arbeit,* München, (n.º 1), 59-63.

Mendes, Ribeiro (2011). *Segurança Social: O Futuro Hipotecado,* Fundação Francisco Manuel dos Santos.

Mesquita, J. Andrade (2004). *Direito do Trabalho,* 2.ª edição, Associação Académica da Faculdade de Direito de Lisboa.

Meyer, Nadège (2006). *L'Ordre Public en Droit du Travail, Contribution à L'Étude de l'Ordre Public en Droit Privé,* L.G.D.J..

Miranda, Jorge; Medeiros, Rui (2018). *Constituição Portuguesa Anotada,* vol. II (artigos 80.º a 201.º), 2.ª edição, Universidade Católica Editora.

Monereo Pérez, J. L. (2000). "Estudio Preliminar – Teoría Jurídica del Convenio Colectivo: su Elaboración en la Ciencia de Derecho". A. Gallart Folch, *Las Convenciones Colectivas de Condiciones de Trabajo,* Comares, XI-CLXIII.

Montoya Melgar, A. (2010). "La Aplicación del Derecho del Trabajo y el Sistema de Principios, Valores y Derechos Fundamentales". *Revista del Ministério de Trabajo e Inmigración,* (n.º 88), 13-29.

Morin, Marie-Laure (1998). "La Loi et la Négotiation Collective: Concurrence ou Complémentarité". *Droit Social,* (n.º 5), 419-429.

Moura, J. Barros (1984). *A Convenção Colectiva entre as Fontes de Direito do Trabalho,* Almedina.

Neves, Ilídio das (1994). "Os Regimes Complementares de Segurança Social. Razão de Ser, Características e Limites". *Revista de Direito e de Estudos Sociais,* (n.º 4), 255-332;

Neves, Ilídio das (1996). *Direito da Segurança Social: Princípios Fundamentais numa Análise Prospectiva,* Coimbra Editora.

Neves, Ilídio das (2003). *Lei de Bases da Segurança Social – Comentada e Anotada,* Coimbra Editora.

Oualid, William; Picquenard, Charles (1928). *Salaires et Tarifs. Conventions Collectives et Grèves,* Les Presses Universitaires de France.

Palma Ramalho, M. do R. (2000). *Da Autonomia Dogmática do Direito do Trabalho,* Almedina.

Pinto, Mário (1986). "A Função do Direito do Trabalho e a Crise Actual". *Revista de Direito e de Estudos Sociais,* (n.º 1), 33-63.

Pinto, Mário (1996). *Direito do Trabalho, Introdução e Relações Colectivas de Trabalho,* Universidade Católica Editora.

Pretôt, Xavier (2003). "Le Conseil Constitutionel et les Sources du Droit du Travail: L'Articulation de la Loi et de la Négociation Collective (Décision du 13 janvier 2003)". *Droit Social,* (n.º 3), 260-264.

Queiró, Afonso R. (1982). "A Hierarquia das Normas de Direito Administrativo Português". Estudos em Homenagem aos Profs. Doutores M. Paulo Merêa e G. Braga da Cruz, II. *Boletim da Faculdade de Direito da Universidade de Coimbra,* volume LVIII, 775-790.

Ramalho, M. do R. Palma (2001). "Ainda a Crise do Direito Laboral: A Erosão da Relação de Trabalho «Típica» e o Futuro do Direito do Trabalho". *III Congresso Nacional de Direito do Trabalho – Memórias,* coordenação de António Moreira, Almedina, 253-266.

Ramalho, M. do R. Palma (2020). *Tratado de Direito do Trabalho, Parte I – Dogmática Geral,* 5.ª edição, Almedina.

Ramalho, M. do R. Palma (2023). *Tratado de Direito do Trabalho, Parte II – Situações Laborais Individuais,* 9.ª edição, Almedina, 2023.

Reis, João (2014). "A Contratação Coletiva na Jurisprudência Constitucional". *Homenagem ao Prof. Doutor António José Avelãs Nunes,* organização de L. Pedro Cunha, J. Manuel Quelhas e Teresa Almeida, Boletim de Ciências Económicas da Faculdade de Direito da Universidade de Coimbra, volume LVII, tomo III, 2935-2990.

Revet, Thierry (1996). "L'Ordre Public dans les Relations de Travail". *L'Ordre Public à la Fin du XX Siècle,* coordination Thierry Revet, Dalloz, 43-63.

Rodríguez-Piñero, M. (1985). "Ley, ordenanza Laboral y «Favor Laboratoris»". *Relaciones Laborales,* (n.º 10), 1-7.

Rodríguez-Sañudo, F. (2010). "La Aplicación del Convenio Colectivo". *Revista del Ministerio de Trabajo e Inmigración,* (n.º 88), 41-63.

Rouxinol, Silva M. (2006). "O Princípio do Tratamento mais favorável nas Relações entre a Lei e a Convenção Colectiva de Trabalho". *Questões Laborais,* (ano XIII, n.º 28), 159-190.

Sala Franco, T. (2022). *Derecho Sindical,* 4.ª edición, tirant lo blanch.

Santoro-Passarelli, F. (1959). "Autonomia". *Enciclopedia del Diritto*, volume IV (Atto-Bana), Giuffrè, 369-374.

Sciarra, Silvana (2007). "La Evolución de la Negociación Colectiva. Apuntes para un Estudio Comparado en los Países de la Unión Europea". *Revista de Derecho Social*, (n.º 38), 191-213.

Silva, L. Gonçalves da (2017). "A Administração Laboral e a Convenção Coletiva: Algumas Questões". *Trabalho sem Fronteiras? – O Papel da Regulação*. coordenação de Manuel M. Roxo, Almedina, 179-220.

Silva, L. Gonçalves da (2022). *Da Eficácia da Convenção Colectiva*, volume II, Imprensa FDUL.

Silva, M. da C. Tavares da (1964/1965). *Direito do Trabalho*, policopiado Instituto de Estudos Sociais.

Supiot, Alain (2003). "Um Faux Dilemme: La Loi ou le Contrat?". *Droit Social*, (n.º 1), 59-71.

Tomé, M. J. Vaz (2018). "O Direito à Pensão de Sobrevivência do (Ex-) Cônjuge e do Viúvo de Facto – Ac. de Uniformização de Jurisprudência n.º 7/2017, de 11.5.2017, Proc-1560/11.6TVLSB.L1.S1-A, Anotado". *Cadernos de Direito Privado*, (n.º 61), 3-32.

Veneziani, Bruno (2005). "Collective Bargaining in Italy", *Collective Bargaining in Europe*, Ministerio de Trabajo y Asuntos Sociales, www.mites.gob.es/, 161-192.

Ventura, Raul (1944). *Teoria da Relação Jurídica de Trabalho*, volume I, Imprensa Portuguesa.

Vital, D. Fezas (1943). "Hierarquia das Fontes de Direito". *Boletim Oficial do Ministério da Justiça*, (ano III, n.º 15), VI-XVII.

Xavier, B. Lobo (1999). "Ainda o Problema da Constitucionalidade das Prestações Complementares de Segurança Social Estabelecidas em Convenção Colectiva". *Revista de Direito e de Estudos Sociais*, (n.º 4), 405-443.

Xavier, B. Lobo (2004). *Curso de Direito do Trabalho*, volume I, 3.ª edição, Verbo.

Xavier, B. Lobo (2005). "As Fontes Específicas de Direito do Trabalho e a Superação do Princípio da Filiação". *Revista de Direito e de Estudos Sociais*, (n.ºs 2-4), 117-153.

Xavier, B. Lobo (2008). "Vigência e Sobrevigência das Convenções Colectivas de Trabalho". *Revista de Direito e de Estudos Sociais*, (n.ºs 1-4), 29-100.

Xavier, B. Lobo (2009). "Problemas Jurídico-Laborais dos Fundos (Fechados) de Pensões. Direitos dos Trabalhadores". *Revista de Direito e de Estudos Sociais*, (n.ºs 3-4), 13-83.

Xavier, B. Lobo; com a colaboração de Martins, P. Furtado; Carvalho, A. Nunes de; Vasconcelos, Joana (2020). *Manual de Direito do Trabalho*, 4.ª edição, Rei dos Livros.

Xavier, B. Lobo; Martins, P. Furtado; Carvalho, A. Nunes de (1997). "Pensões Complementares de Reforma – Inconstitucionalidade da Versão Originária do Art. 6.º, n.º 1, alínea e) da LRC", *Revista de Direito e de Estudos Sociais*, (n.ºs 1-2-3), 147-184.

Capítulo 3.

ACIDENTES DE TRABALHO. EM ESPECIAL, O FUNDO DE GARANTIA[1]

CLÁUDIA MADALENO[2]

Sumário. 1. Direito à reparação por acidente de trabalho. 2. O conceito de acidente. 3. A necessidade de um mecanismo de garantia. 3.1. Razão de ser. 3.2. Evolução legislativa. 4. Caracterização. 5. Funcionamento do fundo. 5.1. A incapacidade económica objectivamente caracterizada. 5.2. Outras situações. 6. Apreciação. 7. Referências bibliográficas.

1. DIREITO À REPARAÇÃO POR ACIDENTE DE TRABALHO.

I. O direito do trabalhador à segurança e saúde no trabalho e à proteção e reparação em caso de acidentes de trabalho é

1 Principais abreviaturas: CDFUE – Carta dos Direitos Fundamentais da União Europeia; CC – Código Civil; CRP – Constituição da República Portuguesa; CIRE - Código da Insolvência e da Recuperação de Empresas; CT – Código do Trabalho; FAT – Fundo de Acidentes de Trabalho; LAT – Lei n.º 98/2009, de 4 de setembro; OIT – Organização Internacional do Trabalho; STJ – Supremo Tribunal de Justiça Português; TJUE – Tribunal de Justiça da União Europeia.

2 Professora Auxiliar da Faculdade de Direito, Universidade de Lisboa, Alameda da Universidade, Cidade Universitária, 1649-014 Lisboa.

estabelecido, de forma unânime, pelas fontes internacionais e pelo direito interno português.

Em primeiro lugar, destaca-se o artigo 59.º, n.º 1, alínea f), da CRP, que determina que todos os trabalhadores, sem distinção de idade, sexo, raça, cidadania, território de origem, religião, convicções políticas ou ideológicas, têm "direito a assistência e justa reparação, quando vítimas de acidente de trabalho ou de doença profissional"[3]. Na mesma linha, o artigo 63.º, n.º 3, da CRP, estabelece que "o sistema de segurança social protege os cidadãos na doença, velhice, invalidez, viuvez e orfandade, bem como no desemprego e em todas as outras situações de falta ou diminuição de meios de subsistência ou de capacidade para o trabalho". Assim, a opção do legislador constituinte foi a de enquadrar a proteção contra acidentes de trabalho no artigo 59.º, ou seja, enquanto direito do trabalhador.

II. A nível internacional, são inúmeras as fontes que se dedicam a este tema. Destacam-se neste domínio, em especial, o artigo 25.º da Declaração Universal dos Direitos do Homem[4], o artigo 7.º do Pacto Internacional sobre os Direitos

---

[3] Trata-se de um direito com estrutura análoga aos direitos, liberdades e garantias, como assinalam JORGE MIRANDA / RUI MEDEIROS, *Constituição Portuguesa Anotada,* Volume I – Preâmbulo. Princípios Fundamentais. Direitos e Deveres Fundamentais. Artigos 1.º a 79.º, 2.ª edição, Universidade Católica Editora, Lisboa, 2017, pp. 840 ss. Os autores sublinham ainda que o facto de, eventualmente, o titular do direito já não ser trabalhador, não prejudica o direito a auferir a pensão, a qual desempenha uma *"função de substituição da contribuição que o vencimento do trabalhador significava para a subsistência do beneficiário"*.

[4] Em moldes genéricos, este preceito atribui o direito a um padrão de vida capaz de assegurar a si e à sua família saúde, bem-estar, inclusive alimentação, vestuário, habitação, cuidados médicos e os serviços sociais indispensáveis e direito à segurança em caso de desemprego,

Económicos, Sociais e Culturais[5] e o artigo 3.º da Carta Social Europeia[6].

A proteção dos trabalhadores em caso de acidentes foi também uma das primeiras preocupações por parte da OIT. Neste âmbito, há a assinalar a Convenção n.º 12 da OIT, de 1921[7], sobre os acidentes de trabalho na agricultura; a Convenção n.º 17 da OIT, de 1925, sobre os acidentes de trabalho em geral[8], e ainda, em 1925, a Convenção n.º 19[9], que regula a igualdade de tratamento entre trabalhadores estrangeiros e nacionais no âmbito da reparação de acidentes de trabalho[10].

É na convenção de 1917 que se prevê, de um modo geral, que os Estados devem assegurar às vítimas de desastres no trabalho, ou aos seus sucessores, as respetivas condições de reparação (cf. artigo 1.º). Tal regime de proteção deve ser aplicável não apenas aos operários e empregados, como também aos aprendizes, ainda que fossem admitidas algumas exceções (cf. artigo 2.º).

---

doença invalidez, viuvez, velhice ou outros casos de perda dos meios de subsistência em circunstâncias fora do seu controlo.

5 Refere o direito a condições de trabalho seguras e higiénicas.

6 Todos os trabalhadores têm direito à segurança e à higiene no trabalho.

7 Aprovada para ratificação pelo Decreto-Lei n.º 42.874, de 15 de março de 1960.

8 Aprovada para ratificação pelo Decreto-Lei n.º 16.586, de 9 de março de 1929.

9 Aprovada para ratificação pelo Decreto n.º 16.588, de 12 de março de 1929.

10 Sobre o tema no âmbito da OIT, N. VALTICOS, *International Labour Law,* Springer Science+Business Media, 1979, pp. 154 ss.

Mais recentemente, destaca-se a Convenção n.º 155 da OIT, de 1981, sobre segurança e saúde dos trabalhadores[11]/[12]. De acordo com esta Convenção, os Estados Membros devem promover a melhoria contínua da segurança e da saúde no trabalho, com vista a prevenir todas e quaisquer lesões que possam ocorrer em virtude do trabalho.

III. Também a nível europeu, desde cedo, se assumiu a preocupação pela tutela da segurança e saúde dos trabalhadores e, de um modo geral, pela promoção das condições de vida e de trabalho (cf. o disposto nos artigos 117.º, 118.º e 118.º-A do Tratado de Roma).

Por sua vez, no Tratado que institui a Comunidade Europeia, salienta-se o disposto nos artigos 136.º e 137.º, que estabelecem que a melhoria das condições de vida e de trabalho são um dos objetivos da Comunidade e dos Estados-Membros, de forma a assegurar uma proteção social adequada. Neste sentido, a Comunidade completa a ação dos Estados-Membros nos domínios da melhoria do ambiente de trabalho. Este é também um direito fundamental dos trabalhadores europeus, delineado no artigo 34.º, n.º 1 da CDFUE[13].

Nesta linha, foi adotada a Diretiva 89/391/CEE, do Conselho, de 12 de junho de 1989, relativa à aplicação de medidas

---

11 Ratificada pelo Estado Português e publicada no *Diário da República*, I Série, N.º 13, de 16 de janeiro de 1985.

12 Importa ainda referir a Convenção da n.º 187, sobre o quadro promocional para a segurança e saúde no trabalho (2006), apesar de esta não ter sido ratificada pelo Estado Português.

13 MARIA DO ROSÁRIO PALMA RAMALHO, *Tratado de Direito do Trabalho*, Parte II – Situações Laborais Individuais, 9.ª edição, Almedina, Coimbra, 2023, p. 862, realça que esta é uma das matérias mais desenvolvidas do Direito Social da União Europeia.

destinadas a promover a melhoria da segurança e da saúde dos trabalhadores no trabalho[14]/[15]/[16].

IV. Em conformidade com estas premissas, no Direito interno português, os artigos 281.º a 284.º do CT regulam a prevenção e reparação de acidentes de trabalho e doenças profissionais. No entanto, no que respeita aos acidentes de trabalho, o regime jurídico consta, no essencial, da Lei n.º 98/2009, de 4 de setembro, conhecida por LAT.

O regime da reparação em caso de acidente de trabalho deve ser lido em estreita articulação com os deveres do empregador no âmbito da prevenção de acidentes, ou seja, em matéria de segurança e saúde[17]. Estes deveres resultam do fac-

---

14 Esta Diretiva já foi alterada pelo Regulamento (CE) n.º 1882/2003, de 20.11.2003, pela Diretiva 2007/30/CE, de 28.6.2007 e pelo Regulamento (CE) n.º 1137/2008, de 11.12.2008.

15 Entre as várias obrigações estabelecidas para o empregador, refira-se que lhe compete garantir a segurança e saúde dos trabalhadores em todos os aspetos relacionados com o trabalho, não se isentando de tal obrigação mesmo que atribua essa tarefa a terceiro. As medidas de proteção coletiva devem ter prioridade em relação às medidas de proteção individual. Por outro lado, no caso de várias empresas estarem presentes no mesmo local, as respetivas entidades patronais devem cooperar na aplicação das disposições relativas à segurança e saúde no trabalho.

16 Em Portugal, a transposição foi efetuada pela Lei n.º 102/2009, de 10 de setembro, com a última alteração realizada pela Lei n.º 79/2019, de 2 de setembro. Sobre este tema, incluindo a evolução legislativa, cf. FERNANDO RIBEIRO LOPES, *Regime legal da prevenção dos acidentes de trabalho*, em AAVV, *Estudos do Instituto de Direito do Trabalho*, Volume I, Almedina, Coimbra, 2001, p. 583.

17 Assim também no Direito espanhol, como afirmam ANTONIO MARTÍN VALVERDE / FERMÍN RODRÍGUEZ-SAÑUDO GUTIÉRREZ 7 JOAQUÍN GARCÍA MURCIA, *Derecho del Trabajo*, Vigesimoséptima edición, Editorial Tecnos, Madrid, 2018, pp. 711 ss; JUAN M. RAMÍREZ MARTÍNEZ (Director), *Curso de Derecho del Trabajo. Fuentes. Derecho*

tor interesse público, ou de ordem pública, que se encontra presente na relação juslaboral: o trabalho constitui a forma de subsistência de qualquer pessoa, sendo essencial à condição humana o estabelecimento dos pressupostos necessários ao seu correto desenvolvimento e execução[18]. Assim o estabelece desde logo o artigo 59.º, n.º 1, alínea b), da CRP, ao afirmar o direito do trabalhador a condições de trabalho dignificantes e de modo a fomentar a sua realização pessoal. No mesmo sentido, a alínea c) do citado preceito estabelece que todos os trabalhadores têm direito à prestação de trabalho em condições de higiene, segurança e saúde[19]. No plano legal, o artigo 127.º, n.º 1, alínea c), do CT, impõe ao empregador o dever de proporcionar boas condições de trabalho, do ponto de vista

---

sindical. Contrato de trabajo. Seguridade social. Proceso laboral, 19.ª edición, Tirant to Blanch, Valencia, 2010, pp. 495 ss.

18 Sobre o direito do trabalhador à segurança, higiene e saúde no trabalho, cf.: CÉLINE ROSA PIMPÃO, *A tutela do trabalhador em matéria de segurança, (higiene) e saúde no trabalho*, Coimbra editora, Coimbra, 2011, com destaque para as pp. 83 ss. Cf. ainda, na vigência da lei anterior, DIAS LOBO, *Responsabilidade objectiva do empregador por inactividade temporária devida a perigo de lesão à vida e saúde do trabalhador*, Coimbra editora, Coimbra, 1985, pp. 20 ss e 141 ss; JOÃO NUNO CALVÃO DA SILVA, "Segurança e saúde no trabalho – A responsabilidade civil do empregador por actos próprios em caso de acidente de trabalho", em *Estudos em Homenagem ao Prof. Doutor Manuel Henrique Mesquita*, Volume II, Coimbra editora, Coimbra, 2009, pp. 907 ss; MILENA SILVA ROUXINOL, *A obrigação de segurança e saúde do trabalhador*, Coimbra Editora, Coimbra, 2008.
Veja-se também, em Itália, GIUSEPPE FEDERICO MANCINI, *La responsabilità contrattuale del prestatore di lavoro*, Giuffrè Editore, Milão, 1957, pp. 53 ss, e, especialmente, as pp. 97 ss.

19 J. J. GOMES CANOTILHO / VITAL MOREIRA, *Constituição da República Portuguesa Anotada*, Volume I, *Constituição da República Portuguesa Anotada*, Volume I, 4.ª edição, Coimbra editora, Coimbra, 2007, pp. 767 ss.

físico e moral. A alínea g) do mesmo preceito acrescenta o dever de prevenir riscos e doenças profissionais, tendo em conta a proteção da segurança e saúde do trabalhador, devendo indemnizá-lo dos prejuízos resultantes de acidentes de trabalho. Por fim, a alínea h) impõe ao empregador o dever de adotar, no que se refere a segurança e saúde no trabalho, as medidas que decorram da lei ou de instrumento de regulamentação coletiva de trabalho[20].

V. Apesar de o Código do Trabalho conter regras gerais referentes aos acidentes de trabalho, é na LAT que podemos encontrar o seu regime jurídico. A LAT é aplicável a todos os ramos de atividade, nos setores privado, cooperativo e social, ao trabalhador por conta de outrem e ao respetivo empregador, incluindo pessoas coletivas de direito privado sem fins lucrativos (cf. artigo 3.º LAT).

Por outro lado, o regime dos acidentes de trabalho é ainda aplicável, com as necessárias adaptações, às seguintes situações sem subordinação jurídica, tal como resulta do artigo 4.º da Lei n.º 7/2009, de 12 de fevereiro: (i) praticante, aprendiz, estagiário e demais situações que devam considerar-se de formação profissional; (ii) administrador, diretor, gerente ou equiparado, sem contrato de trabalho, que seja remunerado por essa atividade; (iii) prestador de trabalho, sem subordinação jurídica, que desenvolve a sua atividade na dependência económica, nos termos do artigo 10.º CT[21].

---

20 JÚLIO MANUEL VIEIRA GOMES, *Direito do Trabalho*, Volume I – Relações individuais de trabalho, Coimbra editora, Coimbra, 2007, pp. 43 ss.

21 Sobre as situações equiparadas ao contrato de trabalho, cf.: PEDRO ROMANO MARTINEZ, *Direito do Trabalho*, 11.ª edição, Almedina, Coimbra, 2023, pp. 344 ss; JOÃO LEAL AMADO / MILENA SILVA ROUXINOL / JOANA NUNES VICENTE / CATARINA GOMES SANTOS / TERESA COELHO MOREIRA, em *Direito do Trabalho.*

VI. No Direito português, a responsabilidade por acidentes de trabalho não se encontra integrada na Segurança Social[22].

Relação Individual, 2.ª edição, Almedina, Coimbra, 2023, pp. 123 ss; DIOGO VAZ MARECOS, *Código do Trabalho Comentado,* 6.ª edição, Almedina, Coimbra, 2024, pp. 112 ss.

Sobre o conceito de trabalhador e a sua diferenciação face a figuras próximas, cf.: ANTÓNIO MENEZES CORDEIRO, *Direito do Trabalho,* II–Direito Individual, Almedina, Coimbra, 2019, pp. 153 ss; RAÚL JORGE RODRIGUES VENTURA, *Teoria da relação jurídica de trabalho,* I, Imprensa Portuguesa, Porto, 1944, pp. 52 e seguintes; MARIA DO ROSÁRIO PALMA RAMALHO, *Da autonomia dogmática do Direito do Trabalho,* Almedina, Coimbra, 2000, pp. 63 ss e pp. 260 ss; MARIA DO ROSÁRIO PALMA RAMALHO, *Direito do Trabalho,* Parte II – Situações Laborais Individuais, cit., em especial as pp. 110 ss; JÚLIO MANUEL VIEIRA GOMES, *Direito do Trabalho,* Volume I – Relações Individuais de Trabalho, cit., pp. 101 ss; LUÍS GONÇALVES DA SILVA, *Estudos de Direito do Trabalho (Código do Trabalho),* Volume I, 2.ª edição, Almedina, Coimbra, 2008, pp. 141 ss; JOSÉ JOÃO ABRANTES, *Direito do Trabalho. Ensaios,* Edições Cosmos, Lisboa, 1995, pp. 19 ss; MÁRIO PINTO / PEDRO FURTADO MARTINS / ANTÓNIO NUNES DE CARVALHO, *Comentário às Leis do Trabalho,* Vol. I – Regime Jurídico do Contrato Individual de Trabalho (Dec.-Lei n.º 49408, de 24-XI-69), LEX, Lisboa, 1994, pp. 22 ss; JOSÉ ANDRADE MESQUITA, *Direito do Trabalho,* 2.ª edição, AAFDL, Lisboa, 2004, pp. 75 ss e pp. 343 ss; BERNARDO DA GAMA LOBO XAVIER, *Manual de Direito do Trabalho,* 4.ª edição, Rei dos Livros, 2020, pp. 342 ss; MÁRIO PINTO, *Direito do Trabalho,* Universidade Católica Editora, Lisboa, 1996, pp. 65 ss; PEDRO ROMANO MARTINEZ, em anotação ao artigo 11.º, *Código do Trabalho Anotado,* 14.ª edição, Coimbra, Almedina, 2024, pp. 73 ss; JOÃO NUNO CALVÃO DA SILVA, *Segurança e saúde no trabalho – A responsabilidade civil do empregador por actos próprios em caso de acidente de trabalho,* cit., pp. 923 ss.

[22] A favor desta solução, cf. PEDRO ROMANO MARTINEZ, *Direito do Trabalho,* cit., pp. 847 e 848. Numa perspetiva crítica, veja-se também LUÍS MENEZES LEITÃO, "A Reparação de Danos Emergentes de Acidentes de Trabalho", em *Estudos do Instituto de Direito do Trabalho,* Volume I, Almedina, Coimbra, 2001, pp. 551 ss, e, do mesmo Autor, "A natureza jurídica da reparação de danos emergentes de acidentes

Com efeito, apesar de em tempos ter ocorrido uma tentativa de inclusão desta matéria no domínio da segurança social, através da Lei n.º 28/84, de 14 de agosto, que definiu as bases da segurança social, e cujo artigo 19.º referia a matéria dos acidentes de trabalho[23], este intuito nunca chegou a ser efetivamente concretizado[24].

VII. Em sede de acidentes de trabalho, estabelece-se um sistema de responsabilidade do empregador, com base numa imputação a título objetivo[25]. O empregador deverá, no entanto, transferir

---

de trabalho e a distinção entre responsabilidades obrigacional e delitual", em *Revista da Ordem dos Advogados*, N.º 48, 1988, pp. 743-843. Cf. ainda ABEL RODRIGUES, *Direito da Segurança Social*, Nova Causa, Braga, 2020, pp. 101 ss.
Sobre o regime em França, em que acidentes e doenças são integrados na Segurança Social, cf. FRANÇOIS GAUDU / FLORENCE BERGERON, *Droit du Travail*, 9.ª edição, Dalloz, Paris, 2022, pp. 984 ss; ELSA PESKINE / CYRIL WOLMARK, *Droit du Travail 2023*, 16.ª edição, Dalloz, Paris, 2022, pp. 576 ss.

23 Como salienta LUÍS MENEZES LEITÃO, *Direito do Trabalho*, 8.ª edição, Almedina, Coimbra, 2023, p. 427, nota 533, apesar de a norma se ter mantido na Lei n.º 17/2000, de 8 de agosto, e de a Lei n.º 32/2002, de 20 de dezembro, também referir a tutela dos trabalhadores em matéria acidentária, a Lei n.º 4/2007, de 16 de janeiro, acabou por remeter o tema para legislação especial.

24 Concordando com a opção dualista, cf. MARIA DO ROSÁRIO PALMA RAMALHO, *Tratado de Direito do Trabalho*, Parte II – Situações Laborais Individuais, cit., p. 867, invocando, nomeadamente, o problema da situação financeira da segurança social.

25 Acerca da evolução para um sistema de imputação objetiva, cf.: PEDRO ROMANO MARTINEZ, *Direito do Trabalho*, cit., pp. 853 ss, e, do mesmo Autor, *Acidentes de trabalho*, Pedro Ferreira - Artes Gráficas, Lisboa, 1996. Cf. ainda PEDRO ROMANO MARTINEZ, em anotação aos artigos 281.º a 284.º, *Código do Trabalho Anotado*, cit., pp. 665 ss; LUÍS MANUEL TELES DE MENEZES LEITÃO, *Direito do Trabalho*, cit., pp. 423 ss, e, do mesmo Autor, *Acidentes de trabalho e responsabilidade civil (A natureza jurídica da reparação de danos emergentes de acidentes de*

a sua responsabilidade para uma seguradora[26]/[27]. Tratando-se de responsabilidade objetiva, verifica-se a sua limitação, sendo o empregador responsável pela perda da capacidade de trabalho ou de ganho, ou, em última instância, pela morte do trabalhador. Diferentemente, como referido, em caso de doença profissional, a responsabilidade é assumida pela previdência social[28].

trabalho e a distinção entre as responsabilidades obrigacional e delitual), em *Revista da Ordem dos Advogados*, Ano 48, Dezembro / 1988, pp. 773 ss; MARIA DO ROSÁRIO PALMA RAMALHO, "Sobre os acidentes de trabalho em situação de greve", em Separata da Revista da Ordem dos Advogados, Ano 53, III, Lisboa, Dezembro de 1993, pp. 521 ss; LUÍS GONÇALVES DA SILVA, *A greve e os acidentes de trabalho*, AAFDL, Lisboa, 1998, pp. 47 ss; JÚLIO MANUEL VIEIRA GOMES, *O acidente de trabalho. O acidente in itinere e a sua descaracterização*, Coimbra editora, Coimbra, 2013, pp. 5 ss; J. M. VILHENA BARBOSA DE MAGALHÃES, *Seguro contra acidentes de trabalho*, I – Da responsabilidade civil pelos acidentes de trabalho e da sua efetivação pelo seguro, Empresa Lusitana Editora, Lisboa, 1913, pp. 90 ss; JOÃO AUGUSTO PACHECO E MELO FRANCO, *Acidentes de trabalho e doenças profissionais*, em AAVV, *Direito do Trabalho*, Boletim do Ministério da Justiça (Suplemento), Lisboa, 1979, pp. 55 ss; LUIZ DA CUNHA GONÇALVES, *Tratado de Direito Civil em Comentário ao Código Civil Português*, Volume XIII, Coimbra editora, Coimbra, 1939, pp. 244 ss.

26 Curiosamente, o artigo 34.º da Carta Europeia dos Direitos Fundamentais parece tomar posição na querela, considerando a proteção em caso de acidentes de trabalho como uma matéria de "Segurança social e assistência social".

27 BERNARDO DA GAMA LOBO XAVIER, *Manual de Direito do Trabalho*, cit., p. 1004, salienta que tal regime também protege as próprias empresas, cujo património poderia ser substancialmente afetado pela ocorrência do acidente.

28 O Decreto-Lei n.º 227/81, de 18 de julho, determinou, no seu artigo 1.º, o seguinte: "São transferidas para a Caixa Nacional de Seguros de Doenças Profissionais, adiante designada por Caixa as responsabilidades que cabem ou venham a caber às empresas seguradoras pela reparação dos danos emergentes de doenças profissionais resultantes de contratos

A imputação objetiva do acidente não isenta o empregador dos deveres, já acima mencionados, nomeadamente no domínio da prevenção de acidentes de trabalho: bem pelo contrário, o incumprimento de tais deveres poderá dar origem a uma imputação a título subjetivo, na qual o empregador terá de responder por todos os danos sofridos, incluindo os danos não patrimoniais, ao abrigo do artigo 18.º da LAT.

2. O CONCEITO DE ACIDENTE.

I. O tratamento diferenciado do Direito português ao acidente de trabalho – que dá origem à responsabilidade objetiva do empregador, eventualmente transferida para a seguradora – e à doença profissional – que constitui o trabalhador no direito a receber a reparação por parte da segurança social – faz com que seja particularmente relevante a diferença entre acidente e doença[29]/[30]. Com efeito, tratando-se de acidente, será responsável o empregador – bem como, se for caso disso, a seguradora – e, a haver litígio, este será resolvido pela jurisdição laboral. Já as doenças profissionais terão de ser assumidas pela segurança social, podendo dar origem, a litígios de natureza administrativa.

---

de seguro do ramo Acidentes de Trabalho que tenham sido subscritos até à data da entrada em vigor do presente decreto-lei.".

29 PEDRO ROMANO MARTINEZ / LUÍS MIGUEL MONTEIRO / JOANA VASCONCELOS / PEDRO MADEIRA DE BRITO / GUILHERME DRAY / LUÍS GONÇALVES DA SILVA, cit., anotação ao artigo 283.º, assinala que, para além do regime diferenciado, o trabalhador terá igualmente de exercer o seu direito perante jurisdições diversas.

30 O que não acontece nos países em que o tratamento das duas situações é feito no âmbito da Segurança Social. Assim, cf. JACQUELINE BOUTON / FRANÇOIS DUQUESNE / SABRINA MRAOUAHI, *Droit du Travail*, Lextenso, Paris, 2020, p. 253.

II. O regime jurídico português não define o que se deve entender por acidente[31]. Com efeito, é declarada a proteção em caso de acidente de trabalho, tanto na Constituição, como no Código do Trabalho e, bem assim, na Lei dos Acidentes de Trabalho. Todavia, nenhum destes dispositivos contém um conceito do que se deve entender por acidente, o qual resulta de uma construção doutrinária.

Assim, o artigo 283.º CT[32] apenas determina que o trabalhador e os seus familiares "têm direito à reparação de danos emergentes de acidente de trabalho ou doença profissional", indicando, quanto às doenças profissionais, que estas constam da lista organizada e publicada no Diário da República, sendo que, caso a situação não se encontre incluída em tal lista, a mesma será indemnizável "desde que se prove ser consequência, necessária e direta, da atividade exercida e não represente normal desgaste do organismo". Diversamente, nada é dito a respeito do conceito de acidente.

Por seu turno, a LAT diferencia entre os acidentes em sentido estrito – ocorridos no local e no tempo de trabalho – e as extensões de acidente de trabalho, sem propriamente indicar os elementos constitutivos do que se deve entender por acidente[33].

---

31 Explicando as dificuldades de uma noção de acidente de trabalho, cf., por todos, JÚLIO MANUEL VIEIRA GOMES, *O acidente de trabalho. o acidente* in itinere *e a sua descaracterização*, cit., pp. 19 ss.

32 Era diferente o disposto no artigo 284.º, n.º 1, do Código do Trabalho de 2003: "É acidente de trabalho o sinistro, entendido como acontecimento súbito e imprevisto, sofrido pelo trabalhador que se verifique no local e no tempo de trabalho.".

33 O artigo 8.º LAT tem como epígrafe "conceito", mas nele não se encontra uma definição de acidente, e antes os elementos constitutivos do acidente em sentido estrito, isto é, ocorrido no local e no tempo de trabalho.

III. Para a maioria da doutrina nacional, o acidente traduz um evento externo[34], súbito[35]/[36] e imprevisível[37]/[38]. Já a doença profissional resultará do próprio exercício da atividade profissional, sendo por isso, normalmente, de produção lenta e progressiva. Contudo, há que reconhecer que o entendimento acerca destes três elementos tem vindo a evoluir, quer na doutrina, quer na jurisprudência. Desde logo, no que concerne à imprevisibilidade, parece não constituir um elemento essencial, não se negando a responsabilidade quando fosse previsí-

---

34 No entanto, paulatinamente, tem vindo a ser aceite que esta característica não é essencial. Assim, JÚLIO MANUEL VIEIRA GOMES, *O acidente de trabalho. o acidente* in itinere *e a sua descaracterização,* cit., p. 24, admitindo situações em que tal exterioridade não se verifica, tais como as ciáticas, hérnias, entre outros.

35 Também em Espanha se considera acidente de trabalho toda a lesão corporal que o trabalhador sofra em consequência de um trabalho que execute por conta de outrem. Se tal decorrer de uma causa súbita, violenta e externa, será acidente, se for de causa lenta e progressiva, será doença. Neste sentido, CARLOS MOLERO MANGLANO (Director), *Manual de Derecho del Trabajo,* 12.ª edición, Tirant to Blanch, Valencia, 2012, p. 1245.

36 MARIA DO ROSÁRIO PALMA RAMALHO, *Tratado de Direito do Trabalho,* Parte II – Situações Laborais Individuais, cit., p. 865, define o acidente de trabalho como o *"evento súbito e imprevisto, ocorrido no local e no tempo de trabalho, que produz uma lesão corporal ou psíquica ao trabalhador que afecta a sua capacidade de ganho".*

37 PEDRO ROMANO MARTINEZ, *Direito do Trabalho,* cit., pp. 831 ss, e, em especial, a p. 849.
CARLOS ALEGRE, *Regime Jurídico dos Acidentes de Trabalho e das Doenças Profissionais, Regime jurídico anotado,* 2.ª edição, Almedina, Coimbra, 2009 (reimp.), pp. 35 ss.

38 Mantendo a violência como sendo, normalmente, um elemento constitutivo do acidente, cf. BERNARDO DA GAMA LOBO XAVIER, *Manual de Direito do Trabalho,* cit., p. 1001.

vel a verificação do evento. Em contrapartida, a possibilidade de prever e de evitar o acidente pode originar responsabilidade subjetiva, tanto do empregador, como do próprio trabalhador ou de terceiro.

Por outro lado, como veremos no ponto seguinte, a exterioridade é um elemento que tem vindo a ser atenuado, com o progressivo reconhecimento de situações que não se enquadram, em modo absoluto, numa situação interna do trabalhador ou exterior à sua pessoa.

Assim, a subitaneidade acaba por constituir o principal critério diferenciador entre acidente e doença profissional, ainda que se entenda hoje em dia que o carácter súbito não obriga a que o evento ocorra em apenas um momento, ou, mesmo, em apenas um dia[39].

IV. Por vezes, a distinção entre acidente e doença é menos nítida, em especial no que concerne à exigência de externali-

---

[39] JÚLIO MANUEL VIEIRA GOMES, *O acidente de trabalho. o acidente* in itinere *e a sua descaracterização*, cit., pp. 29 e 30.

dade[40]/[41]. Com efeito, um mesmo evento pode ter características internas ao trabalhador e externas à sua pessoa, podendo ambas contribuir para o facto lesivo. A dificuldade em discernir e, principalmente, em identificar sempre e em exclusivo um factor externo tem levado a que, em muitos casos, a juris-

---

40 Em Espanha, a jurisprudência parece aceitar este tipo de situações como acidente de trabalho. Nesse sentido, veja-se a decisão do Tribunal Superior de Justiça do País Basco, 15 de setembro de 2020, na qual se decidiu haver acidente num caso em que um técnico comercial, sem escritório físico na empresa, realizava trabalhos administrativos a partir do seu domicílio. O trabalhador, que, inclusivamente, tinha histórico médico cardíaco, sofreu um enfarte agudo do miocárdio em casa e morreu. Apesar de a autoridade administrativa ter recusado a tipificação de acidente de trabalho, o Tribunal declarou tratar-se de acidente de trabalho, pois foi sofrido no momento e local de trabalho. Sobre o conceito de acidente de trabalho, DANIEL TOSCANI GIMÉNEZ / HÉCTOR CLARK SORIANO, *Accidentes de Trabajo. Concepto, determinación y responsabilidades*, Editorial Aranzadi, Navarra, 2016, pp. 17 ss. Em especial, sobre as doenças de foro psicológico, cf. pp. 35 ss.

41 O problema não fica resolvido pelo artigo 11.º da LAT, uma vez que aqui apenas se estabelece que "A predisposição patológica do sinistrado num acidente não exclui o direito à reparação integral, salvo quando tiver sido ocultada". Como explica PEDRO ROMANO MARTINEZ, *Direito do Trabalho*, cit., p. 886, trata-se de um desvio ao nexo de causalidade: *"Assim, se o trabalhador padecia de uma doença ou de uma lesão e sofre um acidente, os danos dele derivados, independentemente de terem sido agravados por força dessa doença ou lesão anteriores, deverão ser indemnizados pelo empregador. Sendo, p. ex., o trabalhador hemofílico, um pequeno ferimento, quase insignificante, pode causar-lhe uma incapacidade temporária de trabalho por força de hemorragia prolongada e o direito à reparação não estaria excluído."*. Contudo, tal não ocorre se o trabalhador tiver ocultado a patologia em causa, uma vez que isso pode ter contribuído para que o empregador o incumbisse de alguma tarefa que, tendo conhecimento da patologia, não lhe atribuísse.

prudência admita a qualificação como acidente, não obstante a verificação de condições internas relevantes do próprio trabalhador.

Foi o que se verificou no caso decidido pelo Acórdão do STJ de 30 de junho de 2011[42], no qual se considerou como acidente a arritmia cardíaca (fibrilação ventricular) derivada de miocardiopatia hipertrófica, doença congénita do trabalhador, mas até então não detetada, que acabou por levar ao seu falecimento. Foram consideradas as circunstâncias em que esse evento ocorreu, decorrentes do esforço físico associado ao exercício da atividade laboral, bem como a circunstância de as condições exteriores (chuva) não terem permitido a utilização dos mecanismos de reanimação. Ou seja, não obstante a pré-existência de uma doença do trabalhador, que apontaria para um factor interno, concluiu-se pela ocorrência de um acidente, dada a verificação de circunstâncias externas determinantes do dano sofrido, circunstâncias essas que seriam inerentes à prestação da atividade laboral. Assim, tratando-se de um jogador de futebol, que tem de prestar trabalho que exige um grande esforço físico, em circunstâncias meteorológicas adversas e atendendo à própria pressão e ansiedade decorrentes da partida, considerou-se que havia factores externos bastantes para sustentar a caracterização como acidente[43].

---

42 Relator Pereira Rodrigues, Processo n.º 383/04.3TTGMR.L1.S1, disponível em www.dgsi.pt
Com interesse para o tema, cf. também o Acórdão do Tribunal da Relação de Lisboa de 4 de outubro de 2018, Processo n.º 2200/14.7TTLSB-4, Relatora Paula Santos, disponível em www.dgsi.pt

43 No entanto, recusando a qualificação como acidente: Acórdão do Tribunal da Relação de Lisboa de 24 de outubro de 2018 (Processo n.º 2200/14.7TTLSB.L1-4): *"O enfarte agudo do miocárdio sofrido por um trabalhador no local e tempo de trabalho, que lhe provoca a morte, não constitui um evento súbito, de natureza exógena, se associados a ateroesclerose coronária cardíaca e generalizada grave, cardiomegália e cardiopatia isquémica*

Assim, tal como se reconheceu no Acórdão do Tribunal da Relação de Lisboa de 23 de outubro de 2013[44], o conceito de acidente de trabalho encontra-se em permanente atualização, sendo que, hoje em dia, não se exige como elemento indispensável nem um acontecimento exterior em sentido próprio, nem a violência. Neste caso, considerou-se haver acidente de trabalho num caso em que, no trajeto normalmente utilizado e durante o período tempo habitualmente gasto pela trabalhadora entre a sua residência ocasional e as instalações que constituem o seu local de trabalho, esta sofreu *"uma tontura, tendo*

---

crónica de que padecia a vítima.". Em sentido próximo se pronunciou o Tribunal da Relação de Guimarães, no seu Acórdão de 5 de abril de 2018 (Processo n.º 145/14.0TTBCL.G1, Relatora Vera Sottomayor): *"Não é de qualificar como acidente de trabalho o evento que consistiu no facto da sinistrada ter sido encontrada inconsciente nas escadas do seu local de trabalho, após o término do trabalho, tendo sofrido um acidente vascular cerebral, (vulgo AVC) mais precisamente hemorragia do para-hipocampo esquerdo com rompimento do sistema ventricular em consequência de aneurisma, o que lhe determinou uma incapacidade para todo e qualquer trabalho."*.
Também neste sentido, veja-se o Acórdão do Tribunal da Relação de Guimarães de 6 de outubro de 2016 (Processo n.º 197/13.0TTSTS.G1, Relatora Vera Sottomayor) e o Acórdão do Tribunal da Relação de Évora de 27 de março de 2014 (Processo n.º 789/10.9TTSTB.E1, Relator Acácia André Proença).
Em contrapartida, no Acórdão do Tribunal da Relação do Porto de 10 de dezembro de 2019 (Processo n.º 4796/16.0T8MTS.P1), decidiu-se que: *"O esforço físico inerente à descarga de várias caixas de peixe com cerca de 20 Kg cada, durante 10 a 15 minutos, subindo e descendo mais de 14 degraus estreitos, depois de uma noite no mar, precedida apenas de um período de descanso de 3 a 4 horas em terra, é potenciador de arritmia cardíaca, em trabalhador portador de aterosclerose coronária com obstrução de 70%. VI–Não tendo a ré/recorrente ilidido a referida presunção legal, nem provado que a doença natural do sinistrado tenha sido ocultada, a morte ocorrida no tempo e local de trabalho constitui acidente de trabalho indemnizável."*. disponível em www.dgsi.pt.

44 Processo n.º 291/11.1TTVFX.L1-4, Relatora Isabel Tapadinhas, disponível em www.dgsi.pt.

caído no pavimento, aí se estatelando, em consequência do que fracturou a tacícula radial do cotovelo direito, o que lhe determinou incapacidade temporária absoluta no período de 15.01.2011 a 04.07.2011, data em que teve alta, portadora de limitações na mobilidade do membro direito, particularmente na flexão e na extensão do cotovelo".

É também neste sentido que nos pronunciamos: assim, a circunstância de o trabalhador ter uma condição interna – por exemplo, uma doença – que possa ter contribuído para o acidente ou para o seu agravamento, não obstará à qualificação como acidente, contanto que haja também elementos externos que permitam a conexão ao trabalho, quer se trate de acidente em sentido estrito, quer de acidente de trajeto.

V. Acresce aos elementos substanciais diferenciadores entre acidente e doença o facto de as doenças profissionais constarem de uma listagem tendencialmente fechada (artigo 94.º, n.º 2, da LAT e artigo 283.º, n.ºs 2 e 3, do CT). Caso o trabalhador sofra de alguma enfermidade não constante da lista, poderá ainda demonstrar que se trata de uma *doença de trabalho*, desde que consiga provar que a mesma é consequência necessária e direta da atividade exercida e não representa o normal desgaste do organismo (cf. artigo 283.º, n.º 3, do CT).

Refira-se que este é também o regime adotado no âmbito da OIT, a propósito das convenções que preveem o direito à reparação de doenças profissionais[45]. Posteriormente, na convenção n.º 121, de 1964 (alterada em 1980), foi concedida aos Estados membros uma alternativa (cf. o disposto no artigo 8.º): (i) estabelecer uma lista de doenças, incluindo pelo menos as referidas no Anexo I da convenção; (ii) incluir na sua legislação uma definição de doença profissional suficientemente ampla para abranger as doenças indicadas no Anexo I da conven-

---

[45] Assim, veja-se a convenção n.º 19 da OIT, de 1925, sobre a compensação atribuída às mulheres em caso de doença profissional, que já continha um elenco de situações no seu artigo 2.º.

ção; ou (iii) prescrever uma lista de doenças complementada por uma definição geral.

O sistema da listagem visa proteger o trabalhador, porquanto dele resulta uma presunção de que a doença decorre do exercício da atividade profissional, dispensando-o, deste modo, da correspondente prova[46].

Por sua vez, os acidentes também devem dar origem a um conjunto de danos típicos, constantes da Tabela Nacional de Incapacidades (aprovada pelo Decreto-Lei n.º 352/2007, de 23 de outubro). Assim, os limites são determinados através de uma tipificação dos danos, constante desta tabela, bem como de regras para o apuramento da indemnização. Contudo, tais limites apenas se aplicam no âmbito da imputação objetiva. Diferentemente, no caso de responsabilidade subjetiva do empregador, o artigo 18.º da LAT determina que a indemnização abrange a totalidade dos danos sofridos pelo trabalhador[47].

3. A NECESSIDADE DE UM MECANISMO DE GARANTIA.

3.1. Razão de ser.

I. A criação de um fundo de acidentes de trabalho – independentemente da sua denominação – tem em vista garantir

---

[46] Neste sentido, N. VALTICOS, *International Labour Law*, cit., p. 155.

[47] Sobre a importância da jurisprudência no âmbito dos acidentes de trabalho, cf. PAULO MORGADO DE CARVALHO, "Um olhar sobre o actual regime jurídico dos acidentes de trabalho e das doenças profissionais: benefícios e desvantagens", em *Questões Laborais*, Ano X, N.º 21, 2003, p. 76. Cf. também, do mesmo Autor, "Proteção do risco profissional: a eventualidade doença profissional", em *Estudos do IDT – Direito da Segurança Social*, Volume X, Almedina, Coimbra, 2024, pp. 53 ss.

que o lesado, ou os demais beneficiários, obtenham o ressarcimento efetivo dos seus direitos de crédito. Trata-se, em última instância, de garantir o direito fundamental estatuído no artigo 59.°, n.° 3, da CRP, à proteção e à reparação em caso de acidente de trabalho. Com efeito, de pouco valeria ao trabalhador uma sentença condenatória, caso o empregador ou a seguradora não tivessem património bastante para ressarcir o lesado pelo sinistro. Assim, a existência do fundo tem em vista assegurar o pleno cumprimento deste direito, mediante o recebimento efetivo dos valores devidos.

II. Qualquer mecanismo de garantia surge sempre ligado a uma determinada finalidade. No caso do Fundo de Acidentes de Trabalho, está em causa a obrigação de o empregador reparar as consequências do acidente, cuja responsabilidade, muitas vezes, se encontra transferida para uma entidade seguradora[48].

A garantia é algo de comum a todas as situações jurídicas, decorrendo da própria característica da coercibilidade. O devedor responde, com todos os seus bens, pelo cumprimento da obrigação. A responsabilidade patrimonial é um princípio consagrado no artigo 601.° do CC, nos termos do qual pelo cumprimento de uma obrigação respondem todos os bens do devedor. Traduz a possibilidade de o credor atingir o património do devedor no caso de incumprimento do dever primário, isto é, do dever de prestar, sendo uma responsabilidade que é

---

[48] Cf. CARLOS FERREIRA DE ALMEIDA, *Texto e enunciado na teoria do negócio jurídico*, Volume I, Almedina, Coimbra, 1992, p. 553: *"Em todos os sentidos que antecedem, a garantia configura-se como um meio ao serviço da efectividade de uma situação jurídica activa (garantia «dos» direitos fundamentais, garantia «da» propriedade, garantia «do» crédito, garantia «dos» efeitos emergentes de um contrato), de tal modo que dela decorre uma situação jurídica passiva (sujeição, dever, obrigação) para os garantes directos e indirectos."*.

naturalmente inerente a toda e qualquer obrigação constituída[49], desde que se trate de *obrigação civil*.

No entanto, o FAT não corresponde, em sentido próprio, à garantia de uma obrigação. Trata-se, antes, de um *mecanismo de garantia*, da responsabilidade do Estado. Não obstante, quer o empregador, quer a seguradora, podem constituir, em sentido próprio, garantias da sua obrigação de reparação, nomeadamente através de garantia pessoal ou real.

III. No caso do direito a reparação por acidente de trabalho, a necessidade de um mecanismo de garantia foi, desde cedo, reconhecida pela comunidade internacional. Essa previsão encontra-se no artigo 11.º da Convenção n.º 17 da OIT, de 1925, sobre os acidentes de trabalho em geral, nos termos do qual, "As legislações nacionais conterão preceitos que, tendo em vista as circunstâncias peculiares de cada país, sejam os mais apropriados para assegurar, em qualquer eventualidade, o pagamento da reparação às vítimas de desastres, e dar-lhes garantias, e aos seus sucessores no respectivo direito, contra a insolvência do patrão ou do segurador".

IV. Tal como já foi afirmado, o fundo de garantia não consubstancia, em sentido próprio, uma garantia, geral ou especial, do cumprimento da obrigação[50]. No entanto, tal como a maioria das garantias, o fundo atua, em regra, a nível subsidiá-

---

49 No mesmo sentido, cf. INOCÊNCIO GALVÃO TELLES, *Manual de Direito das Obrigações*, Tomo I, 2.ª edição, Coimbra editora, Coimbra, 1965, p. 57; CARLOS FERREIRA DE ALMEIDA, *Texto e enunciado na teoria do negócio jurídico*, Volume I, cit., p. 549; PAULO CUNHA, *Direito civil. Ano lectivo de 1938-39* (pelo aluno Eudoro Pamplona Corte-Real), Lisboa, 1938-1939., p. 2.

50 Sobre as garantias de cumprimento, cf., por todos, ANTÓNIO MENEZES CORDEIRO, *Tratado de Direito Civil*, Volume X – Direito das Obrigações. Garantias, 2.ª edição, Almedina, Coimbra, 2023, pp. 169 ss.

rio[51], ou seja, sequencialmente após a verificação de um outro facto. Esse outro facto não é, como veremos, necessariamente o incumprimento por parte do empregador ou da seguradora. Excecionalmente, o FAT pode ser chamado a responder, quando valores essenciais à subsistência do sinistrado se verifiquem. É o que acontece na situação prevista pelo artigo 122.º do Código do Processo do Trabalho, em que, havendo desacordo sobre a existência ou a caracterização do acidente como acidente de trabalho, o juiz pode fixar uma pensão ou indemnização provisória, se considerar que tal é necessária ao sinistrado, ou aos beneficiários, quando do acidente tiver resultado a morte ou uma incapacidade grave. Em tal caso, os valores são adiantados pelo fundo, se não forem suportados por outra entidade[52].

3.2. Evolução legislativa.

I. A responsabilidade do empregador por acidentes de trabalho foi inicialmente prevista no Código de Seabra, que estabelecia a responsabilidade aquiliana do empregador no seu artigo 2398.º, nos termos do qual "Os patrões são responsáveis pelos acidentes que, por culpa sua ou de agentes seus, ocorrerem à pessoa de alguém, quer esses danos procedam de factos, quer da omissão de factos, se os primeiros forem contrários aos regulamentos gerais ou aos particulares de semelhantes obras,

---

[51] Sobre a subsidiariedade, ANTÓNIO MENEZES CORDEIRO, *Tratado de Direito Civil*, Volume X – Direito das Obrigações. Garantias, cit., pp. 184 ss.

[52] Cf. também o Acórdão do STJ de 29 de outubro de 2014 (Processo n.º 1024/04.4TTLRA.C1.S1, Relator Gonçalves Rocha), disponível em www.dgsi.pt

indústrias, trabalho ou empregos e os segundos exigidos pelos ditos regulamentos"[53].

II. A Lei n.º 83, de 24 de julho de 1913[54], pela primeira vez, consagrou a *teoria do risco profissional* e estabeleceu o direito à assistência clínica, medicamentos e indemnização para os operários e empregados vítimas de acidente no trabalho. Foi regulamentada pelos Decretos n.ºs 938, de 9 de outubro de 1914 e 4288 (Regulamento da Lei dos Desastres de Trabalho), de 9 de março de 1918. De acordo com o regime plasmado nesta lei, o risco inerente a toda e qualquer atividade profissional deveria recair sobre a entidade empregadora, por ser esta quem aufere os lucros dessa mesma atividade[55].

Era instituída a responsabilidade do empregador, prevendo-se já o seguro dos acidentes de trabalho no seu artigo 3.º, o qual não era, no entanto, obrigatório[56]. Nada era referido quanto à existência de garantias adicionais, nomeadamente por insuficiência económica do empregador, ou por falta de constituição do seguro. Posteriormente, o Decreto n.º 5637,

---

53 Cf. JOÃO AUGUSTO PACHECO E MELO FRANCO, *Acidentes de trabalho e doenças profissionais,* em *Direito do Trabalho,* Suplemento do Boletim do Ministério da Justiça, Lisboa, 1979, p. 57.

54 Sobre este regime, cf., por todos, PEDRO ROMANO MARTINEZ, *Direito do Trabalho,* cit., p. 843, bem como, do mesmo Autor, *Acidentes de Trabalho,* Lisboa, 1996.

55 MARIA JOSÉ COSTA PINTO, "O art. 18.º da Lei n.º 100/99, de 13 de Setembro: uma questão de culpa?", em *Prontuário de Direito do Trabalho,* N.º 71, Maio – Agosto, 2005, p. 105.

56 O artigo 11.º estabelecia que, na falta de transferência de responsabilidade para companhia de seguros ou sociedade mútua, o empregador deveria depositar na Caixa Geral de Depósitos, à ordem do Conselho de Seguros, "as reservas correspondentes às pensões de que se tenham tornado responsáveis, em virtude de desastres que ocasionem a morte ou a incapacidade permanente de trabalhar". Tal depósito poderia ainda ser substituído por hipoteca, caução ou fiança (artigo 12.º).

de 19 de maio de 1919, determinou a obrigatoriedade do seguro[57].

A Lei n.º 1942[58], de 17 de julho de 1936, passou a adotar a conceção do *risco económico ou de autoridade*. Esta lei regulava o direito às indemnizações por efeito de acidentes de trabalho ou doenças profissionais, mas era omissa em relação à constituição de qualquer fundo de garantia.

III. O primeiro diploma que refere a criação de um mecanismo de garantia foi a Lei n.º 2127, de 3 de agosto de 1965. Na sua base XLV, era previsto o Fundo de Garantia e Atualização de Pensões, que tomava a denominação abreviada de FUNDAP. De acordo com o regime então instituído, para "assegurar o pagamento das prestações, por incapacidade permanente ou morte, da responsabilidade de entidades insolventes", era constituído um fundo, junto da Caixa Nacional de Seguros de Doenças Profissionais. Esse fundo deveria ser gerido numa conta especial e teria receitas próprias, nomeadamente: a) as importâncias provenientes do reembolso de prestações pagas pelo fundo; b) as importâncias referidas no n.º 5 da base XIX[59];

---

[57] Como assinala J. M. VILHENA BARBOSA DE MAGALHÃES, *Seguro contra acidentes de trabalho. Da responsabilidade civil pelos acidentes de trabalho e da sua efetivação pelo seguro*, Lisboa, 1913, p. 107, "*A razão é que, sendo o seguro a forma prática de tornar efetiva a responsabilidade dos patrões, se tem reconhecido a necessidade de o impor áqueles que, tendo toda a conveniência e até mesmo a necessidade de o fazer, por ignorância, má vontade, descuido, ou espirito d'imprevidencia, não o fazem, prejudicando-se a si e prejudicando os que téem direito as indemnisações pelos dânos resultantes dos acidentes no trabalho.*".

[58] Sobre este regime, cf. A. VEIGA RODRIGUES, *Acidentes de trabalho. Anotações à Lei n.º 1942*, Coimbra editora, Coimbra, s.d.

[59] Nos termos do qual, em caso de pensão por morte, se a vítima não deixasse familiares com direito a pensão, seria devida ao Fundo de Garantia e Atualização de Pensões uma importância igual ao triplo da retribuição anual.

c) as multas impostas por infração aos preceitos da referida lei e do seu regulamento; d) quaisquer outras importâncias que fossem legalmente atribuídas ao fundo.

Este diploma estabelecia ainda a sub-rogação do fundo "em todos os direitos das vítimas de acidentes e seus familiares", para reembolso do montante das prestações que tivesse pago.

A Lei n.º 2127 foi regulamentada pelo Decreto n.º 360/71, de 21 de agosto, que procedeu à estruturação do Fundo de Garantia e Atualização de Pensões, não contendo, no entanto, disposições significativas a este respeito[60].

IV. Posteriormente, a matéria foi regulada pela Lei n.º 100/97, de 13 de setembro. O artigo 39.º, com a epígrafe "Garantia e atualização de pensões", estabelecia que a garantia do pagamento das pensões por incapacidade permanente ou morte e das indemnizações por incapacidade temporária que não pudessem ser pagas pela entidade responsável por motivo de incapacidade económica, seriam "assumidas e suportadas por fundo dotado de autonomia administrativa e financeira, a criar por lei, no âmbito dos acidentes de trabalho, nos termos a regulamentar". Determinava-se já que a incapacidade económica da entidade responsável teria de ser objetivamente caracterizada em processo judicial de falência ou processo equivalente,

---

60 O artigo 65.º do Decreto n.º 360/71 estabelecia que o capital da remição seira de 95% do valor da pensão vitalícia remida, destinando-se 90% ao pensionista e 5% ao Fundo de Garantia e Atualização de Pensões. Já o artigo 82.º determinava que as multas revertiam para este Fundo. Por último, o artigo 86.º era referente à separação de património, referindo que, "Enquanto não forem regulamentados os preceitos relativos ao Fundo de Garantia e Atualização de Pensões, as quantias que lhe forem devidas serão depositadas na Caixa Geral de Depósitos, Crédito e Previdência, à ordem da Caixa Nacional de Seguros de Doenças Profissionais, em conta especial com a denominação do mesmo Fundo.".

ou processo de recuperação de empresa, podendo também resultar de motivo de ausência, desaparecimento ou impossibilidade de identificação. Este fundo respondia ainda pelas atualizações de pensões devidas por incapacidade permanente igual ou superior a 30% ou por morte (artigo 39.º, n.º 2, da Lei n.º 100/97, de 13 de setembro). De todo o modo, o fundo passaria a ser credor da entidade economicamente incapaz, ou da respetiva massa falida (artigo 39.º, n.º 4, da Lei n.º 100/97, de 13 de setembro). Todavia, a responsabilidade deste fundo era restrita aos acidentes de trabalho: se se tratasse de uma doença profissional, a garantia seria assumida pelo Centro Nacional de Proteção contra os Riscos Profissionais.

O Decreto-Lei n.º 142/99, de 30 de abril, no seguimento do artigo 39.º da Lei n.º 100/97, de 13 de setembro, procedeu à criação do Fundo de Acidentes de Trabalho (FAT). Este novo fundo assumiu duas vertentes de atuação: por um lado, a responsabilidade em caso de atualizações de pensões de acidente de trabalho, e, por outro, a responsabilidade em caso de incapacidade económica da entidade responsável (cf. o disposto no artigo 1.º do Decreto-Lei n.º 142/99, de 30 de abril)[61].

Assim, na primeira vertente, o FAT substituiu o anterior Fundo de Atualização de Pensões de Acidentes de Trabalho, apesar de assumir competências acrescidas em relação a este. Com efeito, o FAT passou a assegurar outras responsabilidades para além das atualizações de pensões de acidentes de trabalho e dos subsídios de Natal, tais como o pagamento dos prémios de seguro de acidentes de trabalho de empresas que, estando em processo de recuperação, estivessem impedidas de o fazer.

---

[61] De referir ainda que, conforme estabelecido no artigo 97.º do Decreto-Lei n.º 248/99, de 2 de julho, que procedeu à reformulação e aperfeiçoamento global da regulamentação das doenças profissionais, os pensionistas do Fundo de Garantia e Atualização de Pensões transitaram para o novo fundo autónomo.

Adicionalmente, compete ao FAT ressegurar e retroceder os riscos recusados de acidentes de trabalho.

Na segunda vertente, o FAT substituiu o Fundo de Garantia e Atualização de Pensões, previsto na base XLV da Lei n.º 2127, de 3 de agosto de 1965, atuando como garantia do pagamento das prestações por incapacidade permanente ou morte em caso de acidente de trabalho que fosse da responsabilidade de entidades insolventes, correspondente às situações de "incapacidade económica objetivamente caracterizada" acima referidas.

O FAT funcionava junto do Instituto de Seguros de Portugal, a quem competia a sua gestão técnica e financeira (artigo 1.º do Decreto-Lei n.º 142/99, de 30 de abril).

V. Atualmente, a matéria encontra-se prevista na Lei nº 98/2009, de 4 de setembro (LAT), que regulamenta o regime de reparação de acidentes de trabalho e de doenças profissionais, incluindo a reabilitação e reintegração profissionais. No que concerne ao fundo, mantém-se em vigor o Decreto-Lei nº 142/99, de 30 de abril, que já sofreu as alterações decorrentes do Decreto-Lei n.º 382-A/99, de 22 de setembro, do Decreto-Lei n.º 185/2007, de 10 de maio e do Decreto-Lei n.º 18/2016, de 13 de abril[62]. Com efeito, apesar de este diploma ter surgido

---

62 Adicionalmente, há um conjunto de normas emitidas pelo Instituto de Seguros de Portugal, de entre as quais se destacam as seguintes:
a) Norma n.º 1/2000-R, de 14 de janeiro, estabelece as disposições relativas à colocação dos riscos recusados pelas empresas de seguros, no âmbito do seguro obrigatório do ramo Acidentes, modalidade de Acidentes de Trabalho e regulamenta o mecanismo de resseguro e retrocessão desses riscos por parte do Fundo de Acidentes de Trabalho.
b) Norma Regulamentar n.º 11/2003-R, de 19 de maio, estabelece o conteúdo mínimo do Sistema de Informação de Pensões de Acidentes de Trabalho de que as empresas de seguros devem dispor.
c) Norma Regulamentar n.º 11/2007-R, de 26 de julho, que altera a Norma Regulamentar n.º 11/2003-R, de 19 de maio, atualizando

no contexto da Lei n.º 100/97, de 13 de setembro, continuou vigente no quadro da atual LAT, e, bem assim, dos dois Códigos do Trabalho (2003 e 2009).

4. CARACTERIZAÇÃO.

I. A existência de um fundo de garantia deve ser articulada com a obrigação imposta ao empregador de celebrar um contrato de seguro contra acidentes de trabalho. Com efeito, em certa medida, a imposição do seguro já constitui uma garantia adicional – em sentido impróprio – para o trabalhador. No entanto, como tal poderia não ser suficiente, criou-se este mecanismo específico.

De acordo com o disposto no artigo 283.º, n.º 5, do CT, o empregador é obrigado a transferir a responsabilidade pela reparação para entidades legalmente autorizadas a realizar o seguro de acidentes de trabalho, acrescentando o n.º 6 do mesmo preceito que, a "garantia do pagamento das prestações que forem devidas por acidentes de trabalho que não possam ser pagas pela entidade responsável, nomeadamente por motivo

---

o conteúdo do Sistema de Informação de Pensões de Acidentes de Trabalho.

d) Norma Regulamentar n.º 12/2007-R, de 26 de julho, que define os procedimentos relativos aos fluxos financeiros entre o Fundo de Acidentes de Trabalho e as empresas de seguros.

e) Norma n.º 6/2010-R, de 20 de maio, que altera a Norma Regulamentar n.º 11/2007-R, de 26 de julho, adaptando-a à Lei nº 98/2009, de 4 de setembro.

f) Norma n.º 8/2010-R, de 9 de junho, que altera a Norma Regulamentar n.º 12/2007-R, de 26 de julho redefinindo os procedimentos relativos aos fluxos financeiros entre o Fundo de Acidentes de Trabalho e as empresas de seguros, com vista a melhorar a eficiência do controlo desses fluxos.

de incapacidade económica, é assumida pelo Fundo de Acidentes de Trabalho, nos termos da lei".

Na LAT, esta obrigação encontra-se plasmada no artigo 79.º, n.º 1, nos termos do qual o empregador é obrigado a transferir a responsabilidade pela reparação prevista na lei para entidades legalmente autorizadas a realizar este seguro. Esta obrigação também existe quando se contratem trabalhadores exclusivamente para prestar trabalho noutras empresas (cf. artigo 79.º, n.º 2, da LAT).

II. A obrigatoriedade de celebração do contrato de seguro poderia, *à primeira vista,* tornar desnecessária a existência de outros mecanismos de garantia. No entanto, apesar dessa obrigatoriedade, pode acontecer que o seguro não exista, caso em que será o empregador a entidade responsável. Nesse caso, há que assegurar o direito à reparação, mesmo que o empregador se encontre em situação de insolvência.

Por outro lado, ainda que se afigure pouco provável, dado o enquadramento legal das empresas seguradoras, pode acontecer a insolvência da própria seguradora, caso em que seria igualmente imperativa a consagração de um mecanismo de garantia.

Não obstante estas duas possibilidades, reconhece-se que, muitas vezes, o fundo de garantia é chamado a atuar em situações em que o empregador efetivamente celebra o contrato de seguro, mas surge o problema da ausência de seguro para determinados pagamentos. Isto ocorre sempre que o empregador se esquece de comunicar ao segurador a atualização da remuneração auferida pelo trabalhador, ou quando tal comunicação é propositadamente inferior ao valor real auferido. Nessa hipótese, o artigo 79.º, n.º 4, da LAT, estabelece que a seguradora só é responsável em relação à retribuição de que tem conhecimento, a qual não pode ser inferior à retribuição mínima mensal garantida. Quanto ao remanescente, o empregador responde pela diferença relativa às indemnizações por incapacidade temporária e pensões devidas, bem como pelas despesas efetuadas com a hospitalização e assistência clínica, na respetiva proporção (artigo 79.º, n.º 5, da LAT)[63]. Por conseguinte, nestes casos, o FAT responde apenas pela diferença, ou seja, pelo pagamento das prestações normais calculadas com base na diferença entre o salário real anual auferido pelo trabalhador e aquele que estava declarado para efeitos do seguro[64].

Noutros casos, apesar de estar em curso a celebração do contrato de seguro, o sinistro ocorre antes da sua concretização, motivo pelo qual pode, também aqui, ser necessária a ativação de um mecanismo de garantia.

III. O principal objetivo do FAT é o de garantir aos titulares de direitos na sequência de um acidente de trabalho o pagamento efetivo dos seus créditos[65], tal como se prevê no artigo

---

63 O artigo 84.º, n.º 1, da LAT, estabelece que o empregador "é obrigado a caucionar o pagamento de pensões por acidente de trabalho em que tenha sido condenado, ou a que se tenha obrigado por acordo homologado, quando não haja ou seja insuficiente o seguro, salvo se celebrar com uma seguradora um contrato específico de seguro de pensões".

64 Neste sentido, veja-se o Acórdão do Tribunal da Relação do Porto de 12 de julho de 2017 (Proc. n.º 981/07.3TTVFR.P1), disponível em www.dgsi.pt. Neste caso, o empregador celebrou contrato de seguro, mas o valor da retribuição declarado à seguradora não correspondia ao valor real auferido pelo trabalhador, pelo que a seguradora foi considerada responsável apenas pela parte coberta pelo contrato de seguro, respondendo o FAT pela diferença remanescente.

65 Existem outros fundos com objetivos similares, destacando-se o Fundo de Garantia Salarial (regulado pelo Decreto-Lei n.º 59/2015, de 21 de abril, alterado pela Lei n.º 71/2018, de 31 de dezembro), e o Fundo de Garantia Automóvel (regulado pelo Decreto-Lei n.º 291/2007, de 21 de agosto, com a última alteração pelo Decreto-Lei n.º 26/2025, de 20 de março).

82.º LAT[66]. Trata-se, em primeira linha, de um objetivo de garantia, sem prejuízo de outros legalmente consagrados[67]. Esta responsabilidade opera, por isso, em caso de insuficiência patrimonial do obrigado, dando lugar à subsequente sub-rogação do FAT nos direitos do lesado perante o obrigado.

Pretende-se que, em caso algum, os pensionistas de acidentes de trabalho deixem de receber as pensões que lhe são devidas, em pleno cumprimento da garantia constitucionalmente

---

66 Artigo 82.º LAT (Garantia e atualização de pensões)
1–A garantia do pagamento das pensões estabelecidas na presente lei que não possam ser pagas pela entidade responsável, nomeadamente por motivo de incapacidade económica, é assumida e suportada pelo Fundo de Acidentes de Trabalho, nos termos regulamentados em legislação especial.
2–São igualmente da responsabilidade do Fundo referido no número anterior as atualizações do valor das pensões devidas por incapacidade permanente igual ou superior a 30 % ou por morte e outras responsabilidades nos termos regulamentados em legislação especial.
3–O Fundo referido nos números anteriores constitui-se credor da entidade economicamente incapaz, ou da respetiva massa falida, cabendo aos seus créditos, caso a entidade incapaz seja uma empresa de seguros, graduação idêntica à dos credores específicos de seguros.
4–Se no âmbito de um processo de recuperação de empresa esta se encontrar impossibilitada de pagar os prémios dos seguros de acidentes de trabalho dos respetivos trabalhadores, o gestor da empresa deve comunicar tal impossibilidade ao Fundo referido nos números anteriores 60 dias antes do vencimento do contrato, por forma a que o Fundo, querendo, possa substituir-se à empresa nesse pagamento, sendo neste caso aplicável o disposto no n.º 3.

67 Existem diversos mecanismos de garantia estabelecidos no Código do Trabalho, com destaque para a criação de privilégios creditórios (artigo 333.º), a responsabilidade solidária de sociedade em relação de participações recíprocas, de domínio ou de grupo (artigo 334.º), a responsabilidade de sócio, gerente, administrador ou diretor (artigo 335.º) ou o Fundo de Garantia Salarial (artigo 336.º).

consagrada e da obrigação plasmada na convenção n.º 17 da OIT. Nessa medida, o fundo era gerido inicialmente pelo Instituto de Seguros de Portugal, entidade que atualmente toma a denominação de Autoridade de Supervisão de Seguros e Fundos de Pensões.

O fundo tem personalidade judiciária e autonomia administrativa e financeira (cf. artigo 1.º, n.º 1, do Decreto-Lei n.º 142/99). Destarte, tem receitas próprias (cf. artigo 3.º do Decreto-Lei n.º 142/99)[68], destacando-se as taxas cobradas aos tomadores de seguros no âmbito da celebração dos contratos de seguros de acidente de trabalho, as taxas cobradas às empresas de seguros relativamente aos montantes correspondentes aos capitais de remição das pensões e prestações suplementares em pagamento a 31 de dezembro de cada ano, as importâncias que revertem para o fundo em caso de ausência de beneficiários com direito a pensão, por meio de reversão e o valor das coimas em caso de infrações às disposições legais em matéria de acidentes de trabalho[69]/[70].

IV. Na redação originária, o Decreto-Lei n.º 142/99 estabelecia, em termos amplos, a garantia de todas as prestações devidas por acidente de trabalho, incluindo as devidas em caso de atuação culposa do empregador. A situação modificou-se com o Decreto-Lei n.º 185/2007, de 10 de maio, que acrescentou os números 4, 5 e 6 ao artigo 1.º daquele diploma. Assim, atualmente o FAT tem apenas em vista a garantia das prestações

---

68 O artigo 63.º LAT determina que, se não houver beneficiários com direito a pensão, reverte para o Fundo de Acidentes de Trabalho uma importância igual ao triplo da retribuição anual.

69 Em caso de insuficiência financeira do FAT, verifica-se a responsabilidade do próprio Estado (artigo 5.º do Decreto-Lei n.º 142/99).

70 O artigo 566.º CT estabelece que, no caso de a coima ser aplicada em matéria de segurança e saúde no trabalho, 35% do seu valor é destinado ao Fundo de Acidentes de Trabalho.

devidas por acidente de trabalho no âmbito da responsabilidade objetiva. Logo, ainda que o acidente possa ser imputado ao empregador nos termos do artigo 18.º LAT, o FAT responde apenas pelas prestações que seriam devidas caso não tivesse havido atuação culposa (cf. o disposto no artigo 1.º, n.º 5, do Decreto-Lei n.º 142/99)[71]. De igual modo, o FAT também não garante o pagamento de juros de mora das prestações pecuniárias em atraso devidos pela entidade responsável (cf. o disposto no artigo 1.º, n.º 6, do Decreto-Lei n.º 142/99). Por conseguinte, quer em relação ao empregador, quer quanto à seguradora, a responsabilidade que aqui está em causa é exclusivamente a responsabilidade objetiva[72].

---

71 Este preceito ainda refere os artigos 295.º e 303.º do Código do Trabalho de 2003, mas deve ser lido em consonância com os atuais artigos 18.º, n.º 1, e 79.º, n.º 3, ambos da LAT.

72 No entanto, coloca-se a questão de saber se o FAT deve responder por indemnizações por danos não patrimoniais, bem como em caso de atuação culposa do empregador, em acidentes ocorridos antes de 11 de maio de 2007, data de entrada em vigor do Decreto-Lei n.º 185/2007, de 10 de maio.

Considerando a responsabilidade do FAT, veja-se o Acórdão do Supremo Tribunal de Justiça de 22 de junho de 2017, disponível em www.dgsi.pt, no âmbito do qual fora realizado um acordo no processo de acidente de trabalho, no qual a seguradora assumiu a responsabilidade a título subsidiário pelo pagamento da pensão normal devida aos filhos do sinistrado falecido, tendo a entidade empregadora assumido a responsabilidade a título principal pelo pagamento das pensões agravadas, nos termos do artigo 18.º LAT. Entretanto, como a empregadora foi declarada insolvente, decidiu-se que o FAT deveria assumir a responsabilidade pelo pagamento do diferencial entre a pensão paga pela seguradora e a devida pelo agravamento. Tal como o Tribunal expressamente afirmou, a responsabilidade do FAT deve ser aferida em função da legislação em vigor à data em que ocorreu o acidente de trabalho. No caso em apreço, o acidente ocorreu em 2004, pelo que não se poderia aplicar a alteração decorrente do Decreto-Lei n.º 185/2007, de 10 de maio.

A evolução legislativa no sentido da restrição do âmbito de atuação do FAT corresponde a uma verdadeira limitação de responsabilidade[73], típica em caso de garantias constituídas por fundos autónomos, como é o caso do FAT. Assim, a responsabilidade garantida é a responsabilidade objetiva, uma vez que, havendo culpa, deverá responder em exclusivo o próprio responsável[74]. Esse mesmo motivo explica também a exclusão do pagamento de juros de mora imputados à entidade devedora, porquanto os mesmos não seriam uma prestação devida por acidente de trabalho, mas sim uma consequência da mora do responsável no pagamento dessas prestações.

Em sentido diverso, veja-se o Acórdão da Relação de Lisboa de 30 de outubro de 2007 (Proc. n.º 8147/2007-4), disponível em www.dgsi.pt. Neste caso, entendeu-se que a lei dispõe diretamente sobre o conteúdo de relações jurídicas, abstraindo dos factos que lhe deram origem, pelo que abrange as relações já constituídas, que subsistiam à data da sua entrada em vigor.

73 No Acórdão do STJ de 22 de junho de 2017 (Proc. n.º 905/05.2TTLSB.L1.S1), disponível em www.dgsi.pt, afirmou-se que se teve em vista excluir a responsabilidade do Fundo pelo pagamento de indemnizações por danos não patrimoniais imputados à entidade empregadora, em termos equivalentes à responsabilidade das seguradoras, mas também excluir da responsabilidade do FAT o pagamento da parte correspondente ao agravamento das pensões resultante de atuação culposa por parte da entidade empregadora.

74 Pronunciando-se pela não inconstitucionalidade desta limitação, uma vez que resulta de uma opção de concretização do legislador, e, bem assim, porque não atinge o "*núcleo essencial do princípio da justa reparação*", cf. o Acórdão do Tribunal Constitucional n.º 161/2011, disponivel em: https://www.tribunalconstitucional.pt/tc/acordaos/20110161.html

5. FUNCIONAMENTO DO FUNDO.

5.1. A incapacidade económica objetivamente caracterizada.

I. Compete ao FAT garantir o pagamento das prestações que forem devidas por acidentes de trabalho sempre que, por motivo de incapacidade económica objetivamente caracterizada em processo judicial de falência ou processo equivalente, ou processo de recuperação de empresa, ou por motivo de ausência, desaparecimento ou impossibilidade de identificação, não possam ser pagas pela entidade responsável (cf. o disposto na *alínea a)* do n.º 1 do artigo 1.º do Decreto-Lei n.º 142/99). São assim previstas duas possibilidades de concretização da incapacidade económica: decorrente de insolvência, ou de processo de recuperação de empresa.

Para além das situações de ausência do seguro contra acidentes de trabalho[75], inclui-se aqui o caso do empregador que não tenha transferido integralmente a sua responsabilidade para a seguradora, como acontece quando existe uma incorreta informação quanto ao real valor da retribuição, quer tal se verifique inicialmente, quer na vigência do contrato de seguro[76].

---

[75] Também se considera inexistir seguro se, por culpa do mediador, a proposta não tiver sido entregue na seguradora, mantendo-se nesse caso a responsabilidade na pessoa do empregador. Neste sentido, veja-se o Acórdão do STJ de 10 de abril de 1996 (Processo n.º 004344, Relator Loureiro Pipa), disponível em www.dgsi.pt: *"O contrato de seguro de acidentes de trabalho só tem, como tal, existência jurídica, quando a respectiva proposta haja sido recebida e aprovada pela seguradora, salvo se tiver havido acordo entre esta e o mediador no sentido de ela ficar responsabilizada a partir do momento em que a proposta, subscrita pelo segurado foi recebida e aceite pelo mediador."*.

[76] De referir que a seguradora pode responder, ainda que o acidente tenha ocorrido no exercício de uma tarefa que não corresponda às funções habituais do trabalhador. Neste sentido, cf. o Acórdão do STJ

Além disso, nos termos deste preceito, o FAT também responde sempre que o obrigado não o faça, por estar ausente ou desaparecido, ou ainda quando não seja possível proceder à sua identificação.

II. A jurisprudência tem contribuído para a concretização do disposto nesta *alínea a)*[77]. No Acórdão do Tribunal da Relação de Lisboa de 30 de outubro de 2002 (Proc. n.º 0054494)[78], discutia-se a responsabilidade do FAT pelo pagamento em substituição de uma empresa angolana, que estava proibida pelo Banco Nacional do seu país de pagar pensões a sinistrados residentes em Portugal, de nacionalidade portuguesa, por forma a averiguar se se tratava ou não de impossibilidade de cumprimento na aceção da LAT e do Decreto-Lei n.º 142/99, de 30 de abril. O tribunal entendeu que o facto de este caso não estar taxativamente previsto na lei não seria motivo para excluir a sua aplicação, pois tal corresponderia a uma interpretação com base apenas no elemento estritamente literal. Por outro lado, invocou ainda um argumento de maioria de razão para declarar a responsabilidade do FAT: se este responde em caso de mero conflito sobre quem recai o dever de indemnizar, naturalmente que também deve responder (sem prejuízo de vir a ser reembolsado após decisão do tribunal competente) enquanto se mantiver, em relação à entidade responsável, o referido impedimento.

---

de 6 de março de 1996 (Processo n.º 004302, Relator Almeida Deveza), disponível em www.dgsi.pt: *"Podendo o trabalhador ser encarregado de serviços estranhos à sua categoria profissional, a seguradora também responderá pelos acidentes ocorridos nesses extras."*.

77 Referindo, abundantemente, a jurisprudência, cf. JORGE MANUEL LOUREIRO, *Processo judicial de acidente de trabalho. Momentos prévios e fase conciliatória. Notas práticas essenciais*, Almedina, Coimbra, 2024, pp. 229 ss.

78 Disponível em www.dgsi.pt

III. Num outro caso, o Tribunal da Relação de Lisboa[79] apreciou a possibilidade de cessação de atividade por parte da entidade responsável, concluindo que essa cessação não significaria, necessariamente, que a entidade não tinha capacidade económica para pagar as prestações devidas, pelo que não seria legítimo atuar nesse momento contra o FAT. Neste caso, a seguradora fora absolvida, por não haver seguro válido à data do acidente de trabalho, pelo que a condenação no pagamento da pensão era apenas contra o empregador, que, entretanto, cessara a sua atividade e estava desempregado[80].

IV. A propósito da responsabilidade do fundo em caso de desaparecimento do responsável, entendeu a jurisprudência[81] que não se pode equiparar a esta situação a dissolução de uma sociedade. Neste caso, o direito a receber a pensão por aci-

---

[79] Acórdão de 17 de julho de 2008 (Proc. n.º 4831/2008-4, Relatora Isabel Tapadinhas), disponível em www.dgsi.pt

[80] Segundo o Tribunal: "*No caso é apreço, apenas se sabe que a entidade empregadora responsável pela reparação do acidente – uma sociedade por quotas – declarou, em 31.10.2007, perante as Finanças ter cessado a sua actividade em 30.10.2007, ou seja, três dias antes de ter sido proferida a sentença condenatória. O facto de a entidade responsável ter cessado a sua actividade não significa, como é por demais óbvio, que não tenha capacidade económica para pagar as prestações devidas. Mesmo que a sociedade tivesse sido extinta tal incapacidade teria de resultar do facto de a mesma não ter bens aquando da dissolução (caso tivesse, os responsáveis seriam os sócios por quem os mesmos bens tivessem sido partilhados – art. 163.º do Cód. Soc. Com.. De resto, tal incapacidade sempre haveria de estar objectivamente caracterizada em processo judicial de falência ou processo equivalente, ou processo de recuperação de empresa, o que não acontece.*".
Acrescentou, porém, que "*o mesmo já não aconteceria se o FAT fosse réu na acção e a entidade empregadora (sociedade por quotas) não pudesse ser condenada por, entretanto, ter sido extinta, o mesmo acontecendo com os sócios, por não estar provado que aquela tivesse património a partilhar.*".

[81] Acórdão do Tribunal da Relação de Lisboa de 17 de setembro de 2008 (Proc. n.º 6893/2008-4, Relatora Maria João Romba), disponível em www.dgsi.pt

dente de trabalho era anterior à dissolução, mas não havia património a partilhar, pelo que a responsabilidade da sociedade operava apenas no limite do respetivo capital social. Nesta decisão, o Tribunal sublinhou o carácter subsidiário do FAT, respondendo este a título de garantia do pagamento das obrigações que impendem sobre os responsáveis primários pela reparação de tais acidentes (empregador e seguradora). Por outro lado, apesar de entender que a dissolução de uma sociedade não se integrava no conceito de desaparecimento – por este ser utilizado em termos físicos, e não em sentido jurídico – admitiu, em abstrato, a responsabilidade do fundo, embora tenha concluído que, naquele caso, não se encontrava ainda caracterizada a incapacidade económica do devedor.

V. Uma questão discutida é a de saber se a incapacidade económica do devedor apenas pode resultar de um processo de insolvência, ou também de outros processos similares, como é o caso do processo de revitalização, e, bem assim, a partir de que momento processual estaria verificada aquela condição. A este respeito, o Tribunal da Relação do Porto[82] analisou precisamente o problema de saber se a "incapacidade económica objetivamente caracterizada" em processo judicial de falência ou processo equivalente se encontra verificada com a mera instauração do processo de revitalização e com a nomeação do administrador provisório, ou se seria preciso conhecer o desfecho deste processo. Nos termos do CIRE, o processo especial de revitalização destina-se a permitir à empresa que, comprovadamente, se encontre em situação económica difícil ou em situação de insolvência meramente iminente, mas que ainda

---

82 Acórdão do Tribunal da Relação do Porto de 17 de dezembro de 2020 (Proc. n.º 5788/18.0T8VNG-A.P1, Relator Rui Penha), disponível em www.dgsi.pt

seja suscetível de recuperação, estabelecer negociações com os respetivos credores de modo a concluir com estes um acordo, conducente à sua revitalização. Além disso, a existência de um processo de revitalização obsta à instauração de quaisquer ações para cobrança de dívidas contra a empresa e, durante todo o tempo em que perdurarem as negociações, suspende, quanto à empresa, as ações em curso com idêntica finalidade, extinguindo-se aquelas logo que seja aprovado e homologado plano de recuperação, salvo quando este preveja a sua continuação (cf. artigo 17.º-E do CIRE).

Ora, tendo presente os contornos do processo de revitalização e o objetivo do FAT – "prevenir que, em caso algum, os pensionistas de acidentes de trabalho deixem de receber as pensões que lhe são devidas" – o Tribunal considerou que a garantia instituída não deveria funcionar apenas em caso de não recebimento absoluto ou definitivo, mas igualmente no caso de não recebimento atempado. Um importante argumento a favor deste entendimento é o que resulta do disposto no artigo 78º da LAT, nos termos do qual os créditos provenientes do direito à reparação por acidente de trabalho são inalienáveis, impenhoráveis e irrenunciáveis e gozam das garantias consignadas no Código do Trabalho. Pelo que, atenta a especial natureza deste tipo de pensões, a garantia deverá funcionar de molde a abranger também o processo de revitalização, até porque os contornos deste processo podem colocar em risco o pagamento pontual das prestações devidas. Assim, o Tribunal entende que, apesar de a entidade responsável ter requerido a abertura do processo especial de revitalização, e de ter sido proferido despacho de nomeação de administrador provisório, estava verificada a "incapacidade económica objetivamente caracterizada", devendo o FAT ser chamado a assumir o seu papel de garante do pagamento das prestações devidas ao sinistrado.

VI. Ao FAT não se estende o caso julgado em relação ao empregador ou à seguradora[83]. Assim, se o FAT não tiver tido qualquer intervenção na ação de acidente de trabalho onde foram definidos os direitos dos beneficiários resultantes da reparação do acidente de trabalho, não está o FAT abrangido pelo caso julgado que se formou quanto aos valores das pensões reconhecidas. Neste sentido, decidiu o Tribunal da Relação de Guimarães em 30 de março de 2017[84]: *"O caso julgado formou-se apenas entre as partes que intervieram na acção, ou seja beneficiários legais e empregador, não atingindo o FAT, razão pela qual poderia requerer a retificação dos montantes da pensão que lhe competiria assumir o pagamento"*[85].

VII. Importa ainda referir que, havendo outros responsáveis que possam ser chamados, não pode ser ativada a responsabilidade do FAT. Assim se entendeu também no Acórdão do Tribunal da Relação de Lisboa de 5 de dezembro de 2007[86]. De acordo com esta decisão, o FAT visa garantir o pagamento das prestações que forem devidas por acidentes de trabalho sempre que, por motivo de incapacidade económica objetivamente caracterizada em processo judicial de falência ou processo

---

83 No âmbito da fiança, o artigo 635.º CC também estabelece que "O caso julgado entre credor e devedor não é oponível ao fiador, mas a este é lícito invocá-lo em seu benefício, salvo se respeitar a circunstâncias pessoais do devedor que não excluam a responsabilidade do fiador". Em contrapartida, o caso julgado entre credor e fiador aproveita ao devedor, desde que respeite à obrigação principal.

84 Processo n.º 453/05.0TTBCL-H.G1, Relatora Vera Maria Sottomayor), disponível em www.dgsi.pt

85 No mesmo sentido, mas em relação a um acordo sobre as prestações devidas por acidente de trabalho, homologado pelo tribunal, cf. o Acórdão do Tribunal da Relação do Porto de 7 de outubro de 2019 (Processo n.º 488/15.5T8PNF.P1, Relatora Teresa Sá Lopes), disponível em www.dgsi.pt

86 Processo n.º 2228/2007-4, Relator Ramalho Pinto, disponível em www.dgsi.pt

equivalente, ou processo de recuperação de empresa, ou por motivo de ausência, desaparecimento ou impossibilidade de identificação, não possam ser pagas pela entidade responsável. O Tribunal afirmou que, *"sendo esta uma norma especial, não se pode aplicar analogicamente aos casos em que funciona a responsabilidade subsidiária da seguradora, a qual, atenta a natureza dessa responsabilidade, pode, uma vez satisfeita a indemnização, exercer o direito de regresso contra o tomador do seguro, por forma a ser reembolsada do que despendeu na respectiva reparação."*. Sem prejuízo de discordarmos do argumento da especialidade – porquanto as normas especiais, contrariamente às excecionais, podem ser objeto de analogia – concordamos com a solução: existindo responsabilidade subsidiária da seguradora, não é de acionar o fundo. Naquele caso, uma vez que se concluíra que havia responsabilidade agravada do empregador e responsabilidade subsidiária da seguradora, tendo já sido esgotado o património do empregador, haveria que atuar contra a seguradora, a título subsidiário.

5.2. Outras situações.

I. De acordo com o disposto na *alínea b)* do n.º 1 do artigo 1.º do Decreto-Lei n.º 142/99, ao FAT compete ainda pagar os prémios do seguro de acidentes de trabalho das empresas que, no âmbito de um processo de recuperação, se encontrem impossibilitadas de o fazer. Ou seja, mesmo não tendo ocorrido qualquer acidente de trabalho, é necessário garantir que os prémios de seguro são liquidados, apesar de eventual situação económica difícil do empregador, sendo tal assegurado pelo FAT.

II. Por sua vez, a *alínea c)* deste preceito atribui ao fundo a responsabilidade pelo reembolso às empresas de seguros dos montantes relativos às atualizações das pensões devidas por incapacidade permanente igual ou superior a 30% ou por morte[87], bem como às atualizações da prestação suplementar por assistência de terceira pessoa, derivadas de acidentes de trabalho ou de acidentes em serviço[88]. De referir que as pensões remíveis também são objeto de atualização, encontrando-se abrangidas por este dispositivo.

No entanto, é de assinalar a este respeito o Acórdão do Tribunal Constitucional n.º 79/2013, de 12 de março, que julgou inconstitucionais as normas contidas nos artigos 75.º, n.º 2, e 82.º, n.º 2, da LAT, na parte em que impedem a atualização de pensões por incapacidades inferiores a 30%, não remíveis obrigatoriamente nos termos do artigo 75.º, n.º 1, da referida Lei, por serem superiores a seis vezes a retribuição mínima mensal garantida, em vigor no dia seguinte à data da alta[89].

---

87 Sublinhando o problema da degradação do valor destas pensões e a consequente necessidade de atualização, CARLOS ALEGRE, *Acidentes de trabalho e doenças profissionais. Regime jurídico anotado*, cit., p. 170.

88 Ao FAT compete ainda o pagamento dos duodécimos adicionais criados pelo n.º 1 do artigo 2.º do Decreto-Lei n.º 466/85, de 5 de novembro, e os custos adicionais decorrentes das alterações, em consequência da nova redação dada ao artigo 50.º do Decreto-Lei n.º 360/71, de 21 de agosto, pelo artigo 1.º do Decreto-Lei n.º 459/79, de 23 de novembro, de pensões de acidentes de trabalho, por incapacidade permanente igual ou superior a 30% ou por morte, que tenham sido fixadas anteriormente a 31 de outubro de 1979. No entanto, tal como disposto no artigo 1.º, n.º 2, do Decreto-Lei n.º 142/99, o FAT só assume as responsabilidades decorrentes de acidentes ocorridos até à data da entrada em vigor do diploma.

89 No mesmo sentido se pronunciou também o Tribunal Constitucional no seu Acórdão n.º 173/2014, de 14 de março (disponível aqui: https://www.tribunalconstitucional.pt/tc/acordaos/20140173.html), ao declarar a inconstitucionalidade, com força obrigatória geral, da norma contida no artigo 82.º, n.º 2, da LAT, em articulação com o disposto no artigo 1.º, n.º 1, alínea c), subalínea i), do Decreto-Lei n.º 142/99, de 30 de abril, na parte em que impede a atualização de pensões por incapacidades inferiores a 30%., não remíveis obrigatoriamente nos termos do artigo 75.º, n.º 1, da referida Lei, por serem superiores

III. Por último, a *alínea d)* do n.º 1 do artigo 1.º atribui ao FAT a obrigação de ressegurar e retroceder os riscos recusados. Esta situação não será muito frequente, mas terá de ser salvaguardada a hipótese em que a seguradora se recuse a celebrar contrato de seguro a determinada empresa, operando então o FAT.

6. APRECIAÇÃO.

I. A análise do regime jurídico constante do Decreto-Lei n.º 142/99 permite concluir que o Fundo de Acidentes de Trabalho não consubstancia, em sentido próprio, uma garantia de cumprimento. O FAT não se confunde, assim, com uma garantia pessoal ou real, ainda que, em termos de resultado, possa também ter como efeito o ressarcimento do crédito do lesado. Com efeito, existe um reforço quantitativo da garantia patrimonial, pela adição de um segundo património responsável, com a exigência de requisitos específicos para a sua ativação. Todavia, a autonomia da responsabilidade do FAT manifesta-se no seu regime jurídico, desde logo, na ausência de responsabilidade pelos juros de mora devidos pelo obrigado (cf. artigo 1.º, n.º 6, do Decreto-Lei n.º 142/99), o que não aconteceria se de uma verdadeira garantia se tratasse. Em suma, o FAT prossegue uma função de garantia, tendo alguns pontos de proximidade com o regime jurídico das garantias especiais das obrigações, mas com não se confunde com estas.

II. O principal factor de diferenciação reside, a nosso ver, na circunstância de, muitas vezes, o FAT atuar independentemente do incumprimento do empregador, ou mesmo independentemente da identificação de uma obrigação por parte deste.

---

a seis vezes a retribuição mínima mensal garantida, em vigor no dia seguinte à data da alta.

Como decorre do artigo 1.º do Decreto-Lei n.º 142/99, o fundo de garantia não funciona apenas em caso de insuficiência económica. Com efeito, o artigo 13.º deste diploma também determina a responsabilidade do FAT em caso de "fundado conflito sobre quem recai o dever de indemnizar", sem prejuízo de vir a ser reembolsado após decisão do tribunal competente. Por conseguinte, o fundo pode ser chamado a atuar quando não se saiba, ao certo, quem é o responsável, constituindo um verdadeiro mecanismo de ressarcimento do lesado, sem prejuízo de, *a posteriori*, se poder vir a apurar quem era o concreto responsável pelo pagamento. Adicionalmente, o fundo também pode ser chamado a responder, a título preliminar, quando ainda nem se sabe se alguém é responsável pelo acidente, numa lógica claramente de garantia de subsistência do sinistrado, ou dos demais beneficiários.

Naturalmente que, ao invés, quando se conheça o responsável, o FAT apenas responde a título subsidiário, perante a incapacidade económica objetivamente caracterizada já acima mencionada. Nesses casos, terá um funcionamento próprio de uma garantia, atendendo, desde logo, à sua subsidiariedade, ainda que, mesmo aqui, não se possa falar de uma garantia de cumprimento.

III. Pode acontecer que o acidente de trabalho seja, em simultâneo, um acidente de viação, o que pode originar o acionamento do FAT, bem como do Fundo de Garantia Automóvel. Em traços muito gerais, refira-se que a responsabilidade objetiva por acidentes de viação e respetivos limites indemnizatórios se encontra regulada nos artigos 503.º e 508.º CC, devendo ainda aplicar-se o disposto na Tabela Nacional para a Avaliação de Incapacidades Permanentes em Direito Civil (Anexo II). Por sua vez, a responsabilidade objetiva por acidentes de trabalho *in itinere* consta do artigo 9.º LAT, caracterizando-se pela limitação do dano indemnizável (perda ou redução da capacidade de trabalho ou de ganho ou a morte) e pela aplicação da

Tabela Nacional de Incapacidades por acidente de trabalho e doença profissional (Anexo I)

Para o tema em análise, importa considerar o problema da dualidade de regimes aplicáveis sempre que o acidente de trabalho seja, também, um acidente de viação, dificuldade que se manifesta, desde logo, na determinação de qual o anexo do Decreto-Lei n.º 352/2007, de 23 de outubro, que deverá ser aplicável ao caso.

A jurisprudência tem vindo a considerar que a responsabilidade por acidente de trabalho e a responsabilidade por acidente de viação são responsabilidades que funcionam *em termos complementares*: ou seja, entre o regime de indemnização a título de acidente de viação e o regime de indemnização a título de acidente de trabalho existe uma relação de complementaridade, significando, pela negativa, que os dois regimes não devem cumular-se e, pela positiva, que os dois regimes devem completar-se, com vista ao ressarcimento completo do lesado[90]. Assim, nessa hipótese, pode ocorrer o acionamento dos dois fundos.

IV. De acordo com o disposto no artigo 5.º-B do Decreto-Lei n.º 142/99, o FAT fica sub-rogado nos direitos e privilégios creditórios dos sinistrados ou beneficiários, "na medida dos pagamentos efetuados, bem como das respetivas provisões matemáticas, acrescidos dos juros de mora que se venham a vencer, para ele revertendo os valores obtidos por via da sub-rogação". No entanto, a sub-rogação apenas opera com o efetivo pagamento ao lesado, ou outros beneficiários[91]. Neste caso, o

---

90 Neste sentido, veja-se o Acórdão do Supremo Tribunal de Justiça de 2 de março de 2023, Processo n.º 3621/19.4T8AVR.P1.S1, Relatora Catarina Serra, disponível em www.dgsi.pt

91 Neste sentido, veja-se o Acórdão do Tribunal da Relação de Lisboa de 9 de novembro de 2021 (Proc. n.º 570/11.8TYLSB-M.L1-1, Relatora Teresa de Jesus S. Henriques), disponível em www.dgsi.pt

funcionamento do fundo coincide com o esquema típico de uma garantia, em que o garante também fica sub-rogado nos direitos do credor perante o devedor garantido.

V. Em suma, a criação de um fundo para garantir um conjunto de créditos associados à responsabilidade emergente de acidentes de trabalho constitui um corolário do direito à reparação consagrado no artigo 59.º, n.º 1, alínea f), da CRP, e, bem assim, em diversos instrumentos internacionais que consagram este direito. Sem prejuízo da ação contra o empregador e, sendo caso disso, contra a seguradora, é necessário assegurar ao lesado (ou aos demais beneficiários) que existe a possibilidade de ressarcimento efetivo, quer em caso de incapacidade económica do devedor, quer em caso de ausência de seguro, ou ainda quando se verifique a atualização das pensões devidas, bem como nos demais casos previstos no artigo 1.º do Decreto-Lei n.º 142/99. No entanto, este mecanismo é restrito à imputação objetiva do acidente, não podendo ser ativado para responder pelos valores devidos a título subjetivo pelo empregador, que a lei portuguesa designa de responsabilidade agravada (artigo 18.º LAT). Deste modo se alcança um equilíbrio entre a razão de ser da existência do fundo e a sua articulação com o regime geral da responsabilidade civil aquiliana.

Por outro lado, o Tribunal da Relação de Lisboa considerou, no seu Acórdão de 3 de dezembro de 2020 (Proc. n.º 29624/13.4T2SNT-Q.L1-1, Relatora Maria Adelaide Domingos), disponível em www.dgsi.pt, que o adiantamento por parte do FAT do valor das pensões provisórias no decurso da tramitação do processo de acidente de trabalho não corresponde ao pagamento pressuposto da transmissão do crédito por via da sub-rogação, pelo que a constituição do crédito para efeitos da contagem do prazo previsto no artigo 146.º, n.º 2, alínea b), *in fine*, do CIRE (reclamação de créditos), não se inicia no momento em que se concretiza esse adiantamento, mas apenas após a fixação das pensões definitivas e com o respetivo pagamento, ao qual são descontados os valores das pensões provisórias.

6. REFERÊNCIAS BIBLIOGRÁFICAS.

ABRANTES, JOSÉ JOÃO, Direito do Trabalho. Ensaios, Edições Cosmos, Lisboa, 1995.

ALEGRE, CARLOS, *Regime Jurídico dos Acidentes de Trabalho e das Doenças Profissionais, Regime jurídico anotado,* 2.ª edição, Almedina, Coimbra, 2009 (reimp.).

ALMEIDA, CARLOS FERREIRA DE, *Texto e enunciado na teoria do negócio jurídico,* Volume I, Almedina, Coimbra, 1992.

AMADO, JOÃO LEAL / MILENA SILVA ROUXINOL / JOANA NUNES VICENTE / CATARINA GOMES SANTOS / TERESA COELHO MOREIRA, em *Direito do Trabalho. Relação Individual,* 2.ª edição, Almedina, Coimbra, 2023.

BOUTON, JACQUELINE / FRANÇOIS DUQUESNE / SABRINA MRAOUAHI, *Droit du Travail,* Lextenso, Paris, 2020

CANOTILHO, J. J. GOMES / VITAL MOREIRA, *Constituição da República Portuguesa Anotada,* Volume I, 4.ª edição, Coimbra editora, Coimbra, 2007

CARVALHO, PAULO MORGADO DE, "Um olhar sobre o actual regime jurídico dos acidentes de trabalho e das doenças profissionais: benefícios e desvantagens", em *Questões Laborais,* Ano X, N.º 21, 2003, pp. 74-98.

- "Proteção do risco profissional: a eventualidade doença profissional", em Estudos do IDT – Direito da Segurança Social, Volume X, Almedina, Coimbra, 2024, pp. 53-152.

CORDEIRO, ANTÓNIO MENEZES, *Direito do Trabalho,* II–Direito Individual, Almedina, Coimbra, 2019.

- *Tratado de Direito Civil,* Volume X – Direito das Obrigações. Garantias, 2.ª edição, Almedina, Coimbra, 2023.

CUNHA, PAULO, *Direito civil. Da Garantia das Obrigações* (pelo aluno Eudoro Pamplona Corte-Real), Lisboa, 1938-1939.

FRANCO, JOÃO AUGUSTO PACHECO E MELO, *Acidentes de trabalho e doenças profissionais,* em AAVV, *Direito do Trabalho,* Boletim do Ministério da Justiça (Suplemento), Lisboa, 1979.

GAUDU, FRANÇOIS / FLORENCE BERGERON, *Droit du Travail,* 9.ª edição, Dalloz, Paris, 2022.

GOMES, JÚLIO MANUEL VIEIRA, *Direito do Trabalho,* Volume I – Relações Individuais de Trabalho, Coimbra editora, Coimbra, 2007.

- *O acidente de trabalho. O acidente in itinere e a sua descaracterização,* Coimbra editora, Coimbra, 2013.

GONÇALVES, LUIZ DA CUNHA, Volume XIII, Coimbra editora, Coimbra, 1939.

LEITÃO, LUÍS MENEZES, "A Reparação de Danos Emergentes de Acidentes de Trabalho", em *Estudos do Instituto de Direito do Trabalho,* Volume I, Almedina, Coimbra, 2001, pp. 551 ss.

- "A natureza jurídica da reparação de danos emergentes de acidentes de trabalho e a distinção entre responsabilidades obrigacional e delitual", em *Revista da Ordem dos Advogados,* N.º 48, 1988, pp. 743-843.

- *Direito do Trabalho,* 8.ª edição, Almedina, Coimbra, 2023.

LOBO, DIAS, *Responsabilidade objectiva do empregador por inactividade temporária devida a perigo de lesão à vida e saúde do trabalhador,* Coimbra editora, Coimbra, 1985.

LOPES, FERNANDO RIBEIRO, *Regime legal da prevenção dos acidentes de trabalho,* em AAVV, *Estudos do Instituto de Direito do Trabalho,* Volume I, Almedina, Coimbra, 2001, pp. 581-590.

LOUREIRO, JORGE MANUEL, *Processo judicial de acidente de trabalho. Momentos prévios e fase conciliatória. Notas práticas essenciais,* Almedina, Coimbra, 2024.

MAGALHÃES, J. M. VILHENA BARBOSA DE, *Seguro contra acidentes de trabalho,* I – Da responsabilidade civil pelos acidentes de trabalho e da sua efetivação pelo seguro, Empresa Lusitana Editora, Lisboa, 1913.

MANCINI, GIUSEPPE FEDERICO, *La responsabilità contrattuale del prestatore di lavoro,* Giuffrè Editore, Milão, 1957.

MARTÍN VALVERDE, ANTONIO / FERMÍN RODRÍGUEZ-SAÑUDO GUTIÉRREZ 7 JOAQUÍN GARCÍA MURCIA, *Derecho del Trabajo,* Vigesimoséptima edición, Editorial Tecnos, Madrid, 2018.

MARECOS, DIOGO VAZ, *Código do Trabalho Comentado,* 6.ª edição, Almedina, Coimbra, 2024.

MARTINEZ, PEDRO ROMANO, *Direito do Trabalho,* 11.ª edição, Almedina, Coimbra, 2023.

- *Acidentes de Trabalho,* Lisboa, 1996.

MARTINEZ, PEDRO ROMANO / LUÍS MIGUEL MONTEIRO / JOANA VASCONCELOS / PEDRO MADEIRA DE BRITO / GUILHERME MACHADO DRAY / LUÍS GONÇALVES DA SILVA, *Código do Trabalho Anotado,* 14.ª edição, Almedina, Coimbra, 2024.

MESQUITA, JOSÉ ANDRADE, *Direito do Trabalho,* 2.ª edição, AAFDL, Lisboa, 2004.

MIRANDA, JORGE / RUI MEDEIROS, *Constituição Portuguesa Anotada,* Volume I – Preâmbulo. Princípios Fundamentais. Direitos e Deveres Fundamentais. Artigos 1.º a 79.º, 2.ª edição, Universidade Católica Editora, Lisboa, 2017.

MOLERO MANGLANO, CARLOS (Director), *Manual de Derecho del Trabajo,* 12.ª edición, Tirant to Blanch, Valencia, 2012.

PESKINE, ELSA / CYRIL WOLMARK, *Droit du Travail 2023,* 16.ª edição, Dalloz, Paris, 2022.

PIMPÃO, CÉLINE ROSA, *A tutela do trabalhador em matéria de segurança, (higiene) e saúde no trabalho,* Coimbra editora, Coimbra, 2011.

PINTO, MARIA JOSÉ COSTA, "O art. 18.º da Lei n.º 100/99, de 13 de Setembro: uma questão de culpa?", em *Prontuário de Direito do Trabalho,* N.º 71, Maio – Agosto, 2005, pp. 105-120.

PINTO, MÁRIO, *Direito do Trabalho,* Universidade Católica Editora, Lisboa, 1996.

PINTO, MÁRIO / PEDRO FURTADO MARTINS / ANTÓNIO NUNES DE CARVALHO, *Comentário às Leis do Trabalho,* Vol. I – Regime Jurídico do Contrato Individual de Trabalho (Dec.-Lei n.º 49408, de 24-XI-69), LEX, Lisboa, 1994.

RAMALHO, MARIA DO ROSÁRIO PALMA, *Tratado de Direito do Trabalho,* Parte II – Situações Laborais Individuais, 9.ª edição, Almedina, Coimbra, 2023.

- *Da autonomia dogmática do Direito do Trabalho,* Almedina, Coimbra, 2000.

- "Sobre os acidentes de trabalho em situação de greve", em Separata da Revista da Ordem dos Advogados, Ano 53, III, Lisboa, Dezembro de 1993, pp. 521-574,

RAMÍREZ MARTÍNEZ, JUAN M. (Director), *Curso de Derecho del Trabajo. Fuentes. Derecho sindical. Contrato de trabajo. Seguridade social. Proceso laboral,* 19.ª edición, Tirant to Blanch, Valencia, 2010.

A. VEIGA RODRIGUES, *Acidentes de trabalho. Anotações à Lei n.º 1942,* Coimbra editora, Coimbra, s.d.

RODRIGUES, ABEL, *Direito da Segurança Social,* Nova Causa, Braga, 2020.

ROUXINOL, MILENA SILVA, *A obrigação de segurança e saúde do trabalhador,* Coimbra Editora, Coimbra, 2008.

SILVA, JOÃO NUNO CALVÃO DA, "Segurança e saúde no trabalho – A responsabilidade civil do empregador por actos próprios em caso de acidente de trabalho", em *Estudos em Homenagem ao Prof. Doutor Manuel*

Henrique Mesquita, Volume II, Coimbra editora, Coimbra, 2009, pp. 907-943.

SILVA, LUÍS GONÇALVES DA, *Estudos de Direito do Trabalho (Código do Trabalho)*, Volume I, 2.ª edição, Coimbra, Almedina, 2008.

- *A greve e os acidentes de trabalho*, AAFDL, Lisboa, 1998.

TELLES, INOCÊNCIO GALVÃO, *Manual de Direito das Obrigações*, Tomo I, 2.ª edição, Coimbra editora, Coimbra, 1965.

TOSCANI GIMÉNEZ, DANIEL / HÉCTOR CLARK SORIANO, *Accidentes de Trabajo. Concepto, determinación y responsabilidades*, Editorial Aranzadi, Navarra, 2016.

VALTICOS, N., *International Labour Law*, Springer Science+Business Media, 1979.

VENTURA, RAÚL JORGE RODRIGUES, *Teoria da relação jurídica de trabalho*, I, Imprensa Portuguesa, Porto, 1944.

XAVIER, BERNARDO DA GAMA LOBO, *Manual de Direito do Trabalho*, 4.ª edição, Rei dos Livros, 2020.

Capítulo 4.

LA CONFIGURACIÓN DEL DERECHO FUNDAMENTAL A LA SEGURIDAD SOCIAL EN EL ORDENAMIENTO JURÍDICO INTERNACIONAL

ADSARET VIRGÜEZ MONZÓN

Sumario: I Introducción; II Antecedentes históricos; III Seguridad social: origen y breve recorrido histórico; IV La configuración del derecho fundamental a la seguridad social en el ordenamiento jurídico internacional; V La seguridad social como derecho humano en las declaraciones universales de derechos humanos; VI El contenido básico del derecho a la seguridad social en la normativa de la organización internacional del trabajo (OIT); VII Conclusiones.

I.- INTRODUCCIÓN

Los derechos humanos nacen como derechos naturales y universales, se desarrollan como derechos positivos particulares, para encontrar al fin su plena realización como derechos positivos universales[1], idea de Bobbio sobre el origen y la evolución de los derechos humanos.

---

1 Bobbio, N., (1991). "Presente y porvenir de los derechos humanos", Anuario de Derechos Humanos, (1) 7-28.

Según Jesús Rodríguez y Rodríguez, por derechos humanos debemos entender: El conjunto de facultades, prerrogativas, libertades y pretensiones de carácter civil, político, económico, social y cultural, incluso los recursos y mecanismos de garantía de todas ellas, que se reconocen al ser humano, considerado individual y colectivamente[2].

También con gran pertinencia se ha definido derechos humanos como: Un conjunto de facultades e instituciones que, en cada momento histórico, concretan las exigencias de la dignidad, de la libertad y de la igualdad humanas, las cuales deben ser reconocidas positivamente por los ordenamientos jurídicos a nivel nacional e internacional[3].

Hablar de la universalización de la seguridad social y la contemplación como un derecho humano, es hablar de dos documentos normativos, la Declaración Universal de los Derechos Humanos (1948), en adelante DUDH y el Pacto Internacional de los Derechos Económicos, Sociales y Culturales (en adelante PIDESC) (1966), sobre los que se ha escrito que insisten en referirse a los derechos sociales como derechos universales, en abierto desafío a la realidad económica internacional[4].

II.- ANTECEDENTES HISTÓRICOS

El reconocimiento del derecho a la seguridad social tiene profundas raíces históricas, muchas de ellas se remontan a di-

---

2 Dicha definición fue elaborada por Jesús Rodríguez y Rodríguez, y se encuentra documentada en el Diccionario Jurídico Mexicano, Cit, pp. 1063 y ss.

3 Pérez Luño, Antonio E., (2005) *Derechos humanos, Estado de derecho y Constitución*, Tecnos SA.

4 Contreras Peláez, F.J., (1994) en *Derechos sociales: teoría e ideología*, Tecnos SA, Fundación Cultural Enrique Luño Peña.

versas culturas y épocas. Algunos de los antecedentes históricos que han marcado un precedente en el desarrollo normativo del derecho a la seguridad social:

Época Antigua: En civilizaciones antiguas como la de Mesopotamia, se encontraban registros de sistemas de protección social que proporcionaban asistencia a diferentes colectivos, tales como: viudas, huérfanos, discapacitados e indigentes. Un ejemplo es la ley de la época de Solón (638-558AC), donde se determina un subsidio, inicialmente a los heridos en guerra que habían quedado desvalidos e incapacitados, y luego a todo ciudadano que no podía trabajar y que careciera de hijos en condiciones de socorrerlo[5].

Edad Media: Durante la Edad Media en Europa, las instituciones religiosas, como las órdenes monásticas, proporcionaban algún tipo de apoyo social a los necesitados. También surgieron guildas y gremios que ofrecían beneficios a sus miembros en caso de enfermedad, vejez o muerte. Los señores explotaban las tierras directamente, algunos siervos estaban adscritos a la tierra, desde su nacimiento, el señor aseguraba la subsistencia y la protección militar, a cambio de servicio[6].

Siglo XIX: Con la industrialización y la urbanización en Europa y América del Norte, surgieron condiciones de trabajo extremadamente precarias que llevaron a la promulgación de leyes laborales y al desarrollo de sistemas de seguridad social. Un ejemplo de tal acción fue en El Reino Unido que aprobó la Ley de Seguro de Enfermedad en 1911, uno de los primeros pasos hacia un sistema moderno de seguridad social.

Principios del siglo XX: Durante este período, varios países comenzaron a establecer sistemas más completos de seguridad social. Por ejemplo, en Alemania, el canciller Otto von Bismarck

---

5 Lallemand. L,, (1902) *Histoire de la Charité.* Alphonse Picard Et fils.

6 Moles, R. (1962), *Historia de la previsión social en Hispanoamérica.* Depalma.

implementó el primer sistema nacional de seguridad social en la década de 1880, que incluía pensiones por vejez, discapacidad y pensiones de viudez y orfandad. Este país fue el primero que introdujo y adoptó un sistema de seguro social reconocido legislativamente, el denominado "Modelo Bismarckiano", cuyo principal beneficiario fue la fuerza de trabajo industrial. Los principales elementos que proporcionaba este modelo fueron su financiación exclusiva mediante cotizaciones que otorgaban prestaciones proporcionales a las cotizaciones efectuadas y su objetivo de garantizar una renta de sustitución[7]. Más tarde, Inglaterra adoptó, a partir de 1942, el "Plan Beveridge", que presenta e incluye la idea de universalización de beneficios, y que sienta las bases de un concepto de seguridad social integral que concibe un sistema de protección social como un servicio público y universal, por lo que, a diferencia del modelo alemán, el modelo anglosajón se financia mediante impuestos y otorga prestaciones uniformes garantizando un mínimo vital.

Después de la Segunda Guerra Mundial: La devastación de la guerra y el reconocimiento de la importancia de los derechos sociales llevaron a un impulso global para la creación de sistemas de seguridad social más amplios. Esto condujo a la Declaración Universal de Derechos Humanos en 1948, y los dos Pactos Internacionales, uno sobre los Derechos Civiles y Políticos y el otro relativo a los Derechos Económicos, Sociales y Culturales, ambos de 1966, constituyen el conjunto esencial de derechos humanos[8].

Desarrollos posteriores: Desde mediados del siglo XX, la mayoría de los países han establecido sistemas de seguridad

---

7 Beverige, W. H. (1944). Full Employment in a Free Society. Amsterdam University Press.

8 Oraá Oraá, j. y Gómez Isa, F.; (1997) La Declaración Universal de los Derechos Humanos. Un breve comentario en su 50 Aniversario. Universidad de Deusto. Bilbao.

social más amplios, que incluyen pensiones, seguro de salud, seguro de desempleo y otros beneficios. La Organización Internacional del Trabajo (OIT) y otras organizaciones internacionales también han desempeñado un papel importante en la promoción de la seguridad social como un derecho humano fundamental.

Estos antecedentes históricos marcaron el comienzo de una era donde el concepto del derecho al acceso a la seguridad social se iría materializando a través de diferentes mecanismos y normativas.

III.- SEGURIDAD SOCIAL: ORIGEN Y BREVE RECORRIDO HISTÓRICO

La expresión "seguridad social" tiene su origen en el contexto de los movimientos sociales y políticos del siglo XIX, que surgieron como respuesta a la necesidad de mejorar las precarias condiciones de vida y trabajo de la clase obrera durante la Revolución Industrial que se imponía en la Alemania de Guillermo I, bajo el auspicio de su primer ministro Otto von Bismarck entre el año 1883 y 1889, quien, al observar el crecimiento del malestar social producto del deterioro de las condiciones laborales, caracterizadas por largas jornadas de trabajo, salarios bajos, y escasez de atención médica, fundamentó las bases de un sistema de pensiones contributivo que obligaba al empresarios y trabajadores a financiar junto con el Estado, un plan de protección para la clase trabajadora que los salvaguardara de enfermedades, accidentes, invalidez y vejez; por lo que, en 1883, se promulgó la Ley del Seguro de Enfermedad, seguida en 1889 por la Ley del Seguro de Accidentes, que establecieron un sistema de seguro de salud y accidentes para los trabajadores alemanes. A finales del siglo XIX, continúo este concepto de "seguridad social" expandiéndose rápidamente hacia otros países europeos. Más tarde, Inglaterra adoptó, a partir de 1942, el "Plan Beveridge", que presenta e incluye la idea de universalización de beneficios, y que sienta las bases de un concepto de seguridad social integral que concibe un sistema de protección social como un servicio público y universal, por lo que, a diferencia del modelo alemán, el modelo anglosajón se financia mediante impuestos y otorga prestaciones uniformes garantizando un mínimo vital.

Cuando hablamos de un sistema de la seguridad social y su acción protectora debemos referirnos a "*la herramienta o instrumento a través del cual el Estado protege a los ciudadanos contra los riesgos de concreción individual que jamás dejarán de presentarse, por óptima que sea la situación del conjunto de la sociedad en que vivan*" (W. Beveridge,1944, p.56)[9] Aproximación que sigue estando más vigente que nunca en el seno de los Estados, que pretenden, a través de la continua mejora normativa, fortalecer y proteger el sistema de Seguridad Social mediante sus elementos o principios generales.

La Organización Internacional del Trabajo (en adelante OIT) (1919), desde su creación ha tenido como objetivo y responsabilidad principal luchar por el reconocimiento universal de la seguridad social, entre otros aspectos inherentes al trabajo y sus condiciones mínimas, reflejando su lucha tanto en la condición que ocupa este concepto en el derecho internacional como en su propio mandato constitucional.

En la Declaración de Filadelfia de 1944 se reconoce el mandato de la OIT y su obligación de fomentar, entre todas las naciones del mundo, entre otros aspectos, la necesidad de "*f) extender las medidas de seguridad social para garantizar ingresos bá-*

---

9 Beverige, W. H. (1944). Full Employment in a Free Society. Amsterdam University Press. pp.56.

sicos a quienes lo necesiten y prestar asistencia médica completa[10]", así como "h*) proteger a la infancia y a la maternidad*", ampliando la protección social, de ese modo, al conjunto de la población que la necesite.

El reconocimiento del mandato de la OIT fue un hecho inédito en la historia, donde se proclama que la comunidad mundial declara su compromiso de extender a todos el derecho a la seguridad social, quedando recogido en la Recomendación sobre la seguridad de los medios de vida, 1944 (núm. 67) y en la Recomendación sobre la asistencia médica, 1944 (núm. 69). Ambas recomendaciones prepararon el camino que condujo a la formulación de la seguridad social como un derecho humano en la DUDH[11] y, algunos años más tarde, en el PIDESC[12].

Los preceptos normativos donde se refleja el derecho a la seguridad social y sirve de precedente para sentar las bases del

---

10 Organización Internacional del Trabajo. (1944). Declaración de Filadelfia. https://normlex.ilo.org/dyn/normlex/es/f?p=1000:62:0::NO:62:P62_LIST_ENTRIE_ID:2453907 Recuperado el 21 de agosto de 2024.

11 Organización de Naciones Unidas, Declaración Universal de los Derechos Humanos, adoptada y proclamada en la Resolución 217 A (III) de la Asamblea General de 10 de diciembre de 1948 (Nueva York, 1948).

12 Organización de Naciones Unidas, Pacto Internacional de Derechos Económicos, Sociales y Culturales, adoptado en la Resolución 2 200 A (XXI) de la Asamblea General de 16 de diciembre de 1966 (Nueva York, 1966).

sistema son, por una parte, el artículo 22 de la DUDH[13] y por otra, el artículo 25[14].

Además, el PIDESC en su artículo 9 establece que "*Los Estado partes en el presente Pacto reconocen el derecho de toda persona a la seguridad social, incluso al seguro social.*" Se suele aceptar que tales normas adoptan una fórmula de reconocimiento de la Seguridad Social que hace de ella un derecho humano fundamental, un derecho *per se*, se ha declarado[15], que contrasta por cierto con lo prevenido en otros muchos textos jurídicos de referencia[16].

---

13 Art. 22 DUDH "Toda persona, como miembro de la sociedad, tiene derecho a la seguridad social, y a obtener, mediante el esfuerzo nacional y la cooperación internacional, habida cuenta de la organización y los recursos de cada Estado, la satisfacción de los derechos económicos, sociales y culturales, indispensables a su dignidad y al libre desarrollo de su personalidad"

14 Art. 25 DUDH "Toda persona tiene derecho a un nivel de vida adecuado que le asegure, así como a su familia, la salud y el bienestar, y en especial la alimentación, el vestido, la vivienda, la asistencia médica y los servicios sociales necesarios; tiene asimismo derecho a los seguros en caso de desempleo, enfermedad, invalidez, viudez, vejez u otros casos de pérdida de sus medios de subsistencia por circunstancias independientes de su voluntad".

15 Estudio general relativo a los instrumentos de la seguridad social a la luz de la Declaración de 2008 sobre la justicia social para una globalización equitativa, Informe de la Comisión de Expertos en Aplicación de Convenios y Recomendaciones, Oficina Internacional del Trabajo, Ginebra, primera edición 2011, p. 79-

16 Reconocimiento del derecho a la seguridad social recogido en distintas Constituciones, Art. 41 Constitución Española (1978) y otras referencias al sistema de seguridad social como en los art. 39,43,49,50,129. Art.86 Constitución de la República Bolivariana de Venezuela (1999), Art 44,46 y 48 de la Constitución de la República de Colombia, y entre otros muchos, el Art. 194 y 195 de la Constitución de la República Federativa de Brasil.

Haciendo un avance temporal, en 1999 la consolidación de la protección y la seguridad social se estableció dentro de uno de los objetivos estratégicos del programa de Trabajo Decente cuya meta principal es promover el trabajo decente y productivo para todos, en libertad, igualdad, seguridad y dignidad humana. Este programa establece la importancia de extender la seguridad social a la totalidad de la sociedad y apoya la idea de su reconocimiento universal dentro del compendio normativo de cada país.

Las normas internacionales del trabajo son los mecanismos a través del cual la OIT hace cumplir su mandato de extender a todos el derecho a la seguridad social. Actualmente existen 11 convenios o protocolos fundamentales, que se entienden por tratados internaciones jurídicamente vinculantes que pueden ser ratificados por los Estados Miembros, 4 convenios o protocolos de gobernanza que tienen un carácter prioritario y 182 convenios o protocolos técnicos, de los cuales 31 hacen referencia a la seguridad social, además de 23 recomendaciones, que actúan como directrices no vinculantes.

Sobre la materia que la OIT ha adoptado desde su constitución y que han contribuido fructíferamente en el desarrollo de obligaciones y directrices específicas para los Estados miembros. En el año 2002, el Consejo de administración de la OIT confirmó 8 de los 31 convenios como convenios actualizados sobre la seguridad social. Del compendio de convenios sobre la seguridad social uno de los más importantes es el Convenio sobre la seguridad social, norma mínima, 1952 (núm. 102)[17],

---

[17] En relación con el contenido del Convenio sobre seguridad social (norma mínima) núm. 102, el primer análisis jurídico de esta norma se encuentra en MYERS, R.J., "Minimum Standards of Social Security: New International Convention", op. cit., pgs. 3/10. Donde se aborda de manera pormenorizada y detallada el tema del derecho a la Seguridad Social. Asimismo, DEL VALLE, J.M. y USHAKOVA, T.,

que define las ramas de la seguridad social además de incluir cláusulas de flexibilidad que permiten a los Estados Miembros ratificantes aceptar por lo menos tres de las nueve ramas de la seguridad social, incluyendo por lo menos una de las tres que cubren una contingencia o desempleo de larga duración, de modo que el mayor número posible de países puedan cumplir los requisitos que en él se establecen.

El resto de los convenios actualizados son: Convenio sobre la igualdad de trato (seguridad social), 1962 (núm. 118); Convenio sobre las prestaciones en caso de accidentes del trabajo y enfermedades profesionales, 1964 (núm. 121); Convenio sobre las prestaciones de invalidez, vejez y sobrevivientes, 1967 (núm. 128); Convenio sobre asistencia médica y prestaciones monetarias de enfermedad, 1969 (núm.130); Convenio sobre la conservación de los derechos en materia de seguridad social, 1982; (núm.157); Convenio sobre el fomento del empleo y la protección contra el desempleo, 1988 (núm.168), y Convenio sobre la protección de la maternidad, 2000 (núm. 183). Como se puede observar las bases para el establecimiento del reconocimiento al derecho a la seguridad social se encuentra totalmente establecido en numerosos textos normativos alrededor del mundo, todos ellos en aras del reconocimiento de la seguridad social como derecho fundamental de todas las personas, mujeres, hombres, niños y niñas.

La globalización y el elevado crecimiento de los mercados financieros, de productos y de trabajo hace que sea necesario la existencia de un sistema de seguridad social integral y universal que dé cobertura y que permita hacer frente a los riesgos económicos actuales, ya que la capacidad de las personas para

---

"El derecho a la Seguridad Social y el Convenio número 102 de la Organización Internacional del Trabajo", en AAVV, Estudios sobre Seguridad Social.

hacerles frente por sí solas están en la actualidad aún más limitada que en el pasado.

IV.- LA CONFIGURACIÓN DEL DERECHO FUNDAMENTAL A LA SEGURIDAD SOCIAL EN EL ORDENAMIENTO JURÍDICO INTERNACIONAL

El nacimiento al derecho a la seguridad social de los ciudadanos requiere de la revisión previa e investigación de hechos frecuentes que han marcado las luchas internas de los pueblos por ganar el respeto y garantías a mejores condiciones de vida dentro del estado del cual forman parte; este proceso, ha sido decisivo para garantizar la protección y el bienestar de las personas, debido a que los países han tenido que suscribirse a la necesidad y exigencias de sus propios ciudadanos ante la falta protección, debiendo dar cumplimiento a las directrices que marcan los organismos internacionales por la presión económica que implica no seguir los planteamientos de estos; constituyéndose en principios en las bases jurídicas de leyes que rigen internamente el derecho en muchos países del mundo y luego conforman tratados bilaterales o convenios de Seguridad Social, basados en el llamado Derecho internacional de la seguridad social.

Este derecho a la seguridad social, especialmente en momentos de necesidad de las personas, consagrado en numerosos instrumentos jurídicos internacionales, le revierte tal importancia en la protección de los ciudadanos que se ha configurado como derecho fundamental, respaldado por una variedad de documentos y tratados. Asimismo, la Organización de las Naciones Unidas (ONU), la seguridad social ha sido reconocida como un componente esencial del desarrollo humano sostenible. En este marco, los Objetivos de Desarrollo Sostenible (ODS), adoptados por la Asamblea General de la ONU en 2015, incluyen entre sus metas el lograr una cobertura universal de la seguridad social para todos, garantizando el acceso a servicios básicos de protección social.

Existen además sistemas regionales de protección social que complementan el marco jurídico internacional. Entre estos, en Europa, el Consejo de Europa y la Unión Europea han establecido normativas y directrices para garantizar la protección social de los ciudadanos de los Estados miembros. En América también existen una serie de organizaciones que velar por la seguridad social de los ciudadanos de los estados signatarios; entre estos, la Organización Internacional de Trabajo (OIT) · Organización Mundial de la Salud (OMS) · Asociación Internacional de la Seguridad Social (AISS), etc.

La configuración del Derecho Fundamental a la Seguridad Social en el ordenamiento jurídico internacional refleja el compromiso de la comunidad internacional con la protección de los derechos humanos y el bienestar de las personas en todas partes, utilizando para ello, una serie de instrumentos jurídicos, normativas y mecanismos de cooperación, que garanticen a todas las personas un nivel adecuado de seguridad social, con sentido de igualdad, justicia y dignidad para todos los ciudadanos del mundo.

V.- LA SEGURIDAD SOCIAL COMO DERECHO HUMANO EN LAS DECLARACIONES UNIVERSALES DE DERECHOS HUMANOS

La DUDH, fue proclamada el 10 de diciembre de 1948 por la Asamblea General de las Naciones Unidas, este documento histórico vendría a ser el instrumento a través del cual se establecen y reconocen universalmente los derechos básicos y las libertades fundamentales de todos los seres humanos, siendo estos inalienables y aplicables de igual forma a todas las personas. La DUDH está compuesta por 30 artículos que abordan el ámbito de distintos derechos y libertades, incluyendo entre estos, el derecho a la vida, la libertad, la seguridad, la igualdad ante la ley, la libertad de expresión, la libertad de religión, el trabajo digno, la educación y el acceso a un nivel de vida adecuado.

Entre los principios clave de la DUDH se encuentran: la universalidad, la indivisibilidad, la interdependencia y la interrelación de los derechos humanos. Estos principios ponen énfasis en que todos los derechos humanos son importantes y están interconectados, y que la violación de un derecho puede afectar el disfrute de otros.

La DUDH ha influido en la redacción de numerosas constituciones nacionales y tratados internacionales de derechos humanos. La DUDH ha servido como inspiración y base para la creación de sistemas legales y políticos que protegen y promueven los derechos humanos en todo el mundo.

Con relación al Derecho a la seguridad social y las referencias al mismo en este texto internacional, dichas referencias las podemos encontrar en los artículos 22,23,24 y 25.

Artículo 22 "*Toda persona, como miembro de la sociedad, tiene derecho a la seguridad social, y a obtener, mediante el esfuerzo nacional y la cooperación internacional, habida cuenta de la organización y los recursos de cada Estado, la satisfacción de los derechos económicos, sociales y culturales, indispensables a su dignidad y al libre desarrollo de su personalidad.*"

Este precepto normativo resulta ser fundamental en el reconocimiento de la seguridad social como un derecho humano esencial. Su interpretación detallada revela la complejidad y la importancia de este principio para garantizar la dignidad y el bienestar de todas las personas ante un imprevisto social que impida el desarrollo normal de su vida.

En primer lugar, el artículo 22 reconoce que todas las personas, como miembros de la sociedad, tienen derecho a la seguridad social. Este reconocimiento implica que la seguridad social no es un privilegio reservado para unas minorías, sino todo lo contrario, es un derecho inherente a la condición humana. Es decir, todas las personas, sin importar su origen, género, orientación sexual, raza, religión o cualquier otra característica inherente a ella, tienen derecho a recibir protección y asistencia en situaciones que puedan afectar su bienestar económico y social.

El concepto de seguridad social abarca una amplia gama de medidas destinadas a garantizar la protección y el bienestar de las personas en diferentes etapas y circunstancias de sus vidas. Esto incluye, entre otros aspectos, la protección contra el desempleo, la enfermedad, la discapacidad, la vejez y la viudez. Por lo tanto, se puede decir que la seguridad social no se limita únicamente a la asistencia en momentos de crisis, sino que también implica la creación de redes de protección y apoyo que permitan a las personas mantener un nivel mínimo de bienestar en todas las etapas de sus vidas. Además, este articulo reconoce que la seguridad social debe ser garantizada a todos los niveles (nacional e internacional). Esto significa que cada Estado tiene la responsabilidad de establecer sistemas de seguridad social adecuados, adaptados a sus propias circunstancias y recursos. Sin embargo, también implica que existe una responsabilidad compartida a nivel global para garantizar que todas las personas, independientemente de su nacionalidad o ubicación geográfica, tengan acceso a la seguridad social.

Esta dimensión internacional de la seguridad social es especialmente importante debido a la globalización, donde las intervenciones económicas y sociales de un país pueden tener repercusiones directas en otro. Por lo tanto, la cooperación internacional es esencial para abordar los desafíos comunes en el ámbito de la seguridad social y garantizar que todas las personas puedan disfrutar de sus derechos humanos en igualdad de condiciones.

En el mismo sentido, el artículo 25 "*1. Toda persona tiene derecho a un nivel de vida adecuado que le asegure, así como a su familia, la salud y el bienestar, y en especial la alimentación, el vestido, la vivienda, la asistencia médica y los servicios sociales necesarios; tiene asimismo derecho a los seguros en caso de desempleo, enfermedad, invalidez, viudez, vejez y otros casos de pérdida de sus medios de subsistencia por circunstancias independientes de su voluntad. 2. La maternidad y la infancia tienen derecho a cuidados y asistencia especiales. Todos los niños, nacidos de matrimonio o fuera de matrimonio, tienen derecho a igual protección social.*"

El artículo 25 de la DUDH es un pilar fundamental en el reconocimiento de los derechos económicos, sociales y culturales de todas las personas. Su interpretación detallada revela la importancia de garantizar un nivel de vida adecuado para el bienestar y la dignidad de cada individuo.

Este precepto normativo establece el derecho de toda persona a un nivel de vida adecuado, lo cual abarca una serie de aspectos esenciales para el bienestar humano. Esto incluye, entre otros, el acceso a la alimentación, la vivienda, la atención médica y otros servicios sociales necesarios. Estos elementos son fundamentales para garantizar que todas las personas puedan satisfacer sus necesidades básicas y vivir con dignidad.

El reconocimiento del derecho a un nivel de vida adecuado implica que las personas no deben vivir en condiciones de pobreza o privación extrema. En lugar de ello, deben tener la oportunidad de acceder a recursos y servicios que les permitan llevar una vida digna y satisfactoria. Esto incluye no solo la satisfacción de necesidades básicas como la alimentación y la vivienda, sino también el acceso a servicios de salud, educación, transporte y otros aspectos que contribuyan al bienestar general.

El artículo 25 reconoce el derecho a la seguridad en situaciones de desempleo, enfermedad, invalidez, viudez, vejez u otras circunstancias que puedan afectar la capacidad de subsistencia de una persona. Este reconocimiento es crucial para proteger a las personas vulnerables y garantizar que no queden desamparadas en momentos de necesidad. Se destaca también la importancia de brindar cuidados y asistencia especiales a la maternidad y la infancia. Reconoce que estos grupos vulnerables requieren una atención particular para garantizar su bienestar y su desarrollo adecuado. Esto incluye no solo el acceso a atención médica durante el embarazo y el parto, sino también el apoyo social y económico necesario en la crianza para que se lleve a cabo en condiciones adecuadas.

A partir de esta declaración fueron suscritos otros convenios y tratados internacionales de protección social a los ciudadanos a nivel mundial. Algunos de estos son:

El PIDESC, adoptado en 1966, es otro hito en la consagración de la Seguridad Social como un derecho humano. En su artículo 9, el PIDESC establece que "Los Estados Parte en el presente Pacto reconocen el derecho de toda persona a la seguridad social". Este pacto detalla aún más las obligaciones de los Estados en la protección de la Seguridad Social, incluyendo la protección contra el desempleo, la enfermedad, la vejez y otros riesgos sociales.

La Carta Social Europea y otros instrumentos regionales: la Seguridad Social ha sido reconocida en instrumentos regionales, como la Carta Social Europea, adoptada en 1961 por el Consejo de Europa. En su artículo 12, la Carta reconoce el derecho de toda persona a la seguridad social, subrayando la importancia de proporcionar protección contra la pobreza y la exclusión social en el contexto europeo.

La AISS es una organización internacional que agrupa instituciones encargadas de administrar cualquiera de los aspectos de la seguridad social en los diferentes países, es decir, todas las formas de protección social obligatoria.

Estos documentos representan iniciativas importantes de algunas declaraciones universales de derechos humanos para el reconocimiento de la seguridad social como un derecho humano fundamental y reflejan el reconocimiento global de la importancia de proporcionar a todos los individuos, un nivel básico de protección social que garantice su dignidad, bienestar y participación plena en la sociedad.

A pesar de todos esos esfuerzos y avances de los diferentes organismos internacionales que promueven la protección a la dignidad, la igualdad y la justicia social de los ciudadanos en todo el mundo traducida en derechos y garantías en el contexto de la Seguridad social como gran compromiso de los estados, a la protección y el bienestar de todas las personas; aún existen grandes desafíos significativos en la ejecución efectiva de este derecho, ya que existen grandes brechas para alcanzar una cobertura universal de protección más amplia y sin discriminación en el acceso a la Seguridad Social de las personas alrededor de todo el mundo.

VI.- EL CONTENIDO BÁSICO DEL DERECHO A LA SEGURIDAD SOCIAL EN LA NORMATIVA DE LA ORGANIZACIÓN INTERNACIONAL DEL TRABAJO (OIT)

La OIT nace como parte del Tratado de Versalles tras la primera guerra mundial, es la agencia especializada más antigua de las Naciones Unidas que tiene como objetivo principal el de promover el trabajo decente y la justicia social a nivel mundial con la finalidad de asegurar unas condiciones de trabajo equitativas y humanas para el hombre, la mujer y el niño, eliminando las relaciones de trabajo que entrañen algún grado de injusticia y miseria[18].

Fundada en 1919, es la única agencia tripartita de las Naciones Unidas, lo que significa que incluye representantes

---

18 Establecido en la Constitución de la Organización Internacional del Trabajo (Parte XIII del Tratado de Paz entre las Potencias Aliadas y Asociadas y Alemania), adoptada el 28 de junio de 1919.

de gobiernos, empleadores y trabajadores de todos los países miembros. La OIT se dedica a la elaboración y promoción de normas laborales internacionales, la mejora de las condiciones laborales, la protección de los derechos de los trabajadores y el fomento del diálogo social. Además, brinda asistencia técnica a los países para ayudarles a mejorar sus políticas laborales y su legislación.

Dentro de los principales objetivos de esta organización, se destaca principalmente el de promover el trabajo decente y la justicia social a nivel global. Para lograr esto, se centra en cuatro áreas principales de trabajo: la creación de empleo, la protección social, los derechos laborales y el diálogo social. Además, busca promover la igualdad de oportunidades y de trato en el ámbito laboral, así como mejorar las condiciones de trabajo en todos los sectores.

La OIT a lo largo de su historia ha elaborado un número relevante de normativa con el objetivo de establecer criterios comunes sobre diferentes aspectos, entre ellos, mejora sustantiva de las condiciones de trabajo, formación de las personas trabajadoras, mejoras en el empleo, salarios, seguridad en el entorno de trabajo, salud laboral, seguridad social, inspección de trabajo, inmigración; Todo ello con el principal objetivo de proporcionar un marco normativo mínimo sobre las contingencias relacionadas con el trabajo.

VII.- CONCLUSIONES

En 2001 la OIT aprobó la Resolución relativa a la seguridad social que reafirmó el compromiso de organización, promulgado en la Declaración de Filadelfia de 1944, extendiendo las medidas a los ciudadanos en aras de aliviar la pobreza y la precariedad laboral. La OIT concluye que no existe un modelo idóneo y único de seguridad social. Existen regímenes de asistencia social, regímenes universales, regímenes de seguro social, sistemas privados, sistemas públicos, sistemas mixtos. Cada sociedad según su idiosincrasia debe elegir la mejor forma de garantizar la seguridad de los ingresos y el acceso a la asistencia médica. Sin embargo, todos los sistemas deben ajustarse a ciertos principios básicos: las prestaciones deberían, por regla general, ser seguras y no discriminatorias, los regímenes deberían administrarse de manera transparente.

Los nuevos retos sobre la protección social contemporánea se desarrollan en el marco de una tríada de objetivos: cobertura, suficiencia y sostenibilidad[19].

Actualmente numerosos organismos de protección social han elaborado una estrategia de doble dimensión (horizontal y vertical) para ampliar y profundizar la cobertura de dicha protección. Por un lado, la dimensión horizontal trata de extender un conjunto de cuatro garantías esenciales en el régimen de la seguridad social al mayor numero de personas y del modo más ágil y rápido posible[20]. Esta dimensión pretende ayudar a establecer un piso de protección social mínimo indispensable de aplicación de los derechos consagrados en los tratados de los derechos humanos, incluido el derecho a la seguridad social. Por otro lado, la dimensión vertical pretende extender la gama de las prestaciones que cubren otros riesgos sociales y a otras categorías de la población, y aumentar la tasa de prestaciones al menos hasta el nivel estipulado en el Convenio 102. La unión de ambas dimensiones contribuye a que los países alcancen progresivamente la plena aplicación del derecho humano a la seguridad social, y más tarde, una creciente universalización en la escala de cobertura.

---

19 OIT, *Presente y futuro de la protección social en América Latina y el Caribe*, Lima, 2018.

20 Hagemejer, K.-McKinnon, R., *El Papel de los pisos nacionales de protección social en la extensión de la seguridad social para todos*, en Revista Internacional de Seguridad social, vol. 66, 3-4/2013, pp.3 y sigts.

VIII. REFERENCIAS BIBLIOGRÁFICAS

Beverige, W. H. (1944). Full Employment in a Free Society. Amsterdam University Press.

Bobbio, N., (1991). "Presente y porvenir de los derechos humanos", Anuario de Derechos Humanos, (1) 7-28.

Contreras Peláez, F.J., (1994) en *Derechos sociales: teoría e ideología*, Tecnos SA, Fundación Cultural Enrique Luño Peña.

Hagemejer, K.-McKinnon, R., *El Papel de los pisos nacionales de protección social en la extensión de la seguridad social para todos*, en Revista Internacional de Seguridad social, vol. 66, 3-4/2013, pp.3 y sigts.

Lallemand. L,, (1902) *Histoire de la Charité.* Alphonse Picard Et fils.

Moles, R.(1962), *Historia de la previsión social en Hispanoamérica.*Depalma.

OIT, *Presente y futuro de la protección social en América Latina y el Caribe*, Lima, 2018.

Oraá Oraá, j. y Gómez Isa, F.; (1997) La Declaración Universal de los Derechos Humanos. Un breve comentario en su 50 Aniversario. Universidad de Deusto. Bilbao.

Organización de Naciones Unidas, Declaración Universal de los Derechos Humanos, adoptada y proclamada en la Resolución 217 A (III) de la Asamblea General de 10 de diciembre de 1948 (Nueva York, 1948).

Organización de Naciones Unidas, Pacto Internacional de Derechos Económicos, Sociales y Culturales, adoptado en la Resolución 2 200 A (XXI) de la Asamblea General de 16 de diciembre de 1966 (Nueva York, 1966).

Organización Internacional del Trabajo. (1944). Declaración de Filadelfia. https://normlex.ilo.org/dyn/normlex/es/f?p=1000:62:0::NO:62:P62_LIST_ENTRIE_ID:2453907 Recuperado el 21 de agosto de 2024.

Pérez Luño, Antonio E., (2005) *Derechos humanos, Estado de derecho y Constitución*, Tecnos.

Capítulo 5.

LA PLASMACIÓN NORMATIVA DE LAS RECOMENDACIONES FINANCIERAS DEL PACTO DE TOLEDO

ALICIA MORENO NÚÑEZ

Sumario. 1.- Introducción. 2.- El Informe de 30 de marzo de 1995 para el análisis de los problemas estructurales del sistema de la Seguridad Social y de las principales reformas que deberán acometerse (Pacto de Toledo). 3.- El informe de 30 de septiembre de 2003 de la Comisión no permanente del Congreso para la valoración de los resultados obtenidos por la aplicación de las recomendaciones del Pacto de Toledo. 4.- El Informe de evaluación y reforma del Pacto de Toledo de 25 de enero de 2011. 5.- El Informe de evaluación y reforma del Pacto de Toledo de 27 de octubre de 2020. 6.- Conclusiones.

1.-INTRODUCCIÓN.

Nos encontramos inmersos en una época de cambios sociales que requieren la adaptación de las instituciones jurídicas a estas nuevas realidades, como sucede con el sistema de pensiones, cuyo futuro resulta imprevisible. Cada vez somos más los que nos preguntamos si cuando llegue nuestra hora de jubilarnos, podremos optar a una prestación de jubilación–al menos, como la conocemos hoy en día–.

La gran problemática al futuro de las pensiones radica en su financiación, y así se expresa en el Pacto de Toledo de 1995.

Nuestra Seguridad Social se financia mediante un modelo mixto, es decir, la financiación depende principalmente de las cotizaciones de los trabajadores en activo, y de los presupuestos del Estado.

Como veremos más adelante, en la época de transición donde surge el primer Pacto de Toledo, la preocupación respecto a la financiación de las pensiones era primordial, había que darle respuesta. Una época en la que el desempleo estaba en auge[1], y la esperanza de vida aumentó, dió lugar a una población envejecida con mucho gasto público, y poco presupuesto para financiar dicho gasto.

De esta forma, la Seguridad Social debe adaptarse para dar solución y protección al ciudadano ante las nuevas realidades sociales. La Constitución Española de 1978 hace referencia a esta protección social:

El artículo 41 de la CE, establece un sistema público de Seguridad Social para todos los ciudadanos y que garantice la asistencia y prestaciones sociales suficientes ante situaciones de necesidad. La asistencia y prestaciones complementarias serán libres. Este artículo conlleva varios carácteres:

En primer lugar, invoca la obligación de las administraciones públicas de velar por el ciudadano, es decir, crea seguridad.

En segundo lugar, esta protección del sistema se llevará a cabo mediante asistencia y prestaciones suficientes. Esta garantía se cumplirá por el sistema contributivo -cuya prestación dependerá de sus cotizaciones- y por un sistema no contributivo o asistencial -para aquellos que no han cotizado lo suficiente

---

1 Pacto de Toledo de 1995 "La cifra de los cotizantes descendió hasta 1984, se recuperó en 1992 cayó de nuevo en 1992 y 1993"

para optar a una prestación contributiva-. Por su parte, la asistencia sanitaria se universaliza.

Por último, los ciudadanos podrán de forma totalmente voluntaria complementar estas prestaciones dinerarias o asistenciales. Un ejemplo de ello son los seguros médicos privados o los planes de pensiones.

Por otro lado, el artículo 50 de la CE garantiza la suficiencia económica de los ciudadanos durante la tercera edad mediante pensiones adecuadas y periódicamente actualizadas. La vejez es una etapa que ha de ser protegida, donde se ha de asegurar que el jubilado o jubilada tenga una pensión adecuada para poder vivir dignamente. La administración actualiza dichas pensiones anualmente, mediante revalorizaciones, sin olvidar los complementos a mínimos que se aplican cuando las prestaciones contributivas no llegan a la mínima establecida en la Ley de Presupuestos Generales del Estado.

El Pacto de Toledo surge para dar respuesta a los problemas estructurales del sistema de la seguridad Social, a lo que se refiere a la sostenibilidad del sistema de pensiones, mediante una serie de recomendaciones que garantizarían las reformas necesarias para mantener y mejorar las pensiones de jubilación en el futuro.

Este acuerdo social será revisado de forma periódica por la comisión creada para ello, y esto es necesario, pues la sociedad sigue –y seguirá– cambiando y se ha de adaptar el sistema para lograr la mayor protección a la ciudadanía.

Hasta la fecha, ha habido cuatro revisiones del Pacto de Toledo, en la que incluyó la originaria, en 1995, tres posteriores en los años 2003, 2011 y la más reciente en 2020. A lo largo de este capítulo explicaré las cuestiones más relevantes de cada una de ellas.

2.- EL INFORME DE 30 DE MARZO DE 1995 PARA EL ANÁLISIS DE LOS PROBLEMAS ESTRUCTURALES DEL SISTEMA DE LA SEGURIDAD SOCIAL Y DE LAS PRINCIPALES REFORMAS QUE DEBERÁN ACOMETERSE (PACTO DE TOLEDO).

El Pacto originario fue aprobado en el Pleno del Congreso el 6 de abril de 1995[2], y estaba integrado por diversidad de grupos políticos, agentes sociales –sindicatos, como UGT Y CCOO, y asociaciones de empresarios–, y una comisión Parlamentaria, que se encargaría de velar por el desarrollo de esta iniciativa. La unión de los integrantes tenía como objetivo dar respuesta a una problemática que afectaba y nos afecta actualmente a todos, mediante la aprobación de una serie de recomendaciones.

Para entender con claridad la necesidad de crear el Pacto de Toledo, habría que hacer referencia al contexto histórico de aquel momento, donde la gran problemática radicaba en los numerosos gastos que venían dándose en la seguridad social. En 1980 el gasto total se situaba en 1.734.543 de pesetas, sólo 15 años más tarde en 1995 esta cifra se situaría en 10.893.245 de pesetas, dando lugar a un incremento de 9.158.702 de pesetas[3].

Habría que preguntarse por las razones que contribuyeron a ese aumento tan significativo del gasto en Seguridad Social. Entre ellas estarían, en primer lugar, el hecho de haber pasado por una larga transición política que llevaría a España de una

---

2 Boletín Oficial de las Cortes Generales.Serie E, núm 134. 12 de abril de 1995. Informe de la Potencia para el análisis de los problemas estructurales del sistema de la Seguridad Social, y de las principales reformas que deberán acometerse, [en línea]. Disponible en: Congreso de los Diputados. Serie E, núm. 134, 12 de abril de 1995.

3 Pacto de Toledo de 1995. Cuadro 11.

dictadura a una democracia parlamentaria[4]. En segundo lugar, España venía sumergida en una profunda crisis económica que dio lugar a un desempleo muy elevado[5]. Por otro lado, el envejecimiento de la población, dado que la natalidad descendió, mientras la esperanza de vida ascendía, cuyas consecuencias dieron lugar a mayor número de pensiones que abonar, sin el suficiente número de personas en activo que pudieran costearlas; además habría que añadir el efecto sustitución de las pensiones – las pensiones que se dejaron de abonar tenían un coste menor que las nuevas–.

También tuvo gran relevancia el aumento del gasto derivado de la prestación de la asistencia sanitaria, derivada de este aumento de esperanza de vida y así lo expresa el propio informe del Pacto de Toledo de 1995.

Por su parte, la Ley 26/1985, del 31 de julio de medidas urgentes para la racionalización de la estructura y de la acción protectora de la Seguridad Social aprobó la revalorización de las pensiones al inicio de cada año, en relación a la variación experimentada del Índice de Precios al Consumo previsto anualmente[6].

Se ha de tener en cuenta que, en un sistema basado en la solidaridad intergeneracional como el modelo español, las personas trabajadoras en activo abonarán las pensiones de las personas retiradas o jubiladas. En este punto, España se encontraba en una situación carente de equilibrio, donde había

---

4 Guillén, A. M. (1997). *Un Siglo de Previsión Social En España.* Ayer, (25), 151–78.

5 Instantánea Económica (1993). *Papeles de Economía Española.* Fundación Fondo para la Investigación Económica y Social (78)

6 Agencia Estatal Boletín Oficial del Estado. Ley 26/1985, del 31 de julio de medidas urgentes para la racionalización de la estructura y de la acción protectora de la Seguridad Social, Vid. online en : https://www.boe.es/buscar/doc.php?id=BOE-A-1985-16119.

más gasto público derivado de un mayor número de parados y jubilados y pocas personas trabajando para poder hacer frente a los costos.

Ante esta situación de desequilibrio financiero, se debía actuar para adaptar el sistema de Seguridad Social a la realidad social que se venía viviendo en ese periodo, y por ello el informe tenía como objeto prevenir y solucionar las nefastas consecuencias que esa situación podría generar. Para ello se proponen 15 recomendaciones, de las cuales al menos cuatro son de carácter eminentemente financiero.

Se propone así, para empezar, como primera recomendación básica, la separación y clarificación de las fuentes de financiación, diferenciando netamente la financiación de las prestaciones de naturaleza contributiva, que deberían depender básicamente de las cotizaciones, y la financiación de las prestaciones no contributivas y universales, como la sanidad y los servicios sociales, que tendrían que depender exclusivamente de la imposición general.

La segunda recomendación, por su parte, hace referencia a la constitución de reservas, que permitiría en los tiempos de bonanza ahorrar, para en los momentos de desequilibrio no tener que aumentar las cotizaciones sociales.

Ambas recomendaciones han pretendido ser desarrolladas por la Ley 24/1997, de 15 de julio, de consolidación y racionalización del sistema de Seguridad Social, donde encontramos entre sus objetivos, la separación financiera de la seguridad social y la constitución de un fondo de reservas. A tal fin se modificó el art. 86.2 del Texto Refundido de la Seguridad Social, aprobado por el Real Decreto Legislativo 1/1994, de 20 de junio –a partir de ahora LGSS–, estableciendo la separación financiera en una rama contributiva y no contributiva, mediante una aplicación paulatina de separación de fuentes. Además, dicha norma modifica el primer apartado del artículo 91 de la LGSS de 1994, que aprobaba un fondo de reserva para los excedentes de las cotizaciones sociales, con el objeto de disminuir los efectos que pudieran incurrir los ciclos económicos negativos en lo que se refiere a la recaudación de las cotizaciones y en la preservación del empleo.

En este sentido, más tarde, la Ley 18/2001, de 12 de diciembre, General de Estabilidad Presupuestaria, dispuso en su artículo 17.2 que, en la liquidación presupuestaria con superávit, dicho excedente se aplicaría de forma prioritaria a la constitución del Fondo de Reserva de la Seguridad Social. De esta forma, la Ley 24/2001, de 27 de diciembre, de medidas fiscales, administrativas y del orden social, en su artículo 34, modifica el artículo 91.1 de la LGSS facultando al Gobierno para fijar la dotación del fondo de reserva, así como la determinación de la materialización financiera del mismo. Así, posteriormente la Ley 28/2003, de 29 de septiembre reguladora del fondo de reserva de la Seguridad Social, regulará de forma específica los aspectos más relevantes del Fondo de Reserva.

Respecto a la tercera recomendación, relativa a la mejora de las bases de cotización, tenía como objetivo la equidad entre las bases y el salario real, para evitar desigualdades. De esta forma, se trataba de conseguir cierta proporcionalidad entre lo realmente percibido y lo que se debía cotizar, lo que se traduciría, a su vez, en unas pensiones más ajustadas a lo realmente trabajado durante la vida laboral. Como consecuencia, la Ley 24/1997, de 15 de julio, de Consolidación y Racionalización del Sistema de Seguridad Social, añadió a la LGSS una disposición transitoria decimoquinta donde se establecía que los importes de las bases máximas de cotización por contingencias comunes deberían coincidir con la cuantía del tope máximo establecido. A su vez, amplió el periodo de cálculo para las pensiones de jubilación, que pasa a ser el promedio de los 15 años anteriores al hecho causante–anteriormente era de 8 años–con el objetivo de poder adecuar de una forma más eficaz los ingresos aportados por los trabajadores en su actividad laboral.

En lo que se refiere a la quinta recomendación, respecto a la mejora de los mecanismos de recaudación y lucha contra la economía irregular, sobresale la necesidad de actuación de los poderes públicos para evitar un mal financiero, la economía sumergida. Todos los trabajadores han de contribuir al sistema, y esto gira en una doble vertiente: los trabajadores deberán de realizar cotizaciones, fruto de su trabajo, y de esta forma, garantizarse una pensión adecuada; por otro lado, estas cotizaciones sufragarán los gastos dentro del sistema solidario de la seguridad social.

Para poder dar respuesta a este problema sería necesario simplificar la gestión del sistema de Seguridad Social, haciendo mejoras de la administración y reforzando los mecanismos de la inspección. La Ley 42/1994, de medidas fiscales, administrativas y del orden social[7], aunque fue anterior al Pacto de Toledo, es de gran relevancia en la materia que nos ocupa, dado que ya reflejaba la necesidad de mejorar el sistema recaudatorio y la lucha contra el fraude. Por otra parte, la Ley 24/1997, de 15 de julio, de Consolidación y Racionalización del sistema de Seguridad Social, es de vital importancia dado que se encargó de mejorar la eficiencia del sistema, fortalecer la sostenibilidad y de garantizar mayor protección social.

Por último, se ha de destacar lo dispuesto en la recomendación cuarta, en lo que respecta a la financiación de los regímenes especiales y estrechamente vinculada con la recomendación sexta sobre simplificación e integración de los regímenes especiales. Aunque existen actividades laborales que, por las peculiaridades que presentan, requieren un tratamiento diferenciado a las actividades integradas en el Régimen General, el legislador pretende integrar, no obstante, de forma progresi-

7 Agencia Estatal Boletín Oficial del Estado. Ley 42/1994, de 30 de diciembre, de medidas fiscales, administrativas y de orden social, Vid,. online en: https://www.boe.es/buscar/doc.php?id=BOE-A-1994-28968

va a estos colectivos en el Régimen General, teniendo especial cuidado y revisando las peculiaridades que presentan, con el objeto de evitar desigualdades. Al revisar la inclusión de estos colectivos, se pretendía conseguir un sistema de financiación más sano e igualitario, al equipararse con el Régimen General, de modo que las prestaciones resultantes fueran más acordes a lo cotizado. En este sentido, la Ley 24/1997, de 15 de julio, de Consolidación y Racionalización del Sistema de Seguridad Social, modifica la disposición octava de la LGSS, y además impone una revisión del Régimen Especial de Trabajadores Autónomos y la emisión de un informe, con el objeto de verificar que realmente las prestaciones resultantes son más proporcionales a lo cotizado, aproximándose a lo previsto en el Régimen General. También se estudia la inclusión de las empleadas de hogar en los mismos términos descritos.

4.- EL INFORME DE 30 DE SEPTIEMBRE DE 2003 DE LA COMISIÓN NO PERMANENTE DEL CONGRESO PARA LA VALORACIÓN DE LOS RESULTADOS OBTENIDOS POR LA APLICACIÓN DE LAS RECOMENDACIONES DEL PACTO DE TOLEDO[8]

En esta primera revisión del Pacto de Toledo se reunió la Comisión no permanente con el objetivo de valorar si se habían llevado a cabo de forma eficaz las quince recomendaciones aprobadas, así como para proponer las modificaciones que se estimaran oportunas tras los cambios económicos, sociales y demográficos que se venían produciendo.

---

8 Boletín Oficial de las Cortes Generales. Congreso de los Diputados. Serie D, núm. 596, 2 de octubre de 2003, p. 18. Vid., online en: D 596. PDF (congreso.es).

La preocupación candente sobre el futuro de las pensiones de jubilación versa, mayormente en cuestiones de índole económica, así siguiendo la misma línea se realizará un estudio de las recomendaciones con índole económica, a destacar en primer lugar, la primera recomendación de separación y clarificación de las fuentes de financiación, donde la Comisión revela el logro en la clarificación de las fuentes financieras dependiendo de la procedencia de las prestaciones, es decir, las prestaciones contributivas pasan a ser financiadas generalmente por las cotizaciones sociales, y las prestaciones asistenciales o no contributivas serían a cargo de los Presupuestos Generales del Estado. No obstante, se reitera al Estado la asunción completa de la financiación de los complementos a mínimos, que ya la Ley 29/1997, del 15 de julio de Racionalización y Consolidación del Sistema de Seguridad Social se dispuso a clarificar y definir su naturaleza no contributiva.

En otro punto, la Comisión, en lo que respecta al Fondo de Reserva, hace referencia a que el futuro del funcionamiento del sistema va a depender de su equilibrio financiero, por lo que la constitución de este era de vital importancia para poder subsistir en las épocas de deficiencia económica. De esta forma, en el año 2003 ya habría constituido de los excedentes financieros aproximadamente 12.000 millones de euros[9], aunque como veremos más adelante, la dotación sufrirá un grave descenso.

Con el motivo de esta revisión, surge la Ley 28/2003, de 29 de septiembre, reguladora del Fondo de Reserva de la Seguridad Social, que, junto al Real Decreto 337/2004, de 27 de febrero, por el que se desarrolla dicha ley, se encargan de

---

9 La Revista de Seguridad Social, Secretaria de Seguridad Social y Migraciones, Ministerio de Inclusión y Seguridad Social, 2024, Vid,. disponible en: https://revista.seg-social.es/-/elma-saiz-entrega-el-informe-del-fondo-de-reserva-2023-a-francina-armengol

cumplir las directrices de esta revisión, definiendo el establecimiento de los excedentes en materia de cotización al fondo de reserva, así como su gestión, aunque ya se hizo constar en el año 2000.

Por otro lado, la Comisión insiste sobre la financiación, simplificación e integración de los regímenes especiales, al establecimiento de una protección equiparable entre los distintos regímenes – mantenimiento las peculiaridades de cada colectivo –, pensando en la adopción de dos únicos regímenes, el Régimen General y el Régimen Especial para Trabajadores Autónomos, estableciéndose en consecuencia la inclusión de los trabajadores por cuenta propia del régimen agrario dentro del Régimen Especial para Trabajadores Autónomos mediante la Ley 18/2007, de 4 de julio, por la que se procede a la integración de los trabajadores por cuenta propia al Régimen Especial Agrario de la Seguridad Social en el Régimen Especial de la Seguridad Social de los Trabajadores por Cuenta Propia o Autónomos.

Por otra parte, en lo que respecta a las bases mínimas y máximas de cotización, la comisión constató que se había adecuado correctamente la recomendación respecto a la posición de un único tope máximo para todas las categorías profesionales, con el objetivo de mejorar la relación real entre base y salario, aunque, haciendo referencia a la necesidad de una revisión progresiva de las bases mínimas y máximas para ir ajustándolas al salario que realmente perciben los trabajadores, así como investigar la situación de los regímenes que cotizan mayormente respecto a la base mínima.

Es necesario comentar que anteriormente al Pacto de Toledo de 1995, si existían las bases mínimas y bases máximas, pero no existía un tope máximo de cotización, así, por ejemplo, en el año 1994 las bases máximas eran 349.950 pesetas –para los grupos 1,2,3 y 4–, 260.820 pesetas –para los grupos 5,6 y 7–, y

8.694 pesetas para el resto de los grupos[10]. No será hasta el año 2002 cuando se integre el tope máximo único para todas las categorías, este fue situado en 2.574,90€ mensuales o 85,83€ diarios[11].

Siguiendo la misma línea, la revisión también plantea la problemática existente en la lucha contra el fraude y ahonda en la necesidad de prestar gran atención a la economía irregular e inmigración ilegal; además, hace mención a la importancia de de prestar gran atención a la afiliación dada a ciertos autónomos que cumplían las carácterísticas de trabajadores por cuenta ajena –voluntariedad, dependencia, ajeneidad y asalariados–.

Por último, la Comisión definió cinco nuevas recomendaciones necesarias para la supervivencia del sistema de pensiones, de las que destacaría dos de ellas:

En primer lugar, la recomendación segunda que versa sobre la mujer y la protección social, que deja ver las nuevas realidades sociales a las que nos enfrentamos y la necesidad inminente de actuación por parte de las administraciones públicas de adecuar nuestro sistema. La mujer en España se ha ido incorporando al mercado de trabajo de forma progresiva, aproximadamente en el año 1987 más del 80% de las mujeres solteras trabajaba, porcentaje que se ha mantenido paulatinamente hasta el año 2007, frente a lo que sucedería con las mujeres casadas sin hijos, donde trabajaba aproximadamente

---

10 Agencia Estatal Boletín Oficial del Estado. Ministerio de Trabajo y Seguridad Social. Núm. 18, de 21 de enero de 1994. Vid. on line en: https://www.boe.es/buscar/doc.php?id=BOE-A-1994-1413

11 Agencia Estatal Boletín Oficial del Estado. Ministerio de Trabajo y Seguridad Social. Núm 29, de 2 de febrero de 2002. Vid. on line en: https://www.boe.es/buscar/doc.php?id=BOE-A-2002-2195#:~:text=2.1%20Base%20m%C3%ADnima%20de%20cotizaci%C3%B3n,las%20bases%20m%C3%ADnima%20y%20m%C3%A1xima.

el 60%, tasa que aumentó de forma radical hasta el año 2007, situándose en un 85%. Por otra parte, las mujeres casadas y con hijos, en el año 1987, ocupaban un empleo el 35%, situándose en un 60% en el año 2007[12]. Como se puede comprobar, es evidente que la incorporación de la mujer al mercado laboral es un hecho, y que se ha de adecuar las condiciones de trabajo para favorecer dicho suceso mediante la conciliación laboral y familiar además de mejorar las medidas de no discriminación, tanto directas como indirectas, en el marco laboral.

Con vistas al futuro de las pensiones de jubilación – y como consecuencia del baby boom – habrá muchas menos personas en activo que contribuyan a la finalización de las pensiones de jubilación siendo necesaria la incorporación de las mujeres para el sostenimiento del sistema y adecuar las medidas de conciliación laboral y familiar que favorezcan el aumento de la natalidad. Como respuesta a todo ello, se adoptó la Ley 3/2007, de 22 de marzo, para la igualdad efectiva de mujeres y hombres, que se centra en eliminar toda forma de discriminacion laboral de las mujeres, así como, a través de una serie de medidas, adecuar la conciliación laboral y familiar.

En segundo lugar, se ha de destacar la quinta recomendación adicional en lo que respecta al fenómeno de la inmigración. El Pacto de Toledo de 1995 ya realizaba una referencia, un tanto discreta, a la inmigración y su repercusión directa a la capacidad de financiación del sistema de Seguridad Social, no obstante, lo único relevante a lo que hace constancia es al número de inmigrantes legales entre 1981 y 1990, cifra que se situaba en 220.000 personas.

Siguiendo la misma línea, en la revisión de 2003, ya se observa la importancia de la inmigración en el futuro de las pen-

---

12 Cebrián López I, Moreno Raymundo G (2008). *La situación de la mujer en el mercado de trabajo español. Desajustes y retos*. Cuestiones Pendientes.

siones de jubilación, y es que se hace necesario mantener un número relevante de personas activas para poder sufragar los gastos de las pensiones de las personas que ya no se encuentran trabajando. No obstante, la incorporación de las personas extranjeras al mercado de trabajo español se ha de realizar reconociendo plenos derechos y obligaciones. El mercado laboral se ha de acondicionar a la incorporación del inmigrante, evitando a toda costa el trabajo sumergido e ilegal. En el año 2.000, en España vivían de forma legal aproximadamente un millón de personas migrantes, sin olvidar que más o menos otras trescientos mil vivían de forma irregular[13].

5.- EL INFORME DE EVALUACIÓN Y REFORMA DEL PACTO DE TOLEDO DE 25 DE ENERO DE 2011[14].

Quince años después del Pacto de Toledo originario, en el año 2011 se vuelve a reunir la Comisión para estudiar la evolución de las recomendaciones y realizar los cambios necesarios para adecuarlas a las nuevas situaciones. Vamos a centrarnos de nuevo en las recomendaciones principalmente económicas, comenzando por la primera, que es la relativa, como sabemos, a la separación y clarificación de las fuentes de financiación.

Como se ha mencionado anteriormente, ya se había realizado la distinción entre la financiación de las prestaciones contributivas y las asistenciales, pero a pesar de la reiteración de la revisión anterior en el año 2003, los complementos a mí-

---

13 Izquierdo Escribano A, (2001). *El panorama migratorio en España a comienzos del siglo XXI*. Boletín Oficial del Estado.

14 Boletín Oficial de las Cortes Generales. Congreso de los Diputados. Serie D, núm. 513, 31 de enero de 2011. Vid. *on line*, en: https://www.congreso.es/public_oficiales/L9/CONG/BOCG/D/D_513.PDF.

nimos seguían sin ser asumidos por el sistema impositivo, aún teniendo naturaleza no contributiva.

La Ley de Seguridad Social de 1994, en su disposición transitoria decimocuarta, definía que el plazo de asunción por parte del Estado de la financiación de los complementos a mínimos se realizaría en un plazo de 12 años, contados a partir del 1 enero del año 2002, es decir, el plazo finalizaría antes del 1 de enero de 2014. De esta forma, mientras se adecuaba el sistema para esta asunción por parte de los Presupuestos Generales del Estado, el coste de los complementos a mínimos seguiría corriendo a cargo de los recursos del sistema de Seguridad Social. Es por ello que la propia recomendación encomendaba la necesidad imperiosa de definir claramente el balance económico patrimonial entre la Seguridad Social y el Estado, para que se pudieran sanear las deudas existentes entre ambas instancias, derivadas de los préstamos del Estado a la Seguridad Social.

De esta forma, la posterior Ley 27/2011, de 1 de agosto, sobre actualización, adecuación y modernización del sistema de Seguridad Social[15], instó en su disposición adicional duodécima, que se debía asumir por parte del Estado el coste íntegro de los complementos a mínimos, por lo que en 2014 ya fue asumida íntegramente su financiación con cargo a los Presupuestos Generales del Estado. No obstante, si dicha asunción se hubiera realizado anteriormente, el coste estimado en ahorro para la Seguridad social habría sido de 41.009 millones de euros aproximadamente[16].

---

15 Agencia Estatal Boletín Oficial del Estado. Ley 27/2011, de 1 de agosto, sobre actualización, adecuación y modernización del sistema de Seguridad Social, Vid. on line en: https://www.boe.es/buscar/act.php?id=BOE-A-2011-13242

16 Gutiérrez Casillas, I (2018). *El Pacto de Toledo: fundamento, precedente, concepto, contenido y revisión parlamentaria.* Revistas de las Cortes Generales, núm 103, pp 418.

Por otro lado, también se instó a que las bonificaciones respecto a las cuotas de Seguridad Social, en materia de políticas activas de empleo, serían asumidas igualmente por el Estado.

En lo que respecta a la segunda recomendación, relativa al fondo de reserva de seguridad social, hasta la revisión del año 2011, dicho fondo se encontraba regulado, como sabemos, en la Ley 28/2003, de 29 de septiembre, reguladora del Fondo de Reserva de la Seguridad Social[17], pero esta ley fue derogada el día 2 de enero del año 2016, fecha en la que entró en vigor el Real Decreto Legislativo 8/2015, por el que se aprueba el Texto Refundido de la Ley General de la Seguridad Social, y que regularía el Fondo de Reserva de la Seguridad Social, en el Título I, Capítulo VII, sección cuarta.

El excedente del fondo de reserva, según la revista de la Seguridad Social[18], desde su creación en el año 2000, aumentó de forma progresiva, hasta alcanzar, el año 2011 el pico más alto, con una reserva de aproximadamente 66.815 millones de euros, aunque como he adelantado en la anterior revisión, más tarde habría una caída muy acentuada.

Por otro lado, en lo que se refiere a la financiación, simplificación e integración de regímenes especiales, el Pacto de Toledo expone como objetivo la equiparación de derechos entre

---

17 Agencia Estatal Boletín Oficial del Estado. Ley 28/2003, de 29 de septiembre, reguladora del Fondo de Reserva de la Seguridad Social, Vid. on line en: https://www.boe.es/buscar/act.php?id=BOE-A-2003-18089.

18 Ministerio de Inclusión, Seguridad Social y Migraciones 2024. La ministra Elma Saiz entrega el informe anual del Fondo de Reserva de 2023 a la presidenta del Congreso, Francina Armengo. La Revista de la Seguridad Social, Vid. on line en: https://revista.seg-social.es/-/elma-saiz-entrega-el-informe-del-fondo-de-reserva-2023-a-francina-armengol#:~:text=El%20Fondo%20de%20Reserva%20lleg%C3%B3.del%20Mecanismo%20de%20Equidad%20Intergeneracional.

los diferentes trabajadores a los que se le aplica un régimen o sistema especial, a destacar, los trabajadores autónomos, promoviendo incentivos para la actividad laboral autónoma, respecto a la jubilación anticipada y a tiempo parcial, así como ir adecuando las bases de cotización a los ingresos reales percibidos, con vistas a que las prestaciones resultantes de éstas sean acordes a lo realmente obtenido.

En el año 2013, el Real Decreto Ley de apoyo al emprendedor y de estímulo al crecimiento, en su disposición adicional trigésimo quinta, apartado segundo, creó una bonificación para los trabajadores menores de 30 años, que causaran alta por primera vez en el Régimen de autónomos o en Régimen Especial de Trabajadores del Mar. Esta bonificación se realizaba sobre la cuota por contingencias comunes, exceptuando la incapacidad temporal, y durante un periodo máximo de 30 meses. Esta bonificación, se ampliaría más tarde a los demás autónomos, sin tener en cuenta la edad, que iniciaran su actividad por vez primera en el Régimen Especial para Trabajadores por Cuenta Propia.

También se ha de tener en cuenta otros cambios que se realizaron en la ley de 11 de julio, del Estatuto del trabajador autónomo, y que tienen gran relevancia en la aproximación progresiva a los derechos de los trabajadores por cuenta ajena, destacando la incorporación, en el año 2010. de la protección por cese de actividad mediante la Ley 32/2010 de 5 de agosto, por la que se establece un sistema específico de protección por cese de actividad de los trabajadores autónomos. Aunque inicialmente tendría carácter voluntario, posteriormente el Real Decreto 28/2018, de 28 de diciembre[19], modifica la Ley General de Seguridad Social, transformándola en obligatoria.

---

19 Agencia Estatal Boletín Oficial del Estado. Real Decreto-Ley 28/2018, de 28 de diciembre, para la revalorización de las pensiones públicas y otras medidas urgentes en materia social, laboral y de empleo, Vid.

Otra cuestión significativa es la referencia de la Comisión a las empleadas de hogar y a su necesaria integración en el Régimen General, atendiendo a las peculiaridades que tratan en razón de su actividad. Con el objetivo de cumplir lo dispuesto en el Pacto de Toledo, a través del Acuerdo del 13 de julio de 2006, apartado V y junto a nuevas propuestas, se establecen las bases del Real Decreto 1620/2011, de 14 de noviembre, por el que se regula la relación laboral de carácter especial del servicio del hogar familiar, y que regula las condiciones laborales de este colectivo. Más tarde, se realizarían más cambios relevantes en lo que respecta a la protección de las empleadas de hogar, destacando la regulación, en el año 2012[20], de la incapacidad temporal y las nuevas cotizaciones por desempleo y FOGASA en el año 2022[21].

Por otra parte, sobre la revisión de la recomendación que versa sobre la adecuación de las bases y períodos de cotización, la Comisión resalta la necesidad de ajustar las bases de cotización, elevando el tope máximo, con el objetivo de que las prestaciones sean a futuro más elevadas y que realmente el cálculo de estas comprenda las cotizaciones verdaderamente

---

online en: https://www.boe.es/buscar/act.php?id=BOE-A-2018-17992#df-2

20 Agencia Estatal Boletín Oficial del Estado. Real Decreto 1596/2011, de 4 de noviembre, por el que se desarrolla la disposición adicional quincuagésima tercera de la Ley General de la Seguridad Social, texto refundido aprobado por el Real Decreto Legislativo 1/1994, de 20 de junio, en relación con la extensión de la acción protectora por contingencias profesionales a los trabajadores incluidos en el Régimen Especial de la Seguridad Social de los empleados de Hogar, Vid. online en: https://www.boe.es/buscar/act.php?id=BOE-A-2011-18914.

21 Agencia Estatal Boletín Oficial del Estado. Real Decreto-ley 16/2022, de 6 de septiembre, para la mejora de las condiciones de trabajo y de Seguridad Social de las personas trabajadoras al servicio del hogar, Vid. online en: https://www.boe.es/buscar/act.php?id=BOE-A-2022-14680.

realizadas. El tope máximo de cotización establecido para el año 2011 se situaba en 3.230,10€, ascendiendo al año siguiente a 3.262,50€ y aumentando de forma progresiva hasta el año 2019 a 4.070,10€ mensuales, manteniéndose hasta el año 2021.

Por último, en lo que a la lucha contra el fraude se refiere, que es crucial para el saneamiento del sistema, dado que la economía sumergida es una herida de fondo para la estabilidad financiera de la Seguridad Social, se pide a los poderes públicos que salvaguarden el sistema mediante mecanismos de control y seguimiento. La comisión destaca especialmente el fraude en las incapacidades temporales, que durante 15 días afronta las empresas de forma íntegra. Con el fin de afrontar el problema de la economía informal, se crea el Observatorio para la lucha contra el fraude a la Seguridad Social[22], como elemento esencial para el sostenimiento del sistema. Este organismo tiene su antecedente en el año 2006, mediante el llamado Observatorio de Fraude social.

6.- EL INFORME DE EVALUACIÓN Y REFORMA DEL PACTO DE TOLEDO DE 27 DE OCTUBRE DE 2020[23].

En el año 2020 se realiza la tercera revisión del Pacto de Toledo de 1995, en un ambiente caótico e incierto, pues aún se vivía la situación del COVID-19 y la incertidumbre que le

---

22 Agencia Estatal Boletín Oficial del Estado. Orden TMS 7667/2019, de 5 de junio, por la que se crea el Observatorio para la lucha contra el fraude a la Seguridad Social, Vid. online en: https://www.boe.es/buscar/act.php?id=BOE-A-2019-9215.

23 Boletín Oficial de las Cortes Generales. Congreso de los Diputados. Serie D, núm. 175. 10 de noviembre de 2020. Informe de evaluación y reforma del Pacto de Toledo. [en línea]. Disponible en: https://www.congreso.es/public_oficiales/L14/CONG/BOCG/D/BOCG-14-D-175.PDFF.

acompañaba. En esta nueva revisión se configuran 20 recomendaciones, de las que analizaremos las de índole económica, comenzando, como exige este trabajo, por la primera recomendación, que versa sobre la consolidación de la separación de fuentes y el establecimiento del equilibrio financiero, puesto que, pese a la asunción por parte de los Presupuestos Generales del Estado de los complementos a mínimos – que tanto se ha dilatado en el tiempo – la Comisión constata que aún se financiaban, a cargo de las cotizaciones sociales, gastos referentes a políticas estatales con entidad propia, y que en gran medida explicaría el déficit presupuestario existente. De esta forma, aunque se insta a la creación de empleo mediante bonificaciones que reduzcan las cotizaciones sociales, estas reducciones en ningún caso se han de sufragar mediante las cotizaciones sociales. Otro aspecto importante es el relativo a la protección de la familia, ámbito en el que algunas prestaciones ya son financiadas en parte por los Presupuestos Generales, y donde la Comisión plantea, en esta línea, que las prestaciones por nacimiento y cuidado del menor también sean abonadas con cargo a los Presupuestos Generales del Estado.

En cuanto al fondo reserva, hay que tener en cuenta que, a partir de la revisión del año 2011, su cuantía comenzó a decrecer, situándose en el punto más bajo en el año 2020 con 2.138 millones de euros. La Comisión entiende que esta disminución tan acentuada se debe al desequilibrio financiero existente en la Seguridad Social durante bastantes ejercicios presupuestarios, por lo que expresa su preocupación por la reducción de los activos y la pérdida de capacidad para poder hacer frente a los gastos. No obstante, aunque los activos se reduzcan, la Comisión deja claro que ello no podría implicar una disminución del importe de las prestaciones, porque sería contrario al principio de suficiencia, de ahí que se deje planteada la opción de establecer un mínimo para el Fondo de Reserva, que habría de estar siempre disponible.

En este punto, en la revisión de la recomendación ya no se define el Fondo de Reserva como un mecanismo idóneo para resolver desequilibrios financieros de naturaleza estructural, es decir, a los problemas estructurales se le deberán de dar soluciones estructurales, ya que intentar solventar problemas financieros únicamente con la constitución del fondo de reserva, concluiría con la escasez de la misma.

Una de las consecuencia de este déficit, sumado al conflicto intergeneracional, fue la creación del Mecanismo de Equidad Intergeneracional, en adelante MEI, aprobado por el Real Decreto-Ley 2/2023, de 16 de marzo, de medidas urgentes para la ampliación de derechos de los pensionistas, la reducción de la brecha de género y el establecimiento de un nuevo marco de sostenibilidad del sistema público de pensiones[24] – cuyos antecedentes más próximos se enmarcan en la Ley 21/2021, de 28 de diciembre, de garantía del poder adquisitivo de las pensiones y de otras medidas de refuerzo de la sostenibilidad financiera y social del sistema público de pensiones –. Esta cotización adicional será de 1,2 puntos porcentuales – 0,2 puntos soportados por el trabajador y un punto a la empresa –. Dicho MEI se integrará en el Fondo de Reserva de la Seguridad Social.

Por otro lado, el Decreto-Ley 2/2023, de 16 de marzo, modifica el artículo 121 de la LGSS, en lo que respecta a la disposición de activos del Fondo, disponiéndose exclusivamente para sufragar las prestaciones contributivas y cuyo objeto obedece a reforzar el equilibrio y sostenimiento del sistema de Seguridad

---

24 Agencia Estatal Boletín Oficial del Estado. Real Decreto-ley 2/2023, de 16 de marzo, de medidas urgentes para la ampliación de derechos de los pensionistas, la reducción de la brecha de género y el establecimiento de un nuevo marco de sostenibilidad del sistema público de pensiones. Vid. online en https://www.boe.es/boe/dias/2023/03/17/pdfs/BOE-A-2023-6967.pdf

social. Este mismo artículo en su segundo apartado establece que en cada ejercicio económico, a partir del año 2033, el desembolso anual que se podrá efectuar por el Fondo de Reserva. Actualmente la escala asciende hasta el año 2053.

Respecto a la integración y convergencia de los regímenes, en esta nueva revisión se insta igualmente a la equiparación de los regímenes para optar finalmente por dos: el Régimen General y el Régimen Especial para Trabajadores Autónomos. No obstante – y como se viene mencionando – las cotizaciones que se realicen por parte de los trabajadores autónomos han de tener similitud con los ingresos reales obtenidos, para evitar disparidades entre las pensiones resultantes y lo realmente trabajado. De esta forma, el Real Decreto-Ley 13/2022, de 26 de julio, por el que se establece un nuevo sistema de cotización para los trabajadores por cuenta propia o autónomos y se mejora la protección por cese de actividad[25], establece un nuevo mecanismo de cotización para este colectivo, que elegirán su base de cotización, establecida dentro de un mínimo y un máximo, y que dependerá de la previsión de ingresos reales que tenga el autónomo en cada año.

Una nueva recomendación que se incorpora en esta revisión es la relativa a la juventud. Actualmente, los jóvenes en España inician su actividad laboral más tarde de lo que venía siendo habitual hace varias décadas, a lo que ha de sumarse la situación de precariedad laboral a la que son sometidos en gran medida, lo que va a tener una repercusión gravísima para sus pensiones de jubilación. De esta forma la Comisión recomienda paliar esta situación precaria en las propias fórmulas de contratación laboral, de ahí que podamos considerar como

---

25 Agencia Estatal Boletín Oficial del Estado. Real Decreto-Ley 13/2022, de 26 de julio, por el que se establece un nuevo sistema de cotización para los trabajadores por cuenta propia o autónomos y se mejora la protección por cese de actividad.

plasmación jurídica de esta recomendación el Real Decreto-Ley 32/2021, de 28 de diciembre, de medidas urgentes para la reforma laboral, la garantía de la estabilidad en el empleo y la transformación del mercado de trabajo[26], que suprime los contratos temporales, con excepción del eventual por circunstancia de producción, haciendo desaparecer así el contrato por obras o servicios e incentivando de esta forma la contratación indefinida.

Por último, y en lo que respecta a la inmigraciación, la Comisión entiende que se ha de visualizar como un apoyo necesario para el mantenimiento del sistema de pensiones, dada la escasez demográfica en la que nos encontramos. Por tanto, las consideraciones normativas a realizar se han de configurar como una adaptación para la incorporación de la persona extranjera en el mercado de trabajo español. En esta línea, el Real Decreto 629/2022, de 26 de julio[27], modifica el Reglamento de la Ley Orgánica 4/2000, sobre derechos y libertades de los extranjeros en España y su integración social, con el objetivo de facilitar la permanencia y el empleo de los estudiantes inmigrantes, así como el arraigo social-laboral y la agrupación familiar. Por otro lado, se facilita la atracción de los empren-

---

26 Agencia Estatal Boletín oficial del Estado. BOE-A-2021-21788 Real Decreto-ley 32/2021, de 28 de diciembre, de medidas urgentes para la reforma laboral, la garantía de la estabilidad en el empleo y la transformación del mercado de trabajo.

27 Agencia Estatal Boletín oficial del Estado. Real Decreto 629, de 26 de julio, por el que modifica el Reglamento de la Ley Orgánica 4/2000, sobre derechos y libertades de los extranjeros en España y su integración social, tras su reforma por Ley Orgánica 2/2009, aprobado por el Real Decreto 557/2011, de 20 de abril, Vid,. disponible en: https://www.boe.es/diario_boe/txt.php?id=BOE-A-2022-12504#:~:text=A%2D2022%2D12504-,Real%20Decreto%20629%2F2022%2C%20de%2026%20de%20julio%2C%20por,2011%2C%20de%2020%20de%20abril.

dedores, facilitando la contratación en origen, así como la migración circular.

7.- CONCLUSIONES

Como hemos podido comprobar, el ámbito social en el que nos vemos inmersos, es una situación cambiante, que se ha de responder con la adecuación normativa correspondiente, con el objeto de no dejar sin protección al ciudadano. El Pacto de Toledo surge por esa preocupación ante el futuro tan incierto que nos depara, abordando las razones por las que se fundamenta su preocupación, propone planes a seguir y revisa la actuación normativa. No obstante, cabe preguntarse si es suficiente.

En primer lugar, se ha realizado correctamente la clarificación de las prestaciones contributivas y no contributivas, pero la dilatación del tiempo en su separación financiera ha incentivado el déficit presupuestario en la Seguridad Social y los problemas que nos acarrean. Aún se mantienen a cargo de la Seguridad Social pagos que deberían ser proporcionados por el Estado. Se ha de revisar de forma inminente esta situación, y abordar un plan de financiación exhaustivo y realmente separado.

En relación con lo anterior, ha nacido la cotización del Mecanismo de Equidad Intergeneracional para ahorrar fondos en el Fondo de Reserva de Seguridad Social. Este MEI, supone para el cotizante un esfuerzo económico adicional, que de haber mediado la gestión correcta por parte de las administraciones y en lo relativo a la separación de la financiación, no hubiera sido necesario.

Se ha de sumar el envejecimiento de la población y que se ha iniciado la jubilación masiva de la generación del baby boom. Se ha abordado cómo financiar las pensiones, pero no si van a ser suficientes. Se ha de tener en cuenta, que siendo un sistema solidario de Seguridad Social – los trabajadores en activos financiaran, mediante sus cotizaciones, las prestaciones contributivas – a futuro, serán muchos menos jóvenes en activo abonando las pensiones de jubilación que se hayan generado.

Un plan de actuación viable es la inmigración legal en España, que contribuya a la financiación de las pensiones, y aunque se ha avanzado en esta materia, el contexto económico que presenta España deja en una situación de incertidumbre a los inmigrantes, debido al empleo precario y condiciones laborales precarias, así como el acceso a la vivienda, entre otros aspectos [28].

En definitiva, y aunque se ha avanzado en este campo, se deberá seguir abordando recomendaciones e ir introduciendo medidas correctoras en nuestra normativa, adecuándolas a la situación del país, para garantizar la viabilidad económica del sistema de Seguridad Social, y en consecuencia, el futuro de las pensiones de jubilación. Sólo de ese modo podrá hacerse efectiva la afirmación de fondo del Pacto de Toledo según la cual *"el respeto y el cuidado de los más débiles es el mejor índice para medir la calidad humana de una sociedad*"[29].

---

[28] Inglada Galiana, E, Sastre Centeno J.M, De Miguel Bilbao, M. (2019). *La inmigración irregular en España y Europa: situación y perspectivas.* Revista Galega De Economía.

[29] Boletín Oficial de las Cortes Generales. Congreso de los Diputados. Serie D, núm. 175. 10 de noviembre de 2020. Informe de evaluación y reforma del Pacto de Toledo. [en línea]. Disponible en: https://www.congreso.es/public oficiales/L14/CONG/BOCG/D/BOCG-14-D-175.PDFF.

8. REFERENCIAS BIBLIOGRÁFICAS

Cebrián López I, Moreno Raymundo G (2008). *La situación de la mujer en el mercado de trabajo español. Desajustes y retos.* Cuestiones Pendientes.

Guillén, A. M. (1997). *Un Siglo de Previsión Social En España.* Ayer, (25), 151–78.

Gutiérrez Casillas, I (2018). *El Pacto de Toledo: fundamento, precedente, concepto, contenido y revisión parlamentaria.* Revistas de las Cortes Generales, núm 103, pp 399-428

Inglada Galiana, E, Sastre Centeno J.M, De Miguel Bilbao, M. (2019). *La inmigración irregular en España y Europa: situación y perspectivas.* Revista Galega De Economía

Instantánea Económica (1993). *Papeles de Economía Española.* Fundación Fondo para la Investigación Económica y Social (78)

Izquierdo Escribano A, (2001). *El panorama migratorio en España a comienzos del siglo XXI.* Boletín Oficial del Estado.

Pico Gonzalez, B.E (2023) "*Empleadas de hogar: especial referencia a un colectivo olvidado.* E- Revista Internacional de la Protección Social, Vol. VIII, N°1, pp 289-300.

Ordoñez Casado, M.I. (2019). *Los trabajadores maduros ante el reto del envejecimiento activo.* Laborum.

Capítulo 6.

EL SISTEMA DE AUTONOMÍA Y ATENCIÓN A LA DEPENDENCIA COMO CUARTO PILAR DEL ESTADO DEL BIENESTAR. ALGUNAS PROPUESTAS DE MEJORAS

MARÍA FÁTIMA POYATOS CHACÓN

1. INTRODUCCIÓN.

El Estado del Bienestar español, subdesarrollado desde su creación, arrastra enormes déficits. Entre todos ellos, uno de los ámbitos pendientes de progreso, y que ocupa un espacio central en la vida de numerosas personas de nuestro país, es el que se conoce como el Cuarto Pilar del Estado del Bienestar. Es decir, la articulación efectiva desde lo público, del Sistema de cuidados: concretamente, de los servicios y prestaciones de atención a la dependencia. Por lo que, en estos momentos, haría falta una transformación importante en el actual Sistema de Autonomía y Atención a la Dependencia, enfocado de forma injusta por sus desequilibrios territoriales, por su ineficiencia, e insostenibilidad. Cuestión que no es difícil de concluir si reparamos en el bajo porcentaje de inversión económica que España destina a la atención y a los cuidados de personas dependientes, en comparación con otros países europeos[1]. Así es que, cada vez más, se confirman las necesidades de perfeccionar y actualizar el Cuarto Pilar del Estado del Bienestar, atendiendo a la demanda creciente de cuidados, en términos de bienestar y calidad de vida; así como poniendo al alcance social medidas para equilibrar los roles de género, o apoyar a los cuidados desempeñados en el ámbito familiar. Por lo que el desarrollo de estos servicios de atención a la dependencia, deberían empezar por estar garantizados como derechos sociales legalmente reconocidos, al mismo nivel que los que componen los otros tres pilares de nuestro Estado del Bienestar: sanidad, educación y pensiones. Como se puede observar se apunta alto; atendiendo a reformas relevantes, urgentes, y a implementar a corto plazo, en todas aquellas normativas, y en las políticas de nuestro país que afecten a personas dependientes y/o con discapacidad.

---

1 La nueva estimación del Observatorio de la dependencia para el coste global del Sistema durante el año 2023 asciende a un 0,8% del PIB. AA.VV. (2024). *XXIV Dictamen del Observatorio Estatal de la Dependencia.* AEDGSS, 58. A diferencia, otros países de Europa destinan a los cuidados un 3,4% del PIB (Dinamarca), o un 3,3% (en Suecia). Ministerio de Derechos Sociales y Agenda 2030. (2022). *Informe de evaluación del Sistema de Promoción de la Autonomía Personal y Atención a las Personas en Situación de Dependencia (SAAD)*, 29.

2. LA CONSTRUCCIÓN DEL CUARTO PILAR DEL ESTADO DEL BIENESTAR EN ESPAÑA

Finalmente aprobada la Ley 39/2006, de 14 de diciembre, de Promoción de la Autonomía Personal y Atención a las personas en situación de dependencia (ley de dependencia)[2], en España se instauraba un nuevo Sistema de cuidados para las personas dependientes. Nos referimos al Sistema de Autonomía y Atención a la Dependencia (el SAAD), cuyo objeto sería promover la autonomía personal y garantizar la atención a todos los ciudadanos con algún grado de dependencia, proporcionándoles mejoras en la calidad de vida y en su desarrollo personal (art. 1 de la ley de dependencia). Como se indicó en el Informe sobre el Desarrollo del Pacto de Toledo del año 2008, dicha Ley venía a configurar "un nuevo derecho que es, además, universal, subjetivo y perfecto, ya que será exigible en vía judicial y ante la administración"[3]; de ahí que llegara a ser considerada, como la base jurídica del llamado "Cuarto Pilar del Estado de Bienestar"[4]. Este nuevo Sistema Nacional de Atención a la Dependencia, vino a incorporar una serie de ayudas económicas y de servicios sociales que ya empezaban a desbordar el catálogo actual de prestaciones de la Seguridad Social española, ofreciendo a la par otro tipo de prestaciones sociales de naturaleza netamente asistencial, con caracteres propios y definidos, que operaban como una técnica de protección externa al Sistema de la Seguridad Social. Hay que tener en cuenta, a este respecto, que las emergentes prestaciones y servicios de la ley de dependencia no aparecen en el catálogo de prestaciones de la Seguridad Social establecido en el art.

---

2 BOE-A-2006-21990.

3 Ministerio de Trabajo e Inmigración. (2008). *Informe sobre el desarrollo del Pacto de Toledo.* Secretaría de Estado de la Seguridad Social, 328-330.

4 Ídem.

42 del Real Decreto Legislativo 8/2015, de 30 de octubre, por el que se aprueba el texto refundido de la Ley General de la Seguridad Social (LGSS)[5], donde sólo se hace referencia a la asistencia sanitaria, a los "*beneficios de la asistencia social*" que complementan las prestaciones de Seguridad Social[6], y a las "*prestaciones de servicios sociales que puedan establecerse en materia de formación y rehabilitación de personas con discapacidad y de asistencia a las personas mayores*". Por lo que, haciendo suyas las prestaciones y servicios asistenciales que la LGSS venía otorgando tradicionalmente a las personas dependientes, ya fuese por razón de edad o discapacidad, y acuñando nuevas prestaciones sociales hasta entonces inexistentes para los/las ciudadanos/as, la ley de dependencia vino a establecer un renovado Catálogo de prestaciones y servicios que además, con la financiación adecuada del momento inicial, empezó a convertirse en un emergente factor de creación de empleo, en el sector del trabajo de cuidados a personas dependientes.

La propia naturaleza del objeto de la ley de dependencia, contemplado en su art. 1, requiere de un compromiso y de una actuación conjunta de todos los poderes e instituciones públicas, por lo que la coordinación entre la Administración General del Estado (AGE) y las Comunidades Autónomas (CCAA) es un elemento fundamental (art. 10 de la ley de dependencia). Pero además para que el SAAD empezara a desarrollarse fue necesario, de forma ineludible, la creación del Consejo Territorial del Sistema para la Autonomía y Atención a la Dependencia (Consejo Territorial), al cual se le atribuiría la función de reforzar el marco de cooperación interadministrativa previsto en el art. 1 de la ley de dependencia, además de otras funciones básicas que ayudarían a promover su funcionamien-

---

5 BOE-A-2015-11724.

6 Lozano Lares, F. (2023). *Manual de Seguridad Social.* Laborum, 37.

to[7]. Otro elemento crucial para su puesta en marcha sería la financiación del SAAD, que vendría determinado por el número de personas en situación de dependencia, y por los servicios y prestaciones previstos en la misma ley de dependencia, que debían ser estables, suficientes, sostenibles en el tiempo y garantizables mediante la corresponsabilidad de las Administraciones Públicas. Y en todo caso, debía y debe ser la AGE quien, de forma equitativa, garantice la financiación a las CCAA para el desarrollo del nivel mínimo de protección para las personas en situación de dependencia (art. 9 de la ley de dependencia), reconociéndose también, en la medida de sus posibilidades, la participación económica de los/las beneficiarios/as en los servicios del SAAD (arts. 14.7 y 33 de la ley de dependencia), así como la complementariedad y compatibilidad entre los diferentes tipos de prestaciones, en los términos establecidos por su normativa de desarrollo[8].

Por tanto, bajo estos preceptos básicos, la ley de dependencia para su consiguiente ejecución quedaría estructurada en 47 artículos, distribuidos a lo largo de un Título Preliminar, un Título I con cinco capítulos, seguido del Título II que comprende otros cinco capítulos, y un Título III. La norma consta asimismo de dieciséis Disposiciones adicionales, dos Disposiciones transitorias, y nueve Disposiciones finales. Respecto al contenido más destacado, de forma sucinta, podemos observar cómo: en su Título preliminar la ley de dependencia recoge cinco disposiciones que se refieren a su objeto y a sus principios inspiradores, así como también a los derechos y obligaciones de las personas en situación de dependencia, y a los titulares de esos derechos. El Título I se ocupa de configurar el SAAD como una Red de utilización pública que integra, de forma coordinada, centros y servicios, públicos y privados, de

---

7 Art. 8 de la ley de dependencia.

8 Exposición de motivos de la ley de dependencia.

atención a la dependencia, optimizando de forma conjunta los recursos públicos y privados disponibles, para mejorar de ese modo las condiciones de vida de los ciudadanos, tal como indica el art. 6 de la ley de dependencia. Para ello, es fundamental la colaboración de todas las Administraciones Públicas en el ejercicio de sus propias competencias, a través de los diversos niveles de protección en que administrativamente se organizan las prestaciones y servicios[9]. Asimismo, en el Título I de la ley de dependencia se regulan las prestaciones y el Catálogo de servicios del SAAD, los grados de dependencia, los criterios básicos para su valoración, al igual que el procedimiento de reconocimiento del derecho a las prestaciones. El Título II regula las medidas para asegurar la calidad y la eficacia del SAAD, de sus prestaciones y servicios, mediante la elaboración de planes de calidad y sistemas de evaluación, prestando especial atención a la formación y cualificación tanto de los profesionales del sector como de los/las cuidadores/as familiares. Para todo ello, se establecieron estándares esenciales de calidad en cada uno de los servicios que conforman el Catálogo regulado en ley de dependencia, previo acuerdo del Consejo Territorial, y sin perjuicio de las competencias que la AGE y las CCAA pudieran asumir en tales cuestiones[10]. En este mismo Título II se regulan, además, otras cuestiones de interés que, de forma indirecta, colaboran con el objeto de alcanzar un eficiente resultado en la atención y cuidados de las personas dependientes. Cabe resaltar en ese sentido la necesidad de contar con un Sistema de información de la dependencia que garantice la disponibilidad de comunicación recíproca entre las Administraciones Públicas[11], y la acción contra el fraude, siendo una vez más las Administraciones Públicas quienes desarrollen

---

9 El art. 7 de la ley de dependencia.

10 Arts. 34 y 35 de la ley de dependencia.

11 Art. 37 de la ley de dependencia, Capítulo III.

mediante fórmulas de cooperación, actuaciones de vigilancia del cumplimiento de esta Ley, además de ejercer las potestades sancionadoras conforme a lo previsto en el Título III de la misma Ley[12]. Por último, cada una de las disposiciones adicionales introducirían los cambios necesarios en las normativas estatales que derivaban de la adopción de la ley de dependencia.

Concluyendo, el nuevo SAAD establecido por la ley de dependencia supuso un tránsito cualitativo respecto a la atención y cuidados que hasta el momento estaba ofreciendo el Sistema español de protección social a las personas mayores, discapacitadas, y enfermas con necesidades de protección.

Y que como indica su objeto, en el art. 1 de la ley de dependencia, así como en el art. 3, para su infalible implementación, la ley de dependencia basaba tales actuaciones de contenido mínimo en los 18 principios, algunos de los cuales afectan de lleno al eficiente funcionamiento del SAAD, como son: el carácter público de las atenciones y prestaciones del Sistema; el acceso universal al Sistema en condiciones de igualdad efectiva y no discriminación; la búsqueda de la equidad interterritorial; la efectiva cobertura y la suficiente atención para las personas dependientes y sus familiares, de forma integral e integrada; o también la creación de empleo, no únicamente ofrecido a través de los servicios públicos, sino además por el generado con la participación de la iniciativa privada, y del tercer sector, con el objeto de ofrecer de forma conjunta y variada, servicios de promoción para la autonomía personal y para la atención a la situación de dependencia. Y todo ello, sin dejar a un lado la importancia del principio de transversalidad en las políticas de atención a las personas en situación de dependencia, atendiendo sobre todo a la inclusión de la perspectiva de género, contemplando las distintas realidades que puedan afectar tanto a

---

12 Art. 39 de la ley de dependencia, Capítulo IV, y arts. 42 a 47 del Título III sobre infracciones y sanciones de la Ley de dependencia.

mujeres como a hombres. Al igual que tampoco podríamos obviar, siendo fundamental para la ley de dependencia, el principio que sustenta la calidad, la sostenibilidad, y la accesibilidad plena a los servicios, pues su ineficacia lo haría desembocar en el fracaso del SAAD. Cuestión transcendental a la que, a día de hoy, hemos sido derivados, y que nos lleva a pensar en cómo construir, un Sistema de cuidados más justo, eficiente y sostenible, además de adaptado a la sociedad actual y del futuro.

3. SERVICIOS Y ATENCIONES QUE DAN RESPUESTA A LAS NECESIDADES DE LAS PERSONAS DEPENDIENTES

Respecto al Catálogo de Servicios que refleja el art. 15, la ley de dependencia prevé que los servicios de atención y de cuidados, tendrán carácter prioritario frente a las prestaciones económicas de carácter personal y periódicas; que, en todo caso, si fueran concedidas a las personas dependientes, quedarán vinculadas a la adquisición de un servicio, tal y como establece el art. 17, apartados 1 y 2 de la ley de dependencia. Estos servicios podrán adjudicarse a las personas beneficiarias según la existencia de centros y servicios públicos (incluidos los privados concertados, debidamente acreditados), pertenecientes a la oferta pública de la Red de Servicios Sociales de las diferentes CCAA. De esta forma, el Catálogo de servicios de la ley de dependencia, nos muestra diferentes tipologías de Servicios sociosanitarios, susceptibles de poder adaptarse a las diferentes casuísticas de las personas dependientes. De forma breve entramos a describir estos servicios[13]: a) los Servicios de prevención y promoción de las situaciones de dependencia (art. 21 de la ley de dependencia): cumplen la finalidad

---

[13] Sección 3ª, del Capítulo II de la Ley de dependencia, sobre Prestaciones y Catálogo de servicios de atención del SAAD, arts. 21 a 25.

de prevenir la aparición o evitar agravamientos en las enfermedades y las discapacidades, atenuando en la medida de lo posible, las secuelas que de éstas se deriven; b) el Servicio de Teleasistencia (art. 22 de la ley de dependencia). Este servicio es de uso eminentemente tecnológico. Hablamos de una transmisión de comunicación e información avanzada que facilita la asistencia personal al usuario en remoto, con el apoyo de los profesionales necesarios, que darán respuestas inmediatas, según cada caso, ante situaciones de emergencia, de inseguridad, de soledad o de aislamiento. Puede ser un servicio independiente o complementario al Servicio de Ayuda a Domicilio, y se prestará a las personas dependientes que no reciban los servicios de atención residencial, y así venga establecido en su Plan Individual de Atención (PIA); c) el Servicio de ayuda a domicilio o SAD (art. 23 de la ley de dependencia), constituye el conjunto de actuaciones llevadas a cabo por el personal técnico de la atención sociosanitaria (en concreto por las auxiliares del SAD, pues en su mayoría son mujeres[14]), realizadas "con" o "para" las personas en situación de dependencia, en el propio domicilio (o entorno próximo), a fin de atender las necesidades más elementales de la vida diaria, tales como: la atención personal (aseo, vestido, movilizaciones, ingesta de alimentos...), o las necesidades domésticas (limpieza, lavado, cocina...), teniendo en cuenta que, según ya advierte la ley de dependencia, *"estos* (últimos) *servicios sólo podrán prestarse conjuntamente con los anteriores"*. Es decir, la atención en el hogar debe ir vinculada necesariamente a la atención personal; y que

---

14 En los datos estadísticos del segundo trimestre de 2024, ofrecidos por el IMSERSO en el informe de Empleo del sector servicios sociales, con una distribución por sexo de las actividades de servicios sin alojamiento (donde viene a encuadrarse el SAD), se constata un predominio en la actividad del 78,8% de mujeres frente a un 21,2% de hombres, donde la proporción de mujeres aumentó un 1,37% en comparación con el segundo trimestre de 2023.

de forma excepcional, así como justificada, estos servicios podrán prestarse de forma separada, cuando así se disponga en el PIA de la persona dependiente, teniendo en todo caso la Administración competente que motivar esta excepción en la resolución de concesión de la prestación[15]. Esta relevante, y a nuestro juicio, necesaria modificación normativa, viene originada en los antecedentes del SAD, donde desde sus inicios, con un enfoque ambiguo, prevalecía el ejercicio de las tareas de atención domiciliaria respecto a las de atención personal, llevando este hecho a confusión a cerca del objetivo final del SAD (respecto a la búsqueda de la autonomía personal), tanto para los propios beneficiarios del servicio, como para sus familiares, e incluso para las propias auxiliares sociosanitarias, que encontraban confuso el ejercicio de su profesión, siendo las tareas domésticas más propias de otros profesionales que ejercen de forma exclusiva las funciones de limpieza y mantenimiento en el hogar. La importancia de esta cuestión es que la propia ley de dependencia ante la controversia[16] rectificó al respecto,

---

15 Se modifica el art. 23 de la ley de dependencia por la disposición final 16 de la Ley 17/2012, de 27 de diciembre. BOE-A-2012-15651; y por el art. 22.8 del Real Decreto-ley 20/2012, de 13 de julio. BOE-A-2012-9364.

16 Para comenzar, hay que decir claramente que estos trabajadores y trabajadoras no son "asistentes/as", "chicos/as de la limpieza" o "empleados/as de hogar", aunque a veces haya que hacer tareas que éstos también realizan. Rodríguez Rodríguez, P. y Valdivieso Sánchez, C. (Orig. 2003). *Los servicios de ayuda a domicilio. Planificación y gestión de casos. Manual de formación para auxiliares.* 2ª Edición, Médica Panamericana, 2009, 99; (...) El trabajo del auxiliar domiciliario incluye funciones como los trabajos "generales y de atención en el hogar" o tareas domésticas (...), y por último, se pondrá en conocimiento de la coordinadora del SAD "cualquier problema no solucionable por el Auxiliar que se refiera al mantenimiento de la salubridad del hogar y del usuario/a", Mondragón Lasagabaster, J. y Trigueros Guardiola I. (2002). *Manual de ayuda a domicilio. Formación teórico-práctica.* Siglo Veintiuno de España Editores S.A., 69. Al respecto, vid. Sentencia 1024/2020, de 24 de noviembre, de la Sala de lo Social del Tribunal

aclarando que ambos bloques de tareas, la atención personal y la atención doméstica, propias del SAD, debían presentarse de forma conjunta; d) Servicio de centro de día y de noche (art. 24 de la ley de dependencia). Es un recurso social y sanitario de tránsito, que complementa a los cuidados ofrecidos en el hogar. Puede considerarse, además, una posible alternativa al ingreso de una persona dependiente en un centro residencial. Su objetivo es ofrecer una atención integral durante el periodo diurno o nocturno, a las personas en situación de dependencia, con la intención de mejorar o mantener el mayor nivel posible de autonomía personal. El segundo objetivo básico que pretende alcanzar este servicio es apoyar a las familias o personas cuidadoras, descargándolas de sus tareas de cuidados. En particular, cubre, desde un enfoque biopsicosocial, las necesidades de asesoramiento, de prevención y rehabilitación, de orientación para la promoción de la autonomía, y de atención asistencial personal, favoreciendo de ese modo, la permanencia de estas personas dependientes en su ambiente familiar y social más próximo; e) Servicio de atención residencial o SAR (art. 25 de la ley de dependencia), que como último servicio incluido en el Catálogo de prestaciones, en este caso institucional, ofrece desde un enfoque biopsicosocial, servicios continuados de carácter personal y sanitario en sustitución del hogar familiar. Más concretamente, entre las actuaciones que puede ofrecer el servicio a las personas usuarias están: el alo-

Supremo (Roj 2020, 4097) la cual confirma la plena validez del art. 17 del VII Convenio Colectivo Marco Estatal de Servicios de Atención a las Personas Dependientes y Desarrollo de la Promoción de la Autonomía Personal (sobre mantenimiento de limpieza o ayuda a la limpieza de la vivienda, salvo casos específicos de necesidad que sean determinados por el técnico responsable), artículo que regula las funciones y tareas que estos/as profesionales deben desempeñar para atender de forma integral a las personas mayores y dependientes. BOE-A-2018-12821.

jamiento, manutención, higiene personal y todas aquellas actividades que no puedan realizar por sí mismas, así como, en su caso, atención sanitaria y psicosocial. A tal efecto, cada persona usuaria cuenta con un PIA de desarrollo personal con estimulación sensitivo-motriz, de psicomotricidad y comunicación, de realización de las actividades de la vida diaria (AVD), o de terapia ocupacional en función de sus necesidades. El SAR será prestado por las Administraciones Públicas en centros propios y concertados.

Respecto a las prestaciones económicas[17], la ley de dependencia da prioridad a la prestación económica vinculada al servicio, de no ser posible para la persona dependiente una atención a través de los servicios públicos o concertados descritos con anterioridad. Dicha prestación tendrá en todo caso, carácter periódico y naturaleza personal. Por ello, las Administraciones Públicas competentes tienen la obligación de supervisar el destino y la utilización de estas prestaciones para que se ajusten a la finalidad con la que fueron concedidas. Además, se suman a la ley de dependencia otros dos tipos de prestaciones económicas: 1ª) Por un lado, la prestación económica para cuidados en el entorno familiar y apoyo a cuidadores no profesionales (art. 18 de la ley de dependencia); que establece de forma excepcional, que la persona beneficiaria del SAD pueda percibir una prestación económica para ser atendida por familiares cuidadores no profesionales, siempre que se acredite que se cumplen las condiciones de convivencia y habitabilidad en la vivienda, y así lo establezca su PIA, a tenor del art. 14.4 de la ley de dependencia. Por lo que esta prestación económica, del art. 18 de la ley de dependencia, expresada en su primer apartado, con el condicionante excepcionalmente, ya en nuestra opinión está supeditando a que las personas con necesida-

17 Sección 2ª, del Capítulo II de la ley de dependencia, sobre Prestaciones y Catálogo de servicios de atención del SAAD, arts. 17 a 20.

des de cuidados no puedan elegir libremente a sus familiares para la realización de esas atenciones, vulnerando el principio de autogobierno y la libre elección de las personas beneficiarias del servicio en el medio familiar, cuando precisamente es la realidad que hoy acoge a la gran mayoría de las personas con problemas de dependencia[18]. Ello implica, a nuestro entender la falta de actualización de la ley de dependencia, debiendo corregir el inciso excepcionalmente, pues en un planteamiento coincidente con la doctrina, y con el último Dictamen del Observatorio Estatal de la Dependencia, elaborado por la Asociación de Directoras y Gerentes de Servicios Sociales de España (2024), se corrobora que la prestación económica por cuidados en el entorno familiar a pesar de concebirse como una excepción al promulgarse la ley de dependencia, rápidamente se expandió su solicitud como prestación[19]; y aunque desde la Asociación Estatal de Directoras y Gerentes de Servicios Sociales siempre han sido partidarios de que las personas beneficiarias del SAAD puedan elegir la fórmula que mejor se adapte a sus necesidades, también advierten con cautela, del impacto negativo de género que puede suscitar, al recaer mayoritariamente los cuidados familiares en mujeres, y perpetuar los roles de género. Por ello, además optan por ofrecer flexibilidad y compatibilidad entre las prestaciones, así como mejoras en los servicios de atención domiciliaria[20]. Respecto a la cuantía de

---

18 López Segura, N. (2008). "La protección social de las personas dependientes". *Revista de trabajo y seguridad social, CEF,* (25), 39.

19 A fecha final de la elaboración del XXIV Dictamen del Observatorio Estatal de la Dependencia (diciembre de 2023), se observa como la prestación económica para cuidados en el entorno familiar y apoyo a cuidadores no profesionales del art. 18 de la ley de dependencia, experimenta su mayor crecimiento desde 2010, con un crecimiento de esta prestación, un 19,34% mayor del que ya sufrió en 2022. AA.VV. (2024). *XXIV Dictamen del Observatorio Estatal de la Dependencia,* ob. cit., 31.

20 Ídem.

este tipo de prestación, al igual que para el resto prestaciones y servicios del SAAD, vienen condicionadas por el grado de dependencia y la capacidad económica de la persona beneficiaria del Servicio (art. 14.7 y 33 de la ley de dependencia)[21], y siempre los familiares cuidadores deberán ajustarse a lo establecido en las normas sobre afiliación, alta y cotización a la Seguridad Social[22]. Por lo que el Consejo Territorial, entre otras cuestiones y atendiendo a sus competencias, tiene la obligación de promover acciones no solo de protección social, como hemos podido observar, sino también de apoyo a los cuidadores no profesionales incorporando programas de formación, información y medidas para atender los periodos de descanso (art. 18.4 de la ley de dependencia). 2ª) La prestación económica de la ley de dependencia que queda pendiente, es la contemplada en el art.19, referida a la asistencia personal. La misma Ley, define la asistencia personal en su art. 2.7 como *"el servicio prestado por un asistente personal que realiza o colabora en tareas de la vida cotidiana de una persona en situación de dependencia, de cara a fomentar su vida independiente, promoviendo y potenciando su autonomía personal"*; por lo que vinculado al art. 19 de la presente Ley, posibilita como forma de provisión, una prestación económica directa a la persona en situación de dependencia para la contratación de un asistente personal durante un número de horas que facilite a la persona beneficiaria, en cualquiera de

---

21 Resolución de 13 de julio de 2012, de la Secretaría de Estado de Servicios Sociales e Igualdad, por la que se publica el Acuerdo del Consejo Territorial del Sistema para la Autonomía y Atención a la Dependencia para la mejora del SAAD. BOE-A-2012-10468; apartado Segundo sobre la aprobación de propuestas de mejora, en su número 11.ª *"Normativa para determinar la capacidad económica y aportación del beneficiario"*.

22 La Disposición adicional cuarta de la ley de dependencia, y Real Decreto 615/2007, de 11 de mayo, por el que se regula la Seguridad Social de los cuidadores de las personas en situación de dependencia. BOE-A-2007-9690.

sus grados, una vida más autónoma, el acceso a la educación y/o al trabajo, y el ejercicio de las ABVD[23]. Gracias al acuerdo alcanzado recientemente por el Consejo Territorial, en el año 2023, por fin se llegó a establecer las condiciones específicas de acceso a esta prestación[24]; y es precisamente, en el apartado primero del presente Acuerdo, donde se define el objeto y se establece un marco común de condiciones específicas de acceso a la asistencia personal y de las características que deben quedar implantadas en el marco de la ley de dependencia, reconceptualizando el modelo de cuidados, que apuesta por la desinstitucionalización, dirigiéndose a la asistencia personal como uno de los servicios de mayor impacto en la autonomía personal, y en los proyectos de vida independiente.

Por lo que, recapitulando sobre todas estas cuestiones, coincidimos con la doctrina en que, para la cobertura de la contingencia de la dependencia, se sistematizan dos grupos: por un lado, atendemos a los servicios, y por otro, a las prestaciones económicas. Estableciéndose entre ellos una relación de jerarquía o de prioridad objetiva resuelta por la propia ley de dependencia, decididamente, a favor de las prestaciones en servicios (art. 14, en sus apartados desde el 1 hasta el 5). De modo que, las prestaciones económicas, o bien tienen un carácter subsidiario, al supeditarse a la imposibilidad de atención a la persona dependiente mediante servicios públicos o concertados de la Cartera de Servicios, ex art. 15 (sea el caso

---

23 El art. 19 de la ley de dependencia fue modificado por el art. 22.7 del Real Decreto-ley 20/2012, de 13 de julio. BOE-A-2012-9364.

24 Acuerdo de fecha 12 de mayo de 2023, del Consejo Territorial, publicado por Resolución de 24 de mayo de 2023, de la Secretaría de Estado de Derechos Sociales, por la que se publica el Acuerdo del Consejo Territorial de Servicios Sociales y del Sistema para la Autonomía y Atención a la Dependencia, por el que se definen y establecen las condiciones específicas de acceso a la asistencia personal en el Sistema de Autonomía y Atención a la Dependencia. BOE-A-2023-12779.

de la prestación económica vinculada al servicio del art. 17 de la ley de dependencia); o bien tiene un carácter excepcional, en función de las necesidades específicas de la persona beneficiaria, así valoradas por el personal técnico sociosanitario, y determinadas en su PIA (siendo el caso de las prestaciones económicas para cuidados familiares y de asistencia personalizada, ex arts.18 y 19 de la ley de dependencia, respectivamente). Por lo que la decisión final acerca del tipo de prestación a lucrar parece seguir correspondiendo a la Administración autonómica competente, más que a la libre elección de la persona beneficiaria[25].

4. LA CRISIS LATENTE DEL SISTEMA DE CUIDADOS ESPAÑOL

A pesar del esfuerzo institucional en sus diferentes niveles, y de los útiles empeños del Consejo Territorial por mejorar la vertebración orgánica y funcional del SAAD, a día de hoy, inmersos en un Sistema de cuidados insuficiente y obsoleto, las personas dependientes no están recibiendo una atención beneficiosa, ni de calidad, lo que vulnera en sí, los principios que inspiran la ley de dependencia (art. 3), y el derecho de las personas dependientes a recibir unos cuidados dignos (art. 4); además de situar a las familias ante un problema trascendente de necesidad perentoria. Lo podemos comprobar haciendo un repaso estadístico, rápido, sobre las prestaciones de atención a la dependencia. Por lo que, si nos referimos en primer lugar a los servicios de promoción de la autonomía personal, podemos observar cómo en la actualidad, se cuestiona tanto su potencial como su escaso desarrollo, ya que supone únicamente un

---

25 Monereo Pérez, J.L. (2007). "El Modelo de protección de la dependencia: el derecho subjetivo de ciudadanía social". *Documentación Administrativa*, (276-277), 619.

5% en la estructura de prestaciones de la ley de dependencia[26]. Servicios que ,con acentuado carácter preventivo, podría descongestionar gran parte de los servicios y prestaciones asistenciales que ofrece el Catálogo de la ley de dependencia. De otro lado, sobresalen como nuevos servicios todos aquellos que favorecen el derecho de permanencia en el domicilio, entre ellos el servicio de teleasistencia avanzada, con un 18,8 % de uso, respecto al resto de la estructura de prestaciones de la ley de dependencia[27]. Por lo que estos servicios tecnológicos avanzados, que son la tendencia futura de la atención a las personas dependientes, deberían empezar a estar contemplados desde estos momentos, a ser un servicio con carácter vinculante para todas aquellas personas que entren a formar parte de los programas de atención del SAAD, dejando de ser un servicio únicamente complementario al Servicio de Ayuda a Domicilio (SAD); además de ser incompatible con los servicios de atención residencial, o ser suministrados de forma concreta cuando así venga establecido en el PIA de la persona dependiente. Agregado a lo anterior, la situación reciente, muestra que algo más de dos tercios del total de las prestaciones de la ley de dependencia, son prestaciones en servicios, un 68,6%, de las cuales destaca de forma insuficiente, y por encima de todas el SAD con el 22,2%[28]. Estos servicios son financiados por el Sistema público, pero suele ser habitual que sea prestado a través de subcontratas por empresas privadas; y en caso de que sea calificada de prestación económica vinculada al servicio, se mantiene con un importe medio mensual únicamente de

---

26 Ministerio de Derechos Sociales y Agenda 2030. (2022). *Informe de evaluación del Sistema de Promoción de la Autonomía Personal y Atención a las Personas en Situación de Dependencia (SAAD)*, ob. cit., 82 y 218.

27 Ibidem, 77 y 82.

28 Ibidem, 81.

339,78 €[29]. Por falta de suficientes instalaciones, y consecuentemente de plazas requeridas, los centros de estancia diurna y nocturna supone un 7,2 % en la estructura de prestaciones de la ley de dependencia[30]; suponiendo económicamente el servicio que se presenta, de nuevo, un escaso importe medio mensual de 305,28 €[31]. El último servicio del Catálogo de la ley de dependencia se refiere al Servicio de atención residencial o SAR, que teniendo un carácter institucional, supone un 15,4 % en la estructura de prestaciones de la ley de dependencia[32], y es el que tiene un "mayor" importe mensual medio, de 520,46 € (con un pago máximo de 575,7€/mes para el Grado III). Se aprecia cómo la diferencia entre esta cantidad, y el precio que realmente abona la persona usuaria de un servicio residencial, fácilmente triplica ese importe, por lo que constituye un segundo copago o copago invisible al alcance de muy pocas personas dependientes o de sus familias[33]. Respecto a los/las técnicos/as sociosanitarios/as que prestan sus servicios, sea en la atención domiciliaria (el SAD), en centros de día o de noche, además de en residencias, se caracterizan por trabajar en empresas mixtas (públicas-privadas), siendo escasas en ambas esferas, las muestras de supervisión y control por parte de los Entes públicos responsables de los servicios. Por lo que

---

29 AA.VV. (2024). *XXIV Dictamen del Observatorio Estatal de la Dependencia*, ob. cit., 31 y 32.

30 Ministerio de Derechos Sociales y Agenda 2030. (2022). *Informe de evaluación del Sistema de Promoción de la Autonomía Personal y Atención a las Personas en Situación de Dependencia (SAAD)*, ob. cit., 82.

31 AA.VV. (2024). *XXIV Dictamen del Observatorio Estatal de la Dependencia*, ob. cit., 31 y 32.

32 Ministerio de Derechos Sociales y Agenda 2030. (2022). *Informe de evaluación del Sistema de Promoción de la Autonomía Personal y Atención a las personas en situación de Dependencia (SAAD)*, ob. cit., 82.

33 AA.VV. (2024). *XXIV Dictamen del Observatorio Estatal de la Dependencia*, ob. cit., 31 y 32.

en la mayoría de las ocasiones estos/as profesionales quedan sometidos a condiciones laborales precarias, disminuyendo así mismo, y por desgracia, la calidad de los servicios prestados a las personas dependientes, así como a sus familiares, por no cumplirse con los estándares de calidad de los servicios de la atención a la dependencia previstos en el Título II de la misma Ley, en especial, aquellos referidos a la protección de los recursos humanos. Si nos remitimos igualmente a la estructura de las prestaciones económicas de la ley de dependencia, ésta supone un total del 31,4%; de donde únicamente el 0,5% de las prestaciones económicas recayeron sobre la figura profesional del asistente personal, y el resto, un 30,9% fue asignada a la prestación económica de cuidados en el entorno familiar, las cuales tienen el importe medio mensual más bajo de todas las prestaciones y servicios de la ley de dependencia, de 240,17€ (con un pago máximo de 369,6 € mensuales para el mayor grado de dependencia, el Grado III)[34]. Por lo que podemos concluir cómo en general, son irrisorias todas las prestaciones económicas ofrecidas dentro del Sistema de atención a la dependencia, para lo que supone en sí, la atención y cuidado de las personas dependientes, sea tanto, en la modalidad de larga, como de corta duración. Es indiferente, pues las dos modalidades suponen a día de hoy, un gasto importante para la mayoría de las familias. Por lo que inmersas en un elevado gasto personal y económico, son las mujeres las que asumen los cuidados en el entorno familiar, y las que más sufren, teniendo que renunciar muchas de ellas a sus empleos y a los derechos sociales asociados. Conviene recordar que el importe medio mensual de esta prestación económica ofrecida por la ley de dependencia es de 240,17 euros/mes, precio que asume el Estado, y que actualmente considera "ajustado" por cuidar 24 horas al día, durante los 365 días del año a una persona dependiente, sin

---

34 Ídem.

ni siquiera tener reconocidos ciertos derechos, tales como podrían ser: unos programas de respiro familiar obligatorios, que permitan el descanso a las personas cuidadoras familiares mediante el ingreso residencial y/o de estancia diurna/nocturna de la persona dependiente, o también cierta flexibilidad con el SAD (concediendo un respiro al familiar, de un par de horas diarias), siendo ambas prestaciones incompatibles. Además de no contemplar, estas cuidadoras informales, otros derechos que establecen unas condiciones mínimas de trabajo obligatorias, como pueden ser: la jornada máxima, el descanso diario y semanal, las vacaciones o un salario mínimo. Dar de alta a estas trabajadoras familiares de atención a la dependencia en la Seguridad Social para la pensión, la invalidez permanente, la viudedad o prestaciones a favor de familiares (y no para el desempleo, ni para la invalidez transitoria, entre otras...) no libera a las cuidadoras familiares de su situación de trabajadoras precarias, sin acceso a unos derechos laborales básicos; trabajos a los cuales acuden presionadas por la necesidad, y empujadas por el sector público que las contrata, aunque no las quiera reconocer como trabajadoras.

Por todo ello, el Sistema actual de cuidados en España, a pesar de conservar unos principios inspiradores, una estructura sólida, según hemos observado en la propia Ley (y que se encarga de perfeccionar constantemente el Consejo Territorial), así como una Red de utilización pública a diferentes niveles, que integra de forma coordinada, centros y servicios, públicos y privados, de atención a la dependencia, optimizando de forma conjunta los recursos públicos y privados disponibles, para mejorar de ese modo las condiciones de vida de los ciudadanos, tal como indica el art. 6 de la ley de dependencia; parecer ser que no está siendo actualmente lo suficientemente eficiente como para dar respuesta a las necesidades actuales (ni previsiblemente futuras), tanto de las personas cuidadoras (sean profesionales o no), como de las cuidadas, así como de sus familiares. El sistema actual de atención a la dependencia ofrece servicios insuficientes y de baja calidad para las personas usuarias, además de generar una precariedad laboral injusta para el mismo sector de los cuidados: cuidadoras formales, informales, y/o empleadas de hogar... que mantienen pésimas condiciones de protección social y de trabajos, sometidas a dobles jornadas, a la precariedad, y/o la marginación. El sistema de cuidados español está basado en la responsabilidad casi exclusivamente femenina, que va en contra tanto de la realidad social como de los valores mayoritarios de la ciudadanía española, que apuesta por el reparto igualitario de los cuidados entre hombres y mujeres. Los hombres hasta el momento no están quedando integrados en el SAAD en condiciones de igualdad a las mujeres, quedando aún mucho que trabajar en este aspecto. Todo ello es causa de múltiples factores pendientes de corregir: ausencia de formación/información, distorsiones en el mercado de trabajo, segregación laboral, como de la incorregible economía sumergida. En definitiva, el SAAD queda obsoleto, es insuficiente e insostenible, además de injusto, y vulnera los derechos de todos los colectivos implicados.

5. A MODO DE CIERRE: HACIA OTRO MODELO DE ATENCIÓN A LA DEPENDENCIA, SUFICIENTE Y DE CALIDAD

La gobernanza debe recordar que el SAAD se asienta sobre ciertos principios básicos que inspiran a la ley de dependencia (art. 3); y que la Ley está para cumplirla. Por lo que la implementación progresiva de un nuevo modelo de Sistema de atención a la dependencia de calidad[35], debe garantizar una

---

35 La Estrategia Europea de Cuidados (2022), orientada a garantizar unos servicios de cuidados de calidad, asequibles y accesibles en toda la UE, y a mejorar la situación tanto de los receptores de los cuidados, como de las personas cuidadoras profesionales o informales, está

atención universal y suficiente para todas las personas dependientes, evitando las listas de espera, y cubriendo la totalidad de las necesidades socio asistenciales reales de las personas. Aún más, debe ofrecer servicios de cuidados flexibles y adaptados a cada una de las posibles necesidades, tanto de las personas cuidadoras, como de las cuidadas. Por lo que, a nuestro juicio, algunos apuntes prácticos pueden llegar a ser los siguientes: I) Partimos del hecho de que el reformado Sistema de atención a la dependencia propuesto, requiere ciertas transformaciones imprescindibles que aumenten la inversión del gasto social en materia de dependencia, para de ese modo, garantizar la universalidad real y efectiva, así como la intensidad protectora. Por lo que el modelo de financiación propuesto, no solo se debe alcanzar con cargos a impuestos y copagos (como hasta el momento), sino que los cuidados ofrecidos por el nuevo Sistema, debería pensar en implantar nuevas alternativas de recaudaciones, y de coberturas de la contingencia de la dependencia, a través de cotizaciones, o de un seguro obligatorio para la dependencia (o al menos voluntario), que ayude a descongestionar las funestas listas de esperas, las cuales están dejando a muchas personas sin atención, en el "limbo" de la dependencia[36]. Por lo que sin perjuicio de la participación de los/las

---

consiguiendo que todos los países europeos centren sus esfuerzos en mejorar la atención de las personas dependientes. Ministerio de Derechos Sociales y Agenda 2030. (2022). *Informe de evaluación del Sistema de Promoción de la Autonomía Personal y Atención a las Personas en Situación de Dependencia (SAAD)*, ob. cit.,13. COM (2022) 440, de 7 de septiembre, Bruselas. *Comunicación de la Comisión al Parlamento Europeo, al Consejo, al Comité Económico y Social Europeo y al Comité de las Regiones, sobre la Estrategia Europea de Cuidados.* https://eur-lex.europa.eu/legal-content/ES/TXT/PDF/?uri=CELEX:52022DC0440. Recuperado el 2 de octubre de 2024.

36 AA.VV. (2024). *XXIV Dictamen del Observatorio Estatal de la Dependencia*, ob. cit., 37.

usuarios/as en los costes de alojamiento y manutención[37] que entrañan las soluciones institucionales a los cuidados y atenciones de la dependencia (centros de día, residencias, etc.), como ya se está haciendo en algunos países europeos (sea el caso de Francia[38]), el diseño de financiación del nuevo Sistema de cuidados, a nuestro criterio, ya debe eliminar todo planteamiento de tipo asistencial, y garantizar el derecho a la atención a la dependencia como un elemento básico de justicia y responsabilidad social de toda la ciudadanía. La propia ley de dependencia ya prevé entre sus preceptos, que para su funcionamiento, la financiación del SAAD vendría determinada por el número de personas en situación de dependencia, y por los propios servicios y prestaciones previstos en la misma Ley, que debían ser en todo caso, estables, suficientes, sostenidos en el tiempo y garantizados mediante, no solo la corresponsabilidad de las Administraciones Públicas, si no también, reconociéndose en la medida de sus posibilidades, la participación económica de las personas beneficiarias en los servicios del SAAD (arts. 14.7 y 33 de la ley de dependencia), así como la complementariedad y compatibilidad entre los diferentes tipos de prestaciones, en los términos establecidos por su normativa de desarrollo[39]. Podemos observar por tanto, cómo la ley de dependencia en su Disposición adicional séptima, mantiene abiertos otros canales de financiación, actualmente con falta de aplicación, como son los instrumentos privados para la cobertura de la dependen-

---

37 Art. 33.3, segundo párrafo de la ley de dependencia.

38 En Francia, la asignación de la prestación de la atención a la dependencia (la APA) no está sujeta a comprobación de ingresos, pero más allá de los 877,90 € de recursos mensuales por parte de la persona beneficiaria, los gastos relacionados con el plan de asistencia quedan a su cargo. CNSA.fr. (2024). *APA en casa.* https://www.pour-les-personnes-agees.gouv.fr/vivre-a-domicile/aides-financieres/l-apa-a-domicile. Recuperado el 5 de octubre de 2024.

39 Exposición de motivos de la ley de dependencia.

cia: 1) *"El Gobierno (…) promoverá las modificaciones legislativas que procedan, para regular la cobertura privada de las situaciones de dependencia"*; y 2) *"Con el fin de facilitar la cofinanciación por los beneficiarios de los servicios que se establecen en la presente Ley, se promoverá la regulación del tratamiento fiscal de los instrumentos privados de cobertura de la dependencia"*. II) Las intensidades del SAD (prestación en nuestro país, que destaca por encima de todas las ofertadas, en entre las del SAAD), progresivamente va aumentando hasta alcanzar el número máximo de horas establecido de año en año (37, 64 y 94 horas mensuales, para los grados I, II, y III respectivamente)[40]. Aun así, actualmente, la dispensa de los servicios públicos de la atención a la dependencia, no son suficientes para cubrir la demanda actual. Por lo que el Sistema Español, debería poner su atención en mejorar algunas cuestiones sobre los servicios públicos de atención a los cuidados: aumentando el gasto público para poder ofrecer más servicios (otorgando por ejemplo, a todas las personas que residan en domicilios particulares, servicios de teleasistencia), y otros innovadores como los nuevos modelos de atención residencial[41]; en la flexibilización de la atención a la dependencia, combinando servicios y prestaciones económicas, o posibilitando el poder compatibilizar el SAD con la asistencia a centros de día/noche, hasta alcanzar al menos, el coste aproximado de la atención a personas dependientes en residencias[42]; en

---

40 AA.VV. (2024). *XXIV Dictamen del Observatorio Estatal de la Dependencia*, ob. cit., 79. Intensidades de la ayuda a domicilio para el año 2023, tabla 15.

41 AA.VV. (2021). *Ideas y propuestas para un nuevo modelo residencial para personas en situación de dependencia.* AEDGSS, 19-21.

42 Sirvan los ejemplos de combinación de servicios y prestaciones para las personas dependientes, y sus cuidadores propuestos en los países nórdicos, sea el caso de Suecia donde algunos municipios ofrecen, de forma discrecional, una prestación para las personas cuidadoras (hemvardsbidrag), complementando y nunca sustituyendo, a los servicios de atención directa domiciliaria (SAD), o de Dinamarca

modernizar la atención sociosanitaria apoyándose en la digitalización[43]; e incluso, preocuparse más por los Sistemas de auditorías, de supervisión, y de control, en favor de la mejora de la calidad de los servicios[44]. III) De nuevo, hace presencia la necesidad del aumento del gasto público en las prestaciones económicas para el cuidado en el entorno familiar. Prestaciones que fueron creadas para ser utilizadas solo de manera excepcional y, que como hemos podido apreciar en el presente Capítulo, en la actualidad son recibidas por aproximadamente 4 de cada 10 personas usuarias del SAAD; o las prestaciones económicas vinculadas al servicio, ofrecidas únicamente, en caso de no poder ser sustituidas por los propios servicios del SAAD (lo que en caso de ofrecer ambas opciones, junto a la creación de nuevos recursos socioasistenciales, podría descongestionar las listas de espera del SAAD). Siendo, en todo caso, ambas prestaciones una forma de cuidado no profesional de bajo coste para las Administraciones Públicas, pero con importantes costes de oportunidad y de salud para las personas

---

donde la prestación para contratar a un/a asistente personal puede ser una persona del entorno familiar, y no necesariamente un profesional como el caso de España; y las personas cuidadoras de aquellas otras en situación de dependencia que residen en sus hogares (SAD), pueden recibir una prestación económica cuando interrumpan su actividad laboral, estando dirigidas exclusivamente a las que dejan temporalmente el mercado laboral para dedicarse a los cuidados. Zalakain, J. (2022). "La organización de los servicios de atención a la dependencia en Europa", *Zerbitzuan*, (7), 13-14.

43 Nordregio. (2020). *Atención sanitaria y social digital. Impactos del desarrollo regional en los países nórdicos.* https://www.euskadi.eus/noticia/2021/lecciones-sobre-digitalizacion-de-la-atencion-sanitaria-y-social-en-los-paises-nordicos/web01-a2zesosa/es/. Recuperado el 5 de octubre de 2024.

44 Nuevamente, es el caso de Dinamarca. Zalakain, J. (2022), "La organización de los servicios de atención a la dependencia en Europa", ob. cit., 13.

cuidadoras familiares, cuestión que, sin duda, habrá que corregir. IV) Y por último, no hay que olvidar la posible generación de empleo en el sector y los retornos económicos asociados, a causa del incremento en gasto público en la atención a la dependencia, que podrían compensar con ahorros buena parte del gasto previsible en prestaciones por desempleo o en prestaciones sociales, y contribuir con el aumento de ingresos por cotizaciones sociales asociadas al empleo generado, así como aumentar los ingresos procedentes de impuestos (como IVA, IRPF o Impuesto de sociedades), tan necesarios para nuestro Sistema prestacional universal de reparto, que en todo caso, debe seguir cubriendo contingencias, con prestaciones, a los colectivos más desfavorecidos. Con el paso del tiempo, quedaría pendiente por averiguar, el efecto que el modelo propuesto tendría sobre la igualdad de género respecto a la creación de empleo en el sector[45].

6. REFERENCIAS BIBLIOGRÁFICAS

- AA.VV. (2024). *XXIV Dictamen del Observatorio Estatal de la Dependencia.* AEDGSS.
- AA.VV. (2021). *Ideas y propuestas para un nuevo modelo residencial para personas en situación de dependencia.* AEDGSS.
- López Segura, N. (2008). "La protección social de las personas dependientes". *Revista de trabajo y seguridad social, CEF,* (25), 39.
- Lozano Lares, F. (2023). *Manual de Seguridad Social.* Laborum.

45 AA.VV. (20224). *XXIV Dictamen del Observatorio Estatal de la Dependencia,* ob. cit., 66. En la misma línea, Navarro, V. y Pazos Morán, M. (Coord.). (2020). "El cuarto pilar del estado del bienestar. Una propuesta para cubrir necesidades esenciales de cuidado, crear empleo y avanzar hacia la igualdad de género", *Public Policy Center, UPF de Barcelona, y Johns Hopkins University,* 33-35.

- Ministerio de Derechos Sociales y Agenda 2030. (2022). *Informe de evaluación del Sistema de Promoción de la Autonomía Personal y Atención a las Personas en Situación de Dependencia (SAAD).*
- Ministerio de Trabajo e Inmigración. (2008). *Informe sobre el desarrollo del Pacto de Toledo.* Secretaría de Estado de la Seguridad Social.
- Mondragón Lasagabaster, J. y Trigueros Guardiola I. (2002). *Manual de ayuda a domicilio. Formación teórico-práctica.* Siglo Veintiuno de España Editores S.A.
- Monereo Pérez, J.L. (2007). "El Modelo de protección de la dependencia: el derecho subjetivo de ciudadanía social". *Documentación Administrativa,* (276-277), 619.
- Navarro, V. y Pazos Morán, M. (Coord.). (2020). "El cuarto pilar del estado del bienestar. Una propuesta para cubrir necesidades esenciales de cuidado, crear empleo y avanzar hacia la igualdad de género", *Public Policy Center, UPF de Barcelona, y Johns Hopkins University,* 33-35.
- Rodríguez Rodríguez, P. y Valdivieso Sánchez, C. (Orig. 2003). *Los servicios de ayuda a domicilio. Planificación y gestión de casos. Manual de formación para auxiliares.* Médica Panamericana.
- Zalakain, J. (2022). "La organización de los servicios de atención a la dependencia en Europa", *Zerbitzuan,* (7), 13-14.

Capítulo 7.

EL TRATAMIENTO JURÍDICO DE LA VIOLENCIA Y EL ACOSO EN EL TRABAJO DESDE LA PERSPECTIVA DEL TRABAJO DECENTE

MARÍA PILAR GIMÉNEZ MURUGARREN

1. INTRODUCCIÓN

El tratamiento jurídico de la violencia de género y el acoso en el trabajo desde la perspectiva del Trabajo Decente es un tema de creciente relevancia en el contexto legislativo, laboral y social actual, ya que el propio concepto de Trabajo Decente, promovido por la Organización Internacional del Trabajo (en adelante OIT), aboga por unas condiciones laborales que respeten los Derechos Fundamentales de las personas trabajadoras, incluyendo la igualdad de género y la eliminación de cualquier forma de violencia y acoso[1]

La OIT ha estado trabajando activamente para abordar la violencia de género y el acoso en el trabajo, reconociendo que estos son los problemas significativos que obstaculizan lograr un entorno laboral justo y equitativo. Desde la perspectiva del Trabajo Decente, la OIT enfatiza en que todas las personas trabajadoras deben tener la oportunidad de desempeñar su labor en un ambiente seguro y libre de violencia y acoso.

Es por ello por lo que, el punto de partida desde un enfoque integral e inclusivo sobre la violencia y el acoso en el trabajo viene de la OIT, a través del desarrollo de varias normas y directrices que buscan prevenir y abordar estas situaciones.

Concretamente, hacemos referencia al Convenio 190[2] sobre la violencia y el acoso en el mundo del trabajo adoptado en 2019 y acompañado por la Recomendación 206[3] (en adelante R206), que conjuntamente proporcionan un marco de trabajo claro y una oportunidad para diseñar un futuro del trabajo basado en la dignidad y el respeto, libre de violencia y acoso.

Uno de los principales logros que ha destacado el Convenio 190 ha sido la incorporación de una primera definición de acoso y la violencia en trabajo, a nivel internacional. A tenor de lo establecido en su artículo 1.1.a) hace referencia a estos conceptos como a *"un conjunto de comportamientos y prácticas*

---

1 VELÁZQUEZ FERNÁNDEZ, Manuel Pedro. El Convenio 190 de la OIT sobre violencia y acoso en el trabajo: principales novedades y expectativas. *Revista de Trabajo y Seguridad Social. CEF*, 2019, p. 119-142.

2 C190–Convenio sobre la violencia y el acoso, 2019 (núm. 190) (OIT). Disponible en https://normlex.ilo.org/dyn/normlex/es/f?p=NORMLEXPUB:12100:0::NO::P12100_ILO_CODE:C190

3 Recomendación sobre la violencia y el acoso, 2019 (núm. 206) (OIT). Disponible en https://normlex.ilo.org/dyn/normlex/es/f?p=NORMLEXPUB:12100:0::NO::P12100_ILO_CODE:R206

inaceptables, o de amenazas de tales comportamientos y prácticas, ya sea que se manifiesten una sola vez o de manera repetida, que tengan por objeto, que causen o sean susceptibles de causar, un daño físico, psicológico, sexual o económico, e incluye la violencia y el acoso por razón de género". Se trata, por tanto "de un concepto unitario y omnicomprensivo, que pretende abarcar las distintas manifestaciones de acoso en el trabajo, sea moral, sexual o por razón de género" [4].

Hagamos destacable de esta definición el enfoque que se le da a la cuestión de tratar con determinación y de forma objetiva el hecho de que, aunque cualquier situación humillante, ofensiva o acosadora, de la forma descrita en el Convenio 190 suceda solo una vez y no su actuación repetida, bastaría, por tanto, actos imputables a la persona acosadora[5].

Por lo tanto, como podemos observar, este Convenio 190 ha sido motivo para que los distintos Estados miembros hayan tenido adoptar y adaptar normas reglamentarias de acorde a cada uno de ellos. Tal es así que su repercusión también haya representado un hito en el contexto de la Agenda 2030 de Desarrollo Sostenible, en particular en la consecución de los objetivos 5.2 y 8.5, que tienen por finalidad la inclusión integral en el mundo laboral.

El primero de ellos, el Objetivo 5.2, *"se centra en la eliminación de todas las formas de violencia contra las mujeres y las niñas,*

---

4 *Vid.*, en el documento que facilita la OIT con el título "El Convenio núm. 190 y la Recomendación Nº. 206 en pocas palabras. Disponible en https://www.ilo.org/es/media/10036/download

5 CORREA CARRASCO, Manuel, "El elemento teleológico (intencionalidad lesiva) en el concepto de violencia y acoso laboral contenido en el Convenio 190 OIT" en CORREA CARRASCO/ QUINTERO LIMA (DIRS.), Violencia y acoso en el trabajo. Significado y alcance del Convenio nº 190 OIT en el marco del trabajo decente (ODS 3,5,8 de la Agenda 2030), DYKINSON, Madrid, 2021

en el ámbito público y privado"[6]. Como vemos, El Convenio 190 proporciona un marco legal que ayuda a los países a implementar políticas y prácticas que prevengan y respondan a la violencia y el acoso en el trabajo, lo que es fundamental para proteger a las mujeres y promover su seguridad y bienestar en el entorno laboral.

El segundo de ellos, el objetivo 8.5, *"busca lograr el pleno empleo y el Trabajo Decente para todos, con igualdad de remuneración por trabajo de igual valor"*[7]. Este objetivo tiene la finalidad de poner en evidencia que la violencia y el acoso en el trabajo pueden afectar gravemente la capacidad de las personas para acceder a empleos decentes y mantenerlos. Por lo tanto, al abordar estos problemas, El Convenio 190 contribuye a crear un entorno laboral más seguro y equitativo, lo que es esencial para alcanzar este objetivo.

En síntesis, podríamos decir que el Convenio 190 de la OIT se puede considerar como una herramienta clave para avanzar en los objetivos citados de la Agenda 2030, ya que promueve la eliminación de la violencia de género y el acoso en el trabajo, al mismo tiempo que fomenta condiciones laborales justas y seguras para todas las personas en el trabajo.

Todo ello, establece un marco para que los Estados obligados a cumplir el Convenio 190 implementen políticas y medidas efectivas para erradicar la violencia y el acoso en el trabajo de forma integral, ya que no solo se centra en la protección de las trabajadoras, sino que también aboga por un enfoque global, involucrando a todas las personas protagonistas en el

---

6 *Vid.*, en documento "Objetivos de desarrollo sostenible". Ministerio de Derechos Sociales, Consumo y Agenda 2030. Disponible en https://www.un.org/sustainabledevelopment/es/gender-equality/

7 *Ibídem.*, Disponible en https://www.un.org/sustainabledevelopment/es/economic-growth/

ámbito laboral, incluidas las personas empleadoras, las personas trabajadoras y los gobiernos de cada país.

Sin embargo, según el artículo 7 del Convenio todo Estado ratificador deberá adoptar una legislación que defina la violencia y el acoso por razón de género lo que "recuerda que tales definiciones deberán realizarse según lo definido -de forma amplia, a veces incluso difusa- en el artículo 1 del propio Convenio"[8]. Es por ello, que en el siguiente punto se clarifican cada uno de los conceptos ya que, dependiendo del país, se adoptarán medidas y mecanismos adaptados a cada uno de ellos en cuanto a la denuncia y en cuanto al apoyo para las víctimas.

En resumen, creemos que la OIT está comprometida con la promoción de un entorno laboral que no solo debe respetar los derechos fundamentales de las personas trabajadoras, sino que también garantiza que todas las personas puedan trabajar sin temor a la violencia o al acoso, contribuyendo así a un Trabajo Decente y a una sociedad más justa.

En este artículo pretendemos identificar las implicaciones jurídicas que comporta el acoso en el trabajo desde la perspectiva del Trabajo Decente en el marco del Convenio 190 ratificado en España el 25 de mayo de 2022, y que se ha convertido en el Instrumento que permite actuar sobre la prevención y eliminación de la violencia y el acoso en el mundo del trabajo.

Actualmente, dicho Convenio está consolidado bajo el paraguas de unos derechos fundamentales, lo que imperiosamente

---

8 MOLINA NAVARRETE, Cristóbal, "Impacto en España del convenio 190 OIT para la tutela efectiva frente a la violencia en el trabajo: obligados cambios legales y culturales", en CORREA CARRASCO/ QUINTERO LIMA (DIRS.), *Violencia y acoso en el trabajo. Significado y alcance del Convenio nº 190 OIT en el marco del trabajo decente (ODS 3,5,8 de la Agenda 2030)*, DYKINSON, Madrid, 2021. p. 98

nos obliga a realizar una revisión desde tanto a nivel nacional como a nivel internacional. En este trabajo se realiza una revisión documental para comparar conceptos y legislación entre España y Uruguay por ser el primero que ratificó dicho convenio.

Retomando el hilo del párrafo anterior, cuando hablamos de derechos fundamentales lo hacemos porque el concepto de Trabajo Decente fue promovido por la OIT, como veremos más adelante más detalladamente, para que todas las personas trabajen en un entorno saludable y que las organizaciones se encarguen de reunir las condiciones laborales más favorables para las personas trabajadoras.

Por todo ello, es que en el siguiente punto abordaremos el marco conceptual del Trabajo Decente, de la violencia, del acoso sexual y del acoso por razón de sexo en el trabajo para poder abordar posteriormente su tratamiento jurídico tanto en España como en Uruguay.

2. MARCO CONCEPTUAL

2.1. Concepto de Trabajo Decente.

El Trabajo Decente está en el centro de la búsqueda de la dignidad del individuo, la estabilidad de la familia y la paz en la comunidad

Juan Somavía 1999-2012

Como ya habíamos avanzado en la introducción, los principios y contenidos fundamentales del tratamiento jurídico del acoso laboral desde del Trabajo Decente emanan del Convenio 190 de la OIT sobre la eliminación de la violencia y el acoso en el mundo del trabajo, y la R206 que lo complementaría.

Por eso empezaremos por realizar una revisión del trabajo que ha realizado la OIT en las últimas décadas hasta la puesta en marcha de este Convenio 190, y que hemos querido reflejar a través su normativa y de los resultados que han alcanzado las bondades de sus mandatarios más relevantes. Veamos qué se ha conseguido al respecto y qué actitudes han tenido en cuenta respecto al Trabajo Decente en todo este escenario del acoso en el trabajo.

En primer lugar, tomamos como referencia la dirección de Juan Somavía de la OIT que abarca el periodo desde el año 1999 hasta el año 2002, porque fue en este periodo en cual se incluyó por primera vez el concepto de "Trabajo Decente", y que fue definido de forma amplia como un modo de abordar las condiciones laborales y la calidad del empleo en todo el mundo.

Posteriormente, el ex director general de la OIT Guy Ryder, quien tomó la dirección de la OIT desde el año 2012 al año 2022, durante la ceremonia de relevo al actual Director, Gilbert F. Houngbo, concluyó que "en un mundo que parece cada vez más inclinado a actuar de forma manifiestamente injusta, corresponde a la OIT restablecer lo que es justo». Algunos de los logros que la OIT tuvo durante el mandato de Guy Ryder y que han tenido repercusión en la elaboración del Convenio 190 fueron los siguientes:

Por un lado, se realizó un gran esfuerzo por garantizar que la OIT protegiera y defendiera los derechos de todas las personas trabajadoras, especialmente las más vulnerables. Tal es así que se adoptaron una serie de recomendaciones destinadas a abordar el trabajo forzoso, proteger a las personas trabajadoras más pobres del mundo en la economía informal y reconstruir el mundo del trabajo en los países que se recuperan de la guerra y los desastres naturales.

Otros logros importantes que se produjeron durante el mandato de Ryder, concretamente, en el año 2015, fue cuando posteriormente a la campaña mundial que organizó la OIT, la Asamblea General de las Naciones Unidas adoptó el Objetivo de Desarrollo Sostenible N°. 8 sobre Trabajo Decente y, por último, resaltamos el logro alcanzado en el año 2020, cuando el Convenio 182[9] de la OIT, adoptado en el año 1999, se convirtió en el primer Convenio ratificado universalmente por los 187 Estados miembros de la OIT. Este fue un logro importante ya que en su artículo 1 destaca como carácter urgente el *"adoptar medidas inmediatas y eficaces para conseguir la prohibición y la eliminación de las peores formas de trabajo infantil"*, entre otras, todas las formas de esclavitud, reclutamiento para conflictos armados o la oferta de menores para la prostitución la producción de pornografía o actuaciones pornográficas, modalidades consideradas también de acoso sexual.

Retomando el concepto inicial que introdujo Juan Somavía sobre el Trabajo Decente que refería "como una forma de abordar las condiciones laborales y la calidad del empleo en todo el mundo", aunque es un concepto bastante amplio, fue un punto de partida. Este concepto originario ha ido evolucionando pero se convirtió en la referencia normativa a nivel internacional basado en cuatro objetivos fundamentales. Estos objetivos tienen la finalidad de mejorar la vida de los trabajadores y de las trabajadoras para fomentar el octavo objetivo de desarrollo sostenible que está relacionado directamente con el "ámbito del trabajo y la economía [que] busca reducir la tasa de desempleo, mejorar las condiciones laborales y aumentar la productividad laboral, reducir la tasa de desempleo de los jóvenes y mayores sin formación, y mejorar el acceso a los servicios y beneficios financieros [que] son las principales metas de este objetivo"[10]. El desglose de estos objetivos son los siguientes:

---

9 Convenio 182 sobre las peores formas de trabajo infantil, 1999 (núm. 182) de la OIT, Disponible en https://normlex.ilo.org/dyn/normlex/es/f?p=NORMLEXPUB:12100:0::NO::P12100_ilo_code:C182

10 *Vid.*, en documento "Objetivos de desarrollo sostenible". Ministerio de Derechos Sociales, Consumo y Agenda 2030. Disponible en https://www.mdsocialesa2030.gob.es/agenda2030/index.htm

La promoción del empleo: Este objetivo se centra en la creación de oportunidades de trabajo productivo y sostenible para todos. La OIT reconoce que el empleo es esencial no solo para el sustento de las personas, sino también para el desarrollo económico y social de las comunidades. Promover el empleo implica fomentar políticas que estimulen la creación de trabajos, especialmente en sectores vulnerables y para grupos desfavorecidos.

Los derechos fundamentales en el trabajo: Este aspecto se refiere a la garantía de que todos los trabajadores disfruten de derechos laborales básicos, como la libertad de asociación, el derecho a la negociación colectiva, la eliminación del trabajo forzoso y del trabajo infantil, y la no discriminación en el empleo. La OIT considera que el respeto a estos derechos es esencial para asegurar un entorno laboral justo y equitativo.

La protección social: Este objetivo aboga por la creación de sistemas de protección social que garanticen el bienestar de los trabajadores y sus familias. Esto incluye el acceso a servicios de salud, pensiones, seguros de desempleo y otras formas de apoyo que ayuden a las personas a enfrentar situaciones de vulnerabilidad. La protección social es fundamental para reducir la pobreza y promover la inclusión social.

En síntesis, podríamos decir que, en base a estos cuatro objetivos, lo que la OIT quiere enfatizar es en la promoción de los de los derechos laborales fundamentales para garantizar un entorno laboral justo y equitativo, fomentando la mejora de las condiciones laborales. De este modo, el Trabajo Decente se convierte en el estandarte de la cultura de la OIT, implicando a todos los actores sociales para asegurar no solo un empleo adecuado sino, también, tener la convicción política y empresarial de proteger a las personas para que reúnan unas condiciones laborales seguras y saludables. Esto incluye el acceso a servicios básicos, protección social y un salario justo, lo que contribuye al bienestar general de todas las personas trabajadoras.

Queremos resaltar que los objetivos que hemos citado llevan acuñado el sello de la inclusión social y la igualdad de oportunidades en el mercado laboral, hecho que convierte al tratamiento jurídico del acoso en el trabajo en el referente normativo para reducir las desigualdades económicas y sociales, permitiendo que todos los individuos tengan acceso a empleos dignos y sin ningún tipo de violencia o acoso en el trabajo. Como hemos podido comprobar, tanto los objetivos del Trabajo Decente como los Objetivos de Desarrollo Sostenible de las Naciones Unidas, enlazados entre sí, contribuye a erradicar la pobreza, mejorar la salud y el bienestar, y fomentar el crecimiento económico inclusivo.

La implementación de estos objetivos requiere un esfuerzo conjunto tripartito constituido por los gobiernos de los diferentes Estados miembros con sus respectivas representaciones de trabajadores y de trabajadoras y las organizaciones empleadoras. Queremos decir con esto que es fundamental establecer un diálogo social efectivo para abordar los desafíos laborales y garantizar que se respeten los derechos fundamentales a los que hemos hecho referencia para asegurarnos de estar dentro del concepto de Trabajo Decente.

En resumen, este análisis sobre los objetivos de la OIT relacionados con el Trabajo Decente y los derechos fundamentales, no quieren nada más que poner sobre la mesa que, al promover el Trabajo Decente, se fomenta una economía más sostenible y resiliente, así como las organizaciones que respetan los derechos laborales tienden a ser más productivas y competitivas, lo que beneficia tanto a las personas trabajadoras como a la economía en su conjunto.

Ahora bien, consideramos que la voluntad política de llevar todo a cabo es todo un reto para los mandatarios de la OIT. El fuerte liderazgo y el compromiso personal del director Ryder en la lucha contra la violencia y el acoso sexual fue clave para conseguir la adopción del Convenio 190 sobre la violencia y el acoso. Este Convenio se convierte en el primer instrumento internacional que aborda la cuestión de la violencia y el acoso en el mundo del trabajo, aprobado por la Conferencia Internacional del Trabajo en 2019, y ratificado por primera vez el 12 de junio del mismo año por Uruguay, convirtiéndose así en el primer país en aplicarlo[11]. No fue hasta el 25 de mayo de 2022 que España decidiera unirse a los Estados ratificadores del Convenio hasta ese momento convirtiéndose así en el Estado miembro 15° en aplicarlo.

La actual política de la OIT se basa en dos compromisos adquiridos por su mandatario Gilbert F. Houngbo, formulados en el año 2022 y que han hecho de la Organización el marco normativo del concepto de Trabajo Decente. Por un lado, hubo un compromiso de impulsar la justicia social y la igualdad como el objetivo y centro de su mandato para promover el Trabajo Decente; y el segundo fue el de comprometerse de forma inflexible con los valores fundacionales de la OIT, su decidida búsqueda de la excelencia técnica en el marco del mandato de la organización y su constante respeto por nuestros mandantes tripartitos como fuente de conocimiento disponible de forma única para la OIT.

Con la entrada del paradigma del concepto del Trabajo Decente, la OIT expresa lo que debería ser en el mundo globalizado un empleo digno. "El trabajo que dignifica y permite el desarrollo de las propias capacidades no es cualquier trabajo, puesto que no es decente el trabajo que se realiza sin respeto a los principios y derechos laborales fundamentales, ni el que no

---

11 Uruguay se convierte en el primer Estado ratificador del Convenio 190 tras haber transitado el proceso de adaptación del Parlamento Nacional, con la promulgación de la Ley n° 19849 de Aprobación del Convenio Internacional del trabajo n° 190, sobre la violencia y el acoso en el mundo del trabajo el 23 de diciembre de 2019. Disponible en https://www.impo.com.uy/bases/leyes/19849-2019

permite un ingreso justo y proporcional al esfuerzo realizado, sin discriminación de género o de cualquier otro tipo, ni el que se lleva a cabo sin protección social, ni aquel que excluye el diálogo social y el tripartismo”[12]

En síntesis, entendemos que el Trabajo Decente, en base a todo lo anteriormente dicho, como “un paradigma ético de alcance universal que parte de una concepción “*iusnaturalista*” de los Derechos Fundamentales de los trabajadores con una indudable proyección política reflejada en su consideración como objetivo estratégico de la OIT y una gran versatilidad aplicativa”[13]

2.2.- Concepto de acoso sexual y acoso por razón de sexo en España

Entrando en materia, necesariamente tenemos que retomar algunos de los conceptos que consideramos tienen la suficiente relevancia como para expresarlos en este epígrafe, con el objeto de esclarecer a qué nos estamos refiriendo cuando hablamos sobre acoso sexual y acoso por razón de sexo en el trabajo, ya que, según la nacionalidad donde se aplique puede alterar el concepto en sí, al incluir ciertos matices que, más que aclarar, pueden confundir a la hora de llevar a cabo un desarrollo reglamentario óptimo y homogéneo entre los diferentes países que apliquen el Convenio 190. Así es que, antes de conceptuar el acoso sexual y el acoso por razón de sexo, contextualicemos su tratamiento jurídico desde la perspectiva del Trabajo Decente.

---

12 *Vid.*, en documento de la OIT “Impulsar la justicia social, promover el trabajo decente” *Disponible en* https://www.ilo.org/americas/sala-de-prensa/WCMS_LIM_653_SP/lang—es/index.htm

13 LOZANO LARES, Francisco. La Eficacia Jurídica del concepto de Trabajo Decente. *Escuela Internacional de Alta Formación en Relaciones Laborales y de Trabajo de ADAPT*, 2016, vol. 4, no 4. p.1

Si nos adentramos en los Principios Fundamentales de la R206 observamos que propone, en primer lugar *"adoptar y aplicar el enfoque inclusivo, integrado y que tenga en cuenta las consideraciones de género"*, mencionado en el párrafo 2 del artículo 4 del Convenio 190. En él se establece que *"todo miembro deberá adoptar con la legislación y la situación nacional y en consulta con las organizaciones representativas de empleadores y de trabajadores, un enfoque inclusivo, integrado y que tenga en cuenta las consideraciones de género para prevenir y eliminar la violencia y el acoso en el mundo del trabajo"*[14]

Es decir, que la propia R206 nos remite al Convenio con la finalidad de asegurarse que se debe velar por las disposiciones sobre violencia y acoso contenidas en la legislación y las políticas nacionales tengan en cuenta los instrumentos de la OIT sobre igualdad y no discriminación, como en el Convenio 100 relativo a la igualdad de la remuneración entre la mano de

[14] El artículo 4.2. nos habla desde un enfoque que debería tener en cuenta la violencia y el acoso que impliquen a terceros, cuando proceda, y consiste en particular: a) prohibir legalmente la violencia y el acoso; b) velar por que las políticas pertinentes aborden la violencia y el acoso; c) adoptar una estrategia integral a fin de aplicar medidas para prevenir y combatir la violencia y el acoso; d) establecer mecanismos de control y aplicación y de seguimiento o fortalecer los mecanismos existentes; e) velar por que las víctimas tengan acceso a vías de recurso y reparación y a medidas de apoyo; f) prever sanciones; g) desarrollar herramientas, orientaciones y actividades de educación y de formación, y actividades de sensibilización, en forma accesible, según proceda, y h) garantizar que existan medios de inspección e investigación efectivos de los casos de violencia y acoso, incluyendo a través de la inspección del trabajo o de otros organismos competentes. en Instrumento de adhesión sobre la eliminación de la violencia y el acoso en el mundo del trabajo, hecho en Ginebra el 21 de junio de 2019. BOE de 16 de junio de 2022. Disponible en https://www.boe.es/boe/dias/2022/06/16/pdfs/BOE-A-2022-9978.pdf

obra masculina y la mano de obra femenina[15] y la Recomendación 90[16] sobre igualdad de remuneración, 1951, y el Convenio 111[17] y la Recomendación 111[18] sobre la discriminación (empleo y ocupación), 1958.

Pero es que, además, existen otros mecanismos o instrumentos pertinentes que pueden ayudar a velar por que se cumplan las bondades del Convenio 190. Concretamente, hacemos referencia a la evaluación de riesgos en el lugar de trabajo, mencionado en el artículo 9 del Convenio 190, en el que se concreta que se deberían tener en cuenta medidas de control para prevenir la violencia y el acoso en el mundo del trabajo, incluido el acoso por razón de género, así como los factores que aumentan las probabilidades de riesgos psicosociales.

Como vemos, con el Convenio 190 tenemos medidas suficientes para evitar que sucedan casos de acoso en el trabajo y en el caso de que sucedan serán sancionados. Llegados a este punto analicemos, entonces, los controvertidos conceptos a través de la legislación existente.

---

15 Ley Consolidada Convenio 100 de la O.I.T. relativo a la igualdad de remuneración entre la mano de obra masculina y la mano de obra femenina por un trabajo de igual valor. Disponible en https://www.boe.es/buscar/pdf/1968/BOE-A-1968-1409-consolidado.pdf

16 *Vid.*, R090–Recomendación sobre igualdad de remuneración, 1951 (núm. 90). Disponible en https://normlex.ilo.org/dyn/normlex/es/f?p=NORMLEXPUB:12100:0::NO::P12100_INSTRUMENT_ID:312428

17 Legislación Consolidada Convenio número 111 de la O.I.T. relativo a la discriminación en materia de empleo y ocupación. Disponible en https://boe.es/buscar/pdf/1968/BOE-A-1968-1411-consolidado.pdf

18 *Vid.*, R111–Recomendación sobre la discriminación (empleo y ocupación), 1958 (núm. 111). Disponible en https://normlex.ilo.org/dyn/normlex/es/f?p=NORMLEXPUB:55:0:::55:P55_TYPE,P55_LANG,P55_DOCUMENT,P55_NODE:REC,es,R111,/Document

Con la finalidad de garantizar todo ello, la Ley Orgánica 3/2007, de 22 de marzo, para la Igualdad efectiva de mujeres y hombres[19] define el acoso sexual y el acoso por razón de sexo del siguiente modo.

Por un lado, el acoso sexual es "cualquier comportamiento, verbal o físico, de naturaleza sexual que tenga el propósito o produzca el efecto de atentar contra la dignidad de una persona, en particular cuando se crea un entorno intimidatorio, degradante u ofensivo" (artículo 7.1). Comprende conductas verbales, como bromas sexuales ofensivas o comentarios sobre la apariencia sexual de las personas trabajadoras, especialmente de las mujeres; conductas no verbales como el uso de imágenes, fotografías o gestos obscenos y conductas de carácter físico, como el contacto físico no consentido o acercamiento físico excesivo o innecesario.

En cambio, el acoso por razón de sexo se refiere a *"cualquier comportamiento realizado en función del sexo de una persona, con el propósito o el efecto de atentar contra su dignidad y de crear un entorno intimidatorio, degradante u ofensivo"* (artículo. 7.2). El acoso por razón de sexo abarca el uso de conductas discriminatorias por el hecho de ser mujer u hombre. Bromas y comentarios sobre las personas que asumen tareas que tradicionalmente han sido desarrolladas por personas del otro sexo. Uso de formas denigrantes u ofensivas para dirigirse a personas de un determinado sexo. Utilización de humor sexista. Ridiculizar y despreciar las capacidades, habilidades y potencial intelectual de las mujeres. Realizar las conductas anteriores con personas lesbianas, gays, transexuales o bisexuales. Evaluar el trabajo de las personas con menosprecio, de manera injusta o de forma sesgada, en función de su sexo o de su orientación o identidad

---

19 Ley Orgánica 3/2007, de 22 de marzo, para la igualdad efectiva de mujeres y hombres. Disponible en https://www.boe.es/buscar/act.php?id=BOE-A-2007-6115

sexual. Asignar tareas o trabajos por debajo de la capacidad profesional o competencias de la persona. Trato desfavorable por razón de embarazo o maternidad.

Podemos afirmar, entonces, que tanto la violencia de género, el acoso sexual y el acoso por razón de sexo no solo afectan la integridad física y emocional de las personas, especialmente de las mujeres, sino que también tiene un impacto significativo en la productividad y el ambiente laboral.

En este sentido, es fundamental que las legislaciones laborales incorporen medidas específicas para prevenir y sancionar estas conductas, garantizando así un entorno seguro y equitativo para todas las personas empleadas y cualquier persona del entorno laboral, como por ejemplo la Ley 4/2023, de 28 de febrero, para la igualdad real y efectiva de las personas trans y para la garantía de los derechos de las personas LGTBI[20]

En muchos países se han implementado leyes y políticas que buscan abordar estos problemas, pero aún existen desafíos significativos en su aplicación efectiva. Sensibilizarnos sobre la violencia de género y el acoso en el trabajo es crucial para fomentar una cultura organizacional que promueva el respeto y la dignidad.

Consideramos que la relevancia del tema radica en que un entorno laboral libre de violencia y acoso no solo protege a todas las personas trabajadoras, sino que también contribuye a reducir el absentismo, aumentar la productividad y promueve los valores humanos.

Por lo tanto, abordar estas cuestiones desde una perspectiva jurídica, laboral y social es esencial para avanzar hacia el

---

20 Legislación consolidada. Ley 4/2023, de 28 de febrero, para la igualdad real y efectiva de las personas trans y para la garantía de los derechos de las personas LGTBI. Disponible en https://www.boe.es/buscar/act.php?id=BOE-A-2023-5366

Trabajo Decente para todas las personas, tanto si trabajan para la empresa como para quienes interaccionen con la misma (clientela, proveedores, y las propias personas titulares de las empresas.

3.- EL CONTEXTO JURÍDICO DEL ACOSO EN EL TRABAJO: LA VIOLENCIA DE GÉNERO, EL ACOSO LABORAL Y EL ACOSO POR RAZÓN DE SEXO. EL CASO DE ESPAÑA Y URUGUAY

La Violencia de Género en España es un problema social y estructural que ha sido objeto de atención legislativa y política en las últimas décadas. La Ley Orgánica 1/2004 de Medidas de Protección Integral contra la Violencia de Género[21] establece un marco legal para abordar esta problemática, incluyendo medidas específicas para proteger a las víctimas en el ámbito laboral.

Las empresas están obligadas a implementar protocolos para prevenir y actuar ante situaciones de violencia de género, garantizando así un entorno seguro para todas las trabajadoras. En su artículo 1. la presente ley tiene por objeto "actuar contra la violencia que, como manifestación de la discriminación, la situación de desigualdad y las relaciones de poder de los hombres sobre las mujeres, se ejerce sobre éstas por parte de quienes sean o hayan sido sus cónyuges o de quienes estén o hayan estado ligados a ellas por relaciones similares de afectividad, aun sin convivencia"

---

21 Legislación consolidada. Ley Orgánica 1/2004, de 28 de diciembre, de Medidas de Protección Integral contra la Violencia de Género. Disponible en https://www.boe.es/buscar/act.php?id=BOE-A-2004-21760

En Uruguay también se ha avanzado en la legislación sobre violencia de género, destacando la Ley Nº 17514 que tipifica el acoso sexual y otras formas de violencia en el trabajo[22], sin embargo, queremos hacer mención del avance legislativo sobre violencia de género, destacando la Ley Nº 19580, de 09 de enero de 2018 que establece medidas para prevenir y erradicar la violencia basada en género[23], incluyendo disposiciones específicas para el ámbito laboral. En su artículo 6.I) establece que la Violencia Laboral, es la ejercida en el contexto laboral, por medio de actos que obstaculizan el acceso de una mujer al trabajo, el ascenso o estabilidad en el mismo, tales como el acoso moral[24], el sexual, la exigencia de requisitos sobre el estado civil, la edad, la apariencia física, la solicitud de resultados de exámenes de laboratorios clínicos, fuera de lo establecido en los marcos legales aplicables o la disminución del salario correspondiente a la tarea ejercida por el hecho de ser mujer.

Y, en segundo lugar, en cuanto al acoso laboral en España se considera como una forma de violencia psicológica que afecta a trabajadores en diversas organizaciones. La legislación española reconoce el acoso laboral como una violación de los derechos laborales y establece mecanismos para su denuncia y sanción. La Ley 31/1995 de Prevención de Riesgos Labora-

---

22 Ley Nº 17514 Ley de erradicación de la Violencia Doméstica. Promulgación: 02/07/2002 Publicación: 09/07/2002. Registro Nacional de Leyes y Decretos: Tomo: 1 Semestre: 2 Año: 2002 Página: 10 Reglamentada por: Decreto Nº 111/015 de 21/04/2015 y Decreto Nº 494/006 de 27/11/2006. Disponible en https://www.impo.com.uy/bases/leyes/17514-2002

23 Ley Nº 19580 Ley de violencia hacia las mujeres basada en género. modificación a disposiciones del código civil y código penal. derogación de los arts. 24 a 29 de la Ley 17.514. Disponible en https://www.impo.com.uy/bases/leyes/19580-2017/6

24 MANGARELLI, Cristina. *Acoso y violencia en el trabajo: enfoque jurídico.* FCU, Fundación de Cultura Universitaria, 2021.

les[25] incluye disposiciones sobre la prevención del acoso en el trabajo, obligando a las empresas a garantizar un ambiente laboral libre de hostigamiento.

Por otro lado, en Uruguay el acoso laboral también está reconocido legalmente en La Ley Nº 18651 de protección integral de personas con discapacidad[26] que de forma específica establece medidas para prevenir y sancionar el acoso laboral, promoviendo un ambiente saludable y respetuoso en los lugares de trabajo. A pesar del reconocimiento legal, muchas de las víctimas enfrentan dificultades al denunciar estas situaciones debido al estigma social o al temor a represalias.

Igualmente ocurre con la Ley Nº 18561, de 21 de septiembre de 2009 de Acoso sexual. Prevención y sanción en el ámbito laboral y en las relaciones Docente-Alumno, en cuyo Artículo 2º, el concepto de acoso sexual es entendido como "todo comportamiento de naturaleza sexual, realizado por persona de igual o distinto sexo, no deseado por la persona a la que va dirigido y cuyo rechazo le produzca o amenace con producirle un perjuicio en su situación laboral o en su relación docente, o que cree un ambiente de trabajo intimidatorio, hostil o humillante para quien lo recibe"[27]. Como hemos comprobado, si bien es cierto que la Ley hace alusión a la prevención y a las sanciones deriva-

---

25 Legislación consolidada. Ley 31/1995, de 8 de noviembre, de Prevención de Riesgos Laborales.

26 Ley Nº 18651 Ley De Protección Integral De Personas Con Discapacidad. Promulgación: 19/02/2010. Publicación: 09/03/2010. Registro Nacional de Leyes y Decretos: Tomo: 1 Semestre: 1 Año: 2010 Página: 346 Reglamentada por: Decreto Nº 350/022 de 27/10/2022. Disponible en https://www.impo.com.uy/bases/leyes/18651-2010

27 Ley Nº 18561 Ley De Acoso Sexual. Prevención Y Sanción En El Ámbito Laboral y En Las Relaciones Docente Alumno. Promulgación: 11/09/2009. Publicación: 21/09/2009. Registro Nacional de Leyes y Decretos: Tomo: 1 Semestre: 2 Año: 2009 Página: 690 Reglamentada por: Decreto Nº 256/017 de 11/09/2017.

das de forma específica en las relaciones Docente-Alumno, hay que aclarar que en la actualidad, respecto al acoso sexual en el contexto educativo todavía no se encuentra reglamentado a pesar de que el artículo 1, del Decreto 256/2017 del 20-09-2017 obliga a que "las relaciones de docencia serán objeto de reglamento específica"[28]

Por lo tanto, como vemos, creemos que todavía es necesario establecer medidas para prevenir y sancionar el acoso laboral, en general, promoviendo un ambiente saludable y respetuoso en los lugares de trabajo, así como en las relaciones docentes. A pesar del reconocimiento legal, muchas víctimas enfrentan dificultades al denunciar estas situaciones debido al estigma social o al temor a represalias en la propia empresa.

De todo lo anterior podemos deducir que, a pesar del marco legal, persisten desafíos en su implementación efectiva y en la sensibilización sobre sus objetivos. Se requiere mayor capacitación y recursos (voluntad política) para garantizar que las políticas se traduzcan en prácticas efectivas dentro del entorno laboral.

En síntesis, podemos decir que la violencia de género y el acoso laboral son problemas interrelacionados que afectan gravemente la calidad del empleo y la vida personal de las trabajadoras tanto en España como en Uruguay. Es fundamental seguir avanzando hacia una cultura organizacional que promueva el respeto e igualdad, así como fortalecer los mecanismos legales existentes para proteger a las víctimas y fomentar entornos laborales seguros y dignos.

---

[28] Decreto Nº 256/017. Reglamentación De La Ley 18561 De Acoso Sexual. Prevención y Sanción En El Ámbito Laboral Y En Las Relaciones Docente Alumno. Promulgación: 11/09/2017 Publicación: 20/09/2017 El Registro Nacional de Leyes y Decretos del presente semestre aún no fue editado. Reglamentario/a de: Ley Nº 18561 de 11/09/2009. Disponible en https://www.impo.com.uy/bases/decretos/256-2017

3.1.- Normas Marco en la Constitución Española 1978 y en el Estatuto de los Trabajadores en España sobre la protección frente al acoso laboral o por razón de sexo.

Los derechos fundamentales y libertades públicas que la Constitución Española de 1978 (CE)[29] reconoce a la persona en todas las facetas de su vida social y por tanto, son también ejercitables en el seno de la relación de trabajo. Pero ningún derecho es absoluto, debiendo conciliar con las obligaciones propias del contrato de trabajo y con los intereses legítimos de la empresa, con el consiguiente comedimiento, en su ejercicio y en sus efectos. El artículo 14 de la CE establece una serie de causas de discriminación prohibidas como las que provengan *"por razón de nacimiento, raza, sexo, religión, opinión"*, y en virtud de la cláusula abierta que contiene, también lo será por cualquier otra condición o circunstancia personal o social. Este principio se refleja en el Estatuto de los trabajadores[30] (en adelante ET), que busca garantizar que hombres y mujeres tengan las mismas oportunidades, como veremos a continuación.

El ET, salvo el nacimiento que no lo menciona, contempla normas que prohíbe cualquier forma de discriminación directa o indirecta por razón de sexo en el acceso al empleo, la promoción profesional, la formación y las condiciones laborales. Se establecen medidas específicas para promover la igualdad efectiva entre hombres y mujeres, como los planes de igualdad en empresas con un número determinado de personas empleadas, donde deben incluir acciones para eliminar la brecha salarial y fomentar la conciliación laboral y familiar como permisos

---

29 Constitución Española 1978 Disponible en BOE-A-1978-31229 Constitución Española.

30 Real Decreto Legislativo 2/2015, de 23 de octubre por el que se aprueba el texto refundido de la Ley del Estatuto de los trabajadores BOE.es–ESTATUTO DE LOS TRABAJADORES

por nacimiento o cuidado del menor (antiguos permisos de maternidad y paternidad). Nos referimos a los artículos 4.2.c), 4.2.e) y 17.1.[31], que establecen derechos fundamentales relacionados con la no discriminación y la protección en el ámbito laboral, promoviendo un entorno justo y equitativo, centra la regulación del tiempo del trabajo que garantiza la conciliación entre la vida laboral y personal. En conjunto, estos artículos refuerzan la importancia de un marco legal que protege de los derechos de las personas trabajadoras, particularmente, el fomento a la igualdad y la nulidad de actos discriminatorios sobre la condición sexual, contribuyendo así a crear un ambiente laboral más saludable y productivo.

3.2.- Normas de igualdad entre mujeres y hombres en el Estatuto de los Trabajadores.

La protección contra el acoso en el trabajo, incluyendo el acoso sexual y por razón de sexo, está contemplada en varias normativas en España, aunque no se encuentra específicamen-

---

31 El artículo 4.2 c) establece como derecho laboral básico a no ser discriminado por razones de estado civil, la edad -dentro de los límites que marca el ET-, el origen étnico, la condición social, las convicciones, las ideas políticas -aunque estas dos últimas pueden subsumirse en "la opinión" del art. 14 CE-, la orientación sexual, la afiliación o no a un sindicato, la lengua dentro del Estado español, o por razón de discapacidad -siempre que las personas con discapacidad se hallen en condiciones de aptitud para desempeñar el trabajo o empleo de que se trate-; El artículo 4.2 e): el trabajador tiene derecho al "respeto de su intimidad y a la consideración debida a su dignidad, comprendida la protección frente al acoso por razón de origen racial o étnico, religión o convicciones, discapacidad, edad u orientación sexual, y frente al acoso sexual y al acoso por razón de sexo" y, el artículo 17.1: refiriéndose a la nulidad de los actos discriminatorios, señala entre otros: la condición sexual y los vínculos de parentesco con personas pertenecientes a la empresa, o relacionadas con la empresa.

te detallada en un solo artículo del ET. Sin embargo, hay referencias importantes que abordan este tema. Por ejemplo, hay algunos artículos que mencionan las medidas de igualdad que vienen reflejadas en los artículos 17.3, 17.4 y 17.5[32] que vienen a regular la igualdad por razón de sexo.

4. RELEVANCIA ACTUAL: EL ESTUDIO SOBRE ACOSO SEXUAL EN EL ENTORNO LABORAL EN ESPAÑA (2021)

Si bien es cierto que ambos países han hecho avances significativos en términos legislativo, en cuanto a su implementación efectiva sigue siendo un desafío para ambos. En España, se han llevado a cabo campañas de sensibilización y formación tanto para personas trabajadoras como empleadoras para poder identificar y actuar ante casos de acoso en el entorno laboral.

Un Estudio realizado por el Ministerio de Igualdad publicado en el 2021[33], cuyos resultados provienen de la combinación de la investigación cuantitativa (a través de un cuestionario)

---

32 El artículo 17.3. del ET establece por ley de acciones positivas en materia de contratación: "El Gobierno podrá regular medidas de reserva, duración o preferencia... que tengan por objeto facilitar la colocación de trabajadores demandantes de empleo". Tales acciones no tienen por qué ir dirigidas a mujeres exclusivamente, pudiéndose acordar a favor de jóvenes, desempleados de larga duración, discapacitados, personas en riesgo de exclusión social, u otros colectivos, con especiales dificultades de acceso al empleo; el artículo 17.4 ET: establece medidas exclusivamente a las mujeres: "La negociación colectiva podrá establecer medidas de acción positiva para favorecer el acceso de las mujeres a todas las profesiones" y, el artículo 17.5 ET: establecimiento de planes de igualdad en las empresas que deberá "ajustarse a lo dispuesto en la Ley Orgánica 3/2007, de 22 de marzo, para la igualdad efectiva de mujeres y hombres.

33 Estudio "Acoso sexual y acoso por razón de sexo en el ámbito laboral en España. Resumen ejecutivo. Ministerio de Igualdad. (2021).

y de investigación cualitativa (a través de los grupos de discusión), revelan algunas cuestiones interesantes para debatir.

En cuanto a la metodología del estudio, por una parte, se ha realizado un cuestionario Online a 1119 mujeres trabajadoras de entre 16 y 64 años que han sido víctimas de acoso sexual y/o víctimas por acoso por razón de sexo, para analizar la percepción de las mujeres afectadas, para identificar los factores de riesgo o vulnerabilidad socio-laborales, observar las conductas que constituyeron el acoso experimentado, así como si la mujer afectada requirió el apoyo de la empresa y/o de la representación sindical y su respuesta, y para conocer si la empresa disponía de un protocolo destinado a resolver estas situaciones, entre otras cuestiones.

Hay que resaltar que el 100% de la muestra está constituida por mujeres trabajadoras acosadas en algún momento de su vida. Debido al tipo de muestreo seguido, la muestra obtenida no es representativa a nivel estadístico y no pueden extrapolarse los resultados. De todas formas, el análisis que a continuación se realiza es importante y necesario para dar visibilidad a la realidad del acoso sexual y del acoso por razón de sexo en España.

Algunos resultados relevantes, desvelan que un elevado porcentaje de la población encuestada muestra su desacuerdo con afirmaciones relativas a que las mujeres se inventan y/o promueven el acoso sexual en el trabajo. Por ejemplo:

- El 89,7% de las mujeres y el 83,9% de los hombres manifiestan algún grado de desacuerdo con la afirmación "Si una mujer es acosada sexualmente en el lugar de trabajo, tuvo que haber hecho algo para provocarlo", rechazando por tanto el acoso sexual.

Disponible en https://violenciagenero.igualdad.gob.es/wp-content/uploads/resumenejecutivoacososexual.pdf

- El 74,5% de las mujeres y el 63,3% de los hombres muestran algún grado de desacuerdo con la afirmación "Las mujeres que dicen haber sido acosadas sexualmente en el trabajo, normalmente suelen exagerar". rechazando el sexismo en el trabajo.

- El 72,7% de las mujeres y el 61,0% de los hombres manifiestan algún grado de desacuerdo con la afirmación "La mayoría de las mujeres se sienten halagadas cuando los hombres con los que trabajan se fijan sexualmente en ellas", rechazando así hipotéticas situaciones de acoso sexual.

Y, solo uno de cada cuatro hombres (25,8%) y algo más de una de cada seis mujeres (17,7%) muestra algún grado de acuerdo con la afirmación.

Sin embargo, estas afirmaciones en los grupos de discusión se contraponen con los datos objetivos. Veamos por ejemplo declaraciones como las siguientes:

"He sufrido comentarios sobre mi culo y mi peso (o falta de él). Y uno de mis jefes, quien me llamaba "rubia peligrosa" o "la rubia", me dijo que el jefe que me hacía mobbing me trataría mejor si le practicase sexo oral. Siempre entre risas. Pero no por ello menos desagradable".

"Es tan frecuente que los hombres realicen comentarios machistas como 'y, porque estás casada, que si no...', o agarrarte la cintura al pasar como quien no quiere la cosa, o aprovechar cualquier situación para hacer un juego de palabras de índole sexual, que nadie es consciente del asunto y todo queda en unas risas"

Podemos decir que, en base a los resultados cuantitativos, no existe acoso en el ámbito laboral, sin embargo, si nos basamos en los grupos de discusión, los resultados cualitativos nos hacen pensar de lo contrario Y esto es debido a que, en opinión propia, el sesgo de deseabilidad social vendría a corroborar que cuando se responden cuestiones tan susceptibles en cualquier organización, las personas que participan en el estudio pueden ser expuestas y juzgadas al responder de forma más explícita, lo que podría explicar desde una perspectiva metodológica, los resultados de los cuestionarios no se ajustan a los resultados obtenidos de los grupos de discusión que responden más al problema existente del acoso en el trabajo, visto desde un prisma subjetivo.

La violencia de género y el acoso laboral son problemas interrelacionados y multifactoriales que afectan gravemente la calidad del empleo y la vida personal de las personas trabajadoras, tanto en España como en Uruguay. Es fundamental seguir avanzando hacia una cultura organizacional que promueva el respeto y la igualdad, así como fortalecer los mecanismos legales existentes para proteger a las víctimas y fomentar entornos laborales seguros y dignos, pero, sobre todo, comprometerse a denunciar delitos como estos entre las personas que de alguna u otra forma son conscientes de la situación de acoso y lo resuelven de forma resiliente, inclusive en el ámbito académico.

REFERENCIAS BIBLIOGRÁFICAS

Constitución Española. «BOE» núm. 311, de 29/12/1978. Entrada en vigor: 29/12/1978. Disponible en https://www.boe.es/eli/es/c/1978/12/27/(1)/con

CORREA CARRASCO, Manuel. "El elemento teleológico (intencionalidad lesiva) en el concepto de violencia y acoso laboral contenido en el Convenio 190 OIT" en CORREA CARRASCO y QUINTERO LIMA (DIRS.), *Violencia y acoso en el trabajo. Significado y alcance del Convenio nº 190 OIT en el marco del trabajo decente (ODS 3,5,8 de la Agenda 2030)*, DYKINSON, Madrid, 2021, p. 17-27

Decreto Nº 256/017. Reglamentación De La Ley 18561 De Acoso Sexual. Prevención y Sanción En El Ámbito Laboral Y En Las Relaciones Docente Alumno. Promulgación: 11/09/2017 Publicación: 20/09/2017 El Registro Nacional de Leyes y Decretos del presente semestre aún no fue editado. Reglamentario/a de: Ley Nº 18561 de 11/09/2009. Disponible en https://www.impo.com.uy/bases/decretos/256-2017 *URUGUAY*

LOZANO LARES, Francisco. La Eficacia Jurídica del concepto de Trabajo Decente. *Escuela Internacional de Alta Formación en Relaciones Laborales y de Trabajo de ADAPT,* 2016, vol. 4, no 4., p. 1-36

Ley 31/1995, de 8 de noviembre, de Prevención de Riesgos Laborales. «BOE» núm. 269, de 10/11/1995. Entrada en vigor: 10/02/1996. Disponible en https://www.boe.es/eli/es/l/1995/11/08/31/con

Ley 4/2023, de 28 de febrero, para la igualdad real y efectiva de las personas trans y para la garantía de los derechos de las personas LGTBI. Disponible en https://www.boe.es/buscar/act.php?id=BOE-A-2023-5366

Ley Orgánica 1/2004, de 28 de diciembre, de Medidas de Protección Integral contra la Violencia de Género. Disponible en https://www.boe.es/buscar/act.php?id=BOE-A-2004-21760

Ley Orgánica 3/2007, de 22 de marzo, para la igualdad efectiva de mujeres y hombres. «BOE» núm. 71, de 23/03/2007. Disponible en https://www.boe.es/eli/es/lo/2007/03/22/3/con

Ley N° 17514 Ley de erradicación de la Violencia Doméstica. Promulgación: 02/07/2002 Publicación: 09/07/2002. Registro Nacional de Leyes y Decretos: Tomo: 1 Semestre: 2 Año: 2002 Página: 10 Reglamentada por: Decreto N° 111/015 de 21/04/2015 y Decreto N° 494/006 de 27/11/2006. *URUGUAY*

Ley N° 18561 Ley De Acoso Sexual. Prevención Y Sanción En El Ámbito Laboral y En Las Relaciones Docente Alumno. Promulgación: 11/09/2009. Publicación: 21/09/2009. Registro Nacional de Leyes y Decretos: Tomo: 1 Semestre: 2 Año: 2009 Página: 690 Reglamentada por: Decreto N° 256/017 de 11/09/2017. *URUGUAY*

Ley N° 18651 Ley De Protección Integral De Personas Con Discapacidad. Promulgación: 19/02/2010. Publicación: 09/03/2010. Registro Nacional de Leyes y Decretos: Tomo: 1 Semestre: 1 Año: 2010 Página: 346 Reglamentada por: Decreto N° 350/022 de 27/10/2022. Disponible en https://www.impo.com.uy/bases/leyes/18651-2010 *URUGUAY*

Ley N° 19580 Ley de violencia hacia las mujeres basada en género. modificación a disposiciones del código civil y código penal. derogación de los arts. 24 a 29 de la Ley 17.514. Disponible en https://www.impo.com.uy/bases/leyes/19580-2017/6 *URUGUAY*

Ley N° 19849. Aprobación Del Convenio Internacional Del Trabajo N° 190, Sobre La Violencia Y El Acoso En El Mundo Del Trabajo Promulgación: 23/12/2019 Publicación: 09/01/2020. El Registro Nacional de Leyes y Decretos del presente semestre aún no fue editado. Reglamentada por: Decreto Nº 246/024 de 09/09/2024. Uruguay. Disponible en https://www.impo.com.uy/bases/leyes/19849-2019

MANGARELLI, Cristina. *Acoso y violencia en el trabajo: enfoque jurídico.* FCU, Fundación de Cultura Universitaria, 2021.

Ministerio de Derechos Sociales, Consumo y Agenda 2030. "Objetivos de desarrollo sostenible". Disponible en https://www.mdsocialesa2030.gob.es/agenda2030/index.htm

Ministerio de Igualdad. "Objetivos de desarrollo sostenible". Ministerio de Derechos Sociales, Consumo y Agenda 2030. España (2021) Disponible en https://www.un.org/sustainabledevelopment/es/gender-equality/

MOLINA NAVARRETE, Cristóbal, "Impacto en España del convenio 190 OIT para la tutela efectiva frente a la violencia en el trabajo: obligados cambios legales y culturales", en CORREA CARRASCO/QUINTERO LIMA (DIRS.), *Violencia y acoso en el trabajo. Significado y alcance del Convenio nº 190 OIT en el marco del trabajo decente (ODS 3,5,8 de la Agenda 2030)*, DYKINSON, Madrid, 2021. p. 91-116

OIT. "El Convenio núm. 190 y la Recomendación Nº. 206 en pocas palabras". Disponible en https://www.ilo.org/es/media/10036/download

OIT. "Impulsar la justicia social, promover el trabajo decente" *Disponible en* https://www.ilo.org/americas/sala-de-prensa/WCMS_LIM_653_SP/lang—es/index.htm

OIT. Convenio 100 de la O.I.T. relativo a la igualdad de remuneración entre la mano de obra masculina y la mano de obra femenina por un trabajo de igual valor. Disponible en https://boe.es/buscar/pdf/1968/BOE-A-1968-1411-consolidado.pdf

OIT. Convenio número 111 de la O.I.T. relativo a la discriminación en materia de empleo y ocupación. Disponible en https://boe.es/buscar/pdf/1968/BOE-A-1968-1411-consolidado.pdf

OIT. Convenio 182 sobre las peores formas de trabajo infantil, 1999 (núm. 182) de la OIT, Disponible en https://normlex.ilo.org/dyn/normlex/es/f?p=NORMLEXPUB:12100:0::NO::P12100_ilo_code:C182

OIT. Convenio 190–Convenio sobre la violencia y el acoso, 2019 (núm. 190) (OIT). Disponible en https://normlex.ilo.org/dyn/normlex/es/f?p=NORMLEXPUB:12100:0::NO::P12100_ILO_CODE:C190

OIT. Recomendación sobre igualdad de remuneración, 1951 (núm. 90). Disponible en https://normlex.ilo.org/dyn/normlex/es/f?p=NORMLEXPUB:12100:0::NO::P12100_INSTRUMENT_ID:312428

OIT. Recomendación sobre la discriminación (empleo y ocupación), 1958 (núm. 111). Disponible en https://normlex.ilo.org/dyn/normlex/es/f?p=NORMLEXPUB:55:0:::55:P55_TYPE,P55_LANG,P55_DOCUMENT,P55_NODE:REC,es,R111,/Document

OIT. Recomendación sobre la violencia y el acoso, 2019 (núm. 206) (OIT). Disponible en https://normlex.ilo.org/dyn/normlex/es/f?p=NORMLEXPUB:12100:0::NO::P12100_ILO_CODE:R206

Real Decreto Legislativo 2/2015, de 23 de octubre por el que se aprueba el texto refundido de la Ley del Estatuto de los trabajadores. «BOE» núm. 255, de 24/10/2015. Entrada en vigor: 13/11/2015. https://www.boe.es/eli/es/rdlg/2015/10/23/2/con

SÁNCHEZ-CARDONA, Israel, et al. Learning goal orientation and psychological capital among students: A pathway to academic satisfaction and performance. *Psychology in the Schools*, 2021, vol. 58, no 7, p. 1432-1445.

VELÁZQUEZ FERNÁNDEZ, Manuel Pedro. El Convenio 190 de la OIT sobre violencia y acoso en el trabajo: principales novedades y expectativas. *Revista de Trabajo y Seguridad Social. CEF*, 2019, p. 119-142.

Capítulo 8.

EL CONVENIO MULTILATERAL IBEROAMERICANO DE SEGURIDAD SOCIAL

MARÍA DEL CARMEN MACÍAS GARCÍA

1. ANTECEDENTES Y CONTEXTO.

Debido a los profundos vínculos históricos, culturales, sociales y económicos entre los Estados iberoamericanos, los movimientos de trabajadores entre estos países han sido especialmente intensos. Por ello, la Comunidad Iberoamericana de Naciones (CIN) ha promovido una cooperación específica que busca implementar mecanismos para asegurar ciertos derechos de las personas que se trasladan entre los países iberoamericanos, especialmente cuando lo hacen por motivos laborales[1]. En línea con este principio, uno de los principales ámbitos de cooperación iberoamericana ha sido el reconocimiento del derecho a la seguridad social para los trabajadores migrantes que puedan encontrarse en situaciones de desprotección social como consecuencia de haber desarrollado su vida laboral en diferentes Estados.

El Convenio Multilateral Iberoamericano de Seguridad Social (en adelante, CMISS) representa la culminación de una antigua aspiración dentro de la Comunidad Iberoamericana. Su primer antecedente puede rastrearse al Convenio Iberoamericano de Seguridad Social firmado en Quito en 1978. Sin embargo, este convenio inicial funcionó como un acuerdo marco que requería, además, un acuerdo de aplicación complementario entre los países firmantes para poder implementarse.

Esta metodología fue adoptada en algunos casos, destacando Uruguay, que ha firmado la mayoría de sus convenios de seguridad social con otros países iberoamericanos bajo este esquema, así como en acuerdos específicos como el convenio entre Argentina y Colombia. No obstante, el convenio de 1978 no logró cumplir completamente sus expectativas. Así quedó reflejado en la Declaración de Bahía, aprobada en el XIII Congreso Iberoamericano de Seguridad Social de la Organización Iberoamericana de Seguridad Social (OISS) en 2004, en la que se reafirmó la aspiración de "mejorar las condiciones de vida

---

1 * Este trabajo se encuentra enmarcado en el Instituto Universitario de Investigación sobre "Juventud, mercado de trabajo inclusivo y protección jurídico-social y económica (JUVUMA)" de la Universidad de Málaga. También se enmarca en el Grupo de Investigación SEJ347 "Políticas de empleo, igualdad e inclusión social".
Urbaneja Cillán, J. (2012). Convenio Iberoamericando de Seguridad Social. *Revista Electrónica Iberoamericana. (4)* pág. 3
https://www.urjc.es/images/ceib/revista_electronica/REIB_vol_6_2012_1_completo.pdf

de los ciudadanos, especialmente a través de la Seguridad Social, garantizando la adquisición y conservación de derechos en los movimientos migratorios mediante convenios multilaterales".

El CMISS tiene también sus antecedentes en convenios anteriores, tanto bilaterales como multilaterales. En el ámbito bilateral, destacan los más de cincuenta convenios entre países de la Comunidad Iberoamericana. En el multilateral, se encuentran el Acuerdo de Seguridad Social del MERCOSUR, vigente desde 2008, y la Decisión 583 del Instrumento Andino de Seguridad Social, aún pendiente de reglamentación y, por ende, no vigente. Además, se consideran los Reglamentos Europeos 883/04 y 987/09 (anteriormente 1408/71 y 574/72), dado que España y Portugal, miembros de la Comunidad Iberoamericana, también forman parte de la Unión Europea[2].

A pesar de estos convenios previos, su cobertura no era suficiente para satisfacer las necesidades de protección de una población de más de 600 millones de personas en la región iberoamericana, que registra altos índices de migración interna. Para brindar una cobertura completa en esta región se necesitarían más de 230 convenios bilaterales entrecruzados; sin embargo, en la práctica solo se dispone de alrededor del 25% de estos, concentrados principalmente en cuatro de los 22 países de la Comunidad Iberoamericana. Muchos países carecen de convenios o tienen un número muy reducido de ellos, en algunos casos limitados únicamente a aspectos específicos, como la atención sanitaria de urgencia, y en muchos casos, estos convenios son desconocidos o están en desuso.

---

[2] Jacob Sánchez, F.M. (2016). "La génesis del convenio multilateral iberoamericano de Seguridad Social". *e-Revista Internacional de la Protección Social,* (2). pág. 4.

El Convenio Multilateral Iberoamericano de Seguridad Social (en adelante, CMISS) constituye un instrumento de coordinación de las legislaciones de Seguridad Social, en materia de pensiones de los diferentes Estados Iberoamericanos que lo ratifiquen y que, además, suscriban el Acuerdo de Aplicación.

El CMISS de 10 de noviembre de 2007, entró en vigor en España el 1 de mayo de 2011. (BOE de 8 de enero de 2011). No obstante, para que la entrada en vigor en los Estados Parte que lo han ratificado tenga efectividad es necesario, además, que estos suscriban el Acuerdo de Aplicación que lo desarrolla.

Hasta el momento, las dos condiciones reseñadas en el apartado anterior, han sido satisfechas por España (01-05-2011), República Argentina (01-08-2016), Bolivia (01-05-2011), Brasil (19-05-2011), Chile (01-09-2011), Colombia (01-05-2023), El Salvador (17-12-2012), Ecuador (20-06-2012), Paraguay (28-10-2011), República del Perú (20-10-2016), Portugal (21-07-2014), Uruguay (21-10-2011) y República Dominicana (14-07-2020).

El proceso de internacionalización al que estamos sometidos ha sido una tendencia que ha existido siempre, pero lo novedoso en la época actual es su fuerte aceleración por la facilidad de las comunicaciones y el efecto de las nuevas tecnologías de la información, la digitalización y la robotización, de hecho, estamos inmersos en la denominada revolución 4.0[3].

Nos encontramos con un mundo especialmente globalizado, en el ámbito económico, con gran libertad de movimientos de capitales, bienes y servicios. No obstante, esta globalización también afecta al factor trabajo y asi surgen grandes corrientes migratorias, manifestándose la exigencia de que la mundialización económica tiene, también, que ir acompañada de la

---

3 Gómez Salado, M.A. (2021). *La cuarta revolución industrial y su impacto sobre la productividad, el empleo y las relaciones jurídicos-laborales: desafíos tecnológicos del siglo XXI*, Thomson Reuters Aranzadi, pág. 25.

globalización social ello se muestra de vital importancia para la pérdida de derechos sociales de los trabajadores y familias migrantes y preservar la cohesión social de la sociedad mediante mecanismos de protección social derivados de la Seguridad Social.

A la vez es necesario disponer de normas precisas que establezcan las obligaciones sociales de las empresas en los ámbitos transnacionales donde operen. Todo lo cual exige promover y desarrollar fórmulas de cooperación de las políticas de protección social y, en especial, la coordinación de los sistemas nacionales de seguridad social.

Por otra parte, en la década de los noventa y siguiente se realizaron importantes reformas en los sistemas de pensiones de América Latina que, por su diversidad, acentuaron la necesidad e importancia de afrontar la cooperación entre los sistemas, en un tiempo en el que los países de la Región se fueron abriendo y participando plenamente en la mundialización económica y financiera, con grandes movimientos migratorios que produjeron, en la práctica, una fuerte limitación de la acción protectora de los sistemas de pensiones, al crearse grandes espacios multinacionales en los que no quedaron suficientemente protegidos los derechos sociales de los trabajadores migrantes[4].

Desde la perspectiva de la Organización Iberoamericana de Seguridad Social (OISS), como organismo internacional, técnico y especializado, que tiene como finalidad principal promover el bienestar económico y social de los países iberoamericanos y de todos aquellos que se vinculan por los idiomas español y portugués, mediante la coordinación, intercambio

---

4 Jimenez Fernandez, A. (2013). "Antecedentes, proceso de elaboración, significado y contenido general". *El Convenio Multilateral Iberoamericano de Seguridad Social,* Tirant lo Blanch, pág. 18.

y aprovechamiento de sus experiencias mutuas en Seguridad Social y, en general, en el ámbito de la protección social[5].

La OISS encuentra sus primeros antecedentes en el I Congreso Iberoamericano de Seguridad Social celebrado en Madrid-Barcelona en 1951, en cuyo seno se creó una Secretaría de apoyo a ulteriores congresos que recibiría el nombre de comisión Iberoamericana de Seguridad Social; pero fue en el II Congreso Iberoamericano de Seguridad Social, celebrado en Lima (Perú) en 1954 en el que, con la presencia de la mayoría de los países integrantes de la Región, además de Filipinas, Haití, Bélgica e Italia, junto con representantes de la OIT, OEA y AISS, quedó aprobada la "Carta Constitucional de la OISS".

A partir de esa fecha la Organización inicia actividades con una estructura transitoria y estatutos provisionales, que fueron aprobados en el III Congreso Iberoamericano de Seguridad Social, celebrado en Quito, Ecuador, en noviembre de 1958; consolidándose, desde entonces, como un organismo internacional, que ha ido evolucionando en el tiempo para dar respuesta en cada momento histórico, a las necesidades existentes en el ámbito de la Seguridad Social y brindar la más estrecha y eficaz colaboración a las instituciones que la integran.

Posteriormente, a través de la elaboración y promoción del Código Iberoamericano de Seguridad Social (1995), se trató de favorecer una cierta armonización de los sistemas, especialmente en cuanto a los principios generales, niveles mínimos de protección y a la estructura de los sistemas adaptada a la realidad iberoamericana[6].

---

5 https://oiss.org/que-es-la-oiss/

6 II Conferencia Iberoamericada de Ministros responsables de Seguridad Social. Declarción V Cumbre Iberoamericana de JEG, punto 20. Aprobado en Madrid 1995.

Con los procesos de integración regional aún cobra mayor importancia, si caba, la necesidad de coordinar los sistemas de seguridad social. Así, con la firma del Tratado de Asunción (1991) que constituyó el "Mercado Común del Sur" (MERCOSUR)[7] compuesto inicialmente por Argentina, Brasil, Paraguay y Uruguay, se crea un espacio regional para favorecer: la libre circulación de bienes, servicios y factores productivos entre países; el establecimiento de un arancel externo común y la adopción de una política comercial común; la coordinación de políticas macroeconómicas y sectoriales entre los Estados partes y la armonización de las legislaciones.

En cualquier caso y, como es habitual en estos procesos, tras el primer planteamiento económico aparece la necesidad de coordinar los sistemas de seguridad social para lograr el fortalecimiento del proceso de integración. Se crea el Subgrupo de Trabajo de "Relaciones Laborales, Empleo y Seguridad Social" (SGT N° 10)[8] para abordar las cuestiones sociolaborales y de coordinación de las distintas legistaciones, afrontando los efectos de las asimetrias existentes entre los sistemas nacionales.

Poco después, dentro del marco de cooperación que la OISS venía realizando desde el comienzo de MERCOSUR, el SGT-10, a través de la secretaría pro-témpore que ejercía Brasil, solicitó la colaboración de la Secretaría General de la Organización Iberoamericana de Seguridad Social para elaborar un proyecto de convenio.

El primer borrador de Convenio Multilateral de Seguridad Social de los países del MERCOSUR y del Acuerdo Administra-

---

7 https://www.parlamentomercosur.org/innovaportal/file/15511/1/tratado_de_asuncion.pdf

8 V Reunión del SGT 10 "Relaciones laborales, empleo y seguridad social". Mercosur/GMC/SGT-10/ACTA N°2/97 https://documentos.mercosur.int/simfiles/docreuniones/53945_SGT10_1997_ACTA02_ES.pdf

tivo se presentó al SGT-10 en la reunión de Río de Janeiro, constituyendo el do-Multilateral de Seguridad Social del Mercado Común del Sur"[9] y el "Reglamento Administrativo para la aplicación del Acuerdo Multilateral de Seguridad Social del Mercado Común del Sur", quedando pendiente de su ratificación.

Posteriormente, el 14 de diciembre de 1997, en Montevideo, dichos textos son definitivamente adoptados por los gobiernos de los cuatro países firmantes del Tratado de Asunción y suscritos por sus respectivos Ministros de Relaciones Exterio-res, hecho cuya importancia fue resaltada en el punto 13 del Comunicado Conjunto emitido, el 15 de diciembre, por los Presidentes de los países del MERCOSUR. Acuerdo que más tarde es reforzado con la "Declaración Sociola-boral" del MERCOSUR (1998) que establece que "Los trabajadores del MERCOSUR tienen derecho a la seguridad so-cial, en los niveles y condiciones previstos en las respectivas legislaciones nacionales.

Los Estados Partes se comprometen a garantizar una red mínima de amparo social que proteja a sus habitantes ante la contingencia de riesgos sociales, enfermedades, vejez, invalidez y muerte, buscando coordinar las políticas en el área social, deforma de suprimir eventuales discriminaciones derivadas del origen nacional de los beneficiarios"".

Quedó así abierto el proceso de ratificación -según la legislación interna de cada Estado- de estos instrumentos en los que, a través de los diecinueve artículos del Acuerdo Multilateral y de los catorce del Reglamento Administrativo para su aplicación, se da acogida a los principios que rigen las normas de coordinación en materia de Seguridad Social, entre los que podrían destacarse los de igualdad de trato, conservación de los derechos adquiridos y en curso de adquisición, y coope-

---

9 https://www.mercosur.int/ciudadania/estatuto-ciudadania-mercosur/5-seguridad-social/

ración administrativa. Su aplicación efectiva consta desde el 1 de junio de 2005. El convenio de MERCOSUR, su proceso de elaboración y contenido, es un antecedente importante del Multilateral Iberoamericano[10].

No será hasta el año 2005 cuando correspondió al Gobierno de España la responsabilidad de organizar la XV Cumbre Iberoamericana de Jefes de Estado y de Gobierno[11], el lema de este foro de alto nivel fue "La realidad socioeconómica de la comunidad, la migración y la proyección internacional de la comunidad Iberoamericana". El Ministerio de Trabajo y Seguridad Social solicitó la colaboración y ayuda a la OISS, llegando a la conclusión que era imprescindible la elaboración de un Convenio Multilateral Iberoamericano de Seguridad Social.

Las cuestiones básicas que debían ser recogidos en el proyecto de convenio eran los siguientes: -la igualdad de trato, -la inclusión en el campo personal de aplicación a los trabajadores dependientes e independientes, -la inclusión en el campo personal de aplicación material de las prestaciones de Seguridad Social por vejez, invalidez, supervivencia y otras prestaciones económicas que pudieran derivarse de situaciones similares, -la unidad en la determinación de la legislación aplicable, estableciendo como regla general el sometimiento a la legislación nacional del país en que se realiza la actividad laboral, -garantía de los derechos en curso de adquisición, -garantía de los derechos adquiridos, -exportación de prestaciones, -colaboración administrativa y técnica entre las instituciones, -mantenimiento de los convenciois bilaterales y multilaterales existentes, cuando sean más favorables al trabajador, -y, posibilidad de

---

10 Jimenez fernandez, A. "Antecedentes, proceso de elaboración, significado y contenido general". El Convenio Multilateral Iberoamericano…"*op. cit.* pág. 26

11 https://www.segib.org/xv-cumbre-iberoamericana-migracion-realidad-socioeconomica-y-la-proyeccion-internacional-de-la-region/

ampliar progresivamente el ámbito material, en función de la experiencia en su aplicación.

2. APLICACIÓN DEL CONVENIO

La delimitación del campo de aplicación subjetivo del CMISS la encontramos en el art. 2 del mismo.

> "El presente Convenio se aplicará a las personas que estén o hayan estado sujetas a la legislación de un Estado Parte, así como a sus familiares beneficiarios y derechohabientes".

A partir de esta escueta declaración, es fácil diferenciar tres rasgos básicos en la determinación de los sujetos destinatarios del CMISS: a) relación laboral presente o pasada; b) no exigencia de nacionalidad; c) necesaria sujeción del sujeto a la legislación de uno o varios Estados Parte; y, d) extensión de la protección a familiares y derechohabientes

2.1. El factor trabajo como delimitador de aplicación del convenio

La referencia general a la condición de personas "personas que estén o hayan estado sometidas..." sin más calificativos parece permitir una primera interpretación consistente en que el Convenio es aplicable en tanto que el sujeto que solicite su amparo sea ciudadano que haya estado sometido, o siga estándolo, a la legislación de un Estado Parte; lo que, al margen de la amplitud de este último condicionante que abre un amplio abanico de posibilidades acerca de qué deba interpretarse tras la exigencia del "sometimiento a la legislación de un Estado Parte" parece empujar hacia el hecho de que el término "personas" abarca no sólo a quienes reúnen la condición de ser trabajadores o personas profesionalmente activas sino que también incluye a las personas que por el motivo que fuese han abandonado el mercado de trabajo.

Sin embardo una lectura del convenio y como señala la prof. Barcelón Cobedo[12], lo que a priori podría inducir a pensar que el CMISS no se mueve en el terreno de lo profesional, para el que el núcleo catalizador es el desempeño de un trabajo o de una actividad productiva, y que, por tanto, a efectos de establecer su ámbito de aplicación, es irrelevante que el sujeto haya estado o esté prestando servicios de algún tipo en un Estado Parte.

Sin embargo, la idea de una protección no ligada al factor trabajo quiebra si se contrasta con el contenido del CMISS cuando delimita su ámbito de aplicación material (art. 3). En efecto, conforme a este precepto, la protección se limita, en exclusiva, a las pensiones de corte contributivo o profesional. Tanto es así que aparece de forma constante la referencia a trabajadores en todo el texto del CMISS.

Esto es, aquéllas que requieren que el sujeto que las solicita desempeñe o esté desempeñando una actividad profesional del tipo que sea y, como consecuencia, reúna un determinado periodo de cotización previo; lo que las sitúa en la esfera de lo estrictamente profesional en tanto que sólo son los trabajadores o las personas profesionalmente activas las que pueden realizar aportaciones o cotizaciones al sistema de Seguridad Social, cotizaciones que se detraen de los ingresos obtenidos precisamente por su actividad profesional y que, por ello mismo, atribuyen derecho a las prestaciones de esta misma naturaleza.

No se puede olvidar que las prestaciones profesionales o contributivas son prestaciones cuya función es la de sustituir a

---

12 Barcelón Cobedo, S. (2013). "Los ámbitos objetivos y subjetivos de aplicación del convenio multilateral iberoamericano de Seguridad Social". *El Convenio Multilateral Iberoamericano de Seguridad Social*, Tirant lo Blanch, pág. 67.

las rentas dejadas de percibir cuando se actualiza la contingencia que impide que el trabajador siga prestando servicios, ya sea, entre otros ejemplos, por sufrir una incapacidad temporal, la que que le inhabilite para el desempeño de su actividad (incapacidad permanente), o porque ha resuelto finalizar su vida activa al alcanzar una edad avanzada (jubilación).

Así pues, de la combinación de los arts. 2 y 3 del CMISS hay que concluir que la desprofesionalización antes apuntada es más aparente que real ya que, a la vista del nivel de cobertura que el CMISS ofrece, sólo quienes sean o hayan sido trabajadores, dependientes o autónomos, podrán quedar afectados por lo dispuesto en el CMISS; y por extensión, sus familiares y derechohabientes cuando se trata de prestaciones por muerte y supervivencia.

No otra cosa cabe interpretar del contenido de una protección limitada, con carácter exclusivo, a las prestaciones de tipo contributivo ya que difícilmente se puede proyectar una cobertura de naturaleza profesional sobre quienes no sean, o lo hayan sido, trabajadores y que, por tanto, no podrán reunir la exigencia de un desempeño profesional previo al que se asocia una cotización también previa.

En realidad, el art. 2 del CMISS es una manifestación (no la única, como ya se ha dicho) de esa característica técnica consistente en transcribir textualmente algunas previsiones de los Reglamentos Comunitarios en materia de coordinación de los sistemas de Seguridad Social.

Ciertamente, existe cierta similitud entre lo dispuesto en el artículo 2 del Convenio y lo establecido en el artículo 2 del Reglamento 883/2004 en cuanto a su ámbito de aplicación personal:

> "Este Reglamento será aplicable a las personas nacionales de uno de los Estados miembros, así como a los apátridas y refugiados residentes en uno o más Estados miembros que estén o hayan estado sujetos a la legislación de uno o varios Estados

> miembros, al igual que a los miembros de sus familias y a sus derechohabientes".

No obstante, la diferencia radica en que el Reglamento 883/2004[13] abarca tanto a personas activas como inactivas, proporcionando protección basada en la condición de ciudadano de la Unión Europea, independientemente de si se trata de un trabajador. Dicho de otro modo, la normativa comunitaria promueve una auténtica "desprofesionalización" del ámbito de aplicación de los reglamentos, resultado de un prolongado y complejo proceso de evolución normativa.

Por otro lado, la "desprofesionalización" en el CMISS es solo aparente, ya que el factor determinante sigue siendo la condición de trabajador, sea asalariado o autónomo, del individuo que se desplaza entre distintos Estados Parte, lo cual lo somete a las legislaciones de Seguridad Social de uno o más de estos Estados.

En resumen, aunque en principio el CMISS parece similar a la normativa de coordinación comunitaria en Seguridad Social en cuanto a la delimitación de los sujetos a quienes se aplica, en realidad, el CMISS restringe su ámbito a los trabajadores asalariados o autónomos. En contraste, en el marco de la Unión Europea, la condición de ciudadano europeo que se desplaza por su territorio define el ámbito de protección, una vez eliminado el criterio de actividad profesional.

---

13 El Reglamento (CE), nº 883/2004, del Parlamento Europero y del Consejo, sobre la coordinación de los sistemas de Seguridad Social, de 29 de abril de 2009, derogó el anterior Reglamento (CEE) 1408/71 del Consejo, relativo a la aplicación de los regímenes de seguridad social a los trabajadores por cuenta ajena, a los trabajadores por cuenta propia y a los miembros de sus familias que se desplazan dentro del a Comunidad.

Así, el factor decisivo para que las normas comunitarias sean aplicables es que un mismo sujeto esté sujeto a varios sistemas nacionales de Seguridad Social debido a su vinculación, por cualquier motivo, con la legislación de Seguridad Social de uno o más Estados Miembros.

En cuanto al CMISS, la concurrencia de diversas legislaciones de Seguridad Social se produce cuando una persona ejerce una actividad profesional en distintos Estados Parte.

2.2. Trabajadores beneficiarios del convenio

La Seguridad Social española establece que sus disposiciones se aplicarán a todas las personas, independientemente de su nacionalidad, que trabajen en uno o varios Estados Parte, así como a sus familiares y derechohabientes. Esto resalta que, en el marco del CMISS, no se considera la nacionalidad del trabajador para otorgar la protección de la seguridad social, sino el hecho de que realice su actividad laboral en uno o varios de esos Estados.

El CMISS se presenta así como una normativa internacional con orientación profesional, diseñada para proteger a quienes prestan servicios en su área de aplicación. A diferencia de los Reglamentos Comunitarios de Coordinación, que aplican exclusivamente a ciudadanos de Estados miembros de la Unión Europea (como se establece en el R883/2004), el CMISS no exige que los trabajadores sean nacionales de los Estados Parte; se centra únicamente en la actividad laboral como criterio para su aplicación, lo cual facilita la movilidad de trabajadores entre los Estados Parte, sin restricciones basadas en la nacionalidad.

Este enfoque del CMISS es más inclusivo y favorable a los trabajadores, ya que elimina el requisito de nacionalidad y permite que trabajadores de terceros Estados también se beneficien de sus disposiciones. Esto contrasta con la normativa comunitaria europea, que se ha visto en la necesidad de promulgar el

Reglamento 1231/2010 para permitir un trato igualitario entre los ciudadanos comunitarios y de terceros países, aunque utilizando mecanismos jurídicos diferentes. Sin embargo, en el ámbito del CMISS, el principio de igualdad de trato garantiza que todo trabajador, independientemente de su nacionalidad, reciba la misma protección que los nacionales del Estado Parte en el que presta servicios.

En el contexto iberoamericano, este planteamiento no es nuevo. Por ejemplo, el Acuerdo Multilateral de Seguridad Social del MERCOSUR de 1997 tiene una disposición similar, aunque incluye el requisito de residencia para los trabajadores de otros países, algo que no se exige en el CMISS ni en el R883/2004. En el CMISS, la residencia no se considera un factor determinante ni excluyente para acceder a las prestaciones de seguridad social, siempre que el trabajador cumpla con los requisitos de cotización exigidos por la legislación del Estado Parte.

Finalmente, es frecuente que el trabajador beneficiario resida en uno de los Estados Parte donde desempeña su actividad, solicitando la aplicación del CMISS debido a su movilidad laboral entre esos Estados. Sin embargo, el CMISS también permite que los trabajadores puedan solicitar sus prestaciones tras regresar a sus países de origen, evitando así el requisito de residencia en el Estado Parte competente, que podría suponer una desventaja para quienes no son nacionales de dicho Estado.

2.3. Sometimiento a la legislación de un Estado Parte

La tercera característica clave del CMISS, que junto a la condición de trabajador y la independencia de la nacionalidad del sujeto determina su aplicación, es que el individuo esté o haya estado sujeto a la legislación de Seguridad Social de uno o más Estados Parte. En otras palabras, aunque se elimina la exigencia de que el trabajador sea ciudadano de alguno de estos Estados y no se exige que resida en ellos, los factores determinantes del ámbito de aplicación personal del Convenio son, por un lado, que se trate de un trabajador y, por otro, que este trabajador esté sometido (o haya estado sometido) a la normativa de Seguridad Social de al menos un Estado Parte.

Así, de manera similar a los Reglamentos Comunitarios sobre coordinación de sistemas de Seguridad Social, para que se aplique el CMISS debe existir una interacción entre varios sistemas de Seguridad Social nacionales, motivada por la dimensión transnacional de la actividad laboral del trabajador.

En el contexto del CMISS, esta transnacionalidad se entiende de manera restrictiva, limitándose a trabajadores. Por el contrario, en el caso de las normas de coordinación comunitarias, el alcance se extiende a todas las personas con nacionalidad comunitaria, independientemente de si realizan una actividad laboral o no. Esta restricción del CMISS a un ámbito profesional específico (es decir, solo a trabajadores) se explica también porque su aplicación se limita a las prestaciones contributivas, lo cual presupone que el trabajador ha estado sujeto a la normativa de uno o varios Estados Parte del Convenio.

Este enfoque puede originar situaciones peculiares. Por ejemplo, es posible que un nacional de un país no firmante del CMISS (al no haberlo ratificado, conforme al artículo 9 del Convenio) pueda beneficiarse de sus disposiciones debido a que su actividad profesional le haya vinculado a la normativa de Seguridad Social de algún Estado Parte.

Al mismo tiempo, el Convenio podría no aplicarse a un ciudadano de un Estado Parte que no haya desarrollado una actividad profesional, ya sea en su propio país o en cualquier otro Estado Parte, que lo sujete a la normativa de Seguridad Social de esos Estados.

3. PRINCIPIOS DE APLICACIÓN

El CIMSS establece unos principios de apliación, que son los de igualdad de trato, totalización, conservación de los derechos adquiridos y pago de las prestaciones en el extranjero.

Son, sin lugar a dudas, principios generales que deben inspirar la aplicación del CMISS. Siguiendo al prof. González Ortega[14] le dedicamos los siguientes epígrafes.

3.1 Principio de igualdad de trato

El artículo 4 del CMISS establece que las personas a quienes se aplique este convenio, conforme al artículo 2, tienen derecho a los beneficios y están sujetas a las obligaciones según la legislación del Estado en el que ejercen su actividad, en las mismas condiciones que los ciudadanos de dicho Estado, a menos que el convenio disponga lo contrario.

A diferencia de los Reglamentos Comunitarios, que limitan su alcance personal a las personas que sean nacionales de alguno de los Estados miembros, así como a apátridas y refugiados residentes en esos Estados, el CMISS se aplica a quienes están o han estado sujetos a la legislación de uno o varios Estados Parte, junto con sus familiares y derechohabientes, sin requerir que tengan la nacionalidad de esos Estados. Esto significa que cualquier persona que haya estado bajo la legislación de alguno de los Estados Parte puede reclamar la aplicación del CMISS, independientemente de su nacionalidad.

---

14 González Ortega, S. (2013). "Los principios de aplicación del convenio multilateral iberoamericano de Seguridad Social. La determinación de la ley aplicable". *El Convenio Multilateral Iberoamericano de Seguridad Social,* Tirant lo Blanch, pág. 94.

Este enfoque más amplio del CMISS se debe a que su ámbito material se limita a prestaciones de seguridad social contributivas[15], excluyendo regímenes no contributivos, asistencia social y prestaciones para víctimas de guerra. Así, la cobertura del CMISS depende de la realización de una actividad profesional en uno o más Estados Parte, sujeta a su legislación en cuanto a afiliación, cotización y beneficios de seguridad social.

Así, la nacionalidad deja de ser un factor relevante en el CMISS, que se enfoca en la sujeción a la legislación de seguridad social del Estado Parte en el que se desarrolla la actividad laboral. Esto contrasta con los Reglamentos Comunitarios R883/2004 y R987/2009, en los cuales el principio de igualdad se basa en la nacionalidad de algún Estado miembro de la Unión Europea, garantizando que los ciudadanos de estos Estados tengan igualdad de trato en cualquier Estado miembro cuya legislación se aplique. En cambio, el CMISS establece un principio de igualdad que no depende de la nacionalidad, sino del hecho de estar sujeto a la legislación de uno de los Estados Parte, ampliando así su alcance de manera más general[16].

La exclusión de la nacionalidad como requisito en el CMISS y su sustitución por la realización de una actividad profesional permite evitar conflictos en casos en los que la nacionalidad actúa como un criterio indirecto de diferenciación, como sucede cuando las normas de coordinación exigen la residencia como requisito para acceder o disfrutar de prestaciones de seguridad social.

Este requisito es frecuente en el caso de las prestaciones no contributivas o asistenciales, ya que, al estar basadas en el prin-

---

15 Guerro Padrón, T. (2016). El principio de igualdad de trato. *e-Revista Internacional de la Protección Social, (2),* pág. 46.

16 García de Cortázar y Nebreda, C. (2006). "El campo de aplicación del Reglamento 883/2004". *Revista del Ministerio de Trabajo y Asuntos Sociales,* (64), pág. 55.

cipio de solidaridad y no en el desempeño de una actividad profesional, es la residencia lo que frecuentemente determina el acceso a estas prestaciones. Esto puede resultar en una discriminación indirecta, ya que los nacionales del país suelen cumplir más fácilmente con la residencia exigida, mientras que los extranjeros enfrentan mayores dificultades.

Por esta razón, los Reglamentos Comunitarios, que cubren tanto prestaciones contributivas como no contributivas, enfatizan el respeto al principio de igualdad de trato, buscando evitar que la residencia actúe como un factor de exclusión, aunque de forma indirecta. La jurisprudencia del Tribunal de Justicia de las Comunidades Europeas, en particular en el caso Pinna de 1986, sentó precedente al considerar que la exigencia de residencia en Francia para recibir prestaciones familiares constituía una discriminación indirecta por nacionalidad, afectando más negativamente a trabajadores comunitarios no franceses.

En el caso del CMISS, aunque no menciona explícitamente el requisito de residencia para generar el derecho a las prestaciones, el principio de igualdad de trato del artículo 4 debe interpretarse como excluyendo la residencia como un requisito indispensable. Es decir, para acceder a las prestaciones de seguridad social cubiertas por el convenio, basta con cumplir los requisitos previstos en la legislación del Estado Parte aplicable, sin que la residencia deba ser obligatoria para el solicitante o sus familiares. Esto es coherente con el artículo 6 del CMISS, que estipula que las prestaciones no deben ser afectadas si el beneficiario reside en otro Estado Parte, aunque este artículo se refiere solo a la modificación de prestaciones ya adquiridas, no a su obtención inicial.

Dado que el CMISS se centra únicamente en prestaciones contributivas, la aplicación del principio de igualdad de trato tiene menor relevancia, ya que, según principios internacionales del trabajo, el trato igual para extranjeros en cuanto a prestaciones contributivas es una norma habitual en los sistemas de seguridad social de los Estados Parte.

Sin embargo, el artículo 4 del CMISS refuerza esta norma, al imponer a los Estados Parte la obligación de tratar de igual manera a todos los trabajadores extranjeros en su territorio, sin importar su nacionalidad. Esto significa que el CMISS genera una obligación de igualdad de trato que va más allá de su propia aplicación, ya que establece que todos los trabajadores extranjeros en un Estado Parte tienen derecho a la igualdad, aun cuando no reclamen expresamente la aplicación del CMISS, como en el caso de quienes siempre han trabajado en un solo Estado Parte. Sin embargo, estos trabajadores pueden beneficiarse del CMISS si, por ejemplo, deciden mudarse a otro Estado Parte y solicitan la exportación de sus prestaciones de jubilación o invalidez.

3.2 Principio de totalización

En general, cuando se habla de este principio, se viene denominándolo con una fórmula más simple o reducida la de totalización de los períodos de cotización, que, aunque no es lo mismo si nos da una idea de que es lo que se pretende o cual es la finalidad de dicha totalización. Se busca con la misma impedir la pérdida del derecho a prestaciones de una persona o de sus causahabientes, que han estado sujetos a la legislación de distintos estados parte del convenio. En definitiva de reconocerles el derecho a que se tenga en cuenta los períodos de cotización llevados a cabo en tales estados para configurar su derecho a las prestaciones.[17]

---

17 Rodríguez Iniesta, G. (2016). "Art. 5. Totalización de los períodos". *e-Revista Internacional de la Protección Social,* (2) pág. 57.

Respecto al concepto y elementos cotizables hay que señalar que el principio de totalización, que concretiza el más amplio principio de conservación de derechos en proceso de adquisición, se recoge en el artículo 5 del CMISS con una redacción casi idéntica a la del artículo 6 del Reglamento 883/2004. Este principio establece que, si la legislación de un Estado Parte exige haber cumplido determinados períodos de seguro, cotización o empleo para obtener, conservar o recuperar el derecho a prestaciones, así como para acceder o eximirse de seguros obligatorios o voluntarios, se tendrán en cuenta los períodos cumplidos bajo la legislación de cualquier otro Estado Parte, siempre que no se solapen en el tiempo.

Este principio es fácil de comprender: permite que los períodos de tiempo que un trabajador ha cumplido en otros Estados Parte, ya sea de seguro (en sistemas organizados bajo una lógica de seguros sociales), de cotización (en sistemas financiados a través de aportaciones de empleadores, trabajadores o el propio Estado) o de empleo (en trabajos tanto dependientes como autónomos), se sumen a los períodos cumplidos en el Estado Parte que concede la prestación, como si se hubieran cubierto bajo su legislación. Así, la totalización se aplica para adquirir el derecho a la prestación, conservarlo, recuperar su vigencia, y también para definir su duración y para cumplir con requisitos de seguros.

A diferencia del Reglamento 883/2004, que distingue entre períodos de empleo (para trabajos asalariados) y de actividad independiente (para autónomos), el CMISS engloba ambos tipos de actividades bajo "períodos de empleo", como queda claro en el artículo 9, que abarca tanto actividades dependientes como independientes. Además, el artículo 5 del CMISS no incluye la totalización de períodos de residencia, dado que el tiempo de seguro, cotización o empleo es suficiente para las prestaciones contributivas, y que las no contributivas, que suelen depender de la residencia, están fuera del alcance del CMISS. Dado que la residencia tampoco puede utilizarse como requisito de acceso a las prestaciones por el principio de igualdad de trato, no se considera necesario totalizar los períodos de residencia.

No obstante, en el caso de que un Estado Parte otorgara algún beneficio en función de los períodos de residencia (no para la generación o conservación de derechos, que están cubiertos por el principio de "exportación de prestaciones", sino para definir la duración o mejorar una prestación), el principio de igualdad de trato podría requerir que se aplique la totalización también a esos períodos de residencia. En tal caso, se deberían computar los períodos de residencia en cualquier Estado Parte, asegurando así que no se vulnera el principio de igualdad entre nacionales y extranjeros del Estado Parte. Aunque el artículo 5 no menciona explícitamente los períodos de residencia, es razonable interpretar que la totalización sería aplicable en tales circunstancias para mantener el trato igualitario.

El funcionamiento viene señalado en el artículo 5 del CMISS, junto con el artículo 13.1(a) del Acuerdo Administrativo para la Aplicación del CMISS (AACMISS), estipula que la totalización de períodos de seguro, cotización o empleo solo se aplicará "si fuese necesario." Esta necesidad no se limita a la generación inicial del derecho a la prestación; también es aplicable si beneficia al trabajador para conservar o recuperar dicho derecho, establecer la duración o cuantía de la prestación, o determinar el acceso o exención de seguros obligatorios o voluntarios.

No es necesario aplicar la totalización en los casos en que las prestaciones del Estado Parte Competente no requieren períodos de cotización, seguro, empleo o residencia para ser obtenidas, como suele ser el caso de las prestaciones derivadas de riesgos profesionales. Sin embargo, este Estado debe registrar sus cotizaciones para una eventual totalización en otro Estado Parte, en caso de que el trabajador solicite otra prestación allí, sin importar las normas nacionales sobre acumulación de prestaciones.

Tampoco es preciso recurrir a la totalización, aunque el trabajador puede solicitarla conforme al artículo 13.1(a) del AACMISS, si el Estado Parte Competente ya cumple los requisitos necesarios para conceder la prestación sin necesidad de acumular períodos de otros Estados. Esto no implica que el CMISS no deba aplicarse para otras posibles pensiones en distintos Estados Parte. Si el trabajador accede a una prestación en un Estado Parte sin totalización, otros Estados Parte en los que el trabajador haya cotizado igualmente deben considerar esos períodos para calcular sus propias prestaciones. Esto reduce la cuantía que cada uno debe abonar y actúa como una regla implícita para evitar la acumulación de prestaciones, lo que suele hacer que no se solicite la totalización cuando no es esencial.

La aplicación de la totalización generalmente depende de que el trabajador, sus familiares o derechohabientes la invoquen al solicitar la prestación, según lo establece el artículo 13 del AACMISS. No obstante, la Institución Competente también podría, de oficio, aplicar la totalización si se entera de que el trabajador ha realizado alguna actividad en otro Estado Parte y el propio trabajador facilita los datos requeridos para el proceso. E33sta actuación de la institución podría considerarse equivalente a una solicitud formal del trabajador.

Llegados a este punto es necesario señalar que, aunque el artículo 5 del CMISS no menciona expresamente la técnica de asimilación de condiciones, esta resulta esencial para la totalización de períodos. Para que los períodos de seguro, cotización, empleo (o, en ciertos casos, de residencia) sean considerados, deben ser asimilables a aquellos exigidos por la legislación del Estado Parte Competente.

Esta asimilación permite sumar los períodos cumplidos en otros Estados Parte a los nacionales de acuerdo con la normativa del Estado Competente. La cuestión clave es cuándo puede considerarse que esa asimilación existe como condición previa para la totalización, y la respuesta se encuentra en el artículo 1.1 del CMISS, que establece que las actividades y períodos se interpretarán según la legislación del Estado donde se desarrollaron. Así, cada Estado Parte define qué constituye una actividad por cuenta propia o ajena, y qué son los períodos de seguro, cotización o empleo, según sus propias normas, y esas definiciones deben ser aceptadas sin discusión por otros Estados Parte.

Este criterio también aplica a actividades asimiladas, es decir, aquellas que, sin ser estrictamente laborales, son tratadas como tales por la legislación de cada Estado. Un ejemplo es la legislación española, que considera equivalentes a períodos de empleo actividades como el desempeño de cargos políticos, sindicales o religiosos, y para períodos de seguro, contempla tiempos como los de servicio militar o excedencia por cuidado familiar. Así, la legislación de cada Estado define los períodos de seguro y actividades asimiladas, y otros Estados Parte están obligados a reconocerlos.

El Reglamento 883/2004 sí establece explícitamente la asimilación en su artículo 5(b), que obliga a los Estados a considerar hechos o circunstancias equivalentes ocurridos en otros Estados miembros como si hubieran sucedido en su propio territorio.

Este criterio ha sido respaldado en jurisprudencia del Tribunal de Justicia de la Unión Europea, como en los casos de Mora Romero y Klöppel, que establecieron que el servicio militar y la prestación por cuidado de hijos, respectivamente, realizados en otro Estado miembro, deben ser asimilados al equivalente en el Estado Competente. Otros fallos, como en Adanez-Vega y Reichel-Albert, también destacan la obligación de considerar como cotizados tiempos de servicio militar o cuidado de hijos cumplidos en otro Estado miembro si la legislación nacional los asimila a períodos cotizados.

En cuanto a la residencia, el CMISS la define ampliamente como el lugar donde una persona vive habitualmente, sin especificar si debe ser regular o irregular. Sin embargo, dado que la afiliación y cotización al sistema de seguridad social generalmente requieren una estancia regular en el país, la residencia a considerar suele ser la regular. Si un Estado Parte reconoce como válidos ciertos períodos de residencia o trabajo irregular para su legislación, estos períodos deberán ser aceptados en otros Estados Parte, al aplicar la totalización y asimilación, aunque su validez variará según el reconocimiento de cada Estado Parte.

La totalización de prestaciones suele estar acompañada del principio de prorrata temporis, según el cual el costo total de la prestación se distribuye entre los Estados Parte en proporción al tiempo que el trabajador ha cotizado, asegurado o trabajado en cada uno de ellos, siempre que esos períodos hayan sido necesarios para generar el derecho o determinar el monto de la prestación.

Aunque este principio no se menciona explícitamente en el CMISS ni en el Reglamento 883/2004 (que tampoco lo establece como un principio general, sino que lo aplica solo en ciertos casos y para prestaciones específicas), se utiliza en situaciones como las pensiones de vejez, invalidez o supervivencia, siempre que no deriven de riesgos profesionales, donde generalmente no se exigen períodos previos de empleo, seguro o cotización.

Las normas de reparto para la prorrata temporis se detallan en los artículos específicos que regulan estas prestaciones en el CMISS (Título II, Capítulos 1 y 2, artículos 13 a 17) y en las disposiciones del AACMISS (artículos 13 a 15). En la práctica, el principio de prorrata temporis implica que cada Estado Parte en cuya legislación haya cotizado el trabajador, y cuyos períodos se hayan totalizado, cubre una parte proporcional de la pensión generada. Este proceso requiere un cálculo doble, el de la "prestación teórica" y el de la "prestación real", cuya complejidad se aborda con mayor detalle en el capítulo dedicado a las prestaciones.

3.3 Principio de conservación de los derechos adquiridos y el pago de prestaciones en el extranjero.

El artículo 6 del CMISS regula la exportación de prestaciones económicas, estipulando que las mismas no pueden ser reducidas, modificadas, suspendidas o retenidas si el beneficiario reside en otro Estado Parte, salvo por los costos de transferencia. Este principio se aplica a las prestaciones económicas mencionadas en el artículo 3 y se extiende a los beneficiarios que residan en terceros países, bajo las mismas condiciones que las de los nacionales que residen en esos países. Este artículo se asemeja al artículo 7 del Reglamento 883/2004 de la UE, que suprime la exigencia de residencia en el Estado miembro de la institución deudora para que las prestaciones se hagan efectivas en otro Estado miembro, aunque con ligeras diferencias terminológicas en cuanto a las restricciones que prohíbe.

En definitiva, este principio responde a la necesidad de que el trabajador migrante conserve los derechos que hubiere consolidado en un determinado Estado Parte, garantizando que estos no se pierdan o se reduzcan como consecuencia del ejercicio del traslado de residencia a otro país, así como la continuidad en el disfrute de las prestaciones ya obtenidas, con independencia de que el beneficiario se encuentre o resida en el territorio de otro Estado Parte distinto del Estado competente[18].

---

[18] Pérez Campos, A.I. (2008). "Libre Circulación y Seguridad Social: Alcance de las Excepciones a la Regla de Conservación de los Derechos Adquiridos". *Revista Doctrinal Aranzadi Social,* (4) pág. 1.

El CMISS, a diferencia del Reglamento comunitario, solo hace referencia a la residencia del beneficiario principal de la prestación y no de sus familiares. Sin embargo, esta omisión es irrelevante en el contexto del CMISS, ya que los familiares solo pueden ser beneficiarios en el caso de prestaciones de supervivencia, cuyo acceso no depende de la residencia. Si el CMISS incluyera prestaciones familiares (que actualmente están excluidas), sería más complicado excluir el requisito de residencia únicamente para el beneficiario principal y no para sus familiares. Así, la disposición del CMISS, que excluye la residencia como requisito de acceso y conservación de derechos adquiridos, es adecuada para el contexto en el que aplica.

El CMISS añade una precisión importante en la exportación de prestaciones. Mientras el artículo 6.1 se enfoca en beneficiarios que residen en otros Estados Parte, el artículo 6.2 abarca a aquellos que residen en terceros países, garantizando la exportación de las prestaciones en igualdad de condiciones con las aplicadas a los nacionales del Estado Parte Competente que residan en ese tercer país. Esto implica que la exportación de prestaciones a terceros países no está asegurada por el CMISS y dependerá de los acuerdos bilaterales o del principio de reciprocidad. En los casos en que los nacionales del Estado Parte Competente no puedan exportar prestaciones a un tercer país, los beneficiarios bajo el CMISS tampoco podrán hacerlo.

El CMISS no ofrece una solución clara sobre quién debe asumir los costos de transferencia de prestaciones a otro país, dejando este aspecto a cargo del beneficiario, según se deduce del artículo 6.1. El artículo 29.1 del AACMISS indica que el pago debe realizarse directamente y conforme a los procedimientos nacionales, lo cual también sugiere que los costos recaerían en el beneficiario. Esta carga podría reducir el valor real de la prestación, especialmente si esta es prorrateada y de cuantía baja, haciendo que la exportación de prestaciones sea menos viable o atractiva para los beneficiarios en casos de costos de transferencia elevados. Una solución posible sería que la institución deudora asumiera estos costos o que se diseñaran mecanismos para reducirlos, una cuestión que podría ser abordada por el Comité Técnico Administrativo previsto en el CMISS.

3.3 Determinación de la legislación aplicable

Para efectos de afiliación o cotización y, aunque en menor medida, en relación con las prestaciones, es esencial determinar cuál legislación de Seguridad Social debe aplicarse, ya que esto especifica bajo qué normativa nacional deben estar asegurados los trabajadores y realizar sus aportes, así como ante qué institución deben solicitar las prestaciones, en caso de ser necesario. Esta determinación, regida por el principio de exclusividad o unicidad, designa al Estado Parte Competente y, por ende, a la Institución Competente con la cual el trabajador o beneficiario establecerá la relación jurídica, ya sea en términos de afiliación y cotización o de solicitud de prestaciones.

La exclusividad en la elección de la legislación aplicable persigue principalmente evitar situaciones de doble afiliación o cotización obligatoria—lo cual podría resultar en una sobreaportación del trabajador sin beneficios adicionales en cuanto a las prestaciones—y también situaciones de desprotección, en las que un trabajador migrante podría no ser aceptado ni por el sistema del país de origen ni por el de destino. Además, evita posibles situaciones de doble protección o acumulación de prestaciones similares generadas por una misma contingencia. Este principio es establecido en el artículo 9 del Convenio Multilateral Iberoamericano de Seguridad Social (CMISS), que señala que "las personas a quienes sea aplicable el presente Convenio estarán sujetas exclusivamente..." y establece que esta sujeción será "a la legislación de seguridad social del Estado Parte en cuyo territorio ejerzan una actividad...".

Este criterio, expresado en el artículo 9 del CMISS, corresponde a la norma general del lugar de trabajo (conocido como *lex loci laboris* en términos jurídicos internacionales), es decir, el país donde el trabajador, ya sea dependiente o autónomo, realiza su actividad y está obligado a cotizar en el sistema de Seguridad Social de ese país. Este principio es fácil de aplicar, pues se basa en una actividad profesional concreta y, dada la naturaleza de las prestaciones cubiertas por el CMISS, es el único enfoque viable y el más adecuado, además de ser el mismo que aplican los Reglamentos Comunitarios.

No obstante, debido a la amplia diversidad de empleos y modalidades de trabajo, así como a las particularidades de algunos de ellos, tanto el CMISS (artículos 10 a 12) como el Acuerdo Andino sobre Movilidad y Seguridad Social (AAMCISS, artículos 6 a 12) establecen una serie de excepciones o normas especiales. Estas se aplican especialmente en casos donde el lugar de la actividad profesional no es claro debido al tipo de actividad, su duración o factores contextuales que inciden en la naturaleza particular del empleo.

Respecto a los trabajadores por cuenta ajena, que son la mayoría, hay que tener en cuenta que El artículo 10, apartado a) del CMISS establece que un trabajador que realice actividades profesionales, de investigación, científicas, técnicas o de dirección para una empresa con sede en un Estado Parte y que sea temporalmente trasladado a otro Estado Parte, seguirá sujeto a la legislación de Seguridad Social del Estado de origen durante un periodo inicial de hasta doce meses. Este plazo puede prorrogarse excepcionalmente por otros doce meses, con el consentimiento explícito de la Autoridad Competente del país de destino.

Esta norma contiene varios aspectos relevantes. En primer lugar, se aplica exclusivamente a trabajadores cualificados que desempeñen tareas específicas, dejando fuera a aquellos en categorías laborales inferiores, quienes deberán acogerse desde el inicio al sistema de Seguridad Social del país en el que trabajen. Este enfoque evita una posible competencia desleal en el país de destino al mantener los costes sociales equivalentes a los del país de origen.

En segundo lugar, el desplazamiento debe ser temporal, con una duración inicial máxima de doce meses. Durante este tiempo, el trabajador sigue afiliado al sistema de su país de origen. La prórroga, limitada a otros doce meses, requiere una solicitud y el consentimiento de la Autoridad Competente del país de destino, quien evalúa si existen justificaciones para prolongar el régimen de desplazamiento sin que esto afecte negativamente al sistema de Seguridad Social o a la competitividad local.

Tercero, el artículo 6 del AACMISS establece normas aplicables a todos los desplazamientos, independientemente de si son trabajadores por cuenta ajena o propia. Permite que el periodo de desplazamiento se utilice de manera fraccionada en casos de necesidades laborales intermitentes o esporádicas. Sin embargo, una vez completado el año inicial fraccionado, se debe solicitar una prórroga, que también puede dividirse en varios períodos hasta cumplir el año completo.

Asimismo, un mismo trabajador no podrá beneficiarse de un nuevo desplazamiento temporal hasta que haya pasado un año desde el término de su desplazamiento inicial o, en su caso, de la prórroga.

Finalmente, el trabajador debe solicitar este tratamiento especial con una antelación mínima de veinte días antes del desplazamiento. El artículo 7.5 del AACMISS permite, en situaciones justificadas, conceder retroactivamente la validez del certificado desde el inicio real del desplazamiento. Si la solicitud se presenta fuera de plazo, puede surgir la necesidad de que el trabajador se afilie temporalmente al sistema de Seguridad Social del país de destino hasta que se otorgue la validez retroactiva, causando posibles complicaciones administrativas.

Sin embargo, la posibilidad de aplicar retroactivamente el certificado suele reducir estos obstáculos.

4. EL CMISS Y EL SISTEMA DE SEGURIDAD SOCIAL ESPAÑOL.

Como señala el prof. De Soto Rioja[19] el sistema de Seguridad Social en España se enmarca dentro del modelo europeo continental de protección social, caracterizado por su enfoque de universalidad y cobertura completa. Este sistema busca proteger a la población frente a diversas situaciones de riesgo social, ofreciendo principalmente prestaciones económicas. Aunque estas prestaciones no siempre son suficientes para eliminar todas las carencias o daños, sí intentan mitigar las consecuencias de la falta de recursos derivadas de cada riesgo cubierto, mediante un modelo mixto, pero fundamentalmente de base profesional. Junto a otros sistemas nacionales, como los de Salud, Educación, Servicios Sociales y el de Atención a la Dependencia, constituye uno de los pilares esenciales de los Estados del Bienestar, una evolución del Estado Social y de Derecho.

Para alcanzar sus objetivos específicos, como proporcionar un ingreso mínimo a quienes se encuentran en situación de necesidad y asegurar condiciones para una vida digna, el sistema se organiza en varias ramas y métodos de actuación. Esto incluye tanto un modelo asistencial o no contributivo como uno profesional y contributivo, estableciendo así un sistema mixto que integra las fórmulas de protección más consolidadas.

---

19 De Soto Rioja, S. (2013). "El sistema español de Seguridad Social y las implicaciones del convenio multilateral iberoaméricano de Seguridad Social". *El convenio multilateral iberoaméricano de Seguridad Social*, Tirant lo Blanch. pág. 227.

En términos legales, el sistema es eminentemente público, con una estructura organizativa dotada de una amplia autonomía. Aunque otras entidades, tanto mixtas como privadas, pueden colaborar en determinados aspectos, la Seguridad Social española es administrada directamente por el Gobierno y posee personalidad jurídica propia, con normas específicas que aseguran que sus bienes están destinados exclusivamente a los fines de protección que gestiona.

La financiación principal del sistema proviene de tributos y otros recursos de recaudación obligatoria. Estos pueden ser generales, como los impuestos, que financian las prestaciones universales y no contributivas, o específicos, como las cotizaciones sociales, que se destinan al subsistema profesional. La magnitud de este sistema se refleja tanto en el número de beneficiarios como en los recursos económicos que gestiona, especialmente si se incluye no solo a los pensionistas, sino también a quienes reciben subsidios temporales, como los desempleados.

Ante la situación de crisis económica actual y el envejecimiento de la población, los principales debates giran en torno a cómo asegurar la sostenibilidad financiera del sistema. Algunos datos reflejan su impacto macroeconómico: las prestaciones económicas representan más del 10% del PIB, la Seguridad Social supera el 25% del gasto público con cifras que rondan los 150 mil millones de dólares anuales, y, sumando toda la protección social (incluyendo servicios sociales y atención sanitaria), estas cifras se duplican.

Además, el número de pensionistas supera los nueve millones en una población de alrededor de 47 millones de personas. La tasa de cobertura entre quienes no están en edad activa, como mayores de 65 años, alcanza el 90%, y la protección alcanza a más de la mitad de la población desempleada, aun cuando la tasa de desempleo supera el 25% y la ocupación apenas el 66%, lo que representa más de tres millones de beneficiarios adicionales en promedio en los últimos años.

4.1 Construcción por nieveles en España

El sistema español de Seguridad Social, como otros sistemas mixtos, se organiza en varios niveles de protección[20]. En primer lugar, está el subsistema no contributivo o asistencial, que destaca tanto por el alcance de las prestaciones que garantiza como por el volumen de beneficiarios, aproximadamente medio millón de personas desde que fue reconocido como un derecho subjetivo en los años noventa. Sin embargo, este nivel de protección se complementa con otros programas gestionados por las Comunidades Autónomas, como los de apoyo a personas con discapacidad, atención a la dependencia y programas de integración para personas desempleadas sin recursos.

Este nivel asistencial se define legalmente de forma restrictiva, beneficiando únicamente a residentes mayores de 65 años o a personas con incapacidad permanente que carecen de ingresos superiores a un umbral específico (7.250,60 euros anuales en el año 2014[21]). Las ayudas son temporales y requieren prueba de necesidad económica mediante evaluación de los ingresos familiares, calculando una renta per cápita para determinar el monto de la prestación, que varía para asegurar un mínimo vital.

El siguiente nivel, el sistema contributivo, constituye el núcleo del sistema de Seguridad Social. Atiende principalmente a situaciones como la vejez, invalidez y muerte, asegurando al

---

20 Alarcon Caracuel, M.R. (1999). La Seguridad Social en España. *Thomson Reuters Aranzadi*, pág.25.

21 https://sede.imserso.gob.es/documents/20123/1595507/fpnc_2024.pdf/a614ed0e-7cd9-50e6-d0a3-c78a4bbb7f80

menos el 50% de la tasa de sustitución de ingresos según el Convenio 102 de la OIT. En este sistema, la inclusión es obligatoria para quienes ejercen actividades laborales, sean empleados o autónomos en sectores públicos o privados. Su financiación proviene de cotizaciones sociales de trabajadores y empleadores, en promedio del 35% de la masa salarial, variando según el nivel de riesgo de la actividad. Estas cotizaciones permiten obtener prestaciones que reflejan el esfuerzo laboral acumulado, siguiendo el principio de contributividad.

Este nivel contributivo se organiza bajo el sistema de reparto intergeneracional, en el cual las recaudaciones financian las prestaciones del mismo periodo. Además, existe un fondo de reserva que se constituyó en el año 2000 y alcanzó 65 mil millones de euros en 2012, equivalente al 7% del PIB. Dentro del sistema también se incluyen componentes solidarios y redistributivos, como las prestaciones por viudedad que aumentan hasta un 70% para personas con bajos recursos, o el subsidio de desempleo prolongado para mayores de 55 años. Existen, asimismo, complementos mínimos para garantizar ingresos básicos en caso de insuficiencia contributiva en pensiones de jubilación, invalidez o supervivencia, cuyo valor supera las pensiones asistenciales para evitar desincentivos a la integración en el sistema profesional.

El tercer nivel de previsión social es el subsistema complementario, de carácter voluntario según el artículo 41 de la Constitución. Este nivel abarca productos financieros de ahorro, seguros de incapacidad temporal, y principalmente los planes de pensiones de empleo. Aunque estos planes no tienen en España la misma presencia que en otros países europeos o anglosajones, debido a factores históricos y a la fortaleza del sistema público contributivo, se estructuran a través de convenios colectivos con estrictas regulaciones para garantizar su solvencia y limitan la posibilidad de rescate anticipado, excepto en situaciones de desempleo prolongado. Este subsistema se rige por la capitalización individual, asegurando prestaciones futuras a los participantes a título personal.

4.2 Conexión entre el CMISS y la Seguridad Social española

Como se ha comentado anteriormente, el Convenio Multilateral Iberoamericano de Seguridad Social, firmado el 26 de noviembre de 2008 y ratificado en 2009, constituye un importante avance para armonizar y extender los derechos de Seguridad Social en los países iberoamericanos. Su objetivo principal es adaptarse a la realidad de una economía cada vez más globalizada, facilitando la movilidad laboral y permitiendo la conservación de los derechos de Seguridad Social para trabajadores que se desplazan entre estos países. Esto busca reducir las barreras de nacionalidad y territorialidad, aspectos que históricamente han limitado el acceso a estos derechos en distintos sistemas nacionales.

El convenio establece principios claves, como la igualdad de trato (artículo 4) y el reconocimiento mutuo de períodos de cotización (artículo 5), asegurando que los trabajadores acumulen cotizaciones en diferentes países para acceder a prestaciones. Además, regula la exportabilidad de prestaciones (artículo 6), garantiza la revalorización de pensiones (artículo 7) y respeta convenios bilaterales preexistentes si son más beneficiosos para el trabajador (artículo 8). También define las normativas aplicables en situaciones de accidente laboral y enfermedad profesional (artículo 18) y promueve la colaboración entre las administraciones de Seguridad Social de los países firmantes para facilitar la documentación y tramitación de prestaciones.

Sin embargo, desde el punto de vista español[22], pueden surgir desafíos en la aplicación de estas normas, dada la estructura propia de su sistema de Seguridad Social y su experiencia en la coordinación de derechos a través de la Unión Europea,

---

22 Sanchéz Carrión, J.L. (2001). "Los convenios bilaterales de Seguridad Social suscritos por España y su conexión con el Derecho Comunitario". *RMTAS*, (47), pag. 18.

donde el Tribunal de Justicia tiene un rol fundamental. Estos problemas reflejan las dificultades de integrar disposiciones transnacionales en legislaciones nacionales no diseñadas originalmente para ello.

Uno de los temas principales es la exportabilidad de prestaciones[23]. Según el Convenio, los países no pueden imponer restricciones adicionales al pago de prestaciones a residentes en otros países, salvo los costes de transferencia (artículo 6). Esto contrasta con las normas españolas que regulan la compatibilidad de pensiones y otras prestaciones, así como su incremento cuando existe un elemento asistencial. En este contexto, el Convenio permite restricciones por trabajo en otro Estado Parte (artículo 13.5), pero deja sin aclarar aspectos complejos, como los límites de devengo de prestaciones en el mismo sistema, lo cual en España está regulado de manera específica.

El Convenio establece además que el derecho a prestaciones no debe depender exclusivamente de la residencia en un país, con excepción de prestaciones no contributivas, las cuales pueden estar sujetas a mayores restricciones, como sucede en la UE. Esto presenta un reto, ya que en España algunas prestaciones asistenciales son indivisibles de las contributivas, como los complementos a mínimo, aunque se ha avanzado en su separación financiera desde 2012.

El Convenio también incorpora una asimilación al alta para trabajadores que hayan trabajado en otro Estado Parte (artículo 13.2), facilitando el acceso a prestaciones de supervivencia e invalidez, aún si el beneficiario no está registrado activamente en el sistema español. Esto podría beneficiar a trabajadores migrantes y sus familias, aunque el convenio establece ciertos lí-

---

23 Sempere Navarro A.V. (2004), "Coordenadas de la Seguridad Social Comunitaria: el Reglamento 883/2004", *Aranzadi Social, Tribuna,* (2) pág. 13.

mites en casos donde los períodos de cotización sean menores a un año y no se logre un derecho a prestaciones en un Estado Parte (artículo 14).

Finalmente, el Convenio ofrece un marco de colaboración flexible[24], en el que los períodos de cotización pueden acumularse en distintos países para que los trabajadores adquieran el derecho a prestaciones. Sin embargo, el convenio no obliga a totalizar todos los períodos, lo que permite cierta flexibilidad para los Estados Parte y, en particular, para España, en cuanto a las modalidades de cálculo y compatibilidad de prestaciones, especialmente en relación con las normas de residencia y otras restricciones nacionales que pudieran aplicarse a los beneficiarios.

5. REFERENCIAS BIBLIOGRÁFICAS

Alarcon Caracuel, M.R. (1999). *La Seguridad Social en España*. Thomson Reuters Aranzadi.

Barcelón Cobedo, S. (2013). "Los ámbitos objetivos y subjetivos de aplicación del convenio multilateral iberoamericano de Seguridad Social". *El Convenio Multilateral Iberoamericano de Seguridad Social,* Tirant lo Blanch.

De Soto Rioja, S. (2013). "El sistema español de Seguridad Social y las implicaciones del convenio multilateral iberoamáricano de Seguridad Social". *El convenio multilateral iberoamáricano de Seguridad Social,* Tirant lo Blanch.

García de Cortázar y Nebreda, C. (2006). "El campo de aplicación del Reglamento 883/2004". *Revista del Ministerio de Trabajo y Asuntos Sociales,* (64) pág. 55.

Gómez Salado, M.A. (2021). *La cuarta revolución industrial y su impacto sobre la productividad, el empleo y las relaciones jurídicos-laborales: desafíos tecnológicos del siglo XXI,* Thomson Reuters Aranzadi.

24 Sánchez Rodas Navarro, C. (2006). "El Convenio Multilateral Iberoamericano de Seguridad Social", *Revista General de Derecho del Trabajo y de la Seguridad Social,* Iustel, pág. 201.

González Ortega, S. (2013). "Los principios de aplicación del convenio multilateral iberoamericano de Seguridad Social. La determinación de la ley aplicable". *El Convenio Multilateral Iberoamericano de Seguridad Social,* Tirant lo Blanch.

Guerro Padrón, T. (2016). "El principio de igualdad de trato". *e-Revista Internacional de la Protección Social,* (2) pág. 46

Jacob Sánchez, F.M. (2016). "La génesis del convenio multilateral iberoamericano de Seguridad Social ". *e-Revista Internacional de la Protección Social,* (2) pág. 4.

Jimenez Fernandez, A. (2013). "Antecedentes, proceso de elaboración, significado y contenido general". *El Convenio Multilateral Iberoamericano de Seguridad Social.* Tirant lo Blanch.

Pérez Campos, A.I. (2008). "Libre Circulación y Seguridad Social: Alcance de las Excepciones a la Regla de Conservación de los Derechos Adquiridos". *Revista Doctrinal Aranzadi Social,* (4) pág. 1

Rodríguez Iniesta, G. (2016). "Art. 5. Totalización de los períodos". e-Revista Internacional de la Protección Social, (2) pág. 57.

Sanchéz Carrión, J.L. (2001). "Los convenios bilaterales de Seguridad Social suscritos por España y su conexión con el Derecho Comunitario". *RMTAS,* (47), pág. 12.

Sánchez Rodas Navarro, C. (2006). "El Convenio Multilateral Iberoamericano de Seguridad Social", *Revista General de Derecho del Trabajo y de la Seguridad Social, Iustel.* (3) pág. 201.

Sempere Navarro A.V. (2004), "Coordenadas de la Seguridad Social Comunitaria: el Reglamento 883/2004", *Aranzadi Social, Tribuna,* (2) pag.13.

Urbaneja Cillán, J. (2012). Convenio Iberoamericando de Seguridad Social. *Revista Electrónica Iberoamericana,* (4), pág. 3

Recursos electrónicos

https://oiss.org/que-es-la-oiss/

https://www.parlamentomercosur.org/innovaportal/file/15511/1/tratado_de_asuncion.pdf

V Reunión del SGT 10 "Relaciones laborales, empleo y seguridad social". Mercosur/GMC/SGT-10/ACTA N°2/97 https://documentos.mercosur.int/simfiles/docreuniones/53945_SGT10_1997_ACTA02_ES.pdf

https://www.mercosur.int/ciudadania/estatuto-ciudadania-mercosur/5-seguridad-social/

https://www.segib.org/xv-cumbre-iberoamericana-migracion-realidad-socioeconomica-y-la-proyeccion-internacional-de-la-region/

https://sede.imserso.gob.es/documents/20123/1595507/fpnc_2024.pdf/a614ed0e-7cd9-50e6-d0a3-c78a4bbb7f80

Capítulo 9.

CASACIÓN EN UNIFICACIÓN DE DOCTRINA EN TEMAS DE SEGURIDAD SOCIAL

ANDRÉS URBANO MEDINA

Sumario. 1.- Reflexiones preliminares sobre la casación en materia de seguridad social. 2. Consideraciones generales sobre el recurso de casación en unificación de doctrina. 3. La formación de la jurisprudencia en materia de seguridad social. 4.- El proceso de admisión del recurso de casación en unificación de doctrina en procedimientos de seguridad social. 4.1.- Incapacidad permanente. 4.2.-El accidente de trabajo. 4.3 Una mención a los accidentes de trabajo "in itinere" y en misión a efectos de superar el filtro de contradicción. 4.4 Las interacciones entre enfermedad y accidente de trabajo y el filtro de contradicción. 4.5. El recargo de prestaciones y la superación del filtro de contradicción. 4.6. Reconocimiento de prestaciones y casación en unificación de doctrina. 5. Conclusiones. 6.- Referencias bibliográficas

1.- REFLEXIONES PRELIMINARES SOBRE LA CASACIÓN EN MATERIA DE SEGURIDAD SOCIAL.

El ordenamiento de Seguridad Social en España constituye un esfuerzo centenario del legislador que, para su correcto funcionamiento, ha requerido de la acción de la jurisprudencia para interpretar y cubrir las lagunas que, necesariamente, nacen de la aplicación de un precepto general a la miríada de casos particulares que devienen de su aplicación a la realidad social. Es por eso por lo que la construcción del sistema de Seguridad Social supone un interesante ejemplo del diálogo entre derecho positivo y decisión judicial, pese a sus múltiples limitaciones, como veremos más adelante.

ALONSO OLEA y CASAS BAAMONDE utilizan la categórica sentencia, en la línea del artículo 1.6 del Código Civil de que "la jurisprudencia se sienta por el Tribunal Supremo"[1]. Esta jurisprudencia, como intentaremos apuntar en las siguientes páginas, ha sido no solo importante para aclarar y depurar la técnica legislativa, sino que verdaderamente se configura como un pilar más de la construcción estructural del sistema, con una amplia variedad temática en la jurisprudencia que va desde su ámbito de delimitación competencial a las particularidades de adaptación de la acción protectora a la sociedad.

Las decisiones de la Sala de lo Social del Tribunal Supremo han marcado los caminos por los que más tarde han discurrido los senderos del legislador social, por cuanto en no pocas ocasiones las sentencias dictadas en casación unificadora han actuado de balizas que han marcado la realidad social, provocando la intervención de este último.

Como ya hemos adelantado, el artículo 1.6 del Código Civil nos señala que las sentencias del Tribunal Supremo complementarán el ordenamiento jurídico "con la doctrina que, de modo reiterado," las cinco Salas actuales establezcan mediante la aplicación de la ley, la costumbre y los principios generales del Derecho.

El acceso a la casación de los pleitos de seguridad social lo encontramos, de forma muy embrionaria, en la Ley de 22 de julio de 1912, de Reforma de los Tribunales Industriales, que establecía en su artículo 48 que "(c)ontra la sentencia del Tribunal Industrial se dará el recurso de casación por infracción de ley ó por quebrantamiento de forma" ante la Sala de lo Ci-

---

1 Alonso Olea, M; Casas Baamonde, M.E. (2003). *Derecho del Trabajo.* Thomson Aranzadi. P. 973.

vil del Tribunal Supremo. No sería hasta el Decreto de 6 de mayo de 1931, durante la Segunda República, cuando el conocimiento de estos dos recursos extraordinarios se otorgaría a la recién fundada Sala Quinta "de Cuestiones Sociales".

Los recursos se dividirían, por Decreto de 29 de agosto de 1935 (que desarrollaba la Ley de Bases de 16 de julio de 1936), dependiendo de su cuantía, entre el recién creado Tribunal Central de Trabajo y la Sala Quinta, que, además, conocería, en exclusiva, de los recursos de procedimientos que versaran sobre accidentes de trabajo.

El Decreto de 18 de mayo de 1938 supondría el final de los jurados mixtos y los tribunales industriales con la creación de la Magistratura de Trabajo, que posteriormente la Ley Orgánica de 17 de octubre de 1940 definiría finalmente como "única institución jurisdiccional contenciosa en la rama social del Derecho", refundando el Tribunal Central de Trabajo, que hasta entonces conocía de recursos ordinarios y de apelación, otorgándole el conocimiento del nuevo recurso de suplicación social, que de tan buena salud goza en nuestro actual sistema procesal, y que desde entonces transcurre paralelamente al recurso de casación en competencias y organización interna hasta el punto de ser comúnmente conocido como "pequeña casación". Esta dualidad en el conocimiento de asuntos se mantendría en la Ley de 22 de diciembre de 1949, que además introduciría un recurso en interés de la ley para el Ministerio Fiscal, con el objetivo de revisar "a efectos jurisprudenciales" las sentencias del Tribunal Central de Trabajo ante la Sala de lo Social del TS.

No encontraremos grandes cambios hasta el Real Decreto Legislativo 521/1990, de 17 de abril, Ley de Procedimiento Laboral, que supuso la desaparición del Tribunal Central de Trabajo y la asunción del recurso de suplicación por las nuevas Salas de lo Social de los Tribunales Superiores de Justicia autonómicos y por la nueva Sala de lo Social de la Audiencia Nacional, asumiendo la Sala Cuarta del Tribunal Supremo las funciones de unificación de doctrina y casación ordinaria, como se ha venido manteniendo hasta la ahora vigente Ley 36/2011.

2. CONSIDERACIONES GENERALES SOBRE EL RECURSO DE CASACIÓN EN UNIFICACIÓN DE DOCTRINA

Los artículos 218 a 228 de la Ley reguladora de la jurisdicción social establecen el recurso de casación en unificación de doctrina en torno a un objetivo doble, el primero, particular, casar y anular la sentencia recurrida, y el segundo, público, la evitación de la contradicción en sentencias de las Salas de lo Social de los Tribunales Superiores de Justicia.

Este tipo de recursos solo pueden interponerse frente a sentencias, debiendo comparar estas con una sentencia que sea contradictoria con la dictada en el proceso vivo y que a su vez sea firme. A continuación, es necesario aclarar alguno de los conceptos que nos servirán para comprender más adelante las dificultades inherentes al proceso.

El primero de estos conceptos es la identidad, entendida en palabras del artículo 219.1 LRJS como a que sean los mismos litigantes, u otros diferentes en la misma situación "en mérito de hechos, fundamentos y pretensiones sustancialmente iguales". Lógicamente, si hablamos de procedimientos de seguridad social, parece razonable pensar que en la sentencia de contraste que elijamos al menos una de las partes deba ser una Entidad Gestora de la Seguridad Social, porque respecto al beneficiario difícilmente podrá este coincidir. Esto es lo que se conoce como identidad subjetiva.

Junto a esta identidad procesal subjetiva encontraremos una objetiva, consistente en una igualdad sustancial de las pretensiones, y una identidad material, en atención a los hechos y a la causa de pedir. Sobre esto último, nos referimos a que las normas aplicadas en ambas sentencias deben ser coincidentes, difiriendo únicamente en la solución jurídica que el tribunal establezca para dar respuesta al mismo problema al que la norma positiva es de aplicación.

Esto nos lleva a otro concepto importante, que es el de la contradicción. Esta contradicción debe apreciarse en ambas sentencias, la recurrida y la de contraste, como una discrepancia de aplicación no abstracta, sino en pronunciamientos concretos.

La concreción exigida por estos dos conceptos choca diametralmente con la esencia de la casación tradicional, que aparece, como si del Guadiana se tratara, para vedar el recurso cuando este verse sobre cuestiones fácticas o casuísticas, de cuya resolución no pueda extraerse una conclusión general y abstracta que pueda sentar jurisprudencia posterior.

3. LA FORMACIÓN DE LA JURISPRUDENCIA EN MATERIA DE SEGURIDAD SOCIAL

Es dable destacar que la dificultad que, como instancia de carácter extraordinaria que es, ofrece la Sala Cuarta del Tribunal Supremo al conocimiento de los procedimientos atribuidos a la jurisdicción social, es mayor cuando de asuntos de seguridad social se trata. Tiene vedada de hecho la casación ordinaria, puesto que no forma parte de las materias que son competencia de la Audiencia Nacional, y se encuentra limitada en suplicación a aquellos procedimientos que versen "sobre reconocimiento o denegación del derecho a obtener prestaciones de Seguridad Social" y "sobre el grado de incapacidad permanente aplicable", siempre y cuando la cuantía litigiosa supere los 3.000 euros, como dispone el artículo 191 LRJS.

Si aun así se consigue superar dicho requerimiento, tendrá que enfrentarse a los requisitos de contradicción entre sentencias el artículo 219 LRJS. Pese a ello, en el año 2020 se dictaron alrededor de 200 sentencias en materias de Seguridad Social por el Alto Tribunal, del millar aproximado que dictó la Sala Cuarta[2]. Entre estas, destaca la acción protectora, principalmente la jubilación y el desempleo.

Por otra parte, el riesgo profesional tiene un papel destacado en la formación de jurisprudencia en materia de seguridad social. Pártase de la premisa de que, como bien señala la Sala Cuarta[3] reiteradamente, la unificación de doctrina es harto complicada cuando de esta materia se trata, por cuanto la labor de enjuiciamiento de esta ha de estar a las circunstancias del caso concreto, tanto en la calificación de la contingencia como en la declaración de sus efectos o la asignación de responsabilidades.

Sin embargo, a través del accidente de trabajo, nos encontramos un acervo jurisprudencial especialmente rico. Además de la delimitación de conceptos básicos, la contingencia profesional ha sufrido una ramificación jurisprudencial inmensa. Así, el Tribunal Supremo se ha venido ocupando de aquellas áreas más complejas, partiendo del recargo de prestaciones[4], que en

---

2 García Murcia, J. (2020). "Capítulo 1. Ley y jurisprudencia en la configuración jurídica del recurso de casación para unificación de doctrina en el orden social de la jurisdicción". *El recurso de casación para unificación de doctrina en el orden social de la jurisdicción.* Boletín Oficial del Estado. P. 25.

3 STS 67/2020, de 28 de enero (TOL7.936.719).

4 Urbano Medina, A. (2020). "Capítulo III. El procedimiento reparador y de determinación de responsabilidades en el accidente de trabajo, vías administrativa y judicial". *Accidentes de trabajo y enfermedades profesionales. Experiencias y desafíos de una protección social centenaria: IV Congreso Internacional y XVII Congreso Nacional de la Asociación Española de Salud y Seguridad Social.*

palabras del Alto Tribunal, destaca sus múltiples aristas diciendo que, de un lado, es necesario tener en cuenta desde el punto de vista procesal el cómputo de los plazos, y de otro, es imprescindible no perder de vista a "los tres elementos que integran el derecho", a saber, accidente de trabajo, infracción de medidas de seguridad y hecho causante de la relación laboral[5].

3.1 Las interacciones con la Sala Tercera del Tribunal Supremo

La problemática en torno a la delimitación competencial entre el orden social y el contencioso-administrativo viene prácticamente a hundir sus raíces en el comienzo de la andadura de la jurisdicción social. A raíz de la reforma operada en el recurso de casación contencioso-administrativo por la Ley Orgánica 7/2015, de 21 de julio, las incursiones de la Sala Tercera en el ámbito social del Derecho no han hecho sino aumentar, puesto que este remedio extraordinario amplía la posibilidad de acceso al recurso a la generalidad de las resoluciones judiciales que dictan los distintos órganos contencioso-administrativos, eso sí, a efectos de formar jurisprudencia.

Con esta posibilidad se abre la puerta del acceso al conocimiento de la Sala Tercera del Tribunal Supremo a multitud de parcelas del Derecho Administrativo que antes, por la estrecha configuración del recurso de casación en esta jurisdicción, no llegaban hasta la cúspide del sistema procesal.

En la actualidad, el artículo 3 de la Ley reguladora de la jurisdicción social viene a expulsar de su competencia a los actos de encuadramiento en el sistema de seguridad social, los actos de gestión recaudatoria y las reclamaciones de responsabilidad patrimonial en el ámbito de la asistencia sanitaria. Así, de manera menos explícita, continúan en el ámbito contencioso-

---

5 STS 837/2018, de 18 de septiembre (TOL6.879.430).

administrativo materias que son netamente laborales, como las referentes a los regímenes especiales de funcionarios públicos y todos sus procedimientos respecto a las más diversas condiciones de trabajo.

Con todo, la Sección Cuarta de la Sala Tercera ha dictado multitud de pronunciamientos referentes a materias de seguridad social que componen un numeroso acervo jurisprudencial.

Es llamativa la interrelación que ambas jurisdicciones pueden tener, por ejemplo, en el caso de que la jurisdicción social declare la existencia de relación laboral[6], que posteriormente conlleva la actuación de la Tesorería General de la Seguridad Social, actuación ésta que podrá ser revisada judicialmente, esta vez ya, en sede contencioso-administrativa[7].

4.- EL PROCESO DE ADMISIÓN DEL RECURSO DE CASACIÓN EN UNIFICACIÓN DE DOCTRINA EN PROCEDIMIENTOS DE SEGURIDAD SOCIAL

Como dispone el artículo 219 de la Ley reguladora de la jurisdicción social, es necesario que, para que el recurso de casación para la unificación de doctrina sea viable, exista contradicción entre la sentencia impugnada y otra resolución judicial, en concreto, una sentencia de una Sala de lo Social de un Tribunal Superior de Justicia o de la Sala Cuarta del Tribunal Supremo.

Se exige que, para acreditar dicha contradicción, las resoluciones comparadas contengan pronunciamientos distintos sobre un mismo objeto, o lo que es lo mismo, que exista una pluralidad de respuestas judiciales a controversias esencialmente

---

6 STS, 237/2018, de 16 de febrero (TOL6.525.923).

7 STS 1244/2020, de 1 de octubre (TOL8.111.763).

iguales. No se exige una identidad absoluta, por ejemplo, que recurrido y recurrente sean parte en la sentencia comparada, pero sí que sean los "hechos, fundamentos y pretensiones sustancialmente iguales "[8].

Un punto que es interesante resaltar aquí, y que tiene mucha incidencia a la hora del acceso de materias como la incapacidad permanente a casación en unificación de doctrina, es que señala el Alto Tribunal que la contradicción no surge de una comparación abstracta de doctrinas al margen de la identidad de las controversias (incidimos en lo expuesto en el párrafo anterior). Por tanto, lo que nos encontramos aquí no es una casación tradicional, al uso, que busca la máxima jurisprudencial, sino la aplicación al caso concreto recurrido[9].

4.1.- Incapacidad permanente

En los supuestos en los que en el proceso se viene a discutir la determinación del grado de incapacidad permanente la Sala Cuarta del Tribunal Supremo ha sido categórica al vetar su acceso al recurso de casación en unificación de doctrina.

Y es que, desde tiempo atrás, la Sala, en varias ocasiones, ha calificado que los procedimientos de determinación del grado de incapacidad permanente carecen de interés casacional, por dos motivos principales, el primero es que es imposible establecer doctrina unificada con respecto a la incidencia invalidante de las diversas dolencias que pueden ser constitutivas de incapacidad permanente en cualquiera de sus grados, y la

---

8 de 21 de noviembre de 2018 (TOL6.955.942) y las que en ella se citan de 19 de diciembre de 2017 (TOL6.484.931), 1 de marzo de 2018 (TOL6.548.318), 13 y 14 de marzo de 2018 (TOL6.574.067 y TOL6.566.037) y 13 de diciembre de 2018 (TOL6.988.926).

9 sentencias de 8 de febrero de 2017 (TOL6.003.546), 6 de abril de 2017 (TOL6.085.497) y 4 de mayo de 2017 (TOL6.153.789).

segunda, porque existe jurisprudencia asentada con respecto a cualquiera otro de los aspectos de la prestación.

En sentencia de 23 de junio de 2005[10] la Sala de lo Social viene a recordar que la función institucional de recurso de casación en unificación de doctrina es la de evitar la diversidad interpretativa entre los Tribunales Superiores de Justicia, realizando una función nomofiláctica que salvaguarde al ordenamiento de la tan indeseada inseguridad jurídica.

Debe pivotar entonces el recurso de casación, explica la Sala, alrededor de cuestiones jurídicas, y no fácticas, estando intrínsecamente relacionado el interés casacional con la misión que tiene la Sala de unificar el derecho aplicable, no pudiendo ser objeto, por ende, de casación unificadora aquellas sentencias donde lo importante sea el relato fáctico, como ocurre en el caso de la incapacidad permanente, para la que no puede establecerse una línea interpretativa de carácter general.

Este desalentador panorama no ha sido óbice para que muchos aspectos relacionados con esta prestación hayan sido objeto del interés casacional.

Intentaremos condensarlos a continuación, aunque adelantamos que la característica general de estas líneas jurisprudenciales son las de soslayar la casuística respecto a las dolencias tributarias de incapacidad permanente en cada uno de sus grados, con algunas excepciones.

Así, por ejemplo, la Sala hizo una excepción con respecto a la admisión de un recurso en el que apreció contradicción entre dos sentencias en las que en ambos casos el actor era oficial de construcción y en los dos casos había perdido un ojo por accidente de trabajo. En esta sentencia de 10 de octubre

10 STS de 23 de junio de 2005 (TOL732.173).

de 2023[11], se viene a fijar como doctrina jurisprudencial que es tributaria de incapacidad permanente total la pérdida total de la visión de un ojo cuando la profesión habitual es la de albañil.

En esta sentencia comienza el Alto Tribunal reconociendo que se trata de un supuesto de carácter absolutamente excepcional[12], pero que dicho criterio general puede tener puntuales excepciones cuando concurre la "extraordinaria circunstancia" de que las profesiones y las patologías que sufre el trabajador resultan "absolutamente coincidentes" a la comparación.

En esencia, si acudimos a esta interesante resolución, podemos deducir de su texto la posibilidad de establecer una serie de parámetros objetivos:

1.- La identidad completa y absoluta entre patologías y profesión habitual en la sentencia de contraste y en la recurrida. Dice concretamente la Sala que "no hay el menor matiz diferencial que permita apreciar la concurrencia de circunstancias diferenciales que pudieren justificar el distinto pronunciamiento de cada una de ellas".

2.- La existencia de criterios orientadores y objetivos para la determinación del grado de afectación. En el presente caso, la agudeza visual puede medirse mediante la conocida Escala de Wecker, lo que provee de un criterio objetivo para determinar el grado de afectación del trabajador.

Cabe señalar en relación a esta sentencia, de un lado, la sutil maniobra que hace aquí el Alto Tribunal para soslayar lo

---

11 STS 731/2023, de 10 de octubre (TOL9.741.127).

12 "es el criterio e esta Sala IV es la de negar la existencia de contenido casacional cuando lo que se discute es únicamente la calificación del grado de incapacidad permanente que merecen las dolencias que padece el trabajador".

tajante de su afirmación de que la objetivación de dolencias y grado de incapacidad carece de interés casacional, puesto que la casuística queda proscrita, por definición, del recurso de casación para unificación de doctrina[13], y de otro, el nivel de detalle al determinar las concretas funciones del puesto de trabajo, actuando como verdadero órgano de apelación en este caso concreto.

Esta excepcionalidad se ha dado, por ejemplo, con limpiadoras que han perdido la visión completa de un solo ojo, a las que se les concede la incapacidad permanente parcial[14], mismo caso en el supuesto de un peón agrícola con visión monocular[15], o abogado que pierde completamente la visión de un ojo[16], o gruista, que en el mismo supuesto de pérdida de visión se entiende que no puede seguir realizando su trabajo (incapacidad permanente total para su profesión habitual)[17].

Coincidimos con el criterio de ARIAS DOMINGUEZ[18] cuando acertadamente señala que, en estos casos, lo que debería tenerse en cuenta a efectos casacionales es la interrelación de la dolencia con las capacidades laborales básicas, puesto que se da la paradoja de que en profesiones donde se necesita una agudeza similar a la de albañil no se goza de la protec-

---

13 "su acceso al recurso no sólo resulta inadecuado en orden a la función unificadora que le es propia, sino que comprometería gravemente su funcionamiento, con repercusiones muy negativas en la garantía del principio de celeridad, que es esencial en la configuración institucional del proceso social" (STS de 17 de febrero de 2017 (TOL1.808.374)).

14 SSTS 375/2023, de 24 de mayo (TOL9.594.671), y 632/2020, de 9 de julio (TOL8.094.939).

15 STS 698/2020, de 22 de julio (TOL8.037.426).

16 STS 372/2016, de 4 de mayo (TOL5.743.388).

17 STS de 23 de diciembre de 2014 (TOL4.708.566).

18 Arias Domínguez, A. (2023). "Visión monocular e incapacidad permanente, no siempre parcial". *Revista de Jurisprudencia Laboral (Nº10).*

ción reforzada que otorga la jurisprudencia por no haber aún sentencias que puedan tenerse como contradictorias a efectos casacionales, y que sí podrían casarse con esta resolución en el caso de que no se entendiera como necesaria la identidad sustancial en la profesión exacta.

4.2.-El accidente de trabajo

La centenaria definición de accidente de trabajo[19] actualmente contenida en el artículo 156 de la Ley General de la Seguridad Social, heredada del artículo 1 de la Ley de Accidentes de Trabajo del año 1900 ha supuesto una fuente inagotable de jurisprudencia, muy al contrario de lo que ocurre con el grado de incapacidad permanente. Desde el primer motivo el Tribunal Supremo, primero en la Sala de lo Civil luego ya en sede social ha venido ampliando los márgenes y perfeccionando su régimen jurídico con un detalle y dedicación sin precedentes, en lo que comúnmente se conoce como desbordamiento del concepto de accidente de trabajo.

Tanto es así que la sentencia de 25 de marzo de 1986 ofrece una completa definición de lo que para la Sala Cuarta del Tribunal Supremo significa accidente de trabajo, siendo "aquel accidente en el que de alguna manera concurra una conexión con la ejecución de un trabajo, bastando con que el nexo causal, indispensable siempre en algún grado, se dé sin necesidad de precisar su significación, mayor o menor, próxima o remota, concursal o coadyuvante, debiendo otorgarse dicha calificación cuando no aparezca acreditada la ruptura de la relación de causalidad entre actividad profesional y padecimiento,

---

19 Martín Valverde, A. (2000). "El accidente de trabajo: formación y desarrollo de un concepto legal". Cien años de seguridad social. Apropósito del centenario de la Ley de Accidentes de Trabajo de 30 de enero de 1900. Fraternidad Muprespa. P. 219.

excepto cuando hayan ocurrido hechos de tal relieve que sea evidente a todas luces la absoluta carencia de aquella relación".

Podemos inferir, por tanto, que los elementos clave de la noción jurisprudencial de accidente de trabajo son el trabajador por cuenta ajena, la lesión corporal, el tiempo y el lugar de producción del accidente y una relación de causalidad entre trabajo y lesión. Esta relación de causalidad ha ido ampliándose y matizándose, bastando "al menos, que el trabajo actúe como circunstancia que permita el accidente, de forma que sin él la lesión no se habría producido"[20].

Sin querer adentrarnos demasiado en cuestiones que obedecen más a aspectos de Filosofía del Derecho, en cuanto al juez aplicador de la norma o al juez creador de esta, existe una intención voluntarista por parte de la Sala Cuarta para casar asuntos derivados de accidente de trabajo, quizá porque vea, con buen criterio, la necesidad de matizar los distintos puntos de discusión de un tema tan complejo como este.

Este activismo judicial puede verse, por ejemplo, en la STS de 25 de abril de 2018 (TOL6.640.257). En dicho pronunciamiento la Sala Cuarta encuentra se apoya para apreciar identidad en que en las sentencias contrastadas se daba que el trabajador no presentaba patologías cardíacas previas y en ambos casos los trabajadores tenían trabajos que no requerían un especial esfuerzo físico ni un estado de tensión particular. Sufren ambos una disección de la aorta que desemboca en la muerte.

Entiende la Sala que lo esencial, el núcleo de contradicción es que los primeros signos del episodio cardíaco se manifestaron en tiempo y lugar de trabajo, y en un caso se calificó como accidente de trabajo y en el otro fue como enfermedad común. En dicho procedimiento, tanto el Ministerio Fiscal como la parte recurrida informaron en el sentido de que existían diver-

---

20 STS de 24 de febrero de 2014 (TOL4.282.194).

gencias sustanciales, sobre todo conforme a la valoración de la prueba, que impedían conforme a las reglas de la casación en unificación de doctrina, entrar al fondo del asunto, no siendo oídos por la Sala Cuarta.

Misma situación se da en el caso de la sentencia de 3 de noviembre de 2003 (rec. 4078/2002), en la que un trabajador sufre un infarto de miocardio en el vestuario de la empresa mientras se preparaba para entrar a trabajar. En la sentencia de contraste la situación es que el trabajador infartado apareció desmayado en el vestuario cuando fueron a ver por qué no había comenzado la jornada laboral, entendiendo que esta divergencia en los hechos es irrelevante a los efectos de superar el filtro de contradicción.

4.3 Una mención a los accidentes de trabajo "in itinere" y en misión a efectos de superar el filtro de contradicción

Precisamente la histórica expansión conceptual del accidente de trabajo a la que ya nos hemos referido anteriormente de manera somera es la causante del concepto de accidente "in itinere", que no supone más que la ampliación causal del accidente de trabajo, al entender que el desplazamiento donde ocurre el accidente no se hubiera producido si no existiera la necesidad de trasladarse hasta el centro de trabajo por causa de la prestación de servicios. Claramente, se trata de una interpretación extensiva que evade el control empresarial porque no ocurre ni en tiempo ni en lugar de trabajo en sentido estricto, pero que ha sido objeto de interés por la jurisprudencia de la Sala Cuarta.

Para nuestro Tribunal Supremo la importancia de la interpretación jurisprudencial radica en los tres elementos que configuran el accidente "in itinere", como son el teleológico, el cronológico y el geográfico. Tal como se señalaba con respecto a este tipo de accidente, en Sentencia de 5 de noviembre de

1976, "lo esencial es ir al lugar de trabajo o volver del lugar de trabajo. De acuerdo con ello el punto de llegada o vuelta al trabajo puede o no ser el domicilio del trabajador siempre que exista un nexo causal entre éste y el lugar de trabajo".

La tremenda causalidad que producen este tipo de casos supone un auténtico reto para la labor unificadora de la doctrina dentro de los estrechos mimbres del procedimiento de recurso, puesto que si bien el hecho en sí, llegar al centro de trabajo, parece fácil de salvar, difieren, sin ánimo de exhaustividad, por ejemplo, el medio de transporte, la ruta escogida, la distancia, o el lugar de partida.

Ha supuesto para el Alto Tribunal una constante preocupación el momento a partir del cual se puede considerar que se inicia el trayecto. Por ejemplo, en la sentencia de 22 de febrero de 2018 (TOL6.548.174), el caso de autos supone la caída del trabajador en el porche de la finca de su propiedad, antes de comenzar el tránsito, pero inmediatamente después de abandonar la vivienda para iniciarlo. En instancia y suplicación se considera que la calificación correspondiente al caso es la de accidente no laboral. Como sentencia de contraste nos encontramos con el supuesto de un trabajador que cae de la motocicleta mientras salía del garaje comunitario del edificio donde se encontraba su vivienda, ya montado en su medio de transporte, camino del trabajo.

Considera la Sala Cuarta que no existe identidad a efectos de contradicción entre ambos casos, independientemente de lo que pudiera entenderse por domicilio en ambos supuestos, porque mientras en la sentencia de contraste ya se encontraba en el vehículo y circulando, es decir, con un claro ánimo de realizar el camino hacia su lugar de trabajo, en la sentencia recurrida no puede demostrarse que la caída se produjera única y exclusivamente por causa de la necesidad de emprender su camino hacia el lugar de prestación de servicios, pudiendo el tránsito por la vivienda y sus inmediaciones deberse a una multitud de circunstancias que nada tienen que ver con el trabajo, como pueden ser factores extrínsecos, como la intervención de un tercero. Señala además la Sala que un porche, independientemente de si se dirigiera o no al trabajo, es de características distintas a un camino o calzada.

Como podemos ver, si el Alto Tribunal quiere casar el concepto de accidente "in itinere" se va a requerir un esfuerzo para advertir los elementos comunes que llevan a la consideración de la existencia de una identidad sustancial para poder admitir a trámite el recurso de casación para la unificación de doctrina. Así ocurrirá con la sentencia de 15 de abril de 2013 (TOL3.706.726), donde los supuestos sometidos a comparación versan sobre un accidente acaecido en el trayecto a una cita médica a la que se acude con autorización empresarial. Con respecto a la sentencia recurrida el momento de producción del accidente fue el trayecto hacia el médico, y en la sentencia de contraste, el accidente se produjo después de la visita al médico, y niega la consideración de accidente laboral al siniestro. En ese caso entendió el Tribunal que se daba una identidad sustancial a efectos de su acceso a casación en unificación de doctrina.

A modo de resumen, el Alto Tribunal, para los accidentes "in itinere" considera que existe identidad sustancial, aunque el siniestro se produzca al ir o al venir del trabajo[21], sin importar la profesión del trabajador accidentado por motivos que son evidentes, y es que lo que se busca es determinar el nexo de unión entre la prestación de servicios, sea la que sea, y la necesidad de desplazarse para prestar la misma. Por el mismo motivo, tampoco evita la sustancialidad que las lesiones ocasionadas por el accidente "in itinere" sean distintas en ambos supuestos.

---

21 STS de 25 de mayo de 2015, (TOL5.214.784).

A modo ilustrativo, en la sentencia de 18 de junio de 2013 (TOL3.858.518) se aprecia identidad sustancial a pesar de que las dolencias eran distintas, que la profesión en un caso era oficial 1ª soldador y en el otro auxiliar de enfermería en el Servicio Andaluz de Salud, que en un caso el accidente ocurriera al ir al trabajo y en el otro a la salida de este, y que el grado de incapacidad permanente reconocido en ambos casos difiera igualmente.

En el caso visto en la sentencia de 24 de febrero de 2014 (TOL4.282.194) el caso es el de un trabajador que cae al mar y fallece al intentar acceder al barco que era su centro de trabajo desde otro que lo transportaba hasta este. La sentencia de contraste de este caso fue la de un trabajador que fallece durante una travesía en avión en la que se produce una insuficiencia cardíaca que no puede ser atendida por no poder prestársele atención médica hasta que el avión aterriza. Se entra a valorar el fondo del asunto al entender que, independientemente del medio de transporte, lo determinante y que configura el núcleo de la contradicción es que la necesidad de utilizar ese medio de transporte y no otro es lo que provoca que en esas circunstancias se produzca el fallecimiento.

Por último, se encuentra también identidad sustancial cuando en el caso solo aparecen agentes externos. Así, en la sentencia de 14 de octubre de 2014 (TOL4.586.688), en la que en la sentencia recurrida la trabajadora de estanco sufre un robo de vuelta a casa, y en la de contraste una auxiliar de limpieza sufre un ictus a raíz de que la asaltaran de vuelta al trabajo, y “esta sustancial identidad resulta tan evidente que no se requieren razonamientos adicionales”.

Esta amplitud a la hora de superar el filtro de contradicción en ese esfuerzo interpretativo por someter a estrés las soldaduras del recurso de casación en unificación de doctrina por parte de la Sala Cuarta supone que exista cierta seguridad jurídica a la hora de interpretar correctamente la naturaleza de la contingencia en este tipo de procesos.

Pasemos ahora al accidente en misión, que es una creación netamente jurisprudencial. Quizá sea, dentro de la conceptualización del accidente de trabajo en todas sus vertientes, la única que ha venido sufriendo una interpretación más y más restrictiva por parte de la doctrina judicial.

En un embrionario desarrollo del concepto en misión, el Tribunal Supremo vino entendiendo que la presunción de laboralidad se extendía a todo el desarrollo de un desplazamiento que tenía por objeto satisfacer una orden empresarial en el marco de la prestación de servicios que, por su naturaleza, requerían que el trabajador se desplazara fuera de su centro de trabajo habitual[22].

Posteriormente, esta tendencia expansiva comenzó a limitarse a la vista de los distintos casos que venían llegando a la Sala de lo Social y, sobre todo, se empieza a aplicar un criterio de identidad sustancial más restrictivo que al "in itinere". La sentencia de 6 de marzo de 2007 (TOL1.059.208) nos señala que, a los efectos del filtro de contradicción en estos supuestos, que la identidad sustancial se entendía cumplida siempre y cuando los puntos esenciales de la decisión fueran iguales. En esta sentencia en ambos casos el núcleo de contradicción es que se producían desplazamientos con ocasión de la prestación de servicios que eran de carácter habitual puesto que ambos trabajadores ejercían la actividad de transportistas, y en ambos casos las lesiones sufridas (cardíacas), no guardaban relación con el trabajo sino con condicionantes de salud ajenos a él. Consideró en este caso la Sala Cuarta que no se trataba

---

22 Entre otras, STS de 6 de mayo de 1987 (TOL2.336.542), STS de 26 de diciembre de 1988 TOL2.356.244) y STS de 4 de mayo de 1998 (TOL2.362.187).

de un accidente de trabajo, primero porque no se podría considerar que el trabajador se encontrara en misión, puesto que la actividad de transporte ya implica una habitualidad en el desplazamiento para la prestación de servicios y no se produce el pretendido desdoblamiento entre el desplazamiento y el trabajo.

El caso de la sentencia de 8 de octubre de 2009 (TOL1.726.333) es muy interesante a los efectos del tema que tratamos, puesto que se trata de un trabajador que la empresa desplaza en viaje laboral a Marrakech, y que sufre un infarto agudo de miocardio mientras descansaba en el hotel, calificándose la contingencia como común. Como sentencia de contraste se invocaba una sentencia del año 2006 en la que un trabajador desplazado a La Coruña en labores comerciales comienza a encontrarse mal en la habitación del hotel desembocando igualmente en una lesión cardíaca, y que, al ser de 2006 como dijimos, se calificaba de accidente en misión. Si retrocedemos al párrafo anterior comprobamos como en el año 2007 la Sala de lo Social había cambiado de doctrina al respecto de este concepto extensivo de aplicar la presunción de laboralidad a todo lo que ocurriera durante el viaje de trabajo. A estos efectos, la Mutua, en su escrito de impugnación del recurso alegaba falta de contradicción debido no a que no se diera la identidad de los supuestos, sino a que dicha referida doctrina expansiva había sido modificada en fecha reciente por la Sala. Entiende el Tribunal que el hecho de que exista un cambio jurisprudencial no es óbice para que no pueda utilizarse dicha sentencia como de contraste, máxime cuando se trataba de un cambio tan reciente que convenía a la jurisprudencia de la Sala de lo Social matizar y complementar[23].

---

23 Un caso similar lo encontramos en la STS de 22 de julio de 2010 (TOL1.962.725).

Durante el ejercicio de encontrar las concretas circunstancias de hechos que lleven a la Sala Cuarta a apreciar la identidad sustancial hay algunos elementos más importantes que otros, no siendo relevante qué estuviera haciendo el trabajador en el momento concreto en el que sobreviene la lesión, sino que el trabajador se encuentre realmente en misión por cuenta de la empresa[24]. Así, como se aprecia en la jurisprudencia citada, no importará si el accidente se produce si el trabajador se encuentra descansando, o ha hecho una parada por motivos biológicos.

Así, cuando es necesario el Alto Tribunal se ha encargado de apoyarse en otros extremos del relato en aras de poder encontrar dicha identidad sustancial, entrando en el terreno del casuismo, ya que, a día de hoy, resulta difícil predecir, dentro de los mimbres de lo razonable en los que nos estamos moviendo siempre, cuando la Sala va a apreciar la identidad a efectos casacionales.

A efectos de ilustrar esta postura podemos citar la sentencia de 11 de febrero de 2014 (TOL4.152.394), donde se puede apreciar nuestro punto. En la sentencia recurrida y la referencial se aprecia que se produce que existen sendos accidentes en misión mientras los trabajadores se encontraban desplazados de su centro de trabajo habitual por orden empresarial y que ambos trabajadores se encontraban descansando en la habitación del hotel en el momento en el que sobreviene el proceso morboso. En este caso, estas dos circunstancias, las únicas coincidentes entre los dos casos, cualifican, en opinión de la Sala Cuarta, para apreciar la existencia de identidad sustancial lo cual es, a todas luces, llamativo[25].

---

24 STS de 19 de julio de 2010, (TOL1.948.584).

25 Encontramos una argumentación similar en la STS de 16 de septiembre de 2013 (TOL3.970.619).

Sin embargo, esta laxitud en la apreciación de identidad sustancial no se da en la sentencia de 24 de febrero de 2014, (TOL4.282.194), donde se pretendía la declaración de contingencia profesional de un directivo de INSALUD que fallece durante un desplazamiento desde Madrid a Sevilla con efectos de asistir a una reunión de trabajo. La sentencia referencial elegida por la parte recurrente era un caso en el que un trabajador fallecía al regresar a su buque tras atender asuntos particulares en tierra. No aprecia aquí la Sala identidad sustancial porque en el caso recurrido, la causa del infarto tenía una explicación distinta al mero desplazamiento, puesto que la situación de presión a la que venía estando sometido el trabajador fallecido distaba mucho de parecerse a las circunstancias del marinero fallecido.

4.4 Las interacciones entre enfermedad y accidente de trabajo y el filtro de contradicción

A aquellas personas duchas en el Derecho de la Seguridad Social no se les escapa que bajo el paraguas genérico del concepto de accidente de trabajo, no ya a efectos jurisprudenciales, sino normativos, se esconden no solo los accidentes en sentido estricto, sino que aparecen igualmente en el artículo 156.2 de la Ley General de la Seguridad Social que nos señala que "las enfermedades no susceptibles de ser calificadas como profesionales, que contraiga el trabajador con motivo de la realización de su trabajo, siempre que se pruebe que la enfermedad tuvo por causa exclusiva la ejecución del mismo, tendrán la consideración de accidente de trabajo", así como "las enfermedades o defectos padecidos con anterioridad por el trabajador, que se agraven como consecuencia de la lesión constitutiva del accidente", y "las consecuencias del accidente que resulten modificadas en su naturaleza, duración, gravedad o terminación, por enfermedades intercurrentes, que constituyan complicaciones derivadas del proceso patológico determinado por el accidente mismo o tengan su origen en afecciones adquiridas en el nuevo medio en que se haya situado el paciente para su curación, también serán calificadas como accidente de trabajo", lo que se conoce comúnmente como enfermedades intercurrentes.

De esta manera, en el genérico concepto de lesión tienen cabida no solo los procesos súbitos, sino, en palabras del legislador (art. 156.1 LGSS) "todo menoscabo físico, psíquico o fisiológico que incida en la capacidad funcional de una persona".

En la sentencia de 27 de octubre de 1992 (TOL5.129.455) se dirime la calificación como contingencia profesional de un agravamiento de una enfermedad precedente a raíz del accidente de trabajo que sufre la trabajadora, concretamente una caída sufrida en tiempo y lugar de trabajo. La trabajadora sufría con anterioridad al accidente una paraparesia crónica, susceptible de agudización frente a traumatismos leves. Ayudando a cargar un camión, al cargar una caja de fruta apoya mal el pie cayendo de espaldas. La sentencia referencial que estima la Sala Cuarta como suficiente a efectos de superar el filtro de contradicción trata de un trabajador al que por causa de un accidente de trabajo se le agrava la miopía preexistente.

En la sentencia de 10 de julio de 2007 (TOL1.220.907) la Sala de lo Social trata de dirimir la contingencia de un caso en el que se venía de un proceso de incapacidad temporal de origen múltiple, laboral y común. A estos efectos, el Tribunal Supremo señala que "todo proceso de Incapacidad Temporal es una realidad de contenido unitario, cuyos efectos se aplican de forma única e indiferenciada a toda la situación protegida, sin que sea posible establecer diferencias ni distingos en cuanto a su protección". Así, se consideró como laboral la patología lumbar del trabajador, bajo el concepto de enfermedad intercurrente, ya que su interrelación con la patología laboral modifica la gravedad de las consecuencias del accidente sufrido por el trabajador y complica el proceso patológico.

En la sentencia de 3 de julio de 2013 (TOL3.858.640) se comparan dos sentencias del Tribunal Superior de Justicia del Principado de Asturias en las que el actor había sido parte en ambos procedimientos. En la sentencia recurrida el actor, albañil de profesión, había sufrido una lesión en la zona lumbar mientras manipulaba una perforadora en tiempo y lugar de trabajo. A causa de esta dolencia, el actor padeció varios procesos de incapacidad permanente. Una de las bajas subsiguientes, por lumbalgia, se calificó como enfermedad común. Esta decisión fue impugnada y la sentencia de instancia calificó la contingencia como laboral. El proceso de baja médica se extiende durante 545 días y finalmente el Instituto Nacional de la Seguridad Social propone, examina y dictamina que las patologías del actor no alcanzaban la gravedad suficiente como para ser constitutivas de incapacidad permanente, decisión administrativa que fue recurrida y que el Juzgado de lo Social revocó, concediendo al actor una incapacidad permanente en el grado de total para su profesión habitual de albañil, derivada de accidente de trabajo. La Mutua colaboradora de la Seguridad Social, no estando de acuerdo con la etiología laboral de la incapacidad permanente recurre dicha decisión ante el Tribunal Superior de Justicia de Asturias en suplicación, lo que da como resultado una sentencia de la Sala de lo Social del referido tribunal dictaminando que la contingencia es común.

La diferencia estribaba en que mientras en la primera sentencia la lumbalgia se calificaba como laboral por haber sobrevenido en tiempo y lugar de trabajo y con ocasión o a consecuencia del mismo, en la segunda se consideró que las lesiones provenían de una patología degenerativa distinta y previa a la primera, no probándose la existencia de un nexo causal trabajo-lesión. El núcleo de contradicción del caso es el hecho de que en ambas sentencias se viene a determinar, en las mismas circunstancias, mismo actor, y mismas lesiones, contingencias distintas.

Son numerosos los casos en los que una enfermedad que se manifiesta en tiempo y lugar de trabajo, pese a no ser un accidente como tal, y se considera la contingencia como profesional a consecuencia de aplicar la ya bien conocida presunción de laboralidad y de no existir prueba en contrario que rompa el nexo trabajo-lesión. Sin embargo, esta identidad sustancial tendrá sus límites, por ejemplo, cuando la sentencia recurrida verse sobre una incapacidad temporal y la de contraste sobre una incapacidad permanente (Auto del Tribunal Supremo de 24 de enero de 2012, TOL3.361.760).

En la sentencia de 27 de febrero de 2008 (TOL1.293.877) se confrontan dos supuestos de crisis epiléptica con caída que deriva en traumatismo craneoencefálico. En la sentencia recurrida la contingencia se califica como común. El hecho de que las profesiones de ambos trabajadores sean distintas y que las consecuencias del accidente, puesto que en la sentencia recurrida el trabajador fallece a consecuencia del suceso y en la de contraste se le concede una incapacidad permanente total para la profesión habitual, entiende la Sala de lo Social que dichas divergencias son intrascendentes a la hora de apreciar la existencia de contradicción.

Caso contrario es el que ocurre en la sentencia de 19 de mayo de 2015 (TOL5.495.531) en supuestos que en apariencia son similares, donde el Tribunal Supremo considera que no existe contradicción, aunque las pretensiones y las circunstancias fueran similares en ambos casos. Se trata de un supuesto en el que un vigilante de seguridad que

presta servicios en el turno de noche sufre un episodio de ictus cerebral en los vestuarios. Inicia proceso de incapacidad temporal que desemboca en una gran invalidez por causa de las lesiones producidas por el ictus, derivada de accidente de trabajo, recurrida por la Mutua y revocada la contingencia en sede de suplicación. La sentencia de contraste versa sobre un caso en el que un trabajador sufre un desvanecimiento en los vestuarios que desemboca en la muerte minutos después. No se aprecia contradicción porque se estima que las situaciones son distintas porque en el caso recurrido el tiempo en el vestuario no era parte del tiempo de trabajo y en el caso de contraste este sí que lo era, diferencia que, de manera si se nos permite osada, justifica la diferente calificación.

Como podemos comprobar, existe una continua tensión entre la función abstracta y unificadora de la casación ante la Sala de lo Social del Tribunal Supremo en materia de accidente de trabajo que choca frontalmente con la variadísima casuística de la materia, lo cual supone que, en la práctica, la interposición del recurso supone una apuesta que no siempre se ve recompensada con una sentencia favorable.

4.5. El recargo de prestaciones y la superación del filtro de contradicción

Dejando de lado las particularidades del recargo de prestaciones como figura híbrida entre la prevención de riesgos laborales y el aspecto prestacional, puesto que no es esta sede adecuada para analizar su naturaleza, vamos a centrar las líneas subsiguientes en intentar discernir aquellas cuestiones importantes que la parte recurrente en casación en unificación de doctrina debe tener en cuenta para que su recurso supere el filtro de contradicción cuando se discuta en el procedimiento el reconocimiento del recargo.

Si antes hemos venido analizando cuando los elementos son sustancialmente idénticos a efectos de la calificación de accidente de trabajo, la cuestión ahora estriba en que, una vez reconocido dicha contingencia profesional, ahora lo determinante será casar los elementos que son necesarios para considerar que debe imponerse el mencionado recargo de prestaciones.

La dificultad casacional es palpable, debe producirse, a priori, una doble identidad sustancial, entre el accidente, por un lado, y entre la falta de medidas de seguridad por el otro, lo que, en unión con lo que ya hemos ido desgranando en el presente capítulo supondría un esfuerzo titánico que impediría en la práctica el acceso a casación unificadora de estos procedimientos.

Lo determinante a los efectos casacionales, entiende el Tribunal Supremo, deviene de un ejercicio de conceptualización en el que debe diseccionarse, por un lado, el hecho de que exista en el caso concreto suficiente información como para desvirtuar la presunción de inocencia, pudiendo determinarse con claridad que existe una negligencia empresarial detrás del accidente de trabajo sufrido por el trabajador, y de otro, que dicha negligencia empresarial sea motivada por la falta de medidas de seguridad o de prevención de riesgos laborales. A estos efectos, será irrelevante la profesión, o las circunstancias concretas del accidente sufrido.

La sentencia de 26 de mayo de 2009 (TOL1.567.130) confronta dos situaciones en las que se produce un accidente de trabajo a causa de una caída de una máquina que no se encontraba convenientemente asegurada en su sitio. En la sentencia recurrida no puede determinarse la causa física por la que cedió el anclaje con el que se encontraba fijado el aparato, y en la de contraste la máquina que se precipita se conoce que no disponía de ningún tipo de anclaje.

Esta diferencia no tiene trascendencia alguna, razona la Sala, a efectos de la identidad sustancial porque lo que es verdaderamente importante es si se ha producido un incumplimiento empresarial en materia de prevención de riesgos laborales que devenga en la imposición del recargo de prestaciones.

Por lo tanto, lo trascedente en la presente sentencia es que en ambos casos se conocen las consecuencias del accidente de trabajo sufrido, pero se desconoce cuales son las causas que llevaron a su producción, en la sentencia recurrida parece que la causa del desprendimiento es la carencia de anclajes, en la de contraste el propio trabajador fue el que movió la máquina y esta cedió al carecer de anclaje, lo determinante para la Sala no son estos hechos, que nos parecen bastante diferentes, sino el hecho de que la falta de unas correctas medidas de seguridad llevaron a la producción de sendos accidentes.

En la sentencia de 14 de febrero de 2012 (TOL2.489.114) la Sala desestima por falta de contradicción el recurso de casación por concluir que, aunque ambos supuestos sean de acoso en el trabajo, el tupo de actividad de las trabajadoras es distinto y, sobre todo, que en los dos casos el nivel de implicación de la empresa en la prevención del acoso era distinto, adoptando medidas correctoras de la situación en el caso de la sentencia recurrida, mientras que en la de contraste no sucedió así, puesto que el acoso venía de un directivo de la misma, lo que implicaba un grado de tolerancia empresarial que no se daba en la sentencia recurrida.

La sentencia de 15 de octubre de 2014 (TOL4.719.681) estima un recurso de casación en unificación de doctrina que supera el filtro de contradicción. Se trataba de una empleada de limpieza de una conocida empresa multiservicios que prestaba sus servicios en la Fábrica Nacional de Moneda y Timbre, y a la que se le había explicitado verbalmente y por escrito que no debía limpiar las máquinas, que eran mantenidas exclusivamente por los técnicos de la Fábrica, debiendo limpiar únicamente fuera del perímetro vallado que aislaba a la maquinaria. Estima la Sala que no existe derecho a recargo de prestaciones por cuanto se le había advertido específicamente de no realizar sus funciones en el sitio donde se produjo el accidente. La sentencia de contraste[26] versaba sobre el caso de un limpiador

---

26 STS de 30 de junio de 2008 (TOL1.369.636).

que fallece mientras limpiaba una zona con riesgo de tensión eléctrica. Existía un jefe de equipo que era el encargado de delimitar la zona a limpiar por el trabajador.

Habiendo recibido el trabajador formación específica en materia de prevención de riesgos laborales, pero, sin embargo, en el momento en el que se produjo el accidente el jefe de equipo no había delimitado la zona de trabajo ni la zona de tensión eléctrica se encontraba debidamente señalizada, lo que suponía una infracción en prevención de riesgos laborales y era procedente imponer el recargo de prestaciones. Para la Sala, lo determinante aquí es la correcta conceptualización del nexo causal entre accidente y falta de medidas de prevención.

En la sentencia de 28 de febrero de 2019 (TOL7.153.688) se comparan dos casos en los que los trabajadores estaban reparando al aire libre tendidos eléctricos, bajo la supervisión de un superior. En ambos casos, se producen faltas en la supervisión por parte de los superiores de ambos operarios con respecto a las medidas de seguridad, en el caso recurrido por no cortar previamente al inicio de las reparaciones la tensión de la red eléctrica y en el otro porque, pese a que se cortó aparentemente, no se cercioró de que efectivamente no había tensión en el cable.

En ambos casos se entendió que existía negligencia por parte del supervisor. Se da una identidad completa, en opinión del Tribunal Supremo, pero se llega a soluciones distintas, puesto que en la sentencia recurrida el Tribunal Superior de Justicia había revocado la resolución del Instituto Nacional de la Seguridad Social que imponía el recargo de prestaciones y en la de contraste lo había confirmado.

4.6. Reconocimiento de prestaciones y casación en unificación de doctrina

Con respecto a las prestaciones, tanto de incapacidad temporal como permanente, así como las de viudedad y orfandad, nos encontramos ante una amarga historia de inadmisiones para los justiciables, por lo que gran parte de los hitos de este camino los encontraremos en forma de autos y no de sentencias.

Así por ejemplo ocurre en el caso del Auto del Tribunal Supremo de 4 de mayo de 2010 (TOL3.324.441) en el que se aprecia falta de contradicción en el hecho de que, aún tratándose de incapacidades permanentes provocadas por una patología psiquiátrica, se consideró que los hechos eran distintos puesto que en la sentencia de contraste se aportaban indicios que permitían al juez comprobar que la patología psiquiátrica venía motivada por una situación de acoso y conflictividad laboral y en el caso de la sentencia recurrida no existía tal demostración en los hechos probados. Ocurre un caso sustancialmente similar en el Auto del Tribunal Supremo de 18 de julio de 2006 (TOL3.352.860).

Muy difícil será también acceder a casación en unificación de doctrina cuando lo que se discuta en el procedimiento sean aspectos relacionados con el cálculo de la prestación si no se da una identidad precisa en los hechos[27], o bien cuando la sentencia recurrida y la de contraste utilicen el mismo método de cálculo de la prestación con respecto a la base reguladora[28].

Con respecto a cuestiones más objetivables, como puede ser el baremo de dependencia, no se aprecia contradicción entre

---

27 ATS de 14 de diciembre de 2017 (TOL6.470.895) y de 21 de noviembre de 2018 (TOL6.935.055).

28 ATS de 21 de enero de 2009, (TOL3.327.272).

una sentencia en la que a la actora le reconocen quince puntos en el baremo de dependencia conforme a la normativa foral de Navarra, con otra en la que se le reconoce el grado II de dependencia severa, pese a que en principio serían análogos[29].

Cambiando de tercio, la sentencia de 29 de octubre de 2019 (TOL7.600.505) versa sobre un caso en el que se discute la compatibilidad entre la percepción de una pensión de incapacidad permanente total con la retribución de teniente alcalde con exclusiva dedicación. La sentencia referencial trataba la trabajadora, en circunstancias análogas, tenía una incapacidad permanente absoluta. Finalmente, este hecho diferencial supuso que la Sala de lo Social entendiera que no existía identidad sustancial y que por tanto no podía apreciarse la contradicción.

Cuando de jubilación se trata, la naturaleza de por sí objetiva de su cálculo y concesión hace que sea algo más sencillo superar el filtro de contradicción. Por ejemplo, en la sentencia de 23 de octubre de 2019 (TOL7.591.761) el supuesto de hecho es la compatibilidad de una pensión concedida en Suiza con una pensión de jubilación, en ambos casos, recurrido y referencial, se trata el tema de beneficiaros de pensión de jubilación que ven desestimada su solicitud en vía administrativa por no reunir el requisito de carencia específica, solicitándolos ambos la pensión por la vía de los Reglamentos Comunitarios. Igualmente, ambos percibieron el subsidio para mayores de cincuenta y dos años a los que se le aplica la teoría del paréntesis y en ambos casos existen cotizaciones en países europeos y, a pesar de todas estas identidades sustanciales, obtienen resultados distintos, lo que provoca la unificación de doctrina por parte de la Sala de lo Social.

---

29 ATS de 12 de diciembre de 2017(TOL6.478.219).

En la sentencia de 5 de noviembre de 2019 (TOL7.600.496) el supuesto discutido versa sobre cómo se deben repartir las responsabilidades ante la falta de cotización y afiliación de un beneficiario de pensión de jubilación. Como hemos referenciado previamente, al tratarse de un supuesto donde existen multitud de condiciones de determinación de los hechos objetivos, la Sala entiende que estamos ante un supuesto de identidad sustancial. Vemos como es bastante más sencillo introducir dentro del encorsetado proceso temas que versen sobre pensión de jubilación, al contrario de lo que ocurre con la incapacidad permanente.

Mucha atención[30] ha recibido por parte de la Sala de lo Social del Tribunal Supremo la conocida como RAI (Renta Activa de Inserción), pese a ser una prestación que podríamos calificar de menor por su peso en el monto total de las prestaciones del Sistema de Seguridad Social. En la sentencia de 15 de octubre de 2019 (TOL7.591.771)[31], por ejemplo, en la que el supuesto de hecho es la inclusión de las rentas de la pareja del solicitante en el cómputo de la unidad económica de convivencia por la existencia de un hijo común, se tomó como referencial un supuesto en el que se dirimía el derecho a un subsidio por desempleo por cargas familiares, denegado porque con el solicitante convivía con una hija en una casa donde se encontraba empadronado el padre de esta. Pese al informe negativo a la admisión del Ministerio Fiscal, la Sala acuerda admitir el recurso al entender que la identidad sustancial se produce cuando se comprueba que en ambos casos lo que se

---

30 Sentencias de 15 de octubre de 2019 (TOL7.591.771) y de 29 de octubre de 2019 (TOL7.580.235).

31 Mismo criterio que la precedente sentencia de 17 de octubre de 2018 (TOL6.921.885) que se referencia al pie porque en este caso la identidad era bastante más clara que en la comentada en el cuerpo del escrito.

discute es el propio concepto de unidad económica de convivencia que es transversal a todas las prestaciones asistenciales del Sistema de Seguridad Social.

5. CONCLUSIONES

Si bien es cierto que esta no es sede para señalar las carencias que una institución jurídico-procesal como el recurso de casación para unificación de doctrina tiene, lo que no es óbice para que no se valore su inestimable aportación a la seguridad jurídica durante sus años de vida, sí que podemos señalar, con respecto a los asuntos de Seguridad Social algunos problemas que hemos podido observar durante el presente capítulo.

Ciertamente se han quedado muchos aspectos en el tintero por la naturaleza propia del presente trabajo, pero sí creemos que podemos sacar algunas conclusiones abstraídas de los supuestos presentados.

En primer lugar, creemos que la principal característica que tiene la relación entre el recurso de casación en unificación de doctrina y el Derecho de la Seguridad Social es la progresión, matemática si se quiere, de admisión de asuntos conforme se acerca uno a las prestaciones "objetivas", por llamarlas de algún modo, es decir, aquellas para cuya concesión se tienen en cuenta únicamente datos objetivos, como jubilación, desempleo o asistenciales.

Si nos vamos al otro extremo de la línea imaginaria, nos encontramos con las prestaciones que vamos a llamar "subjetivas", las derivadas de enfermedad, no tienen cabida a efectos casacionales en el actual sistema procesal, y su conocimiento se encuentra limitado a algunos pocos elementos objetivos de dichas instituciones jurídicas que son residuales con respecto a la mayor base de discusión, que radica en torno al traumatismo y la patología, que añaden una alta dosis de subjetividad al proceso.

6.- REFERENCIAS BIBLIOGRÁFICAS

Alonso Olea, M; Casas Baamonde, M.E. (2003). *Derecho del Trabajo.* Thomson Aranzadi.

García Murcia, J. (2020). "Capítulo 1. Ley y jurisprudencia en la configuración jurídica del recurso de casación para unificación de doctrina en el orden social de la jurisdicción". *El recurso de casación para unificación de doctrina en el orden social de la jurisdicción.* Boletín Oficial del Estado.

Ceinos Suarez, M.A. (2020). "Capítulo VIII. Unificación de doctrina en materia de accidente de trabajo y otros asuntos de Seguridad Social". *El recurso de casación para unificación de doctrina en el orden social de la jurisdicción.* Boletín Oficial del Estado.

Martín Valverde, A. (2000). "El accidente de trabajo: formación y desarrollo de un concepto legal ". *Cien años de seguridad social. Apropósito del centenario de la Ley de Accidentes de Trabajo de 30 de enero de 1900.* Fraternidad Muprespa.

Urbano Medina, A. (2020). "Capítulo III. El procedimiento reparador y de determinación de responsabilidades en el accidente de trabajo, vías administrativa y judicial". *Accidentes de trabajo y enfermedades profesionales. Experiencias y desafíos de una protección social centenaria: IV Congreso Internacional y XVII Congreso Nacional de la Asociación Española de Salud y Seguridad Social.*

Arias Domínguez, A. (2023). "Visión monocular e incapacidad permanente, no siempre parcial". *Revista de Jurisprudencia Laboral (N°10).*

Capítulo 10.

LA COMPATIBILIDAD DE LAS PRESTACIONES POR INCAPACIDAD PERMANENTE CON EL TRABAJO

NOELIA LOSADA MORENO

1.INTRODUCCIÓN

La cobertura de las incapacidades permanentes se diseñó como una renta sustitutiva de salarios, una garantía para que las personas trabajadoras siguieran percibiendo ingresos regulares derivados de su profesión que les permitieran no caer en situaciones de extrema necesidad o no quedar al amparo exclusivo de la caridad o de sus familias.

Sin embargo, en aras de la plena integración social de las personas con incapacidad, y conforme a lo previsto en el artículo 35 de la Constitución, el acceso al empleo se ha ido imponiendo como un elemento fundamental para lograr la igualdad de trato y no discriminación de este colectivo, por lo que, en las últimas décadas, se ha ido abriendo paso un cambio de concepción según la cual, no es suficiente con establecer un sistema de prestaciones sustitutivas de rentas, sino que es necesario fortalecer las políticas activas dirigidas a lograr la integración laboral de las personas con discapacidad como medio para conseguir su plena inserción en la sociedad[1].

En consecuencia, con la finalidad de paliar las consecuencias negativas experimentadas por los trabajadores afectos de una incapacidad permanente, que normalmente son expulsados prematuramente del mercado laboral y también intentando reforzar el principio de contributividad del sistema de la Seguridad Social, logrando mayores ingresos por cotizaciones efectuadas, se fue consolidando la concepción de facilitar la compatibilidad de desarrollar un trabajo con una incapacidad permanente.

Evidentemente, en el diseño que se creó de la incapacidad permanente parcial y total, ya estaba prevista la compatibilidad con el trabajo, pero se potenció tanto esta doctrina que incluso

---

1 El problema de integración laboral de las personas con discapacidad obedece a varios motivos entre los que se encuentra su baja cualificación profesional, la existencia de medios inaccesibles de transporte y de barreras arquitectónicas y una reticencia empresarial a contratar personal discapacitado por el desconocimiento de la capacidad profesional de este concreto colectivo de trabajadores y por el coste que pudiera conllevar la adaptación del puesto de trabajo. Y, de hecho, esta misma reticencia empresarial disuade a las personas con discapacidad para buscar activamente empleo, pues parten de la convicción de que no van a encontrarlo. Debido a su valor práctico y a su claridad se recomienda consultar el informe "De la exclusión a la igualdad: Hacia el pleno ejercicio de los derechos de las personas con discapacidad" (14/2007) del Alto Comisionado de las Naciones Unidas para los Derechos Humanos, que subraya la importancia de la adopción de la Convención sobre los Derechos de las Personas con Discapacidad. La participación e inclusión plenas y efectivas de este colectivo en la sociedad dependen, entre otros factores, de la garantía de su derecho al trabajo.

la jurisprudencia contribuyó a llevarla más allá de lo que había formulado el legislador, anteponiendo la regla de la compatibilidad con el trabajo recogida en el artículo 198.2 de la LGSS frente a la definición del artículo 194.5 del mismo cuerpo legal que define la incapacidad permanente absoluta como "aquélla que inhabilite por completo al trabajador para toda profesión u oficio"[2].

Recientemente, el TSJE se ha pronunciado en contra de la automaticidad que suponía la extinción del contrato de trabajo cuando se concedía una incapacidad permanente obligando a nuestros legisladores a abordar la reforma del artículo 49 del Estatuto de los Trabajadores ponderando la supremacía del acceso al empleo de las personas con discapacidad frente al actual sistema de incapacidades.

Por otro lado, el Tribunal Supremo ha abandonado el criterio histórico de la compatibilidad para volver a una interpretación más respetuosa con la dicción de los preceptos legales que disciplinan la incapacidad permanente absoluta y el trabajo, intentando dotar de coherencia el objetivo inicial de la prestación, proporcionar unas rentas que sustituyan las percibidas por el salario, y con la realidad social del tiempo en que las normas deben ser aplicadas.

Se trata además garantizar que los sistemas de protección social sean adecuados y proporcionen incentivos correctos. Sin embargo, si ya de por sí, la valoración inicial y la graduación del grado de incapacidad permanente es complejo, la determinación de si el incapacitado permanente puede trabajar mientras disfruta de las prestaciones, la respuesta se hace más difícil (especialmente porque, por criterios economicistas, el INSS

---

2 En la redacción aplicable en virtud de la disposición transitoria 26ª de esta norma.

trata de revisar prestaciones cuando se produce una situación en la que el beneficiario se incorpora el mercado de trabajo).

A lo largo de los años, el sistema de Seguridad Social, ha ido ampliando su cobertura a más beneficiarios y mejorando su intensidad protectora, garantizando la asistencia y prestaciones sociales suficientes ante estados de necesidad… Pero, ¿y si se conceden prestaciones sociales sin que exista un estado de necesidad?

La tendencia demográfica, el acortamiento de las vidas laborales con respecto a otras generaciones por la tardía incorporación de los jóvenes al mercado de trabajo aconseja hacer las reformas para preservar el equilibrio financiero de nuestro sistema de Seguridad Social.

2. LA RELACIÓN ENTRE LA INCAPACIDAD PERMANENTE TOTAL CON EL TRABAJO

2.1. Regulación normativa

Como hemos señalado anteriormente, la propia definición de incapacidad permanente total establecida en la LGSS, ya especifica que es compatible con otra profesión distinta a la que se venía desempeñando habitualmente, siendo indiferente que la nueva ocupación se lleve a cabo en la misma empresa o en otra distinta, pues lo importante es que no conlleve la realización de funciones coincidentes con aquellas que dieron lugar a la incapacidad permanente total[3]. A menudo ha re-

---

3 La definición de incapacidad permanente total la encontramos en el artículo 194.1b) LGSS, en la lectura que ha de darse al mismo según la Disposición Transitoria vigésima sexta del mismo cuerpo legal. Por su parte, el artículo 198 ya preveía la compatibilidad con otro trabajo

sultado sumamente difícil y controvertido identificar qué otras actividades laborales son compatibles con las limitaciones que padece la persona que se encuentra en la situación de incapacidad permanente total, teniendo que ser los tribunales quienes maticen cada caso[4].

Hasta ahora, la incapacidad permanente total puede, en caso de que no se produzca una suspensión del contrato *ex* artículo 48.2 ET[5], constituir una causa de extinción del con-

---

distinto al que dio lugar a la prestación y siempre que las funciones no coincidieran con aquellas por las que le fue reconocido el derecho, pero la Ley 27/2011, de 1 de agosto, sobre actualización, adecuación y modernización del sistema de Seguridad Social modificó el párrafo primero del artículo 141 (actualmente el artículo 198.1 de la LGSS) para aclarar específicamente que podía ser "en la misma empresa" resolviendo así las dudas que surgían en los colectivos que tienen establecida y regulada una segunda actividad.

La misma compatibilidad se predica de la incapacidad permanente parcial, por su propia definición en el artículo 194.3 LGSS, en la lectura que ha de darse al mismo de conformidad con la D.T 26 de la LGSS, pues es aquella que, sin alcanzar el grado de total, ocasiona una disminución inferior al 33% y sin que impida al trabajador realizar las tareas fundamentales de la misma.

4 STSJ Castilla La Mancha 1171/2024, de 28 de junio (TOL10.168.633).

5 El artículo 48.2 del Real Decreto Legislativo 2/2015, de 23 de octubre, por el que se prueba el texto refundido de la Ley del Estatuto de los Trabajadores prevé la reserva de puesto de trabajo de dos años cuando, a juicio del órgano de calificación, la situación de incapacidad del trabajador vaya a ser previsiblemente objeto de revisión por mejoría que permita su reincorporación al puesto de trabajo.

En este caso, en el que todavía no se ha producido la recuperación, pero se prevé que ocurra, el órgano de calificación puede declarar la situación de incapacidad total, absoluta o gran invalidez, si bien con prórroga de la suspensión del contrato y reserva del puesto de trabajo durante un período de dos años desde la fecha de la resolución por la que se declare la incapacidad permanente y así lo hará constar expresamente en la resolución. Esta situación suele ser confundida habitualmente por las empresas y los trabajadores con el párrafo que

trato de trabajo, de conformidad con el artículo 49.1.e) del ET, salvo que el empresario reubicara al trabajador en otro puesto de trabajo compatible con su capacidad residual, bien sea

---

introducen todas las resoluciones sobre la posibilidad de revisión que contempla el artículo 200.2 del TRLGSS por el que "*Toda resolución, inicial o de revisión, por la que se reconozca el derecho a las prestaciones de incapacidad permanente, en cualquiera de sus grados, o se confirme el grado reconocido previamente, hará constar necesariamente el plazo a partir del cual se podrá instar la revisión por agravación o mejoría del estado incapacitante profesional, en tanto que el beneficiario no haya cumplido la edad mínima establecida en el artículo 205.1.a), para acceder al derecho a la pensión de jubilación. Este plazo será vinculante para todos los sujetos que puedan promover la revisión*". Como ejemplo de las habituales confusiones, la *STS de 23 de julio de 2020 (TOL8.037.407).*

"En efecto, en el supuesto de que el INSS hubiera entendido que la situación del trabajador fuera a ser previsiblemente objeto de revisión por mejoría, tenía que haberlo hecho constar en la propia resolución administrativa en la que le declaró en situación de incapacidad permanente total. El artículo 48.2 del Estatuto de los Trabajadores expresamente dispone que en el supuesto de declaración de incapacidad permanente en los grados de incapacidad permanente total para la profesión habitual...cuando, a juicio del órgano de calificación, la situación de incapacidad del trabajador vaya a ser previsiblemente objeto de revisión por mejoría que permita su reincorporación al puesto de trabajo, subsistirá la suspensión de la relación laboral, con reserva del puesto de trabajo, durante un periodo de dos años a contar desde la fecha de la resolución por la que se declare la incapacidad permanente.

Si en la resolución del INSS no se contiene dicha previsión, la declaración de incapacidad permanente total es causa de extinción del contrato de trabajo, tal y como resulta del artículo 49.1 e) del Estatuto de los Trabajadores.

No empecé tal conclusión que en la resolución de la Dirección Provincial del INSS, de 16 de septiembre de 2016, se hiciera constar que la calificación podría ser revisada por agravación o mejoría a partir del día 22 de agosto de 2018, ya que dicha previsión necesariamente ha de figurar en la resolución, tal y como establece el artículo 200.2 de la LGSS "Toda resolución, inicial o de revisión, por la que se reconozca el derecho a las prestaciones de incapacidad permanente, en cualquiera de sus grados, o se confirme el grado reconocido previamente, hará constar necesariamente el plazo a partir del cual se podrá instar la revisión por agravación o mejoría del estado incapacitante profesional...".

por voluntad propia, o porque así lo especifique el convenio colectivo aplicable. Era una situación en cierto modo agridulce porque, por un lado, se estaba reconociendo limitaciones para su profesión habitual que acarreaba una prestación del 55% de su base reguladora, pero, por otro lado, se producía la extinción del contrato sin generar derecho a obtener indemnización alguna por la finalización del mismo[6] (aunque la persona trabajadora podrá acogerse a percibir las prestaciones por desempleo a tenor del artículo 272. e) LGSS que permite optar, de entre las prestaciones a las que se tiene derecho, por la más favorable).

Sin embargo, tras la Sentencia del TJUE de 18 de enero de 2024 (asunto C 631-2022), se ha hecho imprescindible reformar el artículo 49.1.e del Estatuto de los Trabajadores que permite automáticamente la extinción de la relación laboral por el reconocimiento de la incapacidad permanente de la persona trabajadora. En este sentido, parece que lo razonable para cumplir con el artículo 5 de la Directiva 2000/78 es que la persona a la que le ha sido concedida una incapacidad permanente total pueda solicitar una adaptación del puesto de trabajo o

6 Salvo si dicha clase de indemnización está incluida en el Convenio Colectivo. En efecto, existen Convenios Colectivos que reconocen el derecho del trabajador al percibo de una indemnización en caso de extinción del contrato por esta causa, o incluso, su derecho a solicitar un cambio de puesto de trabajo en la empresa, en caso de declaración de Incapacidad Permanente total, en el supuesto de que existiera una vacante para la que fuera considerado apto, física y psicológicamente. El artículo 49.1 e) del ET dispone que "esta extinción no tiene reconocida ningún tipo de indemnización salvo las que pudieran estar establecidas por convenio colectivo o contrato individual".

el cambio a otro puesto de trabajo vacante y disponible, acorde con su perfil profesional y compatible con sus limitaciones[7].

No obstante, será necesario determinar unos criterios objetivos que permitan establecer con claridad cuándo los ajustes necesarios suponen un coste excesivo para la empresa teniendo en cuenta el tamaño de la misma, o si los gastos de adaptación pueden sufragarse con ayudas públicas.

Es evidente que con la nueva doctrina europea[8] se abre un importante cambio en la forma de concebir la incapacidad permanente total, pues, aunque en la definición de la misma siempre estuvo la posibilidad de realizar otros trabajos compatibles con las limitaciones establecidas, la continuidad laboral siempre estuvo muy vigilada. Recordemos que el artículo 200 LGSS establece que el INSS podrá revisar la situación del incapacitado si éste estuviera ejerciendo cualquier trabajo, con independencia de que haya o no transcurrido el plazo señalado en la resolución.

A partir de ahora, a pesar de seguir existiendo la facultad de revisión del artículo 200 LGSS, parece que prima favorecer

---

7 En el Consejo de Ministros del pasado 21 de mayo 2024, el Gobierno aprobó, a propuesta de los Ministerios de Trabajo y Economía Social y de Derechos Sociales, Consumo y Agenda 2030, la reforma del artículo 49.1.e del Estatuto de los Trabajadores, para adaptarlo a los efectos de la STJUE 18 de enero 2024 (TOL9.869.071), Ca Na Negreta. Sin embargo, esta reforma, todavía no ha entrado en vigor pues debe pasar la tramitación parlamentaria correspondiente, donde se emitirán los informes necesarios para ser aprobada de nuevo, en segunda vuelta, en Consejo de Ministros y votada en el Congreso de los Diputados.

8 Para más abundamiento sobre el tratamiento de la discapacidad a través de las normas comunitarias y de la Unión Europea véase ORDÓÑEZ CASADO Mª.I. (2024) *La discapacidad desde la perspectiva jurídica, su nueva forma de baremación y su implicación en el ámbito laboral.* Laborum.50 y ss.

la continuidad laboral, por lo que la entidad gestora podría, antes de conceder la incapacidad permanente, recabar de la empresa si la adaptación razonable es o no posible.

La legislación española debería introducir la posibilidad de elegir seguir realizando, con ajustes razonables, el mismo puesto de trabajo u otro distinto, aunque ello demandará una revisión de la legislación de Seguridad Social en cuanto a la compatibilidad de la pensión contributiva con funciones o tareas del mismo grupo profesional[9].

Por último, sólo mencionar que el incremento porcentual de la cuantía de la pensión para los declarados afectos de incapacidad permanente total cuando se cumplen los requisitos establecidos en la Ley, esto es, haber cumplido los cincuenta y cinco años de edad y carecer de un empleo en actividad distinta a la habitual anterior, no constituye un grado en sentido propio, sino un complemento de la incapacidad permanente denominado "incapacidad permanente total cualificada[10]. Como es evidente, puesto que el complemento es para personas que no han conseguido reintegrarse en el mercado laboral, no ofrece dudas en cuanto a la no compatibilidad trabajo alguno.

---

9 Véase MEGÍAS-BAS, A. (2024). "Declaración de incapacidad permanente total: despido automático versus posibilidad de despido. Comentario de la Sentencia núm. 38/2024 del Juzgado de lo Social nº 2 de Vigo (Pontevedra)", *Revista de derecho social*, nº105, Bormazo, p. 208.

10 Inicialmente, haber cumplido la edad de cincuenta y cinco años no era más que un elemento de valoración, pero a partir del artículo 6 del NRGP se convirtió en un requisito indispensable. Por su parte, la STC 137/1987, de 22 de julio, declaró que dicha exigencia no vulneraba el principio de igualdad. Véase LOZANO LARES F., *Manual de Seguridad Social*, Laborum, Murcia, 2023. P. 542.

2.2. *Estudio jurisprudencial de la incapacidad permanente total y el trabajo*

La STJUE 18 de enero 2024 ha dictaminado que el artículo 49.1.e ET, por el que se permite la extinción del contrato de trabajo al producirse la concesión de una incapacidad permanente, es contrario al artículo 5 de la Directiva 2000/78/CE que señala que "los empresarios tomarán las medidas adecuadas, en función de las necesidades de cada situación concreta, para permitir a las personas con discapacidades acceder al empleo, tomar parte en el mismo o progresar profesionalmente, o para que se les ofrezca formación, salvo que esas medidas supongan una carga excesiva para el empresario"[11].

La definición de qué es una carga excesiva o no, puede generar mucha litigiosidad, pues será necesario ponderar los costes financieros que las medidas de adaptación impliquen, el tamaño que tenga la empresa, su volumen de negocio, sus sistemas organizativos o productivos, etc. No se considerará carga excesiva, por ejemplo, cuando el importe de la adaptación pueda ser sufragado con ayudas o subvenciones públicas que mitiguen su coste. Un cambio de puesto puede ser una medida adecuada como ajuste razonable a efectos del artículo 5 de la

---

11 La STJUE 18 de enero 2024 (C-631/22), Ca Na Negreta, da respuesta a dos cuestiones prejudiciales formuladas por el TSJ Baleares:
Si contraviene el artículo 5 de la Directiva 2000/78 la aplicación de una norma nacional que contemple como causa automática de extinción del contrato de trabajo la discapacidad del trabajador/a (al ser declarado en situación de incapacidad permanente y total para su profesión habitual, sin previsión de mejoría), sin previo condicionamiento al cumplimiento por parte de la empresa del mandato de adoptar "ajustes razonables" a la que obliga el referido artículo 5 de la Directiva para mantener el empleo (o justificar la carga excesiva de tal obligación)? ¿Y si esta extinción se produce, no constituye la misma una discriminación directa, aun cuando una norma legal interna lo permite?

Directiva 2000/78 pero habrá que ver si hay disponibilidad o no de otro puesto vacante que el trabajador en cuestión pueda ocupar.

Tras esa sentencia, los juzgados de lo social están empezando a aplicar la doctrina de la justicia europea que impide despedir de forma automática a los empleados en situación de incapacidad permanente total, a pesar de que lo permita el Estatuto de los Trabajadores[12] siguiendo con su mismo razonamiento. En primer lugar, para que se pueda aplicar la Directiva 2000/78, el demandante tiene que tener la condición de "persona con discapacidad" en el sentido que la propia Directiva define como "una limitación de la capacidad derivada, en particular, de dolencias físicas, mentales o psíquicas permanentes que, al interactuar con diversas barreras, puede impedir la participación plena y efectiva de la persona de que se trate en la vida profesional en igualdad de condiciones con los demás trabajadores".

Por si con esta definición quedasen dudas, podemos acudir a la legislación nacional donde la Ley General de derechos de las personas con discapacidad señala que "las personas con discapacidad tienen derecho al trabajo, en condiciones que garanticen la aplicación de los principios de igualdad de trato y no discriminación" y a mayor abundamiento señala que "tendrán la consideración de personas con discapacidad las personas pensionistas de la Seguridad Social que tengan reconocida una pensión de incapacidad permanente en el grado de total (...)"[13]. Esto es, una vez que está claro que el demandante tiene la condición legal de persona con discapacidad se activa la

---

12 Sentencia 38/2024 del Juzgado de lo Social nº 2 de Vigo, de 19 de enero (TOL9.866.365)

13 Artículo 35.1 del Real Decreto Legislativo 1/2013, de 29 de noviembre, por el que se aprueba el Texto Refundido de la Ley General de derechos de las personas con discapacidad y de su inclusión social,

aplicación de la Directiva 2000/78 y por consiguiente, si no se aplican ajustes razonables de adaptación, despedir a alguien por este motivo supone la nulidad del mismo por vulnerar la garantía prevista en la Ley 15/2022 de 12 de julio, Integral para la igualdad de trato y la no discriminación que dispone que serán nulos todos los actos de discriminación por razón de (...) discapacidad, enfermedad o condición de salud, estado serológico y/o predisposición genética a sufrir patologías y trastornos, lengua, situación socioeconómica, o cualquier otra condición o circunstancia personal o social[14].

La posibilidad de resolución del contrato por este motivo sigue estando vigente, pero no puede ser automática. Previamente habrá que valorar si es posible llevar a cabo ajustes razonables para permitir la conservación del empleo de la persona afectada.

Se da la circunstancia de que existe la posibilidad de acudir a la ineptitud sobrevenida del artículo 52 ET, que establece una causa de resolución contractual indemnizada de 20 días. Sin embargo, en el caso de extinción del contrato por incapacidad permanente en el que la empresa justifique que no puede adaptar el puesto de trabajo porque los ajustes que debe llevar a cabo no son razonables, el ordenamiento jurídico no reconoce indemnización alguna.

---

tras la modificación operada por la Ley 3/2023, de 28 de febrero, de Empleo.

14 Artículo 2 y 26 de la Ley 15/2022 de 12 de julio, Integral para la igualdad de trato y la no discriminación

3. LA RELACIÓN ENTRE LA INCAPACIDAD PERMANENTE ABSOLUTA Y LA GRAN INVALIDEZ CON EL TRABAJO

3.1. Regulación normativa

La prestación de incapacidad permanente absoluta y de gran invalidez otorga protección a aquellos beneficiarios incluidos en el Sistema de la Seguridad Social que, como consecuencia de una alteración de la salud, han quedado definitivamente de manera sobrevenida, incapacitados para trabajar.

Nos encontramos ante uno de los escenarios de necesidad que mayor protección alcanza en nuestro ordenamiento jurídico, y prueba de ello es el establecimiento de la prestación de incapacidad en la modalidad contributiva y también en una modalidad no contributiva.

El artículo 198.2 de la Ley General de la Seguridad Social, establece que las pensiones de incapacidad permanente absoluta o de gran invalidez no impiden el ejercicio de actividades compatibles con el estado del incapacitado, siempre que no representen un cambio en su capacidad de trabajo a efectos de revisión.

En el mismo sentido se manifiestan los artículos 24.4 de la Orden de 15 de abril de 1969 que señalan que "las pensiones vitalicias en caso de invalidez absoluta o gran invalidez no impedirán el ejercicio de aquellas actividades, sean o no lucrativas, compatibles con el estado de inválido y que no representen un cambio en su capacidad de trabajo a efectos de revisión) y el artículo 2.1 del RD 1071/1984, de 23 de mayo que obliga a comunicar a la Entidad gestora competente la realización de cualquier trabajo cuando se está percibiendo una pensión de incapacidad permanente.

El artículo 198.2 LGSS fue interpretado inicialmente, no como una compatibilidad general entre un trabajo normal y el percibo de la prestación de incapacitad absoluta, sino como una autorización a hacer uso de la capacidad residual que mantuviera el incapacitado absoluto o gran inválido para desarrollar un trabajo de baja intensidad. Es decir, que este artículo lo que autorizaba eran trabajos de carácter marginal y de poca importancia que no permitan la obtención regular de rentas ni, por lo tanto, requirieran darse de alta o cotizar por ellos en la Seguridad Social. La propia redacción del artículo señalando "actividades" y no "trabajos" apunta en esta dirección, del mismo modo que la prelación del artículo 198 LGSS respecto artículo 194 LGSS sugiere una matización del primero frente a la regla general del segundo.

Desde la aparición del precepto, la jurisprudencia entendió que su interpretación debía de hacerse en función de los principios generales que inspiran la legislación de la seguridad social y de la propia realidad social a la que se refiere el artículo 3.1 del Código Civil que ha de conducir al entendimiento de que el legislador, cuando habla del ejercicio de aquellas actividades sean o no lucrativas, compatibles con el estado del inválido, se refiere única y exclusivamente a aquellos trabajos de tipo trivial e intrascendente. Carecería de sentido una definición de la incapacidad absoluta con expresiones tan rotundas como "para toda profesión u oficio" o "la que inhabilite por completo al trabajador" y que cuatro artículos después se desvirtúe por completo esta norma con otra que permita la plena compatibilidad, si no fuese, porque el artículo 198.2 solo trababa de permitir la posibilidad a alguna actividad ocasional o recurrente pero que en modo alguno entre en la categoría de "trabajo remunerado en jornada ordinaria" como tal.

Finalmente, el apartado 3 del artículo 198 LGSS se encarga de aclarar que la previsión del apartado 2 respecto de la incapacidad permanente absoluta y gran invalidez es para antes de producirse la jubilación porque después de la jubilación el pensionista no podrá desarrollar ningún trabajo que suponga su inclusión en alguno de los regímenes del Sistema de la Seguridad Social.

Recordemos que el art. 200 LGSS advierte que "si el pensionista de incapacidad permanente estuviera ejerciendo cualquier trabajo, por cuenta ajena o propia, el Instituto Nacional de la Seguridad Social podrá, de oficio o a instancia del propio interesado, promover la revisión (...), es decir que el pensionista comience un nuevo trabajo, es un indicio razonable de que su estado incapacitante ha mejorado, y ello justifica que el INSS inicie un expediente de revisión, justo a la inversa que ocurría con la previsión del derogado art. 38 OI, para el que la pérdida de empleo del inválido actuaba como presunción de agravación patológica. Sin embargo, que el grado de incapacidad se deje sin efecto, solo puede producirse si efectivamente se constata la "mejoría" que justifique tal revocación, y la misma exige conceptualmente no sólo comparar dos situaciones patológicas (la que determinó la declaración de incapacidad permanente y la existente cuando se lleva cabo la revisión) y llegar a la conclusión de que ha variado el cuadro de dolencias, y que esta variación tiene trascendencia cualitativa en orden a la capacidad de trabajo del incapacitado, en tanto que alcance a justificar la modificación del grado reconocido. Es decir, si las limitaciones para el trabajo permanecen sustancialmente idénticas no hay cauce legal para modificar la calificación en su día efectuada.

3.2. Estudio jurisprudencial sobre la compatibilidad del trabajo con la pensión de incapacidad permanente absoluta y gran invalidez

Partiendo de la base de que el actual artículo 198.2 LGSS (anterior 141.2 LGSS/94) declara compatible la pensión de incapacidad permanente absoluta y gran invalidez con determinadas actividades laborales, la jurisprudencia ha tenido que determinar cuáles son esos trabajos "compatibles" y no determinantes de revisión del grado de incapacidad[15].

El criterio inicial del TS fue que los trabajos "compatibles" eran aquellos cometidos laborales de mínima significación y relieve, aquellos que pudieran considerarse marginales atendiendo a su jornada o a su retribución y que no constituyeran un modo de vida[16]. Este modo de interpretar el artículo 198.2 LGSS, era la única forma coherente con la definición de los grados que lleva a cabo el artículo 194 LGSS y de mantenerse otro criterio más amplio en la exegesis del precepto citado, el resultado sería contradictorio con el sistema y conduciría al absurdo.

En abril de 2008 se produce la adhesión de España a la Convención Internacional sobre los Derechos de las Personas con Discapacidad, hecha en Nueva York el 13 de diciembre de 2006 con el propósito es promover, proteger y asegurar el goce pleno y en condiciones de igualdad de todos los derechos humanos y libertades fundamentales por todas las personas con discapacidad, así como promover el respeto de su dignidad inherente. La intención era garantizar la participación de las personas con discapacidad sin exclusiones en todos los ámbitos de la sociedad y por supuesto, el laboral, era primordial[17].

---

15 SSTS de 20 de diciembre de 1985; de 13 de mayo de 1986 (TOL2.317.990); de 7 de julio de 1986 (TOL2.317.718); de 19 de diciembre de 1988; de 26 diciembre de 1988 (TOL2.355.883); y de 26 de enero de 1989(TOL2.375.795).

16 Es decir, aquellas actividades a las que se refiere el artículo 7.2.5 LGSS que están excluidas del campo de aplicación del régimen de la Seguridad Social porque en atención a la jornada dedicada o a la retribución recibida, pueden considerarse marginales y no constitutivas de un medio fundamental de vida.

17 El instrumento de ratificación fue publicado en el BOE de 21 de abril de 2008. Supone la adecuación de nuestro ordenamiento a este tratado

En ese contexto, se dicta la STS de 30 de enero de 2008[18], que supone un cambio de doctrina y se impone la compatibilidad de la incapacidad permanente del artículo 198.2 LGSS[19] frente a la definición del artículo 194.5 del mismo cuerpo legal con la premisa de que la compatibilidad entre una incapacidad permanente absoluta o gran invalidez con una actividad laboral representa un considerable incentivo para la deseable reinserción social de los trabajadores con capacidad disminuida. Esta situación ha favorecido sobre todo a las personas con ceguera que trabajan habitualmente en la ONCE, pues se pueden incorporar a una organización ad hoc para desarrollar una actividad laboral como vendedores de cupones, produciéndose una situación de desigualdad en las oportunidades laborales con respecto a otras personas en situación de gran invalidez que les resulta mucho más difícil incorporarse a un trabajo[20].

---

internacional que, en su artículo 12, proclama que las personas con discapacidad tienen capacidad jurídica en igualdad de condiciones con las demás en todos los aspectos de la vida, y obliga a los Estados Partes a adoptar las medidas pertinentes para proporcionar a las personas con discapacidad acceso al apoyo que puedan necesitar en el ejercicio de su capacidad jurídica.

18 STS de 30 de enero de 2008 (TOL1.369.843), doctrina que se ha reiterado en numerosas sentencias, como en las SSTS de 10 de noviembre de 2008 (TOL4.553.223); de 23 de abril de 2009 (TOL1.530.436); de 1 de diciembre de 2009 (TOL1.768.670); de 19 de marzo de 2013 (TOL3.532.558); 450/2018, de 25 de abril (TOL6.609.659) y, más recientemente, la STS 233/2019, de 20 de marzo (TOL7.202.573).

19 El artículo 198.2 de la LGSS (anterior artículo 141.2 de la LGSS/94) dispone que "Las pensiones vitalicias en caso de incapacidad permanente absoluta o de gran invalidez no impedirán el ejercicio de aquellas actividades, sean o no lucrativas, compatibles con el estado del incapacitado y que no representen un cambio en su capacidad de trabajo a efectos de revisión".

20 El Grupo Social ONCE es un buen ejemplo de creación masiva de empleo para personas con discapacidad, resultando el cuarto

La compatibilidad de esta doctrina trababa de evitar un efecto desmotivador sobre la reinserción social y laboral de quien se hallaba en incapacidad permanente absoluta o gran invalidez, que no tendría prácticamente estímulo económico para esforzarse en desarrollar una actividad. Sin embargo, la consecuencia de permitir que un incapacitado absoluto o gran inválido pueda trabajar en otra profesión u oficio es que se desvanece la diferencia con el grado de incapacitado permanente total. Ya no habría diferencias de grados[21].

Recientemente, el Tribunal Supremo ha dado un giro a su doctrina clásica sobre la compatibilidad con su STS, de 11 de abril 2024 y vuelve a sostener, como en sus inicios, que las actividades compatibles deben ser marginales y de poca importancia, que no requieran darse de alta ni cotizar por ellas a la Seguridad Social[22].

En efecto, sin perjuicio de reconocer la indudable necesidad de arbitrar nuevos mecanismos para la reinserción socio

---

empleador no público a nivel nacional, y el primero en el contexto internacional a nivel de personas con discapacidad. Para los contratos de trabajo suscritos entre personas con discapacidad y la fundación ONCE se ha estipulado la exoneración total de cuotas empresariales de la Seguridad Social, tanto si se trata de contrataciones indefinidas, como de transformaciones temporales en indefinidas o simplemente temporales (artículo 1 del Real Decreto Ley 18/2011, de 18 de noviembre, mantenido en el Acuerdo General entre el Gobierno de la Nación y la ONCE en materia de Cooperación, Solidaridad y Competitividad para la Estabilidad de Futuro de la ONCE para el período 2022-2031 y en la Disposición adicional 5ª del Decreto Ley 1/2023.

21 Véase ROMERO RÓDENAS, Mª J. (2019) "Compatibilidad de la incapacidad permanente con el trabajo por cuenta ajena a tiempo parcial, al no ser perjudicial o inadecuado al estado del trabajador", Revista de Jurisprudencia Laboral, nº 4, p.7.

22 STS 544/2024, de 11 de abril 2024 (TOL9.982.226).

laboral de las personas con discapacidades para el trabajo y que la materia fuese regulada por el legislador con una mayor claridad y precisión, la solución no podía seguir siendo compatibilizar las rentas del trabajo con la prestación pública.

El Supremo aclara que las pensiones por incapacidad están diseñadas para sustituir la pérdida de ingresos de las personas que han perdido la capacidad para trabajar. Sin embargo, el Alto Tribunal subraya que, si los trabajadores pueden seguir obteniendo rentas del trabajo periódicas, aun teniendo algún tipo de discapacidad, no deben tener acceso a cobrar dicha pensión de gran incapacidad.

Además, señala la Sala IV que "no concurre una situación específica que precise de protección y del esfuerzo social del resto de ciudadanos para la acumulación de ingresos que permitan atender dicha situación de necesidad".

La Sala abandona este criterio histórico de la compatibilidad interpretativo para volver a una más adecuada interpretación del artículo 198.2 de la LGSS en la que la compatibilidad con una actividad laboral es algo excepcional y con características especiales en cuanto a la forma de desempeño (horario, lugar de trabajo, contenido de las funciones), muy cercano al trabajo marginal y lejano de un trabajo común a jornada completa que incluya el núcleo funcional de una profesión u oficio.

Para la Sala IV, el artículo 198.2 de la LGSS conduce a determinar que los trabajos compatibles con las prestaciones de incapacidad permanente absoluta y gran invalidez autorizados por dicha norma son aquellos de carácter marginal y de poca importancia que no requieran darse de alta, ni cotizar por ellos a la Seguridad Social; es decir los residuales, mínimos y limitados y , en manera alguna, los que constituyen la propios que se venían realizando habitualmente ni cualesquiera otros que permitan la obtención regular de rentas y que, como se ha precisado, den lugar a su inclusión en un régimen de la Seguridad Social.

El Supremo solo ve compatible cobrar la pensión de gran invalidez con un trabajo si es esporádico o puntual.

Y es que, si se analiza la propia interpretación literal de los preceptos que regulan la incapacidad permanente, se ve que el artículo 198.2 LGSS se refiere a la compatibilidad de "aquellas actividades, sean o no lucrativas, compatibles con el estado del incapacitado y que no representen un cambio en su capacidad de trabajo a efectos de revisión". A este respecto es evidente que el legislador eligió la palabra "actividades" y no "trabajos" pues se está refiriendo a quehaceres limitados y no a ocupaciones laborales permanentes que den lugar a su inclusión en el sistema de Seguridad Social.

Además, si hacemos una interpretación sistemática llegamos a la misma solución. Así, el actual artículo 194 LGSS (según la Disposición Transitoria 26ª LGSS) establece que se entenderá por incapacidad permanente absoluta para todo trabajo la que inhabilite por completo al trabajador para toda profesión u oficio y por gran invalidez la situación del trabajador afecto de incapacidad permanente y que, por consecuencia de pérdidas anatómicas o funcionales, necesite la asistencia de otra persona para los actos más esenciales de la vida, tales como vestirse, desplazarse, comer o análogos. Es evidente que, la prelación de este artículo con expresiones tan rotundas como "que inhabilita por "completo" o para "toda" profesión u oficio frente al 198.1 LGSS que está permitiendo la compatibilidad con algunas actividades puntuales remuneradas o no. Incluso esta expresión "remuneradas o no" también induce a esta interpretación pues en el caso de la incapacidad permanente total el artículo 198.1 LGSS hace referencia a la compatibilidad con el "salario" que pueda percibir el trabajador mientras que el precepto que nos ocupa no se refiere, en ningún momento al salario, sino a actividades que sean o no "lucrativas"[23].

La lógica de la interpretación sistemática solo puede conducir a que las actividades compatibles a que se refiere sean tareas o funciones diferentes de las correspondientes a alguna profesión u oficio, a labores de índole accesorio, ocasional o limitado que, siendo o no lucrativas, no den lugar a su inclusión en el sistema de Seguridad Social.

La Sala recuerda que la finalidad genérica de las prestaciones de la Seguridad Social, que es subvenir situaciones de necesidad de los ciudadanos y la finalidad específica de las prestaciones de incapacidad permanente, que es sustituir la pérdida de ingresos derivada de la imposibilidad de trabajar. El sistema español se financia con aportaciones de empresarios y trabajadores denominadas cotizaciones y, con transferencias de los presupuestos generales del Estado; esto es, con aportaciones de los impuestos de los ciudadanos. Con estos recursos, siempre limitados ante las múltiples necesidades a las que atender, el sistema establece el régimen jurídico de cada prestación que

---

23 Ya Álvarez Cortés avisaba de que había que volver a una interpretación sistemática pues, con solo revisar la Sección Segunda, sobre la 'incapacidad permanente en su modalidad contributiva', del Capítulo V del Título II de la LGSS, queda claro que la incapacidad permanente en nuestro sistema se centra en la 'disminución o anulación de la capacidad laboral del trabajador', según lo establecido en el artículo 136.1. Esto implica que, si después de recibir el tratamiento adecuado y obtener el alta médica, el trabajador presenta reducciones anatómicas o funcionales graves, objetivamente verificables y presumiblemente permanentes, pero que no afectan su capacidad para trabajar, no es posible que se configure esta situación. Véase ÁLVAREZ CORTÉS, J.C. y ALONSO RUSSI, E. (2020) "Algunas notas sobre la compatibilidad de la pensión de gran invalidez con el trabajo por cuenta ajena". Temas laborales: Revista andaluza de trabajo y bienestar social, nº 106, p.257.

incluye tanto la protección a otorgar como su régimen de compatibilidades. Tal normativa debe ser interpretada, por tanto, conforme a los principios de suficiencia de las prestaciones y equilibrio financiero.

Las prestaciones de Incapacidad permanente tratan de sustituir la sobrevenida carencia de rentas del trabajo debida a la pérdida de ingresos derivada de la imposibilidad de trabajar que se produce como consecuencia de la situación incapacitante sufrida por el trabajador, pero, si no existe esa pérdida de rentas del trabajo no se le puede pedir al resto de ciudadanos que hagan ese esfuerzo social para que otros acumulen ingresos[24].

Argumenta la Sala que la ocupación del empleo que ocupa la persona con incapacidad, podría haber sido ocupado por un trabajador desempleado que percibía prestación pública de desempleo y que sí resultaba incompatible con ese nuevo empleo. Razona el Alto Tribunal que el beneficiario seguía percibiendo rentas del trabajo, y la Seguridad Social abonaba dos prestaciones: una de incapacidad al propio beneficiario; y otra, de desempleo, al trabajador que no percibía rentas de trabajo por carecer de empleo y que podría haber accedido a las rentas de trabajo derivadas del empleo que ocupaba el beneficiario de la prestación de incapacidad.

Sin embargo, este silogismo que aplica la Sala no creo que se corresponda con la realidad. En primer lugar, porque el mayor colectivo de personas con incapacidad permanente absoluta y gran invalidez trabajando lo compone la ONCE, con casi 80.000 afiliados a finales de 2023[25]. Dicha organización

---

24 Esta misma reflexión se podría aplicar a la prestación de viudedad, compatible con cualesquiera otras rentas del trabajo.

25 Datos obtenidos de https://www.once.es/dejanos-ayudarte/afiliacion/datos-de-afiliados-a-la-once. Última consulta 20 de septiembre de 2024.

fue creada principalmente para dar trabajo a personas con limitaciones visuales para un trabajo muy específico como es la venta de cupones y no tendría sentido de no ser así, por lo que se equivoca la Sala IV cuando argumenta que esa actividad que realizan personas con discapacidad, la podrían estar asumiendo personas desempleadas. Aunque no existen datos oficiales sobre cuántas personas con incapacidad absoluta o gran invalidez están dados de alta en alguno de los regímenes de la Seguridad Social, si podemos acudir a las estadísticas más genéricas que publica el INE que indican que durante 2021 el sistema público benefició a 1.288.500 personas con discapacidad con una prestación, de las cuales, el 20,44% eran activas[26]. Es decir, salvo el colectivo de trabajadores de ONCE, que tienen una organización creada específicamente para que puedan trabajar con las deficiencias que padecen, el trabajo entre personas con incapacidad permanente absoluta o gran invalidez es cuantitativamente insignificante. Sin embargo, si es acertada la comparación que lleva el cabo la Sala IV con la prestación pública de desempleo en cuanto que ésta sí resulta incompatible con un nuevo empleo.

Consideramos acertada pues esta nueva interpretación jurisprudencial que tiene en cuenta el actual contexto social, las nuevas tecnologías informáticas que abren un nuevo paradigna lleno de posibilidades laborales para las personas con dificultades o limitaciones, y que pone de manifiesto que la solución al problema que se plantea no debe ser la compatibilidad de las rentas del trabajo con la prestación pública que compense la incapacidad; sino, al contrario, la revisión del sis-

---

26 Téngase en cuenta que la mayor parte de estas prestaciones corresponden a incapacitados permanentes totales que representan el 60,75% de las incapacidades concedidas. Véase LOSADA MORENO, N. (2022), *La incapacidad permanente ante la nueva realidad socio-laboral*, Laborum, p. 35.

tema de incapacidades en general y, específicamente, la del beneficiario afectado en orden a potenciar sus capacidades y la consecución de rentas dignas derivadas de su esfuerzo y trabajo al margen de la pensión pública cuya finalidad era sustituir las rentas que no existían[27].

Por último, el sistema de protección social en general debe arbitrar nuevos mecanismos tendentes a la reinserción socio laboral de las personas con discapacidades para el trabajo, a través de programas y actividades destinadas al incremento de sus capacidades laborales, sin necesidad de sustituirlas con aportaciones prestacionales que resultan incompatibles con aquellos trabajos, incluidos en el ámbito de la seguridad social que permiten la obtención regular de rentas derivadas del trabajo.

En apenas dos años, el Tribunal Supremo ha cambiado su postura en relación con dos aspectos clave que afectan directamente la protección social en casos de incapacidad absoluta y gran invalidez[28]:

En primer lugar, ha abandonado su doctrina clásica de conceder automáticamente la gran invalidez a personas ciegas con una visión inferior a 0,1 en ambos ojos, aun cuando hubieran desarrollado habilidades para desenvolverse de manera autónoma en los actos esenciales de la vida diaria. En su lugar, ha adoptado una postura más subjetiva, determinando que el reconocimiento de la pensión depende de las circunstancias par-

---

27 Al respecto de cómo la inteligencia artificial puede estar al servicio de la prevención de riesgos laborales, seguridad y salud, véase MACIAS GARCÍA, MªC. (2024). *El impacto de la robótica y la inteligencia artificial en la seguridad y salud de las personas trabajadoras*. Laborum, pp. 106-127.

28 Véase CAVAS MARTÍNEZ, F. (2024). "Incompatibilidad de la pensión de incapacidad permanente absoluta o gran invalidez con el trabajo, salvo que sea esporádico o marginal: nuevo revés jurisprudencial para los grandes inválidos". *Revista de Jurisprudencia Laboral*, nº 5.

ticulares de cada caso, y que debe acreditarse la necesidad real de asistencia de otra persona para realizar actividades básicas como vestirse, moverse o comer.

La Sentencia parece modificar su doctrina en aras de un criterio más justo, al considerar que la ceguera no debe recibir un trato preferente frente a otras patologías. Mientras que en otros casos es necesario demostrar la necesidad de asistencia de una tercera persona mediante un análisis de las circunstancias individuales y contextuales del afectado, no resulta equitativo que este mismo examen no se aplique en los casos de ceguera[29].

En segundo lugar, como se ha mencionado anteriormente, el Tribunal ha revisado su doctrina sobre la compatibilidad entre la percepción de una pensión por incapacidad permanente absoluta o gran invalidez y el desempeño de un trabajo. Ahora aclara que dicha compatibilidad se limita a trabajos de poca relevancia que no impliquen la inclusión del pensionista en el sistema de la Seguridad Social.

4. REFLEXIÓN FINAL

En las últimas décadas, se ha logrado un avance notable en la protección de las personas con discapacidad, especialmente en su derecho al trabajo, considerado un pilar fundamental para su plena integración en la sociedad. No obstante, esta aspiración choca de manera frontal con la redacción actual de la legislación sobre incapacidad permanente, que se basa en

---

[29] LOSADA MORENO, N. (2024). "Cambio de doctrina del Tribunal Supremo: La ceguera dejará de ser considerada de forma automática constitutiva de una gran invalidez". *Revista Andaluza de trabajo y Bienestar Social* N° 171, p. 260.

la sustitución de ingresos derivados de la profesión desempeñada.

Es evidente que la discapacidad puede limitar la participación plena y efectiva de una persona en la vida profesional en igualdad de condiciones con otros trabajadores. Por tanto, es necesario adecuar el sistema de incapacidades para fomentar que los beneficiarios no sean excluidos prematuramente del mercado laboral y puedan obtener ingresos dignos. El sistema de protección social debe desarrollar nuevos mecanismos que promuevan la reinserción sociolaboral de las personas con incapacidades, sin recurrir sistemáticamente a prestaciones cuando estas personas aún pueden generar ingresos regulares a través del trabajo.

Es importante recordar que el sistema de Seguridad Social sigue enfrentando importantes desafíos, especialmente a largo plazo, debido a factores como las tendencias demográficas. Garantizar su sostenibilidad financiera es crucial, en un contexto en el que la esperanza de vida en España ha aumentado considerablemente, convirtiendo al país en el segundo del mundo con mayor longevidad. Este hecho, aunque positivo, plantea el reto de hacer frente al pago de más pensiones durante un periodo más prolongado debido al envejecimiento de la población.

La Jurisprudencia ha establecido que, en los casos de incapacidad permanente total, se debe intentar reubicar al trabajador o adaptar su puesto de trabajo. Este enfoque, respaldado por los avances médicos, tecnológicos y la adaptación de los entornos laborales, ha permitido a muchas personas con diversas patologías seguir desempeñando actividades laborales. Sin embargo, surge un interrogante: ¿es razonable que la responsabilidad de adaptar o reubicar a trabajadores con incapacidad permanente total recaiga exclusivamente en los empresarios?

En términos generales, la responsabilidad de adaptar los puestos de trabajo debería ser asumida de manera compartida entre el empresario, el trabajador y el sistema de Seguridad Social. El empresario tiene la obligación de realizar los ajustes razonables dentro de sus posibilidades, siempre que estos no supongan una carga desproporcionada. El trabajador, por su parte, debe colaborar en el proceso de adaptación, aportando su perspectiva y necesidades. Además, el sistema de Seguridad Social debe desempeñar un papel clave en la financiación de dichas adaptaciones, especialmente cuando los costes son elevados, lo que es frecuente en las pequeñas y medianas empresas.

Este modelo compartido no solo garantiza la protección efectiva de los derechos de las personas con incapacidad permanente total, sino que también asegura la viabilidad de las empresas, particularmente en sectores con recursos limitados. La colaboración entre los distintos actores es esencial para promover una integración laboral inclusiva y sostenible

En lo que respecta a la incapacidad permanente absoluta, se venía aceptando una compatibilidad que contradecía de manera radical el propio concepto de dicha incapacidad, dado que esta implica la imposibilidad total de realizar cualquier actividad laboral remunerada. Es cierto que personas con discapacidades severas pueden operar equipos informáticos o trabajar en entornos que no requieren esfuerzos físicos significativos y que la utilización de la inteligencia artificial y las herramientas de automatización pueden ofrecer oportunidades de empleo a personas que, en un modelo tradicional, habrían sido consideradas "incapacitadas". Sin embargo, en pro de la sostenibilidad del sistema, si la continuidad laboral es viable, no debe permitirse la compatibilidad con la prestación por incapacidad permanente absoluta, ya que ésta no está diseñada para situaciones en las que el trabajador pueda seguir desempeñando alguna actividad laboral.

La falta de una actualización legislativa que contemple adecuadamente las nuevas realidades laborales y sociales ha dejado este tema en manos de la jurisprudencia, lo que genera una cierta inseguridad jurídica. Aunque las sentencias del Tribunal Supremo han avanzado en esta línea, la falta de claridad legislativa crea incertidumbre tanto para los beneficiarios de la incapacidad como para los empleadores. Seguimos a la espera de una reforma legislativa que contemple las incapacidades permanentes a la luz de los nuevos avances sociales, laborales y tecnológicos.

5. REFERENCIAS BIBLIOGRÁFICAS

ÁLVAREZ CORTÉS, J.C. y ALONSO RUSSI, E. (2020) "Algunas notas sobre la compatibilidad de la pensión de gran invalidez con el trabajo por cuenta ajena". *Temas laborales: Revista andaluza de trabajo y bienestar social*, nº 106, pp.. 245-259.

CAVAS MARTÍNEZ, F. (2024). "Incompatibilidad de la pensión de incapacidad permanente absoluta o gran invalidez con el trabajo, salvo que sea esporádico o marginal: nuevo revés jurisprudencial para los grandes inválidos". *Revista de Jurisprudencia Laboral*, nº 5.

GALA DURÁN C. (2016). "La compatibilidad de la incapacidad permanente y la jubilación con la actividad productiva" en AA.VV. (Directores: Calvo Gallego y Fernández López/ Coord: Álvarez Cortés) *Personas de edad avanzada y mercado de trabajo entre el envejecimiento activo y la estabilidad presupuestaria.* 1a ed. Tirant lo Blanch, Valencia.

LOSADA MORENO, N. (2022), *La incapacidad permanente ante la nueva realidad socio-laboral*, Laborum.

LOSADA MORENO, N. (2024). "Cambio de doctrina del Tribunal Supremo: La ceguera dejará de ser considerada de forma automática constitutiva de una gran invalidez". *Revista Andaluza de trabajo y Bienestar Social* Nº 171, pp.247-263.

LOZANO LARES F. (2023). *Manual de Seguridad Social*, Laborum, Murcia.

MEGÍAS-BAS, A. (2024). "Declaración de incapacidad permanente total: despido automático versus posibilidad de despido. Comentario de la Sentencia núm. 38/2024 del Juzgado de lo Social nº 2 de Vigo (Pontevedra)", *Revista de derecho social*, nº105, Bormazo, pp., 203-213.

MACIAS GARCÍA, MªC. (2024) *El impacto de la robótica y la inteligencia artificial en la seguridad y salud de las personas trabajadoras.* Laborum.

ORDÓÑEZ CASADO, Mª.I. (2024) *La discapacidad desde la perspectiva jurídica, su nueva forma de baremación y su implicación en el ámbito laboral.* Laborum.

ROMERO RÓDENAS, Mª J. (2019) "Compatibilidad de la incapacidad permanente con el trabajo por cuenta ajena a tiempo parcial, al no ser perjudicial o inadecuado al estado del trabajador", *Revista de Jurisprudencia Laboral,* nº 4.

Capítulo 11.

MATERNIDAD Y SU IMPACTO EN LA SEGURIDAD SOCIAL: UN REPASO A LA JURISPRUDENCIA DEL TRIBUNAL SUPREMO SOBRE LOS PERIODOS DE COTIZACIÓN ASIMILADOS POR PARTO

ROCÍO MONCADA GARCÍA

Sumario. I. Introducción, origen y evolución normativa. II. Finalidad y contenido. III. Interpretación en unificación de doctrina. III.2. El parto, momento temporal al que se vinculan los beneficios de las cotizaciones ficticias. III.3. Vinculación del beneficio de cotizaciones ficticias a todos los partos sin limitaciones de tiempo o de lugar. III.4. Jubilación e incapacidad permanente: prestaciones contributivas a las que se aplica los periodos asimilados de cotización. III.5. Cotizaciones ficticias y trabajo a tiempo parcial. IV. Recapitulación. V. Referencias bibliográficas.

I. INTRODUCCIÓN, ORIGEN Y EVOLUCIÓN NORMATIVA

Con el objetivo de hacer efectivo el derecho de igualdad de trato y de oportunidades entre mujeres y hombres[1], la LO

---

1 Artículo 1.1 de Ley Orgánica 3/2007, de 22 de marzo, para la igualdad efectiva de mujeres y hombres (TOL1.042.650), en adelante, LO

3/2007. «BOE» núm. 71, de 23/03/2007. "Objeto de la Ley. 1. Las mujeres y los hombres son iguales en dignidad humana, e iguales en derechos y deberes. Esta Ley tiene por objeto hacer efectivo el derecho de igualdad de trato y de oportunidades entre mujeres y hombres, en particular mediante la eliminación de la discriminación de la mujer, sea cual fuere su circunstancia o condición, en cualesquiera de los ámbitos de la vida y, singularmente, en las esferas política, civil, laboral, económica, social y cultural para, en el desarrollo de los artículos 9.2 y 14 de la Constitución, alcanzar una sociedad más democrática, más justa y más solidaria. 2. A estos efectos, la Ley establece principios de actuación de los Poderes Públicos, regula derechos y deberes de las personas físicas y jurídicas, tanto públicas como privadas, y prevé medidas destinadas a eliminar y corregir en los sectores público y privado, toda forma de discriminación por razón de sexo"; Blasco Jover, C. (2022). "Algunos ejemplos recientes sobre la integración de la perspectiva de género en la interpretación de las normas de Seguridad Social". *Labos,* (Vol. 3, No. 3), doi: 10.20318/labos.2022.7370, p.149: "La previsión es perfectamente acorde con lo que dispone el art. 1 LOIMH en tanto que, con ella, pretende alcanzarse ese horizonte tan anhelado de efectiva igualdad entre hombre y mujer también en el ámbito de la Seguridad Social"; Caballero Pérez, M.J. (2023). "El beneficio de la cotización ficticia por parto y su extensión al subsidio por desempleo para mayores de 52 años: una interpretación normativa desde el enfoque de género". Temas Laborales, (167), p.324: "Como el resto de medidas de acción positiva introducidas en favor de la mujer por la LO 3/2007, de 22 de marzo, el propósito y razón de ser del beneficio de las cotizaciones ficticias por parto –actualmente contenido en el art. 235 LGSS–, fue el de contribuir a la consecución de la igualdad efectiva y real entre hombres y mujeres en los diferentes ámbitos de la realidad social, y más concretamente en el ámbito de la Seguridad Social al objeto de favorecer, a efectos prestacionales, a las mujeres que se vieron y ven obligadas a abandonar el mercado laboral a causa de la maternidad. Forma parte, pues, de una acción normativa más amplia y general –materializada en la LO 3/2007– dirigida a combatir todas las manifestaciones aún subsistentes de discriminación, directa o indirecta, por razón de sexo en pos de una igualdad real entre mujeres y hombres dentro de la sociedad. Por

3/2007, incorporó[2] al ordenamiento jurídico español[3] diferentes medidas[4] entre las que se encuentran los *periodos de cotización asimilados por parto*, siendo desde entonces varias las cuestiones suscitadas en torno a su aplicación e interpretación, a cuyo análisis, concretamente a la jurisprudencia que sobre la materia ha dictado en casación para unificación de doctrina el Tribunal Supremo, en adelante, TS, se destinan las siguientes páginas.

Si bien en su origen dichos periodos asimilados de cotización fueron incorporados como disposición adicional cua-

---

ello, y dado que la perspectiva de género se encuentra en la génesis del art. 235 LGSS, [...]".

2 A través de su disposición adicional decimoctava, apartado 23.

3 En su origen fue incorporada como disposición adicional cuadragésima cuarta al Real Decreto Legislativo 1/1994, de 20 de junio, por el que se aprobó el texto refundido de la Ley General de la Seguridad Social (TOL230.926), en adelante, LGSS 1994.

4 STS 576/2022 de 23 de junio (TOL9.102.203), FD 6° apartado 3 F), último párrafo: "[...] instituciones jurídicas encaminadas a la consecución de la igualdad efectiva de hombres y mujeres, como es el caso de las cotizaciones ficticias por razón de alumbramiento"; García Romero, B. (2022). "Subsidio por desempleo para mayores de 55 años y toma en consideración de las cotizaciones ficticias por parto". *Revista de Jurisprudencia Laboral,* (7), p.1: "[...] aplicar medidas correctoras que permitan solventar los vacíos de cotización por las irregularidades en las carreras profesionales derivados de la dedicación al cuidado de familiares y dependientes y por causa de la maternidad. [...]. Entre ellas, se encuentra la medida que es objeto de controversia en el presente recurso para la unificación de doctrina, a saber: las cotizaciones ficticias por parto"; Caballero Pérez, M.J. (2023), *op.cit.*,p.318: "[...], como una de las diversas medidas de acción positiva en favor de la mujer trabajadora que el novedoso texto normativo implantaría para avanzar en la consecución efectiva del principio de igualdad de trato y no discriminación por razón de género en los diferentes ámbitos de la vida (art. 1.1), y entre ellos en el concreto terreno de la Seguridad Social".

dragésima cuarta a la LGSS 1994, actualmente la medida se encuentra regulada en el artículo 235[5] del Real Decreto Legislativo 8/2015, de 30 de octubre, por el que se aprueba el texto refundido de la Ley General de la Seguridad Social[6], en adelante, LGSS, manteniendo una redacción similar a la de su origen[7], tal y como puede compararse en el cuadro que a continuación se presenta, y permitiendo por ello "[…] tomar en consideración la jurisprudencia recaída en aplicación de cualquier de ellos"[8].

Cuadro comparativo redacciones del artículo

2007
"Disposición adicional cuadragésima cuarta. Períodos de cotización asimilados por parto. A efectos de las pensiones contributivas de jubilación y de incapacidad permanente de cualquier régimen de la Seguridad Social, se computarán, a favor de la trabajadora solicitante de la pensión, un total de 112 días completos de cotización por cada parto de un solo hijo y de 14 días más por cada hijo a partir del segundo, éste incluido, si el parto fuera múltiple, salvo si, por ser trabajadora o funcionaria en el momento del parto, se hubiera cotizado durante la totalidad de las dieciséis semanas o, si el parto fuese múltiple, durante el tiempo que corresponda".
2015
"Artículo 235. Periodos de cotización asimilados por parto. A efectos de las pensiones contributivas de jubilación y de incapacidad permanente, se computarán a favor de la trabajadora solicitante de la pensión un total de ciento doce días completos de cotización por cada parto de un solo hijo y de catorce días más por cada hijo a partir del segundo, este incluido, si el parto fuera múltiple, salvo que, por ser trabajadora o funcionaria en el momento del parto, se hubiera cotizado durante la totalidad de las dieciséis semanas o durante el tiempo que corresponda si el parto fuese múltiple".

5 Título II, Capítulo VX, "Protección a la familia".

6 «BOE» núm. 261, de 31/10/2015. (TOL5.535.003).

7 Se ha eliminado del contenido del precepto la expresión "de cualquier régimen de la Seguridad Social" cuya interpretación dio lugar a la STS de 21 de diciembre de 2009 (TOL1.781.225) a la que se hace referencia posteriormente.

8 576/2022 de 23 de junio (TOL9.102.203), FD 3° apartado 3.

Como acabamos de adelantar, varias son las cuestiones que en torno a la aplicación e interpretación del artículo 235 LGSS ha unificado el TS desde que, el 21 diciembre de 2009[9], dictara su "renombrada"[10] sentencia en virtud de la cual extendería el beneficio de cotización a las pensionistas del extinguido Seguro Obligatorio de Vejez e Invalidez, en adelante SOVI. Desde, como acabamos de adelantar, su interpretación extensiva al extinguido SOVI hasta su aplicación a prestaciones no expresamente reconocidas en su literalidad, pasando por cuestiones interpretativas referentes al tiempo y lugar de los partos a los que se vinculan dichas cotizaciones asimiladas.

Además, las reformas operadas respectivamente a los artículos 247 y 280 LGSS por el artículo único apartado 26 del Real Decreto-ley 2/2023, de 16 de marzo, de medidas urgentes para la ampliación de derechos de los pensionistas, la reducción de la brecha de género y el establecimiento de un nuevo marco de sostenibilidad del sistema público de pensiones[11], en adelante, RDL 2/2023, y por artículo segundo apartado 10 del Real Decreto-ley 2/2024, de 21 de mayo por el que se adoptan medidas urgentes para la simplificación y mejora del nivel asistencial de la protección por desempleo, y para completar la transposición de la Directiva (UE) 2019/1158 del Parlamento Europeo

---

9 Rcud.201/2009. (TOL1.781.225).

10 Lousada Arochena, J.F. (2020). "El enjuiciamiento de género". Dykinson. p.141: "Se trata de uno de los casos judiciales más renombrados en orden a la aplicación del artículo 4 de la LO Igualdad, tanto porque fue una de las primeras sentencias en que se cita esta norma, como por su razonada fundamentación jurídica"; Arastey Sahún, M.L. (2021). *La perspectiva de género en la doctrina jurisprudencial del Tribunal Supremo.* https://elderecho.com/la-perspectiva-de-genero-en-la-doctrina-jurisprudencial-del-tribunal-supremo. Recuperado el 15 de noviembre de 2024: "Fue la primera vez que el Alto tribunal acudía a ese criterio, siendo desde entonces múltiples las sentencias en que la Sala IV lo ha hecho".

11 «BOE» núm. 65, de 17/03/2023. (TOL9.446.614).

y del Consejo, de 20 de junio de 2019, relativa a la conciliación de la vida familiar y la vida profesional de los progenitores y los cuidadores, y por la que se deroga la Directiva 2010/18/UE del Consejo[12], en adelante, RDL 2/2024, inciden en la jurisprudencia que sobre la interpretación de la medida ha dictado el Alto Tribunal.

Se analizan pues, a continuación, esos quince años de doctrina unificada.

II. FINALIDAD Y CONTENIDO

La finalidad de los periodos de cotización asimilados por parto es la de compensar el impacto que la maternidad tiene en la trayectoria profesional y de cotización de las mujeres y, en consecuencia, en el acceso a las prestaciones de Seguridad Social[13]. Nos encontramos pues ante lo que tanto la doctrina

---

12 «BOE» núm. 124, de 22/05/2024. (TOL10.014.304).

13 STS de 21 de diciembre de 2009 (TOL1.781.225), FD 3º apartado 2: "[…], una norma como la analizada–D.A. 44ª LGSS- exige un canon de interpretación amplio que permita la consecuencia de su objetivo (la efectiva igualdad) y sirva para combatir el efecto negativo del embarazo y la maternidad, […]". Continúa en el apartado 3: "Los cánones interpretativos que venimos indicando hacen que el beneficio otorgado por la D.A. 44ª LGSS sea aplicable a todas las mujeres que no hubieran trabajado por haber tenido hijos, […]. […] y que, a mayor abundamiento, si no acreditan ulteriores trabajos y cotizaciones bajo la vigencia del sistema de Seguridad Social es, también mayoritariamente, porque abandonaron el mercado laboral a consecuencia de su matrimonio y ulterior maternidad"; STS 689/2024 de 9 de mayo de 2024 (TOL10.032.710), FD 2º apartado 7: "Esto es, la finalidad del beneficio de cotizaciones ficticias por parto es paliar la incidencia que en la vida profesional de la mujer trabajadora haya tenido la maternidad"; Ballester Pastor, M.A. (2009). "Disposición Adicional Cuadragésima Cuarta. Períodos de cotización asimilados por parto", en Martín Valverde, A., y García Murcia, J., (dir.) Castro Argüelles, M.A. (coord.). *Ley general de la Seguridad Social. Comentada y con jurisprudencia.* La Ley. p.1828:

como la jurisprudencia califica de una medida de acción positiva[14] que facilita a las mujeres trabajadoras[15] que han sido

---

"[…], aplicando la presunción de que, si no hubiera existido la situación de maternidad, la trabajadoras hubiera podido estar integrada en el mercado de trabajo"; Lousada Arochena, J.F. (2020), *op.cit.*,p.142: "[…] específicamente dirigida a erradicar la desigualdad de género y a evitar las consecuencias laborales negativas derivadas del embarazo: […]"; García Romero, B. (2022), *op.cit.*,p.1: "[…] aplicar medidas correctoras que permitan solventar los vacíos de cotización por las irregularidades en las carreras profesionales derivados de la dedicación al cuidado de familiares y dependientes y por causa de la maternidad"; Blasco Jover, C. (2022), *op.cit.*,p.148: "[…]: se reconocen cotizaciones ficticias sólo a las trabajadoras madres, reconociéndose así las dificultades que el cuidado de los hijos acarrea especialmente para este colectivo". Continúa en la p.149: "[…], han tenido que compaginar trabajo y familia, con todos los estragos que este hecho es susceptible de provocar en la carrera de cotización de aquéllas".

14 Definidas en el artículo 11.1 de la LO 3/2007: "Con el fin de hacer efectivo el derecho constitucional de la igualdad, los Poderes Públicos adoptarán medidas específicas en favor de las mujeres para corregir situaciones patentes de desigualdad de hecho respecto de los hombres. Tales medidas, que serán aplicables en tanto subsistan dichas situaciones, habrán de ser razonables y proporcionadas en relación con el objetivo perseguido en cada caso"; STS de 21 de diciembre de 2009 (TOL1.781.225), FD 3° apartado 3; STS 27 febrero de 2013 (TOL3.406.493), FD 2°; STS 576/2022 de 23 de junio (TOL9.102.203), FD 6°, apartado 1 E); STS de 14 de diciembre de 2011 (TOL2.441.317), FD 2°; Panizo Robles, J.A. (2016). *Un reforzamiento de la cobertura social de la maternidad y de la conciliación familiar (Con ocasión de las SSTS de 14 de junio y 20 de julio, ambas de 2016, RCUD 1733/2015 y 568/2015).* https://www.laboral-social.com/sentencias-tribunal-supremo-14-junio-2016-20-julio-2016-maternidad-excedencia-conciliacion-beneficios-cotizacion-acceso-prestaciones-seguridad-social.html. Recuperado el 15 de noviembre de 2024: "Dentro de las medidas de <<acción positiva>>, la Ley Orgánica 3/2007 incorporó en el TRLGSS/94 una nueva disposición adicional –la cuadragésima cuarta—, […]"; García Romero, B. (2022), *op.cit.*,p.2; Blasco Jover, C. (2022), *op.cit.*,p.149; Caballero Pérez, M.J. (2023), *op.cit.*,p.325.

15 STS de 18 de noviembre de 2013 (TOL4.082.742), FD 3°: "[…], es lo cierto que el beneficio se dirige a la mujer trabajadora que realiza el doble esfuerzo de un desempeño laboral y el cuidado de su descendencia. […].

madres[16] –parto biológico[17]– el acceso a determinadas presta-

---

No debe olvidarse que la figura desarrollada en la Disposición Adicional 44 de la Ley General de la Seguridad Social se enmarca en el ámbito de las prestaciones contributivas lo que significa que no es tan solo la natalidad el aspecto protegido sino la vinculación de la misma con la actividad laboral, a fin de fomentar la permanencia de la mujer en la actividad profesional, no obstante, la maternidad. […] y por ende atendiendo de manera primordial al desempeño de una actividad, soporte y asunto de máxima relevancia para afrontar toda interpretación de la Disposición Adicional 44ª de la Ley General de la Seguridad Social".

16 STS de 21 de diciembre de 2009 (TOL1.781.225), FD 3º apartado 3: "Y ello porque la finalidad del precepto no es mejorar la vida laboral de las trabajadoras que hayan cotizado a la seguridad social, sino beneficiar a todas las mujeres cuando hayan de obtener beneficios prestacionales o sociales derivados de su actividad laboral, pues esa actividad laboral la que se ha visto afectada por la circunstancia derivada de su sexo"; STS de 14 de diciembre de 2011 (TOL2.441.317), FD 2º: "En dichas sentencias se declara que la DA 44ª LGSS debe ser interpretada atendiendo a la finalidad del precepto, que es favorecer a las mujeres que se han visto obligadas a abandonar el mercado laboral por causa de maternidad"; Blasco Jover, C. (2022), *op.cit.*, pp.148-149: "[…]: se reconocen cotizaciones ficticias sólo a las trabajadoras madres, reconociéndose así las dificultades que el cuidado de los hijos acarrea especialmente para este colectivo".

17 STS 576/2022 de 23 de junio (TOL9.102.203), FD 2º, apartado 4: "[…] del régimen de cotizaciones ficticias anudado por la LGSS a las pensiones contributivas de trabajadoras que han tenido hijos biológicos"; Caballero Pérez, M.J. (2023), *op.cit.*,p.319: "A lo que se ha de añadir, además, que el hecho de que la norma emplee el término "parto" en su formulación conduce a que solo las situaciones de maternidad biológica sean susceptibles de generar el derecho […], quedando excluidas, en cambio, el resto de situaciones de maternidad que también se encuentran amparadas por el sistema de Seguridad Social desde un punto de vista prestacional, como son las de adopción, guarda con fines de adopción o acogimiento familiar […]".

ciones[18] contributivas[19] de la Seguridad Social cuando, o bien

---

18 El artículo 235 LGSS expresamente prevé su aplicación a las prestaciones de jubilación e incapacidad permanente. A lo largo del texto se analiza la jurisprudencia del TS en torno a la posibilidad de la aplicación del beneficio de cotizaciones ficticias por parto a otras prestaciones; STS 525/2016 de 14 de junio (TOL5.832.415), FD 2º: "El reconocimiento de esos días asimilados a cotizados obedece al parto, [...], como evidencia el que esa norma tiene su origen en la Adicional Decimoctava de la Ley Orgánica 3/2007, de 22 de marzo, para la igualdad efectiva de hombres y mujeres, donde se contienen disposiciones encaminadas a flexibilizar la exigencia de cotización para facilitar a las mujeres el acceso a las prestaciones por maternidad y de otro tipo. Ese es el motivo por el que en el apartado 23 de la citada adicional de la Ley 3/2007 se adiciona a la LGSS la Adicional cuadragésimo cuarta que nos ocupa [...]"; STS 576/2022 de 23 de junio (TOL9.102.203), FD 6º, apartado 3 D): "Cuando la LOI establece la regla ahora plasmada en el artículo 235 LGSS desea facilitar el acceso a la pensión de jubilación a las mujeres que han sido madres"; Caballero Pérez, M.J. (2023), *op.cit.*,p.325: "[...], que la finalidad perseguida por la LO 3/2007 con la regla plasmada en el art. 235 LGSS fue la de facilitar a las mujeres que han sido madres el acceso a la pensión de jubilación, [...]".

19 STS de 21 de diciembre de 2009 (TOL1.781.225), FD 3º apartado 4: "[...], y es éste el de la contributividad el requisito que la Disp. Ad. 44ª LGSS impone, cumplido el cual no se excepcional ninguna de tales pensiones"; STS de 18 de noviembre de 2013 (TOL4.082.742), FD 3º: "No debe olvidarse que la figura desarrollada en la Disposición Adicional 44 de la Ley General de la Seguridad Social se enmarca en el ámbito de las prestaciones contributivas lo que significa que no es tan solo la natalidad el aspecto protegido sino la vinculación de la misma con la actividad laboral, [...]"; STS 576/2022 de 23 de junio (TOL9.102.203), FD 6º, apartado 1 E): "[...] se proyecta en el acceso a las pensiones contributivas"; Blasco Jover, C. (2022), *op.cit.*,p.149: "De este punto de vista, la norma constituye una clara medida de acción positiva a favor de las mujeres con hijos que han llevado a cabo una actividad laboral (por eso, la medida entronca con la protección contributiva del sistema) [...]".

por abandono[20] del mercado de trabajo o bien por no llegar a acceder[21] al mismo a causa de la maternidad no pudieron recibir esa protección[22], viéndose afectada su trayectoria pro-

---

20 Arastey Sahún, M.L. (2021), *op.cit.*: "No se olvida que estas pensionistas no acreditan ulteriores trabajos y cotizaciones precisamente porque, en la mayoría de los casos, abandonaron el mercado laboral a consecuencia de su matrimonio y ulterior maternidad"; STS de 14 de diciembre de 2011 (TOL2.441.317), FD 2º: "[…] favorecer a las mujeres que se han visto obligadas a abandonar el mercado laboral por causa de maternidad"; STS 27 febrero de 2013 (TOL3.406.493), FD 2º; STS 576/2022 de 23 de junio (TOL9.102.203), FD 6º, apartado 3 D): "En diversas ocasiones hemos explicado que la regla sobre cotizaciones ficticias debe ser interpretada atendiendo a la finalidad del precepto, que es favorecer a las mujeres que se han visto obligadas a abandonar el mercado laboral por causa de maternidad […]".

21 STS 525/2016 de 14 de junio (TOL5.832.415), FD 2º: "[…], por cuanto la Adicional analizada se aplica, precisamente, a quienes no estaban de alta en el sistema de Seguridad Social español al tiempo del parto que se bonifica […]. […], lo que impide excluir su cómputo so pretexto de que el parto se produjo antes del alta en el sistema, por cuanto, precisamente, se bonifica el hecho de que la maternidad impidiera el trabajo"; STS 576/2022 de 23 de junio (TOL9.102.203), FD 2º, apartado 3º A): "[…], no quiebra esa sustancial identidad por el dato de que una de las accionantes tuviera a sus hijos antes de ingresar al mercado laboral y la otra lo hiciera en un periodo intermedio. Además, nuestra doctrina viene sosteniendo que los partos a tener en cuenta son todos los existentes, sin limitación temporal o cronológica […]"; García Romero, B. (2022), *op.cit.*,p.2: "[…] pretende mejorar las carreras de cotización de las trabajadoras que no se encontraban en el mercado de trabajo, o se habían apartado de él, en los años de fertilidad".

22 Prestación por maternidad y cotización. De lo contrario se excluyen por el propio precepto. Art.235 LGSS: […], salvo que, por ser trabajadora o funcionaria en el momento del parto, se hubiera cotizado durante la totalidad de las dieciséis semanas o durante el tiempo que corresponda si el parto fuese múltiple"; STS de 21 de diciembre de 2009 (TOL1.781.225), FD 3º apartado 3: "Lo que la ley pretende es incrementar la vida cotizada cuando no ha habido esa

fesional y de cotización por una circunstancia exclusivamente femenina[23].

protección. [...], puesto que la falta de cotización en ese periodo obedece exclusivamente a aquella circunstancia"; Panizo Robles, J.A. (2016), *op.cit*: "[...], salvo que, en razón de su inclusión en la Seguridad Social en la fecha del parto, la interesada ya tuviese derecho a ese periodo de cotización"; García Romero, B. (2022), *op.cit.*,p.2: "Es decir, esta previsión legal permite atribuir cotizaciones por el simple hecho del parto cuando la mujer no se encontraba en dicho momento en situación de alta que le permitiera acceder a una prestación de maternidad"; Caballero Pérez, M.J. (2023), *op.cit.*,pp.318-319: "Y en cuanto a su titularidad, ésta se atribuye exclusivamente a las mujeres (y no a los hombres) que, por no ser trabajadoras o funcionarias en el momento del parto, no disfrutaron de las dieciséis semanas (112 días) de descanso laboral subsidiado y cotizado por maternidad *ex* arts. 48.4 ET y 177 y ss. LGSS. Es decir, se limita a las mujeres que no acreditan haber cotizado durante aquel periodo de dieciséis semanas a fin de compensarles por la falta de protección que en ese momento padecieron".

23 STS de 21 de diciembre de 2009 (TOL1.781.225), FD 3° apartado 3: [...], pues esa actividad laboral la que se ha visto afectada por la circunstancia derivada de su sexo. [...], puesto que la falta de cotización en ese periodo obedece exclusivamente a aquella circunstancia"; García Romero, B. (2022), *op.cit.*,p.5: "En él comienza recordando la finalidad de esta regla, que no es otra que beneficiar a las mujeres cuando hayan de obtener beneficios prestacionales o sociales derivados de su actividad laboral cuando aquella se ha visto afectada por una eventualidad exclusivamente femenina como es el parto"; Blasco Jover, C. (2022), *op.cit.*,p.149: "A continuación, acomete la tarea de recordar cuál es la principal premisa que guía el diseño de un artículo como el 235 LGSS: beneficiar, logrando incrementar su cotización, a todas las mujeres cuando hayan de obtener beneficios prestacionales o sociales derivados de su actividad laboral en tanto que la misma se ha visto afectada por una circunstancia atinente única y exclusivamente a su sexo"; Caballero Pérez, M.J. (2023), *op.cit.*,p.320: "Por lo que negar el beneficio de las cotizaciones ficticias por parto a las pensionistas SOVI sería una decisión que afectaría fundamentalmente a mujeres que, además, abandonaron sus carreras laborales y de seguro en razón

Para lograr este objetivo, el precepto prevé que para el acceso a las prestaciones de jubilación e incapacidad permanente que se causen a partir de la entrada en vigor de la LO 3/2007[24], esto es, 24 de marzo de ese año, se computen, incrementando de este modo la cotización de las madres trabajadoras, 112 días completos de cotización por cada hijo en parto simple o 14 más por cada hijo a partir del segundo en parto múltiple.

Este reconocimiento de periodos de tiempo que se equiparan a días cotizados –asimilados a los de cotización– sin res-

---

de la circunstancia biológica de la femineidad; es decir, por razón de una eventualidad exclusivamente femenina como es el parto".

24 De conformidad con lo dispuesto en la Disposición final octava de la LO 3/2007: "La presente Ley entrará en vigor el día siguiente al de su publicación en el Boletín Oficial del Estado, con excepción de lo previsto en el artículo 71.2, que lo hará el 31 de diciembre de 2008". Por ello, y en aplicación de la doctrina contenida, entre otras, en STS de 21 de diciembre de 2009 (TOL1.781.225), FD 3º apartado 4, se aplica a las prestaciones causadas a partir de dicha fecha pero vinculando las cotizaciones ficticias a la fecha del alumbramiento. En este sentido, STS de 12 de diciembre de 2011 (TOL2.400.477), FD 6º: "La expresión que se contiene en las sentencias del Pleno, en cuanto que deberá atenderse a la fecha en que se cause la prestación y no a la vigencia del sistema, se corresponde plenamente con el problema allí planteado, y no se dice en ella, como se afirma en la sentencia recurrida, que es el momento del hecho causante al que hay que atender para la aplicación incondicionada de los beneficios examinados. Lo que se indica en esa doctrina es que el beneficio otorgado en la Disp. Ad. 44ª se aplica a todas las prestaciones que se causen a partir de la entrada en vigor de la Ley de Igualdad -ex Disp. Transitoria 7ª. 3-, con independencia de la fecha de la legislación por la que se rijan, y desde esa perspectiva temporal, con independencia de que el régimen del SOVI ya no estuviese vigente, aplica los discutidos 112 días ficticios a los alumbramientos habidos bajo la vigencia del extinto sistema, pero no significa que hayan de reconocerse también para ese especial régimen los partos posteriores al 1 de enero de 1.967".

ponder a cotizaciones efectivas es lo que permite que se les denomine cotizaciones ficticias a la Seguridad Social[25].

III. INTERPRETACIÓN EN UNIFICACIÓN DE DOCTRINA

A efectos del presente estudio, agruparemos las cuestiones que se han suscitado en torno a la aplicación del artículo 235 LGSS en los siguientes apartados:

- La perspectiva de género en la interpretación de los periodos de cotización asimilados por parto
- El parto, momento temporal al que se vinculan los beneficios de las cotizaciones ficticias
- Vinculación del beneficio de cotizaciones ficticias a todos los partos sin limitaciones de tiempo o lugar
- Jubilación e incapacidad permanente: prestaciones contributivas a las que se aplica los periodos asimilados de cotización
- Cotizaciones ficticias y trabajo a tiempo parcial

---

25 STS 525/2016 de 14 de junio (TOL5.832.415), FD 2º; García Romero, B. (2022), *op.cit.*,p.2: "Es decir, esta previsión legal permite atribuir cotizaciones por el simple hecho del parto cuando la mujer no se encontraba en dicho momento en situación de alta que le permitiera acceder a una prestación de maternidad".

III.1. La perspectiva de género en la interpretación de los periodos de cotización asimilados por parto[26]

La primera cuestión jurídica que sobre la aplicación de los periodos de cotización asimilados por parto se debatió en casación para unificación de doctrina quedó delimitada en determinar si la entonces disposición adicional 44ª LGSS 1994 era de aplicación al SOVI, teniendo en cuenta que la redacción literal de aquella disposición hacía referencia a "[…] las pensiones contributivas de jubilación y de incapacidad permanente de cualquier régimen de la Seguridad Social". Una interpretación del precepto en sus estrictos términos llevaría a la desestimación de la pretensión por cuanto el SOVI no era técnica y literalmente uno de los regímenes del actual sistema de protección de la Seguridad Social[27] nacido a partir de 1967[28].

---

26 Se analizan en este apartado, entre otras, entre otras, STS de 21 de diciembre de 2009 (TOL1.781.225); STS 21 de diciembre de 2009 (TOL1.790.496); STS 18 de febrero de 2010 (TOL1.808.377); STS 2 de marzo de 2010 (TOL1.808.383); STS 7 de diciembre de 2010 (TOL2.028.079).

27 STS de 12 diciembre de 2011, rcud.589/2011, FD 3º: "Se trataba en todos los supuestos de hijos habidos antes del 1 de enero de 1.967, y las decisiones de la Sala se encaminaban a decir que la expresión legal de "cualquier régimen de Seguridad Social" no podía ser interpretado en una literalidad estricta y cabía aplicar esos beneficios también para completar la carencia del SOVI, aunque técnica y literalmente no fuera uno de los regímenes de la Seguridad Social".

28 STS de 21 de diciembre de 2009 (TOL1.781.225), FD 3º apartado 3: "La Disp. Ad. 44ª LGSS, introducida por la Disp. Ad. 18ª.23 LOIMH, se refiere a "cualquier régimen de Seguridad Social", lo que no puede ser interpretado en una literalidad estricta y con el tecnicismo propio de la normativa de seguridad social que preserva esta denominación para el sistema de protección nacido a partir d1967"; STS de 14 de diciembre de 2011 (TOL2.441.317), FD 1º: "[…], después de que el SOVI fuera sustituido, a partir de 1 de enero de 1967, por la pensión

Sin embargo, el TS, en su STS de 21 de diciembre de 2009[29], sostendrá por primera[30] vez "[...] la obligación de los jueces y tribunales de llevar a cabo un enjuiciamiento guiado por la perspectiva de género [...]"[31] a través de una interpretación de la norma acorde con los postulados impuestos por la LO 3/2007[32] y, acudiendo a dicho principio e invocando "[...] su

---

de jubilación regulada en el sistema de Seguridad Social instaurado en la Ley de Seguridad Social de 21 de abril de 1966".

29 Rcud.201/2009. (TOL1.781.225).

30 Arastey Sahún, M.L. (2021), *op.cit.*: "Fue la primera vez que el Alto tribunal acudía a ese criterio, siendo desde entonces múltiples las sentencias en que la Sala IV lo ha hecho"; Lousada Arochena, J.F. (2020), *op.cit.*, p.141: "Se trata de uno de los casos judiciales más renombrados en orden a la aplicación del artículo 4 de la LO Igualdad, tanto porque fue una de las primeras sentencias en que se cita esta norma, como por su razonada fundamentación jurídica".

31 Arastey Sahún, M.L. (2021), *op.cit.* En ese mismo texto continúa: "Aunque el concepto de «perspectiva de género» ha surgido con fuerza en los últimos tiempos y haya quien todavía dude de su contexto normativo, empecemos por recordar que se halla consagrado y positivizado de forma explícita en el ordenamiento jurídico español desde la entrada en vigor de la LO 3/2007 [...]. La concreción se encuentra en el art. 4, que, bajo el clarificador epígrafe de «*Integración del principio de igualdad en la interpretación y aplicación de las normas*», dispone: «*La igualdad de trato y de oportunidades entre mujeres y hombres es un principio informador del ordenamiento jurídico y, como tal, se integrará y observará en la interpretación y aplicación de las normas jurídicas*»"; STS 576/2022 de 23 de junio (TOL9.102.203), FD 3º apartado 4: "[...], bajo la rúbrica "Integración del principio de igualdad en la interpretación y aplicación de las normas" el artículo 4º LOI alberga el que suele identificarse como principio o canon hermenéutico de perspectiva de género".

32 Arastey Sahún, M.L. (2021), *op.cit.* En ese mismo texto continúa: "[...], la cual supuso un hito normativo que compele a los jueces y tribunales a incorporar tal criterio de hermenéutica normativa"; STS de 21 de diciembre de 2009 (TOL1.781.225), FD 3º apartado 1: "[...], a la hora de interpretar la nueva previsión normativa contenida

finalidad específicamente dirigida a erradicar la desigualdad de género y a evitar las consecuencias laborales negativas derivadas del embarazo: […]"[33] así como la marcada feminización de las pensiones SOVI[34], declaró que debía excluirse una interpretación literal de esa norma[35] y aplicar la medida a dichas

---

en la vigente DA 44ª de la LGSS, no puede obviarse que la misma ha sido introducida por la Disp. Ad. 18ª.23 por la L.O.3/2007, […], lo que obliga a abordar la cuestión suscitada en el litigo desde la perspectiva marcada por dicha Ley". En ese mismo texto apartado 2, continúa: "Los dos preceptos antes trascritos, así como todos los de contenido general del Título I, impregnan cualquiera de las cláusulas del articulado de la Ley, el cual no puede ser interpretado sino a la luz de aquéllos".

33 Lousada Arochena, J.F. (2020), *op.cit.*,p.142; STS 576/2022 de 23 de junio (TOL9.102.203), FD 5° apartado 2: "En dichas sentencias se declara que la DA 44ª LGSS debe ser interpretada atendiendo a la finalidad del precepto, que es favorecer a las mujeres que se han visto obligadas a abandonar el mercado laboral por causa de maternidad".

34 Arastey Sahún, M.L. (2021), *op.cit;* Lousada Arochena, J.F. (2020), *op.cit.*,p.142.

35 Arastey Sahún, M.L. (2021), *op.cit*; STS de 21 de diciembre de 2009 (TOL1.781.225), FD 3° apartado 3: "[…], lo que no puede ser interpretado en una literalidad estricta […]. Precisamente por ser el parto una eventualidad exclusivamente femenina, el juicio sobre el valor de la norma encaminada a paliar la discriminatoria se hace relevante, puesto que la falta de cotización en ese periodo obedece exclusivamente a aquella circunstancia"; STS 576/2022 de 23 de junio (TOL9.102.203), FD 6° apartado 3 D): "En diversas ocasiones hemos explicado que la regla sobre cotizaciones ficticias debe ser interpretada atendiendo a la finalidad del precepto, […]. Ese norte ha conducido a obviar la literalidad de alguna previsión cuando ello era necesario para alcanzar los fines perseguidos por el legislador y armonizarlos con los generales en materia de no discriminación"; García Romero, B. (2022), *op.cit.*,p.8: "No es la primera vez que el Tribunal Supremo, con apoyo en criterios finalistas o analógicos, obvia la literalidad de alguna previsión legal cuando ello ha sido juzgado necesario para alcanzar los fines perseguidos por el legislador y armonizarlos

pensionistas aun cuando se tratara de cotizaciones efectuadas a un sistema de protección social anterior al actual sistema Seguridad Social, evitando así el impacto de género negativo (discriminación indirecta[36]) que la aplicación en estrictos términos de la medida tendría sobre el colectivo femenino[37].

---

con los generales en materia de no discriminación, extendiendo a supuestos no contemplados [...]"; Lousada Arochena, J.F. (2020), *op.cit.*,p.141, analiza esta sentencia bajo el epígrafe "Ponderación de la igualdad de género en la interpretación de las normas jurídicas flexibilizando su literalidad para potenciar las finalidades de la tutela antidiscriminatoria".

36 Art.6.2 LO 3/2007: "Se considera discriminación indirecta por razón de sexo la situación en que una disposición, criterio o práctica aparentemente neutros pone a personas de un sexo en desventaja particular con respecto a personas del otro, salvo que dicha disposición, criterio o práctica puedan justificarse objetivamente en atención a una finalidad legítima y que los medios para alcanzar dicha finalidad sean necesarios y adecuados".

37 Arastey Sahún, M.L. (2021), *op.cit*; STS de 21 de diciembre de 2009 (TOL1.781.225), FD 3° apartado 3: "Los cánones interpretativos que venimos indicando hacen que el beneficio otorgado por la D.A. 44ª LGSS sea aplicable a todas las mujeres que no hubieran trabajado por haber tenido hijos, sin que implique sólo una mera proyección de futuro. La Ley sirve al objetivo de paliar los efectos de la situación de discriminación ya producida y la que puede surgir, es en este sentido una medida de acción positiva querida por el legislador que no puede obviar el dato de que el colectivo afectado (pensionistas de SOVI) está integrado fundamentalmente por mujeres y que, a mayor abundamiento, si no acreditan ulteriores trabajos y cotizaciones bajo la vigencia del sistema de Seguridad Social es, también mayoritariamente, porque abandonaron el mercado laboral a consecuencia de su matrimonio y ulterior maternidad. Negar el beneficio a los pensionistas SOVI supone una negación que afectará fundamentalmente a mujeres que, además, abandonaron sus carreras laborales y de seguro en razón de la circunstancia biológica de la femineidad"; García Romero, B. (2022), *op.cit.*,p.8: "Lo que ocurre es que la interpretación estricta y literal del precepto aquí aplicable

Apuesta así el TS por una interpretación amplia[38] de la medida analizada "[...] que permita la consecuencia de su objetivo (la efectiva igualdad) y sirva para combatir el efecto negativo del embarazo y la maternidad, [...]"[39] en la trayectoria profesional y de cotización de las madres trabajadoras.

III.2. El parto, momento temporal al que se vinculan los beneficios de las cotizaciones ficticias

En este bloque de sentencias[40], el TS analizará la posibilidad o no de vincular las cotizaciones ficticias por parto a periodos de tiempo distintos a los de la fecha en que tuvo lugar el mismo, planteándose de esta manera dos cuestiones interpretativas diferentes:

- Aplicación del beneficio de cotizaciones ficticias a las beneficiarias del SOVI cuando el parto ha tenido lugar con posterioridad al 1 de enero de 1967, es decir, cuando el SOVI se había extinguido[41].

---

puede generar un impacto de género, una discriminación indirecta al desplegar efectos desproporcionados sobre el colectivo femenino".

38 STS de 21 de diciembre de 2009 (TOL1.781.225), FD 3º apartado 2: "Por consiguiente, una norma como la analizada–D.A. 44ª LGSS- exige un canon de interpretación amplio [...], pues su justificación hace precisa una interpretación que, más allá del plano legal, se efectúe desde el plano constitucional".

39 STS de 21 de diciembre de 2009 (TOL1.781.225), FD 3º apartado 2.

40 Entre otras, STS de 12 de diciembre de 2011 (TOL2.400.477); STS de 14 de diciembre de 2011 (TOL2.441.317); STS 27 febrero de 2013 (TOL3.406.493); STS de 18 de noviembre de 2013 (TOL4.082.742); STS 606/2017 de 7 de julio (TOL6.221.567); STS 1173/2023 de 19 de diciembre (TOL9.842.045).

41 STS de 14 de diciembre de 2011 (TOL2.441.317), FD 1º.

- Aplicación del beneficio a efectos de acreditar la carencia específica que para la pensión de jubilación exige el artículo 205.1 b) LGSS[42], cuando los nacimientos han tenido lugar antes de ese periodo específico de carencia[43].

Ambos[44] escenarios serán rechazados por el TS al considerar "[...] que el cómputo de los días ficticios de cotización por parto queda vinculado al momento en el que tiene lugar el nacimiento, cuando los requisitos de acceso a la prestación están legalmente condicionados a la existencia de cotizaciones a seguridad social en una concreto y determinado periodo de tiempo"[45].

Así pues, en el primer supuesto, el TS, si bien había estimado la aplicación del beneficio a las beneficiarias del SOVI en una interpretación amplia de la expresión de Seguridad

---

42 Artículo 205.1 b) LGSS: "Tener cubierto un período mínimo de cotización de quince años, de los cuales al menos dos deberán estar comprendidos dentro de los quince años inmediatamente anteriores al momento de causar el derecho. [...]".

43 STS 1173/2023 de 19 de diciembre (TOL9.842.045), FD 1º: "La cuestión a resolver es la de decidir si los periodos de cotización ficticia por parto que contempla el art. 235 LGSS, pueden ser tenidos en cuenta a efectos de acreditar la carencia específica para la pensión de jubilación que exige el art. 205. 1 letra b) LGSS, de dos años cotizados dentro de los quince años inmediatamente anteriores al hecho causante, cuando los partos han tenido lugar antes de dicho periodo de quince años".

44 En el FD 3º apartado 2º de la STS 1173/2023 de 19 de diciembre (TOL9.842.045), sobre cotizaciones ficticias por parto y periodos de carencia específicos, se referencia la doctrina que resuelve el supuesto referente a la aplicación de las cotizaciones ficticias por parto a las pensiones SOVI cuando el nacimiento se produce fuera del momento temporal durante el que se mantuvo vigente ese régimen de seguridad social, así se indica: "Bajo ese mismo criterio, [...]".

45 STS 1173/2023 de 19 de diciembre (TOL9.842.045), FD 3º apartado 2.

Social[46], partiendo del régimen transitorio de aplicación al específico sistema –SOVI– y de su carácter residual en virtud del cual se imposibilitaría completar los periodos de carencia exigidos en el mismo con cotizaciones efectuadas con posterioridad a su extinción[47], argumenta que las cotizaciones ficticias

46 STS de 12 de diciembre de 2011 (TOL2.400.477), FD 3º: "Se trataba en todos los supuestos de hijos habidos antes del 1 de enero de 1.967, y las decisiones de la Sala se encaminaban a decir que la expresión legal de "cualquier régimen de Seguridad Social" no podía ser interpretado en una literalidad estricta y cabía aplicar esos beneficios también para completar la carencia del SOVI, aunque técnica y literalmente no fuera uno de los regímenes de la Seguridad Social"; STS de 14 de diciembre de 2011 (TOL2.441.317), FD 2º: "El tenor literal del precepto ha planteado hasta ahora dos cuestiones interpretativas. La primera es la de si el SOVI ha de considerarse un "régimen de Seguridad Social" al que pueden alcanzar las bonificaciones previstas respecto de los partos acaecidos antes de su extinción".

47 STS de 12 de diciembre de 2011 (TOL2.400.477), FD 4º: "[…] 'la carrera de seguro del SOVI se cerró en 31 de diciembre de 1966, de forma tal que las cotizaciones efectuadas al sistema de la Seguridad Social con posterioridad a dicha fecha en ningún caso pueden servir para acceder a la pensión del SOVI' (TS 29-1-2008, RCUD 5046/2006). Las cotizaciones insuficientes en el período en el que estuvo vigente el SOVI no pueden completarse, en fin, con las efectuadas a otros regímenes después del 1 de enero de 1967 (TS 3-11-2008, RCUD 3948/2007)"; STS de 14 de diciembre de 2011 (TOL2.441.317), FD 3º: "La pervivencia transitoria del SOVI ordenada en la DT 7ª LGSS tiene dos rasgos distintivos. Se trata en primer lugar de una protección subsidiaria, […]; y en segundo lugar de una protección residual, […]. El carácter residual del "extinguido" régimen SOVI, que impide completar las cotizaciones exigidas en el mismo con las generadas en los regímenes de Seguridad Social implantados posteriormente, […]. Ello quiere decir que, sin perjuicio de su pervivencia transitoria, el SOVI ha quedado fijado, en lo que concierne a los requisitos de la acción protectora, en la fecha de 1 de enero de 1967. Los nacimientos de hijos producidos antes de esa fecha comportan por tanto la bonificación de días- cuota prevista en la DA 44ª LGSS, pero los posteriores sólo generan tal abono de cotizaciones ficticias en los

aquí analizadas únicamente podrán vincularse con la fecha del alumbramiento, de manera que si éste se produce "[...] después del 1 de enero de 1.967, no será posible imputar esas cotizaciones ficticias a un sistema de previsión inexistente en el momento en que se produjo el hecho [...]"[48].

En el segundo supuesto el TS argumenta, que si bien el beneficio de cotizaciones ficticias por parto debe tenerse en cuenta para contabilizar tanto la carrera profesional total de la trabajadora[49] como "[...] el periodo de carencia genérica

---

regímenes del sistema, en los que, como se ha visto, también se han podido computar las propias cotizaciones del SOVI"; STS 27 febrero de 2013 (TOL3.406.493), FD 4º.

48 STS de 12 de diciembre de 2011 (TOL2.400.477), FD 6º: Por ello, la aplicación de los beneficios ficticios de la DA 44ª LGSS únicamente podrán incidir en prestaciones que se correspondan con el momento, la fecha del alumbramiento de los hijos de que se trate, de manera que si éstos nacieron después del 1 de enero de 1.967, no será posible imputar esas cotizaciones ficticias a un sistema de previsión inexistente en el momento en que se produjo el hecho, a diferencia con lo que ocurría en las situaciones contempladas por la doctrina anterior de la Sala, en que los nacimientos de los hijos, la situación de la mujer que no pudo trabajara a causa de los mismos, ocurrió durante el momento en que esa circunstancia, el parto, impidió completar la carencia en el SOVI, pero en modo alguno cuando el parto o los partos ocurrieron después, cuando no podía completarse el periodo de cotización al SOVI"; STS 1173/2023 de 19 de diciembre (TOL9.842.045), FD 3º apartado 2: "Bajo ese mismo criterio, la STS 27 de febrero de 2013, rcud. 1055/2012, rechaza que esa cotización ficticia por cada hijo pueda contabilizarse para acreditar las cotizaciones de acceso a la pensión SOVI, cuando el nacimiento se produjo fuera del momento temporal durante el que se mantuvo vigente ese singular régimen de seguridad social, exigiendo que el parto tuviere lugar dentro del mismo periodo de referencia al que se encuentra condicionado el reconocimiento de la prestación".

49 STS 1173/2023 de 19 de diciembre (TOL9.842.045), FD 3º apartado 4; STS 576/2022 de 23 de junio (TOL9.102.203), FD 6º, apartado 3

de aquellas prestaciones de seguridad social que no se encuentran sujetas a la exigencia de cotizaciones en un determinado y concreto periodo temporal […]"[50], no pueden, sin embargo, "[…] imputarse a la carencia específica exigida en cada caso si el parto no ha tenido lugar en ese mismo periodo de referencia"[51].

Así, si bien las cotizaciones ficticias por parto deben equipararse a todos sus efectos con las cotizaciones reales, no es posible atribuirles mayores beneficios que los generados de haber sido cotizaciones efectivamente realizadas por la trabajadora[52]. A este respecto el TS indica que el propio artículo 235 LGSS, mediante la exclusión del beneficio a quienes reci-

---

D): "[…], la cotización asimilada por parto juega tanto para alcanzar el periodo de carencia (los quince años) cuanto para contabilizar la carrera profesional total. Lo relevante es que haya habido un alumbramiento y que se produjera en época durante la cual la mujer no venía cotizando por desarrollar tareas productivas paralelas o anteriores".

50 STS 1173/2023 de 19 de diciembre (TOL9.842.045), FD 3º apartado 4; STS de 18 de noviembre de 2013 (TOL4.082.742), FD 3º: "[…] aun cuando hubieran podido servir para el cómputo de la carencia genérica pues en ella no se produce exigencia alguna de ocurrencia dentro de un periodo concreto […]. […] De ahí que siendo irrelevante para la carencia genérica una concreción temporal la asimilación no encuentra obstáculo en su aplicación. Por el contrario llevarla al periodo de carencia específica impone contravenir un espíritu y finalidad".

51 STS 1173/2023 de 19 de diciembre (TOL9.842.045), FD 3º apartado 2.

52 STS 1173/2023 de 19 de diciembre (TOL9.842.045), FD 3º apartado 4. Y continúa más adelante: "Por ese mismo motivo, a efectos de carencia específica, su efectividad queda condicionada, en igual medida que las cotizaciones reales, a que las derivadas del parto abarquen los periodos temporales legalmente exigidos con esa finalidad".

bieron la protección por maternidad[53], avala la cuestión al circunscribir a esas dieciséis semanas el periodo temporal al que deben imputarse estos periodos asimilados de cotización[54] y ser, indica, la interpretación más congruente con la finalidad de los periodos de carencia específica de garantizar la vinculación actualizada del beneficiario con el sistema de seguridad social en los años precedentes a los que se cause la correspondiente prestación[55].

---

53 Art. 235 LGSS: "[...], salvo que, por ser trabajadora o funcionaria en el momento del parto, se hubiera cotizado durante la totalidad de las dieciséis semanas o durante el tiempo que corresponda si el parto fuese múltiple".

54 STS 1173/2023 de 19 de diciembre (TOL9.842.045), FD 3º apartado 4: "Esta última previsión legal evidencia que lo querido por el legislador es equiparar la eficacia jurídica de las cotizaciones reales con las ficticias en esas dieciséis semanas vinculadas al parto, lo que impide extender sus efectos a periodos temporales desconectados de esa fecha".

55 STS 1173/2023 de 19 de diciembre (TOL9.842.045), FD 3º apartado 2: "En tal sentido razona que la exigencia legal de una determinada carencia específica tiene como finalidad la de garantizar la vinculación actualizada del beneficiario con el sistema de seguridad social en los años inmediatamente anteriores a los que se cause la prestación de seguridad social, en la forma y en los concretos periodos temporales previstos para cada una de ellas, de manera que los 112 días ficticios de cotización por cada parto deben coincidir con los mismos periodos temporales a los que la carencia específica está referenciada". Y continúa en el apartado 4: "Interpretación que es la más lógica y congruente con la finalidad que justifica la imposición de un periodo de carencia especifica como requisito de acceso a una determinada prestación de seguridad social, con lo que se quiere salvaguardar la exigencia una cierta inmediación entre la prolongación y mantenimiento de la vida laboral del trabajador y el momento del hecho causante"; STS de 18 de noviembre de 2013 (TOL4.082.742), FD 3º: "Es de toda lógica la doctrina formulada por la sentencia de contraste cuando restringe la aplicación de los días asimilados por partos al no coincidir con

Admitir lo contrario, en argumentos del TS, implicaría una desigualdad tanto para las mujeres inactivas sin hijos[56], como para las madres que, por estar en activo en el momento del parto[57], "[…] no se les podría imputar cotización ficticia alguna para la carencia específica cuando el parto tiene lugar quince años antes de la fecha del hecho causante […]"[58], resultando "[…] que la mujer que trabaja no puede hacer valer sus cotizaciones reales para periodos temporales distintos a los

el periodo de carencia y constituir la finalidad de éste mantener la vinculación del beneficiario con el sistema".

56 STS de 18 de noviembre de 2013 (TOL4.082.742), FD 3º: "Aún cuando el canon interpretativo de la Disposición Adicional 44 de la Ley General de la Seguridad Social deba trascender al orden constitucional, por encima de la legalidad ordinaria, el beneficio otorgado carece de toda base, entendida como contraprestación en servicio o cotización y tiene por objeto fomentar una política de natalidad creando un trato desigual respecto de las mujeres sin hijos, es lo cierto que el beneficio se dirige a la mujer trabajadora que realiza el doble esfuerzo de un desempeño laboral y el cuidado de su descendencia. De ahí que los largos periodos de desvinculación del sistema no permitan incluir precisamente en su transcurso la asimilación discutida por ser dicha inclusión contraria a la finalidad igualitaria perseguida por el precepto a la luz de los mandatos constitucionales pues la concesión del meritado privilegio no puede servir para crear una segunda desigualdad sino para compensar la preexistente. […]. Una interpretación distinta tan solo vendría a crear como ya se ha anticipado una desigualdad entre las mujeres inactivas, ambas, una con hijos y otra sin ellos, […]".

57 Han recibido la protección por maternidad.

58 STS 1173/2023 de 19 de diciembre (TOL9.842.045), FD 3º apartado 4. Y continúa: "[…], mientras que sin embargo se le computaría como carencia específica a la mujer que no estaba en trabajo efectivo en la fecha de parto".

vinculados con el parto [...], tampoco podrá hacerlo la que ha generado por ese mismo motivo cotizaciones ficticias"[59].

III.3. Vinculación del beneficio de cotizaciones ficticias a todos los partos sin limitaciones de tiempo o de lugar

Otra de las cuestiones jurídicas que se ha planteado a la hora de interpretar el alcance de las cotizaciones ficticias por parto ha sido la de determinar si se aplica dicho beneficio a los alumbramientos acaecidos en el extranjero o antes de acceder al sistema de Seguridad Social.

El TS rechaza una interpretación restrictiva del precepto de manera que solo se aplique el beneficio a los nacimientos ocurridos en España, argumentando que la norma "[...] no condiciona el nacimiento del derecho al lugar en que se produjera el parto [...]"[60] sino que dicho reconocimiento obedece al parto en general sin límite alguno[61], lo que se evidenciaría indica, teniendo en cuenta que la norma tiene su origen en la LO 3/2007, [...], donde se contienen disposiciones encaminadas a flexibilizar la exigencia de cotización para facilitar a las mujeres el acceso a las prestaciones por maternidad y de otro tipo" [62]. Así, dado el espíritu que informa la norma y aplicando

---

59 STS 1173/2023 de 19 de diciembre (TOL9.842.045), FD 3º apartado 4.

60 STS 525/2016 de 14 de junio (TOL5.832.415), FD 2º.

61 STS 1173/2023 de 19 de diciembre (TOL9.842.045), FD 3º apartado 4: "Razón por la que sirven sin duda para contabilizar la carrera profesional total de la trabajadora, con independencia del tiempo, momento o lugar en el que hubiere acontecido el parto"; García Romero, B. (2022), *op.cit.*,p.5: ""[...], en la que se precisa que aquel se aplica por cada parto, sin límite temporal o locativo, es decir, cualquiera que sea el lugar donde se produzca y el momento, [...]".

62 STS 525/2016 de 14 de junio (TOL5.832.415).

el "[...] principio de derecho que "donde la Ley no distingue nosotros tampoco debemos distinguir" [...]"[63], el TS resolverá favorablemente la cuestión reconociendo el beneficio con independencia del lugar en el que se produzca el nacimiento.

De igual manera, dado que el precepto reconoce los periodos de cotización al tiempo de causarse[64] la prestación contributiva que corresponda, "[...] impide excluir su cómputo so pretexto de que el parto se produjo antes del alta en el sistema, por cuanto, precisamente, se bonifica el hecho de que la maternidad impidiera el trabajo"[65].

III.4. Jubilación e incapacidad permanente: prestaciones contributivas a las que se aplica los periodos asimilados de cotización

Inédita[66] es la cuestión planteada ante el TS sobre la posibilidad de aplicar los periodos de cotización asimilados por parto para determinar el acceso o cumplimento de los requisitos previstos en otras prestaciones distintas de las expresamente contempladas en la literalidad del artículo 235 LGSS.

---

63 STS 525/2016 de 14 de junio (TOL5.832.415), FD 2º.

64 STS 525/2016 de 14 de junio (TOL5.832.415), FD 2º; STS de 12 de diciembre de 2011 (TOL2.400.477), FD 6º.

65 STS 525/2016 de 14 de junio (TOL5.832.415), FD 2º.

66 STS 576/2022 de 23 de junio (TOL9.102.203), FD 6º, apartado 1 A): "La exposición que antecede indica que estamos ante una cuestión inédita en nuestra doctrina, sin que a estos efectos pueda considerarse que la STS 973/2016 se inclina en uno u otro sentido, al haberse limitado a poner de relieve las diferencias existentes entre los supuestos comparados. Es verdad que la STSJ Cataluña ahora invocada como referencial contiene una interpretación favorable al recurso y que ganó firmeza tras nuestra sentencia 973/2016; pero se trata de una consecuencia surgida por razones procesales, sin que ello comporte que hayamos asumido como correcta su tesis. Tampoco, por las mismas razones, eso significa lo contrario".

Concretamente, en la sentencia objeto de análisis en el presente apartado, STS 576/2022, de 23 de junio[67], se analiza si procede aplicar al subsidio por desempleo para mayores de 52 años[68] el beneficio de cotizaciones ficticias por parto a efectos de acreditar haber cotizado al menos seis años a un régimen que proteja la contingencia de desempleo[69].

A este respecto, si bien el TS en la sentencia aquí analizada no desconoce que tanto la dicción literal del precepto, que delimita a dos concretas prestaciones contributivas la eficacia del beneficio, como la persistencia en su redacción a lo largo del tiempo son argumentos que obstaculizarían la extensión de las cotizaciones ficticias por parto al subsidio por desempleo para mayores de 52 años, sin embargo, (i) la finalidad del precepto de "[…] favorecer a las mujeres que se han visto obligadas a abandonar el mercado laboral por causa de maternidad […]"[70], (ii) la estrecha conexón existente entre el

---

67 Rcud.646/2021. (TOL9.102.203).

68 La normativa vigente en el momento de la resolución de la controversia regulaba la edad de 55 años para el acceso al subsidio en cuestión. No obstante, la STS 576/2022 de 23 de junio (TOL9.102.203), FD 2º apartado 3 B) indica: "Los fundamentos de las respectivas demandas son similares, puesto que la norma aplicable en cada caso posee similar redacción. Que se trate del texto refundido de la Ley General de Seguridad Social de 2015 o que sea el precedente carece de trascendencia, habida cuenta de su práctica similitud".

69 STS 576/2022 de 23 de junio (TOL9.102.203), FD 2º apartado 4: "Queda así delimitada la cuestión sometida a unificación doctrinal. No otra que determinar si el acceso al subsidio por desempleo para personas de edad madura (a veces identificado como "prejubilación") constituye una prestación que también se beneficia del régimen de cotizaciones ficticias anudado por la LGSS a las pensiones contributivas de trabajadoras que han tenido hijos biológicos".

70 STS 576/2022 de 23 de junio (TOL9.102.203), FD 6º, apartado 3 D).

subsidio analizado y la pensión contributiva de jubilación[71],

---

[71] STS 576/2022 de 23 de junio (TOL9.102.203), FD 6º apartado 3 A): "Pese a venir enmarcado entre las prestaciones por desempleo, son innegables las conexiones entre el subsidio para mayores de 55 (o 52) años y la pensión contributiva de jubilación. Dos bien evidentes, por cuanto ahora interesa, refieren a la edad de acceso (cuando se atisba en la lejanía el retiro) y a su duración (a tenor del art.277.3 LGSS, "hasta que el trabajador alcance la edad ordinaria que se exija en cada caso para causar derecho a la pensión contributiva de jubilación"). [...]". Continúa en el apartado B): "Hay que recalcar esta íntima conexión entre las dos situaciones de necesidad protegidas: las reglas sobre desempleo remiten a las propias de la jubilación. Siendo obvio que el beneficio de cotizaciones ficticias opera cuando se trata del acceso a una pensión contributiva de jubilación (art. 235 LGSS) y que ahora se exige acreditar el cumplimiento de los requisitos propios de la pensión cuando se postula el subsidio, resulta innegable que la cotización ficticia despliega efectos en materia de desempleo. La duda está en si ese reenvío surte efectos solo para cumplir con una de las exigencias del primer párrafo del artículo 274 LGSS (reúnen todos los requisitos, salvo la edad, para acceder a cualquier tipo de pensión contributiva de jubilación) o si también posee virtualidad respecto del inmediatamente anterior ("hayan cotizado por desempleo al menos durante seis años a lo largo de su vida laboral")". Continúa en el apartado 3 D): "Consideramos que la atención a las metas que se marcó la LOI aconsejan tomar en cuenta las cotizaciones ficticias por alumbramiento para todo lo relacionado con el acceso a la pensión de jubilación, sea en sí misma, sea cuando aparece conectada con el previo subsidio por desempleo". Continúa en el apartado 3 E): "Más arriba hemos recordado que durante la percepción del subsidio por desempleo para mayores de 55 años también existe una prestación anexa y muy relevante (cf. Fundamento Tercero, apartado 3). El SEPE, en efecto, debe cotizar por la contingencia de jubilación y tales cotizaciones son tomadas en cuenta tanto a efectos de base reguladora cuanto del porcentaje aplicable a la misma. Este relevante engarce entre el subsidio y la pensión de jubilación se erige en un resorte interpretativo favorable a la interpretación amplia acerca de la valencia de la cotización ficticia cuestionada. Constituye una exigencia expresa e ineludible de la LGSS (arts. 274.4; 280.1; 205.1.b) que quien solicita

(iii) el cumplimiento del mandato constitucional recogido en el artículo 41 Constitución Española[72], en adelante, CE, que insta a los poderes públicos a mantener un régimen público de Seguridad Social que garantice la asistencia y prestaciones sociales suficientes ante situaciones de necesidad, especialmente en caso de desempleo[73] y (iv) la interpretación teniendo en cuenta en canon hermenéutico de la perspectiva de género[74], resuelve la cuestión de manera favorable a la aplicación de las cotizaciones ficticias al subsidio por desempleo para mayores

---

el subsidio de desempleo para mayores de 55 años acredite en ese momento haber cotizado quince años, por lo que es seguro que a tales efectos hay que contabilizar las cotizaciones asimiladas por razón de alumbramiento. Aunque el artículo 235 LGSS solo confiere validez a esas cotizaciones ficticias cuando se trata del acceso a la pensión contributiva de jubilación, una interpretación sistemática de las diversas normas expuestas aconseja que así se haga también a la hora de contabilizar el tiempo previo de cotización por desempleo pues lo contrario abocaría al paradójico resultado de tomarlas en cuenta para una pensión futura pero no para la prestación inmediata".

72 «BOE» núm. 311, de 29/12/1978. (TOL173.304).

73 STS 576/2022 de 23 de junio (TOL9.102.203), FD 6º, apartado 3 c). Y continúa en dicho apartado: "Habida cuenta de los relevantes intereses promocionales perseguidos por el abono de cotizaciones ficticias por razón de alumbramiento (cf. el apartado 1 del Fundamento Quinto), es claro que la mejor forma de proteger ante situaciones por desempleo consiste en resolver la duda interpretativa extendiendo su aplicación a los dos términos de la fórmula normativa a que acabamos de aludir".

74 STS 576/2022 de 23 de junio (TOL9.102.203), FD 6º último párrafo: "Esta pauta interpretativa, precisamente, tiene el máximo sentido a la hora de efectuar la interpretación normativa en relación con situaciones en que están en juego instituciones jurídicas encaminadas a la consecución de la igualdad efectiva de hombres y mujeres, como es el caso de las cotizaciones ficticias por razón de alumbramiento".

de 52 años[75], sin que con ello, advierte el TS, se esté "[...] preconizando la extensión del beneficio a otras prestaciones de Seguridad Social, ni siquiera a otros supuestos de protección por desempleo"[76].

A esta conclusión se llega, indica el TS, a partir de una interpretación teleológica, sistemática, en clave constitucional y con perspectiva de género.

Otra parece ser, sin embargo, la redacción dada al actual artículo 280.1 LGSS por el RDL 2/2024, en virtud del cual, y a partir de la entrada en vigor de dicha normativa[77], expresamente el artículo ahora contempla que podrán acceder al subsidio para mayores de 52 años las personas trabajadores "[...] que, en la fecha en que se encuentren en el supuesto previsto en el artículo 274.1 tengan cumplida dicha edad y además en la fecha del hecho causante del subsidio establecido en el artículo 276.1, acrediten todos los requisitos, salvo la edad, para acceder a cualquier tipo de pensión contributiva de jubilación en el sistema de la Seguridad Social, hayan cotizado efectivamente en España por desempleo durante al menos seis años a lo largo de su vida laboral, sin que a estos efectos resulte de aplicación el artículo 235, [...]", lo que parece reforzar la redacción de este precepto[78] aquí analizado en cuanto que anuda únicamente a las prestaciones de jubilación y de incapacidad permanente el beneficio de las cotizaciones ficticias por parto.

---

75 STS 576/2022 de 23 de junio (TOL9.102.203), FD 7º apartado 1: "[...] para comprobar si se cumplen los requisitos de carencia tanto de la pensión de jubilación (quince años en total: art. 205.1.b LGSS) cuanto del propio subsidio (seis años por desempleo: art. 274.4 LGSS)".

76 STS 576/2022 de 23 de junio (TOL9.102.203), FD 7º, apartado 1.

77 23 de mayo de 2024, salvo las excepciones previstas en su disposición final decimocuarta.

78 Art.235 LGSS.

III.5. Cotizaciones ficticias y trabajo a tiempo parcial

El análisis jurisprudencial que aquí se contiene lo finalizamos con el último pronunciamiento del TS en interpretación de la cuestión, esto es, la STS 689/2024 de 9 de mayo[79], la cual resolvió cómo debían computarse los periodos de cotización asimilados por parto para calcular, mediante la aplicación de los coeficientes de parcialidad contemplados en la redacción del artículo 247 LGSS vigente en el momento de la resolución de la controversia, el periodo de carencia exigible en el acceso a la pensión de incapacidad permanente total[80] de una madre trabajadora a tiempo parcial[81].

Si bien la cuestión se ha resuelto legislativamente con la reforma del artículo 247 LGSS operada por el RDL 2/2023[82], a efectos de completar el presente trabajo, resumimos a conti-

---

79 rcud.4369/2021. (TOL10.032.710).

80 Lousada Arochena, J.F. (2024). "Madre trabajadora a tiempo parcial, pero el parto es a tiempo completo". *Revista de Jurisprudencia Laboral,* (6). p.2: "[...] (por extensión, también para la pensión de jubilación)".

81 STS 689/2024 de 9 de mayo de 2024 (TOL10.032.710), FD 1º, apartado 1; Lousada Arochena, J.F. (2024), *op.cit.*, p.2: "A los efectos de computar esos periodos ficticios, las opciones interpretativas son dos: integrarlos dentro de la fórmula contemplada para calcular la carencia en los contratos de trabajo a tiempo parcial en el artículo 247 de la LGSS, lo que conduce al resultado de exigir una mayor carencia y recorta la efectividad del beneficio; o computarlos separadamente, lo que conduce al resultado contrario y mantiene la efectividad del beneficio en su completud".

82 Lousada Arochena, J.F. (2024), *op.cit.*,p.7: "La sentencia comentada es consciente de la importancia del cambio normativo y de ahí que cita expresamente en su completa literalidad la nueva redacción del artículo 247 de la LGSS, y aunque no lo diga, con esa expresa cita está dejando caer que si solución se ratifica con la nueva disposición. Cabría decir más: con esta nueva redacción el problema que la sentencia comentada resuelve no debería ya ni siquiera volverse a plantear".

nuación la argumentación que llevó al TS a considerar que las cotizaciones ficticias por parto no pueden "[…] computarse de forma distinta o en número inferior al fijado por el legislador porque no puede ni podría integrar el cálculo del coeficiente global de parcialidad […]"[83] –debiendo computar siempre por entero[84]–, por las razones que a continuación se exponen[85]:

- El legislador no ha establecido a las cotizaciones ficticias ninguna regla de proporcionalidad, especialidad o excepcionalidad que venga determinada por la actividad a tiempo completo o parcial de la madre trabajadora.

- Son días asimilados como cotizados, por lo que no pueden verse reducidos a un número inferior al que el legislador ha establecido para todas las madres trabajadoras[86].

---

83 STS 689/2024 de 9 de mayo de 2024 (TOL10.032.710), FD 2º apartado 7.

84 Lousada Arochena, J.F. (2024), *op.cit.*, p.8. En ese mismo texto continúa: "[…] por mucho que el contrato de trabajo sea a tiempo parcial, el parto de la trabajadora es siempre a tiempo completo y en consecuencia también lo deben ser los periodos asimilados al parto a efectos de carencia de prestaciones sociales".

85 STS 689/2024 de 9 de mayo de 2024 (TOL10.032.710), FD 2º apartado 7.

86 STS 689/2024 de 9 de mayo de 2024 (TOL10.032.710), FD 2º apartado 7. Continúa en el motivo de razonamiento Cuatro: "Cuarto, si bien esta sala ha afirmado que esas cotizaciones ficticias deben equipararse a todos los efectos a cotizaciones reales "pero sin que tampoco sea posible atribuirles mayores beneficios que los generados por las propias cotizaciones efectivamente realizadas por la trabajadora", ello no obsta para que las madres trabajadoras a tiempo parcial, al igual que las que lo son a tiempo completo, se beneficien íntegramente de aquellas cotizaciones, que son ajenas a cualquier cálculo del coeficiente de globalidad ya que, aunque ciertamente las cotizaciones por trabajo a tiempo parcial, como efectivamente realizadas, tienen o tenían un tratamiento específico a los efectos de determinación del periodo de

- Los días cotizados que el legislador sometió al coeficiente global de parcialidad atendían a la situación real de alta en el sistema de Seguridad Social y a días efectivamente trabajados y cotizados, no a cotizaciones ficticias.

- "[...], también podría acudirse a la propia finalidad de la protección que se ha venido dando a la actividad a tiempo parcial, en su manifestación de pretender despejarla de todo trato discriminatorio respecto a los trabajos a tiempo completo, en el acceso a la protección de seguridad social y más específicamente, en relación con la perspectiva de género. Máxime cuando en este caso confluyen dos vertientes que el propio legislador ha querido proteger (mujer trabajadora y madre trabajadora). Esto es, la finalidad del beneficio de cotizaciones ficticias por parto es paliar la incidencia que en la vida profesional de la mujer trabajadora haya tenido la maternidad"[87].

Como ya hemos indicado, la nueva redacción del artículo 247 LGSS ratifica[88] la resolución del TS, siendo así que, de conformidad con la nueva regulación, a partir del 1 de octubre de 2023[89], los períodos de cotización necesarios para causar derecho a las prestaciones de jubilación, incapacidad permanente, muerte y supervivencia, incapacidad temporal y nacimiento y cuidado de menor computarán por días completos cualquiera que sea la jornada realizada por el trabajador.

---

carencia, no significa que este régimen jurídico se extienda a una especifica protección de la trabajadora".

87 STS 689/2024 de 9 de mayo de 2024 (TOL10.032.710), FD 2º apartado 7.

88 Lousada Arochena, J.F. (2024), *op.cit.*, p.7.

89 Disposición final décima. Entrada en vigor del RDL 2/2023.

IV. RECAPITULACIÓN

En virtud de lo anterior y en base a la doctrina y jurisprudencia anteriormente analizada y citada a la cual nos remitimos, podríamos sintetizar que los periodos de cotización asimilados por parto actualmente regulados en el artículo 235 LGSS, consisten en una medida de acción positiva que, con el objetivo de hacer efectivo el derecho de igualdad de trato y de oportunidades entre mujeres y hombres, y para el acceso a las prestaciones contributivas de jubilación e incapacidad permanente causadas a partir de la entrada en vigor de la LO 3/2007, incrementa –con días completos de cotización– la vida cotizada de las madres trabajadoras que no recibieron en su momento la protección de maternidad por no encontrase en activo en la fecha del parto. Ello teniendo en cuenta todos los partos biológicos independientemente del lugar en el que se produzca el nacimiento o de que el mismo se haya producido antes de acceder al sistema de Seguridad Social.

Se pretende así, con dicha medida, contribuir a eliminar el impacto que la maternidad haya podido causar en la trayectoria profesional y de cotización de las mujeres.

V. REFERENCIAS BIBLIOGRÁFICAS

Arastey Sahún, M.L. (2021). *La perspectiva de género en la doctrina jurisprudencial del Tribunal Supremo.* https://elderecho.com/la-perspectiva-de-genero-en-la-doctrina-jurisprudencial-del-tribunal-supremo. Recuperado el 15 de noviembre de 2024

Ballester Pastor, M.A. (2009). "Disposición Adicional Cuadragésima Cuarta. Períodos de cotización asimilados por parto", en Martín Valverde, A., y García Murcia, J., (dir.) Castro Argüelles M.A. (coord.). *Ley general de la Seguridad Social. Comentada y con jurisprudencia.* La Ley.

Blasco Jover, C. (2022). "Algunos ejemplos recientes sobre la integración de la perspectiva de género en la interpretación de las normas de Seguridad Social". *Labos,* (Vol. 3, No. 3) 130-152–doi: 10.20318/labos.2022.7370

Caballero Pérez, M.J. (2023). "El beneficio de la cotización ficticia por parto y su extensión al subsidio por desempleo para mayores de 52 años: una interpretación normativa desde el enfoque de género". *Temas Laborales,* (167), 315-329

García Romero, B. (2022). "Subsidio por desempleo para mayores de 55 años y tomas en consideración de las cotizaciones ficticias por parto". *Revista de Jurisprudencia Laboral,* (7)

Lousada Arochena, J.F. (2024). "Madre trabajadora a tiempo parcial, pero el parto es a tiempo completo". *Revista de Jurisprudencia Laboral,* (6)

Lousada Arochena, J.F. (2020). *El enjuiciamiento de género.* Dykinson

Panizo Robles, J.A. (2016). *Un reforzamiento de la cobertura social de la maternidad y de la conciliación familiar (Con ocasión de las SSTS de 14 de junio y 20 de julio, ambas de 2016, RCUD 1733/2015 y 568/2015).* https://www.laboral-social.com/sentencias-tribunal-supremo-14-junio-2016-20-julio-2016-maternidad-excedencia-conciliacion-beneficios-cotizacion-acceso-prestaciones-seguridad-social.html. Recuperado el 15 de noviembre de 2024.

Relación de sentencias del Tribunal Supremo

STS de 21 de diciembre de 2009 (TOL1.781.225).

STS 21 de diciembre de 2009 (TOL1.790.496).

STS 18 de febrero de 2010 (TOL1.808.377).

STS 2 de marzo de 2010 (TOL1.808.383).

STS 7 de diciembre de 2010 (TOL2.028.079).

STS de 12 de diciembre de 2011 (TOL2.400.477).

STS de 14 de diciembre de 2011 (TOL2.441.317).

STS 27 febrero de 2013 (TOL3.406.493).

STS de 18 de noviembre de 2013 (TOL4.082.742).

STS 525/2016 de 14 de junio (TOL5.832.415).

STS 973/2016 de 22 de noviembre (TOL5.912.743).

STS 606/2017 de 7 de julio (TOL6.221.567).

STS 576/2022 de 23 de junio (TOL9.102.203).

STS 1173/2023 de 19 de diciembre (TOL9.842.045).

STS 689/2024 de 9 de mayo de 2024 (TOL10.032.710).

[illegible] ... 480

Gil-Bern Pérez, M. I. (2023). "El beneficio de la reducción [illegible]" [illegible]

García Romero, B. (2023). "[illegible]" [illegible]

[illegible] (2016). [illegible]

[illegible]

[illegible]

Relación de sentencias del Tribunal Supremo

STS [illegible] de [illegible] de 2007 [illegible]

STS [illegible]

STS [illegible] de 2010 [illegible]

STS de 14 de diciembre de 2011 [illegible]

STS [illegible] de mayo de 2013 [illegible]

STS de [illegible] de 2014 [illegible]

STS [illegible] de junio [illegible]

STS [illegible] de junio [illegible]

STS [illegible] de julio [illegible]

STS [illegible] de junio [illegible]

STS [illegible] de [illegible] de 2022 [illegible]

Capítulo 12.

PROTEÇÃO DO RISCO ECONÓMICO: LAY-OFF

RICARDO BERNARDES

1. CONSIDERAÇÕES INTRODUTÓRIAS

I. O presente estudo versa a prestação social atribuída pelo sistema de segurança social, em situações de risco económico associado a *lay-off* da empresa[1], no direito português. Tal im-

---

[1] Abreviaturas utilizadas: AAVV – Autores Vários; cf. – confira, confronte; CC – Código Civil, aprovado pelo Decreto-Lei n.º 47 344/66, de 25 de Novembro de 1966; CRP – Constituição da República Portuguesa, na redação dada pela Lei Constitucional n.º 1/2005, de 12 de agosto; CT – Código do Trabalho, aprovado pela Lei n.º 7/2009, de 12 de Fevereiro; CT 2003 – Código do Trabalho de 2003, aprovado pela Lei n.º 99/2003, de 27 de Agosto; LBSS – Lei de Bases do Sistema de Segurança, Lei n.º 4/2007, de 16 de Janeiro, na redação em vigor; LCT 1969 – Lei do Contrato de Trabalho/ Regime Jurídico do Contrato Individual de Trabalho, aprovado pelo Decreto-Lei n.º 49408, de 24 de novembro; pp. – páginas; p. ex. – por exemplo;

plica a análise do regime legal do *lay-off*, nomeadamente quanto ao seu contexto, modalidades, cenários em que pode ocorrer, requisitos e bem assim a situação das partes no contrato de trabalho (trabalhador e empregador) quando se verifique essa ocorrência.

Trata-se de um tema que se situa numa zona de interceção entre o direito do trabalho e o direito da segurança social, pois que, estando em causa uma prestação económica de segurança social, o seu âmbito e a sua própria delimitação são fortemente condicionados por valorações de tipo laboral. Em rigor, teríamos duas realidades: as medidas de *lay-off*, que são matéria de direito do trabalho, e os apoios públicos/prestações de segurança social atribuídos em caso de decretação das mesmas, que estariam na órbita do direito da segurança social. Só que estas realidades acabam por confundir-se ou, no mínimo, implicar-se reciprocamente, o que é ainda agravado pela circunstância de a disciplina legal aplicável, estar praticamente toda sediada em diplomas juslaborais – o Código do Traba-

---

RMMG – Retribuição Mínima Mensal Garantida, ss. – seguintes; v.g. – *verbi gratia*, por exemplo.

Em Portugal, o conceito de «empresa» acarreta um conjunto de dificuldades à Ciência do Direito, quer relativas à sua definição/densificação, quer relativas à sua autonomia e operabilidade – matéria que está fora do nosso objeto de estudo (cf., contudo, p. ex., Menezes Cordeiro, A. (2023), *Direito Comercial*, 5.ª edição, Almedina, 312 ss. e (2019) *Direito do Trabalho*, I, *Direito europeu. Dogmática geral. Direito Coletivo*, Almedina, 584-590 e Coutinho de Abreu, J., (2023), *Curso de Direito Comercial*, I, *Introdução. Atos de Comércio. Comerciantes. Empresas. Sinais Distintivos*, 13.ª edição, Almedina, Coimbra,197 ss., com indicações).

No entanto, para evitar imprecisões que contaminem a fita investigatória, diga-se, desde já, que estamos aqui a usar expressão como sinónimo de empregador, por mera comodidade linguística, embora tenhamos noção de que nem todos os empregadores são empresas (cf. Romano Martinez, P. (2023), *Direito do Trabalho*, 11.ª edição, Almedina,411-412).

lho[2] (CT). Assim sendo, refira-se que, na ótica do direito da segurança social, o que nos interessa é a prestação/apoio: mas a mesma é delimitada a partir da regulação das medidas de *lay-off*, que constam do CT e são matéria de direito do trabalho. Compreende-se, pois, que boa parte dos aspetos tratados neste estudo, sejam também matéria de direito laboral.

II. Na sequência do tema apresentado, impõem-se algumas considerações complementares.

Uma primeira, de natureza linguística, para clarificar que a expressão *lay-off* não tem acento no CT em vigor, ainda que viesse a ser recebida por alguns diplomas especiais e temporários, aprovados aquando da pandemia de COVID-19. Não obstante, ela tem larga divulgação doutrinária e jurisprudencial – e até adesão ao discurso não jurídico, das "pessoas comuns" – razão pela qual a utilizamos no presente texto.

Uma segunda, de delimitação negativa do nosso objeto de estudo. Nesse âmbito, importa referir que, por imperativos de síntese, não faremos qualquer referência a questões de teoria geral do direito da segurança social, como sejam as regras e princípios gerais do sistema de segurança social ou do sistema providencial.

Por outro lado, porque são matérias de direito do trabalho, sem qualquer conexão com o tema em presença, também não curaremos das outras causas de modificação e suspensão do contrato de trabalho.

Finalmente, existindo, como já referimos, uma série de diplomas especiais e de vigência temporária, que consagraram

---

2 Todos os preceitos legais, sem indicação da correspondente fonte, pertencem ao Código do Trabalho português, aprovado pela Lei n.º 7/2009, de 12 de fevereiro, na redação em vigor, salvo se da sequência do texto resultar que são de outro diploma.

regimes particulares de *lay-off* durante a pandemia de COVID-19[3], os já citados imperativos de síntese também recomendam que o seu tratamento não seja aqui considerado, além de

---

[3] Durante o período da pandemia, foram aprovadas, entre outras, as seguinte medidas, que funcionaram numa lógica de *lay-off* ou próxima: o *lay-off* simplificado (Decreto-Lei n.º 10-G/2020, de 6 de março), o Incentivo Extraordinário à Normalização da Atividade Económica (Decreto-Lei n.º 27-B/2020, de 19 de junho), o Apoio Extraordinário à Retoma Progressiva da Atividade Económica (Decreto-Lei n.º 46-A/2020, de 30 de julho), o Apoio Extraordinário à Manutenção do contrato de trabalho (Decreto-Lei n.º 23-A/2021, de 24 de março) e o Novo Incentivo à Normalização da Atividade Empresarial.
Criadas com o objetivo de fornecer uma "almofada" para amortecer os impactos da contração (ou mesmo da paragem da atividade económica) associada aos confinamentos e às demais medidas tomadas para conter a transmissão da doença, estas medidas foram-se sucedendo de acordo com os "ciclos" da gestão da pandemia em que nos encontrávamos, e com objetivos um pouco diferentes: ora apoiar empresas e trabalhadores num *lockdown* que se impôs nos momentos mais agudos da infeção, ora estimular a retoma (possível) da atividade económica, nos momentos de alívio e desconfinamento.
Num esforço de grande fôlego, que pôs à prova as potencialidades do Estado Social, tratou-se, essencialmente, de diplomas de mediana densidade científica (o que é compreensível pela urgência de legislar) que adaptaram/simplificaram os regimes-base do Código do Trabalho, procurando facilitar o acesso ao *lay-off*, mesmo para empresas que não atravessassem uma crise assim tão grave (cf. Leal Amado, J., (2020), "Da pandemia ao "*lay-off*" simplificado: breve reflexão", Revista de Legislação e Jurisprudência , (4021), 250-258, 254; pondo a tónica na simplificação dos procedimentos, cf. Romano Martinez, P., *Direito do Trabalho*, cit., 780-781).
Sobre esta matéria, cf. também, entre tantos outros, Dray, G., (2024), *Lições de Direito do Trabalho*, Almedina, 652-655 e Canas Silva, R., (2020), "Lay-off "clássico" e lay-off "a la covid-19": os procedimentos de lay-off são conciliáveis?", Covid-19 e trabalho: o dia seguinte, AAFDL, 239-264 e Gomes Santos, C., (2021), "A pandemia de COVID-19", Prontuário de Direito do Trabalho, (1), 311-344.

que a relevância prática atual dos mesmos se encontra largamente ultrapassada.

2. ENQUADRAMENTO GERAL DE DIREITO DO TRABALHO

I. Na sua laboração, qualquer empresa está sujeita a vicissitudes que afetam o seu funcionamento: quebra de procura de bens ou serviços, avarias de equipamentos e instrumentos de trabalho, escassez ou esgotamento de matérias-primas, destruição de instalações (p. ex., por incêndio ou cataclismo natural), entre outras[4].

Tais eventualidades[5], podem gerar dificuldades financeiras e de tesouraria ou mesmo inviabilizar a laboração e a prestação de trabalho pelos trabalhadores: no primeiro caso, será útil conter custos, designadamente custos fixos com mão-de-obra e trabalhadores; no segundo, considerando a sinalagmaticidade do contrato de trabalho[6], poderá não fazer sentido, ou mesmo ser impraticável, pagar a retribuição, sem prestação de trabalho, ou fora da proporção do trabalho que continue a ser prestado.

---

4 Cf. Quintas, P./Quintas, H., anotação ao artigo 298.º, (2023), *Código do Trabalho Anotado e Comentado*, 7.ª edição, Almedina, 819.

5 Em geral sobre as perturbações que afetam a atividade da empresa, cf. Monteiro Fernandes, A. (1966), *A Suspensão do Contrato de Trabalho Por Factos Ligados à Empresa*, Suplemento do Boletim da Faculdade de Direito, 112 ss.., pondo em evidência que tais ocorrências normalmente afetam uma pluralidade de trabalhadores.

6 Cf., v.g., entre tantos outros, Palma Ramalho, M. (2023), *Tratado de Direito do Trabalho*, II, *Situações Laborais Individuais*, 9.ª edição, Almedina, 125, Menezes Leitão, L, (2023), *Direito do Trabalho*, 8.ª edição, Almedina, 116 e Menezes Cordeiro, A. (2019), *Direito do Trabalho*, II, *Direito Individual*, 131-133.

São, portanto, necessárias soluções que reponham o equilíbrio quebrado – permitindo uma certa descontinuação ou redução da prestação de trabalho, com impacto na obrigação de retribuir. Mas há ainda dois dados adicionais a considerar: a função alimentar do salário[7] – que torna inaceitável que os trabalhadores fiquem sem qualquer fonte de rendimento, apesar das vicissitudes atravessadas pelos seus empregadores – e a circunstância de essas vicissitudes poderem ter diferentes origens e explicações, desde logo imputáveis ao próprio empregador, ou resultantes de factos que o ultrapassem.

II. Mediante este circunstancialismo, o legislador português erigiu um quadro com três cenários de soluções, a saber:

a) Soluções para situações de crise empresarial ou outras ocorrências próximas;
b) Soluções para encerramento da empresa/estabelecimento por motivos técnicos e por facto fortuito ou de força maior;
c) Soluções para o encerramento da empresa/estabelecimento por facto imputável ao empregador ou do interesse deste.

As primeiras correspondem ao *lay-off* propriamente dito[8] e encontram-se reguladas nos artigos 295.º ss.. CT. Como se

---

7 Cf. Palma Ramalho, M., *Tratado*, II, cit., 623.

8 Esta asserção não é pacífica na doutrina: p. ex., Romano Martinez, P., *Direito do Trabalho*, cit., 778 parece amalgamar sob a expressão "*lay-off*" os vários fenómenos de redução de atividade e suspensão do contrato por motivo respeitante ao empregador embora, mais adiante (a páginas 779) já sugira que tal expressão é mais usada para as situações de crise empresarial. Independentemente da discussão terminológica, do ponto de vista do direito da segurança social, só estas últimas nos interessam, porque só nelas há lugar a uma prestação/ apoio a realizar pelo sistema de segurança social.

tratam do tema que especificamente nos ocupa, vamos desenvolvê-las nos capítulos seguintes. As segundas, traduzem-se na faculdade de suspensão dos contratos de trabalho (cf. artigo 310.º *impliciter*), com o consequente dever do empregador suportar 75% da retribuição normal dos trabalhadores atingidos [cf. artigo 309.º, n.º 1 a)]. Já nas terceiras, considerando a responsabilidade do empregador pela vicissitude que o afeta, não obstante possa suspender contratos de trabalho, deve cumprir integralmente a obrigação de retribuir [cf. artigo 309.º, n.º 1 b)]. Conforme referido, ocupar-nos-emos, de seguida, apenas das primeiras soluções.

3. ENQUADRAMENTO GERAL DE DIREITO DA SEGURANÇA SOCIAL

I. De acordo com que já referimos, as medidas de *lay-off* dão lugar a uma prestação social a qual visa proporcionar, aos trabalhadores, parte do rendimento que obteriam se tais medidas não tivessem sido decretadas e o contrato de trabalho se encontrasse em normal execução.

Essa prestação, insere-se no chamado sistema previdencial de segurança social, enquanto sistema «de proteção geral de cidadania» que «visa proteger as pessoas que se encontram em situação de carência» e desprovidas de «rendimentos para lhe fazer face»[9]. Este sistema, protege os trabalhadores de eventualidades ou riscos sociais[10] a que podem estar sujeitos.

II. Na teoria geral, as prestações de segurança social podem ser diretas ou indiretas, e designam um benefício que a segurança social deve realizar perante o particular, em caso de ocor-

---

9 Cf. Martins, A. (2024), *Manual de Direito da Segurança Social*, Almedina, 159.

10 Cf. Martins, A., *Manual*, cit., 159.

rência de certo evento, cujo risco tem que cobrir: no primeiro caso, falamos de «prestações pecuniárias» ou «serviços» e, no segundo, do «aligeiramento» de deveres fiscais[11].

Por seu turno, o risco corresponde à «probabilidade de verificação de um facto futuro, incerto e involuntário» suscetível de provocar danos avaliáveis economicamente[12]. Fala-se em riso social quando este se reporta à situação económica de uma pessoa[13], podendo, consoante as suas causas, ser (i) físico – se reduz a capacidade de trabalho – ou (ii) económico – se construir um obstáculo ao trabalho– [14].

III. Conforme veremos melhor de seguida, as medidas de *lay-off* atingem a possibilidade de prestação de trabalho – pelo menos em termos integrais – e de perceção dos correspondentes proventos (a retribuição). Elas dão corpo, portanto, à materialização de um risco económico. Assim, a compensação retributiva prevista no artigo 303.º, n.º 1 a) do CT traduz-se numa prestação direta e pecuniária de segurança social, destinada a fazer a tal eventualidade. Pelo que (voltando ao princípio da nossa exposição) ela integra o sistema previdencial de segurança social.

Ainda que essa eventualidade não conste do elenco do n.º 1 do artigo 52.º LBSS [15]– que demarca o âmbito material de proteção do sistema previdencial de segurança social, e onde se faz referência a outras ocorrências como a doença, a parentalidade, a invalidez, a doença ou a morte – ela encontra o seu fundamento jurídico-positivo nas regras do Código do

---

11 Cf. J. Conceição, A. (2022), *Segurança Social, Manual Prático,* 13.ª edição, Almedina, 233.

12 J. Conceição, A., *Segurança Social,* cit., 24.

13 J. Conceição, A., *Segurança Social,* cit., 24.

14 J. Conceição, A., *Segurança Social,* cit., 25.

15 Cf. Martins, A., *Manual,* cit., 160.

Trabalho aplicáveis e no artigo 52.º, n.º 2 LBSS, que permite o alargamento do sistema à cobertura de outros riscos sociais.

III. Aparentemente, os beneficiários desta proteção são os trabalhadores. Mas a circunstância de a prestação em causa ser realizada perante os empregadores, e a própria lógica do regime aplicável às condições de acesso (concretamente: a circunstância de os empregadores elegíveis não poderem ter dívidas à Autoridade Tributária, nem à Segurança Social[16]), mostra que aqueles também são apoiados.

4. CARACTERIZAÇÃO

I. O *lay-off* designa a possibilidade de redução de atividade dos trabalhadores ou suspensão dos contratos de trabalho, por motivos de crise empresarial[17]. Na origem, encontramos o Decreto-Lei n.º 398/83, de 2 de dezembro, aprovado num contexto de graves dificuldades da economia portuguesa[18], que viriam mesmo a justificar uma intervenção do Fundo Monetário Internacional.

Antes disso, a LCT de 1969 já previa a suspensão do contrato de trabalho em caso de encerramento temporário do estabelecimento ou de diminuição de laboração por facto imputável ao empregador (cf. artigo 78.º), ou por facto fortuito e de força maior (cf. artigo 79.º), no quadro de um conjunto de

---

16 Cf. infra, 5 e artigo 298.º, n.º 4 CT.

17 Instituto de Segurança Social, I.P., (2023), *Guia Prático. Regime de Layoff,* https://www.seg-social.pt/documents/10152/14992/6006_layoff/8fae0306-85ab-47c5-a6f1-84ba07592e45, consultado a 14 de novembro de 2024.

18 Cf. Nunes de Carvalho, A., (2012), "Suspensão ou redução da laboração em situação de crise empresarial", *Revista de Direito e de Estudos Sociais,* (1-2), 119-161, 120-121.

preceitos sobre suspensão do contrato, cuja vigência se tornou questionável, com a legislação produzida no pós-25 de abril[19].

O regime de 1983 seria ajustado por alguns diplomas posteriores[20] – que simplificaram o procedimento e diminuíram a intervenção da Administração do Trabalho[21] – mas, na parte substancial[22], passaria sem grandes mudanças para o CT 2003 (cf. artigos 335.º-349.º) e, posteriormente, para o Código atual; nota, particular, para a adição de um requisito adicional: a inexistência de dívidas à Autoridade Tributária e à Segurança Social [23]– feita pela legislação laboral produzida na sequência do Memorando da Troika[24].

II. Em causa, estão medidas que permitem a adaptação dos contratos de trabalho, celebrados para um contexto normal, à situação de crise empresarial[25]. Em termos mais analíticos,

---

19 Concretamente com o Decreto-Lei n.º 874/76, de que terá revogado esse e outros preceitos: mas, aparentemente por lapso, que levou a doutrina a discutir se a revogação se teria efetivamente produzido (cf. Menezes Cordeiro, A., *Direito do Trabalho,* II, cit.,790).
Sobre o regime vigente até ao CT 2003, cf. entre outros, Motta da Veiga, A. (2000), *Lições de Direito do Trabalho,* 8.ª edição, 454-462.

20 O Decreto-Lei n.º 64-B/89, de 27 de Fevereiro, o Decreto-Lei n.º 210/92, de 2 de Outubro e a Lei n.º 137/99, de 28 de Agosto).

21 Cf. Palma Ramalho, M.,*Tratado,* II, cit., 813, nota 1385. Para uma evolução mais detalhada deste instituto, através dos tempos e dos vários diplomas legais, cf. Nunes de Carvalho, A., "Suspensão", cit., 120-126.

22 Ou seja, na delimitação da situação de crise empresarial, como pressuposto-base e nas soluções engendradas (suspensão de contrato e redução de PNT).

23 A que se aludirá *infra,* 5.

24 Concretamente o Decreto-Lei n.º 23/2012, de 25 de junho: cf. Palma Ramalho, M.,*Tratado,* II, cit., 815.

25 Cf. Palma Ramalho, M., *Tratado,* II, cit., 812-813. Em sentido idêntico, cf. Canas da Silva, R., *Suspensão Laboral* (2017), Almedina, 602, para quem «a legislação laboral (...) redefine o equilíbrio contratual

temos então, como possibilidades, tanto a (i) suspensão dos contratos de trabalho, como (ii) a redução do período normal de trabalho (PNT) dos trabalhadores (cf. artigo 298.º, n.º 1) podendo esta abranger (cf. artigo 298.º, n.º 2):

a diminuição do número de horas do PNT diário ou semanal (p. ex. só trabalhar 4 horas por dia ou 20 por semanal) ou

a interrupção da atividade por um ou mais PNTs diários ou semanais (p. ex., não trabalhar às sextas-feiras, ou não trabalhar na parte da manhã, todos os dias) – o que pode ser aplicado ao mesmo ritmo a todos os trabalhadores abrangidos ou implementar-se de forma rotativa.

O empregador goza de alguma liberdade, na seleção da medida a adotar – suspensão ou redução do PNT –, na delimitação da mesma (em caso de redução de PNT) e no número de postos de trabalho a atingir. Diremos que essa liberdade se traduz em discricionariedade[26], porque confere uma margem de livre atuação funcionalizada à prossecução de dois e a manutenção dos postos de trabalho interesses – a recuperação da empresa (cf. artigo 298.º, n.º 1) – e balizada pelo princípio da proporcionalidade[27].

5. REQUISITOS

Para que possa, licitamente, ser atuado, o *lay-off* pressupõe um conjunto apertado de requisitos legais: designadamente requisitos de natureza material (5.1.) e requisitos formais (5.2.).

---

perante contingências em que a imutabilidade do acordado» seria desajustada «perigando a execução futura do vínculo».

26 Tal como Teixeira de Sousa, M., (2012), *Introdução ao Direito*, Almedina, 414, entendemos discricionariedade como a liberdade de atuação tendo em vista a prossecução de um interesse.

27 Cf. infra, 5.1

Paralelamente as medidas estão sujeitas a limites temporais, que também analisaremos.

5.1. Requisitos materiais

I. Os requisitos materiais dizem respeito às situações que, uma vez verificadas, permitem a aplicação do regime em presença. Cabe reportar, em particular, a (i) situação de crise empresarial, (ii) a proporcionalidade, a (iii) a duração limitada e a (iv) inexistência de dívidas à Autoridade Tributária e à Segurança Social.

II. A situação de crise empresarial[28] pode resultar (i) de motivos estruturais, tecnológicos e de mercado, (ii) ou de outras ocorrências graves (cf. artigo 298.°, n.° 1). Mas pode também consubstanciar-se (iii) em declaração da empresa em situação processo de recuperação[29] ou em situação económica difícil (cf. artigo 298.°, n.° 3) – esta última regulada pelo Decreto-Lei n.° 353-H/77, de 29 de Agosto[30]-[31].

---

28 Quanto a este requisito seguimos a terminologia proposta por Palma Ramalho, M., *Tratado*, II, cit., 814.
Quintas, P./Quintas, H., anotação ao artigo 298.°, *Código*, cit., 819, explicam não ser pressuposto de aplicação deste regime a impossibilidade material da prestação de trabalho.

29 Nos termos do CIRE, Código da Insolvência e da Recuperação de Empresas, aprovado pelo Decreto-Lei n.° 53/2004, de 18 de Março, na redação atual

30 Sobre este diploma, cf. Gonçalves da Silva, L. (2019), "Crise Económica e Contratação Colectiva", *Estudos de Direito do Trabalho*, II, AAFDL, 17-29, 26-29 e Motta Veiga, A., *Lições*, cit., 461-462.

31 Palma Ramalho, M., *Tratado*, II, cit., 822, evidencia que, nestes casos, é dispensada a comprovação do requisito da «crise empresarial» mas mantém-se o da proporcionalidade (que a Autora não enuncia, exatamente, nos mesmos termos). Do nosso ponto de vista, ainda que criticável, o requisito da inexistência de dívidas à Autoridade Tributária

Nos dois primeiros casos, como bem evidencia Rosário Palma Ramalho[32], não basta a verificação dos motivos: é preciso que ela seja de molde a pôr em causa a viabilidade económica da empresa.

A doutrina[33] tem feito apelo a um argumento de interpretação sistemática para densificar o conceito de «motivos estruturais, tecnológicos e de mercado», propondo o recurso ao artigo 359.°, n.° 2, que define tais expressões, mas a propósito do regime do despedimento coletivo. É uma leitura válida porque esse preceito é exemplificativo e, portanto, não prejudica a latitude de situações que o legislador terá querido consagrar ao lançar mão de conceitos indeterminados. De resto, como ensina Bernardo Xavier[34], essa mesma latitude compreende a possibilidade de a situação de crise ter sido causada por comportamentos do próprio empregador: porque, o que está em causa não é premiar ou punir o mesmo, mas franquear um mecanismo de salvar a empresa, o que não é apenas do seu interesse, mas também do interesse terceiros (p. ex., credores e os próprios trabalhadores, que podem manter os postos de trabalho se a empresa não soçobrar). Na verdade, um legislador razoável (cf. artigo 9.°, n.° 3 CC), se não pretendesse que assim fosse, teria cuidado de introduzir requisitos adicionais, como os que contam do artigo 368.°, n.° 2 a) CT.

---

e a à Segurança Social também se mantém dado que, considerando a sua *ratio,* não há como proceder à redução teleológica nas situações em presença.

32 Cf. Palma Ramalho, M., *Tratado,* II, cit., 814-815.

33 Neste sentido, cf., Palma Ramalho, M., *Tratado,* II, cit., 814 e Vasconcelos, J. (2020), anotação ao artigo 298.°, Romano Martinez, P. et alli, *Código do Trabalho Anotado,* 12.ª edição, Almedina, 714.

34 Incluindo erros de gestão; Cf. Lobo Xavier, B. (2020), *Manual de Direito do Trabalho,* 4.ª edição, Rei dos Livros, 691. Neste sentido também cf. Romano Martinez, P., *Direito do Trabalho,* cit., 779, nota 1699.

É óbvio que o requisito em presença postula certa liberdade de avaliação do empregador, mas está garantido o controlo do mesmo, quer através do acompanhamento pelas estruturas representativas dos trabalhadores (cf. artigo 307.º, n.º 1) quer, sobretudo, dos serviços inspetivos do Ministério do Trabalho: estes últimos, têm competência para, a qualquer momento, promoverem a cessação do *lay-off* se entenderem que os fundamentos invocados pelo empregador não se verificam ou deixaram de se verificar [cf. artigo 307,º, n.º 2 a)].

II. A proporcionalidade resulta do trecho do artigo 298.º, n.º 1 de acordo com o qual é necessário que «tal medida [a medida de *lay-off* adotada] seja indispensável para assegurar a viabilidade económica da empresa e a salvaguarda dos postos de trabalho». Esse juízo de proporcionalidade[35] deve fazer-se, portanto, quer em relação à decisão de implementar o *lay-off*, quer em relação à seleção da concreta medida a aplicar (suspensão do contrato de trabalho ou redução do PNT[36]). E far-se-á por referência a dois propósitos, que são cumulativos: a

---

35 Na tradicional tríplice dimensão de necessidade, adequação e proporcionalidade em sentido restrito.

36 Em sentido próximo, cf. Vieira Gomes, J., (2007), *Direito do Trabalho, I, Relações Individuais de Trabalho,* Coimbra Editora, 864 sustenta uma «prioridade» da medida de redução de atividade face à suspensão de contratos, com o argumento de que se a segunda for suficiente para garantir a viabilidade da empresa, a primeira não será necessária nem indispensável. Também não muito longe desta visão, Nunes de Carvalho, A.,"Suspensão", cit.,,133, apela a uma avaliação «de acordo com os parâmetros de decisão que regem outras decisões organizativas do empregador», mas Palma Ramalho, M., *Tratado,* II, cit., 816, reconhece «margem de manobra» ao empregador para optar por uma medida ou outra, «de acordo com a avaliação que faça da situação».

viabilização económica da empresa e a manutenção dos postos de trabalho[37].

Assim, na hipótese – eventualmente académica – de o *lay-off* ser uma decisão de gestão sensata, mas não permitir a manutenção de postos de trabalho, o mesmo não é lícito. Diga-se, de resto que, de algum modo, a lei reforça o desiderato da manutenção de emprego, ao proibir o despedimento durante a vigência da medida ou nos 30 ou 60 dias após a mesma, salvo nos casos de alguns vínculos laborais em particular, ou de despedimento com justa causa subjetiva (cf. artigo 303.º, n.º 2)[38].

Embora tal não esteja previsto *expressis verbis*, acreditamos que o juízo de proporcionalidade, nos termos acabados de enunciar, também se impõe à decisão sobre os trabalhadores a atingir pela medida.

III. O requisito da duração limitada pressupõe, não só que as medidas não podem durar eterna ou indefinidamente, mas também que, quando projetadas, devem logo considerar e indicar a duração prevista (cf. artigo 301.º, n.º 1). Tal duração, deve ser «congruente com o fundamento invocado»[39].

Para evitar abusos, a lei trata de definir limites máximos duração, dentro dos quais o empregador se terá que acomodar:

---

37 Lobo Xavier, B., *Direito do Trabalho*, cit., 691 fala, sugestivamente, numa «dupla fundamentação» da medida, «de conveniência técnico-económica e de subsistência de postos de trabalho», que se justificaria por estarmos diante de «um fenómeno de *emergência*». O Autor não alude, porém, a um requisito de proporcionalidade, exatamente nos termos em que fazemos no texto.

38 Cf. infra, 6.1.

39 Cf., Vasconcelos, J., anotação ao artigo 301.º, in Romano Martinez, P. et Alli, *Código*, cit., 720. Também neste sentido, *vide* Monteiro Fernandes, A., (2023), *Direito do Trabalho*, 22.ª edição, Almedina, 572. Assim, p. ex., se o *lay-off* se funda na esgotamento de uma matéria-prima no mercado, durante 2 meses, não pode ser acionado por 6.

6 meses, ou 1 ano, consoante a figura em presença tenha sido atuada com fundamento em motivos económicos estruturais ou tecnológicos, ou noutras ocorrências (artigo 301.°, n.° 1).

De acordo com o disposto no artigo 301.°, n.° 3, estes prazos são prorrogáveis por um período máximo de 6 meses, desde que o empregador comunique por escrito a intenção de o fazer às estruturas representativas dos trabalhadores. Na sua simplicidade, este preceito legal levanta duas dúvidas: (i) a questão de saber se os trabalhadores têm como se opor à intenção de prorrogação e (ii) se a tal prorrogação apenas pode acontecer uma vez, ou poderá repetir-se.

Quanto à primeira questão, a expressão «comunique» não deixa grandes dúvidas de que se trata de uma decisão unilateral, que dispensa a aquiescência dos trabalhadores. Mas há também um argumento histórico de interpretação que depõe nesse sentido: o direito de oposição estava previsto no Código, mas foi eliminado na redação dada pela Lei n.° 23/2012, o que mostra a clara intenção do legislador não deixar espaço para o mesmo[40].

Já quanto à segunda, o confronto sistemático com o artigo 298.°-A[41] mostra, sem margem para dúvidas, que a prorrogação apenas pode ser atuada uma vez.

IV. A inexistência de dívidas, por parte do empregador, à Autoridade Tributária é a Segurança Social (cf. artigo 298.°, n.° 4) expressa um imperativo de moralização do sistema que parece ter sido pensado considerando que o apoio da segurança social para as situações de *lay-off* é atribuído aos empregadores (cf. artigo 305.°, n.° 4).

---

40 Cf. Monteiro Fernandes, A.,(2022), *Direito do Trabalho*, 21.ª edição, Almedina, 603.

41 Cf. infra, 5.3.

Mas redunda, francamente, numa precipitação legislativa: desde lodo, em termos de política legislativa, é uma má solução, já que pode deixar de fora não só as empresas mais relapsas no que diz respeito à sua relação com o Estado, mas também aquelas que estejam numa situação de tesouraria tão complicada que não possam solver as dívidas tributárias ou de segurança social. Tais empresas ficariam, assim, impedidas de recorrer ao *lay-off* e tentar, por essa via, salvaguardar postos de trabalho, o que, manifestamente, não nos faz sentido[42].

Mas mais: nas hipóteses em que o *lay-off* permita obstar ao despedimento e à perda de empregos, negá-lo no caso em presença, parece-nos uma afronta ao princípio constitucional da segurança no emprego (cf. artigo 53.º CRP) sem fundamento bastante.

Em suma: não vemos qualquer utilidade neste requisito. O que eventualmente faria sentido seria penalizar as empresas que atravessem dificuldades de tesouraria por más decisões de gestão, não para lhes vedar o acesso aos apoios, mas para lhes impor algumas consequências (p. ex., nestes casos, o valor do apoio teria que ser devolvido, posteriormente, se a situação de crise empresarial fosse ultrapassada.).

5.2. Requisitos formais

I. Os requisitos formais expressam a (i) legitimidade para a atuação das medidas e o (ii) iter procedimental que é necessário seguir para a sua implementação. No âmbito do primeiro tópico, queda claro que só o empregador pode promover a suspensão de contratos de trabalho ou a redução de PNT por motivos de crise empresarial, sem prejuízo do catálogo de

---

[42] Neste sentido, cf. Palma Ramalho, M., *Tratado,* II, cit., 815-816.

causas de suspensão do contrato por motivos respeitantes ao trabalhador (cf. artigo 296.º).

A explicação deste regime, ancora-se na garantia da liberdade de empresa, aproximável do direito fundamental à livre iniciativa económica (cf. artigo 61.º CRP)[43]. É que, se o *lay-off*, no limite, até pode ser do interesse dos trabalhadores (por permitir, a salvaguarda de postos de trabalho) a verdade é que, consentir que estes impusessem ao empregador tal decisão, sempre ofenderia a liberdade de organização e direção da empresa, que a citada situação jusfundamental pretende acautelar.

De resto, há também razões de praticabilidade envolvidas: só o empregador dispõe de toda a informação para perceber – e fundamentar – se e a empresa está efetivamente a passar por uma situação de crise, e se o *lay-off* seria útil para fazer frente à mesma.

II. O direito do trabalho tem uma certa tendência para a procedimentalização, especialmente quando estão em causa decisões do empregador que são ou podem ser desfavoráveis ao trabalhador. O objetivo desses procedimentos[44] é, consoante os casos, garantir a informação e a participação dos trabalhadores no processo decisório – desde logo: na perspetiva de garantir alguma paz social na empresa – ou salvaguardar o contraditório e o seu direito de defesa.

No caso em presença, a articulação entre o disposto nos artigos 299.º e 300.º permite identificar quatro etapas procedimentais[45], de verificação obrigatória:

---

43 Cf. Gomes Canotilho, J. /Moreira, V., (2007), *Constituição da República Portuguesa Anotada*, I, 4.ª edição, Coimbra Editora,790

44 Quanto ao procedimento em presença, Nunes de Carvalho, A., "Suspensão", cit., 138, aponta três finalidades: «legitimação da decisão» do empregador, «controlo» e «condição do exercício do direito».

45 Seguimos aproximadamente Palma Ramalho, M., *Tratado*, II, cit., 817.

a) a fase da iniciativa;
b) a fase das informações e negociação;
c) a fase da decisão;
d) a fase da implementação.

A iniciativa é – como vimos – exclusivamente do empregador, e traduz-se na obrigatoriedade de comunicar o projeto de decisão de implementação da concreta medida de *lay-off* que pretenda aplicar (suspensão de contratos ou redução de PNT), com a informação elencada nas diversas alíneas do artigo 299º, n.º 1 – onde se incluem, os fundamentos da medida projetada, o prazo de aplicação da mesma, e bem assim os critérios de seleção dos trabalhadores a atingir.

Essa comunicação é dirigida (cf. artigo 299.º, n.º 1), em primeiro lugar, às estruturas representativas dos trabalhadores e, só na falta delas, aos próprios trabalhadores potencialmente afetados. A comunicação visa a participação na fase de informações e negociação, que é assegurada por aquelas estruturas, ou por uma comissão *ad hoc* (cf. artigo 299.º, n.º 3), no caso de as mesmas não existirem. Compreende-se, por isso, que ela seja feita a quem pode participar nessa fase – estruturas representativas – e não logo aos próprios trabalhadores. Razões de simplicidade e celeridade também ajudam a explicar que assim seja.

III. A fase de informações e negociação (cf. artigos 299.º, n.º 2 e artigo 300.º n.ºs 1 e 2) permite não só esclarecer os trabalhadores – através dos seus representantes – sobre os fundamentos e os contornos da medida decretada, como também procurar obter o acordo daqueles para a implementação da mesma, numa perspetiva de promoção da paz social na empresa.

Tal etapa deve ser iniciada no prazo de cinco dias contados das comunicações previstas no artigo 299.º[46] (cf. artigo 300, º,

---

[46] Cf. Dray, G., *Lições*, cit., 468.

n.º 1). Neste âmbito, o empregador está obrigado a disponibilizar, para consulta, os documentos que sejam pertinentes para o cabal enquadramento da medida projetada[47] mas também a esclarecer as questões eventualmente colocadas – o que a lei não diz expressamente, mas está implícito na dinâmica de uma negociação e na *ratio* do próprio procedimento. Questões ou pedidos de consulta de documentos que não se revelem pertinentes, em função dessa mesma *ratio,* podem ser paralisados por abuso do direito, nos termos gerais (cf. artigo 334.º CC).

Parece que também existe a obrigação de o empregador negociar[48] com os representantes dos trabalhadores – isto é, considerar de boa fé[49] eventuais contrapropostas e estar efetivamente aberto à procura de um consenso. Contudo, não existe a obrigação de chegar a acordo, pois que a lei expressamente

---

[47] O artigo 299.º, nº 4 refere-se aos documentos que suportam a alegação da situação de crise, mas deve ser objeto de interpretação extensiva no sentido de abranger, os que atestem a verificação dos demais requisitos e a *ratio* da medida projetada. Assim o impõe a sua teleologia: garantir a informação dos representantes dos trabalhadores em ordem à promoção da paz social.

[48] Em sentido próximo, Monteiro Fernandes, A. *Direito do Trabalho,* cit., 575 faz notar que uma postura «não cooperativa ou de recusa de negociação» da parte do empregador, é fundamento para que os serviços do Ministério do Trabalho façam cessar o *lay-off* (nos termos do artigo 307.º, n. º2). Não longe disso, Nunes de Carvalho, A.,"Suspensão", cit., 142 entende que, se estiverem em curso negociações, o empregador não pode, simplesmente, interrompê-las, invocando que já passou o prazo de 5 dias a que alude o artigo 300.º, n.º 3 sob sob pena de «estarmos perante uma conduta ilícita», a que se aplicaria o disposto no artigo 307.º, n.º 2 b).

[49] Em Espanha, a lei estabelece claramente o dever de negociação de boa fé, do empregador (cf. artigo 47.º do *Estatuto de los Trabajadores*), numa formulação legal que nos parece muito mais feliz (cf. Cristóbal Villanueva, J., (2024), *Estatuto de los Trabajadores Comentado,* 14ª edição, Lefebvre, 45 ss..).

permite o prosseguimento do processo, na falta dele (cf. artigo 300°, n.° 3).

IV. Obtido um acordo[50], ou no sexto dia subsequente à comunicação inicial[51] (cf. artigo 300.°, n. °3), se não houver acordo, o empregador pode tomar a decisão final e comunicar aos trabalhadores abrangidos as medidas a aplicar: nisto consiste a fase da decisão (cf. artigo 300, °, n.°s 3, 4 e 5). O dever de comunicação abrange ainda os serviços do Ministério do Trabalho responsáveis pela segurança social (cf. artigo 300.°, n.° 4), o que é compreensível, já que são estes serviços a instruir e pagar o apoio associado ao *lay-off.*

E poderá, no momento da decisão final, o empregador não adotar exatamente as mesmas medidas, ou com a mesma abrangência, do que aquilo que tinha projetado? Assim, p. ex., projetou uma suspensão de contratos de trabalho e determina a mera redução de PNT ou pretendeu abranger todos os trabalhadores, mas só atinge, afinal, algum ou alguns departamentos. Diremos que a pergunta deve ser respondida à luz da *ratio* subjacente à fase de informações: pelo que não será lícito que a decisão final possa ser diferente da projetada se o decurso da fase de informações não permitir aos representantes dos trabalhadores contar com esse desfecho. Ou dito de outra maneira: não parecem admissíveis decisões surpresa, a não ser que sejam inteiramente favoráveis aos trabalhadores (*maxime*, a desistência da aplicação de qualquer medida de lay-off) – e, mesmo assim, só a todos os trabalhadores, sob pena de se ferir o princípio da proibição de discriminação (cf. artigo 25.°).

---

50 Consideramos que, à semelhança do acordo homólogo, previsto no âmbito do processo de despedimento coletivo, esta figura tem a natureza jurídica de convenção coletiva atípica. Mas a matéria é controversa: cf., por todos, Palma Ramalho, M., (2010), *Convenção Coletiva Atípica*, Almedina, 56 ss..

51 Monteiro Fernandes, A., *Direito do Trabalho*, cit., 575.

V. A implementação das medidas decididas carece de um pré-aviso de 5 dias (cf. artigo 301°, n.° 2)[52]. Trata-se de uma norma plena[53], pois a concreta duração do prazo não tem uma teleologia específica (tanto poderiam ser 5, como 4 ou 6 dias). Mas percebem-se as ponderações feitas pelo legislador: há que acomodar, simultaneamente, a celeridade que um processo deste tipo exige (está em causa tentar salvar uma empresa), com a garantia da informação dos trabalhadores, para que possam acomodar as suas vidas pessoais, laborais e financeiras a uma situação que pode ser de impacto.

Conforme já referido, a execução das medidas de *lay-off* é acompanhada, quer pelas estruturas representativas dos trabalhadores, quer pelos serviços inspetivos do Ministério do Trabalho[54] (cf. artigo 300.°, n.°s 1 e 2), que têm o poder de fazer cessar a situação.

---

52 Salvo em duas hipóteses, acauteladas neste mesmo preceito: (i) quando seja obtido acordo (no sentido do artigo 300.°, n.°1), com as estruturas representativas dos trabalhadores ou a maioria dos trabalhadores abrangidos e (ii) e quando se verifique um impedimento imediato à prestação normal de trabalho, conhecido ou cognoscível pelos trabalhadores abrangidos.
Não é claro o modo como se operacionaliza o acordo com a maioria dos trabalhadores abrangidos. Por essa razão, e para não esvaziar o espaço de intervenção das estruturas representativas, entendemos que esta hipótese só se pode colocar quando aquelas não tenham intervindo (seguimos Nunes de Carvalho, A., "Suspensão", cit., 144).

53 Esta terminologia deve-se a Menezes Cordeiro (cf. Menezes Cordeiro, A., (2012), *Tratado de Direito Civil*, I, *Introdução. Fontes de Direito. Interpretação da Lei. Aplicação das Leis no Tempo. Doutrina Geral*, 4.ª edição, Almedina, 783-784). Segundo o Autor, tais normas não comportam redução teleológica.

54 Palma Ramalho, M., *Tratado*, II, cit., 818, esclarece que «o Estado não tem uma intervenção decisória», mas meramente «fiscalizadora». Trata-se de uma evolução, já que não era este (como referido) o modelo consagrado nos primeiros diplomas que previram o *lay-off*.

5.3. Limites temporais

I. Como situação excecional que é, o *lay-off* não poderia ser utilizado sucessiva e permanentemente. Por isso, o legislador cuidou de estabelecer uma espécie "período de nojo" entre a cessação das medidas aplicadas e a possibilidade de se voltar a recorrer ao *lay-off*. Esse período, corresponde a metade da duração da medida anteriormente aplicada (cf. artigo 298.º-A) e foi introduzido com a Lei n.º 23/2012, de 25 de junho, aprovada durante o período de assistência financeira da chamada "Troika". Deste, p. ex., se tiver havido uma suspensão de contratos de trabalho anterior, com a duração de 6 meses, novo *lay-off* só poderá verificar-se decorridos que sejam 3 meses da cessação dessa suspensão.

II. O prazo deve observar-se independentemente da concreta medida que tenha sido anteriormente adotada (assim, se anteriormente foi aplicada uma redução de PNT e agora se pretende a suspensão de contratos de trabalho, também é preciso esperar metade do tempo que durou essa redução de PNT) mas apresenta-se como uma norma algo "lírica", porque despida de consequências para o caso de violação: nem há qualquer contraordenação associada, nem a entidade inspetiva do Ministério do Trabalho pode travar um *lay-off* implementado sem respeito desse prazo[55].

Nota ainda para a possibilidade de tal prazo ser afastado (reduzido ou totalmente eliminado) por acordo entre o empregador e as estruturas representativas dos trabalhadores, o que se traduz num fator de debilitação desta solução legal, a somar à falta de sanção. Perguntar-se-á: em que momento é que pode ser obtido esse acordo? Tem que ser na fase de informações e negociação de um processo de *lay-off* (estipulando-se que, se se

---

[55] Cf. Vasconcelos, J., anotação ao artigo 298.º-A, in Romano Martinez, P., et Alli, *Código*, cit., 715-716.

vier a decretar novo *lay-off* não tem que ser observado o prazo do artigo 298.º-A)? Ou pode ser através de processo negocial autónomo, obtido a qualquer momento?

A possibilidade de um processo negocial autónomo não tem clara consagração na letra da lei, e levaria a um (ainda maior) esvaziamento desta norma (a do artigo 298.º-A), o que um legislador razoável (cf. artigo 9.º, n.º 3 CC), por certo, não teria pretendido. Somando isto a uma interpretação conforme ao princípio da proteção do trabalhador, que nos parece enformar esta solução legal, só resta uma via: o acordo tem que ter sido obtido na fase de informações e negociação de um processo de *lay-off*.

6. A POSIÇÃO DO EMPREGADOR E DOS TRABALHADORES

Cabe agora analisar a posição em que se encontram o empregador e os trabalhadores na pendência das medidas de *lay-off*, o que corresponde, *grosso modo*, à verificação dos direitos e deveres que encabeçam.

6.1. A posição do empregador

I. A posição do empregador delimita-se, essencialmente, através do estabelecimento de um conjunto de deveres que sobre ele impendem, na pendência das medidas de *lay-off* (cf. artigo 303.º). Esses deveres cumprem, essencialmente, três finalidades[56].

---

56 Diferentemente, Vasconcelos, J., anotação ao artigo 303.º, in Romano Martinez, P., et Alli, *Código*, cit., 723 parece identificar, em todos os casos, o mesmo «desígnio de combater o recurso fraudulento» ao regime do *lay-off*. Também Leal Amado, J., *Contrato de Trabalho. Noções*

Em primeiro lugar, proteger o trabalhador, no sentido de amortecer o impacto negativo que a situação lhe pode causar, designadamente do ponto de vista da eventual diminuição de rendimentos. É o caso, desde logo, do dever de pagar a compensação retributiva [artigo 303.º, n.º 1 a)]. Esta compensação é apoiada parcialmente pela segurança social, e é esse apoio – conforme já ficou claro – que constitui o nosso objeto de estudo. Mas, como ele tem como pressuposto uma situação de *lay-off*, justifica-se o enquadramento dessa figura que temos vindo a traçar.

A mesma lógica está subjacente aos deveres ou sujeições correlativos dos direitos do trabalhador a exercer outra atividade remunerada durante o *lay-off* [artigo 305.º, n.º 1 c)], ao gozo de férias (cf. artigo 306.º, n.ºs 1 e 2) e à perceção integral dos subsídios de férias e de Natal (artigo 306.º, n.ºs 2 e 3), embora este último só em parte seja suportado pelo empregador.

Já o dever de pagar as contribuições para a segurança social relativas à retribuição auferida pelos trabalhadores [cf. alínea b)], acaba por se justificar mais pela necessidade de garantir o financiamento da segurança social, pelo que se torna discutível ante uma empresa em situação de crise grave[57].

II. Em segundo lugar, estes deveres visam evitar a utilização abusiva ou fraudulenta do *lay-off*. Tal o caso da proibição de despedimentos na vigência das medidas em exame, ou no hiato de 30 ou 60 dias (consoante as mesmas tenham até 6 meses ou mais do que isso, respetivamente) posterior às mesmas (cf. artigo 303.º, n.º 2).

Básicas, (2024), 4.ª edição, Almedina, 346 depõe no sentido de um fundamento único que seria (para este Autor) «evitar que se frustrem os objetivos da medida».

57 Por exemplo, as medidas decretadas durante a pandemia consagravam a isenção das contribuições para a segurança social (cf. v.g. artigo 11.º do Decreto-Lei n.º 10-G/2020, de 26 de março).

Desta proibição, ficam excluídas a cessação do contrato de comissão de serviço, a cessação do contrato a termo[58], ou o despedimento por justa causa subjetiva (cf. artigo 303.º, n.º 2). Já se pretendeu[59] incluir também nesta exceção, a cessação do contrato durante o período experimental; mas, salvo o devido respeito, não nos parece uma interpretação lícita: considerando que as hipóteses previstas no preceito legal, não partilham da mesma *ratio*, acreditamos estar diante de uma enumeração taxativa pelo que, alargá-la além dos limites consentidos pelo seu texto, redundaria em analogia, não permitida ante estas enumerações[60].

---

58 Por caducidade resultante da verificação do termo: a lei não o diz, mas não nos parece que possa ser de outra forma.

59 Cf. Vasconcelos, J., anotação ao artigo 303.º, in Romano Martinez, P., et Alli, *Código*, cit., 723.
Diferentemente, Palma Ramalho, M., *Tratado*, II, cit., 821, nota 1377 aduz que o disposto no artigo 303.º, n.º 2 deve ser interpretado «com cautela» já que, segundo a Autora, «não faz sentido» estender a proibição de despedimento a «causas de cessação de contrato como a caducidade como por impossibilidade superveniente ou por encerramento de estabelecimento, por exemplo». Do nosso ponto de vista, estas causas de cessação do contrato não estão cobertas pela norma pois, quando a lei utiliza a expressão «o empregador não pode fazer cessar» visa causas de cessação promovidas diretamente pelo empregador: é o caso da caducidade do contrato a termo (que tem que ser invocada, para ocorrer), mas não é caso das outras situações citadas, de caducidade.
Porém, se a Ilustre Professora pretende serem lícitas outras possibilidades de cessação do contrato – como parece sugerir o uso da locução «por exemplo»–já não conseguimos (salvo o devido respeito), acompanhar: pelas razões aludidas no texto, está em causa uma norma legal que não comporta analogia.

60 Cf. Teixeira de Sousa. M., *Introdução*, cit.,401-402 e Baptista Machado, J., (1983), *Introdução ao Direito e ao Discurso Legitimador*, Almedina,201-202, preferindo falar numa «enumeração completa».

Refira-se que, o dever em exame, não deixa de prosseguir também um desiderato da proteção dos trabalhadores, evitando a "dupla debilitação" da sua posição: primeiro sujeitos a incerteza e diminuição de rendimentos, durante o *lay-off* e, posteriormente, conduzidos ao desemprego.

III. Finalmente, boa parte dos deveres em presença visa evitar que se afete negativamente a situação patrimonial da empresa – levando a um aumento de despesas ou de compromissos, ou privando-a de receitas. Na verdade, compreende-se que assim seja dado que estamos, necessariamente, diante de empregadores a passar por uma situação de crise.

Esta lógica, aflora-se nas proibições de distribuição de lucros [artigo 303.°, n. °1 c)], de aumentar a retribuição dos membros de corpos sociais [alínea d)] ou de não celebrar ou renovar contratos de trabalho [alínea e)], a não ser para «posto de trabalho suscetível de ser assegurado por trabalhador em situação de redução ou suspensão» [alínea f)].

Do enunciado das três alíneas citadas do artigo 303.°, n.° 1, cremos poder retirar um princípio de proibição de afetação negativa da situação patrimonial da empresa, suscetível de resolver, por analogia *iuris*[61], casos eventualmente lacunosos no texto legal: assim, p. ex., a hipótese de aumento da retribuição dos trabalhadores (que a lei não trata), deve ser excluída dado que impactaria negativamente na situação patrimonial do empregador.

Tal princípio tem também utilidade em matéria de interpretação: p. ex., ele deve ser utilizado na interpretação do disposto na alínea e) do preceito em exame, levando, segundo cremos, à conclusão de que as necessidades de

---

[61] Sobre esta figura, cf., por todos, Larenz, K., (1997), *Metodologia da Ciência do Direito,* (tradução de Lamego, J.), 3.ª edição, Fundação Calouste Gulbenkian, 545 ss..

mão-de-obra da empresa podem ser satisfeitas pelos trabalhadores em regime de *lay-off* mesmo que mediante o recurso à mobilidade funcional e cumprindo os respetivos requisitos (cf. artigo 120.º)[62].

IV. A violação dos deveres em presença é sancionada de forma expressiva: concretamente, prevê-se a existência da uma contraordenação, qualificada como grave (artigo 303.º, n.º 4) e bem assim a obrigação de restituição dos apoios recebidos pela empresa[63], no caso de despedimento dentro do hiato temporal em que o mesmo é proibido (cf. artigo 303.º, n.º 3).

O incumprimento da obrigação de pagamento da contribuição retributiva confere, ainda, ao trabalhador afetado, o direito a suspender o contrato (artigo 305.º, n.º 8).

6.2. A posição dos trabalhadores

I. No que concerne à posição dos trabalhadores, a lei preocupa-se essencialmente de lhes assegurar um conjunto de direitos, que pretendem amortecer/minimizar os impactos negativos da situação de *lay-off*.

Assim:

---

62 Assim., p. ex., tal princípio ajuda justificar a existência de «interesse da empresa», no sentido do disposto no artigo 120.º, n.º 1, nas situações de *lay-off:* a atribuição temporária de outras funções a trabalhadores já ao serviço do empregador, afigura-se solução mais idónea para garantir a não afetação patrimonial da situação da empresa do que a contratação de novos trabalhadores.

63 Relativos aos trabalhadores despedidos.

a) O direito a prestações pecuniárias, como sejam, a compensação retributiva [artigo 305.º, n.ºs 1 a) e n. º3][64]-[65], a uma majoração da mesma, por frequência de formação profissional[66] (artigo 305.º, n.º 5), à retribuição normal do período de férias (artigo 306.º, n.º 1), ao subsídio de férias (artigo 306.º, n.º 2) e ao subsídio de natal (artigo 306.º, n. º3);

b) O direito a férias, nos termos gerais (artigo 306.º, n.º 1);

c) O direito às prestações de segurança social, cuja base de cálculo não tenha sido alterada [artigo 305.º, n.º 1 b)]. Assim, pode continuar a receber, entre outros, pensão de velhice e invalidez relativa, mas não pode receber subsídio de doença, salvo em caso de redução de PNT (cf. artigo 305.º, n. º7)[67];

d) O direito a poder desenvolver outra atividade remunerada, devendo disso informar o empregador (artigos 304.º, n.º 1 b) e 305.º, n. º3). Nota para o facto de que os proventos dessa atividade são, obrigatoriamente, abatidos na compensação retributiva [cf. artigo 304.º, n.º 1 b)], numa «singular concretização do *alliunde perceptum*»[68];

---

[64] Monteiro Fernandes, A., *Direito do Trabalho,* cit., 573 qualifica esta figura como uma «garantia legal de rendimentos», o que nos parece particularmente feliz.

[65] Sobre o sentido a dar à expressão «retribuição normal ilíquida», que o artigo 305.º, n.º 1 a) usa como referência, para calcular a compensação retributiva, cf., Vasconcelos, J., anotação ao artigo 305.º, Romano Martinez, P., et Alli, *Código,* cit., 728 e Canas da Silva, R., *Suspensão,* cit., 458 ambas considerando (e bem, quanto a nós), não ser aplicável a regra de cálculo contida no artigo 462.º.

[66] Cf. Palma Ramalho, M., *Tratado,* II, cit., 819.

[67] Cf. J. Conceição, A., *Segurança Social,* cit., 381.

[68] Cf. Vasconcelos, J., anotação ao artigo 305.º, Romano Martinez, P. et Alli, *Código,* cit., 727.

e) O direito a manter as funções de representação de outros trabalhadores que eventualmente desempenhe – v.g. como delegado sindicado – (artigo 308.º, n.º 1).

II. Igualmente existem deveres, que cumprem essencialmente duas funções: garantir a colaboração do trabalhador tendo em vista o sucesso do processo, e não afetar o financiamento da segurança social. A primeira, compreende-se face ao dever de lealdade dos trabalhadores ao seu empregador [artigo 128.º, n.º 1 f)] e manifesta-se, concretamente, na obrigação de comunicação do exercício de outra atividade profissional [artigo 304.º, n. º1 b)][69] ou de frequência de formação profissional (artigos 304.º, n.º 1 c) e 302.º)[70].

Menezes Cordeiro, A., *Direito do Trabalho*, II, cit., 801, considera esta solução inconstitucional alegando que «não é possível premiar a preguiça e penalizar o trabalho». Mesmo não sendo referido, julgamos que estará na mente do Autor o direito ao trabalho (cf. artigo 58.º CRP). Mas (salvo o devido respeito), parece que a alegação surge deslocada porque, ao manter o seu vínculo contratual com a empresa em *lay-off* (recebendo, inclusive, a compensação retributiva) os trabalhadores não estão privados de um posto de trabalho remunerado. Mesmo numa ótica de política legislativa do direito, julgamos que a norma procede a uma distribuição de riscos, que é equilibrada: não faz sentido onerar uma empresa em crise e a segurança social (logo, todos os cidadãos que para ela contribuem) com uma prestação para garantir a subsistência de uma pessoa, quando ela está a trabalhar e obtém meios de subsistir com o produto desse trabalho. De resto, a lei não exclui a perceção da compensação retributiva se o trabalhador obtiver *qualquer* rendimento de um trabalho alternativo: ao contrário, garante-lhe sempre um certo nível de rendimento e, só a partir daí, impõe o afastamento/desconto da/na compensação.

69 Para permitir o desconto dos rendimentos daí obtidos do valor da compensação retributiva, evitando assim penalizar financeiramente a empresa e a segurança social se o trabalhador não está (completamente) desprotegido do ponto de vista financeiro: conforme explicamos na nota anterior.

70 Contudo, a circunstância de o artigo 302.º, n.º 1 funcionalizar a formação profissional ao «desenvolvimento da qualificação profissional dos

Por seu turno, a tutela da segurança social revela-se na necessidade de pagamento das respetivas contribuições [artigo 304.°, n.° 1 a)], mas igualmente de comunicação do exercício de outra atividade remunerada: já que, como veremos, a compensação (onde a retribuição que receba por essa atividade, é descontada) é suportada, parcialmente, por um apoio daquele organismo.

A exemplo do que se verifica com os empregadores, também nesta sede a violação dos deveres é protegida com a previsão de sanções (cf. artigo 304.°, n.° 2): assim, a não comunicação, ao empregador, do exercício de outra atividade remunerada, implica a perda do direito à compensação retributiva e o dever de devolução do que tenha sido percebido, além de constituir um ilícito disciplinar grave, relativamente ao qual pode ser aplicada sanção disciplinar, nos termos gerais (cf. artigo 328.°, n.°1). Já a não frequência de formação profissional obrigatória leva (apenas) à perda do direito à compensação retributiva.

7. REGIME APLICÁVEL AOS APOIOS

I. Concentremo-nos agora no regime aplicável aos apoios da segurança social para o pagamento da compensação retributiva. Nesta sede, importa tratar (i) do seu montante e modo de pagamento e (ii) da sua duração

II. Começando pela questão do montante e modo de pagamento, verifica-se que ela se desdobra em três subproblemas:

a) O montante da compensação retributiva;

---

trabalhadores que aumente a sua empregabilidade» introduz alguma confusão na compreensão do racional deste dever. É que, como bem evidencia Nunes de Carvalho, A., "Suspensão", cit., 152-153, quase parece que se está a perspetivar o lay-off como uma «antecâmara do despedimento»... o que também é um pouco contraditório com o disposto no artigo 303.°, n.° 2!

b) O montante da prestação/apoio da segurança social propriamente dito;

c) A identificação do beneficiário dessa prestação;

O montante da compensação retributiva é definido tendo presente dois limites[71] [cf. artigos 305.º, n.º 1 a) e 305.º, n.º 3): 2/3 da retribuição normal ilíquida do trabalhar ou a RMMG, consoante o que for mais elevado (limite mínimo) e o triplo da RMMG (limite máximo).

Face ao disposto no artigo 305.º, n.º 3, um trabalhador não poderá auferir um rendimento superior ao triplo da RMMG pela via da cumulação da compensação retributiva com a retribuição, que receba da empresa, por se encontrar em situação de redução de PNT[72]. Mas já nada obsta a que atinja um montante superior àquele *plafond* pela via da cumulação da compensação retributiva com a majoração devida por frequência de formação profissional[73].

No que respeita à prestação/apoio da segurança social, temos que ela corresponde a 70% do valor da compensação retributiva devida – de harmonia com os critérios explanados no parágrafo anterior–, devendo os remanescentes 30% ser suportados pelo empregador (artigo 305.º, n.º 4). Relativamente aos subsídios de férias e de Natal, a lógica é um pouco diferente: o primeiro é custeado integralmente pelo empregador (artigo 306.º, n. º2), ao passo que a segurança social comparticipa parcialmente o segundo (artigo 306.º, n.º3) em valor correspondente a 50% da compensação retributiva[74].

---

71 Cf. Leal Amado, J., "Da pandemia", cit., 252.

72 Menezes Leitão, L, *Direito do Trabalho,* cit., 418.

73 Menezes Leitão, L., *Direito do Trabalho,* cit., 418. Sobre esta majoração, cf. infra, 6.2.

74 Portanto: não 50% do valor do próprio subsídio, que continua a ser calculado nos termos gerais (ou seja, nos termos do artigo 263.º).

Na delimitação destes quantitativos – tanto os aplicáveis à compensação retributiva, como os que regem os apoios públicos – o legislador procurou conciliar três interesses de sinal contrário: (i) o interesse do trabalhador em manter o seu nível rendimentos, conexo com a função alimentar do salário; (ii) o interesse da empresa em alijar-se de custos e (iii) o interesse público em minimizar o impacto de riscos de particulares sobre a comunidade, cobrindo-as através de prestações de segurança social. O primeiro implicaria que não houvesse qualquer afetação dos valores percebidos, independentemente de se estar em *lay-off* ou não; o segundo recomendaria a suspensão da prestação retributiva do empregador, ou a sua redução em termos proporcionais ao tempo de trabalho; e o terceiro desejaria que o impacto de riscos particulares sobre o sistema de segurança social fosse mínimo: chegou-se a um equilíbrio, sempre discutível.

Finalmente, quando ao beneficiário dessa prestação verifica-se que, conforme já referido, ela é paga ao empregador, mas para suportar os custos com a compensação retributiva (artigo 305.°, n.° 6) de que beneficiam os trabalhadores.

Na prática, está em causa um apoio tanto aos trabalhadores, como aos empregadores: a uns, porque financia, efetivamente, parte do rendimento que lhes é garantido na situação de *lay-off*; a outros porque os "alivia" de despesas em que poderiam incorrer (com retribuições ou equivalentes) assim contribuindo para que o objetivo do *lay-off* (tentar assegurar a viabilidade da empresa e salvaguardar postos de trabalho) seja conseguido.

Note-se que está em causa um apoio apenas para trabalhadores subordinados (ou seja, partes em contrato de trabalho em sentido próprio), pelo que de fora desta esfera de proteção ficam, os trabalhadores independentes, ainda que economicamente dependentes (cf. artigo 10.°), os administradores e os demais credores da empresa – incluindo aqueles que, em regime de *oustorcing*, lhe prestem serviços compreendidos no seu âmbito de atividade[75].

III. A prestação de segurança social dura o tempo que durar a medida de *lay-off* decretada, estando esta sujeita a limites temporais, conforme já verificámos[76] (cf. artigo 305.º, n.º4 *impliciter*)[77]. Do mesmo modo, a prestação cessa com a cessação do próprio *lay-off*, ou por decurso do tempo (se não tiver sido, regularmente, renovado), ou por determinação dos serviços inspetivos do Ministério do Trabalho, na presença de alguma das irregularidades legalmente previstas (artigo 307.º, n.º 2)[78]. Com a sua cessação, retoma-se o regime de normal execução do contrato de trabalho, sendo a retribuição e os subsídios de férias e de Natal suportados integralmente pelo empregador.

CONCLUSÃO

I. A concluir diremos que o regime legal do *lay-off* aglutina medidas de natureza laboral com medidas de segurança social, ainda que a regulação das segundas tenha como pressuposto as primeiras, e conste quase integralmente de diplomas laborais.

II. Usando a terminologia proposta por Rosário Palma Ramalho[79], esta regulação concilia o princípio da proteção do

---

75 Cf. J. Conceição, A. *Segurança Social*, cit., 38, texto e nota 15.

76 Cf. *infra*, 5.

77 J. Conceição, A., *Segurança Social*, cit., 382.

78 J. Apelles Conceição, A., *Segurança Social*, cit., 382.

79 Cf. Palma Ramalho, M., (2000), *Da Autonomia Dogmática do Direito Trabalho*, Coimbra Editora, 971 ss.. De acordo com a Autora, o direito do trabalho teria uma componente de proteção que não se circunscreve ao trabalhador, alargando-se às duas partes. Em nome dessa ideia, seria possível autonomizar um princípio de compensação da posição debitória complexa das partes laborais, com duas vertentes: a proteção do trabalhador – visando compensar a sua fragilidade

trabalhador, com o princípio da salvaguarda dos interesses de gestão.

O primeiro, entremostra-se, entre outras, nas regras que estipulam os requisitos para a decretação do *lay-off* (relativamente apertadas e não de fácil verificação), na obrigação de pagamento da compensação retributiva e na garantia de uma série de outros direitos dos trabalhadores afetados, como o direito a férias, a subsídios de férias e de Natal e a uma prestação majorada por frequência de formação profissional.

O segundo deteta-se, p. ex., na própria possibilidade de existência de um *lay-off*, que redunda na afetação da posição dos trabalhadores, no interesse da empresa), na discricionariedade do empregador na definição das medidas a aplicar e dos trabalhadores abrangidos, e na substituição da retribuição por uma compensação retributiva, fortemente comparticipada pela segurança social.

À parte disso há regras de proteção do interesse público, que visam, tanto a moralização do sistema (p. ex., com o estabelecimento do requisito da inexistência de dívidas fiscais e à segurança social), como a minimização do impacto financeiro sobre a segurança social (v.g. os *plafonds* para o valor da compensação retributiva).

III. No cômputo geral, e reconhecendo a dificuldade de conciliar os interesses em presença, diremos que se trata de

---

negocial no contrato de trabalho – e a salvaguarda dos interesses de gestão–permitindo assegurar o cumprimento dos deveres que incumbem ao empregador nesse vínculo, bem como assegurar o próprio vínculo –.
Cada uma dessas vertentes ou subprincípios teria projeção em concretas regras ou institutos legais. Aderindo a esta construção dogmática, é neste âmbito que consideramos que o regime legal do *lay-off* contém regras que projetam, ou um, ou outro dos subprincípios, articulando-os de forma relativamente equilibrada.

um regime relativamente equilibrado[80]. Como oportunidade de melhoria, identificamos a simplificação dos requisitos procedimentais (no que seja possível), atentas as exigências celeridade que situações de crise empresarial implicam. Tal deve ser acompanhado de uma fiscalização forte e efetiva, pois que está em causa o uso de dinheiros públicos.

REFERÊNCIAS BIBLIOGRÁFICAS

BAPTISTA MACHADO, J., (1983), *Introdução ao Direito e ao Discurso Legitimador*, Almedina

CANAS SILVA, R., (2020), "Lay-off "clássico" e lay-off "a la covid-19": os procedimentos de lay-off são conciliáveis?", *Covid-19 e trabalho: o dia seguinte*, AAFDL, 239-264,

COUTINHO DE ABREU, J., (2023), *Curso de Direito Comercial*, I, *Introdução. Atos de Comércio. Comerciantes. Empresas. Sinais Distintivos*, 13.ª edição, Almedina

CRISTÓBAL VILLANUEVA, J., (2024), *Estatuto de los Trabajadores Comentado*, 14ª edição, Lefebvre

DRAY, G., (2024), *Lições de Direito do Trabalho*, Almedina,

GOMES CANOTILHO, J. /MOREIRA, V., (2007), *Constituição da República Portuguesa Anotada*, I, 4.ª edição, Coimbra Editora

GOMES SANTOS, C., (2021), "A pandemia de COVID-19", *Prontuário de Direito do Trabalho*, (1), 311-344.

GONÇALVES DA SILVA, L. (2019), "Crise Económica e Contratação Colectiva", *Estudos de Direito do Trabalho*, II, AAFDL, 17-29

---

80 Em sentido crítico, veja-se, porém, Nunes de Carvalho, A., "Suspensão", cit., 160-161 defendendo o regresso ao modelo da autorização administrativa. Pela nossa parte, consideramos não só que isso seria um retrocesso, como introduziria uma quebra sistemática face a outros regimes legais em que são tomadas decisões empresariais que afetam o trabalhador, mas a intervenção da Administração é de fiscalização e de acompanhamento, como aqui é (v.g. o despedimento coletivo ou o despedimento por extinção de posto de trabalho).

Instituto de Segurança Social, I.P., (2023), *Guia Prático. Regime de Layoff,* https://www.seg-social.pt/documents/10152/14992/6006_layoff/8fae0306-85ab-47c5-a6f1-84ba07592e45, consultado a 14 de novembro de 2024.

J. CONCEIÇÃO, A. (2022), *Segurança Social, Manual Prático,* 13.ª edição, Almedina

LARENZ, K., (1997), *Metodologia da Ciência do Direito,* (tradução de Lamego, J.), 3.ª edição, Fundação Calouste Gulbenkian

LEAL AMADO, J., (2024) *Contrato de Trabalho. Noções Básicas,* 4.ª edição, Almedina

(2020), "Da pandemia ao "lay-off" simplificado: breve reflexão", *Revista de Legislação e Jurisprudência,* (4021), 250-258

MARTINS, A. (2024), *Manual de Direito da Segurança Social,* Almedina

MENEZES CORDEIRO, A., (2012), *Tratado de Direito Civil,* I, *Introdução. Fontes de Direito. Interpretação da Lei. Aplicação das Leis no Tempo. Doutrina Geral,* 4.ª edição, Almedina,

(2019), *Direito do Trabalho,* II, *Direito Individual,* Almedina

(2023), *Direito Comercial,* 5.ª edição, Almedina

MENEZES LEITÃO, L, (2023), *Direito do Trabalho,* 8.ª edição, Almedina

MONTEIRO FERNANDES, A. (1966), *A Suspensão do Contrato de Trabalho Por Factos Ligados à Empresa,* Suplemento do Boletim da Faculdade de Direito

(2022), *Direito do Trabalho,* 21.ª edição, Almedina

(2023), *Direito do Trabalho,* 22.ª edição, Almedina

MOTTA DA VEIGA, A. (2000), *Lições de Direito do Trabalho,* 8.ª edição

NUNES DE CARVALHO, A., (2012), "Suspensão ou redução da laboração em situação de crise empresarial", *Revista de Direito e de Estudos Sociais,* (1-2), 119-161

PALMA RAMALHO, M. (2000) *Da Autonomia Dogmática do Direito Trabalho,* Coimbra Editora

(2010), *Convenção Coletiva Atípica,* Almedina

Tratado de Direito do Trabalho, II, *Situações Laborais Individuais,* 9.ª edição, Almedina

QUINTAS, P./QUINTAS, H., (2023), *Código do Trabalho Anotado e Comentado,* 7.ª edição, Almedina

ROMANO MARTINEZ, P., (2023), *Direito do Trabalho,* 11.ª edição, Almedina

TEIXEIRA DE SOUSA, M., (2012), *Introdução ao Direito,* Almedina

VIEIRA GOMES, J., (2007), *Direito do Trabalho,* I, *Relações Individuais de Trabalho,* Coimbra Editora

Capítulo 13.

RIESGOS PSICOSOCIALES, EMPRESAS SALUDABLES Y SEGURIDAD SOCIAL: ESTRATEGIAS INTEGRADAS PARA PROMOVER EL TRABAJO DECENTE EN LA ERA DIGITAL

ROSA MARÍA BENÍTEZ SAÑA

1. INTRODUCCIÓN

Históricamente, el trabajo ha sido considerado como una actividad que requiere disciplina, esfuerzo y sacrificio y sobre todo renuncia a la comodidad personal, ya que las dificultades y el sufrimiento forjan el carácter y el éxito se logra principalmente a través del esfuerzo. Esta perspectiva; heredada de Max

Weber, sigue ejerciendo influencia en nuestra concepción actual del trabajo[1].

Sin embargo, dada la constante evolución de la economía global, en las últimas décadas se han venido reflejando cambios significativos en la forma de concebir tanto el entorno laboral como las relaciones laborales[2]. Actualmente, nos encontramos ante el novedoso paradigma del bienestar laboral que se centra en la creación de ambientes de trabajo positivos y saludables, la promoción del equilibrio entre vida personal y profesional y el fomento de los niveles de satisfacción y la percepción de felicidad de las personas trabajadoras[3] .

Por otro lado, en el contexto de la Cuarta Revolución Industrial[4], la creciente incorporación de las tecnologías de la información y la comunicación (TIC), en conjunción con el vertiginoso avance de la automatización de procesos productivos y la irrupción intempestiva de la inteligencia artificial (en adelante IA), están generando una metamorfosis estructural en el ecosistema empresarial, lo que cataliza la aparición de entornos laborales inéditos y multidisciplinares. Las organizaciones se ven impulsadas a adaptarse a estos cambios para sobrevivir, no quedar obsoletas y evitar su salida del mercado[5].

---

1 Gorski, P. S. (2003). "*The disciplinary revolution: Calvinism and the rise of the state in early modern Europe*". University of Chicago Press.

2 Spreitzer, G. M., Cameron, L., & Garrett, L. (2017). "Alternative work arrangements: Two images of the new world of work". *Annual Review of Organizational Psychology and Organizational Behavior, 4*(1), 473-499.

3 Salanova Soria, M. (2008). "Organizaciones saludables y desarrollo de recursos humanos". *Revista de trabajo y seguridad social. CEF*, 179-214. https://doi.org/10.51302/rtss.2008.5581; Salanova Soria, M. (2009). "Organizaciones saludables, organizaciones resilientes". *Gestión Práctica de Riesgos Laborales*, 58, 18-23.

4 Schwab, K. (2016). *La cuarta revolución industrial.* Debate.

5 Frey, C. B., & Osborne, M. A. (2017). "The future of employment: How susceptible are jobs to computerisation?". *Technological*

La configuración de estos nuevos escenarios laborales conlleva profundas repercusiones en la dinámica productiva y en las estrategias de gestión del talento humano, que requieren una revisión integral de las relaciones laborales, los marcos normativos y las prácticas organizacionales.

En este contexto desafiante, la investigación científica en materia de bienestar ocupacional y en empresas saludables ha adquirido especial relevancia buscando integrar la promoción de la salud y el bienestar en todos los aspectos de la cultura organizacional[6]. Además de centrarse en la prevención de riesgos laborales tradicionales adicionalmente aborda con enfoque proactivo el tratamiento integral de los factores psicosociales emergentes, así como el equilibrio entre la vida laboral y personal haciendo además énfasis en el contexto digital.

Simultáneamente, los sistemas de Seguridad Social han de adaptarse de manera eficaz a las nuevas formas de empleo y a los riesgos emergentes asociados con la digitalización y la IA, ocupándose de la protección social de nuevas formas de empleo emergentes (trabajadores de plataformas digitales, teletrabajadores, modalidades laborales flexibles, etc.) y garantizando evitar la precarización de las condiciones laborales[7].

---

forecasting and social change, 114, 254-280 https://doi.org/10.1016/j.techfore.2016.08.019 .

6 Salanova Soria, M., Llorens Gumbau, S., Cifre Gallego, E., & Martínez Martínez, I. M. (2012). "We need a hero! Toward a validation of the healthy and resilient organization (HERO) model". *Group & Organization Management*, 37(6), 785-822. https://doi.org/10.1177/1059601112470405

7 Berg, J., Furrer, M., Harmon, E., Rani, U., & Silberman, M. S. (2018). "Digital labour platforms and the future of work: Towards decent work in the online world". Vid sobre ello, *in extenso*: https://apo.org.au/node/244461

Por su parte, la promoción del trabajo decente en la era digital cobra especial protagonismo dando lugar al esfuerzo coordinado entre, instituciones como la Organización de las Naciones Unidas[8] (ONU). Por otro lado, la Organización Mundial de la Salud (OMS), gobiernos, empresas, sindicatos y sociedad civil, etc., y coinciden en reconocer la dignificación del trabajo y el derecho de toda persona trabajadora a desempeñar su labor en condiciones seguras y saludables[9]. Para estas instituciones la protección del trabajador contra las enfermedades, sean o no profesionales, y contra los accidentes de trabajo, no es únicamente un derecho laboral sino un derecho humano fundamental[10].

En base a estas premisas, este capítulo se encargará de desarrollar una exploración en profundidad de estos aspectos, mediante un análisis integral del marco jurídico, así como el estado de la cuestión de los riesgos psicosociales emergentes en el entorno digital, la acción protectora de la Seguridad Social, el importante papel de los modelos de organizaciones saludables y las estrategias para promover el trabajo decente en la era digital. A través de este análisis, se persigue contribuir al debate sobre cómo construir un futuro laboral para que a la

---

8 ONU (1948)."Todo individuo tiene derecho a la vida, al trabajo... a condiciones equitativas y satisfactorias de trabajo... Toda persona tiene derecho a un nivel de vida adecuado que le asegure, así como a su familia, la salud y el bienestar." (Declaración Universal de Derechos Humanos, Naciones Unidas, 1948).

9 Román-Cortez, K. R., Moreta-Trujillo, A. O., Gaibor-Hinostroza, V. C., & Lara-Paredes, S. J. (2021). "La prevención de riesgos laborales y su marco normativo. Perspectivas desde los Derechos Humanos". *Polo del Conocimiento*, 6(11), 1626-1639. DOI: 10.23857/pc.v6i11.3350.

10 OIT (2009). "Salud y vida en el trabajo: un derecho fundamental". Vid, sobre ello, *in extenso*: https://www.ilo.org/sites/default/files/wcmsp5/groups/public/%40ed_protect/%40protrav/%40safework/documents/publication/wcms_151828.pdf. OIT (2009).

vez que aprovechan las oportunidades de la digitalización, no se pierda de vista la protección y promoción del bienestar de las personas trabajadoras.

2. MARCO JURÍDICO PARA LA PREVENCIÓN DE RIESGOS PSICOSOCIALES EN LA ERA DIGITAL

Dentro del marco normativo europeo lo concerniente a la prevención de riesgos laborales se configura mediante una serie de Directivas, siendo la más significativa la Directiva 89/391/CEE[11], referida a la aplicación de medidas para la promoción y la mejora de la seguridad y de la salud de los trabajadores, que contiene el marco jurídico general en el que actúa la política de prevención comunitaria. Asimismo, las destacan las Directivas 92/85/CEE[12], 94/33/CEE[13] y 91/383/CEE[14], re-

---

11 Agencia Estatal Boletín Oficial del Estado.Directiva del Consejo, de 12 de junio de 1989, relativa a la aplicación de medidas para promover la mejora de la seguridad y de la salud de los trabajadores en el trabajo. Vid *in extenso:* https://www.boe.es/buscar/doc.php?id=DOUE-L-1989-80648

12 Agencia Estatal Boletín Oficial del Estado.Directiva 92/85/CEE del Consejo, de 19 de octubre de 1992, relativa a la aplicación de medidas para promover la mejora de la seguridad y de la salud en el trabajo de la trabajadora embarazada, que haya dado a luz o en período delactancia (décima Directiva específica con arreglo al apartado 1 del artículo 16 de la Directiva 89/391/CEE). Vid *in extenso:* https://www.boe.es/buscar/doc.php?id=DOUE-L-1992-81903

13 Directiva 94/33/CE del Consejo, de 22 de junio de 1994, relativa a la protección de los jóvenes en el trabajo. Vid *in extenso:* https://www.boe.es/buscar/doc.php?id=DOUE-L-1994-81324

14 Agencia Estatal Boletín Oficial del Estado. Directiva del Consejo, de 25 de junio de 1991, por la que se completan las medidas tendentes a promover la mejora de la seguridad y de la salud en el trabajo de los trabajadores con una relación laboral de duración determinada o de empresas de trabajo temporal. Vid *in extenso: https://www.boe.es/buscar/doc.php?id=DOUE-L-1991-81058*

lativas a la protección de la maternidad y de los jóvenes y al tratamiento de las relaciones de trabajo temporales, de duración determinada y en empresas de trabajo temporal.

En España, la Constitución Española[15], proclama en su artículo 43 el derecho a la protección de la salud, y en su artículo 40.2. asigna a los poderes públicos la responsabilidad de proteger, como uno de los principios fundamentales de la política social y económica, la seguridad y la higiene en el entorno laboral. Este mandato constitucional hace necesario el desarrollo de una política de protección eficaz de la salud de las personas trabajadoras mediante la prevención de los riesgos derivados del desempeño de su trabajo. Se cumple esta misión, al menos de manera genérica, con la aprobación de la Ley 31/1995, de 8 de noviembre, de prevención de riesgos laborales[16] (LPRL), configurándose en la misma el marco general en el que habrán de desarrollarse las distintas acciones preventivas.

Para ello, la LPRL transpone al Derecho español la citada Directiva 89/391/CEE, al tiempo que incorpora a su cuerpo básico en esta materia disposiciones de otras Directivas cuya materia exige o aconseja la transposición en una norma de rango legal, como son las 91/383/CEE 92/85/CEE y 94/33/CEE. Además, la LPRL, se ocupa de extender el mandato constitucional a los principales actores sociales en materia de empleo, y en este caso las empresas, independientemente de su personalidad jurídica, sean públicas o privadas, y desde su función como principales facilitadoras de empleo. De este modo, la LPRL establece expresamente el derecho de los trabajadores a una protección eficaz en materia de seguridad y salud en el

---

15 Agencia Estatal Boletín Oficial del Estado .Constitución Española. Vid *in extenso:* https://www.boe.es/buscar/act.php?id=BOE-A-1978-31229

16 Agencia Estatal Boletín Oficial del Estado.Ley 31/1995, de 8 de noviembre, de Prevención de Riesgos Laborales. Vid *in extenso:* https://www.boe.es/buscar/act.php?id=BOE-A-1995-24292

trabajo, y el correlativo deber del empresario de protección de sus trabajadores frente a los riesgos laborales. Asimismo, integra los derechos de información, consulta y participación, formación en materia preventiva, paralización de la actividad en caso de riesgo grave e inminente, así como la vigilancia del estado de la salud de las personas trabajadoras[17].

Sin embargo, en la era digital con la irrupción de las nuevas tecnologías y la IA, se hace necesaria una regulación más amplia que se ocupe de considerar el impacto negativo en la salud de las personas trabajadoras debido al uso masivo de la tecnología en el trabajo y que se ocupen de prevenir los riesgos psicosociales asociados a este nuevo paradigma laboral. En concreto, la LPRL cubre de manera genérica esta materia, tal como se indica en la propia página web del Instituto Nacional de Seguridad y Salud en el Trabajo[18] (INSST), donde se indica expresamente: "l*as obligaciones contenidas en el capítulo III de la LPRL son directamente aplicables al ámbito de los riesgos psicosociales*".

No obstante, para tratar de paliar la brecha legislativa existente, otras normas se encargan, por así decirlo, de complementar la prevención de riesgos psicosociales ante el inminente desarrollo de las nuevas tecnologías mediante mecanismos que al fin y al cabo inciden en mejorar las condiciones laborales.

De este modo el Artículo 16.1 de Ley 10/2021, de 9 de julio, de trabajo a distancia[19], establece que para la evaluación y planificación de la actividad preventiva se deberán tener en cuenta los riesgos derivados de esta modalidad, de trabajo, ponien-

---

[17] Ibid. Ley 31/1995, de 8 de noviembre, de Prevención de Riesgos Laborales. https://www.boe.es/buscar/act.php?id=BOE-A-1995-24292

[18] Vid *in extenso.* https://www.insst.es/normativa/riesgos-psicosociales/general

[19] Agencia Estatal Boletín Oficial del Estado. Ley 10/2021, de 9 de julio, de trabajo a distancia. digitales. Vid *in extenso:* https://www.boe.es/buscar/act.php?id=BOE-A-2021-11472&p=20210710&tn=1#a1-10

do especial atención en los factores psicosociales, ergonómicos y organizativos y de accesibilidad del entorno laboral efectivo. Además, el Artículo 18, aborda el derecho a la desconexión digital de las personas que trabajan a distancia, subrayando el deber empresarial de garantizar la desconexión que, además, "conlleva una limitación del uso de los medios tecnológicos de comunicación empresarial y de trabajo durante los periodos de descanso, así como el respeto a la duración máxima de la jornada y a cualesquiera límites y precauciones en materia de jornada que dispongan la normativa legal o convencional aplicables". en los términos establecidos en el artículo 88 de la Ley Orgánica 3/2018, de 5 de diciembre de Protección de Datos Personales y garantía de los derechos digitales[20], el cual regula que "los trabajadores y los empleados públicos tendrán derecho a la desconexión digital a fin de garantizar, fuera del tiempo de trabajo legal o convencionalmente establecido, el respeto de su tiempo de descanso, permisos y vacaciones, así como de su intimidad personal y familiar".

Por su parte también el Artículo 20 bis del Real Decreto Legislativo 2/2015, de 23 de octubre, por el que se aprueba el texto refundido de la Ley del Estatuto de los Trabajadores[21] (ET), añadido por lo regulado en la disposición final 13 de la Ley Orgánica 3/2018, de 5 de diciembre, se refiere a la desconexión digital en España apuntando que las personas trabajadoras *"tienen derecho a la intimidad en el uso de los dispositivos*

---

20 Agencia Estatal Boletín Oficial del Estado. Ley Orgánica 3/2018, de 5 de diciembre, de Protección de Datos Personales y garantía de los derechos digitales. Vid *in extenso:* https://www.boe.es/buscar/act.php?id=BOE-A-2018-16673&p=20230509&tn=1#a8-10

21 Agencia Estatal Boletín Oficial del Estado. Real Decreto Legislativo 2/2015, de 23 de octubre, por el que se aprueba el texto refundido de la Ley del Estatuto de los Trabajadores. Vid *in extenso:* https://www.boe.es/buscar/act.php?id=BOE-A-2015-11430

digitales puestos a su disposición por el empleador, a la desconexión digital y a la intimidad frente al uso de dispositivos de videovigilancia y geolocalización en los términos establecidos en la legislación vigente en materia de protección de datos personales y garantía de los derechos digitales".

3. LA ACTUACIÓN PROTECTORA DE LA SEGURIDAD SOCIAL EN LA PREVENCIÓN DE RIESGOS LABORALES

En lo que a la articulación de la acción protectora de la Seguridad Social en materia de Prevención de Riesgos Laborales, cabe destacar el papel crucial de la Inspección de Trabajo y la Seguridad Social (ITSS) en la Prevención de Riesgos Laborales, a raíz de la promulgación de la Ley 54/2003[22], de 12 de diciembre, de reforma del marco normativo de la prevención de riesgos laborales en cuanto a la organización y gestión preventiva, en el sistema de vigilancia y control, reforzando la actuación de la Inspección de Trabajo con los funcionarios técnicos de las Comunidades Autónomas y en la reorganización de las infracciones y sanciones en materia de prevención.

La Inspección de Trabajo y Seguridad Social en España es un servicio público esencial que se encarga de la vigilancia y control en la prevención de riesgos laborales. Su labor se divide en dos enfoques: el "represivo", que se activa tras denuncias por incumplimientos, y el "proactivo", que surge de actividades

22 Agencia Estatal Boletín Oficial del Estado. Ley 54/2003, de 12 de diciembre, de reforma del marco normativo de la prevención de riesgos laborales. Vid *in extenso* *https://www.boe.es/buscar/doc.php?id=BOE-A-2003-22861*

planificadas. Ambas estrategias buscan mejorar las condiciones laborales y reducir la siniestralidad en las empresas[23].

Esto implica que los inspectores deben ser vistos como facilitadores del cumplimiento normativo. Su Plan Anual incluye programas que abordan problemas generales y específicos, así como inspecciones en áreas como relaciones laborales y empleo irregular, lo que amplía su eficacia. Ley 23/2015, de 21 de julio, Ordenadora del Sistema de Inspección de Trabajo y Seguridad Social[24], renovó la organización de la Inspección, incorporando subinspectores especializados en seguridad y salud laboral y su labor se centra en verificar el cumplimiento normativo relacionado con las condiciones laborales.

4. RIESGOS PSICOSOCIALES EMERGENTES: IMPACTO DE LA INTELIGENCIA ARTIFICIAL EN LA SALUD OCUPACIONAL

4.1. Definición y características

En primer lugar, para aproximarnos al concepto de riesgo psicosocial emergente en el contexto de la era digital, debemos establecer primero el concepto de riesgo laboral, el Art. 4.2 de la LPRL define como riesgo laboral la posibilidad de que un trabajador sufra un determinado daño derivado del tra-

---

23 Sacristán Enciso, J. I. (2018). "La Inspección de Trabajo y Seguridad Social y la política institucional en prevención de riesgos laborales". *Revista del Ministerio de Empleo y Seguridad Social: Revista del Ministerio de Trabajo, Migraciones y Seguridad Social,* (138), 397-434.

24 Agencia Estatal Boletín Oficial del Estado. Ley 23/2015, de 21 de julio, Ordenadora del Sistema de Inspección de Trabajo y Seguridad Social. Vid *in extenso:* https://www.boe.es/buscar/act.php?id=BOE-A-2015-8168

bajo. En alineación con la OMS, que determina que un riesgo laboral es cualquier aspecto del trabajo que tiene el potencial de causar daño a la salud de los trabajadores[25]. Además, tal como la propia LPRL específica, haciendo referencia a factores físicos, químicos, biológicos, ergonómicos y psicosociales que pueden afectar la salud y el bienestar de los empleados[26].

En segundo lugar, es necesario definir el concepto de riesgo psicosocial, para posteriormente enfocar el debate en los riesgos psicosociales emergentes a raiz de la incorporación al trabajo de la tecnología y la digitalización de los entornos laborales ya que esta realidad actual afecta a la configuración del modelo laboral actual dejando bastante atrás paradigmas anteriores. Los riesgos psicosociales son definidos como aquellos que constituyen una fuente de estrés laboral, o estresor, con alto potencial de causar daño psicológico, físico, o social a los individuos.[27]

En definitiva, los riesgos psicosociales son aquellas condiciones presentes en situaciones laborales relacionadas con la organización del trabajo, el tipo de puesto, la realización de la tarea, e incluso con el entorno y por ello tienen la capacidad de afectar a la salud y la calidad de vida laboral, dado que incrementan los niveles de estrés de las personas trabajadoras[28].

---

25 OMS (2017). "Protección de la salud de los trabajadores". Vid *in extenso:* https://www.who.int/es/news-room/fact-sheets/detail/protecting-workers'-health

26 Ortega Alarcón, J.A., Rodríguez López, J.R., & Hernández Palma, H. G. (2017). "Importancia de la seguridad de los trabajadores en el cumplimiento de procesos, procedimientos y funciones". *Revista Academia & Derecho,* 8(14), 155- 176.

27 Moreno Jiménez, B. (2011*).* "Factores y riesgos laborales psicosociales: conceptualización, historia y cambios actuales". *Medicina y Seguridad del trabajo, 57, 4-19.*

28 Gil-Monte, P. R. (2012). "Riesgos psicosociales en el trabajo y salud ocupacional". *Revista peruana de Medicina Experimental y Salud pública,* 29, 237-241.

Teniendo en cuenta al estrés como riesgo psicosocial más destacable, la OIT se refiere al estrés laboral como la reacción que puede tener el individuo ante exigencias y presiones laborales que no se ajustan a sus conocimientos y capacidades, y que ponen a prueba su capacidad para afrontar la situación. Señalando como factores de riesgo psicosocial aquellos relacionados con el contexto del trabajo (medio ambiente de trabajo y equipo de trabajo; diseño de las tareas, carga, ritmo de trabajo, horario de trabajo) como con el contenido del trabajo (función y cultura organizativas, rol en la organización, desarrollo profesional, autonomía en la toma de decisiones, control, relaciones interpersonales en el trabajo, interrelación hogar-trabajo)[29].

Al abordar los riesgos psicosociales en la era digital, la Agencia Europea de Seguridad y Salud en el Trabajo define un riesgo psicosocial emergente como aquel que está causado por nuevos procesos, tecnologías, lugares de trabajo, cambios sociales u organizativos o aquel que aun siendo conocido es considerado como un nuevo riesgo debido a avances científicos o percepciones sociales. El uso de las tecnologías digitales en el trabajo está asociado a riesgos psicosociales como la sobrecarga cognitiva, la inseguridad laboral, la falta de confianza y el aislamiento[30]. Al referirnos a riesgos psicosociales emergentes resulta fundamental hacer énfasis en aquellos derivados del uso de las nuevas tecnologías y la IA. En concreto, como riesgo

---

29 OIT (2016). *La prevención de riesgos psicosociales en el trabajo. Lista de comprobación.* Vid *in extenso en:* https://www.ilo.org/wcmsp5/groups/public/—dgreports/—dcomm/—publ/documents/publication/wcms_251057.pdf

30 Agencia Europea de Seguridad y Salud en en Trabajo. (2024). Las tecnologías digitales en el trabajo y los riesgos psicosociales: pruebas e implicaciones para la seguridad y la salud en el trabajo. Vid *in extenso:* *https://osha.europa.eu/es/publications/digital-technologies-work-and-psychosocial-risks-evidence-and-implications-occupational-safety-and-health*

psicosocial emergente más destacado hemos de referirnos al tecnoestrés[31] que ha sido definido como un estado psicológico negativo relacionado con el uso de TIC o amenaza de su uso en un futuro. Este fenómeno se produce a causa de un desajuste entre las demandas y los recursos relacionados con el uso de las TIC se produce un alto nivel de activación psicofisiológica no placentera que lleva a desarrollar actitudes negativas hacia las TIC.

Además, el tecnoestrés se caracteriza por tres formas distintas: la tecnoansiedad (ansiedad por la complejidad del uso de dispositivos electrónicos), la tecnoadicción, la tecnofatiga (agotamiento físico y mental a consecuencia del uso de una herramienta tecnológica) y la tecnoadicción (adicción a las tecnologías informáticas y comunicativas) y la sobrecarga informativa[32]. Se requiere una atención especial en el ámbito de la prevención de riesgos laborales, dado que la hiperconectividad y la disponibilidad constante pueden tener implicaciones significativas en la salud y el bienestar de las personas trabajadoras.

Los riesgos psicosociales emergentes derivados de las TIC y la IA marcarán el rumbo en lo que prevención de riesgos

---

31 Salanova Soria, M. (2003). "Trabajando con tecnologías y afrontando el tecnoestrés: el rol de las creencias de eficacia". *Revista de Psicología del Trabajo y de las Organizaciones,* 19(3), 225-246; Salanova Soria, M., Cifre Gallego, E. & Martín, P. (1999). "El proceso de Tecnoestrés y estrategias para su prevención". *Prevención, Trabajo y Salud,* 1, 18-28.

32 Martín Rodríguez, O. (2021). "El tecnoestrés como factor de riesgo para la seguridad y salud del trabajador". *Lan Harremanak,* (44), 164-183. https://doi.org/10.1387/lan-harremanak.22239; Nájar Becerra, C. A. (2024). "La Inteligencia Artificial y los riesgos psicosociales en el trabajo: El deber de prevención frente al uso de las nuevas tecnologías en las dinámicas laborales del siglo XXI". *Laborem, 22* (29), 83-107; Salanova Soria M., Llorens Gumbau, S. & Cifre Gallego, E. (2004). "Tecnoestrés, concepto, medida e intervención psicosocial". En Notas técnicas de prevención. 730. INSHT.

laborales se refiere, puesto que estos serán los que amenacen y dañen seriamente la salud de los trabajadores. Además, a todo ello habrá que sumar el estés provocado por el miedo a la pérdida del empleo y a ser sustituidos por sistemas digitales o automatizados, o por *chatbots* entrenados en habilidades repetitivas y que se encargarán de tareas hasta ahora realizadas por humanos.

La incorporación de la tecnología en el trabajo ya es una realidad en constante evolución que tiene un alto impacto en la organización y condiciones de prestación de los servicios, la forma, el lugar y las personas que realizan el trabajo, la vigilancia y control empresarial, y el modelo de relaciones laborales ha cambiado constantemente para adaptarse a la nueva realidad laboral. La globalización, la descentralización productiva, la robotización, los cambios culturales, los flujos migratorios y el medio ambiente son características del modelo actual[33].

Así se pone de manifiesto en el informe de la consultora McKinsey Global[34], que advierte que será frecuente encontrarnos con puestos de trabajo y profesiones emergentes que ni siquiera somos capaces de prever ahora mismo, otras profesiones o puestos de trabajo que pueden llegar a desaparecer. Este mismo informe desvela que antes de 2030, solo en Estados Unidos, un 33 por ciento de los empleos serán automatizados, es decir 70 millones de trabajadores estadounidenses que suponen un 14 por ciento de la fuerza laboral mundial, se encontrarán ante el dilema de reciclarse y encontrar nuevas ocupaciones.

---

33 Cruz-Villalón. J. (2017). "Las transformaciones de las relaciones laborales ante la digitalización de la economía", Temas Laborales, núm. 138, 2017, pp. 13-47.

34 McKinsey Global (2017). "Jobs lost, jobs gained: What the future of work will mean for jobs, skills, and wages". Vid *in extenso: https://www.mckinsey.com/featured-insights/future-of-work/jobs-lost-jobs-gained-what-the-future-of-work-will-mean-for-jobs-skills-and-wages*

Por lo tanto, siguiendo el informe, estos tiempos vendrán marcados por la necesidad de adaptación a nuevos sistemas y procesos de trabajo automatizados, con la consiguiente falta de recursos y habilidades para hacerles frente. A este respecto igualmente se pronunciaba el estudio de McKinsey Global señalando que, aunque la automatización y la IA, aumentarán la productividad y el crecimiento económico, lo más probable es que millones de personas en todo el mundo tengan que cambiar de profesión o readaptarse y mejorar sus conocimientos, sometiéndose a procesos de *reskilling* (adquisición de nuevas habilidades) y *upskilling* (mejora de las habilidades existentes).

Además, sus resultados prevén que los trabajadores del futuro dedicarán menos tiempo a actividades físicas o de recopilación y procesamiento de datos, para dedicar más tiempo a aquellas que requieren mayores habilidades sociales y emocionales, así como capacidades cognitivas, relacionadas con el razonamiento lógico y la creatividad. Esto ocasiona un mayor desgaste psíquico y mental en las personas trabajadoras, aumentado su riesgo psicosocial.

En estas mismas líneas se pronunció la OIT, en su informe titulado "*Declaración del centenario de la OIT para el Futuro del Trabajo*"[35] sugiriendo aprovechar las oportunidades surgidas a raíz de las transformaciones tecnológicas, para alcanzar la igualdad de oportunidades y la justicia social, estableciendo propuestas para lograr una sustancial mejora de la calidad de vida de los trabajadores, conseguir acabar con la brecha de género y reducir las desigualdades sociales a nivel global.

Algunas de estas propuestas se enfocan en el aumento de la inversión en las capacidades de las personas (aprendizaje de por vida, igualdad de género, protección social universal

---

35 OIT (2019). "*Documento final del centenario de la OIT. Informe IV, Conferencia Internacional del Trabajo*", 108a Reunión.

basado en principios de solidaridad), aumentar la inversión en las instituciones el trabajo (Garantía Laboral Universal, intensificar medidas de conciliación laboral y familiar, encauzar la tecnología hacia el trabajo decente), incrementar la inversión en el trabajo decente y sostenible (inversiones en favor del trabajo decente y sostenible).

4.2 Factores determinantes de los riesgos psicosociales.

En el estudio de los factores determinantes de los riesgos psicosociales, diversos autores[36] señalan los sistemas de trabajo como uno de esos factores de riesgo y junto a otros como la estructura, la tecnología o el clima social y los estilos de dirección, y es considerado una faceta relevante las organizaciones empresariales.[37].

En estas mismas líneas[38], estudios posteriores señalan como factores: a) características de la tarea (cantidad y ritmo de trabajo, monotonía o repetitividad, automatización, ritmo de trabajo, precisión, responsabilidad, falta de autonomía, etc.) b) características de la organización: estructura, tamaño, nivel de formalización, definición de competencias, estructura jerárquica, estilos de liderazgo, canales de comunicación e información, relaciones interpersonales, etc. c) características

---

36 Peiró Silla, J. M. (1999). "Valoración de riesgos psicosociales y estrategias de prevención: El modelo AMIGO como base de la metodología Prevenlab/Psicosocial". Journal of Work and Organizational Psychology, 15(2), 267-314.

37 Peiró Silla, J. M. (2004). "El sistema de trabajo y sus implicaciones para la prevención de los riesgos psicosociales en el trabajo". *Universitas psychologica,* 3(2), 179-186.

38 Gil-Monte, P. R. (2012). "Riesgos psicosociales en el trabajo y salud ocupacional". *Revista peruana de Medicina Experimental y Salud pública,* 29, 237-241.

del empleo: salario, ergonomía en el lugar de trabajo, precariedad en el empleo, condiciones físicas, etc. d) la organización del tiempo de trabajo: duración, tipo de jornada, descansos, turnos, etc.

En este mismo sentido, la reciente Encuesta de Condiciones de Trabajo 2021. Datos de España[39], publicada en 2023, analiza las exigencias del trabajo y su intensidad, como resultado, el 49% de las personas encuestadas manifiesta trabajar a gran velocidad y con plazos muy ajustados y un 70% de ellas necesitan aprender cosas nuevas en sus puestos de trabajo. Asimismo, un 66,5% reporta altas exigencias emocionales de tratar directamente con personas que no son empleados de donde trabaja (clientes, pasajeros, alumnos, pacientes, etc.). Un 18,4% admite que su trabajo implica enfrentarse a situaciones con repercusión emocional. En cuanto a clima laboral, un 66,9% está plenamente de acuerdo en que la cooperación entre compañeros es la apropiada y un 37,6% manifiesta que los empleados confían en la dirección.

4.3 El impacto de la Inteligencia Artificial en la seguridad y salud en el trabajo

Como se ha venido mencionando, en la actualidad con el uso cada vez más amplio de la IA se produce un aumento de los riesgos laborales relacionados con estas tecnologías, debió a que comienzan a traer consigo la precarización del empleo e incluso desigualdades sociales.

---

39 INSST (2023). "Encuesta Europea de Condiciones de Trabajo 2021. Datos de España". Vid https://www.insst.es/documentacion/material-tecnico/documentos-tecnicos/encuesta-europea-de-condiciones-de-trabajo-2021-datos-espana-2023

En el futuro los trabajades se verán obligados a aceptar condiciones laborales menos favorables con el fin de no perder sus empleos, lo que generará una mayor exposición a los episodios de estrés y ansiedad, casi a diario. A esto cabe sumar que la realización de trabajos en la actualidad a veces conlleva la inexistencia de centros de trabajo físicos, un mayor control y gestión constante de los trabajadores, generado por algoritmos que controlan el rendimiento y los resultados.

Diversos estudios identifican un primer factor de riesgo psicosocial, derivado del estrés y ansiedad que acarrea el control permanente o potencial mediante tecnologías de IA[40].

Por otro lado, el uso de la IA para realizar predicciones y evaluaciones sobre el talento y la capacidad de los trabajadores, con el fin de fijar objetivos y valorar resultados, puede representar una fuente de estrés, dado que, en algunos casos los algoritmos no están entrenados correctamente para la toma de decisiones justas, dado que solo manejan datos, sin atender a situaciones personales que podrían afectar a la productividad. Ante este control constante sobre las operaciones, así como el miedo de ver afectada su relación de trabajo, el trabajador puede optar por sobre exigirse, atentando indirectamente contra su salud mental[41].

---

40 Marín Malo, M. (2023). Aportaciones de la Inteligencia Artificial en materia preventiva y nuevos riesgos emergentes. *En Egusquiza Balmaseda, MA; Rodríguez Sanz de Galdeano, B. (Dirs.). Inteligencia artificial y prevención de riesgos laborales: obligaciones y responsabilidades. Valencia: Tirant lo Blanch; 2023. p. 161-195 978-84-1169-044-7.* Vid: https://palestra.tirantonline.com/cloudLibrary/ebook/info/9788411690454; Nájar Becerra, C. A. (2024). "La Inteligencia Artificial y los riesgos psicosociales en el trabajo: El deber de prevención frente al uso de las nuevas tecnologías en las dinámicas laborales del siglo XXI". *Laborem, 22* (29), 83-107

41 Ibid Marín Malo, M. (2023).

En último lugar, como ya se indicó, las personas deberán compartir centros de trabajo con chatbots y robots inteligentes, integrándose en la actividad laboral la conexión de la robótica y la IA lo que podría dar lugar a impactos negativos sobre la salud de los trabajadores, a causa del estrés que deriva de la ejecución de labores con equipos robóticos.

Estos aspectos han de ser tenidos en consideración por las empresas, sobre todo, dado el inminente uso de la IA en las dinámicas laborales actuales y teniendo en cuenta que, como señala la LPRL, es el empleador el que tiene la obligación de adoptar medidas con la finalidad de evitar que sus trabajadores se vean afectados por los riesgos psicosociales identificados.

Por lo tanto, como veremos a continuación resulta de alto interés para las organizaciones la implantación de sistemas de trabajo basados en metodologías de organizaciones saludables, ya que con ellos se pueden conseguir mejoras significativas en la salud y bienestar de los empleados a la vez que se integra la IA en los procesos productivos de la organización.

5. EL MODELO DE ORGANIZACIONES SALUDABLES Y RESILIENTES: UN NUEVO PARADIGMA ORGANIZACIONAL PARA LA ERA DIGITAL

5.1 Concepto y principios fundamentales de las organizaciones saludables

En el ámbito de la prevención de riesgos laborales y de forma innovadora, las organizaciones cada vez se muestran más interesadas en promover la salud y el bienestar de sus empleados. La investigación científica está sirviendo de apoyo en ese sentido a las organizaciones, puesto que sus conclusiones, cada vez más contrastadas, están llegando a ser realmente útiles para la práctica profesional, suscitando un creciente interés de las empresas y organizaciones por implantar sistemas de trabajo basados en metodologías conducentes a conseguir organizaciones saludables.

Estas metodologías están influyendo positivamente en la mejora salud y bienestar de sus empleados y que consisten en la aplicación de prácticas saludables e innovadoras en materia de gestión de personas, capaces de potenciar mayores recursos laborales y personales y a su vez generar altos niveles de compromiso en los empleados. Además, los estudios demuestran que la promoción de la salud de los empleados incide positivamente en la mejora de la rentabilidad empresarial y fomenta su competitividad[42].

Son numerosas las organizaciones que son conscientes de las ventajas competitivas que supone el bienestar y la salud de sus empleados y por ello han venido apostando de manera firme y sistematizada por fomentar la salud de la organización como un todo, teniendo en cuenta a las personas, los equipos de trabajo y la organización, es decir, considerando a todas las partes implicadas en el negocio de manera holistica, y han comprendido que es absolutamente necesario si se quiere alcanzar el éxito y sobrevivir a los entornos adversos[43].

Diversos autores se han ocupado de aproximarnos al concepto de organización saludable. Una organización saludable es aquella caracterizada además de por su éxito financiero, por una fuerza laboral psicológicamente saludable, capacitada

---

42 Salanova Soria, M., Llorens Gumbau, S., & Martínez Martinez, I. M. (2019). *Organizaciones saludables: una mirada desde la psicología positiva.* Aranzadi.

43 Ibid. Salanova Soria, M., Llorens Gumbau, S., & Martínez Martinez, I. M. (2019).

para mantener una cultura organizacional y un ambiente de trabajo saludable y satisfactorio, incluso en épocas de crisis[44].

La Organización Mundial de la Salud (en adelante OMS) se encargó de definir una organización saludable como aquella que se caracteriza por poseer un ambiente de trabajo saludable en el que los trabajadores y los empleadores colaboran en el uso de un proceso de mejora continua para proteger la salud, seguridad y el bienestar de todos los trabajadores y la sostenibilidad del lugar de trabajo (OMS, 2010).

Según el modelo HERO[45] en definitiva una organización saludable es aquella que conscientemente y de una manera programada y madura, apuesta por la mejora de sus procesos de trabajo, de sus resultados y por el aprendizaje continuo a partir de sus propios errores. Además, invierte en prácticas organizacionales saludables (conciliación de vida profesional y privada, prevención de riesgos psicosociales como el *mobbing*, salud psicosocial, etc.), ofreciendo de ese modo herramientas y proporcionando recursos (autonomía, clima de apoyo social, *feedback*, trabajo en equipo, etc.) y fomenta equipos de trabajo saludables a través de sus personas trabajadoras (*engagement*, confianza, resiliencia, etc.). Además de estas consideraciones, el modelo HERO incorpora además la resiliencia de las organizaciones en la ecuación de empresas saludables, entendiendo las organizaciones como Saludables y Resilientes, como aquellas organizaciones positivas que se preocupan por la salud integral de sus personas trabajadoras, siendo capaces de sobrevivir

---

44 Cooper C, Cartwright S (1994) Healthy mind–healthy organization–a proactive approach to occupational stress. Human Relations 47: 455–471. https:// doi.org/10.1177/0018726794047 00405

45 Salanova Soria, M., Llorens Gumbau, S., Cifre Gallego, E., & Martínez Martínez, I. M. (2012). We need a hero! Toward a validation of the healthy and resilient organization (HERO) model. *Group & Organization Management, 37*(6), 785-822.

a situaciones de crisis, aprendiendo a salir además reforzadas en estas circunstancias.

Como resultado de estas consideraciones, se puede afirmar que lo que caracteriza a una organización saludable y resiliente, es su capacidad para aplicar herramientas basadas en estas prácticas, logrando un capital humano proactivo, innovador y con altas dosis de creatividad, contando así con trabajadores dispuestos a dar todo su potencial, lo que contribuirá a mantener el bienestar y la salud de sus plantillas y con ello, conseguir sinergias que encaminen al logro de los objetivos comunes de las personas trabajadoras y la organización. La consecución de mejores resultados de los empleados y la organización, así como el logro de un impacto positivo en la calidad del servicio y la satisfacción de su clientela, esto determina que la organización posea mayor ventaja competitiva, logrando así ser una organización exitosa, saludable y resiliente.

5.2. Modelo HERO de Organizaciones Saludables y Resilientes

Entre los distintos modelos de empresas saludables, destaca por su rigor científico el modelo HERO que en realidad se puede definir como un modelo innovador de gestión que se enfoca en potenciar de manera saludable los procesos organizacionales como políticas innovadoras de gestión de personas.

En lo que se refiere a conseguir un entorno organizacional saludable, se necesita la implicación de todos los niveles jerárquicos de la organización, puesto que tal como se señala en el modelo[46], cuando los empleados perciben un ambiente

---

46 Ibid. Salanova Soria, M., Llorens Gumbau, S., Cifre Gallego, E., & Martínez Martínez, I. M. (2012).

saludable desean permanecer en la empresa y presentan altos niveles de compromiso en el trabajo, con comportamientos proactivos y actitud positiva hacia el desempeño de su trabajo.

Este modelo también se enfoca en la llamada salutogénesis, desde este punto de vista, la salud de la organización implica un enfoque en el cuidado de la salud de los empleados y de los equipos de trabajo, emprendiendo acciones proactivas, desde un punto de vista holístico.

En suma, se trata conseguir la alineación entre los objetivos organizacionales y los de los empleados. Lo que en otras palabras se pretende es que, a través del bienestar de los empleados, se produzca un alto desempeño y mayor productividad, que además se produzca una proyección positiva en la satisfacción de las expectativas de los clientes, que acabe redundando en mejores resultados económicos de la organización. Sobre todo, si se parte de la base de que las personas que integran las organizaciones son su factor clave, mantener su salud y bienestar y favorecer su desarrollo personal y profesional supondrá una ventaja competitiva para las mismas. En este sentido, es mucho mejor invertir dinero y esfuerzo en optimizar la efectividad, el desarrollo de los empleados que tener que afrontar problemas evitables y económicamente más costosos a la larga (absentismo, disminución de la productividad, etc.)[47].

---

47 Salanova Soria, M., & Schaufeli, W. B. (2004). "El engagement de los empleados: un reto emergente para la dirección de los recursos humanos". *Revista de Trabajo y Seguridad Social. CEF,* (p. 121)

Figura 1. Modelo de Organización Saludable (HERO)

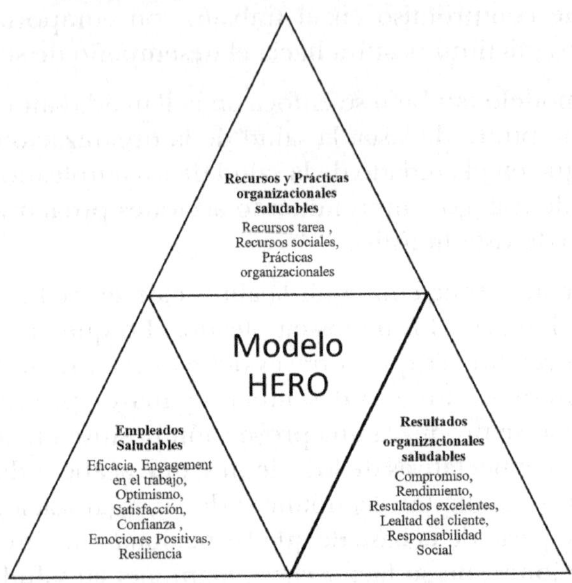

Fuente: Adaptado de Salanova et al. (2019)[48]

Como se puede observar en la figura 1, los principios fundamentales del modelo HERO están basados en tres pilares básicos interrelacionados entre sí: recursos y prácticas organizacionales saludables (estrategias que la organización implementa para estructurar y gestionar los procesos de trabajo), empleados saludables (trabajadores con altos niveles de bienestar psicológico) y resultados organizacionales saludables (son los marcadores del éxito de la organización).

---

48 Ibid. Salanova Soria, M., Llorens Gumbau, S., & Martínez Martinez, I. M. (2019).

5.3. Ventajas del modelo HERO para las organizaciones y las personas

Son más que evidentes los beneficios económicos y sociales que reportan las organizaciones saludables, ya que al conseguir resultados óptimos debido a que poseen plantillas comprometidas e implicadas en la consecución de excelentes resultados, generan una ventaja competitiva clave para el éxito organizacional. A su vez, las personas trabajadoras que desempeñan su trabajo en organizaciones saludables se ven ampliamente beneficiadas de la implantación de buenas prácticas de recursos humanos que redundan en la mejora de su salud y bienestar, como son la flexibilidad y conciliación laboral, la participación decisiones de la organización, el fomento del apoyo mutuo, el desarrollo profesional y personal, el equilibrio entre vida familiar y laboral, etc.

En cuanto a las ventajas específicas de la implantación de la metodología HERO[49] en las organizaciones, los estudios científicos han concluido que son amplias, siendo algunas de ellas:

1. Mejora del bienestar y la salud de los empleados: Dado que el modelo HERO se enfoca en crear un ambiente de trabajo positivo que promueve la salud física, mental y emocional de las personas trabajadoras.
2. Reducción de los conflictos laborales: gracias al ambiente de trabajo positivo, los conflictos laborales se solucionan de una forma más eficiente.
3. Fomento del aprendizaje continuo: el fomento del desarrollo y crecimiento constante de las personas trabaja-

---

[49] Ibid. Salanova Soria, M., Llorens Gumbau, S., & Martínez Martinez, I. M. (2019).

doras logra generar estándares de desarrollo más altos, creando una organización que aprende.

4. Aumento la productividad y el desempeño: Dado que las plantillas están más comprometidas y saludables, son capaces de lograr un alto desempeño con mejores resultados organizacionales, debido a que el bienestar de los trabajadores se traduce en mayor eficiencia y productividad.
5. Fortalecimiento de la resiliencia organizacional: el modelo HERO está diseñado para ayudar a las empresas a desarrollar mejor capacidad de adaptación frente a las crisis y adversidades, logrando mayor resiliencia ante los cambios continuos, aún más presentes en esta era digital[50].
6. Reducción del absentismo laboral y los costes asociados: al promocionarse la salud y el bienestar, se consigue reducir el absentismo y su coste laboral asociado.
7. Mejora del clima laboral: el fomento de las prácticas saludables y las relaciones positivas trae consigue un mejor ambiente de trabajo en el que se fortalecen los vínculos entre los miembros de la organización[51].
8. Atracción de talento y mejora de la marca empleadora: el talento se siente atraído por los “mejores lugares para trabajar” y además está dispuesto a permanecer por este motivo en una organización, las nuevas generaciones

---

50 Salanova Soria, M., Llorens Gumbau, S., & Martínez Martínez, I. M. (2016). Contributions from positive organizational psychology to develop healthy and resilient organizations. Papeles del Psicólogo, 37(3), 177-184

51 Ibid. Salanova Soria, M., Llorens Gumbau, S., Cifre Gallego, E., & Martínez Martínez, I. M. (2012).

priorizan el bienestar incluso por encima del factor económico.

9. Altos niveles de compromiso de los trabajadores: una organización saludable, dadas sus ventajas, facilita el engagement y la motivación de los empleados, aumentando su compromiso.
10. Mejora de la imagen corporativa y responsabilidad social: dada su preocupación por el entorno y la comunidad, en forma de relaciones positivas, las organizaciones saludables automáticamente consiguen mejorar su imagen corporativa y su huella social.
11. Aumento de la innovación y creatividad: dentro de un ambiente de trabajo positivo y saludable, los empleados se sienten con mayor libertad para participar y para aportar ideas innovadoras y soluciones creativas.

6. ESTRATEGIAS PARA PROMOVER EL TRABAJO DECENTE Y EL BIENESTAR EN EL TRABAJO

Según la OIT el trabajo decente sintetiza las aspiraciones de las personas durante su vida laboral. Ello implica "una oportunidad para el acceso a un empleo productivo que genere un ingreso justo, la seguridad en el lugar de trabajo y la protección social para todos, mejores perspectivas de desarrollo personal e integración social, libertad para que los individuos expresen sus opiniones, se organicen y participen en las decisiones que afectan sus vidas, y la igualdad de oportunidades y trato para todos, mujeres y hombres"[52].

---

[52] Definición procedente de la página de la OIT en la que se describen los principales principios del trabajo decente. Vid: https://www.ilo.org/es/temas/trabajo-decente

En cuanto a estrategias para el fomento del trabajo decente basadas en las directrices de la OIT que se enfoca en cinco pilares fundamentales:

1. La libertad de asociación y la libertad sindical y el reconocimiento efectivo del derecho de negociación colectiva.
2. La eliminación de todas las formas de trabajo forzoso u obligatorio.
3. La abolición efectiva del trabajo infantil.
4. La eliminación de la discriminación en materia de empleo y ocupación
5. La creación de entornos de trabajo seguros y saludables[53].

Por su parte la Unión Europea, en el marco de los Objetivos de Desarrollo Sostenible (ODS), la Comisión Europea lanza a los países la necesidad de convergencia, con la difusión y el diseño de la Agenda 2030, sobre la necesidad de promocionar el trabajo decente para todos. El ODS 8: Trabajo decente y crecimiento económico, se ocupa de esta materia, sentando las directrices para la promoción del crecimiento económico inclusivo y sostenible, el empleo y el trabajo decente para todos. Además, en concordancia con este objetivo y abundando en las mismas líneas estratégicas el ODS 3: Salud y Bienestar, se ocupa de llegar a garantizar una vida sana y promover el bienestar para todos en todas las edades. Esto implica también observar estas directrices en todos los ámbitos de la vida de las personas, vida personal, familiar y laboral.

---

[53] En la 110ª Conferencia Internacional del Trabajo de la OIT celebrada en junio de 2022, se adoptó la resolución que incorpora el entorno de trabajo seguro y saludable como el quinto Principio y Derecho Fundamental en el Trabajo de la OIT.

En base a estos principios, ambos organismos (, establecen diversas estrategias para promover el trabajo decente[54]:

1. Impulso del crecimiento económico inclusivo y sostenible, p.e. mejorando la productividad económica mediante la diversificación, modernización tecnológica e innovación.
2. Creación de empleo de calidad. Generando oportunidades de empleo decente para todos, especialmente para jóvenes y personas con discapacidad.
3. Protección de los derechos laborales. Proteger los derechos de los trabajadores y promover entornos laborales seguros.
4. Fomento del emprendimiento y la innovación tecnológica
5. Desvinculación del crecimiento económico y la degradación ambiental, mediante la eficiencia en el uso de recursos de tecnologías verdes.

Siguiendo estas premisas, los diferentes países integran en su ordenamiento jurídico la obligatoriedad de garantizar y promover centros de trabajo saludables y seguros, siendo las empresas en el desempeño de su actividad, las responsables directas de observar el mandato constitucional en esta materia. Por tanto, las organizaciones en su rol estratégico y de gestión deberían enfocarse en conseguir entornos de trabajo que no solo propicien la eficiencia y la productividad y el logro de ben-

---

54 Organización Internacional del Trabajo. (2015). Trabajo decente y la Agenda 2030 de Desarrollo Sostenible. https://www.ilo.org/es/temas-y-sectores/trabajo-decente-y-la-agenda-2030-de-desarrollo-sostenible; Comisión Europea. (2019). Towards a Sustainable Europe by 2030. https://commission.europa.eu/publications/sustainable-europe-2030_en

eficios, sino que además se tengan en cuenta, como pilar principal para estos logros el bienestar de los trabajadores como activo intangible y de vital importancia en la ventaja competitiva de las organizaciones, contribuyendo de este modo a la construcción de un trabajo decente y sostenible para todas las personas.

7. BIBLIOGRAFÍA

Agencia Estatal Boletín Oficial del Estado. Directiva del Consejo, de 12 de junio de 1989, relativa a la aplicación de medidas para promover la mejora de la seguridad y de la salud de los trabajadores en el trabajo. https://www.boe.es/buscar/doc.php?id=DOUE-L-1989-80648

Agencia Estatal Boletín Oficial del Estado. Directiva 92/85/CEE del Consejo, de 19 de octubre de 1992, relativa a la aplicación de medidas para promover la mejora de la seguridad y de la salud en el trabajo de la trabajadora embarazada, que haya dado a luz o en período de lactancia (décima Directiva específica con arreglo al apartado 1 del artículo 16 de la Directiva 89/391/CEE). https://www.boe.es/buscar/doc.php?id=DOUE-L-1992-81903

Agencia Estatal Boletín Oficial del Estado. Directiva 94/33/CE del Consejo, de 22 de junio de 1994, relativa a la protección de los jóvenes en el trabajo. https://www.boe.es/buscar/doc.php?id=DOUE-L-1994-81324

Agencia Estatal Boletín Oficial del Estado. Directiva del Consejo, de 25 de junio de 1991, por la que se completan las medidas tendentes a promover la mejora de la seguridad y de la salud en el trabajo de los trabajadores con una relación laboral de duración determinada o de empresas de trabajo temporal. https://www.boe.es/buscar/doc.php?id=DOUE-L-1991-81058

Agencia Estatal Boletín Oficial del Estado. Constitución Española. https://www.boe.es/buscar/act.php?id=BOE-A-1978-31229

Agencia Estatal Boletín Oficial del Estado. Ley 31/1995, de 8 de noviembre, de Prevención de Riesgos Laborales. https://www.boe.es/buscar/act.php?id=BOE-A-1995-24292

Agencia Estatal Boletín Oficial del Estado. Ley 10/2021, de 9 de julio, de trabajo a distancia. https://www.boe.es/buscar/act.php?id=BOE-A-2021-11472&p=20210710&tn=1#a1-10

Agencia Estatal Boletín Oficial del Estado. Ley Orgánica 3/2018, de 5 de diciembre, de Protección de Datos Personales y garantía de los derechos digitales. https://www.boe.es/buscar/act.php?id=BOE-A-2018-16673&p=20230509&tn=1#a8-10

Agencia Estatal Boletín Oficial del Estado. Real Decreto Legislativo 2/2015, de 23 de octubre, por el que se aprueba el texto refundido de la Ley del Estatuto de los Trabajadores. https://www.boe.es/buscar/act.php?id=BOE-A-2015-11430

Agencia Estatal Boletín Oficial del Estado. Ley 54/2003, de 12 de diciembre, de reforma del marco normativo de la prevención de riesgos laborales. https://www.boe.es/buscar/doc.php?id=BOE-A-2003-22861

Agencia Estatal Boletín Oficial del Estado. Ley 23/2015, de 21 de julio, Ordenadora del Sistema de Inspección de Trabajo y Seguridad Social. https://www.boe.es/buscar/act.php?id=BOE-A-2015-8168

Agencia Europea de Seguridad y Salud en el Trabajo. (2024). Las tecnologías digitales en el trabajo y los riesgos psicosociales: pruebas e implicaciones para la seguridad y la salud en el trabajo. *https://osha.europa.eu/es/publications/digital-technologies-work-and-psychosocial-risks-evidence-and-implications-occupational-safety-and-health*

Berg, J., Furrer, M., Harmon, E., Rani, U., & Silberman, M. S. (2018). "Digital labour platforms and the future of work: Towards decent work in the online world". En Analysis, Policy and Obvservatory. https://apo.org.au/node/**244461**

Cooper C, Cartwright S (1994). "Healthy mind–healthy organization–a proactive approach to occupational stress". *Human Relations,* 47, 455–471. https:// doi.org/10.1177/0018726794047 00405.

Cruz-Villalón. J. (2017). "Las transformaciones de las relaciones laborales ante la digitalización de la economía", Temas Laborales, núm. 138, 2017, pp. 13-47.

Frey, C. B., & Osborne, M. A. (2017). "The future of employment: How susceptible are jobs to computerisation?". *Technological forecasting and social change, 114,* 254-280. https://doi.org/10.1016/j.techfore.2016.08.019

Gil-Monte, P. R. (2012). "Riesgos psicosociales en el trabajo y salud ocupacional". *Revista peruana de Medicina Experimental y Salud pública, 29,* 237-241.

Gorski, P. S. (2003). "The disciplinary revolution: Calvinism and the rise of the state in early modern Europe". University of Chicago Press.

INSST (2023). "Encuesta Europea de Condiciones de Trabajo 2021. Datos de España". Vid https://www.insst.es/documentacion/material-tecnico/documentos-tecnicos/encuesta-europea-de-condiciones-de-trabajo-2021-datos-espana-2023.

Marín Malo, M. (2023) Aportaciones de la Inteligencia Artificial en materia preventiva y nuevos riesgos emergentes. En B. Rodríguez de Galdeano & M. Egúsquiza (Ed) Inteligencia artificial y prevención de riesgos laborales: obligaciones y responsabilidades. Tirant lo Blanch. https://palestra.tirantonline.com/cloudLibrary/ebook/info/9788411690454

Martín-Rodríguez, O. (2021). "El tecnoestrés como factor de riesgo para la seguridad y salud del trabajador". *Lan Harremanak–Revista De Relaciones Laborales*, (44). *https://doi.org/10.1387/lan-harremanak.22239*

McKinsey Global (2017). "Jobs lost, jobs gained: What the future of work will mean for jobs, skills, and wages". Vid in extenso: https://www.mckinsey.com/featured-insights/future-of-work/jobs-lost-jobs-gained-what-the-future-of-work-will-mean-for-jobs-skills-and-wages

Moreno Jiménez, B. (2011). "Factores y riesgos laborales psicosociales: conceptualización, historia y cambios actuales". *Medicina y Seguridad del trabajo*, 57, 4-19.

Nájar Becerra, C. A. (2024). "La Inteligencia Artificial y los riesgos psicosociales en el trabajo: El deber de prevención frente al uso de las nuevas tecnologías en las dinámicas laborales del siglo XXI". Laborem, 22 (29), 83-107.

OIT (2009). "Salud y vida en el trabajo: un derecho fundamental". https://www.ilo.org/sites/default/files/wcmsp5/groups/public/%40ed_protect/%40protrav/%40safework/documents/publication/wcms_151828.pdf

OIT (2019). "Documento final del centenario de la OIT. Informe IV, Conferencia Internacional del Trabajo", 108a Reunión.

OMS (2017). "Protección de la salud de los trabajadores". https://www.who.int/es/news-room/fact-sheets/detail/protecting-workers'-health

Ortega Alarcón, J.A., Rodríguez López, J.R., & Hernández Palma, H. G. (2017). "Importancia de la seguridad de los trabajadores en el cumplimiento de procesos, procedimientos y funciones". *Revista Academia & Derecho*, 8(14), 155- 176.

Peiró Silla, J. M. (1999). "Valoración de riesgos psicosociales y estrategias de prevención: El modelo AMIGO como base de la metodología Prevenlab/Psicosocial". *Journal of Work and Organizational Psychology*, 15(2), 267-314.

Peiró Silla, J. M. (2004). "El sistema de trabajo y sus implicaciones para la prevención de los riesgos psicosociales en el trabajo". Universitas psychologica, 3(2), 179-186.

Román-Cortez, K. R., Moreta-Trujillo, A. O., Gaibor-Hinostroza, V. C., & Lara-Paredes, S. J. (2021). "La prevención de riesgos laborales y su marco normativo. Perspectivas desde los Derechos Humanos". *Polo del Conocimiento,* 6(11), 1626-1639. DOI: 10.23857/pc.v6i11.3350.

Sacristán Enciso, J. I. (2018). "La Inspección de Trabajo y Seguridad Social y la política institucional en prevención de riesgos laborales". *Revista del Ministerio de Empleo y Seguridad Social: Revista del Ministerio de Trabajo, Migraciones y Seguridad Social,* (138), 397-434.

Salanova Soria, M. (2003). Trabajando con tecnologías y afrontando el tecnoestrés: el rol de las creencias de eficacia. *Revista de Psicología del Trabajo y de las Organizaciones, 19*(3), 225-246.

Salanova Soria, M. (2008). "Organizaciones saludables y desarrollo de recursos humanos". *Revista de trabajo y seguridad social. CEF,* 179-214. https://doi.org/10.51302/rtss.2008.5581;

Salanova Soria, M. (2009). "Organizaciones saludables, organizaciones resilientes". *Gestión Práctica de Riesgos Laborales,* 58, 18-23.

Salanova Soria, M., Cifre Gallego, E. & Martín, P (1999). "El proceso de Tecnoestrés y estrategias para su prevención". *Prevención, Trabajo y Salud,* 1, 18-28

Salanova Soria, M., Llorens Gumbau, S. & Cifre Gallego, E. (2004). Tecnoestrés, concepto, medida e intervención psicosocial. En Notas técnicas de prevención. 730. INSHT.

Salanova Soria, M., Llorens Gumbau, S., Cifre Gallego, E., & Martínez Martínez, I. M. (2012). "We need a hero! Toward a validation of the healthy and resilient organization (HERO) model". *Group & Organization Management, 37*(6), 785-822. https://doi.org/10.1177/1059601112470405

Salanova Soria, M., Llorens Gumbau, S., & Martínez Martínez, I. M. (2016). Contributions from positive organizational psychology to develop healthy and resilient organizations. Papeles del Psicólogo, 37(3), 177-184

Salanova Soria, M., Llorens Gumbau, S., & Martínez Martinez, I. M. (2019). Organizaciones saludables: una mirada desde la psicología positiva. Aranzadi.

Salanova Soria, M., & Schaufeli, W. B. (2004). "El engagement de los empleados: un reto emergente para la dirección de los recursos humanos". *Revista de Trabajo y Seguridad Social. CEF,* xx-xx.(p. 121).

Schwab, K. (2016). La cuarta revolución industrial. Debate.

Spreitzer, G. M., Cameron, L., & Garrett, L. (2017). "Alternative work arrangements: Two images of the new world of work". Annual Review of Organizational Psychology and Organizational Behavior, 4(1), 473-499

Capítulo 14.

PROTEÇÃO DO RISCO NÃO PROFISSIONAL: A EVENTUALIDADE PARENTALIDADE NO SISTEMA PREVIDENCIAL

VÍTOR PALMELA FIDALGO[1]

---

[1] O presente texto corresponde, no essencial, às conferências apresentadas no âmbito do I e II Cursos Pós-Graduados em Direito da Segurança Social, organizado pelo Instituto do Direito do Trabalho (IDT), pelo Centro de Investigação de Direito Privado (CIDP) e pela Faculdade de Direito da Universidade de Lisboa (FDUL), sob a coordenação do Professor Doutor Luís Gonçalves da Silva, da Professora Doutora Cláudia Madaleno, do Mestre Luís Miguel Monteiro e do Dr. Apelles Conceição.

1 INTRODUÇÃO

I. A maternidade e a paternidade constituem valores sociais eminentes, protegidos pela lei fundamental (artigo 68.º, n.º 2, da CRP). As famílias contribuem, inegavelmente, para a coesão, equilíbrio social e desenvolvimento sustentável do país. Por esse motivo, o Estado tem o dever não só de promover políticas de aumento de natalidade, mas também de melhorar a conciliação da vida familiar e profissional[2]. A lei constitucional ordena que a lei regule a atribuição às mães e aos pais de direitos de dispensa de trabalho por período adequado, de acordo com os interesses da criança e as necessidades do agregado familiar (artigo 68.º, n.º 4, da CRP). A este respeito, visa-se proteger, em particular, as mulheres durante o estado de gravidez e após o parto (artigo 68.º, n.º 3, da CRP).

II. Constituindo a parentalidade um valor constitucionalmente reconhecido e protegido, tal obriga a segurança social a intervir através da atribuição de subsídios de natureza pecuniária que visam substituir os rendimentos perdidos por força de um *risco não profissional*, designadamente do estado de incapacidade ou indisponibilidade para o trabalho por motivo de maternidade, paternidade e adoção. Além dos ditames constitucionais já referidos, visa-se ainda a melhoria dos cuidados na primeira infância e a igualdade de géneros no que respeita às responsabilidades parentais[3]. A relevância desta matéria ditou que a sua regulação fosse fixada num diploma complementar, designadamente no Decreto-Lei n.º 91/2009, de 9 de abril[4],

---

2 Cf. Ac. TCAN, de 16.12.2016, proc. n.º 00696/12.0BEBRG, disponível em «www.dgsi.pt».

3 ALCIDES MARTINS, *Manual de Direito da Segurança Social*, Almedina, Coimbra, 2024, p. 271.

4 Doravante, todas as menções a artigos sem a referência ao diploma em causa, dirão respeito ao Decreto-Lei n.º 91/2009, de 9 de abril.

que define a proteção da parentalidade no âmbito da eventual maternidade, paternidade e adoção do sistema previdencial e do subsistema de solidariedade (artigo 1.º)[5]. Este diploma unificou num único instrumento esta matéria e revogou o Decreto-Lei n.º 154/88, de 29 de abril, que estabelecia a Proteção na maternidade, paternidade e adoção dos beneficiários do regime geral de segurança social dos trabalhadores por conta de outrem, e o Decreto-Lei n.º 105/2008, de 25 de junho, que estatuía igual proteção, mas no âmbito do subsistema de solidariedade. O presente diploma já foi alvo de setes alterações, a últimas das quais pela denominada *Agenda do Trabalho Digno* (Decreto-Lei n.º 53/2023, de 5 de julho), cujo um dos objetivos foi, precisamente, o de reforçar a proteção na parentalidade. O subsistema de solidariedade é complementar ao sistema previdencial. Constitui uma proteção não contributiva, cujo financiamento deriva do orçamento de estado ou, eventualmente, do próprio sistema previdencial. Subjacente a um princípio de solidariedade, tem como objetivos erradicar situações de pobreza e de exclusão e de promover o bem-estar e a coesão sociais, garantindo, ainda, prestações em situações de comprovada necessidade pessoal ou familiar, não incluídas no subsistema previdencial (artigo 36.º, da Lei de Bases[6]). Os valores atribuídos das prestações com base neste subsistema têm como finalidade garantir as necessidades vitais dos beneficiários, assegurando direitos básicos de cidadania (artigo 42.º, da Lei de Bases), ou, melhor diríamos, de modo a salvaguardar a dignidade da pessoa humana.

---

5 Sobre este regime em termos gerais, *vide* Apelles Conceição, *Segurança Social. Manual Prático,* 13.º ed., Almedina, Coimbra, 2022, pp. 293 e ss.; Alcides Martins, *Manual de Direito da Segurança Social,* cit., pp. 271 e ss.; Mário Silveiro de Barros, *Direito da Segurança Social,* Almedina, Coimbra, 2024, pp. 65 e ss.

6 Lei n.º 4/2007, de 16 de janeiro.

III. No presente opúsculo iremos dedicar-nos, unicamente, à análise do sistema previdencial. A proteção por via deste sistema concretiza-se com a atribuição de prestações pecuniárias destinadas a compensar a perda de rendimentos de trabalho em consequência da ocorrência de tal *risco não profissional*. A proteção abrange as situações de risco clínico durante a gravidez, de interrupção da gravidez, de parentalidade, de adoção, de riscos específicos, de assistência a filho em caso de doença ou acidente, de assistência a filho com deficiência ou doença crónica e de assistência a neto determinantes de impedimento temporário para o trabalho (artigo 2.º). Em termos sistemáticos é importante conjugar esta matéria com as disposições do Código do Trabalho, designadamente os artigos 33.º a 65.º, respeitantes à parentalidade e cuja regulação prevê, expressamente, a sua articulação com o regime da proteção social (artigo 34.º, do Código do Trabalho, doravante CT)[7].

IV. Na análise a ser realizada, iniciaremos pela abordagem dos âmbitos pessoal e material de proteção 2 e 3, para de seguida dedicarmo-nos às condições de atribuição e respetiva caracterização, em detalhe, de cada um dos subsídios e montantes previstos (4 e 5). Nos três últimos pontos trataremos do requerimento e prazo para atribuição dos subsídios, o seu início,

---

[7] Para uma análise deste regime à luz das leis do trabalho, *vide, inter alia*, CATARINA CARVALHO, "A protecção da maternidade e da paternidade no Código do Trabalho", *RDES*, n.º 43, 2004, pp. 41 e ss. e "Efeitos das licenças, faltas e dispensas, em matéria de protecção da maternidade e da paternidade no acréscimo do período de férias", *Questões Laborais*, n.º 28, 2006, pp. 141 e ss.; MENEZES LEITÃO, *Direito do Trabalho*, 8.º ed., Coimbra, Almedina, 2023, pp. 200 e ss.; ROMANO MARTINEZ, *Direito do Trabalho*, 11.º ed., Coimbra, Almedina, 2023, pp. 381 e ss.; PALMA RAMALHO, *Tratado de Direito do Trabalho*, Parte II – Situações Laborais Individuais, 9.º ed. Coimbra, Almedina, 2023, pp, 822 e ss.

duração e acumulação e, finalmente, a forma de pagamento e prescrição (6 a 8).

2 ÂMBITO DE PROTEÇÃO PESSOAL

I. O âmbito pessoal de aplicação do regime jurídico de proteção social na parentalidade no âmbito do sistema previdencial encontra-se no artigo 4.º. Em termos gerais, não poderá ser atribuído àqueles que estejam impedidos ou inibidos totalmente do exercício do poder paternal (artigos 1913.º e ss., do Código Civil), sem prejuízo, do direito da mãe ao subsídio parental inicial de 14 semanas. Nos termos do n.º 1, o regime é aplicável aos trabalhadores por conta de outrem, mesmo que titulares de prestações de desemprego, bem como aos trabalhadores independentes[8]. O escopo do âmbito pessoal é ainda alargado pelo n.º 2, do mesmo preceito, aos beneficiários enquadrados no regime do seguro social voluntário, como bolseiros de investigação e trabalhadores em embarcações estrangeiras, desde que o respetivo esquema de proteção integre tal eventualidade.

II. Deve-se, referir que a proteção conferida aos progenitores é, ainda, extensiva aos beneficiários do regime geral dos trabalhadores por conta de outrem, que sejam adotantes, tutores, pessoas a quem foi deferida a confiança judicial ou ad-

---

[8] Sobre o reforço da proteção social dos trabalhadores independentes *vide* CONCEIÇÃO SOARES, "A Proteção Social dos Trabalhadores – A Mudança de Paradigma na Proteção Social dos Trabalhadores Independentes e o Reforço da Proteção da Parentalidade no Código do Trabalho", *Segurança Social. Sistema, Proteção, Solidariedade e Sustentabilidade,* coord. Jorge Campino/Nuno Monteiro Amaro/Suzana Fernandes da Costa, AAFDL, Lisboa, 2021, pp. 407 e ss.

ministrativa do menor[9], bem como os cônjuges ou pessoas em união de facto com qualquer daqueles ou com o progenitor desde que vivam em comunhão de mesa e habitação com o menor, sempre que, nos termos do Código de Trabalho, tal direito às correspondentes faltas, licenças, faltas ou dispensas lhes seja atribuído (artigo 5.º, n.º 1)[10]. Como seria de esperar, esta regra aplica-se, de igual modo, aos beneficiários do regime de segurança social dos trabalhadores independentes e do seguro social voluntário (artigo 5.º, n.º 2).

III. Finalmente, a lei esclarece que os beneficiários em situação de pré-reforma também terão direito aos subsídios previstos, contando que exerçam a atividade enquadrada em qualquer um dos regimes abrangidos pelo âmbito pessoal, sendo os respetivos subsídios calculados com base na remuneração do trabalho efetivamente auferida.

3 ÂMBITO MATERIAL DE APLICAÇÃO

I. O âmbito material de aplicação dos subsídios atribuídos vem regulado no artigo 7.º. A lei estatui onze categorias de prestações pecuniárias (n.º 1), designadamente, o subsídio por risco clínico durante a gravidez (*a)*); o subsídio por necessidade de deslocação a unidade hospitalar localizada fora da ilha de residência da grávida para realização de parto e para acompanhamento (*b)*); o subsídio por interrupção da gravidez (*c)*);

---

9 Cf. Ac. STA, de 13.07.2023, proc. 0223/21.9BEBRG, disponível em «www.dgsi.pt», que refere que o familiar acolhedor de um menor, no âmbito de aplicação, pela Comissão de Proteção de Crianças e Jovens, de medida de promoção e proteção de *apoio junto de outro familiar* engloba-se no conceito de "pessoa a quem foi deferida a confiança judicial ou administrativa de menor".

10 Sobre esta questão, *vide* Ac. TCAN, de 09.06.2022, proc. 00223/21.9BEBRG, disponível em «www.dgsi.pt».

subsídio parental, nas suas várias modalidades (*d)*); o subsídio parental alargado (*e)*); o subsídio por adoção (*f)*); o subsídio por riscos específicos (*g)*); o subsídio para assistência a filho (*h)*); o subsídio para assistência a filho com deficiência, doença crónica ou doença oncológica (*i)*); o subsídio para assistência a neto (*j)*); e o subsídio específico por internamento hospitalar do recém-nascido (*k)*). Nos termos do n.º 2, a proteção atribuída integra, de igual modo e quando aplicável[11], as prestações compensatórias de subsídio de férias, de Natal ou de outros que tenham natureza análoga. No entanto, tal atribuição depende de os beneficiários não terem direito ao pagamento destes subsídios, no todo ou em parte, pelo empregador e desde que o impedimento para o trabalho tenha duração igual ou superior a 30 dias consecutivos. Evita-se, assim, a duplicidade de pagamentos, impedindo que o beneficiário receba o mesmo subsídio em duas ocasiões, ou seja, tanto do empregador como da segurança social. Não se olvide, de facto, que as prestações pecuniárias atribuídas pela segurança social visam garantir ao beneficiário a manutenção do seu rendimento, e não proporcionar-lhe um enriquecimento por esta via.

II. Note-se, ainda, que o subsídio parental, o subsídio parental alargado, o subsídio por adoção, o subsídio por riscos específicos, o subsídio para assistência a filho, e o subsídio para assistência a filho com deficiência, doença crónica ou doença oncológica apenas será reconhecido, após o nascimento do filho, aos beneficiários que não estejam impedidos ou inibidos totalmente do exercício do poder paternal, nos termos dos 1913.º e ss., do Código Civil. Exceciona-se, no entanto, o caso do direito da mãe ao subsídio parental inicial de 42 dias e o subsídio por riscos específicos durante a amamentação. A razão para esta exceção está diretamente relacionada com a proteção da saúde e do bem-estar, tanto da mãe quanto do recém-nasci-

---

[11] Exclui-se, assim, os trabalhadores independentes (artigo 7.º, n.º 4).

do, especialmente nos primeiros momentos após o parto. No caso do subsídio parental inicial de 42 dias, este é garantido à mãe como um período de recuperação e adaptação inicial após o parto. Os primeiros 42 dias após o nascimento são considerados essenciais para a recuperação física da mãe e para o estabelecimento de uma relação inicial com o recém-nascido. Independentemente da situação jurídica em relação ao poder parental, o legislador garante esse direito como um cuidado básico à mãe, visando o bem-estar dela e do recém-nascido. Já no caso do subsídio por riscos específicos durante a amamentação, visa-se salvaguardar a saúde da mãe e do bebé durante esta fase. Durante o período de amamentação, a mãe pode precisar de evitar determinados tipos de trabalho ou exposição a ambientes que representem riscos à sua saúde e à saúde do recém-nascido que é amamentado. A exclusão deste subsídio prejudicaria a saúde de ambos e a continuidade do vínculo fundamental entre mãe e recém-nascido. Com efeito, estas exceções visam garantir a proteção mínima e essencial à saúde e ao bem-estar da mãe e do recém-nascido, independentemente de qualquer questão legal sobre o exercício do poder parental.

III. Apesar de, conforme demos conta, os titulares de prestações de desemprego terem direito à atribuição de subsídios relacionados com a proteção da parentalidade, a lei não inclui todas as prestações, mas apenas algumas modalidades. Por força do artigo 8.º, n.º 1, a proteção dos beneficiários que estejam a receber prestações de desemprego concretiza-se na atribuição apenas de cinco categorias de subsídios, nomeadamente o subsídio por risco clínico durante a gravidez, o subsídio por interrupção da gravidez, o subsídio parental, o subsídio por adoção e o subsídio por necessidade de deslocação a unidade hospitalar localizada fora da ilha de residência da grávida para realização de parto e para acompanhamento.

A atribuição dos subsídios referidos determinará a suspensão do pagamento das prestações de desemprego, durante o período de concessão destes (artigo 8.º, n.º 2 e artigo 51.º, n.º 1, do Decreto-Lei n.º 220/2006, de 3 de novembro[12]). Convoca-se aqui um *princípio de não acumulação de prestações pecuniárias*. Se é verdade que se acham objetivos diferentes para cada uma das categorias de prestações, porquanto o desidrato do subsídio de desemprego é atribuir um rendimento de substituição para apoiar financeiramente o beneficiário enquanto ele procura ativamente um novo emprego, não havendo tal disponibilidade devido à sua situação, não se justifica manter as duas prestações. De facto, durante o período de concessão do subsídio de parentalidade, o beneficiário está temporariamente indisponível para procurar ativamente emprego, o que constitui uma das condições essenciais para a concessão deste subsídio[13]. Ao suspender o subsídio de desemprego, evita-se a duplicação de apoios financeiros e mantém-se a coerência do sistema de segurança social em relação à finalidade de cada prestação. Não obstante, note-se que nos termos do artigo 51.º, n.º 2, do Decreto-Lei n.º 220/2006, os titulares do subsídio de desemprego parcial que se encontrem em situação de incapacidade para o trabalho por doença ou por impedimento no âmbito da proteção na maternidade, paternidade ou adoção diferente do que determina a suspensão do pagamento das prestações, mantêm o pagamento do subsídio de desemprego durante o período do impedimento.

4 CONDIÇÕES DE ATRIBUIÇÃO

I. O reconhecimento do direito aos subsídios previstos em termos materiais depende de condições comuns, que devem

---

12 Regime jurídico de proteção social da eventualidade de desemprego dos trabalhadores por conta de outrem.

13 Cf. artigos 11.º e 12.º, do Decreto-Lei n.º 220/2006.

ser cumulativamente preenchidas. Estas vêm previstas no artigo 24.º e são substancialmente duas: (i) por um lado, o gozo das respetivas licenças, faltas e dispensas não retribuídas nos termos do Código de Trabalho ou períodos equivalentes; (ii) por outro, o cumprimento do prazo de garantia.

As condições são aferidas à data do facto determinante da proteção (artigo 23.º, n.º 1), considerando-se como data do facto o 1.º dia de impedimento para o trabalho (artigo 23.º, n.º 2). Note-se, todavia, que a cessação ou suspensão do contrato de trabalho não prejudica o direito à proteção na eventualidade da maternidade, paternidade e adoção, contando que se encontrem satisfeitas as condições de atribuição das prestações (artigo 23.º, n.º 3).

II. Uma vez que o âmbito pessoal de aplicação vai além dos trabalhadores por conta de outrem, o n.º 2, do artigo 24.º refere que a primeira condição terá como equivalentes os períodos em que não se verifique o gozo das licenças, faltas ou dispensas, atendendo às características específicas do exercício de atividade profissional, nomeadamente no caso de trabalhador independente ou nas situações de desemprego subsidiado. Sob pena de incumprimento e dever de restituição, constitui dever dos beneficiários a comunicação, às instituições gestoras, dos factos determinantes da cessação do direito aos subsídios, nos termos do artigo 24.º, n.º 1, *a)*) (artigo 63.º).

III. No que concerne ao prazo de garantia, este vem previsto no artigo 25.º, sendo constituído para garantir um equilíbrio entre a sustentabilidade do sistema e o direito à proteção social.

Em termos gerais, podemos apontar-lhe quatro objetivos: em primeiro lugar, promove uma *vinculação ao sistema de segurança social*, no sentido que ao exigir que o beneficiário tenha contribuído por um período mínimo antes de aceder os benefícios, o prazo de garantia assegura que os beneficiários estejam devidamente inseridos no sistema e que suas contribuições ajudem a financiar a proteção social. Em segundo, visa *prevenir abusos no sistema*, porquanto o prazo de garantia reduz o risco de uso indevido do sistema por pessoas que poderiam aderir temporariamente apenas para obter os benefícios e, em seguida, deixar de contribuir. Em terceiro, contribui, de igual modo, para a *sustentabilidade financeira* do sistema, visto que ajuda a equilibrar as despesas com as receitas, garantindo que, pelo menos no sistema previdencial, os benefícios sejam concedidos a quem contribuir de forma significativa para a segurança social. Finalmente, acha-se também um *estímulo à regularidade contributiva*, incentivando os beneficiários a manterem vínculos contínuos com o mercado formal de trabalho, realizando contribuições regulares. Por força do artigo 25.°, n.° 1, o período de garantia é de seis meses civis, seguidos ou interpolados, com registo de remunerações, à data do facto determinante da proteção. No entanto, não havendo registo de remunerações durante seis meses consecutivos, a contagem do prazo de garantia tem início a partir da data em que ocorra um novo registo de remunerações (artigo 25.°, n.° 4). No que respeita, em termos particulares, ao subsídio parental inicial exclusivo da mãe antes do parto (artigo 13.°) e ao subsídio parental inicial exclusivo do pai (artigo 15.°, n.° 1, *a)*), a atribuição deste está sujeito a regras especiais quanto ao prazo, porquanto depende de os beneficiários terem registo de remunerações em pelo menos um dos seis meses imediatamente anteriores ao facto determinante de proteção. A lei reflete, neste âmbito, a necessidade de um vínculo contributivo próximo à data do facto determinante de proteção, tendo em conta a cobertura imediata do risco. Para os efeitos aqui referidos, o n.° 3, do artigo 25.° esclarece que poderá relevar, se necessário, o mês em ocorre o evento, desde que no mesmo se verifique registo de remunerações. Assim, por exemplo, se o beneficiário começou a contribuir para a segurança social em novembro de 2023 e, no dia 10 de abril de 2024, iniciou a licença parental em decorrência do nascimento de um filho, tendo efetuado contribuições até 9 de abril de 2024, o mês de abril será considerado para completar o prazo de garantia, mesmo que o beneficiário não tenha trabalhado durante todo o referido mês[14]. Esta regra visa dar alguma flexibilidade ao prazo de garantia, evitando que beneficiários que já estavam em situação de atividade laboral imediatamente antes do evento sejam excluídos da proteção por não atingirem os seis meses completos de contribuições, quando poderiam alcançar o prazo necessário ao incluir o mês em que o evento ocorre.

IV. Note-se, ainda, que para efeitos do cumprimento do prazo de garantia para atribuição de subsídios previstos, serão considerados, desde que não haja sobreposição, os períodos de registo de remunerações em quaisquer regimes obrigatórios, não apenas nacionais, mas também estrangeiros, que visem assegurar prestações pecuniárias de proteção na eventualidade, onde se inclui a função pública (artigo 26.º). A totalização de períodos contributivos evita que um trabalhador fique desprotegido ao mudar entre diferentes regimes contributivos, sendo particularmente importante num contexto de mobilidade laboral nacional e internacional.

---

14 Para uma explicação exaustiva, com exemplos, *vide* INSTITUTO DA SEGURANÇA SOCIAL I.P., *Guia Prático – Subsídio Parental (Também aplicável a situações de Apadrinhamento Civil)*, 2024, disponível em «https://www.seg-social.pt/documents/10152/14973/3010_subs%C3%ADdio_parental/f724beed-a5cb-4239-8fcc-fa09d7a6900f», pp. 12 e ss.

5 CARACTERIZAÇÃO DOS SUBSÍDIOS E MONTANTES DOS SUBSÍDIOS

5.1. Generalidades

I. Conforme se deu conta, o legislador prevê a atribuição de diversos subsídios no âmbito da proteção da maternidade e paternidade. O reconhecimento do direito aos subsídios dá lugar, por um lado, ao registo de remunerações por equivalência à entrada de contribuições durante o respetivo período de concessão, e, por outro, é considerado como trabalho efetivamente prestado (artigo 22.º, n.º 1 e artigo 65.º, do CT).

II. Questiona-se ainda qual o regime aplicável no caso de trabalhador que requer trabalho a tempo parcial nos termos do artigo 55.º, do CT. Por força do artigo 22.º, n.º 2, durante os períodos de trabalho a tempo parcial há lugar a registo adicional de remunerações por equivalência à entrada de contribuições por valor igual ao das remunerações registadas a título de trabalho a tempo parcial efetivamente prestado, tendo, no entanto, como limite, o valor da remuneração média registada a título de trabalho a tempo completo, mediante comunicação do facto, por parte do trabalhador, à de segurança social. O objetivo é assegurar que estes trabalhadores não sejam prejudicados no cálculo dos seus direitos futuros na segurança social.

III. No que diz respeito aos períodos de assistência a filho, previstos no artigo 52.º, do CT, estes serão tomados em consideração para a taxa de formação no cálculo das pensões de invalidez e de velhice do regime geral da segurança social, desde que o trabalhador comunique tal facto (artigo 22.º, n.º 3).

IV. Conforme já foi referido, neste âmbito a segurança social intervêm através da atribuição de subsídio de natureza pecuniária que visam substituir dos rendimentos perdidos por força de um risco não profissional. Nos termos do artigo 27.º, o montante diário dos subsídios será calculado pela aplicação de uma percentagem ao valor de referência do beneficiário. Está em causa a denominada *remuneração de referência*, que representa um indicador que reflete a média dos rendimentos do beneficiário durante um período de referência previamente estabelecido. A fórmula da remuneração de referência é estabelecida no artigo 28.º, n.º 1, sendo definida por *R*/180, em que *R* representa o total das remunerações registadas nos primeiros seis meses civis que precedem o segundo mês anterior ao da data do facto determinante de proteção. Assim, por exemplo, caso a licença se inicie em abril de 2024, somar-se-ão as remunerações de agosto de 2023 a janeiro de 2024. Nos casos em que se verifique a totalização dos períodos contributivos, caso os beneficiários não apresentem no período de referência seis meses com registo de remunerações, a *remuneração de referência* é definida pela fórmula R/(30 x *n*)), sendo que *R* representa o total das remunerações registadas desde o início do período de referência até ao dia que antecede o facto determinante da proteção e *n* o numero de meses a que as mesmas se reportam (artigo 28.º, n.º 2). Na determinação do total de remunerações registadas não serão consideradas as importâncias respeitantes aos subsídios de férias, de Natal ou de outros de natureza análoga (artigo 28.º, n.º 4).

V. A atribuição da prestação compensatória dos subsídios de férias, de Natal ou outros de natureza análoga dependerá de os beneficiários não terem direito ao pagamento daqueles subsídios, no todo ou em parte, pelo respetivo empregador, contando que o impedimento para o trabalho tenha duração igual ou superior a 30 dias consecutivos (artigo 21.º-A). O legislador estatui, no entanto, um limite a tal prestação compensatória no artigo 37.º-A, porquanto corresponde apenas a 80%

da importância que o beneficiário deixa de receber do respetivo empregador. Aliás, no caso da licença para assistência a filho com deficiência ou doença crónica, não pode ultrapassar duas vezes o valor do IAS.

VI. A caracterização dos subsídios vem estabelecida nos artigos 9.º a 21.º e os seus montantes nos artigos 29.º a 38.º. São previstos os seguintes subsídios:

(i) Subsídio por risco clínico durante a gravidez;

(ii) Subsídio por necessidade de deslocação a unidade hospitalar localizada fora da ilha de residência da grávida para realização de parto e para acompanhamento;

(iii) Subsídio por interrupção da gravidez;

(iv) Subsídio parental, nas suas várias modalidades;

(v) Subsídio parental alargado;

(vi) Subsídio por adoção;

(vii) Subsídio por riscos específicos;

(viii) Subsídio para assistência a filho;

(ix) Subsídio para assistência a filho com deficiência, doença crónica ou doença oncológica;

(x) Subsídio para assistência a neto;

(xi) Subsídio específico por internamento hospitalar do recém-nascido.

De seguida, daremos conta de cada uma destas situações, bem como dos montantes atribuídos. Note-se, no entanto, que independentemente do valor atribuído, nos termos do artigo 38.º, n.º 1, o montante diário mínimo dos subsídios previstos no presente capítulo não pode ser inferior a 80 % de um 30 avos do valor do IAS[15]. No caso particular do montante diário mínimo do subsídio parental alargado, este não pode ser inferior a 40 % de um 30 avos do valor do IAS (artigo 38.°, n.° 2).

5.2. Subsídio por risco clínico durante a gravidez

I. Nos termos do artigo 9.°, o subsídio por risco clínico durante a gravidez será atribuído nas situações de risco clínico para a grávida ou para o nascituro, medicamente certificado e que seja impeditivo do exercício de atividade laboral, durante o período considerado necessário para prevenir o risco. Esta última circunstância é constitutiva do direito a atribuir, uma vez que, nos termos do artigo 37.°, n.° 1, do CT, esta licença e a atribuição do respetivo subsídio apenas se aplica caso o empregador não proporcione à trabalhadora o exercício de atividade compatível com o seu estado e categoria profissional, desde que, tendo em conta o risco, seja possível à trabalhadora prestar tal atividade. A trabalhadora deve informar o empregador e apresentar atestado médico que indique a duração previsível da licença, prestando essa informação com a antecedência de 10 dias ou, em caso de urgência comprovada pelo médico, logo que possível (artigo 70.° e artigo 37.°, n.° 2, do CT).

II. O montante diário do subsídio por interrupção da gravidez será igual a 100 % da remuneração de referência dos beneficiários (artigo 29.°).

---

15 Se estiver em causa o subsídio parental inicial a tempo parcial, o montante diário mínimo corresponderá a 50 % do valor calculado nos termos da presente disposição (artigo 38.°, n.° 3).

5.3. Subsídio por necessidade de deslocação a unidade hospitalar localizada fora da ilha de residência da grávida para realização de parto e para acompanhamento

I. O Subsídio por necessidade de deslocação a unidade hospitalar localizada fora da ilha de residência da grávida para realização de parto e para acompanhamento foi aditado pela Lei n.º 90/2019, de 4 de setembro (cf. artigo 7.º), que visou reforçar a proteção na parentalidade, alterando, entre outros diplomas, o regime jurídico de proteção social na parentalidade no âmbito do sistema previdencial e no subsistema de solidariedade. Por força do artigo 9.º-A, tal subsídio é atribuído nas situações em que a grávida necessite realizar uma deslocação por indisponibilidade ou inexistência de recursos técnicos e humanos na sua ilha de residência, durante o período que for considerado necessário e adequado para esse fim, o que deve constar, expressamente, de prescrição médica (artigo 9.º-A, n.º 1). De acordo com o n.º 2, do mesmo preceito, o subsídio poderá ser ainda atribuído para acompanhamento da grávida pelo trabalhador cônjuge, que com ela viva em união de facto ou economia comum, ou por seu parente ou afim na linha reta ou no 2.º grau da linha colateral. O período de licença será definido pelo médico, tendo em conta o caso concreto, devendo-se atribuir o tempo necessário e razoavelmente adequado para a realização do parto.

II. O montante diário do subsídio por necessidade de deslocação a unidade hospitalar fora da ilha de residência da grávida para realização de parto e para acompanhamento será igual a 100 % da remuneração de referência dos beneficiários (artigo 29.º).

5.4. Subsídio por interrupção da gravidez

I. O subsídio por interrupção da gravidez vem previsto no artigo 10.º. Será concedido nas situações de interrupção de gravidez impeditivas do exercício de atividade laboral, medicamente certificadas, durante um período variável entre 14 e 30 dias (*vide*, ainda, artigo 38.º, n.º 1 do CT). O período de licença, dentro do intervalo legalmente estabelecido, deverá ser definido pelo médico, considerando o caso concreto. A licitude ou ilicitude da interrupção da gravidez não será *conditio* da atribuição do direito e respetivo subsídio. Deve-se aferir, apenas, o facto natural em causa. Nos termos do artigo 70.º e artigo 38.º, n.º 2, do CT, a trabalhadora deve informar o empregador e apresenta, logo que possível, atestado médico com indicação do período da licença.

II. O montante diário do subsídio por risco clínico durante a gravidez será igual a 100 % da remuneração de referência dos beneficiários (artigo 29.º).

5.5. Subsídio parental

I. O subsídio parental deverá ser concedido durante o período de impedimento para o exercício da atividade laboral e compreende as seguintes modalidades:

(i) Subsídio parental inicial;

(ii) Subsídio parental inicial exclusivo da mãe;

(iii) Subsídio parental inicial de um progenitor em caso de impossibilidade do outro;

(iv) Subsídio parental inicial exclusivo do pai.

II. Nos termos do artigo 12.º, n.º 1, o subsídio parental inicial – de longe, o mais importante em termos sociais e, por conseguinte, na despesa global da segurança social – é concedido pelo período até 120 ou 150 dias consecutivos, consoante opção dos progenitores, cujo gozo podem partilhar após o parto. De acordo com o n.º 2, do mesmo preceito, os períodos referidos devem ser acrescidos de 30 dias consecutivos nas situações de partilha da licença, no caso de cada um dos progenitores gozar, em exclusivo, de um período de 30 dias consecutivos, ou dois períodos de 15 dias consecutivos, após o período de gozo de licença parental inicial exclusiva da mãe, correspondente a seis semanas após o parto. Os períodos referidos estão sujeitos a acréscimos que visam compensar circunstâncias excecionais, que oneram a posição dos beneficiários tendo em conta o caso concreto. São previstos acréscimos para as seguintes situações: (i) nascimentos múltiplos (ou seja, gémeos, por cada criança nascida com vida) (artigo 12.º, n.º 3; (ii) partilha da licença, no caso de cada um dos progenitores gozar, em exclusivo, um período de 30 dias consecutivos, ou dois períodos de 15 dias consecutivos, após o período de gozo de licença parental inicial exclusiva da mãe, correspondente a 42 dias após o parto (artigo 12.º, n.º 2); (iii) prematuridade (ou seja, parto que ocorra até às 33 semanas) (artigo 12.º, n.º 6); Por força do artigo 12.º, n.º 4, a concessão do subsídio parental inicial depende de declaração dos beneficiários dos períodos a gozar ou gozados pelos progenitores, de modo exclusivo ou partilhado. Caso a licença parental inicial não seja partilhada, e sem prejuízo dos direitos atribuídos exclusivamente à mãe, há lugar à concessão do subsídio parental inicial ao progenitor que o requeira nas situações em que o outro progenitor exerça atividade profissional e não tenha requerido o correspondente subsídio (artigo 12.º, n.º 5). Na eventualidade de não ser apresentada a declaração de partilha, o direito ao subsídio parental inicial é reconhecido à mãe (artigo 12.º, n.º 9).

III. O subsídio parental exclusivo da mãe vem previsto no artigo 13.º. Será atribuído por um período facultativo até 30 dias antes do parto e seis semanas obrigatórias após o parto, os quais se integram no período de concessão correspondente ao subsídio parental inicial.

IV. Já o subsídio parental inicial de um progenitor em caso de impossibilidade do outro é estatuído no artigo 14.º. Será atribuído até ao limite do período remanescente que corresponda à licença parental inicial não gozada, em caso de incapacidade física ou psíquica, medicamente certificada, durante todo o período que esta se mantiver, bem como por morte do progenitor (artigo 14.º, n.º 1). Note-se que apenas haverá lugar à concessão de 180 dias de licença nos termos do artigo 12.º, n.º 2, caso se verifiquem as condições aí previstas, nomeadamente, a incapacidade física ou psíquica ou a morte do progenitor (artigo 14.º, n.º 2). Em caso de morte ou incapacidade física ou psíquica da mãe, o subsídio parental inicial a gozar pelo pai tem a duração mínima de 30 dias (artigo 14.º, n.º 3). A lei prevê ainda o caso de morte ou incapacidade física ou psíquica de mãe não trabalhadora nos 120 dias a seguir ao parto. Neste caso, o pai terá direito ao remanescente do subsídio parental inicial não gozado pela mãe, ficcionando-se, assim, que esta teria direito a tal subsídio, ou pela duração mínima dos 30 dias, já referidos (artigo 14.º, n.º 4).

V. O subsídio parental inicial exclusivo do pai está previsto no artigo 15.º. Esta constitui uma matéria que tem sido alvo de constante atenção por parte do legislador, designadamente no sentido de alargar os períodos de licença a favor do pai. ¡Nos termos do artigo 15.º, n.º 1, o subsídio parental inicial exclusivo do pai é concedido pelos períodos seguintes: (i) 28 dias de gozo obrigatório, seguidos ou interpolados de no mínimo 7 dias, dos quais 7 gozados de modo consecutivo imediatamente após o nascimento e os restantes 21 nos 42 dias seguintes a este; (ii) 7 dias de gozo facultativo, seguidos ou interpolados, desde que gozados em simultâneo com o gozo da licença parental inicial por parte da mãe. No caso de nascimentos múltiplos, aos períodos previstos no número anterior acrescem dois dias por cada gémeo além do primeiro, a gozar imediatamente após os referidos períodos (artigo 15.°, n.° 2). A atribuição do subsídio parental inicial exclusivo do pai depende de declaração dos períodos a gozar ou gozados pelo mesmo (artigo 15.°, n.° 3).

VI. No que diz respeito aos meios de prova, a atribuição dos subsídios aqui referidos dependem da apresentação de declaração médica ou do estabelecimento ou serviço de saúde correspondente, que comprove os factos em causa, seja parto, internamento da criança, ou da impossibilidade de um progenitor (declaração de incapacidade física ou psíquica ou certidão de óbito) (artigos 71.° a 72.°).

VII. O montante diário atribuído no subsídio parental inicial depende de vários fatores, em particular, da duração da licença e da partilha desta pelos progenitores. No período de licença correspondente à licença de 120 dias, o montante diário é igual a 100% da remuneração de referência do beneficiário (artigo 30.°, n.° 1, *a)*). Já no caso de opção pelo período de licença de 150 dias, o montante diário é igual a 80% da remuneração de referência do beneficiário (artigo 30.°, n.° 1, *b)*). A licença de 150 dias pode, no entanto, ser remunerada a 100%, caso cada um dos progenitores goze de, pelo menos, 30 dias consecutivos, ou dois períodos de 15 dias igualmente consecutivos (artigo 30.°, n.° 1, *c)*). O propósito é, claramente, promover a *partilha da licença pelos progenitores*, considerando que, normalmente, a mãe assume a maior parte da responsabilidade nesse âmbito. Além disso, a sua ausência mais prolongada tende a ampliar as desigualdades no mercado de trabalho.

O mesmo propósito é notado no artigo 30.°, n.° 1, *d)* e *e)*: na primeira hipótese, é estabelecido que no caso de opção pelo período de licença de 180 dias, nas situações em que cada um dos progenitores goze pelo menos de 30 dias consecutivos, ou dois períodos de 125 dias igualmente consecutivos, o montante diário é igual a 83% da remuneração de referência do beneficiário; já na segunda, no caso de opção pelo período de licença de 180 dias, nas situações em o pai goze pelo menos um período de 60 dias consecutivos, ou dois períodos de 30 dias consecutivos do total de 180 da licença parental inicial, além da licença parental exclusiva do pai, o montante diário é igual a 90% da remuneração de referência do beneficiário. De referir, ainda, que o montante diário do subsídio parental exclusivo do pai é igual a 100% da remuneração de referência do beneficiário (artigo 31.º). De igual modo, o montante diário dos subsídios devidos nos períodos de acréscimo à licença parental inicial pelo nascimento de gémeos, por internamento hospitalar e por prematuridade até às 33 semanas é de 100% (artigo 32.º).

5.6. Subsídio parental alargado

I. Nos termos do artigo 16.º, o subsídio parental alargado será concedido a um ou a ambos os progenitores (simultânea ou alternadamente) por um período até três meses, nas situações de exercício de licença parental complementar gozada nos termos do artigo 51.º, n.º 1, *a)*, c) e *d)*, que comporta as seguintes modalidades: (i) licença parental alargada, por três meses (*a)*); (ii) trabalho a tempo parcial durante três meses, com um período normal de trabalho igual a metade do tempo completo (*c)*); (iii) períodos intercalados de licença parental e de trabalho a tempo parcial em que a duração total da ausência e da redução do tempo de trabalho seja igual aos períodos normais de trabalho de três meses.

II. Devido à sua natureza e proporcionalidade, o montante do subsídio parental alargado é igual apenas a 30% da remuneração de referência do beneficiário (artigo 33.º, n.º 1). Este montante beneficia, no entanto, de um acréscimo, caso os progenitores gozem, cada um, a totalidade da licença parental alargada, cujo montante diário será de 40% (artigo 33.º, n.º 2). Finalmente, caso o progenitor goze de licença parental complementar correspondente a trabalho a tempo parcial durante três meses, com um período normal de trabalho igual a metade do tempo completo e desde que a licença seja exercida na totalidade por cada um dos progenitores (artigo 51.º, n.º 1, *c)*, do CT), o montante diário do subsídio corresponderá a 20% da remuneração de referência (artigo 33.º, n.º 3).

5.7. Subsídio por adoção

I. O subsídio por adoção surge no artigo 17.º. De acordo com o n.º 1, este é atribuído aos candidatos a adotantes na situação de confiança judicial ou administrativa com a vista a adoção legalmente prevista de menor de 15 anos, que sejam impeditivas do exercício de atividade laboral ou equivalente. Corresponde ao subsídio parental inicial e ao subsídio parental alargado. Exceciona-se, no entanto, o caso de adoção de filho do cônjuge do beneficiário ou da pessoa com quem o beneficiário viva em união de facto, caso em que não lugar à atribuição de qualquer subsídio. Em caso de incapacidade física ou psíquica, medicamente comprovada, ou de morte do beneficiário candidato a adotante sem que este tenha esgotado o direito ao subsídio, aplica-se o modelo de solução próximo do já enunciado para o subsídio parental: o cônjuge que seja beneficiário tem direito ao subsídio pelo período remanescente ou a um mínimo de 14 dias, ainda que não seja candidato a adotante, desde que viva em comunhão de mesa e habitação com o adotado (artigo 17.º, n.º 2). Também nesta situação está previsto um acréscimo no subsídio concedido, caso se dê adoções múltiplas: aos períodos normalmente estabelecidos acrescem 30 dias por cada adoção além da primeira (artigo 17.º, n.º 3).

II. A atribuição do subsídio por adoção depende da apresentação de declaração da confiança administrativa ou judicial do menor adotado (artigo 73.º, n.º 1) ou, no caso de impossibilidade física ou psíquica ou morte do beneficiário candidato, da certificação médica da incapacidade física ou psíquica do outro progenitor ou de certidão de óbito (artigo 73.º).

III. O montante diário do subsídio por adoção é igual ao previsto para as várias modalidades do subsídio parental inicial, consoante a modalidade a que corresponde, ao subsídio parental exclusivo do pai e, em caso de adoções múltiplas, ao previsto no artigo 32.º (artigo 34.º). A lei reconhece, assim, que a adoção envolve necessidades e responsabilidades comparáveis às do nascimento de um filho biológico.

5.8. Subsídio por riscos específicos

I. Por força do artigo 18.º, n.º 1, o subsídio por riscos específicos é concedido nas situações de impedimento para o exercício de atividade laboral determinadas pela existência de risco específico para a beneficiária grávida, puérpera e lactante que desempenhe trabalho noturno ou esteja exposta a agentes, processos ou condições de trabalho, que constituam risco para a sua segurança e saúde nos termos definidos na lei. A atribuição de tal subsídio terá a duração necessária para prevenir o risco e na impossibilidade de o empregador lhe conferir outras tarefas.

II. A presente prestação deve ser articulada com o artigo 62.º, do CT, que atribui às trabalhadoras grávidas, puérperas e lactantes uma proteção acrescida em termos de segurança e saúde nos locais de trabalho, tendo como desiderato evitar a exposição de riscos para a sua segurança e saúde. Neste contexto, o empregador é obrigado a realizar uma avaliação prévia sobre os riscos que uma determinada atividade apresenta para as trabalhadoras grávidas, puérperas e lactantes (artigo 62.º, n.º 2, do CT), de cujos resultados deve informar a trabalhadora (artigo 62.º, n.º 4, do CT). Adicionalmente, o empregador deve tomar as medidas necessárias para evitar a ocorrência dos riscos adotados, que podem passar pela tomada de decisões, dispostas escalonadamente, que dependem, em grande medida, da situação em concreto. Por força do artigo 62.º, n.º 3, do CT, a decisão pode passar pela *simples* adaptação das condições de trabalho, de forma a salvaguardar os riscos, ou, em casos mais prementes de proteção, pela transferência de funções ou, no limite, pela dispensa de prestação laboral por parte da trabalhadora (artigo 62.º, n.º 3, do CT). A este respeito, note-se que a lei veda ou condiciona a estas trabalhadoras o exercício de todas as atividades cuja avaliação revele riscos de exposição a agentes e condições de trabalho que coloquem em perigo a sua segurança ou saúde, bem como o desenvolvimento do nascituro. As atividades que se encontram proibidas ou condicionadas constam de legislação especial, designadamente dos artigos 50.º e ss., da Lei n.º 102/2009, de 10 de setembro (v., ainda, artigo 62.º, n.º 6, do CT, que remete esta matéria para legislação especial). Será o impedimento absoluto da prestação laboral por parte das trabalhadoras na situação particular aqui referidas que lhes concederá um *subsídio por risco específico* nos termos do artigo 18.º já aqui referido.

III. Como a presente prestação foi construída, num primeiro momento, considerando o estatuto de trabalhadores por conta de outrem, no caso de trabalhadoras independentes ou abrangidas pelo seguro social voluntário, a comprovação do risco de desempenho de trabalho noturno ou de exposição a agente ou processos ou condições de trabalho deve ser efetuada por médico do trabalho ou por instituição ou serviço integrado no Serviço Nacional de Saúde (artigo 18.º, n.º 2).

IV. Dada a particularidade da presente situação, são previstos meios de provas específicos no artigo 74.º, nomeadamente, a declaração do empregador da impossibilidade de atribuição de outras tarefas à beneficiária grávida, puérpera ou lactante que desempenhe trabalho noturno ou esteja exposta a agentes ou processos ou condições de trabalho que constituam risco. No caso das trabalhadoras independentes e abrangidas pelo seguro social voluntário, a comprovação de desempenho de trabalho noturno ou de exposição a agente ou processos ou condições de trabalho que constituam risco é efetuada por médico do trabalho ou por instituição ou serviço integrado no Serviço Nacional de Saúde.

V. O montante diário do subsídio por riscos específicos é igual a 100 % da remuneração de referência do beneficiário (artigo 35.º).

5.9. Subsídio para assistência a filho

I. O subsídio para assistência a filho é atribuído nas situações de impedimento para o exercício de atividade laboral determinadas pela necessidade de "prestar assistência inadiável e imprescindível a filhos", em caso de doença ou acidente (artigo 19.º, n.º 1). Tal circunstância deve ser medicamente certificada e comporta duas modalidades consoante os filhos menores ou maiores de 12 anos, ou, independentemente da idade, da sua condição fisiológica.

No caso de filho menor de 12 anos, ou, independentemente da idade, no caso de filho com deficiência ou doença crónica, o subsídio é atribuído por um período máximo de 30 dias, seguidos ou interpolados, em cada ano civil ou durante todo o período de eventual hospitalização. No caso de filho maior de 12 anos, o subsídio é concedido por um período máximo de 15 dias, seguidos ou interpolados, em cada ano civil. Os períodos referidos estão sujeitos a acréscimos de um dia por cada filho além do primeiro (artigo 19.º, n.º 2).

II. Nos termos do artigo 19.º, n.º 3, a atribuição do subsídio para assistência a filho depende de o outro progenitor ter atividade profissional, não exercer o direito ao respetivo subsídio pelo mesmo motivo ou estar impossibilitado de prestar a assistência e, ainda, no caso específico de filho maior, este se integrar no agregado familiar do beneficiário.

III. Note-se, ainda, que releva para o cômputo dos períodos máximos de concessão do subsídio para assistência a filho, os períodos de concessão do subsídio para assistência a netos, nos termos do artigo 21.º, n.º 1, *b)*, que teremos ocasião de abordar (artigo 19.º, n.º 3).

IV. A atribuição do subsídio para assistência a filho depende da apresentação de certificação médica ou declaração hospitalar (artigo 75.º, n.º 1). No entanto, tal elemento será dispensado na situação de filho com deficiência com 12 ou mais anos de idade, se já estiver a ser atribuída uma prestação por deficiência (artigo 75.º, n.º 2). Já no caso de filho com doença crónica, a certificação médica apenas é exigível aquando da apresentação do primeiro requerimento.

V. O montante diário do subsídio para assistência a filho é igual a 100 % da remuneração de referência do beneficiário (artigo 35.º).

5.10. Subsídio para assistência a filho com deficiência ou doença crónica

I. Semelhante ao risco previsto na prestação para assistência a filho, é o subsídio para assistência a filho com deficiência ou doença crónica estabelecido no artigo 20.º O subsídio para assistência a filho com deficiência ou doença crónica é concedido nas situações de impedimento para o exercício de atividade laboral determinadas pela necessidade de prestar assistência a filho com deficiência ou doença crónica. É atribuído por período até seis meses, prorrogável até ao limite de quatro anos (artigo 20.º, n.º 1). A concessão do presente subsídio depende de dois requisitos cumulativos: (i) por um lado, de o filho viver em comunhão de mesa e habitação com o beneficiário; (ii) por outro, o facto de o outro progenitor ter atividade profissional e não exercer o direito ao respetivo subsídio pelo mesmo motivo ou estar impossibilitado de prestar a assistência.

II. A atribuição do subsídio para assistência a filho com deficiência ou doença crónica depende de apresentação da certificação médica que comprove a necessidade de assistência (artigo 76.º, n.º 1). Aplicam-se, de igual modo, as dispensas de prova aplicáveis ao subsídio para assistência a filho. Já a sua prorrogação depende de comunicação do beneficiário de que a licença para assistência a filho com deficiência ou doença crónica se mantém, no prazo de 10 dias úteis antes do termo do período de concessão (artigo 76º, n.º 3).

III. Nos termos do artigo 36.º, o montante diário do subsídio para assistência a filho com deficiência, doença crónica ou doença oncológica é igual a 65% da remuneração de referência do beneficiário, tendo como limite máximo mensal o valor correspondente a duas vezes o indexante dos apoios sociais (IAS).

5.11. Subsídio para assistência a neto com deficiência ou doença crónica

I. O subsídio para assistência a neto vem previsto no artigo 21.º. O subsídio é garantido durante o período de impedimento para o exercício de atividade laboral e é composto por duas modalidades: (i) subsídio para assistência em caso de nascimento de neto, correspondente a um período até 30 dias consecutivos após o nascimento de neto que resida com o beneficiário em comunhão de mesa e habitação e seja filho de adolescente menor de 16 anos; (ii) subsídio para assistência a neto menor ou, independentemente da idade, com deficiência ou doença crónica, pelo período correspondente aos dias de faltas remanescentes não gozados pelos progenitores, remetendo-se, neste âmbito, para as regras previstas do subsídio para assistência a filho no artigo 19.º.

II. A concessão do presente subsídio em caso de nascimento de neto dependerá de declaração dos beneficiários dos períodos a gozar ou gozados pelos avós, de modo exclusivo ou partilhado (artigo 21.º, n.º 2). O subsídio para assistência em caso de nascimento de neto, nas situações em que não é partilhado pelos avós, é concedido desde que o outro avô exerça atividade profissional, esteja impossibilitado de prestar assistência e não tenha requerido o correspondente subsídio (artigo 21.º, n.º 3).

III. O subsídio para assistência a neto depende, no entanto, de várias condições: que os progenitores exerçam atividade profissional, que estejam impossibilitados de prestar a assistência e não exerçam o direito ao respetivo subsídio pelo mesmo motivo, e, ainda, que nenhum outro familiar do mesmo grau falte pelo mesmo motivo (artigo 21.º, n.º 4).

IV. A atribuição do subsídio para assistência a neto depende de apresentação de certificação médica com indicação dos períodos de impedimento para o trabalho necessários para garantir a assistência inadiável e imprescindível ao neto (artigo 77.º).

V. De acordo com o artigo 37.º, o montante diário do subsídio para assistência a neto difere consoante a modalidade.

No caso de subsídio para assistência em caso de nascimento de neto, igual a 100 % da remuneração de referência do beneficiário (artigo 37.°, *a)*). No caso de subsídio para assistência a neto, igual a 65 % da remuneração de referência do beneficiário (artigo 37.°, *b)*).

6 REQUERIMENTO E PRAZO PARA ATRIBUIÇÃO DOS SUBSÍDIOS

I. A atribuição dos subsídios referidos anteriormente depende, em regra, da apresentação de requerimento, em formulário de modelo próprio, junto das entidades competentes ou via *online*, no sítio da Internet da segurança social (artigo 66.°, n.° 1). A apresentação do requerimento poderá, no entanto, ser dispensada para efeitos de atribuição dos subsídios por risco clínico durante a gravidez, por interrupção da gravidez, para assistência a filho e para assistência a neto, na modalidade de assistência a neto menor ou, independentemente da idade, com deficiência ou doença crónica, pelo período correspondente aos dias de faltas remanescentes não gozados pelos progenitores (*vide* artigo 21.°, n.° 1, *b)*), nas situações em que a certificação médica seja emitida pelos estabelecimentos ou serviços de saúde competentes do Serviço Nacional de Saúde[16] (artigo 67.°, n.° 1).

II. O requerimento deve ser apresentado no prazo máximo de seis meses a contar da data da ocorrência do facto determi-

---

16 *Vide* artigo 67.°, n.° 3: "(...) consideram-se serviços competentes as entidades prestadoras de cuidados de saúde, designadamente centros de saúde e hospitais, com excepção dos serviços de urgência".

nante da proteção (artigo 66.°, n.° 2)[17]. A nossa jurisprudência superior já teve ocasião de se pronunciar no sentido de que a não atribuição do subsídio requerido fora do prazo, mesmo quando o beneficiário preencha todos os pressupostos substantivos para o efeito e, nos termos do caso concreto, necessita especialmente de tais prestações, não viola o artigo 68.°, da CRP, porquanto o direito à paternidade e maternidade consagrado nessa norma fundamental "corresponde ao dever do Estado em criar as condições para proteção destes direitos, mas estes não se confundem, naturalmente, com o direito subjetivo aos subsídios que possam estar na sua base"[18]. Em outras palavras, criando o legislador as condições para a atribuição de tais prestações, a concretização destas não deixa de depender de os interessados preencherem determinadas condições razoáveis. A não ser assim, no limite, teria de se concluir que as prestações socias poderiam ser, a todo o tempo, solicitadas, o que não teria qualquer fundamento e colocaria em causa a previsibilidade orçamental da segurança social. Esta regra deve, no entanto, ser conjugada com o n.° 3, que estatui que a entrega do requerimento fora do prazo previsto de seis meses, nos casos em que a mesma seja efetuada durante o período legal de concessão dos subsídios, deve apenas determinar a redução no período de concessão pelo período de tempo respeitante ao atraso verificado (artigo 66.°, n.° 3).

---

17 O requerimento deve ser apresentado pelo beneficiário ou por um representante legal (artigo 66.°, n.° 4). Caso o beneficiário venha a falecer, e reunindo as condições legais substantivas para a atribuição da prestação compensatória, não a tenha requerido em vida, os familiares com direito ao subsídio por morte podem requerê-la no prazo estabelecido para a apresentação do respetivo requerimento (artigo 66.°, n.° 8).

18 Ac. TCAN, de 16.12.2016, proc. n.° 00696/12.0BEBRG, disponível em «www.dgsi.pt».

III. No caso particular da atribuição da prestação compensatória do não pagamento de subsídios de férias, de Natal ou outros de natureza análoga, nos termos do n.º 2 do artigo 7.º, esta depende sempre de requerimento, o qual deve ser apresentado no prazo de seis meses contados a partir de 1 de janeiro do ano subsequente àquele em que os subsídios eram devidos, salvo no caso de cessação do contrato de trabalho, situação em que o prazo se inicia a contar da data dessa cessação. Em termos de conteúdo, o requerimento deve ser instruído com uma declaração da entidade empregadora, na qual constem a indicação dos quantitativos não pagos e a referência à norma legal ou contratual justificativa do não pagamento (artigo 66.º, n.ºs 5 a 7).

7 INÍCIO, DURAÇÃO E ACUMULAÇÃO DOS SUBSÍDIOS

I. O momento genético da atribuição dos subsídios relaciona-se com os factos impeditivos previstos. Por esse motivo, terão início no primeiro dia de impedimento para o trabalho a que não corresponda retribuição (artigo 39.º). Recordemos que, no caso paradigmático do contrato de trabalho por conta de outrem, o regime de licenças e faltas, apesar de se considerarem prestação efetiva de trabalho e não representarem a perda de quaisquer direitos, determinam, no entanto, a perda de retribuição (artigo 65.º, n.º 1, do CT), que é compensada, precisamente, pela atribuição de subsídios pelo sistema de segurança social.

II. Por conseguinte, os subsídios previstos serão concedidos durante o período de duração das faltas, licenças ou dispensas previstas no CT (artigo 40.º, *a)*). No caso de exercício de atividade independente ou enquadramento no regime do seguro social voluntário, será durante o período de impedimento para o trabalho (artigo 40.º, *b)*). Já no caso do período de concessão das prestações de desemprego, aplica-se o regime presente no CT, mas, conforme se deu conta, a atribuição de subsídios apenas terá lugar em cinco situações: subsídio por risco clínico durante a gravidez; subsídio por interrupção da gravidez; subsídio parental; subsídio por adoção e subsídio por necessidade de deslocação a unidade hospitalar localizada fora da ilha de residência da grávida para realização de parto e para acompanhamento (artigos 40.°, *c)* e 8.°). Alguns factos supervenientes poderão, no entanto, ditar a suspensão do período de concessão dos subsídios. Desde logo, em caso de doença do beneficiário que esteja a receber subsídios parental, parental alargado, por adoção, para assistência a filho com deficiência ou doença crónica (artigo 41.°, n.° 1). De igual modo, a prestação do subsídio será suspensa em caso de internamento hospitalar do progenitor ou da criança (artigo 41.°, n.° 2). Neste último caso, no entanto, a suspensão da concessão do subsídio parental inicial por internamento da criança não abrange as situações de internamento hospitalar da criança imediatamente após o período recomendado de internamento pós-parto, devido a necessidade de cuidados médicos especiais para a criança (artigo 12.°, n.° 5), nem de parto que ocorra até às 33 semanas inclusive (artigo 12.°, n.° 6), uma vez que já são previstos acréscimo aos períodos de licença por tais vicissitudes (artigo 41.°, n.° 3). Em ambas as situações o beneficiário afetado deverá, por um lado, comunicar à segurança social e, por outro, apresentar certificação hospitalar como meio de prova.

III. A lei estatui, em geral, a inacumulabilidade dos subsídios previstos. Desde logo, com os rendimentos de trabalho, a não ser nos casos de opção de licença parental inicial e licença parental alargada com dias de trabalho a tempo parcial nos termos dos artigos 40.°, n.° 4 e 5 e 51.°, n.° 1, *c)* e *d)*, do CT, respetivamente (artigo 42.°).

A regra geral da inacumulabilidade com rendimentos de trabalho levanta, no entanto, a dúvida, sobre se tal também se aplica num regime de pluriemprego, onde o beneficiário, embora receba subsídio por uma das atividades por conta de outrem, mantém, no entanto, a outra prestação laboral. A *ratio* da atribuição dos subsídios parece querer impedir tal situação. Nos termos do artigo 43.º, n.º 1, os subsídios previstos não são acumuláveis com prestações emergentes do mesmo facto, contando que sejam respeitantes ao mesmo interesse protegido, ainda que atribuídas por outros regimes de proteção social. De igual modo, os subsídios previstos não são acumuláveis com outras prestações compensatórias da perda de retribuição, exceto com pensões de invalidez, velhice e sobrevivência concedidas no âmbito do sistema previdencial ou de outros regimes obrigatórios de proteção social (artigo 43.º, n.º 2). Já no que diz respeito à sua relação com o subsistema de solidariedade, os subsídios previstos não são acumuláveis com prestações concedidas no âmbito deste subsistema, exceto no caso do rendimento social de inserção e no complemento solidário para idosos, que podem ser cumulados (artigo 43.º, n.º 3). Uma vez que visam cobrir diferentes riscos, os subsídios já serão, no entanto, acumuláveis com indemnizações e pensões por doença profissional ou por acidente de trabalho (artigo 44.º). Esta regra conflui com o princípio da proteção integral, no sentido de que o sistema de segurança social procura garantir que o trabalhador tenha a máxima proteção possível, em diferentes situações de vulnerabilidade.

8 PAGAMENTO DOS SUBSÍDIOS E PRESCRIÇÃO

I. Por força do artigo 81.º, n.º 1, os subsídios previstos deverão ser pagos mensalmente aos titulares do direito ou aos seus representantes legais, salvo se, pela especificidade da sua duração, se justificar o pagamento de uma só vez (p.e., no caso de subsídio por necessidade de deslocação a unidade hospitalar localizada fora da ilha de residência da grávida para realização de parto e para acompanhamento ou por interrupção por gravidez). No caso do acréscimo devido por nascimento de gémeos, por internamento hospitalar da criança, por prematuridade até às 33 semanas e por adoções múltiplas, estes deverão ser pagos nos últimos dias do período de concessão do respetivo subsídio.

II. O direito aos subsídios previstos prescreve no prazo de cinco anos, a contar da data em que a prestação é colocada a pagamento com conhecimento do credor. A prescrição dá-se a favor das instituições gestoras devedoras (artigo 82.º).

9 BIBLIOGRAFIA

Barros, Mário Silveiro de, *Direito da Segurança Social*, Almedina, Coimbra, 2024.

Carvalho, Catarina, "A protecção da maternidade e da paternidade no Código do Trabalho", *RDES*, n.º 43, 2004, pp. 41 e ss.

Carvalho, Catarina, "Efeitos das licenças, faltas e dispensas, em matéria de protecção da maternidade e da paternidade no acréscimo do período de férias", *Questões Laborais*, n.º 28, 2006, pp. 141 e ss.

Conceição, Apelles, *Segurança Social. Manual Prático*, 13.º ed., Almedina, Coimbra, 2022.

Instituto da Segurança Social I.P., *Guia Prático – Subsídio Parental (Também aplicável a situações de Apadrinhamento Civil)*, 2024, disponível em «https://www.segsocial.pt/documents/10152/14973/3010_subs%C3%ADdio_parental/f724beed-a5cb-4239-8fcc-fa09d7a6900f».

Leitão, Luís Menezes, *Direito do Trabalho*, 8.º ed., Coimbra, Almedina, 2023, pp. 200 e ss.; Romano Martinez, *Direito do Trabalho*, 11.º ed., Coimbra, Almedina, 2023.

Martins, Alcides, *Manual de Direito da Segurança Social*, Almedina, Coimbra, 2024.

Ramalho, Maria do Rosário Palma, *Tratado de Direito do Trabalho*, Parte II – Situações Laborais Individuais, 9.º ed. Coimbra, Almedina, 2023.

Soares, Conceição, "A Proteção Social dos Trabalhadores – A Mudança de Paradigma na Proteção Social dos Trabalhadores Independentes e o Reforço da Proteção da Parentalidade no Código do Trabalho", *Segurança Social. Sistema, Proteção, Solidariedade e Sustentabilidade*, coord. Jorge Campino/Nuno Monteiro Amaro/Suzana Fernandes da Costa, AAFDL, Lisboa, 2021, pp. 407 e ss.

Capítulo 15.

0 SEGURO DE ACIDENTES DE TRABALHO

LEONOR RUIVO

Sumario. 1. A adoção de um modelo de seguro privado obrigatório. 2. A cobertura no seguro de acidentes de trabalho. 3. Formação e início de vigência contrato de seguro. 4. Modalidades de seguro de acidentes de trabalho: seguro a prémio fixo e a prémio variável. 5. Prestações das partes. 5.1. Prestação do tomador: o prémio. 5.2. Prestação do segurador: a prestação convencionada. 6. Cessação do contrato. 7.Referências bibliográficas

1. A ADOÇÃO DE UM MODELO DE SEGURO PRIVADO OBRIGATÓRIO[1]

A Lei n.º 83, de 24 de julho de 1913, veio desenvolver, pela primeira vez, no ordenamento jurídico português, o direito a

---

1 No presente texto serão utilizadas as seguintes abreviaturas principais: AU – parte uniforme das condições gerais da apólice de seguro obrigatório de acidentes de trabalho para trabalhadores por conta de outrem, bem como as respetivas condições especiais uniformes, constantes do anexo à Portaria n.º 256/2011, de 5 de julho; AUJ – Acórdão uniformizador de jurisprudência; BMJ – Boletim do Ministério da Justiça; CT – Código do Trabalho, aprovado pela Lei n.º 7/2009, de 12 de fevereiro; CT2003 – Código do Trabalho de 2003, aprovado pela Lei n.º 99/2003, de 27 de agosto; LAT – lei que regulamenta o regime de reparação de acidentes de trabalho e de doenças profissionais, incluindo a reabilitação e reintegração profissionais, aprovada pela

reparação dos danos dos "operários e empregados" resultantes da verificação de acidente de trabalho, sendo que, até então, "a indemnização pelo desastre no trabalho em Portugal, era apenas uma platónica disposição do Código Civil"[2]. Este diploma

---

Lei n.º 98/2009, de 4 de setembro; LAT1997 – Lei n.º 100/97, de 13 de setembro, que aprova o regime jurídico dos acidentes de trabalho e das doenças profissionais, revogada pela Lei n.º 98/2009; LCS – Regime jurídico do contrato de seguro, aprovado pelo Decreto-Lei n.º 72/2008, de 16 de abril; STA – Supremo Tribunal Administrativo; STJ – Supremo Tribunal de Justiça; TRC – Tribunal da Relação de Coimbra; TRE – Tribunal da Relação de Évora; TRG – Tribunal da Relação de Guimarães; TRL – Tribunal da Relação de Lisboa; TRP – Tribunal da Relação do Porto. Todos os acórdãos citados, salvo expressa menção em sentido contrário, podem ser consultados em www.dgsi.pt.

2 Cfr. Preâmbulo do Decreto n.º 5:637, de 10 de maio de 1919, referindo-se ao artigo 2398.º do Código Civil de Seabra (sobre esta norma e a com referência a disposições avulsas em matéria de responsabilidade do empregador anteriores à Lei n.º 83, de 1913, cfr. R. Ennes Ulrich, *Legislação Operaria Portugueza*, França Amado, 1906, pp. 272 e ss). Sobre a evolução do enquadramento da responsabilidade do empregador no nosso ordenamento, entre outros, J. M. V. Barbosa de Magalhães, *Seguro contra acidentes de trabalho*, Empresa Lusitana Editora, 1913, pp. 57 e ss; R. Ennes Ulrich, *op. cit.*, pp. 223 e ss; F. Emygdio da Silva, *Acidentes de Trabalho*, volume I, Imprensa Nacional, 1913, pp. 16 e ss; L. da Cunha Gonçalves, *Responsabilidade civil pelos acidentes de trabalho e doenças profissionais*, Coimbra Editora, 1939, pp. 7 e ss; Avelino Braga, *Acidentes de trabalho – ensaio jurídico*, Lisboa, 1962, pp. 25 e ss; A. Tavares da Silva, "O enquadramento jurídico dos acidentes de trabalho", *Revista de Direito e de Estudos Sociais*, ano XXXIV, n.º 4, 1992, pp. 417 e ss; P. Romano Martinez, *Acidentes de trabalho*, Pedro Ferreira, 1996, pp. 23 e ss, e, do mesmo autor, *Direito do Trabalho*, Almedina, 11.ª edição, 2023, pp. 841 e ss; L. Menezes Leitão, *Direito do Trabalho*, 8.ª edição, Almedina, 2023, pp. 423 e ss, e, do mesmo autor, "A reparação de danos emergentes de acidente de trabalho", *Estudos do Instituto de Direito do Trabalho*, Volume I, Almedina, 2001, pp. 539 e ss; Carlos Alegre, *Acidentes de Trabalho e Doenças Profissionais*, 2.ª edição, Almedina, 2001, pp. 10 e ss; F. Almeida Pires, *Seguro de acidentes de*

não abrangia, todavia, todos os operários e empregados, mas tão só os identificados nos números do artigo 1.º[3]. As "empresas e os patrões que exploram uma indústria" encontravam-se entre as entidades responsáveis pelas "indemnizações e encargos" provenientes dos acidentes de trabalho (artigo 3.º, alínea *a)*), mais estabelecendo o § 3.º do artigo 3.º que essa responsabilidade *poderia* ser *passada* para: *(i)* sociedades mútuas de patrões ou companhias de seguros autorizadas; *(ii)* e, ainda, para associações de socorros mútuos, embora, nestes casos, apenas pelas "indemnizações e tratamento clínico, devidos em caso de incapacidade temporária"[4]. Este modelo, de reconhecidas insuficiências, viria a ser desenvolvido por vários diplomas, destacando-se o Decreto n.º 5:637, de 10 de maio de 1919, que, para além de alargar a proteção contra "desastres no trabalho"[5]

---

trabalho, Lex, 1999, pp. 19 e ss; Cláudia Madaleno, *A responsabilidade obrigacional objetiva por fato de outrem*, 2015, https://repositorio.ul.pt/handle/10451/22242, pp. 1031 e ss, em especial, pp. 1096 e ss; M. do R. Palma Ramalho, *Tratado de Direito do Trabalho*, Parte II, 9.ª edição, Almedina, 2023, pp. 859 e ss, em especial, p. 869.

3 Este regime, não obstante, foi objeto de alargamentos parcelares a outros setores, cfr. Ary dos Santos, *Acidentes de trabalho – estudo de direito objetivo seguido de uma compilação de diplomas legais publicados sobre a matéria*, Livraria Clássica Editora, 1932, pp. 72-73.

4 Ou seja, refere J. M. V. Barbosa de Magalhães, *Seguro contra acidentes de trabalho*, cit., p. 123, o "legislador não creou nenhum instituto publico de seguro", mas antes a "obrigação do depósito das reservas em caso de desastre", com evidentes inconvenientes identificados pelo Autor nas pp. seguintes.

5 Expressão que incluía tanto os acidentes de trabalho como as doenças profissionais, as quais não se encontravam abrangidas pela Lei n.º 83, de 1913; cfr. *Seguro social obrigatório contra desastres no trabalho em todas as profissões – elucidação prática das suas principais disposições*, Biblioteca portuguesa do segurador e do segurado, Ribeiro de Sousa, Ltd, 1921, p. 4; Ary dos Santos, *Acidentes de trabalho – estudo de direito objetivo seguido de uma compilação de diplomas legais publicados sobre a matéria*, cit., 1932, p. 41, referindo que "talvez se compreenda até

"a toda a atividade patronal – pois onde está o trabalho, encontra-se o risco, maior ou menor é certo, conforme a natureza do trabalho", veio igualmente instituir um seguro social obrigatório contra desastres no trabalho, enquanto "um dos sólidos fundamentos em que tem de assentar o novo estado social criado pela República"[6]. Este diploma dispunha, no seu artigo 1.º, § único, que "o seguro dos salariados e empregados de todas as profissões é obrigatório para o patrão, abrangendo os indivíduos ao seu serviço que recebam salário, ordenado ou remuneração de qualquer ordem"[7].

---

certo ponto a lacuna na lei 83, visto ser ainda hoje muito discutível, dada a dificuldade de diagnóstico diferencial e da repartição de responsabilidades, assentar-se num critério seguro". Com efeito, a questão da sua inclusão havia sido debatida aquando da preparação da Lei n.º 83, de 1913, mas acabara tendo sido recusada (sobre este debate, cfr. J. M. V. Barbosa de Magalhães, *Seguro contra acidentes de trabalho*, cit., p. 95). Aliás, apontando as dificuldades que resultaram do Decreto n.º 5:637, de 10 de maio de 1919, ao acrescentar a reparação das doenças profissionais, A. Tavares da Silva, "O enquadramento jurídico dos acidentes de trabalho", cit., p. 422.

6 Cfr. Preâmbulo do Decreto n.º 5:637, de 10 de maio de 1919. Este diploma enquadra-se numa política legislativa mais alargada de criação de seguros sociais obrigatórios, incluindo na doença (Decreto n.º 5636, de 10 de maio) e na invalidez, morte e sobrevivência (Decreto n.º 5:638, de 10 de maio), sendo que "a criação e rápido desenvolvimento dos Seguros Sociais Obrigatórios na maioria dos Estados civilizados, talvez sob a influência das ideias democráticas e sobretudo da noção que se vai enraizando do dever colectivo de solidariedade, caracterizam incontestàvelmente a política social contemporânea" – *Seguro social obrigatório contra desastres no trabalho em todas as profissões – elucidação prática das suas principais disposições*, cit., p. 1. Sobre estes diplomas, cfr. J. Luís Cardoso/M. Manuela Rocha, "O seguro social obrigatório em Portugal (1919-1928): acção e limites de um Estado previdente", *Análise Social*, vol. XLIV (192), 2009, https://revistas.rcaap.pt/analisesocial/article/view/29786/21251, pp. 447 e ss.

7 *Diário do Govêrno n.º 98/1919*, 8.º Suplemento, Série I de 1919-05-10, pp. 1034-1039. Adicionalmente, dá conta o n.º 5 do preâmbulo da

Seguiu-se a Lei n.º 1942, de 27 de julho de 1936, previa a possibilidade de os empregadores transferirem a sua responsabilidade tanto pelos danos causados por acidente de trabalho como pelas doenças profissionais referidas nas alíneas do artigo 8.º do diploma, lendo-se no artigo 11.º da Lei n.º 1942 que "as entidades responsáveis pelos encargos provenientes de acidentes de trabalho e de doenças profissionais podem transferir a sua responsabilidade para sociedades legalmente autorizadas a realizar este seguro"[8]; todavia, quando o empregador *optasse por não efetuar essa transferência* e estivesse em causa uma entida-

---

proposta de lei de 1965, publicada em *Regime jurídico dos acidentes de trabalho e das doenças profissionais – proposta de lei*, Ministério das Corporações e Previdência Social, 1965, que "na prática, nem a obrigatoriedade do seguro, nem a extensão do regime às doenças profissionais, tiveram execução, o mesmo sucedendo com o seguro mútuo, que nunca foi organizado".

8 Tratou-se de um regresso, "neste âmbito do seguro, a uma solução mais assimilável ao que estava originalmente previsto na Lei n.º 83" (D. Teles Pereira, *Breve síntese histórica da tutela dos acidentes de trabalho no ordenamento jurídico português: o seguro de acidentes de trabalho em especial (1913-2000)*, https://www.fat.asf.com.pt/documents/d/site-fat/1-1, 2014, p. 13). Sobre esta disposição da Lei n.º 1942, cfr. A. Veiga Rodrigues, *Acidentes de Trabalho – Anotações à Lei n.º 1:942*, Coimbra Editora Limitada, 1952, pp. 75 e ss, referindo que este diploma legal "não aceitou a hipótese do seguro obrigatório através das entidades competentes por não parecer que o país comportasse a generalização do princípio, seguindo antes pelo caminho de permitir às entidades patronais tomarem o risco por conta própria ou transferirem o mesmo para entidades seguradoras". Ver tb. L. da Cunha Gonçalves, *Responsabilidade civil pelos acidentes de trabalho e doenças profissionais*, cit., p. 217, referindo que, "pôsto que o seguro, em princípio, se possa considerar facultativo, êle é de algum modo obrigatório" nos casos previstos no artigo 12.º da Lei n.º 1:942; mais equaciona o Autor, *op. cit.*, pp. 207 e ss, como fundamentação da exclusão dos pequenos industriais ou comerciantes da obrigatoriedade de caucionamento e de transferência da responsabilidade, serem "o seguro e a caução (...) incomportáveis para as respectivas economias" (pp. 207-208).

de patronal que *(i)* exercesse "alguma indústria, em estabelecimento próprio" e *(ii)* empregasse mais de cinco trabalhadores, estavam obrigadas a "caucionar essa responsabilidade, salvo se provarem perante a Inspecção de Seguros que a sua capacidade económica garante suficientemente o risco tomado por conta própria" (artigo 12.° da Lei n.° 1942)[9].

Esta lei foi revogada pela Lei n.° 2127, de 3 de agosto de 1965 (regulamentada pelo Decreto n.° 360/71 e constando da Portaria n.° 633/71, de 19 de novembro, os modelos das apólices uniformes de acidentes de trabalho). Deste diploma decorria uma efetiva obrigação[10] de celebrar um contrato de seguro, ainda que somente em certas circunstâncias[11], resul-

---

9 Motivo pelo qual, com base nesta disposição, entendia J. J. Gonçalves de Proença, em comunicado à imprensa, de 2 de fevereiro de 1965, publicado em *Regime jurídico dos acidentes de trabalho e das doenças profissionais – proposta de lei,* Ministério das Corporações e Previdência Social, cit., p. XLIII, que, nos casos enunciados no artigo 12.° da Lei n.° 1942, já estava legalmente prevista a obrigatoriedade de transferência de responsabilidade para um segurador; mais realçava o Autor que, da leitura articulada dos artigos 11.° e 12.° da Lei n.° 1942 resultava que "esta obrigação de transferência da responsabilidade não é extensiva à agricultura, onde, portanto, a entidade patronal pode manter, em toda a sua extensão, o regime da responsabilidade por conta própria, se não desejar transferir voluntáriamente para entidades seguradoras".

10 Sem prejuízo de, mesmo à luz da Lei n.° 1942, alguma doutrina considerar que "a circunstância de não ser o seguro exigível a determinados patrões, entre os quais o Estado e os corpos administrativos, não autoriza a asserção de ser êle facultativo em todos os demais casos" (L. da Cunha Gonçalves, *Responsabilidade civil pelos acidentes de trabalho e doenças profissionais,* cit., p. 233 e nota *supra*).

11 Mais acrescentava esta Base que "o seguro dos trabalhadores rurais ou equiparados, em relação aos quais as entidades patronais não efectuem a transferência da responsabilidade prevista no número anterior, ficará a cargo de instituições de previdência social obrigatória" (n.° 2). Sobre o âmbito da obrigatoriedade de o empregador celebrar um

tando da Base XLIII que "as entidades patronais são obrigadas a transferir a responsabilidade pela reparação prevista na presente lei para entidades legalmente autorizadas a realizar este seguro, salvo se lhes for reconhecida capacidade económica para, por conta própria, cobrir os respectivos riscos" (n.º 1). A obrigatoriedade de seguro de acidentes de trabalho foi mantida – sendo eliminada a possibilidade de demonstração de capacidade económica como fundamento de dispensa da obrigatoriedade transferência de responsabilidade[12] – no ar-

---

contrato de seguro, cfr. Carlos Alegre, *Acidentes de Trabalho e Doenças Profissionais*, cit., p. 167 e, do mesmo Autor, *Acidentes de Trabalho – notas e comentários à Lei n.º 2127*, Livraria Almedina, 1995, pp. 147 e ss, e F. Tomás de Resende, *Acidentes de Trabalho e Doenças Profissionais*, Coimbra Editora, Limitada, 1971, pp. 72 e ss. Sobre as vantagens na transição para um modelo de transferência obrigatória da responsabilidade para um segurador, cfr. J. M. V. Barbosa de Magalhães, *Seguro contra acidentes de trabalho*, cit., pp. 107 e ss; R. Ennes Ulrich, *Legislação Operaria Portugueza*, cit., pp. 259 e ss; J. J. Gonçalves de Proença, em comunicado à imprensa, de 2 de fevereiro de 1965, publicado em *Regime jurídico dos acidentes de trabalho e das doenças profissionais – proposta de lei*, cit., pp. XLIV e ss; P. Romano Martinez, *Direito do Trabalho*, cit., 2023, p. 895; do mesmo Autor, *Acidentes de Trabalho*, cit., pp. 85-86 e, ainda, "Seguro de acidentes de trabalho – a responsabilidade subsidiária do segurador em caso de actuação culposa do empregador", *Prontuário de Direito do Trabalho*, n.ºs 74-75, 2006, pp. 90 e ss; F. Emygdio da Silva, *Acidentes de Trabalho*, cit., p. 41; L. da Cunha Gonçalves, *Responsabilidade civil pelos acidentes de trabalho e doenças profissionais*, cit., pp. 207 e ss. Por sua vez, em sentido crítico da opção do legislador nacional por um modelo de reparação assente no seguro obrigatório, em detrimento da sua inserção na segurança social, A. da Silva Leal, no prefácio de Apelles J. B. Conceição, *Acidentes de trabalho, acidentes de serviço e doenças profissionais, sectores privado e público*, 2.ª edição, Rei dos Livros, 2000, pp. 11 e ss.

12 Que, em todo o caso, já estava limitada pela Portaria n.º 662/71, de 3 de dezembro, que submetia a regras uniformes o reconhecimento da capacidade económica, para efeitos da base XLIII, n.º 1, da Lei

tigo 37.º da LAT1997 e consta, atualmente, do n.º 1 do artigo 79.º da LAT, devendo o empregador transferir a responsabilidade pelo pagamento das prestações para as "entidades legalmente autorizadas a realizar este seguro"; também o Código do Trabalho prevê, no n.º 5 do artigo 283.º do CT, que o empregador é obrigado a transferir a responsabilidade pela reparação de acidentes de trabalho para tais entidades[13]. O contrato de seguro através do qual o empregador dá cumprimento à obrigação prevista nesta norma deve observar a parte uniforme das condições gerais da apólice de seguro de acidentes de trabalho para trabalhadores por conta de outrem, bem como as respetivas condições especiais uniformes, previstas no anexo à Portaria n.º 256/2011, de 5 de julho (artigo 1.º). Diversas das disposições constantes dessa parte uniforme são dotadas de imperatividade absoluta, não admitindo convenção em contrário, ou de imperatividade relativa, apenas admitindo convenção em sentido mais favorável ao tomador de seguro, à pessoa segura ou ao beneficiário da prestação de seguro (artigo 2.º, n.ºs 1 e 2 da Portaria n.º 256/2011)[14].

---

n.º 2127 e artigo 69.º do Decreto n.º 360/71 (acidentes de trabalho e doenças profissionais); por outro lado, também era objeto de debate o concreto alcance do "reconhecimento da capacidade económica", conforme revela o preâmbulo da Portaria 585/74, de 11 de setembro, que revogou a Portaria n.º 662/71.

13 No âmbito do CT2003, cfr. artigos 303.º (sistema e unidade de seguro) e 304.º (apólice uniforme). Todavia, este conjunto de normas, estando dependente "da entrada em vigor da legislação especial para a qual remetem" (artigo 3.º, n.º 2, da Lei n.º 99/2003"), acabou por nunca ser aplicado (cfr. D. Teles Pereira, *Breve síntese histórica da tutela dos acidentes de trabalho no ordenamento jurídico português: o seguro de acidentes de trabalho em especial (1913-2000)*, cit., p. 9).

14 No âmbito da LCS, cfr. artigos 12.º (normas imperativas absolutas) e 13.º (normas imperativas relativas).

No âmbito do presente artigo, procuraremos descrever o regime que resulta da LAT e da AU, com especial incidência na relação entre empregador e segurador. O regime jurídico aplicável ao contrato de seguro de acidentes de trabalho dependerá, em parte, da qualificação deste contrato de seguro como uma modalidade de seguro de responsabilidade civil (em que o empregador é o tomador-segurado, na medida em que no seguro de responsabilidade civil o segurador cobre o risco de constituição, no património do segurado, de uma obrigação de indemnizar terceiros – cfr. artigo 137.° da LCS)[15] ou de se-

---

15 Tendo em conta que os artigos que mencionam a obrigação de o empregador celebrar um contrato de seguro no âmbito dos acidentes de trabalho o fazem por referência à obrigação de "transferir a responsabilidade pela *reparação*" (cfr. o n.° 1 do artigo 79.° da LAT, que reproduz o disposto no n.° 1 do artigo 37.° da LAT1997, que se referia igualmente à responsabilidade pela *reparação*; veja-se também: o artigo 15.° do Decreto-Lei n.° 143/99, de 30 de Abril, que regulamentava a LAT1997, e revogado pela LAT, que se referia às "entidades empregadoras que tenham *transferido a sua responsabilidade*" a empresa de seguros (itálico nosso); o CT2003, que, no seu artigo 303.°, n.° 1, referia que o "empregador é obrigado *a transferir a responsabilidade* pela *indemnização*" (itálico nosso); o n.° 5 do artigo 283.° do CT, que se refere à obrigação de "transferir a responsabilidade pela *reparação*" (itálico nosso)), tal redação parece sugerir que se está perante um seguro em que o segurado seria o empregador. O mesmo parece resultar do n.° 1 da cláusula 3.ª da AU, que identifica o objeto do contrato de seguro celebrado com o empregador do seguinte modo: "o segurador (...), *garante a responsabilidade do tomador do seguro* pelos encargos obrigatórios provenientes de acidentes de trabalho em relação às pessoas seguras identificadas na apólice". Sobre o seguro de acidentes de trabalho como um seguro de responsabilidade civil, cfr. F. Almeida Pires, *Seguro de acidentes de trabalho*, cit., p. 63; adotando esta qualificação, ver ainda, P. Romano Martinez, "Seguro de acidentes de trabalho – a responsabilidade subsidiária do segurador em caso de actuação culposa do empregador", cit., p. 91, e, do mesmo autor, *Direito dos Seguros – Apontamentos*, Principia, 2006, pp. 68 e 126;

guro de pessoas (em que serão segurados os trabalhadores, na medida em que o seguro de pessoas visa fornecer a cobertura de riscos relativos à vida, à saúde e à integridade física de uma pessoa ou de um grupo de pessoas nele identificadas – artigo

---

C. Ferreira de Almeida, *Contratos III (Contratos de Liberalidade, de Cooperação e de Risco)*, 2.ª edição, Almedina, Coimbra, 2013, p. 258, referindo que enquanto o seguro de acidentes de trabalho "é um seguro de responsabilidade civil em que a entidade patronal assume a posição de tomador e de segurado em benefício do trabalhador", no seguro de acidentes pessoais "coincidem geralmente na pessoa do trabalhador as posições de tomador, de segurado e beneficiário"; Luís Poças, *O Dever de declaração inicial do risco no contrato de seguro*, Almedina, 2013, p. 708; J. Alves de Brito, *Sub-rogação no contrato de seguro*, Vol. II, policopiado, 2017, pp. 264 e ss, n. 1383 e 1386, considerando o seguro de acidentes de trabalho como "um seguro de responsabilidade civil extraobrigacional pelo risco mas também de um seguro de responsabilidade civil delitual" (p. 280, n. 1440); Carlos Alegre, "Seguro de acidente de trabalho", *II Congresso Nacional de Direito dos Seguros – Memórias*, Almedina, 2001, p. 157, referindo que o seguro de acidentes de trabalho se destina "a dar cobertura à responsabilidade civil emergente deste tipo de eventualidades"; R. G. Ferreira da Silva, *Do contrato de seguro de responsabilidade civil geral*, Coimbra Editora, 2007, p. 123, entendendo que se trata de "uma espécie da categoria (mais ampla) do seguro de responsabilidade civil em geral"; José Vasques, *Contrato de seguro: notas para uma teoria geral*, Coimbra Editora, 1999, pp. 22 e 58. Na jurisprudência, cfr. AUJ n.º 10/2001, de 21 de novembro de 2001, que sustenta que, através do contrato de seguro de acidentes de trabalho, a "seguradora assume um risco, no estrito sentido de prejuízo patrimonial, visando, enquanto seguro de responsabilidade civil, garantir o pagamento da prestação do segurado, nos casos em que este seja responsável pelo ressarcimento dos danos causados a um terceiro". Embora o âmbito de uniformização da jurisprudência não tenha incidido sobre a natureza jurídica do contrato de seguro de acidentes de trabalho, a sua caracterização como seguro de responsabilidade civil encontra-se igualmente referido noutros acórdãos – cfr., por exemplo, TRC 803/16.4T8VIS.C1 de 27 de outubro de 2017.

175.º da LCS)[16], sendo que ambos os entendimentos foram já sustentados pela doutrina nacional. Embora a resposta a esta questão tenha evidente interesse teórico e possa ser relevante para identificar as soluções jurídicas mais adequadas em casos não subsumíveis a qualquer norma legal expressa, importa ter em conta que o legislador considerou que, no que toca à aplicação das normas da LCS, o disposto na secção que regula o seguro de responsabilidade civil aplica-se ao seguro de aciden-

---

16 Como indício de que o seguro de acidentes de trabalho se trataria de um seguro de acidentes pessoais por conta do trabalhador poderia referir-se que, muito embora a apólice uniforme identifique o tomador do seguro como "a entidade empregadora que contrata com o segurador, sendo responsável pelo pagamento do prémio", afirma que a pessoa segura é o "trabalhador por conta de outrem, ao serviço do tomador do seguro, no interesse do qual o contrato é celebrado" (cfr. alíneas *b)* e *c)* da cláusula 1.ª da AU), sendo que a pessoa segura nos seguros de responsabilidade civil seria a própria entidade responsável e não o trabalhador (M. Lima Rego, *Contrato de seguro e terceiros: estudo de Direito Civil*, 2008, https://run.unl.pt/handle/10362/8402, p. 687, acrescentando ainda a Autora, como elemento que sugere a qualificação do seguro de acidentes de trabalho como um seguro de acidentes pessoais, "a circunstância de o regulador ter redigido à imagem deste o clausulado uniforme a que sujeitou o seguro de acidentes de trabalho para trabalhadores independentes – que, indisputadamente, corresponde a um seguro de acidentes pessoais"; entendimento acompanhado por Abílio Neto, *Acidentes de trabalho e doenças profissionais – anotado*, cit., p. 223); no mesmo sentido, L. Menezes Leitão, "A reparação de danos emergentes de acidente de trabalho", cit., p. 571, n. 80, referindo que não faria sentido "defender-se que o seguro dos trabalhadores independentes visa protegê-los da eventualidade de sofrerem danos, enquanto o seguro dos trabalhadores dependentes visa antes proteger a entidade patronal de eventuais acções de responsabilidade pelo risco" (do mesmo Autor, *op. cit.*, pp. 566-567, onde afirma a função deste seguro não é "a protecção da entidade patronal contra o risco de eventuais ações de responsabilidade", mas antes "a de garantir a reparação do trabalhador").

tes de trabalho sempre que as disposições especiais deste regime não se lhe oponham (n.º 3 do artigo 138.º da LCS); assim, muito embora o legislador não tenha, por esta via, resolvido a questão dogmática da natureza jurídica do contrato de seguro de acidentes de trabalho, porquanto se trata apenas de uma disposição que determina a *aplicação* de um determinado regime jurídico (não incidindo sobre a *qualificação* do seguro de acidentes de trabalho), permite identificar importantes traços do regime aplicável.

2. A COBERTURA NO SEGURO DE ACIDENTES DE TRABALHO

De acordo com a cláusula 3.ª, n.º 1, da AU, o segurador, de acordo com a legislação aplicável e nos termos da apólice, garante a responsabilidade do tomador do seguro pelos *encargos obrigatórios provenientes de acidentes de trabalho* em relação às *pessoas seguras* identificadas na apólice[17], ao serviço da unidade produtiva também ali identificada, independentemente da área em que exerçam a sua atividade. Assim, independentemente de se considerar que estamos perante um seguro de responsabilidade civil ou perante um seguro de acidentes pessoais, o que se pretende tutelar através do seguro de acidentes de trabalho são os danos provenientes de *acidente de trabalho* que sinistre uma *pessoa segura*, o que implica uma delimitação destes dois conceitos.

Começando pela noção de *pessoa segura*, importa destacar que tanto a LAT como a AU têm um âmbito de aplicação que extra-

17 Note-se que tal identificação não tem que ser feita com indicação expressa dos nomes dos trabalhadores segurados, conforme admite o n.º 2 da cláusula 3.ª, distinguindo-se assim entre seguros de acidentes de trabalho «com nomes» e «sem nomes».

vasa o trabalhador juridicamente dependente (entendido como aquele que, nos termos do artigo 11.º do CT, presta a sua atividade ao beneficiário da prestação com subordinação jurídica), abrangendo ainda *(i)* os administradores, diretores, gerentes ou equiparados, quando remunerados; *(ii)* o praticante, aprendiz, estagiário e demais situações que devam considerar-se de formação profissional, e, ainda *(iii)* o prestador que se considere na dependência económica do empregador[18] (cfr. cláusula 1.ª, alíneas *d)* e *e)* da AU e, ainda, artigos 3.º da LAT e 4.º, n.º 1, da LACT).

Por sua vez, quanto ao conceito de *acidente de trabalho,* a cláusula 2.ª da AU apresenta uma noção que abrange tanto o acidente de trabalho em *sentido estrito* (artigo 8.º, n.º 1, da LAT e alínea *a)* da cláusula 2.ª da AU), bem como o acidente de trabalho em *sentido amplo,* que inclui os acidentes *in itinere* (artigo 9.º da LAT e alínea *b)* e seguintes da cláusula 2.ª da AU)[19].

---

18 Sobre a noção de dependência económica, cfr. artigo 10.º, n.º 2, do CT, alterado pela Lei n.º 13/2023. Importa ainda considerar que, conforme estabelece o n.º 2 do artigo 3.º da LAT, para o fim de delimitação da categoria de trabalhador protegido pelo regime de reparação de acidentes de trabalho, "presume-se que o trabalhador está na dependência económica da pessoa em proveito da qual presta serviços". Nos casos em que o prestador realize a sua atividade para um beneficiário, sem subordinação jurídica nem dependência económica, é igualmente obrigatória a celebração de seguro de acidentes de trabalho, por imposição do n.º 1 do artigo 1.º do Decreto-Lei n.º 159/99, de 11 de maio, sendo que tal obrigação que impende sobre o trabalhador independente, individualmente considerado.

19 Sobre estas situações existe vasta jurisprudência e doutrina, nacionais e estrangeiras, cuja análise pressuporia um estudo autónomo; cfr., a título de exemplo e apenas considerando o ordenamento jurídico nacional, entre outros, Romano Martinez, *Direito do Trabalho,* cit., pp. 873 e ss; M. do R. Palma Ramalho, *Tratado de Direito do Trabalho–Parte II,* cit., pp. 872 e ss; L. Menezes Leitão, *Direito do Trabalho,* cit., pp. 430 e ss; Adelaide Domingos/Viriato Reis/Diogo Ravara, "Acidentes de trabalho e doenças profissionais–Uma introdução", CEJ, 2013, pp. 30 e ss; Carlos Alegre, *Acidentes de Trabalho e Doenças Profissionais,* cit.,

Quanto ao acidente de trabalho em *sentido estrito*, a apólice uniforme acompanhou a noção constante da LAT: considera-se acidente de trabalho aquele que ocorra no local e no tempo de trabalho e produza direta ou indiretamente lesão corporal, perturbação funcional ou doença de que resulte redução na capacidade de trabalho ou de ganho ou a morte; dito de outra forma, para que se esteja perante um acidente de trabalho, é necessário que o evento ocorra em determinadas coordenadas espácio-temporais[20] e que cause (nexo de causalidade) danos

---

p. 34 e ss e, do mesmo Autor, *Acidentes de Trabalho – notas e comentários à Lei n.º 2127*, cit., pp. 26 e ss; Júlio Gomes, *O acidente de trabalho*, Coimbra Editora, 2013, pp. 95 e ss; P. Romano Martinez, "Acidentes de trabalho em teletrabalho", *Revista de Direito da Responsabilidade*, n.º 5, 2023, https://revistadireitoresponsabilidade.pt, pp. 9 e ss; Sara Leitão, "Os acidentes de trabalho em teletrabalho", *Prontuário de Direito do Trabalho*, I, 2021, pp. 215 e ss; Pedro Martinez, *Teoria e Prática dos Seguros*, 2.ª edição, Lisboa, 1961, pp. 278 e ss; L. da Cunha Gonçalves, *Responsabilidade civil pelos acidentes de trabalho e doenças profissionais*, cit., pp. 34 e ss (no âmbito da Lei n.º 1:942); Avelino Braga, *Acidentes de trabalho – ensaio jurídico*, cit., pp. 92 e ss. Com amplas referências jurisprudenciais, cfr. Abílio Neto, *Acidentes de trabalho e doenças profissionais – anotado*, cit., pp. 14 e ss; L. Azevedo Mendes/J. Manuel Loureiro (coord.), *Acidentes de Trabalho–Jurisprudência (2000-2007)*, Colectânea de Jurisprudência, 2008, *passim*.

20 À imagem do que sucede no n.º 2 do artigo 8.º da LAT, e muito embora a cláusula 2.ª da AU não contenha disposições que concretizam os conceitos de local e de tempo de trabalho, tal densificação consta da cláusula 1.ª, alíneas *h)* e *i)*, nos termos das quais se considera "«Local de trabalho» o lugar em que o trabalhador se encontra ou a que deva dirigir-se em virtude do seu trabalho e em que esteja, directa ou indirectamente, sujeito ao controlo do tomador do seguro" e "«Tempo de trabalho», além do período normal de trabalho, o que preceder o seu início, em actos de preparação ou com ele relacionados, e o que se lhe seguir, em actos também com ele relacionados, e ainda as interrupções normais ou forçosas de trabalho".

específicos[21]; este último elemento assume especial relevância no contexo do seguro de acidentes de trabalho, na medida em que "este dano surge também como limite da própria pres-

---

[21] Ou seja, nos termos da AU e da LAT, apenas se considera acidente de trabalho aquele que gere danos específicos (i.e., nos termos da cláusula 2.ª, alínea *a), in fine*, e do artigo 8.º, n.º 1, *in fine*, da LAT, que se produza direta ou indiretamente lesão corporal, perturbação funcional ou doença de que resulte redução na capacidade de trabalho ou de ganho ou a morte, os quais se encontram previstos, conforme esclarece o artigo 20.º da LAT, na tabela Nacional de Incapacidades por Acidentes de Trabalho e Doenças Profissionais, aprovada pelo Decreto-Lei n.º 352/2007, de 23 de outubro); parece-nos, todavia, na esteira de P. Romano Martinez, *Direito do Trabalho,* cit., pp. 867-868, que "qualificar o acidente em função do dano causado implica uma inversão conceptual: o facto gerador não pode ser definido atendendo à consequência. (...) o legislador pretendeu esclarecer que na responsabilidade emergente de acidentes de trabalho os danos são típicos; não é que o prejuízo conforme a noção do facto gerador da responsabilidade, mas como o dano corresponde a um dos requisitos da responsabilidade, sendo eles típicos, fica delimitado o âmbito do instituto". Sobre os danos abrangidos pelo direito de reparação, cfr. Júlio Gomes, "Breves reflexões sobre a noção de acidente de trabalho no novo (mas não muito) regime dos acidentes de trabalho", *I Congresso Nacional de Direito dos Seguros–Memórias,* Almedina, 2000, pp. 214 e ss e, do mesmo Autor, "Algumas reflexões críticas sobre a responsabilidade civil por acidentes de trabalho", *Julgar,* n.º 43, 2021, p. 134, referindo que este modelo, quando consagrado, assentou numa "espécie de compromisso — tratava-se, por um lado, de uma responsabilidade objetiva, que em grande medida supunha um conceito de força maior muito mais amplo que o adotado em direito civil e até um conceito de causalidade distinto, mas, e por outro lado, não seguia o princípio da reparação integral do dano sofrido pelo lesado"; P. Romano Martinez, *Acidentes de trabalho,* cit., pp. 43-44 e 65 e ss; Carlos Alegre, *Acidentes de Trabalho e Doenças Profissionais,* cit., pp. 16-17; M do R. Palma Ramalho, *Tratado de Direito do Trabalho–Parte II,* cit., pp. 876-877; L. Menezes Leitão, *Direito do Trabalho,* cit., pp. 435 e ss; Adelaide Domingos, Viriato Reis e Diogo Ravara, "Acidentes de trabalho e doenças profissionais–Uma introdução", cit., pp. 34 e ss.

tação do segurador"[22]. Quando o acidente não ocorra, simultaneamente, no local e no tempo de trabalho, ainda assim se poderá concluir estar perante uma situação tutelada pela LAT, nomeadamente, quando estejam verificados os requisitos do acidente em *sentido amplo*; quanto a estes, a redação adotada pela AU veio, desnecessariamente, adotar uma redação mais complexa do que a prevista na LAT, criando algumas dificuldades de articulação entre ambos[23]. No âmbito das exclusões, identificam-se, na cláusula 6.ª da AU, as seguintes: *(i)* doenças profissionais[24], *(ii)* acidentes devidos a atos de terrorismo e de

---

22 Júlio Gomes, "Algumas reflexões críticas sobre a responsabilidade civil por acidentes de trabalho", cit., p. 137.

23 Assim, na subalínea *i)* alínea *b)* da cláusula 2.ª da AU procurou aglutinar-se as situações descritas nas alíneas *a)* e *b)* do n.º 2 do artigo 9.º da LAT (relativas às deslocações do trabalhador no trajeto de ida para o local de trabalho ou de regresso deste, quando o acidente ocorra entre qualquer dos seus locais de trabalho, no caso de ter mais de um emprego – alínea *a)* – e entre a sua residência habitual ou ocasional e as instalações que constituem o seu local de trabalho – alínea *b)*), considerando acidente de trabalho o ocorrido no trajeto "de ida e de regresso para e do local de trabalho, entre a sua residência habitual ou ocasional, e as instalações que constituem o seu local de trabalho".

24 Encontram-se, portanto, excluídas as doenças profissionais (cláusula 6.ª, n.º 1, alínea *a)*, da AU); com efeito, enquanto a tutela dos acidentes de trabalho (caracterizados, tradicionalmente, pela subitaneidade, imprevisibilidade e causa externa) assenta num modelo de seguro obrigatório, suportado pelos empregadores, a tutela das doenças profissionais (caracterizadas pela circunstância de serem, por regra, "de produção lenta e progressiva surgindo de modo impercetível" – Romano Martinez, *Direito do Trabalho*, cit., p. 850), integra-se no âmbito material do regime geral de segurança social dos trabalhadores vinculados por contrato de trabalho (artigo 93.º da LAT; ver também artigo 283.º do CT, n.ºs 5 e 7). Sobre a noção de *acidente* para efeitos da LAT e sua distinção com a doença profissional, Romano Martinez, *Direito do Trabalho*, cit., pp. 849 e ss; M. do R. Palma Ramalho, *Tratado de Direito do Trabalho–Parte II*, cit., pp. 865 e ss; Júlio Gomes, *O acidente de trabalho*, cit., pp. 19 e ss; J. M. V. Barbosa de Magalhães, *Seguro*

sabotagem, rebelião, insurreição, revolução e guerra civil; *(iii)* acidentes devidos a invasão e guerra contra país estrangeiro (declarada ou não) e hostilidades entre nações estrangeiras (quer haja ou não declaração de guerra) ou de atos bélicos provenientes direta ou indiretamente dessas hostilidades; *(iv)* hérnias com saco formado; *(v)* responsabilidade por quaisquer multas e coimas que recaiam sobre o tomador do seguro por falta de cumprimento das disposições legais.

A cobertura identificada corresponde à cobertura mínima que tem de ser garantida pelo seguro de acidentes de trabalho, mas é possível às partes celebrar um seguro *complementar* de acidentes de trabalho, através do qual pretendam abranger os sinistrados em acidente de trabalho. Este seguro complementar poderá visar, essencialmente, duas finalidades: *(i)* alargar o conceito de acidente de trabalho, deste modo conferindo proteção aos sujeitos abrangidos pela LAT em casos que não seriam como tal qualificados nos termos da LAT; e, cumulativamente ou não, *(ii)* abranger outros danos que não estejam compreendidos pela tutela da LAT, deste modo aumentado o conjunto de danos ressarcíveis em virtude de acidente de trabalho[25]. Muito embora o regime previsto na LAT seja im-

---

contra acidentes de trabalho, cit., pp. 95 e ss; R. Ennes Ulrich, *Legislação Operaria Portugueza,* cit., pp. 282 e ss; Ary dos Santos, *Acidentes de trabalho – estudo de direito objetivo seguido de uma compilação de diplomas legais publicados sobre a matéria,* cit., pp. 7 e ss e, em especial, pp. 34 e ss; Luís Guerreiro, *Desastres do trabalho,* Lucas & Co., 1935, pp. 11-14; L. da Cunha Gonçalves, *Responsabilidade civil pelos acidentes de trabalho e doenças profissionais,* cit., pp. 29 e ss e, ainda, pp. 77 e ss; Avelino Braga, *Acidentes de trabalho – ensaio jurídico,* cit., pp. 52 e ss; Adelaide Domingos/Viriato Reis/Diogo Ravara, "Acidentes de trabalho e doenças profissionais–Uma introdução", cit., pp. 43 e ss.

[25] Carlos Alegre, *Acidentes de Trabalho e Doenças Profissionais,* cit., p. 15, e, do mesmo autor, *Processo Especial de Acidentes de Trabalho,* Livraria Almedina, 1986, pp. 19 e ss. Deste modo, como refere P. Romano Martinez, *Direito do Trabalho,* cit., p. 865, "será, pois, válido um regime

perativo (cominando com nulidade a convenção contrária ou incompatível com os direitos ou garantias conferidos nesta lei, bem como os atos e contratos que visem a renúncia aos direitos conferidos neste diploma – artigo 12.° da LAT), as suas disposições são, regra geral, imperativas-permissivas, podendo as partes afastar o disposto na LAT, desde que em sentido mais favorável aos trabalhadores (artigo 3.°, n.° 3, alínea *l)*, no caso de regulamentação por instrumento de regulamentação coletiva, e 3.°, n.° 4, no caso de acordo individual, ambos do CT)[26].

---

convencional que exceda os limites legais, designadamente admitindo uma indemnização fixada por parâmetros mais elevados do que a retribuição ou abrangendo outros danos, como os lucros cessantes", concluindo que "naquilo que o acordo das partes exceda o regime estabelecido em termos de acidentes de trabalho não se lhe aplica o disposto na lei em apreço, devendo o trabalhador recorrer às regras gerais da responsabilidade civil" (e, do mesmo autor, *Acidentes de trabalho*, cit., pp. 40-41); mais acrescenta este Professor (*Direito do Trabalho*, cit., pp. 896-897) que o contrato de seguro de acidentes de trabalho "rege-se pelo princípio geral da liberdade contratual, podendo ser ajustado com diferentes conteúdos desde que se respeitem os parâmetros legais e os termos gerais da *apólice uniforme* (...). A mesma autonomia contratual tem permitido a divulgação do seguro de acidentes de trabalho – por vezes incorporado num «pacote» de seguros mais amplo – através do seguro de grupo, em que o empregador (tomador do seguro) integra os vários trabalhadores no grupo, passando a segurados". Admitindo o agravamento da responsabilidade do empregador face ao artigo 12.° da LAT, M. do R. Palma Ramalho, *Tratado de Direito do Trabalho*, Parte II, cit., p. 880; e, ainda sobre a admissibilidade destas cláusulas, Carlos Alegre, *Acidentes de Trabalho e Doenças Profissionais*, cit., pp. 15-16 e 162-164 (na vigência da LAT1997),

26 Tratando-se de seguros que visam funcionar como coberturas *complementares*, colocam-se questões específicas sobre a autonomia da cobertura complementar face ao regime da cobertura *obrigatória*. Em particular, poderá discutir-se se estaremos–ainda–perante um seguro de acidentes pessoais ou perante um seguro de responsabilidade civil. Os limites da responsabilidade objetiva do trabalhador são os identificados na LAT, pelo que uma cobertura que abranja danos que

Adicionalmente, importa realçar que, mesmo nas hipóteses em que o segurador responde pelo sinistro, poderá ter direito de regresso contra o empregador nos casos identificados na cláusula 28.ª da AU e nos artigos 18.º e 79.º, n.º 3, da LAT e, ainda, sub-rogar-se nos direitos do sinistrado contra o terceiro responsável pelo acidente de trabalho, nas hipóteses previstas na cláusula 29.ª da AU, articulada com o artigo 17.º da LAT (em especial, n.º 4).

---

não seriam reparados nos termos da LAT já corresponde a um seguro de acidentes pessoais por conta dos trabalhadores; sobre o regime jurídico aplicável à parte *complementar* da cobertura, entendendo que esta fica fora do regime substantivo e processual dos acidentes de trabalho, cfr. Carlos Alegre, *Acidentes de Trabalho e Doenças Profissionais*, cit., pp. 15-16 e, com mais desenvolvimentos, do mesmo Autor, *Processo Especial de Acidentes de Trabalho*, cit., pp. 19 e ss, afirmando que muito embora o empregador possa, "voluntariamente, garantir ao trabalhador regalias e indemnizações, para além das que a lei minimamente prevê, (...) a vontade das partes não pode *qualificar* um qualquer acidente como de trabalho, nem submetê-lo ao regime processual deste, só porque pretende tratá-lo como tal"; em sentido distinto, cfr. F. Almeida Pires, *Seguro de acidentes de trabalho*, cit., p. 50, entendendo que, tendo em conta que o prémio é, usualmente, globalmente definido – i.e., abrange a cobertura obrigatória e complementar – o contrato de seguro que abranja cobertura complementar, na medida em que corresponde a um contrato misto, que combina elementos do contrato de seguro de acidentes pessoais (cobertura complementar) e ao contrato de seguro de responsabilidade (cobertura obrigatória), deverá sujeitar-se à "absorção dos aspetos relativos ao conteúdo típico do contrato de acidentes pessoais pelo regime do seguro de responsabilidade pois são claramente preponderantes os elementos respeitantes a este último para além de assim apontar a função económico-social do contrato em causa".

3. FORMAÇÃO E INÍCIO DE VIGÊNCIA CONTRATO DE SEGURO

Em matéria de formação do contrato de seguro, a AU reproduz com proximidade, nas suas cláusulas 7.ª a 9.ª, o disposto nos artigos 23.º e 24.º da LCS: a cláusula 7.ª da AU, com a epígrafe «dever de declaração inicial do risco», reproduz o disposto no artigo 24.º da LCS, incidindo sobre a delimitação do dever de informação do tomador de seguro[27], mais concretamente, adotando um modelo de questionário facultativo e aberto, na medida em que não é obrigatória a apresentação de um questionário ao tomador do seguro ou ao segurado, e, por

---

27 Não obstante a grande proximidade entre o disposto na Cláusula 7.ª da AU e o artigo 24.º da LCS, é possível assinalar uma diferença entre estas disposições: enquanto a LCS prevê que o cumprimento do dever de declaração inicial de risco impende sobre "o tomador do seguro ou o segurado", já a Cláusula 7.ª da AU faz cair esse dever somente sobre o tomador de seguro (assinalando esta alteração, A. F. Costa Oliveira, "Nota sobre a evolução recente do regime do seguro obrigatório de acidentes de trabalho para trabalhadores por conta de outrem–ou das vantagens das «relações de família»", *Revista de Direito e de Estudos Sociais,* ano LIV, n.ºs 1/3, 2013, pp. 131-132). A omissão da referência ao segurador pode ser explicada com recurso a dois argumentos: por um lado, caso se siga o entendimento dominante que reconduz o seguro de acidente de trabalho a uma modalidade de seguro de responsabilidade civil concluir-se-á que a qualidade de tomador de seguro e de segurado coincidem no mesmo sujeito (empregador), pelo que se encontraria justificada a referência a um devedor (único) da prestação de informação; por sua vez, os aspetos mais relevantes para efeitos de avaliação do risco – em relação aos quais a omissão ou inexatidão é suscetível de afetar a vontade do segurador na contratação naqueles precisos termos – prendem-se "fundamentalmente com a natureza da atividade e as condições de prevenção implantadas nos locais de trabalho" (Luís Poças, *O Dever de declaração inicial do risco no contrato de seguro,* cit., p. 710), elementos que estarão essencialmente no controlo e serão do conhecimento do empregador.

outro lado, mesmo nos casos em que o segurador apresente um questionário para o efeito, o tomador ou o segurado mantêm o dever de declarar com exatidão todas as circunstâncias que conheçam e razoavelmente devam ter por significativas para a apreciação do risco pelo segurador, mesmo que não surjam referenciadas no questionário[28].

O incumprimento deste dever surge, por sua vez, regulado nas cláusulas 8.ª ou 9.ª da AU: a cláusula 8.ª da AU reproduz o conteúdo do artigo 25.º da LCS[29], estabelecendo que no caso de dolo do tomador do seguro, o segurador pode anular

---

28 O questionário tem, deste modo, uma função de "*facilitação*" do cumprimento do dever de declaração inicial do risco (José Vasques, *Contrato de seguro: notas para uma teoria geral*, cit., p. 219). Criticando esta solução, J. C. Moitinho Almeida, "O novo regime jurídico do contrato de seguro. Breves considerações sobre a protecção dos segurados", *Cadernos de Direito Privado*, n.º 26 2009, pp. 4-5; A. Menezes Cordeiro, *Direito dos seguros*, 2.ª edição (revista e actualizada), Almedina, 2016, p. 633, considerando que é suscetível de se revelar desfavorável para o tomador; e S. Coimbra Henriques, "Invalidade do contrato de seguro por violação de deveres de informação", *Themis*, ano XVI, n.ºs 28/29, 2015, pp. 272-274. Em todo o caso, quando seja apresentado e o segurador celebre o contrato de seguro com base nessa declaração, o artigo 24.º, n.º 3, da LCS prevê que determinados defeitos no preenchimento do questionário são inoponíveis a quem o preencheu (exceto em caso de dolo do tomador do seguro ou do segurado com o propósito de obter uma vantagem).

29 Sobre os deveres de informação do segurador na LCS, entre outros, cfr. Luís Poças, *O Dever de declaração inicial do risco no contrato de seguro*, cit., pp. 50 e ss; P. Romano Martinez *et al.*, *Lei do Contrato de Seguro Anotada*, 4.ª edição, Almedina, 2020, «artigo 18.º» e seguintes, pp. 106 e ss; J. Galvão Teles, "Deveres de informação das partes", *Temas de Direito dos Seguros*, 2.ª edição, Almedina, 2016, pp. 327 e ss; N. Trigo dos Reis, *Os deveres de informação no contrato de seguro de grupo*, policopiado, 2007, pp. 46 e ss; A. Menezes Cordeiro, *Direito dos seguros*, cit., pp. 618 e ss; S. Coimbra Henriques, "Invalidade do contrato de seguro por violação de deveres de informação", cit., pp. 289 e ss; M.

o contrato de seguro no prazo de três meses a contar do conhecimento do incumprimento (n.ºs 1 e 2 da cláusula 8.ª da AU e n.ºs 1 e 2 do artigo 25.º da LCS); caso o sinistro ocorra antes de o segurador ter conhecimento do incumprimento ou quando ainda esteja a correr o prazo de três meses após o conhecimento, o segurador não está obrigado a cobrir o sinistro (n.º 3 da cláusula 8.ª da AU e n.º 3 do artigo 25.º da LCS). Em qualquer caso, o segurador terá direito a manter o prémio até ao final do prazo de três meses a contar do conhecimento do incumprimento ou, nos casos em que o comportamento doloso tivesse o propósito de obter uma vantagem, o prémio será devido até ao termo do contrato (n.ºs 4 e 5 da cláusula 8.ª da AU e n.ºs 4 e 5 do artigo 25.º da LCS). Por sua vez, a cláusula 9.ª da AU espelha o disposto no artigo 26.º da LCS, a propósito do incumprimento negligente do dever de declaração inicial do risco. Em traços gerais, resulta destas disposições que que o segurador tem o prazo de três meses a contar do conhecimento da omissão ou inexatidão para: *(i)* propor uma alteração ao contrato ao tomador do seguro (cessando o contrato 20 dias após a receção da proposta, caso este nada responda ou a rejeite); *(ii)* fazer cessar o contrato, desde que "demonstre que, em caso algum, celebra contratos para a cobertura de riscos relacionados com o facto omitido ou declarado inexactamente" (cessando o contrato 30 dias após o respetivo envio). Por sua vez, ocorrendo a cessação do contrato, o prémio é devolvido *pro rata temporis* atendendo à cobertura havida (n.º 3 da cláusula 9.ª da AU e n.º 3 do artigo 26.º da LCS).

Celebrado o contrato, a cobertura dos riscos inicia-se no dia e na hora indicados no contrato (cláusula 18.ª, n.º 1, da AU), e, nos termos da cláusula 14.ª da AU, depende do pagamento do prémio; este contrato de seguro indicará a sua duração, poden-

---

I. de Oliveira Martins, *Contrato de Seguro e Conduta dos Sujeitos Ligados ao Risco*, Almedina, 2018, pp. 705 e ss, com articulação com a LCCG.

do ser celebrado por um período certo e determinado ou por um ano, prorrogável por novos períodos de um ano (cláusula 19.ª, n.º 1, da AU)[30].

4. MODALIDADES DE SEGURO DE ACIDENTES DE TRABALHO: SEGURO A PRÉMIO FIXO E A PRÉMIO VARIÁVEL

O seguro de acidentes de trabalho pode observar a modalidade de seguro a prémio fixo e de seguro a prémio variável, ambas com consagração no artigo 5.º da AU. Estamos perante um seguro de acidentes de trabalho na modalidade de seguro a *prémio fixo* quando o contrato cobre um número previamente determinado de pessoas seguras, com um montante de retribuições antecipadamente conhecido; diferentemente, o seguro foi celebrado na modalidade de seguro a *prémio variável* quando a apólice cobre um número variável de pessoas seguras, com retribuições seguras também variáveis, sendo consideradas pelo segurador as pessoas e as retribuições identificadas nas folhas de vencimento ("folhas de férias") que lhe são enviadas periodicamente pelo tomador do seguro.

A diferença entre modalidades de seguro de acidentes de trabalho tem particular relevância para efeitos de determinação do regime aplicável às flutuações verificadas no conjunto de trabalhadores ao serviço do empregador-tomador[31], sendo

---

30 O contrato prorroga-se de forma automática, pelo que caberá às partes, caso pretendam evitar a prorrogação, denunciar o contrato com 30 dias de antecedência mínima em relação à data da prorrogação. Adicionalmente, a prorrogação também não se verifica se o tomador de seguro não proceder ao pagamento do prémio (cláusula 19.ª da AU, n.º 3, *in fine*, e cláusula 16.ª, n.º 2, da AU).

31 Para mais desenvolvimentos, cfr. M. Leonor Ruivo, "Sobre o seguro de acidentes de trabalho a prémio fixo e a prémio variável", *Revista*

que um dos problemas que mais tem ocupado a nossa jurisprudência em matéria de seguro de acidentes de trabalho prende-se com o regime jurídico aplicável no caso de discrepâncias entre os trabalhadores segurados e os trabalhadores efetivamente ao serviço da entidade empregadora, discrepâncias que podem, naturalmente, resultar de simples esquecimentos da entidade empregadora no preenchimento e envio das folhas de férias, mas que podem igualmente resultar de práticas fraudulentas com o intuito de diminuir o valor do prémio devido.

No caso de *seguro a prémio fixo com nomes*, a variabilidade ou a flutuação do número de trabalhadores não se encontra *ab initio* incorporada no programa contratual pelo que quaisquer modificações do conjunto de trabalhadores abrangidos, para serem oponíveis à entidade seguradora, pressupõem o envio de uma proposta de alteração ao contrato de seguro (incluindo os trabalhadores adicionais ou aqueles que vieram substituir trabalhadores cujo vínculo tenha cessado), apenas estando coberto o risco de constituição, no património do segurado, de uma obrigação de indemnizar novos trabalhadores após a aceitação, por parte do segurador, da alteração ao contrato[32].

---

de Direito Financeiro e dos Mercados de Capitais, 2 (2023), https://rdfmc.com/artigos/, pp. 535 e ss.

32 Não tem, portanto, aplicação o regime do agravamento do risco, previsto nas cláusulas 10.ª e 11.ª da AU, reproduzindo o disposto na LCS, em particular, nos artigos 93.º e 94.º da LCS. Sobre a aplicação do mecanismo da modificação contratual, cfr. TRL 3229/16.6T8LRS.L1-4 de 26 de janeiro 2022, no qual se afirma: "quando o empregador propõe a alteração do contrato com a apresentação de uma nova lista de trabalhadores e a indicação dos respectivos vencimentos, não indica à seguradora que o risco se agrava ou é maior do que anteriormente, nem a proposta apresentada visa dar cumprimento ao dever do tomador do seguro previsto no n.º 1 da cláusula 10.ª da AU. Com a indicada proposta, o tomador do seguro visa, isso sim, uma reconfiguração do contrato (que passará a abranger diferentes trabalhadores, com distinta ou igual massa salarial), para os efeitos da alínea a) da cláusula

No caso de seguro de acidentes de trabalho a *prémio fixo sem nomes*, estabelece a alínea *c)* do n.º 1 da cláusula 28.ª da AU que o segurador tem direito de regresso sobre o empregador relativamente aos seguros celebrados sem indicação de nomes "quando se provar que nos trabalhos abrangidos pelo contrato foram utilizadas mais pessoas do que as indicadas como pessoas seguras", não sendo possível ao segurador invocar a divergência entre o número de trabalhadores declarado e o número real de trabalhadores para obviar à cobertura do sinistrado[33].

Em relação aos seguros de acidentes de trabalho a *prémio variável*, é exigida a prática de um ato de inclusão dos trabalhadores no perímetro do contrato através da sua identificação na folha de férias, estabelecendo a cláusula 24.ª da AU, sob a epígrafe «obrigações do tomador do seguro quanto a informação relativa ao risco», que o tomador de seguro se obriga a enviar ao segurador, "até ao dia 15 de cada mês, cópia das declarações de remunerações do seu pessoal remetidas à segurança social, relativas às retribuições pagas no mês anterior, devendo no envio mencionar a totalidade das remunerações previstas na lei como integrando a retribuição para efeito de cálculo da reparação por acidente de trabalho, e indicar ainda os praticantes, os aprendizes e os estagiários" (alínea a) do n.º 1). Através desta declaração do tomador, "o objecto do contrato vai-se actualizando de forma a que haja por parte da seguradora a correspondente actualização do prémio"[34]. A questão

5.ª da AU, propondo-o à seguradora, que tem a possibilidade de o aceitar, ou não". Veja-se tb. o TRL 275/06.1TTPDL.1.L1-4 de 13 de maio de 2009.

33 Luís Poças, *O Dever de declaração inicial do risco no contrato de seguro*, cit., p. 714. Refere o STJ proc. 2666 de 16 de janeiro de 1991, *BMJ*, n.º 340 (fevereiro 1991), pp. 436 e ss, que "quando a seguradora aceita a modalidade de seguro – «sem indicação de nome» – tem que assumir os riscos de fraude que tal modalidade permite".

34 F. de Almeida Pires, *Seguro de acidentes de trabalho*, cit., p. 72.

coloca-se a propósito das consequências de, na data em que se verificou o sinistro, a contratação do trabalhador ainda não ter sido incluída nas folhas de férias, sendo que o problema se colocou, inicialmente, na identificação do regime jurídico aplicável. Neste âmbito, foi proferido o AUJ n.º 10/2001, de 21 de novembro, que uniformizou a jurisprudência no sentido de considerar que "no contrato de seguro de acidentes de trabalho na modalidade de prémio variável, a omissão do trabalhador sinistrado nas folhas de férias, remetidas mensalmente pela entidade patronal à seguradora, não gera a nulidade do contrato nos termos do artigo 429.º do Código Comercial, antes determina a não cobertura do trabalhador sinistrado pelo contrato de seguro".

Todavia, o seu alcance acabou por ter sido progressivamente restringido, tendo em conta que a factualidade concretamente analisada neste Acórdão assentava num caso em que, em dado momento durante a execução do contrato, havia sido totalmente interrompido o envio de folhas de férias pelo empregador ao segurador, sendo que da última folha de férias remetida não constava o trabalhador, muito embora este já tivesse sido contratado nessa altura (isto é, havia uma verdadeira omissão – ocultação – do trabalhador da folha de férias efetivamente remetida). A jurisprudência subsequente tem recusado a aplicação desta doutrina a outros casos que se desviem da factualidade subjacente ao AUJ n.º 10/2001, de 21 de novembro, pelo que se tem considerado que a inclusão do trabalhador efetuada *após o sinistro* não prejudica a respetiva cobertura pelo segurador nos seguintes casos: *(i)* perante a omissão total do envio da folha de férias[35]; *(ii)* no caso de inclusão tardia

---

[35] Ou seja, naquelas situações em que ocorre efetivamente uma total omissão do envio de folhas de férias e não a mera interrupção do seu envio e, mais relevante, não houve omissão de trabalhadores relativamente a folhas de férias efetivamente enviadas (porque nenhuma

do trabalhador na folha de férias anterior ao sinistro[36]; *(iii)* no caso de sinistro verificado entre a data da contratação e a data em que deveria ocorrer a inclusão do trabalhador na folha de férias atualizada[37]; *(iv)* na hipótese de remessa tardia das folhas

---

foi enviada). Sobre estes casos, entendeu-se, no TRG 1680/17.3T8VRL.G1 de 12/03/2020, que "não tendo a seguradora reagido a tais faltas e mantendo-se o contrato válido, a invocação sempre atentaria contra a boa-fé, constituindo abuso de direito, pois que não se escusou a receber os prémios com base no capital provisional. Tal invocação atentaria desde logo contra a legitima expetativa da empregadora no sentido de ter transferida a sua responsabilidade infortunística, atentando contra a boa-fé que deve existir no relacionamento contratual. Precisar, frustrando do mesmo modo as expetativas dos trabalhadores".

36 Isto é, casos em que o trabalhador não é incluído na folha de férias imediatamente *posterior* ao mês da sua contratação, mas é incluído na folha de férias *anterior* à ocorrência do sinistro. Nestas hipóteses, tem-se entendido que "não procedem as razões em que radica a não cobertura do risco, já que, neste caso, o objecto do contrato havia sido alterado antes do evento danoso, permitindo a actualização do prémio a partir de momento anterior ao evento infortunístico"; neste sentido, outro outros, STJ 08S2313 de 12/03/2008; TRE 11/10.8TTABT.E1 de 03/06/2012. Na doutrina, F. de Almeida Pires, *Seguro de acidentes de trabalho,* cit., 1999, pp. 78-79; Luís Poças, *O Dever de declaração inicial do risco no contrato de seguro,* cit., p. 720, referindo que a analogia com a situação analisada no AUJ "afigura-se evidente, apenas divergindo no expediente fraudulento do tomador que, nestes casos, tenta mascarar a omissão passada"

37 De acordo com a alínea *a)* do n.º 1 da cláusula 24.ª da AU, o regime supletivo (n.º 4 do artigo 2.º da Portaria n.º 256/2011) no seguro de grupo de prémio variável é que o tomador de seguro está obrigado a enviar a folha de vencimento ao segurador até ao dia 15 de cada mês com inclusão dos trabalhadores contratados no mês anterior, pelo que o trabalhador recém contratado que sofra um sinistro antes do vencimento da obrigação de envio da folha de férias relativa ao mês da sua contratação (momento em que, portanto, não estaria incluído em qualquer folha de férias) pareceria não estar abrangido pela cobertura do seguro porquanto ainda não houvera a sua contratação

de férias pelo tomador[38]. Nestes casos – que têm em comum a

sido devidamente comunicada ao segurador. Esta solução criaria obvias dificuldades de convergência entre a obrigação de cobertura dos trabalhadores e o momento do início da cobertura pelo seguro de acidentes de trabalho, motivo pelo qual se tem entendido que também estes trabalhadores estão abrangidos pelo seguro, mesmo que o sinistro ocorra antes do envio da folha de férias; neste sentido, entre outros, STJ 443/06.6TTGDM.P21.S1 de 07/11/2012; na doutrina, F. de Almeida Pires, *Seguro de acidentes de trabalho,* cit., p. 78; Luís Poças, *O Dever de declaração inicial do risco no contrato de seguro,* cit., p. 719, distinguindo entre as situações "em que, comprovadamente, o trabalhador sofre um acidente logo no mês em que inicia a sua prestação de trabalho (cumprindo o empregador atempadamente as obrigações de comunicação a que estava vinculado); e aquelas em que o trabalhador era já assalariado do tomador há mais de um mês mas em que o empregador vinha sonegando essa informação".

38 Inclui as hipóteses em que o próprio envio da folha de férias (com a inclusão do trabalhador sinistrado) ocorre quando já foi ultrapassado o prazo legal supletivo ou o prazo contratual para que o empregador faça chegar a folha de férias ao segurador, incluindo situações em que o envio tardio das folhas de férias ocorre relativamente a trabalhadores cuja contratação não foi comunicada oportunamente (porquanto não foi atempadamente remetida a folha de férias), tendo apenas vindo a ocorrer o envio das folhas de férias em atraso após a ocorrência de um sinistro que envolve um trabalhador não declarado. Nestes casos, também se tem vindo a admitir que o segurador está obrigado a cobrir o sinistro, pois não se trata de uma situação em que a inclusão do trabalhador ocorre apenas na folha de férias relativa ao mês da ocorrência do sinistro, tendo sido "ocultado" nas folhas de férias anteriores (o que conduziria à não cobertura do sinistrado), mas em que o trabalhador é incluído na folha de férias correspondente ao mês da contratação, sendo a folha de férias apenas enviada à seguradora após a ocorrência do sinistro; neste sentido, entre outros, TRE 2159/03-2 de 11/02/2003; na doutrina, cfr. Luís Poças, *O Dever de declaração inicial do risco no contrato de seguro,* cit., p. 722, entendendo o autor "a omissão do trabalhador é mais grave do que o mero atraso no envio das folhas de férias, pelo que merece uma cominação mais severa".

ausência de uma intenção, por parte do empregador, de, sob uma *aparência* de cumprimento atempado da obrigação de envio de folhas de férias atualizadas, criar uma distorção entre o prémio suportado e a cobertura obtida –, a comunicação da contratação do trabalhador após a verificação do sinistro produz efeitos retroativos por forma a evitar lacunas na completa transferência da responsabilidade do empregador para o segurador[39].

Não obstante, mesmo quando a solução a adotar seja no sentido da cobertura do trabalhador, caso se verifiquem incumprimentos em relação à *obrigação de envio periódico* da folha de férias (cfr. alínea *a)* do n.º 1 da cláusula 24.ª da AU), o segurador poderá lançar mão dos meios de reação disponibilizados pela cláusula 20.ª da AU (resolução do contrato) e pelo n.º 4 da Condição especial 01 da AU (agravamento do prémio), para seguros a prémio variável[40].

5. PRESTAÇÕES DAS PARTES

O contato de seguro caracteriza-se por ser *sinalagmático*, na medida em que do contrato de seguro "nascem obrigações recíprocas para ambas as partes (...) existindo entre elas, a uni-

---

[39] Com mais desenvolvimentos sobre cada uma destas hipóteses, com indicações jurisprudenciais e doutrinárias, M. Leonor Ruivo, "Sobre o seguro de acidentes de trabalho a prémio fixo e a prémio variável", cit., pp. 564 e ss.

[40] Nos termos da qual quando o tomador do seguro não cumprir com a obrigação de envio periódico das folhas de vencimento, o segurador, sem prejuízo do seu direito de resolução, cobra no final da anuidade um prémio não estornável correspondente a 30 % do prémio provisório anual, podendo ainda exigir o complemento do prémio que se apurar ser devido em função das retribuições que realmente deviam ter sido declaradas.

-las, um laço de correspectividade"[41]. A obrigação principal do tomador de seguro corresponde ao pagamento do prémio e, muito embora não seja incontroversa a identificação da obrigação principal do segurador – em particular, se a prestação do segurador corresponde a "uma prestação de suportação do risco, de que a prestação material relacionada com a ocorrência do sinistro constitui mero aspeto, sem autonomia"[42] ou, diferentemente, se é "uma prestação de *dare* ou de *facere*, sujeita à condição suspensiva da verificação do risco", sendo a

---

41 L. A. Carvalho Fernandes, *Teoria Geral do Direito Civil*, II, 5.ª edição, Universidade Católica Editora, 2017, pp. 64-66. Sobre o contrato de seguro como um negócio jurídico sinalagmático, José Vasques, *Contrato de seguro: notas para uma teoria geral*, cit., p. 104; J. A. Engrácia Antunes, *Direito dos contratos comerciais*, 6.ª reimpressão da edição de outubro de 2009, Almedina, 2019, p. 68; J. C. Moitinho Almeida, *O Contrato de Seguro no Direito Português e Comparado*, Livraria Sá da Costa Editora, 1971, p. 30; A. Menezes Cordeiro, *Direito dos seguros*, cit., pp. 597-599; J. Yanini Baeza, *El seguro colectivo laboral*, Volume I, Universitat de València, Facultad de Derecho, 1994, p. 46.

42 J. C. Moitinho Almeida, *O Contrato de Seguro no Direito Português e Comparado*, cit., p. 27, mais esclarecendo que tal não obsta a que se considere o contrato aleatório, residindo esta aleatoriedade no facto de o equilíbrio das prestações depender do evento aleatório, desempenhando um "papel essencial e não apenas instrumental ou acessório" (p. 29; em estudo mais recente, manteve o Autor o mesmo entendimento – cfr. "O contrato de seguro", cit., pp. 32-35); sobre a obrigação de suportar o risco como obrigação assumida pelo segurador, José Vasques, *Contrato de seguro: notas para uma teoria geral*, cit., pp. 241 e 255; L. Moreira Peterson, *O risco no contrato de seguro*, Editora Roncarati, 2018, pp. 50-52; F. Almeida Pires, *Seguro de acidentes de trabalho*, cit., pp. 62-63; R. G. Ferreira da Silva, *Do Contrato de Seguro de Responsabilidade Civil Geral*, cit., pp. 178-179; A. Menezes Cordeiro, *Direito dos seguros*, cit., pp. 572 e ss, com relevantes indicações quanto ao debate doutrinário em torno da identificação da prestação do segurador.

suportação do risco um mero efeito do contrato[43]– certo é que, nos termos do artigo 1.º da LCS, depois de se afirmar que o segurador cobre um risco determinado do tomador do seguro ou de outrem, mais refere que o primeiro se obriga "a realizar a prestação convencionada em caso de ocorrência do evento aleatório previsto no contrato, e o tomador do seguro obriga-se a pagar o prémio correspondente". Importa, portanto, consi-

---

43 Luís Poças, *Problemas e soluções de Direito dos Seguros*, Almedina, 2019, pp. 50-51. Assim, ver tb. P. Romano Martinez *et al.*, *Lei do Contrato de Seguro – Anotada*, 4.ª edição, Almedina, 2020, «artigo 1.º», pp. 40-41, afirmando que "não se nega a realidade ou relevância jurídica à *cobertura*" (sendo em relação a esta que a "obrigação de pagar o prémio constitui uma relação sinalagmática"), mas "a cobertura é uma atribuição que se realiza por mero efeito do contrato e, nessa medida, não é obrigação nem conteúdo de uma obrigação, e muito menos se confunde com a obrigação típica do segurador". No mesmo sentido se parece pronunciar M. I. de Oliveira Martins, *O seguro de vida enquanto tipo contratual legal*, Wolters Kluwer/Coimbra Editora, 2010, pp. 44-45, entendendo que a contrapartida do segurador corresponde a uma "obrigação, condicionada ou sujeita a termo, de efectuar determinada prestação", enquanto a ideia de suportação do risco não permite a compreensão da posição do segurador "como uma prestação autónoma, cujo cumprimento possa ser exigido pelo segurador". Assim, a própria vigência do contrato de seguro corresponderia à prestação do segurador, a qual se poderia materializar na realização da prestação prevista no contrato de seguro em caso de sinistro, levando a que, por vezes, se conceba a prestação do segurador como sendo uma prestação combinada, isto é, que envolve a suportação do risco e a obrigação de realizar a prestação prevista na eventualidade de sinistro (por exemplo, em Maud Asselain/Cristophe Vercoutere, *Droit des assurances*, RB Édition, 2013, pp. 26-27). Sobre a contrapartida do segurador como correspondendo à cobertura do risco, F. Sanchez Calero *et al.*, *Ley de Contrato de Seguro–Comentarios a la Ley 50/1980, de 8 de octubre y a sus modificaciones*, Cuarta Edición, Thomson Aranzadi, 2010, pp. 48-49 e 51 e ss, considerando que a prestação do segurador abrange um direito de garantia e um direito de crédito do tomador.

derar o regime a que estão sujeitas cada uma destas prestações na AU e, no caso da reparação do trabalhador, na LAT.

5.1. Prestação do tomador: o prémio

O prémio é um elemento essencial do contrato de seguro, sendo que a sua ausência não permite a qualificação do contrato como correspondendo a um contrato de seguro[44]. Nos termos do n.º 1 do artigo 51.º da LCS, o prémio é a contrapartida da cobertura acordada e inclui tudo o que seja contratualmente devido pelo tomador do seguro, nomeadamente, os custos da cobertura do risco, os custos de aquisição, de gestão e de cobrança e os encargos relacionados com a emissão da apólice. À imagem do que consta do artigo 61.º da LCS, estabelece a cláusula 16.ª, n.º 1, da AU que o seu não pagamento determina, estando em causa o prémio inicial ou a primeira fração deste, a resolução automática do contrato a partir da data da

---

44 M. E. Gomes Ramos, *O Contrato de Seguro entre a Liberdade Contratual e o Tipo*, Almedina, Coimbra, 2021, pp. 110-111; J. C. Moitinho Almeida, *O Contrato de Seguro no Direito Português e Comparado*, cit., p. 30; M. Lima Rego, "O prémio", *Temas de Direito dos Seguros*, 2.ª edição, Almedina, 2016, pp. 270-271; L. da Cunha Gonçalves, *Comentário ao Código Comercial Português*, Volume III, Tipografia José Bastos, 1916, p. 533. Falamos aqui em ausência de prémio no sentido de as partes fixarem um "contrato de seguro" gratuito, pois a LCS admite expressamente que as partes omitam do contrato de seguro o valor do prémio ou mesmo a identificação do método de cálculo do prémio, caso em que "o prémio deve ser adequado e proporcionado aos riscos a cobrir pelo segurador e calculado no respeito dos princípios da técnica seguradora, sem prejuízo de eventuais especificidades de certas categorias de seguros e de circunstâncias concretas dos riscos assumidos" (n.º 2 do artigo 52.º da LCS).

sua celebração (*no premium, no cover*)[45] ou, estando em causa uma anuidade seguinte ou a primeira fração desta, a não prorrogação do contrato (cláusula 16.ª, n.º 2, da AU). Por sua vez, quando estejam em causa frações subsequentes do prémio, na medida em que já se verificou um período de cobertura e o pagamento de uma fração do prémio, a consequência legal não é a resolução automática do contrato à data da sua *celebração*, mas antes a resolução automática do contrato na data do *vencimento* da prestação que não tenha sido paga (alínea *a)* do n.º 3 da cláusula 16.ª, da AU).

Estando em causa um seguro de acidentes de trabalho a prémio variável[46], é previsto um regime especial de atualização do prémio, na medida em que este flutuará em virtude das próprias variações do universo de trabalhadores abrangidos e respetivas retribuições. Assim, as partes fixam, inicialmente, um *prémio provisório* (tendo em conta as retribuições anuais previstas pelo empre-

---

45 Sobre os motivos que levaram à consagração de um regime de resolução automática no n.º 1 artigo 61.º da LCS, M. E. Gomes Ramos, *O Contrato de Seguro entre a Liberdade Contratual e o Tipo*, cit., pp. 113-114, e, com desenvolvimentos sobre a evolução do regime de pagamento do prémio, J. L. Bonifácio Ramos, "O pagamento do prémio na Lei do Contrato de Seguro", *Cadernos de Direito Privado*, n.º 39, 2012, pp. 5 e ss. Criticando a solução adotada, J. C. Moitinho Almeida, *Contrato de Seguro–Estudos*, Coimbra Editora, Coimbra, 2009, pp. 17-18 e 231-232, e, do mesmo autor, "O novo regime jurídico do contrato de seguro. Breves considerações sobre a protecção dos segurados", *Cadernos de Direito Privado*, n.º 26, 2009, pp. 6-7.

46 As dificuldades na determinação do prémio nestes casos eram já assinaladas em *Seguro social obrigatório contra desastres no trabalho em todas as profissões – elucidação prática das suas principais disposições*, cit., p. 11, referindo que, a propósito do pagamento dos prémios, "*É importante fixar êste ponto*, para cabal esclarecimento de muitos proponentes, a quem o seguro do pessoal variável causa freqüentes confusões" (itálico no original).

gador-tomador, Condição especial 01 da AU, n.º 2), sendo que, no final de cada ano civil ou aquando da cessação do contrato, é calculado o *prémio definitivo* (em função do total de retribuições efetivamente pagas durante o período de vigência do contrato) e efetuado o acerto (Condição especial 01 da AU, n.º 3)[47].

5.2. Prestação do segurador: a prestação convencionada

Ocorrendo um acidente de trabalho, a LAT prevê a *participação do sinistro pelo empregador ao segurador*[48], o que deve fazer no prazo de vinte e quatro horas a partir da data do conhecimento, sob pena de responder por perdas e danos do segurador (artigo 87.º, n.º 1, da LAT, e cláusula 25.ª, n.º 1, alínea *a)*, da AU); adicionalmente, quando do acidente de trabalho resulte a morte do sinistrado, para além do preenchimento formal da participação, deve o empregador participar imediatamente ao segurador os acidentes mortais (cláusula 25.ª, n.º 1, alínea *b)*, da AU), sendo que a consequência de tal incumprimento implica igualmente a responsabilidade do empregador pelas perdas e danos do segurador (cláusula 25.ª, n.º 3, da AU). Em todo o caso, quando o empregador não efetue a participação do sinistro à seguradora nos prazos estabelecidos para o efeito, tal circunstância não é oponível aos sinistrados e demais beneficiários legais das prestações por acidente de trabalho,

---

47 Não obstante, admite o n.º 5 da Condição especial 01 que, em "casos de desvios significativos entre as retribuições previstas e as efectivamente pagas", é possível ao segurador fazer acertos no decurso do período de vigência do contrato.

48 Esta participação pode ser efetuada por meio informático, nomeadamente em suporte digital ou correio eletrónico; no caso de microempresa (i.e., empresa com menos de 10 trabalhadores, nos termos do artigo 100.º, n.º 1, alínea *a)*, do CT), a participação pode igualmente ser efetuada em suporte de papel (cfr. artigo 87.º, n.ºs 2 e 3, da LAT, e cláusula 25.ª, n.º 2, da AU).

ficando o segurador com direito de regresso contra o empregador-tomador (cláusula 25.ª, n.º 5, da AU), solução que está em linha com o disposto no artigo 101.º, n.º 3, da LCS. A participação deve, nos termos do artigo 100.º, n.º 2, da LCS, incluir a explicitação das circunstâncias da verificação do sinistro, as eventuais causas da sua ocorrência e respetivas consequências, sendo que, após a sua verificação, com a adequada prontidão e diligência, pelo segurador (cláusula 26.ª, n.º 2, da AU), este deverá satisfazer a prestação a que o sinistrado tem direito.

A prestação devida pela entidade seguradora abrange as prestações em espécie e em dinheiro a que a entidade empregadora estaria obrigada, nos termos, respetivamente, do artigo 25.º da LAT (cfr. cláusula 3.ª da AU, n.º 3) e do artigo 47.º da LAT (cfr. cláusula 3.ª da AU, n.º 4); no caso das prestações em dinheiro, a sua base de cálculo é, por regra, "a retribuição anual líquida normalmente devida ao sinistrado, à data do acidente" (artigo 71.º da LAT), motivo pelo qual assume especial relevância a declaração efetuada pelo empregador relativamente às retribuições dos trabalhadores segurados, a qual tem impacto direto na determinação do prémio devido ao segurador. Por esse motivo, reconhecendo a especial suscetibilidade de verificação de práticas fraudulentas tendo em vista a redução do prémio devido pela entidade empregadora, já estabelecia a Base XLIII da Lei n.º 2127, de 1965, no seu n.º 4, que "serão estabelecidas providências destinadas a evitar fraudes, omissões ou insuficiências nas declarações quanto a pessoal e a *salários* (...)" (itálico nosso). O n.º 1 da cláusula 21.ª da AU estabelece, como regra absolutamente imperativa, que a determinação da retribuição segura, valor na base do qual são calculadas as responsabilidades cobertas pela apólice, é sempre da responsabilidade do tomador do seguro, solução que se compreende na medida em que é o tomador que tem o controlo da retribuição dos trabalhadores e suas variações.

Por sua vez, quanto ao valor da retribuição segura (norma parcialmente imperativa), resulta do n.º 2 da cláusula 21.ª da

AU que se considera retribuição: *(i)* "tudo o que a lei considera como elemento integrante da retribuição", *(ii)* "todas as prestações que revistam carácter de regularidade"[49] e "não se destinem a compensar a pessoa segura por custos aleatórios"[50], *(iii)* "que incluem designadamente os subsídios de férias e de Natal"; ou seja, a noção de retribuição aqui adotada não coincide com a noção, mais restrita, constante do Código do Trabalho[51], antes

---

49 Já na base XXIII da Lei n.º 2127, se entendia "por retribuição tudo o que a lei considere como seu elemento integrante e todas as prestações que revistam carácter de regularidade", pelo que já se consideraram abrangidos, desde que dotados de carácter de regularidade, entre outras prestações: o trabalho suplementar (STJ de 25 de junho de 1997, processo n.º 230/96, *BMJ*, n.º 468 (julho 1977), pp. 288 e ss), prémios de produtividade (STJ de 5 de novembro de 1982, *Acórdãos Doutrinais do STA – Apêndice (Jurisprudência do Trabalho)*, n.º 254, pp. 265), ajudas de custo (STJ de 25 de junho de 1997, processo n.º 230/96, *BMJ*, n.º 468 (julho 1977), pp. 288 e ss), diuturnidades (TRE de 22 de junho de 1999, recurso social n.º 115/98, *BMJ*, n.º 488 (julho 1999), pp. 421-422) e o subsídio de refeição (sobre o subsídio de alimentação, entende a Autoridade de Supervisão de Seguros e Fundos de Pensões, em entendimento de 31-12-2013, disponível em https://www.asf.com.pt/NR/exeres/631DF496-5454-4132-909B-40C3D4FEF14E.htm, que "deverá considerar-se o valor do subsídio de refeição relativamente a apenas 11 meses por ano, uma vez que, tratando-se de uma prestação relacionada com a efetiva prestação de trabalho, o mesmo não se vence durante o período de férias" e, por outro lado "não integra o cálculo da parte proporcional correspondente aos subsídios de férias e de Natal eventualmente devida em caso de incapacidade temporária superior a 30 dias").

50 Esta ressalva, que não constava da Lei n.º 2127, foi incluída no n.º 3 do artigo 26.º da LAT1997.

51 Com efeito, o artigo 258.º do CT pressupõe, nos termos do seu n.º 1, desde logo, dois requisitos de cuja verificação depende a qualificação de uma prestação como retributiva: tem de constituir um *direito do trabalhador* (e, correspetivamente, uma obrigação do empregador) e de ser uma *contrapartida do seu trabalho.* Por sua vez, o n.º 2 do artigo 258.º do CT acrescenta que "a retribuição compreende a retribuição

tendo um sentido específico e próprio no contexto da reparação de acidentes de trabalho[52].

De acordo com o atual n.º 1 da cláusula 23.ª da AU, no seguimento dos n.ºs 4 e 5 do artigo 79.º da LAT, no caso de a retribuição declarada ser inferior à real (que, nos termos do n.º 2 da cláusula 23.ª da AU e do n.º 4 do artigo 79.º da LAT, não pode ser inferior à retribuição mínima mensal garantida)[53],

---

base e outras prestações regulares e periódicas feitas, directa ou indirectamente, em dinheiro ou em espécie", retirando-se desta norma dois elementos adicionais da retribuição: a sua *natureza patrimonial* e o seu carácter *regular* e *periódico*.

52 Sobre o conceito de retribuição na Lei dos Acidentes de Trabalho, cfr. P. Romano Martinez, *Acidentes de trabalho*, cit., 1996, pp. 76-77 (face à Base XXII da Lei n.º 2127 e ao Decreto n.º 360/71), e, do mesmo Autor, *Direito do Trabalho*, cit., 2023, pp. 890 e ss (face à atual LAT); Carlos Alegre, *Acidentes de Trabalho e Doenças Profissionais*, cit., 2001, pp. 134 e ss (por referência ao artigo 26.º da LAT1997) e, do mesmo autor, *Acidentes de Trabalho – notas e comentários à Lei n.º 2127*, cit., pp. 109 e ss (face à Base XXII da Lei n.º 2127); M. J. Costa Pinto, "O conceito de retribuição no regime jurídico dos acidentes de trabalho", *Prontuário de Direito do Trabalho*, II, 2018, pp. 108 e ss; Francisco Martins, "A retribuição na Lei dos acidentes de trabalho", *Prontuário de Direito do Trabalho*, II, 2020, pp. 266 e ss; Abílio Neto, *Acidentes de trabalho e doenças profissionais – anotado*, cit., pp. 204 e ss; Vitor Ribeiro, *Acidentes de Trabalho – Reflexões e notas práticas*, Rei dos Livros, 1984, pp. 243 e ss (no contexto da Lei n.º 2127); *Seguro social obrigatório contra desastres no trabalho em todas as profissões – elucidação prática das suas principais disposições*, cit., p. 14 (no contexto do Decreto 5:637, de 10 de maio de 1919); Ary dos Santos, *Acidentes de trabalho – estudo de direito objetivo seguido de uma compilação de diplomas legais publicados sobre a matéria*, cit., pp. 97 e ss (no contexto do Decreto 5:637); L. da Cunha Gonçalves, *Responsabilidade civil pelos acidentes de trabalho e doenças profissionais*, cit., pp. 147 e ss (no âmbito da Lei n.º 1:942).

53 Sobre a retribuição mínima mensal garantida, cfr. artigo 273.º do CT e, em sua concretização, Decreto-Lei n.º 107/2023, de 17 de novembro. A nossa jurisprudência também já se pronunciou sobre o que sucede na eventualidade de a retribuição declarada ser *superior* à

o tomador do seguro responde, no caso de *indemnizações por incapacidade temporária e pensões*, pela parte das indemnizações correspondente à diferença.

Quando estejam em causa despesas efetuadas com a *hospitalização e assistência clínica*, o segurador responde *proporcionalmente* por tais despesas. Muito embora atualmente o regime da LAT e da AU coincidam na identificação das despesas relativamente às quais o empregador responde na *proporção da diferença*, a apólice uniforme anterior[54] referia-se à responsabilidade da entidade empregadora "proporcionalmente pelas despesas de hospitalização, assistência clínica, transportes e estadas, despesas judiciais e de funeral, subsídios por morte, por situações de elevada incapacidade permanente e de readaptação, prestação suplementar por assistência de terceira pessoa *e todas as demais despesas realizadas no interesse do sinistrado*". Com base nesta contraposição, havia jurisprudência – embora não em sentido unânime, que considerava que o elenco de despesas relativamente às quais era repartida a responsabilidade era meramente exemplificativo. Atualmente, invocam-se as alterações na AU e as ligeiras diferenças de redação do atual artigo 79.º da LAT (por contraposição com o artigo 37.º da LAT1997)

---

real, considerando que "se a responsabilidade pelo risco decorrente de acidente de trabalho estiver transferida para Seguradora com base em retribuição superior à auferida pelo sinistrado, àquela, e não a esta, se deverá atender para o cálculo da indemnização por incapacidade temporária e da pensão", a isso não se opondo o artigo 12.º da LAT, mais considerando que não seria justificável "que o empregador tivesse de suportar o pagamento de um prémio de seguro mais elevado para garantir prestações mais vantajosas para o sinistrado e, por se considerar haver impedimento legal no assegurar de tais prestações, se constituísse um benefício para a seguradora, sem qualquer contrapartida" – cfr. TRG 363/16.6T8VRL.G1, de 10/19/2017.

54 Apólice Uniforme constante da Norma Regulamentar do Instituto de Seguros de Portugal n.º 1/2009-R.

para sustentar que o elenco previsto no artigo 79.º da LAT e na cláusula 23.ª da AU tem natureza taxativa[55], pelo que, fora dos casos elencados nestas normas, cabe ao segurador responder totalmente pela prestação devida ao trabalhador, mesmo que a retribuição declarada seja inferior à real.

6. CESSAÇÃO DO CONTRATO

O seguro de acidentes de trabalho está, em matéria de cessação, sujeito às regras gerais da LCS, na medida em que apenas de modo muito parcelar incide sobre esta matéria. A LCS, por sua vez, estabelece que o contrato de seguro cessa nos termos gerais, nomeadamente por caducidade (artigos 109.º e 110.º da LCS), revogação (artigo 111.º da LCS), denúncia (artigos 112.º e ss da LCS) e resolução (artigos 116.º e ss da LCS), sendo que apenas a caducidade e a resolução têm expressa regulação na AU.

Quanto à caducidade, esta opera, regra geral, automaticamente (i. e., sem necessidade de comunicação à contraparte); todavia, no caso de contrato de seguro sujeito ao regime da prorrogação automática, como é o caso do seguro de acidentes de trabalho, "a caducidade opera *ipso facto,* mas carece de uma prévia denúncia para obstar à mencionada renovação automática"[56], sendo aplicável o regime da denúncia previsto na cláusula 19.ª da AU, relativamente ao pré-aviso de 30 dias[57].

---

[55] TRP 25334/15.6T8PRT.3.P1 de 05/04/2022. Na doutrina, favorecendo este entendimento, A. F. Costa Oliveira, "Nota sobre a evolução recente do regime do seguro obrigatório de acidentes de trabalho para trabalhadores por conta de outrem–ou das vantagens das «relações de família»", cit., p. 136.

[56] P. Romano Martinez, *Da Cessação do Contrato,* 3.ª edição, Almedina, 2015, p. 104.

[57] Trata-se, não obstante, de uma situação em que o fundamento de cessação será a *caducidade,* valendo a denúncia como o meio para

Adicionalmente, refere o n.º 4 da cláusula 19.ª da AU que a apólice caduca "na data em que ocorra o encerramento definitivo do estabelecimento", muito embora também neste caso se preveja a necessidade de comunicação pelo empregador da situação de encerramento.

Por sua vez, quanto à resolução, esta constitui um direito potestativo[58], e tem duas modalidades: a resolução com justa causa e a livre resolução (ou resolução sem justa causa): enquanto no primeiro caso, a *ratio* da resolução é "uma quebra no sinalagma contratual que justifica o direito de uma das partes se desvincular", no caso da resolução *ad nutum*, "tem por fundamento a tutela especial conferida a uma das partes"[59]. Ambas as modalidades de resolução são recebidas pela LCS[60]; todavia, na cláusula 20.ª da AU, apenas prevê a possibilidade de qualquer das partes resolver o contrato de trabalho, havendo justa causa[61] (n.º 1), mediante comunicação por correio re-

---

provocar a caducidade.

58 P. Romano Martinez, *Da cessação do contrato*, cit., p. 94.

59 P. Romano Martinez, *Da cessação do contrato*, cit., p. 75.

60 Assim, o artigo 116.º prevê a resolução com justa causa (muito embora não forneça um conceito de justa causa, remetendo para os termos gerais) e o artigo 118.º da LCS regula, de forma muito limitada, as possibilidades de livre resolução do contrato, que correspondem a uma forma de direito de arrependimento.

61 A AU, muito embora identifique algumas situações suscetíveis de fundamentar a resolução do contrato (cfr., cláusula 10.ª, n.º 2, alínea *b)*, cláusula 16.ª da AU e n.º 4 da Condição especial 01 da AU), não contém uma noção de justa causa, sendo que idêntica omissão consta no artigo 116.º da LCS, que se limita a remeter para a existência de "justa causa, nos termos gerais". Sobre esta norma, P. Romano Martinez *et al.*, *Lei do Contrato de Seguro–anotada*, cit., «artigo 116.º», p. 417, refere que a justa causa "não se circunscreve a causas subjectivas (máxime, incumprimento culposo), incluindo igualmente causas objectivas, como a mencionada quebra de confiança não fundada em comportamentos ilícitos e culposos da contraparte", exemplificando com o caso de

gistado. Esta cláusula da AU identifica ainda qual o destino do prémio quando esteja em causa a cessação antecipada do contrato (n.º 2) e exige que o contrato preveja um "prazo razoável de dilação da eficácia da declaração e resolução do contrato" (n.º 3)[62], deste modo evitando que, da eficácia imediata da declaração resolutiva, resultasse uma situação de descobertura de sinistros, prejudicial para a tutela dos trabalhadores potencialmente sinistrados.

REFERÊNCIAS BIBLIOGRÁFICAS.

Alegre, Carlos (1986). *Processo Especial de Acidentes de Trabalho.* Livraria Almedina.

Alegre, Carlos (1995). *Acidentes de Trabalho – notas e comentários à Lei n.º 2127.* Livraria Almedina.

Alegre, Carlos (2001). "Seguro de acidente de trabalho". *II Congresso Nacional de Direito dos Seguros – Memórias.* Almedina.

Alegre, Carlos (2001 a)). *Acidentes de Trabalho e Doenças Profissionais,* 2.ª edição. Almedina.

Almeida, C. Ferreira de (2013). *Contratos III (Contratos de Liberalidade, de Cooperação e de Risco),* 2.ª edição. Almedina.

---

alteração significativa do risco, não imputável a qualquer das partes (a articular ainda com o artigo 93.º LCS) e, com mais desenvolvimentos sobre os fundamentos de resolução, do mesmo Autor, *Da cessação do contrato,* cit., pp. 221 e ss; F. Luís Alves, *Cessação do contrato. Práticas comerciais,* 2.ª edição, Almedina, 2015, p. 34, refere que o direito de resolução com justa causa será de "exercício tendencialmente vinculado ao incumprimento de alguma das disposições previstas na lei ou no contrato", embora admita que possa tratar-se de incumprimento de normas legais que não sejam sobre seguros (*op. cit.*, n. 188).

62 Sobre o que se considere prazo razoável, cfr. A. Costa Oliveira em P. Romano Martinez *et al.*, *Lei do Contrato de Seguro Anotada,* cit., «artigo 116.º», pp. 417-418.

Almeida, J. C. Moitinho (1971). *O Contrato de Seguro no Direito Português e Comparado.* Livraria Sá da Costa Editora.

Almeida, J. C. Moitinho (2009). *Contrato de Seguro – Estudos.* Coimbra Editora.

Almeida, J. C. Moitinho (2009 a)). "O novo regime jurídico do contrato de seguro. Breves considerações sobre a protecção dos segurados". *Cadernos de Direito Privado,* (26), 3-17.

Alves, F. Luís (2015). *Cessação do contrato. Práticas comerciais,* 2.ª edição. Almedina.

Antunes, J. A. Engrácia (2019). *Direito dos contratos comerciais,* 6.ª reimpressão da edição de outubro de 2009. Almedina.

Asselain, Maud; Vercoutere, Cristophe (2013). *Droit des assurances.* RB Édition.

Braga, Avelino (1962). *Acidentes de trabalho – ensaio jurídico.* Lisboa.

Brito, J. Alves de (2017). *Sub-rogação no contrato de seguro,* vol. II. Policopiado.

Cardoso, J. Luís; Rocha, M. Manuela (2009). "O seguro social obrigatório em Portugal (1919-1928): acção e limites de um Estado previdente". *Análise Social,* (vol. XLIV, 192), 439-470. https://revistas.rcaap.pt/analisesocial/article/view/29786/21251

Cordeiro, A. Menezes (2016). *Direito dos seguros,* 2.ª edição (revista e actualizada). Almedina.

Domingos, Adelaide; Reis, Viriato; Ravara, Diogo (2013). "Acidentes de trabalho e doenças profissionais–Uma introdução". *Acidentes de Trabalho e Doenças Profissionais.* CEJ.

Fernandes, L. A. Carvalho (2017). *Teoria Geral do Direito Civil,* II, 5.ª edição. Universidade Católica Editora.

Gomes, Júlio (2000). "Breves reflexões sobre a noção de acidente de trabalho no novo (mas não muito) regime dos acidentes de trabalho". *I Congresso Nacional de Direito dos Seguros – Memórias.* Almedina.

Gomes, Júlio (2013). *O acidente de trabalho.* Coimbra Editora.

Gomes, Júlio (2021). "Algumas reflexões críticas sobre a responsabilidade civil por acidentes de trabalho". *Julgar,* (43), 133-149.

Gonçalves, L. Cunha (1939). *Responsabilidade civil pelos acidentes de trabalho e doenças profissionais.* Coimbra Editora.

Gonçalves, L. da Cunha (1916). *Comentário ao Código Comercial Português,* volume III. Tipografia José Bastos.

Guerreiro, Luís (1935). *Desastres do trabalho.* Lucas & Co..

Henriques, S. Coimbra (2015). "Invalidade do Contrato de Seguro por Violação de Deveres de Informação". *Themis* (XVI, n.ºs 28/29), 243-301.

Leal, A. da Silva (2000), (prefácio) Conceição, Apelles J. B. *Acidentes de trabalho, acidentes de serviço e doenças profissionais, sectores privado e público,* 2.ª edição. Rei dos Livros.

Leitão, L. Menezes (2001). "A reparação de danos emergentes de acidente de trabalho". *Estudos do Instituto de Direito do Trabalho,* volume I. Almedina.

Leitão, L. Menezes (2023). *Direito do Trabalho,* 8.ª edição, Almedina.

Leitão, Sara (2021). "Os acidentes de trabalho em teletrabalho". *Prontuário de Direito do Trabalho,* (I, 2021), 209-232.

Madaleno, Cláudia (2015). *A responsabilidade obrigacional objetiva por fato de outrem.* https://repositorio.ul.pt/handle/10451/22242

Magalhães, V. Barbosa de (1913). *Seguro contra acidentes de trabalho.* Empresa Lusitana Editora.

Martinez, P. Romano (1996). *Acidentes de trabalho.* Pedro Ferreira.

Martinez, P. Romano (2006). "Seguro de acidentes de trabalho – a responsabilidade subsidiária do segurador em caso de actuação culposa do empregador". *Prontuário de Direito do Trabalho,* (n.ºs 74-75), 81-99.

Martinez, P. Romano (2015). *Da Cessação do Contrato,* 3.ª edição. Almedina.

Martinez, P. Romano (2023). *Direito do Trabalho,* Almedina, 11.ª edição.

Martinez, P. Romano (2023 a)). "Acidentes de trabalho em teletrabalho". *Revista de Direito da Responsabilidade,* (5), 1-26. https://revistadireitoresponsabilidade.pt.

Martinez, P. Romano *et al.* (2020). *Lei do Contrato de Seguro Anotada,* 4.ª edição. Almedina.

Martinez, Pedro (1961). *Teoria e Prática dos Seguros,* 2.ª edição. Lisboa.

Martins, Francisco (2020). "A retribuição na Lei dos acidentes de trabalho". *Prontuário de Direito do Trabalho,* (II, 2020), 266-329.

Martins, M. I. de Oliveira (2010). *O seguro de vida enquanto tipo contratual legal.* Wolters Kluwer/Coimbra Editora.

Martins, M. I. de Oliveira (2018). *Contrato de Seguro e Conduta dos Sujeitos Ligados ao Risco.* Almedina.

Oliveira, A. F. Costa (2013). "Nota sobre a evolução recente do regime do seguro obrigatório de acidentes de trabalho para trabalhadores por conta de outrem–ou das vantagens das «relações de família»". *Revista de Direito e de Estudos Sociais,* (LIV, n.ºs 1/3), 121-156.

Pereira, D. Teles (2014). *Breve síntese histórica da tutela dos acidentes de trabalho no ordenamento jurídico português: o seguro de acidentes de trabalho em especial (1913-2000)*, https://www.fat.asf.com.pt/documents/d/site-fat/1-1.

Peterson, L. Moreira (2018). *O risco no contrato de seguro*. Editora Roncarati.

Pires, F. Almeida (1999). *Seguro de acidentes de trabalho*. Lex.

Pinto, M. J. Costa (2018). "O conceito de retribuição no regime jurídico dos acidentes de trabalho". *Prontuário de Direito do Trabalho*, (II), 103-130.

Poças, Luís (2013). *O Dever de declaração inicial do risco no contrato de seguro*. Almedina.

Poças, Luís (2019). *Problemas e soluções de Direito dos Seguros*. Almedina.

Ramalho, M. do R. Palma (2023). *Tratado de Direito do Trabalho*, parte II, 9.ª edição. Almedina.

Ramos, J. L. Bonifácio (2012). "O pagamento do prémio na Lei do Contrato de Seguro". *Cadernos de Direito Privado*, (39), 3-19.

Ramos, M. E. Gomes (2021). *O Contrato de Seguro entre a Liberdade Contratual e o Tipo*. Almedina.

Rego, M. Lima (2008). *Contrato de seguro e terceiros: estudo de Direito Civil*, https://run.unl.pt/handle/10362/8402.

Rego, M. Lima (2016). "O prémio". *Temas de Direito dos Seguros*, 2.ª edição. Almedina.

Reis, N. Trigo dos (2007). *Os deveres de informação no contrato de seguro de grupo*. Policopiado.

Resende, Tomás de (1971). *Acidentes de Trabalho e Doenças Profissionais*. Coimbra Editora, Limitada.

Ribeiro, Vitor (1984). *Acidentes de Trabalho – Reflexões e notas práticas*. Rei dos Livros.

Rodrigues, A. Veiga (1952). *Acidentes de Trabalho – Anotações à Lei n.º 1:942*. Coimbra Editora Limitada.

Ruivo, M. Leonor (2023). "Sobre o seguro de acidentes de trabalho a prémio fixo e a prémio variável". *Revista de Direito Financeiro e dos Mercados de Capitais*, (2), 535-589, https://rdfmc.com/artigos/.

Sanchez Calero, F. *et al.* (2010). *Ley de Contrato de Seguro–Comentarios a la Ley 50/1980, de 8 de octubre y a sus modificaciones*, Cuarta Edición. Thomson Aranzadi.

Santos, Ary dos (1932). *Acidentes de trabalho – estudo de direito objetivo seguido de uma compilação de diplomas legais publicados sobre a matéria*. Livraria Clássica Editora.

Silva, A. Tavares da (1992). "O enquadramento jurídico dos acidentes de trabalho". *Revista de Direito e de Estudos Sociais*, ano XXXIV (n.º 4), 417-447.

Silva, F. Emygdio da (1913). *Acidentes de Trabalho*, volume I. Imprensa Nacional.

Silva, R. G. Ferreira da (2007). *Do contrato de seguro de responsabilidade civil geral*. Coimbra Editora.

Teles, J. Galvão (2016). "Deveres de informação das partes". *Temas de Direito dos Seguros*, 2.ª edição. Almedina.

Ulrich, R. Ennes (1906). *Legislação Operaria Portugueza*. França Amado.

Vasques, José (1999). *Contrato de seguro: notas para uma teoria geral*. Coimbra Editora.

Yanini Bacza, J. (1994). *El seguro colectivo laboral*, volume I. Universitat de València, Facultad de Derecho.

Capítulo 16.

LAS IMPLICACIONES EN MATERIA DE SEGURIDAD SOCIAL DE LA DIGITALIZACIÓN DEL CENTRO DE TRABAJO

JOSÉ ANTONIO GARCÍA SUÁREZ

Sumario. I Introducción. II El centro de trabajo en la actualidad. III. Carestía de centro de trabajo fordista Vs seguridad y salud de los trabajadores. IV Transformación digital de la Seguridad Social. 1. Efectos derivados de la destrucción del empleo motivado por la digitalización de los procesos productivos en las empresas. 2. Posibles medidas en la búsqueda de una financiación alternativa de la Seguridad Social. 2.1. Medidas encaminadas hacia el aumento de los ingresos del sistema mediante el incremento de las cotizaciones. 2.2. Medidas de sostenimiento del sistema de Seguridad Social basadas en la aplicación de la vía impositiva como complemento de las cotizaciones sociales. V Bibliografía

I. INTRODUCCIÓN

En la actualidad, en España, disponemos de un sistema de Seguridad Social consagrado, ex art. 41 de la Constitución Española de 1978[1], cuyos principales valores en los que se fun-

1 Constitución Española de 1978. *Boletín Oficial del Estado,* 29 de diciembre de 1978, núm. 311.

damenta son los principios de universalidad, unidad, solidaridad e igualdad[2].

En plena era de la digitalización en la que nos hayamos inmersos, prácticamente, en la totalidad de los sectores de la sociedad, ya sean estos productivos, financieros, incluso especulativos, etc.[3], el uso de las nuevas tecnologías de la información y de la comunicación, de la mano de la digitalización, han provocado avances muy significativos en campos tan diferentes como importantes para el ser humano, como pueden ser, la educación, las comunicaciones, los medios de transporte, en la medicina y, por ende, en la salud de la población, etc., sin olvidar que, también, se han producido modificaciones importantes en otros ámbitos de la protección social, entre las que se encuentran las prestaciones del sistema de la Seguridad Social. Estos campos suponen, en gran medida, los pilares de nuestro estado de bienestar y, participan de un futuro que parece incierto, dado el vertiginoso proceso de continuo cambio que se está produciendo con el uso de las nuevas tecnologías.

En el presente estudio se van a tratar de analizar algunos de los factores que están provocando dichos cambios y sus consecuencias, realizando un sintetizado diagnóstico de la realidad

---

2 España. Real Decreto Legislativo 8/2015, de 30 de octubre, por el que se aprueba el texto refundido de la Ley General de la Seguridad Social. *Boletín Oficial del Estado*, 31 de octubre de 2015, núm. 261.

3 Debe tenerse en cuenta que, durante el año 2021, la lista de las diez compañías con mayor capitalización de mercado estaba compuesta por ocho compañías intrínsecamente tecnológicas (Apple, Microsoft, Amazon, Alphabet, Facebook, Tencent, Alibaba y TSMC), una automovilística con un fortísimo componente de tecnología (Tesla), y tan solo una financiera (Berkshire Hathaway). Gerencia de Informática de la Seguridad Social (GISS). 2021. *Digitalización y protección social. 30 desafíos para 2030*: "Mundo digital". ISBN: 978-84-09-33556-5. Disponible en https://www.digitalizacionyproteccionsocial.es/obten-tu-libro.html (PDF)

en la que nos encontramos y que, vista desde el grado de incidencia en nuestro sistema de Seguridad Social, provoca el hecho de que los centros de trabajo se digitalicen, con el consiguiente riesgo de pérdida de puestos de trabajo actualmente existentes y su reflejo en la sostenibilidad del actual sistema de Seguridad Social.

II. EL CENTRO DE TRABAJO EN LA ACTUALIDAD

En España, de acuerdo con la normativa laboral vigente, *id est*, el Texto Refundido de la Ley del Estatuto de los Trabajadores aprobado por el Real Decreto Legislativo 2/2015, de 23 de octubre, en adelante LET, el centro de trabajo es definido como aquella "*unidad productiva*" que posee una "*organización específica*", y que ha sido presentado como tal "*ante la autoridad laboral*"[4]. En otras palabras, el centro de trabajo es el lugar reconocido legalmente desde donde los trabajadores realizan su actividad laboral para una determinada organización, con los medios que esta les proporciona[5].

Así mismo, nos encontramos con que, en la actualidad, el modelo de centro de trabajo puede ser muy variado, dado que depende, en gran medida, de las características intrínsecas del tipo de trabajo que se pretenda llevar a cabo, de ahí que el concepto de centro de trabajo se considere en un sentido muy am-

---

4 Real Decreto Legislativo 2/2015, de 23 de octubre, por el que se aprueba el texto refundido de la Ley del Estatuto de los Trabajadores. *Boletín Oficial del Estado*, 24 de octubre de 2015, núm. Definición de centro de trabajo recogida en el art. 1.5 del texto refundido de la Ley del Estatuto de los Trabajadores.

5 Siempre que los trabajadores presten sus servicios de forma voluntaria, con carácter retribuido, por cuenta ajena y dentro del ámbito de organización y dirección de la organización, de acuerdo con el art. 1 de la LET.

plio, incluyendo a lugares tan diversos como pueden ser, entre otros, oficinas, fábricas, tiendas, hoteles, restaurantes, plantas de producción, lugares en construcción, buques, etc.[6].

Sin embargo, el concepto de centro de trabajo abarca no sólo aquel lugar físico donde se desarrolla la actividad laboral, sino que, de igual forma, también, incluye las herramientas, los equipos y demás recursos necesarios y utilizados con tal propósito, sin olvidar, al personal empleado para la realización de la actividad laboral, con la finalidad de llevar a cabo el fin perseguido por la organización.

Nuestra sociedad se enfrenta a nuevas formas de realización del trabajo, y, por ende, a nuevos debates dentro de la doctrina científico laboral, con el fin de dirimir sobre la adaptación de nuestro sistema de relaciones laborales y, en concreto, del sistema de Seguridad Social. Es por ello que, conceptos como la "empleabilidad", la "flexiseguridad" y otros tantos más que han sido representativos en la regulación de los mercados de trabajo, hoy se muestran insuficientes para contener "todo el caudal de transformaciones" que se están produciendo dentro de esta era digital[7].

En la actualidad, ya no es necesario que el centro de trabajo continue siendo aquel que deriva del modelo tradicional o fordista, porque, gracias a la gran transformación digital acaecida durante estos últimos años, es posible desempeñar la activ-

---

6 De igual forma, en virtud de la legislación de cada país, la definición dada de centro de trabajo puede variar, dependiendo de la legislación nacional, aunque, de forma amplia se entienda tal y como la hemos definido anteriormente, sobre todo dentro del ámbito de la Unión Europea.

7 Mercader Uguina, Jesús R. (2017). *El futuro del trabajo en la era de la digitalización y la robótica.* Valencia: Tirant lo Blanch. p. 245–Alternativa; 62–ISBN: 9788491437581. Disponible en: http://digital.casalini.it/9788491437581–Casalini id: 4132744

idad laboral a distancia sin necesidad de estar sujeto a un lugar concreto o determinado, lo que, de facto, supone un trabajo desempeñado de forma remota y flexible.

Para ello, y con el fin de evitar que la carencia de un centro de trabajo tradicional pueda suponer una falta de regulación e impedir el ejercicio de los diferentes derechos que amparan a los trabajadores, y que, este hecho, pueda afectar "tanto en términos de cantidad como de calidad del empleo"[8], en España, el concepto de trabajo a distancia se ha definido, a través del art. 2 de la Ley 10/2021, de 9 de julio, de trabajo a distancia, como aquella "*forma de organización del trabajo o de realización de la actividad laboral*" que es llevada a cabo "*en el domicilio de la persona trabajadora o en el lugar elegido por esta*", lo cual supone una respuesta expresa que el legislador ofrece como necesaria en contraposición a la carencia del centro de trabajo tradicional[9].

---

8 Molina Romo, *O.* (2018). *La revolución digital en España. Impacto y retos sobre el mercado de trabajo y el bienestar*, p. 311-342, Capítulo 10. Disponible en: https://ddd.uab.cat/record/190328?ln=es.

9 España. Ley 10/2021, de 9 de julio, de trabajo a distancia. *Boletín Oficial del Estado*, de 10 de julio de 2021, núm. 164. Disponible en: https://www.boe.es/eli/es/l/2021/07/09/10/con.
Así mismo, la regulación del trabajo a domicilio dentro del ámbito del derecho internacional aparece recogido por el Convenio sobre el Trabajo a Domicilio 177 de la Organización Internacional del Trabajo, que lo define, a través de su artículo 1.a) como aquel trabajo que "*una persona, designada como trabajador a domicilio, realiza en su domicilio o en otros locales que escoja, distintos de los locales de trabajo del empleador, a cambio de una remuneración; y con el fin de elaborar un producto o prestar un servicio conforme a las especificaciones del empleador*", siempre que no sea considerado legalmente como trabajador independiente.
Organización Internacional del Trabajo (OIT). Convenio sobre el Trabajo a Domicilio, 1996 (número 177). Firmado con fecha 20 de junio de mil novecientos noventa y seis, por la Conferencia General de la Organización Internacional del Trabajo, que fue convocada por el Consejo de Administración de la Oficina Internacional del

III. CARESTÍA DE CENTRO DE TRABAJO FORDISTA VS SEGURIDAD Y SALUD DE LOS TRABAJADORES

Como ya hemos comentado, el hecho de que se esté produciendo una cierta difuminación del centro de trabajo tradicional debe preocuparnos en relación con las diferentes consecuencias que ello puede provocar en distintos ámbitos, especialmente, en el caso de la seguridad y salud de los trabajadores que realizan su función a distancia. Si bien, es importante señalar que, tanto las empresas como los trabajadores permanecen sujetos en el ejercicio de la actividad laboral y dentro del centro de trabajo, sea este cual sea, a observar las diferentes regulaciones y normativas que determinen unas condiciones laborales seguras y saludables para los trabajadores[10], nos debe preocupar la falta de regulación actualizada con las nuevas formas de desempeño de la actividad laboral derivadas de la digitalización del mercado de trabajo[11].

Hay que recordar que, para responder a estos nuevos retos en protección de la seguridad y salud laboral, en un escenario muy cambiante y lleno de incertidumbre, la mayor parte de la normativa reguladora de las condiciones de trabajo con la que se pretende dar cabida a esos cambios, nace del denominado

---

Trabajo, en la ciudad de Ginebra (Suiza), para el día 4 de junio de 1996, en su octogésima tercera reunión.

10 Art. 15 y ss de la Ley 10/2021, de 9 de julio, de trabajo a distancia. *Boletín Oficial del Estado*, de 10 de julio de 2021, en concordancia con la Ley 31/1995, de 8 de noviembre, de Prevención de Riesgos Laborales.

11 En lo que respecta a la capacidad de absorción del sistema de Seguridad Social, puede tener implicaciones sobre el coste de las bajas por incapacidad temporal, incapacidad permanente, etc., todo ello derivado del posible incumplimiento o de la falta de regulación específica al desarrollar los trabajadores sus obligaciones laborales fuera de los centros de trabajo tradicionales.

"modelo tecnocrático de tratamiento jurídico de la siniestralidad laboral"[12].

Este modelo, a su vez, proviene del derecho comunitario, en concreto, de la Directiva 89/391/CEE del Consejo, de 12 de junio de 1989, relativa a la aplicación de medidas para promover la mejora de la seguridad y de la salud de los trabajadores en el trabajo (Directiva-marco)[13], cuya transposición en nuestro país se produce a través de la Ley 31/1995, de 8 de noviembre, de Prevención de Riesgos Laborales[14]. En este sentido, el sistema de protección que actualmente tenemos toma como referencia el principio de integración de la seguridad y salud de los trabajadores en la empresa, por lo que, para desarrollar dicho modelo se hace necesaria una correcta planificación de la prevención de los posibles riesgos a los que se puede enfrentar el trabajador en su puesto[15].

---

12 Lozano Lares, F. (2014). *El tratamiento jurídico de la siniestralidad laboral. Un análisis tipológico*, Cinca, Sevilla.

13 Europa. Directiva 89/391/CEE del Consejo, de 12 de junio de 1989, relativa a la aplicación de medidas para promover la mejora de la seguridad y de la salud de los trabajadores en el trabajo (Directiva-marco). Disponible en: https://eur-lex.europa.eu/legal-content/ES/TXT/?uri=celex%3A31989L0391.

14 España. Ley 31/1995, de 8 de noviembre, de Prevención de Riesgos Laborales. *Boletín Oficial del Estado*, de 10 de noviembre de 1995, núm. 269.

15 Lo que "a nivel técnico implica la necesidad de implementar un conjunto de medidas generales de prevención presididos por el denominado principio de seguridad integrada" en la que el empresario es el principal responsable, lo que se denomina, también, como la *general duty clause*, que recoge el art. 5.1 de la directiva. Lozano Lares, F y Zenha Martins, João. "La seguridad y salud laboral de las personas teletrabajadoras en España y Portugal". *e-Revista Internacional de la Protección Social* (e-RIPS) 2023 Vol. VIII, Nº 2. ISSN 2445-3269. Disponible en: https://editorial.us.es/es/revistas/e-revista-internacional-de-la-proteccion-social

Debe señalarse que, para que se de esa correcta planificación de riesgos que, a su vez, redunde en una verdadera protección integral, es imprescindible que se analicen "*la organización del trabajo, las condiciones de trabajo, las relaciones sociales y la influencia de los factores ambientales en el trabajo*", lo que nos lleva a la necesidad de analizar el entorno laboral, sin olvidar que uno de los principios generales de la prevención, consagrados en la directiva marco europea, es que el trabajo debe adaptarse a la persona, lo que implica que tanto la propia "*concepción de los puestos de trabajo, así como la elección de los equipos y los métodos de trabajo y de producción*" deben buscar la eliminación o, en su caso, la atenuación de los diferentes riesgos para la salud del trabajador[16].

En la actualidad este modelo de seguridad y salud laboral, "que ya venía mostrando carencias para hacer frente a los procesos de externalización productiva iniciados a partir de la década de 1980"[17], se está mostrando totalmente ineficiente para proteger de los nuevos riesgos a los que la sociedad debe enfrentarse como consecuencia de la era de la digitalización, como es el caso del teletrabajo[18], lo que, a su vez, se suma a otros riesgos ya existentes que redundan en el desdibujamiento del centro de trabajo tradicional o fordista.

Es por ello que, en nuestra opinión, se hace necesaria una actualización de dicha normativa que contemple una pro-

---

16 Art. 6.2 de la Directiva del Consejo, de 12 de junio de 1989, relativa a la aplicación de medidas para promover la mejora de la seguridad y de la salud de los trabajadores en el trabajo.

17 Lozano Lares, F. (2015). *Tipología del tratamiento técnico de la siniestralidad laboral*, Bomarzo, Albacete, pp. 207 y ss.

18 Lozano Lares, F y Zenha Martins, João. "La seguridad y salud laboral de las personas teletrabajadoras en España y Portugal". *e-Revista Internacional de la Protección Social* (e-RIPS) 2023 Vol. VIII, Nº 2. ISSN 2445-3269. Disponible en: https://editorial.us.es/es/revistas/e-revista-internacional-de-la-proteccion-social

tección, lo más amplia posible, para los trabajadores que no desempeñan su labor desde los centros tradicionales propios del modelo fordista de trabajo, sin perder de vista la necesaria vigilancia de la seguridad y salud de los trabajadores que continúan realizando su labor en dichos centros tradicionales.

IV. TRANSFORMACIÓN DIGITAL DE LA SEGURIDAD SOCIAL

Derivado de la denominada como cuarta revolución industrial, o revolución 4.0, tal y como se ha señalado con anterioridad, se han creado nuevas formas de trabajo que están transformado las relaciones laborales y que, como cabría esperar, tienen su huella, como reflejo de ello, en el sistema de Seguridad Social[19]. En la actualidad, nuestro sistema de Seguridad Social, uno de los pilares principales del denominado "estado del bienestar", ha de enfrentarse a retos importantes que pueden incidir de forma crucial en la sostenibilidad del mismo.

A los ya conocidos riesgos para el sistema, como pueden ser, el progresivo envejecimiento de la población y las distintas y recurrentes crisis económicas, se suma la transformación digital como un nuevo factor a tener en cuenta[20], que, cada vez más, está siendo objeto de exploración y estudio por parte de la

---

19 Dado que la digitalización de la industria afecta a todos los trabajadores de forma universal. Cruz Villalón, J. (2017). "Las transformaciones de las relaciones laborales ante la digitalización de la economía". *Revista andaluza de trabajo y bienestar social.* núm. 138, pág. 16.

20 Serrano Falcón, C. Jabalera Rodríguez, A. Vida Fernández, R. Caballero Pérez, M & Rivas Vallejo, P. (2019). *El Impacto de La Transformación Digital en la Financiación de la Seguridad Social.* Zenodo. https://doi.org/10.5281/zenodo.10623675

doctrina científica, legisladores, etc., dado el posible grado de afectación e incidencia en el sostenimiento de dicho sistema.

Es por ello que el sistema de Seguridad Social debe, igualmente, emplear los recursos que dicha tecnología pone a su alcance para permanecer actualizado en los diferentes procesos que se llevan a cabo en su ámbito de trabajo, dando celeridad y, en su caso, inmediatez a los procedimientos y resoluciones que requieran de ello. En este sentido, podemos observar como el uso del denominado "*big data*", se ha colado en dicho sistema, a través de la propia normativa reguladora[21].

Un claro ejemplo de esto, lo podemos encontrar a través de la disposición final cuarta, del Real Decreto Ley 2/2021, de 26 de enero, de refuerzo y consolidación de medidas sociales en defensa del empleo[22], que modifica el art. 53.1 del texto refundido de la Ley sobre Infracciones y Sanciones en el Orden Social, aprobado por el Real Decreto legislativo 5/2000, de 4 de agosto, en adelante LISOS, y que tiene como finalidad la de adecuar el procedimiento administrativo sancionador en el orden social a "*las posibilidades que las nuevas tecnologías permiten, a través de un procedimiento especial iniciado mediante la extensión de actas de infracción automatizadas*", lo que, *de facto*, significa que ya no será necesario que un funcionario intervenga directa-

---

21 "Big Data es el análisis masivo de datos. Una ingente cantidad de datos, que, dado su gran tamaño hace que las aplicaciones de software tradiciones dedicadas al procesamiento de datos no puedan procesar estos datos en un tiempo adecuado. Estos datos pueden provenir de diversas fuentes, entre las que se encuentran: aquellos que se crean entre las propias personas; los que se producen entre máquinas; los datos biométricos; etc.

22 España. Real Decreto-ley 2/2021, de 26 de enero, de refuerzo y consolidación de medidas sociales en defensa del empleo. *Boletín Oficial del Estado*, de 27 de enero de 2021, núm. 23. Disponible en: https://www.boe.es/buscar/act.php?id=BOE-A-2021-1130&p=20220223&tn=1#df-4

mente "*en su emisión*", sin que, por ello, se vean mermadas "*las garantías jurídicas de los administrados*"[23].

Si bien, la Inspección de Trabajo y de Seguridad Social ya empleaba el cruce masivo de datos, gracias a esta modificación introducida en la norma, la figura del funcionario deja de ser imprescindible, desapareciendo la necesidad de que un profesional con título de funcionario deba intervenir, de forma directa, con el fin de recabar los "hechos que motivan las actas de infracción"[24], lo que nos lleva a un nuevo escenario de digitalización del sistema de Seguridad Social en España, y, en este sentido, a preguntarnos: primero, qué procesos podrían vincularse de esta forma al uso de las nuevas tecnologías sin la participación, a lo largo de todo el proceso, de la figura de una persona profesional y qué otros procesos no; y, en la misma línea, dónde se encontrarían los límites de cara a que un algoritmo fuera el encargado de decidir sobre la necesidad o vulnerabilidad de una persona.

A este respecto, puede observarse que el derecho comunitario de la Unión Europea está empezando a regular aspectos de las nuevas tecnologías, como es el caso del incipiente uso de la Inteligencia Artificial, en adelante IA, lo que supone que, en este sentido, la Unión Europea sea pionera en cuanto a la regulación de la IA.

---

23 España. Real Decreto Legislativo 5/2000, de 4 de agosto, por el que se aprueba el texto refundido de la Ley sobre Infracciones y Sanciones en el Orden Social. *Boletín Oficial del Estado*, de 08 de agosto de 2000, núm. 189. Disponible en: https://www.boe.es/eli/es/rdlg/2000/08/04/5/con

24 Vela Díaz, R. 2018. "Digitalización y nuevos trámites automatizados: Las decisiones algorítmicas impregnan la actuación de la administración laboral y de Seguridad Social". *Transformaciones del trabajo en economía digital: condiciones económicas y sociales para una transición justa.* (RTI2018-099337-B-C21).

En esta línea, se ha aprobado el Reglamento (UE) 2024/1689 del Parlamento Europeo y del Consejo, de 13 de junio de 2024, por el que se establecen normas armonizadas en materia de inteligencia artificial, que, en el apartado 58 de su preámbulo, expone que "*las personas físicas que solicitan a las autoridades públicas o reciben*", entre otras, "*prestaciones de seguridad social, servicios sociales*" con la finalidad de que se les garantice la protección en supuestos como "*la maternidad, la enfermedad, los accidentes laborales, la dependencia o la vejez y la pérdida de empleo, asistencia* social", dependiendo, en gran medida, de estas "*prestaciones y servicios*" para su subsistencia, están "*en una posición de vulnerabilidad respecto de las autoridades responsables*".

Es por ello que el uso de la IA, por parte de dichas autoridades, con la finalidad de influir en la decisión de "*conceder, denegar, reducir o revocar*" estas prestaciones y servicios o de "*reclamar su devolución, podría tener un efecto considerable en los medios de subsistencia de las personas*" pudiendo, con su uso, vulnerarse derechos fundamentales como el "*derecho a la protección social, a la no discriminación, a la dignidad humana o a la tutela judicial efectiva*", por lo que debe ser considerado "*como de alto riesgo*"[25].

---

25 Reglamento (UE) 2024/1689 del Parlamento Europeo y del Consejo, de 13 de junio de 2024, por el que se establecen normas armonizadas en materia de inteligencia artificial. Disponible en: https://eur-lex.europa.eu/legal-content/ES/TXT/?uri=CELEX%3A32024R1689&qid=1728215491561. De acuerdo con el art. 6.1 de dicho Reglamento (UE) 2024/1689, se entiende como alto riesgo cuando se dan las siguientes condiciones, a la vez: a) "*que el sistema de IA esté destinado a ser utilizado como componente de seguridad de un producto que entre en el ámbito de aplicación de los actos legislativos de armonización de la Unión enumerados en el anexo I, o que el propio sistema de IA sea uno de dichos productos*"; b) "*que el producto del que el sistema de IA sea componente de seguridad*" de acuerdo con el punto anterior, o "*el propio sistema de IA como producto, deba someterse a una evaluación de la conformidad de terceros para su introducción en el mercado o puesta en servicio con arreglo*

En la misma línea, dicho reglamento establece, a través de su art. 5.1 la prohibición expresa de *"la utilización de un sistema de IA que explote alguna de las vulnerabilidades de una persona física o un determinado colectivo de personas derivadas de su edad o discapacidad, o de una situación social o económica específica, con la finalidad de alterar de manera sustancial el comportamiento de dicha persona o colectivo de un modo que provoque, o sea razonablemente probable que provoque, perjuicios considerables a esa persona*" o colectivo, lo que supone un límite importante ante el uso de esta tecnología, que, a su vez, busca prevenir de posibles situaciones de precariedad social que hubieran derivado de dicho uso de la IA.

Por otra parte, en el ámbito de la Unión Europea, ya se había expresado la preocupación por el impacto que se puede producir con respecto a la disminución de la cantidad de empleos, además de la transformación de la fisonomía de los mismos y su repercusión en la sostenibilidad de los sistemas de protección social[26].

Cabe destacar en este sentido, el dictamen del Comité Económico y Social Europeo, en adelante CESE, que trataba ya, hace unos años, sobre la sostenibilidad de los sistemas de protección, concretamente, el Dictamen denominado "Los efectos de la digitalización sobre el sector de los servicios y el empleo en el marco de las transformaciones industriales", donde se planteaba la existencia de consecuencias negativas derivadas de los cambios que se estaban empezando a producir en el mercado laboral para el *statu quo* establecido, por la

a los actos legislativos de armonización de la Unión enumerados en el anexo I" del presente Reglamento.

26 Goerlich Peset, J. M. (2020). Digitalización, Robotización Y Protección Social. Teoría & Derecho. Revista De Pensamiento jurídico, 23(23), 109–129. Disponible en: https://ojs.tirant.com/index.php/teoria-y-derecho/article/view/423

posible erosión de los ingresos de los estados y, por ende, de la "*eficacia global de los sistemas de bienestar social*", que tienen su principal sustento en los "*impuestos y gravámenes sobre la renta, así como de los sistemas de cotización de empresarios y asalariados*"[27].

No obstante, debemos recordar que, tanto la regulación nacional en materia de Seguridad Social[28], como la normativa de la Unión Europea, protegen y garantizan la materialización de un sistema público que realice las funciones de protección social

A este respecto, podemos destacar la propia Carta Social Europea que obliga a los estados miembros: primero, a crear

---

27 Dictamen del Consejo Económico y Social. (2016/C 013/24). "Los efectos de la digitalización sobre el sector de los servicios y el empleo en el marco de las transformaciones industriales". ISSN 1977-0928. 1. Conclusiones y recomendaciones. 1.2 *Por una parte, los servicios y modelos empresariales innovadores que hace posible la digitalización generan unos beneficios antes inimaginables en términos de productividad de los servicios, a la vez que amplían la capacidad de elección de los consumidores. Por otra parte, tienen efectos significativos en el mercado laboral y la organización del trabajo, como el aumento de las desigualdades salariales y la limitación del acceso a los regímenes de seguridad social, lo que puede resultar negativo para ciertas categorías de trabajadores si no se contrarresta de la manera adecuada*". En su pleno número 510º en sesión del 16 de septiembre de 2015, el Comité Económico y Social Europeo aprueba por 139 votos a favor, 1 voto en contra y 8 abstenciones este dictamen exploratorio. Disponible en: https://eur-lex.europa.eu/legal-content/ES/TXT/HTML/?uri=OJ:C:2016:013:FULL&from=GA

28 España. Real Decreto Legislativo 8/2015, de 30 de octubre, por el que se aprueba el texto refundido de la Ley General de la Seguridad Social. *Boletín Oficial del Estado*, de 31 de octubre de 2015, núm. 261. Disponible en: https://www.boe.es/buscar/act.php?id=BOE-A-2015-11724. En su art. 2.2 dispone que "*El Estado*", a través de la Seguridad Social, "*garantiza a las personas*", siempre que estas cumplan con los requisitos definidos para cada una de las modalidades "*contributiva o no contributiva*", una adecuada protección de cara a posibles futuras "*contingencias*" además de las "*situaciones que se contemplan en esta ley*".

o, en su caso, mantener un sistema de Seguridad Social; segundo, a sustentar dicho sistema "*en un nivel satisfactorio*" para los usuarios; tercero, a "*esforzarse por elevar progresivamente el nivel del régimen de seguridad social*"[29].

En la misma línea y de igual forma, la Carta de los Derechos Fundamentales de la Unión Europea, en su art. 34.1, establece el reconocimiento y respeto por parte de la Unión Europea al derecho de los ciudadanos a poder acceder a las "*prestaciones de seguridad social y a los servicios sociales*" con el fin de garantizar "*una protección en casos como la maternidad, la enfermedad, los accidentes laborales, la dependencia o la vejez, así como en caso de pérdida de empleo, según las modalidades establecidas por el Derecho de la Unión y las legislaciones y prácticas nacionales*", lo que supone un claro refuerzo a la existencia y la necesidad de un sistema de Seguridad Social[30].

IV.1. Efectos derivados de la destrucción del empleo motivado por la digitalización de los procesos productivos en las empresas

El temor a la falta de sostenibilidad del sistema de Seguridad Social ha sido una constante desde los inicios del sistema de protección pública, lo que ha derivado en distintas reformas a lo largo de su existencia.

Existen corrientes de pensamiento que vaticinan un verdadero derrumbe del sistema de protección social, motiva-

---

29 Art. 12 de la Carta Social Europea (revisada). Instrumento de Ratificación de la Carta Social Europea (revisada), hecha en Estrasburgo el 3 de mayo de 1996. *Boletín Oficial del Estado*, de 11 de junio de 2021, núm. 139. Disponible en: https://www.boe.es/buscar/act.php?id=BOE-A-2021-9719&p=20210611&tn=1#a1-4

30 Carta de los Derechos Fundamentales de la Unión Europea. DOUE, de 30 de marzo de 2010 núm. 83. Disponible en: https://www.boe.es/buscar/doc.php?id=DOUE-Z-2010-70003

do por la transformación digital del mercado de trabajo, en relación con la desaparición de una parte importante de los empleos existentes en la actualidad, lo que derivaría en el consiguiente descenso del número de cotizantes del sistema de Seguridad Social, y el posible colapso del mismo.

Sin embargo, hay otra corriente de pensadores que ve con bastante optimismo esta situación, pronosticando que, si bien desaparecerán puestos de trabajo que hasta ahora eran desempeñados por personas, esta desaparición vendrá acompañada de la creación de nuevos empleos, provenientes de las nuevas oportunidades de negocio que reabsorberán a los trabajadores expulsados del mercado laboral[31].

Parece indiscutible que, tanto los que son pesimistas con respecto a la destrucción de empleo, como aquellos que ven el cambio como una oportunidad de mejora, venida de la mano de la transformación digital del mercado de trabajo, coinciden en que la automatización de los diferentes procesos productivos y el uso de la IA, van a modificar la forma de trabajo tradicional y, de una u otra manera, afectarán a la financiación del Sistema de Seguridad Social, lo que no deja de crear incertidumbre sobre el futuro de este sistema.

En nuestra opinión, debemos contemplar los cambios que la era digital provoca en la sociedad como oportunidades de mejora, tanto de cara a las nuevas posibilidades que abre en el mercado de trabajo, como en las condiciones laborales que pueden verse beneficiadas con el uso de la tecnología.

---

31 Serrano Falcón, C; Jabalera Rodríguez, A; Vida Fernández, R; Caballero Pérez, M & Rivas Vallejo, P. (2019). *El Impacto de la Transformación Digital en la Financiación de la Seguridad Social.* Zenodo. https://doi.org/10.5281/zenodo.10623675

Pero, no puede obviarse, la necesidad de empezar a actuar ya, y, desde luego, empleando las propias herramientas que nos ofrece la tecnología, creando modelos de previsión que permitan suavizar la pérdida de puestos de trabajos en post de una reabsorción de estos trabajadores en otros empleos, reforzando el sistema público de Seguridad Social para mantener las condiciones de vida de los trabajadores durante este proceso, a través de las diversas prestaciones del sistema, entre las que se encuentran las políticas activas de empleo basadas en la formación continua de los trabajadores, que, sin duda, tendrán un papel relevante de cara al futuro laboral, en la era digital, de estos trabajadores.

Entre las posibles mejoras que se pueden prever, gracias al uso de las nuevas tecnologías, se encuentran:

1.- la posibilidad de conciliar la vida familiar, personal y laboral gracias a la flexibilidad horaria que el uso de la tecnología permite;

2.- la ampliación de horizontes en las carreras de empresa de los trabajadores, en base al amplio abanico de conocimientos al que estos pueden acceder en su formación continua;

3.- la calidad en el tipo de empleos creados, con la eliminación de aquellos trabajos penosos y alienantes que pasarían a realizarse a través de procesos automatizados, permitiendo un espacio para el pensamiento y la puesta en práctica de diferentes ideas que busquen la creación de nuevas oportunidades de mercado, con el consiguiente incremento de los salarios y. por ende, de las cotizaciones al sistema de Seguridad Social;

4.- la previsible repercusión positiva sobre las carreras de cotización, lo que derivaría en mejores pensiones de jubilación, incapacidad permanente, etc.;

5.- la disminución, en cuanto a situaciones de incapacidad temporal derivadas accidentes *in itinere*[32], dada la no necesidad de desplazarse a los centros de trabajo tradicionales gracias al uso, por ejemplo, del teletrabajo; y otras tantas situaciones que hacen que todo ello redunde de forma positiva como fuente de financiación y sostenimiento del sistema de Seguridad Social.

IV.2. Posibles medidas en la búsqueda de una financiación alternativa de la Seguridad Social

Recientemente[33], en la búsqueda de una mejor financiación del sistema de Seguridad Social, se ha firmado por parte del gobierno y los llamados "agentes sociales[34]" un acuerdo en relación con las pensiones que ofrece este sistema de protección social, como parte de las recomendaciones del Pacto de Toledo, que, a su vez, suponen el cumplimiento de las reformas que se comenzaron en el año 2021[35].

---

32 De acuerdo con el art. 156.2 de la Ley General de la Seguridad Social: "*Los que sufra el trabajador al ir o al volver del lugar de trabajo*"

33 En concreto, en septiembre de 2024.

34 Representantes de la patronal y de los sindicatos con mayor representatividad (art. 6 de la Ley Orgánica 11/1985, de 2 de agosto, de Libertad Sindical).

35 La Comisión de Seguimiento y Evaluación de los Acuerdos del Pacto de Toledo aprobó en 2020 el Informe de Evaluación y Reforma del Pacto de Toledo, donde se realizaron "21 recomendaciones en defensa del mantenimiento y mejora del sistema público de pensiones". Esas 21 recomendaciones tratan sobre: 1ª Separación y clarificación de las fuentes de financiación; 2ª Mantenimiento del poder adquisitivo y mejora de las pensiones; 3ª Fondo de reserva; 4º Financiación, simplificación e integración de regímenes especiales; 5ª Adecuación de las bases y períodos de cotización; 6º Incentivos al empleo; 7ª Modernización e información al ciudadano; 8ª Gestión del sistema; 9ª Mutuas de Accidentes de Trabajo y Enfermedades Profesionales; 10ª Lucha contra el fraude; 11ª Contributividad; 12ª Edad de jubilación; 13ª Prestaciones de viudedad y orfandad; 14ª Tratamiento fiscal de

Entre las mejoras acordadas con el fin de preservar un sistema necesario de Seguridad Social, se encuentran:

a) la posibilidad de compaginar la continuidad en el mercado laboral compatibilizándolo con el percibo de la pensión de jubilación, "con el objetivo de favorecer la salida gradual y flexible del mercado de trabajo", permitiendo un acceso más progresivo desde el trabajo hacia la pensión;

b) la flexibilización del acceso a la jubilación, prorrogando la vida laboral de aquellas personas que, una vez alcanzada la edad ordinaria de jubilación, deseen continuar trabajando;

c) se elimina el requisito obligatorio de haber conseguido una carrera de cotización completa para poder acceder a la jubilación activa, lo que permite que los trabajadores que se encuentren en esta situación puedan acceder a dicho tipo de jubilación, a la vez que se mantienen activos, sin olvidar que esta modificación "tiene una especial incidencia desde la perspectiva de género", dado que las mujeres trabajadoras suelen acarrear peores carreras de cotización. De igual forma, se permite el acceso a los incentivos previstos para la jubilación demorada, permitiendo que "cada año de demora en la jubilación activa" se incremente el porcentaje aplicable al importe a percibir de la pensión de jubilación;

d) con respecto a la jubilación parcial, se incrementa en un año más la posibilidad de acceder a ella, pasando de dos a tres

---

las pensiones; 15ª Solidaridad y garantía de suficiencia; 16ª Sistemas complementarios; 17ª Mujer y protección social; 18ª Discapacidad; 19ª Inmigración; 20ª Control parlamentario y tratamiento presupuestario de los recursos de la Seguridad Social; 21ª Seguimiento, evaluación y reforma del Pacto de Toledo.

Colección Seguridad Social. *Informe de evaluación y reforma del Pacto de Toledo.* (En línea). Madrid: Ministerio de Trabajo e Inmigración, 2011. ISBN: 978-84-8417-383-0 (PDF). Disponible en: http://publicacionesoficiales.boe.es/.

años, "con límites en la reducción de la jornada". Igualmente verá mejoradas sus condiciones el trabajador que releve al trabajador jubilado parcialmente, ya que su "contrato deberá ser indefinido y a tiempo completo en un puesto no amortizable", lo que redundaría en mejores cotizaciones para el sistema;

e) en relación a la jubilación demorada, se establece la posibilidad de percibir "un incentivo adicional por cada seis meses de demora a partir del segundo año" eliminando la obligatoriedad de permanecer trabajando durante doce meses.

Todas estas medidas van en la línea de ampliar la vida laboral de los trabajadores, buscando el objetivo de compatibilizar el disfrute para los trabajadores de sus pensiones a la vez que perciben rendimientos del trabajo activo, lo que, por una parte, dota a estos de mayores ingresos y una mejor conciliación de sus vidas familiares, personales y laborales, y por otra, se garantiza el sostenimiento de un mejor sistema de Seguridad Social[36].

En este sentido, existen otro tipo de medidas que continúan en la línea, ya avanzada, de persecución del mantenimiento del sistema de Seguridad Social de cara a las nuevas generaciones.

IV.2.1. Medidas encaminadas hacia el aumento de los ingresos del sistema mediante el incremento de las cotizaciones

Hay que recordar que nuestro sistema de Seguridad Social basa su sostenibilidad, principalmente, en las cotizaciones sociales. Por ello, se están adoptando medidas que van dirigidas a aumentar los ingresos del sistema buscando un incremento de las cotizaciones sociales provenientes tanto de trabajadores as-

---

36 La Revista de la Seguridad Social. (2024). *El presidente Pedro Sánchez firma con los interlocutores sociales el acuerdo que completa la reforma de las pensiones.* Disponible en: https://revista.seg-social.es/-/pedro-sanchez-firma-con-los-interlocutores-sociales-acuerdo-reforma-pensiones

alariados[37], como de empresas[38], sin olvidar a los trabajadores autónomos. Entre estas medidas podemos destacar:

1º- Una de las medidas estrella en este punto que ya se está empleando es el denominado "Mecanismo de Equidad Intergeneracional[39]", en adelante MEI, creado con la finalidad de evitar "que las generaciones más jóvenes asuman todo el peso de la jubilación de grupos generacionales más poblados, repartiendo de forma equilibrada este esfuerzo"[40].

Este método, que, comenzó su andadura a partir del día 1 de enero de 2023, llegó para sustituir al llamado factor de sostenibilidad introducido por la Ley 23/2013, de 23 de diciembre[41], y consiste en un conjunto de medidas creadas, inicialmente, para hacer frente a una situación coyuntural que, se

---

37 La denominada cuota obrera.

38 La conocida como cuota patronal.

39 Regulado originariamente por la disposición final cuarta de la Ley 21/2021, de 28 de diciembre, de garantía del poder adquisitivo de las pensiones y de otras medidas de refuerzo de la sostenibilidad financiera y social del sistema público de pensiones, fue derogada por el Real Decreto-ley 2/2023, de 16 de marzo, de medidas urgentes para la ampliación de derechos de los pensionistas, la reducción de la brecha de género y el establecimiento de un nuevo marco de sostenibilidad del sistema público de pensiones, que a su vez, incluyó el artículo 127 bis en el Texto Refundido de la Ley General de la Seguridad Social.

40 Mecanismo de Equidad Intergeneracional: qué es y cómo funciona. 2024 Wolters Kluwer N.V. y sus filiales. Disponible en: https://www.wolterskluwer.com/es-es/expert-insights/mecanismo-de-equidad-intergeneracional-que-es

41 Mecanismo automático de recorte de la cuantía inicial de las pensiones. España. Ley 23/2013, de 23 de diciembre, reguladora del Factor de Sostenibilidad y del Índice de Revalorización del Sistema de Pensiones de la Seguridad Social. Boletín Oficial del Estado, de 26 de diciembre de 2013, núm. 309. Disponible en: https://www.boe.es/buscar/act.php?id=BOE-A-2013-13617

prevé que ocurra con el paso a la jubilación de la denominada "generación del *baby boom*"[42].

Dicho sistema, está estructurado en base al incremento paulatino de las cotizaciones sociales que se recaudan, por un lado, de las nóminas de todos los trabajadores asalariados, afectando dicho incremento tanto a la cuota obrera[43], como a la cuota patronal que abonan las empresas por sus trabajadores y, por otro lado, de las cuotas que abonan los trabajadores autónomos.

Se ha hecho referencia a que el sistema fue creado inicialmente con la ya comentada finalidad, pero, con la aplicación de este mecanismo se persigue un fin más a largo plazo que no es otro que, fortalecer de cara a un futuro el sistema público de pensiones a través de "*una cotización finalista*" que se aplicará a "*todos los regímenes y en todos los supuestos en los que se cotice por la contingencia de jubilación, que no será computable a efectos de prestaciones y que nutrirá el Fondo de Reserva de la Seguridad Social*"[44].

2º- En la misma línea de incrementar los ingresos provenientes de las cotizaciones a la Seguridad Social, hay autores que opinan que se podría plantear la creación de una obligación para las empresas de "suscribir y financiar un Convenio Especial con la Seguridad Social".

En este supuesto, la empresa continuaría cotizando por un trabajador despedido con motivo de la transformación digital

---

42 Aquellos nacidos entre los años 1960 y 1970.

43 Cuota a la seguridad social que paga directamente el trabajador y que está compuesta por diferentes elementos como son: las Contingencias Comunes, y los conceptos de recaudación conjunta compuestos por la formación profesional y el desempleo. La obligación de retener la cuota y abonar su importe a la Seguridad Social, recae sobre el empresario.

44 Artículo 127 bis del Texto Refundido de la Ley General de la Seguridad Social, aprobado Real Decreto Legislativo 8/2015, de 30 de octubre.

de la misma[45], sin la limitación de edad que ahora existe para situaciones similares por el actual Convenio Especial con la Seguridad Social, cubriendo al trabajador con respecto a "determinadas contingencias", una vez se haya agotado para este su prestación por desempleo[46].

Aunque los detalles de esta medida habría que consensuarlos con los agentes sociales, sería de obligado cumplimiento *iure imperii* para las empresas.

3º- Otra medida sostenida por diferentes autores es, imponer a las empresas una cuota especial por robotización que abonarían al sistema de Seguridad Social cuando se eliminen puestos de trabajo como consecuencia de la automatización de los procesos productivos[47]. En este sentido, y teniendo en cuenta que los modernos robots inteligentes contribuyen a la eliminación de puestos de trabajo, su uso debiera estar gravado en reciprocidad a los empleos que destruye, paliándose así, en cierta medida, las cotizaciones que deja de percibir por este motivo la Seguridad Social[48].

Este planteamiento nos lleva a un amplio y apasionante debate de la doctrina científica sobre el asunto que, dado su amplia extensión, no podemos analizar en este trabajo.

---

45 Lo que se aplicaría, principalmente, en supuestos de despidos por causas objetivas y colectivos.

46 Serrano Falcón, C; Jabalera Rodríguez, A; Vida Fernández, R; Caballero Pérez, M & Rivas Vallejo, P. (2019). *El Impacto de la Transformación Digital en la Financiación de la Seguridad Social.* Zenodo. https://doi.org/10.5281/zenodo.10623675

47 *Ibidem.*

48 Goerlich Peset, J. M. (2020). *Digitalización, Robotización Y Protección Social.* Teoría & Derecho. Revista De Pensamiento jurídico, 23(23), 109–129. Disponible en: https://ojs.tirant.com/index.php/teoria-y-derecho/article/view/423

IV.2.2. Medidas de sostenimiento del sistema de Seguridad Social basadas en la aplicación de la vía impositiva como complemento de las cotizaciones sociales.

Una segunda vertiente de investigación propone ideas para el sostenimiento del sistema de Seguridad Social público incentivando a las empresas con medidas fiscales para potenciar un tipo de tecnología que derive en una protección del empleo, creando riqueza a la vez que se posibilita el nacimiento de nuevos puestos de trabajo. Este tipo de medidas ya se están implantando en algunos países de la Unión Europea.

V. REFERENCIAS BIBLIOGRÁFICAS

Colección Seguridad Social. *Informe de evaluación y reforma del Pacto de Toledo.* (2011). Madrid: Ministerio de Trabajo e Inmigración. ISBN: 978-84-8417-383-0 (PDF). Disponible en: http://publicacionesoficiales.boe.es/.

Cruz Villalón, J. (2017). "Las transformaciones de las relaciones laborales ante la digitalización de la economía". *Revista andaluza de trabajo y bienestar social.* núm. 138, pág. 16.

Gerencia de Informática de la Seguridad Social (GISS). 2021. *Digitalización y protección social. 30 desafíos para 2030*: "Mundo digital". ISBN: 978-84-09-33556-5. Disponible en https://www.digitalizacionyproteccionsocial.es/obten-tu-libro.html (PDF)

Goerlich Peset, J. M. (2020). Digitalización, Robotización Y Protección Social. Teoría & Derecho. Revista De Pensamiento jurídico, 23(23), 109–129. Disponible en: https://ojs.tirant.com/index.php/teoria-y-derecho/article/view/423

La Revista de la Seguridad Social. (2024). *El presidente Pedro Sánchez firma con los interlocutores sociales el acuerdo que completa la reforma de las pensiones.* Disponible en: https://revista.seg-social.es/-/pedro-sanchez-firma-con-los-interlocutores-sociales-acuerdo-reforma-pensiones

Lozano Lares, F. (2014). *El tratamiento jurídico de la siniestralidad laboral. Un análisis tipológico,* Cinca, Sevilla.

Lozano Lares, F. (2015). *Tipología del tratamiento técnico de la siniestralidad laboral,* Bomarzo, Albacete, pp. 207 y ss.

Lozano Lares, F y Zenha Martins, João. *La seguridad y salud laboral de las personas teletrabajadoras en España y Portugal.* e-Revista Internacional de la Protección Social (e-RIPS) 2023 Vol. VIII, Nº 2. ISSN 2445-3269. Disponible en: https://editorial.us.es/es/revistas/e-revista-internacional-de-la-proteccion-social

Mercader Uguina, Jesús R. (2017). *El futuro del trabajo en la era de la digitalización y la robótica.* Valencia: Tirant lo Blanch. p. 245–Alternativa; 62–ISBN: 9788491437581. Disponible en: http://digital.casalini.it/9788491437581–Casalini id: 4132744

Molina Romo, *O.* (2018). *La revolución digital en España. Impacto y retos sobre el mercado de trabajo y el bienestar,* p. 311-342, Capítulo 10. Disponible en: https://ddd.uab.cat/record/190328?ln=es

Serrano Falcón, C. Jabalera Rodríguez, A. Vida Fernández, R. Caballero Pérez, M & Rivas Vallejo, P. (2019). *El Impacto de La Transformación Digital en la Financiación de la Seguridad Social.* Zenodo. https://doi.org/10.5281/zenodo.10623675

Vela Díaz, R. (2018). "Digitalización y nuevos trámites automatizados: Las decisiones algorítmicas impregnan la actuación de la administración laboral y de Seguridad Social". *Transformaciones del trabajo en economía digital: condiciones económicas y sociales para una transición justa.* (RTI2018-099337-B-C21).

Wolters Kluwer N.V. (2024). *Mecanismo de Equidad Intergeneracional: qué es y cómo funciona.* Wolters Kluwer N.V. y sus filiales. Disponible en: https://www.wolterskluwer.com/es-es/expert-insights/mecanismo-de-equidad-intergeneracional-que-es